主　　编　徐勇　李学通　罗存康
本册主编　张展

卢沟桥事变史料全编

◇第八册◇

中华书局

目录

陆 战后审理、回忆等相关资料（1946年—　）

陆 战后审理、回忆等相关资料（1946年— ）

一、战后审判、人物回忆与报刊史料汇集

（一）东京审判木户幸一有关卢沟桥事件部分

资料名称： 東京裁判木戸幸一蘆溝橋事件の部分

资料出处： 粟屋憲太郎、伊香俊哉、小田部雄次、宮崎章編，岡田信弘訳《東京裁判資料木戸幸一尋問調書》，大月書店1999年発行，第260—303頁。

资料解说： 木户幸一在全面侵华战争时期先后任内阁文部大臣、厚生大臣、内务大臣，1940—1945年任内大臣。战后作为甲级战犯，被远东国际军事法庭判处终身监禁，1955年释放后自政界引退，1977年病死于宫内厅医院。本资料是审判木户幸一调查书中的一部分，内容涉及日本发动卢沟桥事件的背景及卢沟桥事件爆发的具体情况。

〔第一六回〕

天皇機関説
土肥原賢二
十一月事件
橋本徹馬の天皇機関説問題に対する行動
天皇への直接請願
阪谷希一の満州情勢についての報告
北支事件に際しての日本側の要求
「満州国」と九ヵ国条約
北支事件
天皇の軍部に対する態度

日時　一九四六年二月一五日　一四時―一六時
場所　東京　巣鴨プリズン
出席　木戸幸一（侯爵）
　　　ヘンリー・R・サケット（尋問官）
　　　フレッド・F・スズカワ中尉（通訳）
　　　S・M・ビーター嬢（速記者）
尋問　サケット

答　荒木〔貞夫陸相〕が解任された理由について補足したいと思います。荒木は肺炎にかかり、そのため別の人がその地位に就いたと思います。

問　天皇機関説について少し話しはじめたところでした。私にはまだその全容がつかめません。美濃部〔達吉〕博士がどんなことを主張していたのかもう一度説明してくれませんか。

答　憲法学者たちによれば、憲法によって天皇の権限と行動が制限されているので、天皇は実際上無制限の権力をもつと言われているものの、実のところは一機関にすぎないと学者たちは考えたのです。

問　この説のどこが新しかったのですか。彼は統治機関の変革を主張していたのですか、それとも日本の政治組織に関する抽象的な議論にすぎなかったのですか。

答　美濃部博士の教え子の多くが政府高官になっていたため、反対派はそれらの高官が美濃部博士の天皇機関説を信奉していると思いそれを有害だと考えてそういったことを言い出したのです。反対派は彼らが日本の国体を破壊していると主張していました。

問　反対派と言うとき、あなたは誰のことを念頭に置いているのですか。軍部ですか、一部の政府関係者ですか、それとも単に天皇機関説に反対していた人たちということですか。

答　右翼と、陸軍の一部です。

問　それで天皇機関説のどこが、右翼や軍部の思想や原則と矛盾していたのですか。

答　天皇は機関ではない、天皇が存在するから日本が存在するのだという考え方があったのです。

問　本当は民主的政党政府と広い意味でのファシズムの違いだったのですね。

答　従来、天皇は最高権威とみなされており、反対派は国体を明徴にすべきだと考え、そのために国内改造を実行しようと考えました。

問　あなたや、近衛〔文麿〕や原田〔熊雄〕などの友人たちは、美濃部博士から教えられた天皇機関説に賛成でしたか。

答　私は美濃部博士の教え子ではありませんが、京都帝国大学の学生として同じことを学びました。

問　でも一般的に言って美濃部らから教えられた日本帝国を統治するための統治原理に賛成でしたか。

答　はい。

問　右翼のほうはすべての権力を天皇に帰属させ天皇に対する憲法上の制限をなくしたいと思っていたのですか。

答　はい。

問　〔一九三五年〕三月一八日の日記*によれば、あなたや友人たちが美濃部博士の〔問題に関連する〕諸運動を懸念し、警視庁に彼のことを調査させることまでしたとありますが、それはなぜですか。あなたが彼の説を歓迎していたとすれば、なぜ彼のことを調査していたのですか。

＊木戸日記から

〔一九三五年〕三月十八日（月）晴

……

正午、東京クラブに至り近衛公、松平侯、井上侯、原田男と共に唐澤警保局長、小栗警視総監と会食、美濃部博士の問題に関連する諸運動につき情報を聴き意見を交換す。

……

答　美濃部博士に対するテロ行為がたくさん起きていたので、それに関する情報を調べにいきました。

問　あなたは彼がその説のために危害を加えられるのを心配し、そのことを調査していたのですか。

答　そうです。

問　これは右翼や軍部が政府を改造するためにとったもう一つの過激行動の例です。彼らは政府に関する憲法学説を教えていた教授たちを脅迫しようとさえしたのですね。

答　つけ加えたいのですが、あとになって美濃部博士はピストルで撃たれました[1]。重傷ではありませんでしたが。

問　誰が彼を撃ったのか、またはその狙撃事件の黒幕が誰だったのか知っていますか。

答　軍人ではなく右翼でした。

問　当時美濃部博士に反対していた者のうちで誰がとくにめだっていたか覚えていますか。右翼が大勢いたことは知っていますが、とくに美濃部博士をつけ狙っていた者がいましたか。

答　当時小林順一郎が国体明徴を叫んで非常に活発に動いていました。

問　彼は陸軍軍人でしたか。

答　退役軍人です。

問　右翼だったと言いたいのですね。

答　はい。

問　彼らは真崎〔甚三郎〕が率いる派閥に属していましたか。

答　彼は荒木と親友でした。

問　真崎とも親友でしたか、それともそれほどではなかったのですか。

答　真崎との関係は知りません。

問　四月一五日の日記に土肥原〔賢二〕少将のことが出ています。*彼は右翼でしたね。

* 木戸日記から

……

〔一九三五年〕四月十五日（月）晴

二時より土肥原賢二少将の最近支那の状勢に就ての御進講あり、陪聴す。

……

答　支那問題について強硬論を吐いていました。

問　中国に関してどんなことを主張していたのですか。

答　彼は満州事変に関して非常に積極的に動き、のちに奉天特別市長になりました。

問　彼は当時著名な将軍でしたか。

答　はい。

問　彼を膨張主義者に入れてよろしいですね。

答　はい。

問　彼は満州でその運動で板垣〔征四郎〕と緊密に連携していましたか。

答　はい、板垣と石原〔莞爾〕です。

問　荒木と真崎についてはどうですか。彼は満州事変で彼らと緊密なつながりをもっていましたか。

答　はい。

問　彼は一九三七年に起こった支那事変でも積極的に動きましたね。

答　はい、そのときも積極的に動いたと思います。

問　彼は政府に対する陸軍の支配権を強化しようとする運動で政治問題に積極的に関与したことがありますか。

答　日本内地の問題にはあまり関係しなかったと思います。

問　でもその政策と教義によって満州への進出、ついで華北への進出を遂行したのは土肥原のような人でしたね。

答　土肥原は支那の特務機関で働いていました。日本で要職に就いたことはありません。

問　特別任務というのは、関東軍のことですか、満鉄のことですか、それとも奉天政府などのことですか。

答　各地からさまざまな情報を集める陸軍の特殊機関です。

問　彼は満州の政治問題に非常に積極的に関与していましたね。

答　支那もです。彼は支那で非常に有名でした。

問　誰の間で有名だったのですか。中国人ですか、それとも日本人ですか。

答　支那人です。

問　彼は、大陸での日本の行動は自衛のためであると大声で主張していた一人でしたか。

答　その点はよくわかりません。

問　でも、膨張主義者として最も侵略的だった人物のリストをまとめようとするなら、板垣や石原と一緒に彼も含めなければならないですね。

答　そうです。

問　彼は一九四一年に始まった今次大戦に参加しましたか。

答　陸軍司令官だったと思います。

問　彼は依然として中国の舞台にいましたか、日本内地から離れて行動していましたか。

答　のちにマレーへ行ったと思います。

問　あなたの知るかぎりでは、彼はアジアから英米を追い出すことを主張していましたか、またアジア人のためのアジア論に賛成していましたか。

答　彼に関するはっきりした話を聞いたことがないのでわかりません。

問　でも一般に板垣・石原と同じグループの人たちはその主義を信奉していたのではないですか。

答　そうです。

問　あなたは当時彼を知っていましたか。

答　いいえ、知りませんでした。彼と話したことはありません。あいさつをしただけです。

問　最近になって彼と知り合ったのですか。

答　彼と話したことはありません。

問　日記にあるように、天皇の御前での彼の進講をあなたは聞いていますね。

答　はい。

問　中国の事情や中国での日本の対外政策についてそのとき彼が言ったことでとくに何か覚えていませんか。

答　覚えていません。

問　日本の満州や中国での行動を彼が賛成の眼で見ていたことを覚えていませんか。

答　そう言ったかもしれないと思いますが、特別の意味はなかったと思います。何かあれば日記に記したはずですから。

問　四月二三日の日記に*、十一月事件〔士官学校事件〕のことが出てきます。十一月事件というのはどんなものでしたか。一九三四年一一月のことだと思いますが。

* 木戸日記から

〔一九三五年〕四月二十三日（火）晴

……

十時、内大臣を官邸に訪ふ。左の如き御話あり、内〻注意することとす。

十一月事件にて停職となりたる将校等の同期生等は右の処分を憤慨し、各自醵金して生活を保障すると共に、辻〔政信〕・片倉〔衷〕両大尉等を誣告罪にて訴ふることとせる由、而して若し軍法会議にて之を取上げざるときは、陸軍大臣に上申書を出し、彼等を少くとも停職となさしむる様要望し、之も不成功なる場合には、内大臣を経て上奏請願する考へにて進行中なり、との情報あり云〻。

又最近、元老と内大臣との関係は昔日の如くならずとの話各方面に宣伝せらる云々。

……

答　一一月に陰謀の企てがありましたが、実現しませんでした。未遂事件でした。

問　それは先日話した陰謀ですか。

答　これは十月事件とは別です。これは十一月事件であり、別です。

問　それについてどんなことを知っていますか。その黒幕は誰でしたか、彼らはどうすることを提唱していたのですか。

答　他の事件と似たものだったと思います。この事件についてはあまり覚えていません。

問　陸軍軍人が関係していましたか。

答　この事件では、関係した陸軍将校たちは停職となりました。つまり半ば退役のようなものです。

問　その運動を後押ししたのは誰ですか。それは政治指導者の暗殺をもくろむものでしたか。

答　はい、彼らは重臣を襲うことを計画していたと思います。

問　十月事件に関係したのと同じ者たちでしたか、それともまったく別のグループでしたか。

答　背後にいた人物は同じだと思いますが、手をくだし実行したのは大尉級の青年将校でした。

問　背後にいた人物というのは、橋本〔欣五郎〕、根本〔博〕、荒木、真崎のことですか。

答　そうです。

問　事件を実際に後押ししていたのは主として彼らですか、それとも他にもいましたか。

答　この事件は完全に鎮圧されたので、計画の域を越えませんでした。

問　五月二日の日記*に、橋本徹馬との面談のことが出ています。これは今話に出てきた橋本〔欣五郎〕と同じ人物ですか。

* 木戸日記から

〔一九三五年〕五月二日（木）晴

……

十時半、橋本徹馬来訪、天皇機関説につき意見を述ぶ。枢密院へ御諮詢云々の言あり、強く否定す。

……

答　いいえ。

問　この人物は誰ですか。

答　浪人の一人です。

問　天皇機関説に対する彼の見解はどうでしたか。日記によればあなたは同意しなかったとありますが。

答　憲法上の疑義は、ふつうは枢密院に回されます。この者は枢密院に諮詢すべきだと言いましたが、私は諮詢の必要はまったくないと考えました。それで憲法に違反しないと思いました。

問　あなたの答が理解できません。彼は自分で枢密院へ行って、何らかの意見を提起したいと思っていたのですか。

答　このとき、彼は天皇が機関であるか否かについて枢密院に諮詢することを望んでいました。彼は天皇陛下が枢密院に、天皇が機関であるか否かをご諮詢なさることを要求しました。私は、天皇が機関であるか否かの問題は学説上の議論にすぎず、またそれが政争

問　ところで、請願が天皇に提出されると、天皇は自分で判断をくだして請願に回答するのですか。請願を聞き届けるか却下するかについて天皇が最終的発言権をもち、聞き届ける場合には政府の各部局がそれに従わなければならないのですか。

答　ですから、天皇陛下はそれを内閣に回し内閣にそれを処理させます。ただし、皇室に関係する問題は宮内省が扱います。

問　天皇への実際の提出は、どちらかと言えばそれを政府の当該部局に送るための形式的行為なのですか、それとも天皇自身がこれらの請願についてそれをどう実行するかの決定をくだすのですか。

答　いくつかの分類があり、一般的には内大臣が判断します。それからこういう請願があったという参考として政府に回します。

問　では内大臣は何を決定するのですか。彼は請願として提出された要望を聞き届けるかそれとも却下するかの判断をくだすのですか。

答　皇室に関係する問題も内閣に関係する問題もあるので、どちらであるのか最終決定をくだし、それを関係当事者に送るために分類し、最も重要なものは内閣が閣議で決定して天皇陛下に提出します。

問　内大臣は請願の諾否を伝達するのですか、それとも勧告案を作ってそれを政府機関に回すのですか。

答　内大臣はそれが重要であるかどうかについて判断をくだし天皇陛下に渡して目を通していただき、陛下がお聞き届けになれば政府または宮内省が適切な処置を講じます。

問　天皇は実際に問題について判断をくだすのですか、それとも内大臣または内閣またはその問題の関係当事者の助言に従うのですか。

答　どの程度の処理を行うべきかを内大臣が決定し、天皇陛下がそれに同意なされば政府に回し、政府がそれについて決定をくだします。

問　政府の、たとえば陸軍省のあるグループが、陸軍予算の増額または陸軍の機甲化の促進が必要だと考えたと仮定します。この問題は、請願の形で天皇に提出してそれに対する天皇の見解を求めることができますか。

答　そのような請願が行われたことはありません。

問　ふつうの請願のテーマはどんなものですか。

答　大部分は取るに足りないものだと思います。膨大な請願を提出する請願マニアが大勢いました。

問　重要な請願が天皇に提出されこの手続きによって伝達された事例を思い出せますか。

答　政友会と民政党が政権の座にあったとき、最も重要な問題は政府の権限を地方当局に分散することだったと思います。それ以外は取るに足りないものでした。

問　五月二八日の日記*に、阪谷〔希一〕子爵との懇談のことが出ています。彼は誰ですか。

* 木戸日記から

〔一九三五年〕五月二十八日（火）曇

午前八時半、原田邸朝食会に出席す。最近、満洲国より帰朝せられたる阪谷希一君を中心に、織田、酒井、黒田、岩倉、井上、佐々木、松平の諸君来会、満洲国建国以来の内情等を聴く。

……

答　日本銀行に関係していた私の友人です。

問　満州国に関して彼がどんな報告をしたか覚えていますか。

答　覚えていませんが、財政問題について話したと思います。

問　五月三〇日の日記に*、日本の北支駐屯軍のことが記されています。これはどんなものでしたか。

*　木戸日記から

〔一九三五年〕五月三十日（木）　晴

……

今朝、新聞は北支に於て北支駐屯軍は重大なる要求を支那側に提出せる旨を報ず。

重光次官より大体の観測を聴く。

大連会議上海会議（武官の）等と脈絡あるものの如し。元来、于學忠は張學良の残党にて常に我軍に不利なる行動をなせるが、之を支那は如何とも出来ざりしなり。又一面、駐屯軍の酒井〔隆〕参謀長が上京せる際、軍中央部の悪口を云ひ、論功行賞の不公平を鳴し居りたりとの噂もあり、之等の点より見て此際積極的に出たるは陸相の不在中に機会を捉へたりとも見得るなり。又、此の支那対策は板垣等の考へが中心となり居るものにて、従来満洲に関する限り軍が中心となり居りしところ、対支策についても外務中心を軍中心となさむとの考へにて、之を実現するに満鉄と天津駐屯軍を使用せむとなし居り、今回の天津軍の行動は即ち此表はれなり。又、満鉄の方は十河の計画せるものにて、支那は経済的に侵入するを可とすとの方針の下に最初は広東援助の別働会社を目論見たるが、漸次変化して現在にては二百五十万円の別働会社を設立するの計画をなし、上海に本社を置き、広東方面にも手をのばす計画にて、満鉄の臨時調査部の河本〔大作〕理事（大佐）等も参画しつつあり。此の方は満鉄の石炭・大豆等の売捌を表面の理由となし居るも、亦国策会社なりと称しつつあり。目下、外務省にて握り居るが、将来軍の行動は注意を要するものと思はる云々。

……

橋本〔虎之助〕陸軍次官と偶然会し、北支の情勢其他を聴く。

北支の情勢は新聞伝ふるが如き最後通牒的のものにあらず、支那側の出方次第にて収まるものと観測す。天津の梅津〔美治郎〕司令官は今新京にて林陸相と会見し居る筈なり。

誣告事件は訴は既に提出せられ居り、研究の結果、無論成立はせざるが、如何に之を提訴者に説示するやにつき時期を窺ひつつある現状なり。余り感情を刺戟せざる様にやる積りなり云々。

答　「駐屯軍」ではなくて北支守備隊です。[2]

問　当時、日本は華北に守備隊を駐屯させていたのですか。

答　そうです。

問　どのような形で華北に置かれたのですか。

答　一九〇〇年の事件後に協定にもとづいて指定された守備隊だったと思います。義和団の乱だったと思います。

問　中国との協定によって日本は長期間北支に軍を駐屯させていたのですか。

答　はい。

問　それは北支の日本人居留民を保護するためのものでしたか。

答　はい、条約の規定にもとづくものだったと思います。

問　守備隊が中国政府に提出した重大な要求とはどんなものだと理解しましたか。

答　軍の将校たちが開いた大連会議や上海会議と密接な関連があったと思います。また彼らは全体の指導権を外務省ではなくて陸軍が握ることを考えていたと思います。

問　日記の最初の数行にある中国政府に対するこの重大なる要求

とはどんなものでしたか。

答　どんな要求が行われたのか覚えていません。(3) 万事支那の出方にかかっていたので強い要求が出されたと思います。

問　その要求はどんなものでしたか。中国側の領土割譲に関係するものでしたか。

答　支那の諸党派が日本に対して敵対行動をとった事件がありましたから、北支守備隊は多分彼らが日本に対する敵対行動をやめるように要求したのだと思います。その内容は知りません。

問　日記によれば、北支守備隊は自分で事を運んでおり、東京の参謀総長や日本政府と相談せずに中国に要求を出していたとありますが、その通りですか。

答　私は橋本〔虎之助〕陸軍次官から、天津にいる日本守備隊の梅津〔美治郎〕司令官と林が重慶〔新京の誤り〕へ行き、林〔銑十郎〕陸相が会談のためそこに滞在しているという情報を聞き、これは陸軍が自分で事を運んでいるよい証拠だと思いました。

問　日本守備隊の酒井〔隆〕参謀長は、石原や板垣と緊密に連携していましたか。

答　そうだと思います。この人物は勲章を与えられなかったことで不平を抱いており、おそらくその不満から事件を起こしたものと思います。

問　彼は華北に日本の影響力を拡大する運動に積極的でしたね。

答　そう思います。

問　彼と板垣は外務省に交渉を任せずに自分たちで事を運ぶことを主張していましたね。

答　彼らは外務省の権限を取り上げて陸軍のものにしようとしているとの告発がありました。

問　これは現地軍が、満州の陸軍のように東京の参謀本部や政府からの命令なしに華北で侵略政策を実施したもう一つの事例ですね。

答　はい、これはその徴候だと思います。

問　これらの行動を終わらせるために日本政府が何かしたかどうか知っていますか。

答　この事件は日本陸軍の陰謀であることが露見し、それ以上進展せずに収まったと思います。それは梅津司令官が非常にしっかりした有能な人物だったためと思います。

問　でもこれは、日本の政策を通常の政府の手順によらずに現地で決定しようとする陸軍の一部分子の試みだったのですね。

答　そうです。

問　五月三〇日の日記のうしろのほうに、橋本陸軍次官のことが出ています。これは、以前にさまざまな陰謀に関係した橋本〔欣五郎〕ですか。

答　いいえ、まったく別人です。

問　少し前に話が出た浪人の橋本〔徹馬〕ではないのですね。

答　いいえ、彼は浪人ではありません。中将です。

問　最後のところに記されている誣告事件というのはどんなものでしたか。

答　そのことは覚えていません。

問　そのときに華北で守備隊と中国人の間で実際の戦闘がありましたか。

答　小さな衝突はありましたが、すぐに収まったと思います。

問　このときは日本は満州から華北に移動せず、条約にもとづいてそこに駐屯する守備隊だけがいたのですね。

答　はい。

問　でも軍部内には華北への進駐を迫る者が大勢いましたね。

答　そのとき、軍部が満州から進出しようとしていた様子はありませんでした。

問　それは二つの作戦、満州事変と支那事変の間の一種の〔原文欠〕だったと思いますか。

答　はい。

問　当時、この事件が中国との戦争に広がり、陸軍がこの事件を進駐の口実として利用する恐れがおおいにありましたか。

答　この事件がうまく処理されなければ、そこから自衛の問題が生じたと思います。私たちはとても心配していました。

問　六月一〇日の日記に*、満州国参議矢田〔七太郎〕氏のことが出ています。いわゆる独立した満州国政府を樹立する際に、満州国政府に助言する顧問をつけて同政府を間接的に日本が監督できるようにしたというのは本当ですか。

* 木戸日記から
〔一九三五年〕六月十日（月）晴
午前八時三十分、原田邸朝食会に出席す。満洲国矢田〔七太郎〕参議を主賓に、織田、近衛、佐々木、松平、酒井、黒木、岩倉、黒田、栗山、岡部の諸君来会、矢田氏より満洲国の近情を聴く。
……

答　はい、満州国政府には日本人顧問が何人かおり、この人もその一人でした。

問　日本が満州で影響力と支配権を維持し実際それをいわゆる傀儡政府たらしめていたのは、実は顧問を使ってのことなのですね。

答　はい、そうだと思います。

問　満州国政府は独立国ではなく、日本が支配していたことをこの事実がきわめてよくものがたっていると思いますね。

答　はい、それは明白でした。

問　日本が政府として国際連盟や世界に対して満州国は本当に独立しているとあくまで主張したのは、虚偽でしたね。

答　形の上では独立国でした。満州国は五族協和の国であり、日本はその点で援助を与えてきたと宣言されました。そのような形態ないし外見をとっていました。

問　満州国は日本の傀儡国家だったという私の見解にあなたも同意しますね。

答　実際にはそうでしたが、日本政府は国家としてそれが傀儡国家だったと認めることはできません。

問　そうです。そしてそれを認めることを拒否することによって、日本政府は実は国際連盟や世界に対して真相を偽って伝えていたのですね。

答　はい。

問　政府はなぜ真相を偽る気になったと思いますか。政府がそんな立場をとったのは軍部に対する恐れのためですか。

答　軍の状況がまったく騒がしくなっていたので、政府はそれ以外に手がなかったと思います。

問　満州が完全に独立しているという立場をとろうとせずに、日本が実際に満州に入って顧問を通じて満州帝国を支配していると正直に述べるという別の手があり、そう公言することができたはずですね。

答　たしかにそれはできますが、文民政府がそのような立場をとれば、軍部政府が取って代わってその計画を押し進めることになります。

問　外務省に外国に対してそういう立場をとることを余儀なくさせたのは日本の軍部であり、政府がその立場をとった真の理由は、真相を認めれば九ヵ国条約に違反したことを認めることになるということなのですね。

答　はい。

問　そこで日本政府は、九ヵ国条約に違反したことを知りながら、違反していないと主張するためにこの傀儡国家論を故意にでっち上げました。そうですね。

答　はい。

問　当時でっち上げによって条約違反を隠すのではなく、満州での真相を発表すべきだと公然と主張した人たちが政府内にいましたか。それとも誰もがこの虚偽をそうと承知の上で行うことに賛成していたのですか。

答　個人としてはその状況に反対したり憤慨した人はいましたが、公然とした立場をとった者がいたことは覚えていません。

問　その問題が最終的に討議の対象になると、満州は完全に独立しているという立場をとるのが大多数の意見でしたが、実際にはそうでないことを皆知っていたのですね。

答　事情に通じている人たちは、それが陸軍の陰謀であると理解していたと思います。

問　でも彼らは身を屈してその陰謀に追随して加担し、それを明るみに出すことは何もしなかったのですね。

答　はい、誰もそういったことを公然とは言いませんでした。

問　天皇自身は、日本が外国に対してこの虚偽を行うことに反対を表明しましたか。

答　天皇陛下は非常にご懸念しておられましたが、政府がいろいろ説明し助言したので他になされようがありませんでした。

問　天皇には、真相を発表することを提起し勧告するという手がありました。天皇がその立場をとることは制度的に可能でしたね。

答　天皇陛下は伝統的にあるいは慣習として政府が決定したことはすべてお認めにならなければならなかったので、どうしようもありませんでした。

問　日本の対外関係の真相を発表したいと思っていた政府内の人たちは、もしそうしたとすれば、政府が倒れて軍部が以前にもまして支配を強めることになる恐れがあると心配していたのが真相ですか。

答　はい、その恐れがありました。

問　したがって、外国に対して真実を述べるかそれとも軍部に政権を乗っ取られるかの二つのうちで、彼らは軍部に追随して政府に対する軍部の支配権の増大を防ごうとする道を選びました。そんなところが実情ですね。

答　はい、そのことも非常に心配でした。満州事変の過程を見るとわかりますが、政府が何らかの原則を発表しようとするとすぐに軍部がもっと強硬な原則を発表するので、政府にできることは軍部を牽制することだけでした。その結果、政府は多少なりとも軍部に引きずられました。政府は損害と間違いと災いを少なくしようと最善をつくしました。

問　あなたは、日本は満州での真相をおおい隠すのではなく外国に対して真相を認めるべきだと天皇に進言したことがありますか、あるいはあなたの知るかぎりで内大臣がそう進言したことがありますか。

答　内大臣がそのような直截的な立場をとられたかどうか覚えていません。それは内輪で論議されていたと思います。

問　つまり、内大臣自身も軍部の行動や軍部のせいで日本がその条約に関してとった立場に引きずられ、日本が軍部のために条約違反に追い込まれると、真実を認めるよりもうまく釈明しようとするのが最善の策であると判断したのだと思いますか。

答　はい、押し流されました。その理由は強く反対すればもっと悪い事態が生じると思ったからです。

問　こんな要素がいくらか含まれていませんでしたか。すなわち日本は外国や国際連盟との関係をある程度は気にかけていたが、外国が日本の行動をどう思うかよりも、さしあたってより重要な内政問題のほうをいっそう気にかけていたのではないですか。

答　彼らは、もし方向または方法を誤まれば、軍部が完全な支配権を握り、その結果そのような事態が起こると考えていました。

問　それに日本政府は、条約違反の重大さよりも国内の政情が深刻になることのほうをいっそう気にかけていましたね。この二つのうちで国内問題のほうがより重要でしたね。

答　はい。

問　六月一五日と一八日の日記に*、いわゆる北支事件および満州の事情について〔外務省〕アジア局の谷〔正之〕氏と懇談したことが記されています。彼がそのときどんなことを言ったか覚えていますか。

＊木戸日記から

〔一九三五年〕六月十五日（土）晴

……

午後七時、桑名に至り、本日帰朝の谷君、原田、松平、栗山の諸君と会食、満洲の今後、北支事件の推移等につき意見を交換す。

……

〔一九三五年〕六月十八日（火）晴

……

谷参事官、松平、原田、織田、岩倉、黒田、酒井の諸君来会。谷君より満洲の事情を聴く。

……

答　少し前にお話しした北支事件の進行状況について彼は話し、それが重大な進展なしに収まったとわれわれに知らせてくれました。

問　〔一九日の日記〕*当時政府が心配していたことは、北支や満州の現地陸軍が政府の許可なしに中国に進出しはしないかということではありませんか。

＊木戸日記から

〔一九三五年〕六月十九日（水）晴

……

原田より電話にて、北支事件に関し総理の決心を報じ来る。

北支事件に関し、岡田総理は陸海軍大臣とも充分意見を交換して今後出先に引づられる様のことのない様に努力する積り故、元老方面より種々御注意あると却って困る故、暫く見て居て戴く様願ひ度しとの意味の話ありたり。

……

答　そのような懸念がありました。そのような事態が起これば自衛の問題が出てきます。

問　ところで、板垣や酒井など現地にいた者たちは非常に好戦的で華北で進んで騒ぎを起こそうとしており、陸軍が何かの事件を起こして自衛を装って掃討できるようにするのではないかと政府は非常に心配していましたね。

答　はい、政府はそのようなことが起こることを心配していました。

問　そしてこの時期に日本にとってやっかいなあらゆる騒ぎをひき起こしていた者たちというのは、板垣と酒井と石原と土肥原ですね。

答　土肥原についてははっきりとはわかりません。

問　でも他の三人については私と同意見ですね。

答　そう思います。

問　今まで話し合ってきたこの侵略的拡大の真の責任は、少なくともこの時期には、とりわけこの三人にありますか。

答　そう思います、そして日本陸軍の梅津司令官がしっかりしていて有能だったので、事件は進展しなかったのだと思います。

問　日本内地の陸軍内には、華北進出の考えに共鳴している者がたくさんいました。ですから軍部は、この三人やその他の者がこれらの事件をひき起こせなくするほど、強い立場はとらなかったのですね。

答　結果からみるとそう思われます。

問　つまり、現地には非常に侵略的で精力的な連中がおり、日本国内には華北進出に幾分とも共鳴している参謀本部があって、それらの事件を統制し、陸軍が自衛を装って進出する口実となるようなことが起こるのを防止するためのしっかりした方針がなかったのですね。

答　陸軍の上層部はこの意見に同意せず、またそれを支援しませんでしたが、中堅にはすなわち佐官級の者の間には、同調者や支持者が大勢おりました。

問　荒木や真崎などの高官は、満州や中国の事態に強く反対してはいませんでしたね。

答　荒木や真崎はおそらく同調していたと思いますが、当時の林陸相は不同意でした。

問　実際には、中国で事件が勃発して公然たる戦争になるかどうか事態は非常に深刻であり、六月二〇日の日記*にあるとおり、御前会議を開いて中国に対するしっかりした対外方針を決めることを天皇が提案したほどでしたね。

＊木戸日記から

〔一九三五年〕六月二十日（木）晴

……

十時半、内大臣出勤、興津に赴かれ元老と御会見の模様を話さる。大様左の如し。

一、興津に赴くにつき拝謁したるに、北支の方面もあれで一段落と思ふが、あゝ云ふことが頻々と行はるゝ様では困る、場合によっては御前会議でも開いてしっかり方針を決めると云ふ様なことも必要かも知れないとの御話あり。内大臣は、近来軍部中央の考へは余程変つて来て協調的なところも見へるので、事態はよくなって居ると思はれますが、会議を開きますには、内閣としては先づ立案せなければなりませず、之が中々容易でないのではないかと思はれますので、慎重考慮の要があると思はれますと云ふ意味を奉答、右の点を元老に御話したるに、宮様も御出席のところで議が合はぬと云ふことになっては困るから、余程問題だと思ふ、との御話であった。

……

答　この問題を御前会議にかけても軍部との間で問題を解決することにはならず、事態がさらに悪化すると陛下は思し召されたので、彼らは問題を慎重に検討する必要があると考えました(4)。

問　つまり、天皇が御前会議を召集しなかったのは、そのためだったのですね。そうしても何も解決せず事態がさらに悪化すると心配したのですね。

答　御前会議のために議案を作成しても、軍部からのさらに厳しい議案を招来するだけです。

問　当時、天皇自身が軍部を非常に恐れていて、軍部に対して強硬な姿勢をとれば、自分は背後に押しやられて明治維新前のような体制に日本が逆戻りする恐れがあると心配していたのですか。

答　天皇陛下は明治維新前のような状況にもどるとの心配はなさりませんでしたが、陸軍をもっとしっかりと統制したいとお思いだったと思います。

問　当然の疑問ですが、彼はなぜそうしなかったのですか。

答　政府は、御前会議で問題を解決しようとしても、政府が弱体で軍部に押し流されていっそう悪い事態になると考えていました。

問　この状況をあなたと話し合っていると、軍部の権限がしだいに増大してくることに対して何かできる日本で唯一の人間は天皇であったが、彼は見ているだけで万事成り行き任せだったと私にはいつも思われます。彼は個人的には反対の意をもらしたが、公然とそれをとめることはほとんどしなかったのですね。

答　天皇陛下は公式の拝謁で参謀総長にご自分のご意見を述べてこられ、また陸軍大臣にもご自身の見解を示してこられましたが、彼らがさまざまな理由や口実やその他の表現のあやをもち出すので、彼らに賛成するしかありませんでした。

問　天皇がもっと毅然とした態度をとっていれば、たしかに軍部の勢力が拡大して最後には大勢力になるのを途中で阻止できたはずですね。

答　外国との関係でいつも自衛の問題が叫び立てられていたので、陛下がその問題に対処され難くなったのです。

問　天皇が軍部に対してもっと毅然とした態度をとっていれば、たしかにこの軍部の支配権の拡大を抑えることができたはずですね。

答　政府も強力でないかぎり、天皇陛下だけではおできになりません。

問　天皇が、日本が侵略的になり大きな軍事力をもつことを希望しないという態度をとっていれば、その意見は十分に尊重され、したがって軍部も従うとは思いませんか。黙認して少しずつ譲るのではなくて、所説を堅持していれば。

答　理屈の上からは天皇陛下はそうおできになることになりますが、実際には当時の状況のためにそうおできになりませんでした。

問　彼がそうできなかったのは、軍部が天皇を軽視していたためですか。天皇が御前会議を召集して、「私はこれ以上中国で事件を起こすことを許さない。中国で事件を起こす者がいれば軍法会議にかける」と言えば、陸軍は彼の断固たる姿勢に耳を傾けるとは思いませんか。

答　事態そのものがはっきりしていなかったため、天皇陛下ははっきりした態度をおとりにはなれませんでした。陛下は、彼らに非常に行き届いたご忠告やご注意を与えておられたと思います。

問　でも彼らはそれに注意を払わなかったですね。彼らはその計画を進めました。

答　でも軍部はあらゆる種類の口実を構えて派兵しており、他にどうしようもありませんでした。

問　最初の二、三年は天皇がそれにごまかされたかもしれないというのはわかりますか、九年も一〇年も経てば十分に聡明な天皇のことですから、事情を察して、それらの口実の多くが嘘であることに気づいていたはずだと思います。

答　でも当時は事態はすでに完了しており、天皇陛下がそれにご反対になって何らかの措置をおとりになるということできませんでした。重臣たちや元老は、軍が政権に干渉しないようにするために、とても積極的に動いていました。犬養〔毅〕や岡田〔啓介〕の場合でも、軍部が政権を握るのを阻止するために最善をつくしました。

問　はい、そのことはわかりますが、見ていると、永年にわたって軍部の勢力が増大したあと、政府の指導者たちは、尊敬の的であった天皇を通じてきっともっと毅然とした態度をとることができたはずであり、彼らは欺されて侵略計画の片棒を担がされていたことに気がついていたに違いないと私には思えます。

答　はい、政党が当時強力であったなら、事態は変わっていたと思います。

問　あなたの話から、たしかに軍部のこの勢力増大と侵略をひき起こした責任を天皇に負わせることはできませんが、これを黙認したことで天皇を非難できるところまできました。私の言うことがわかりますか。

答　はい、仕方がありませんでした。

問　あなたは仕方がなかったと答えますが、天皇が公然と非常に毅然とした態度をとって、軍部に何らかの命令を出していたなら、軍部は天皇の立場を尊重して、後年の軍事的破滅の少なくとも一部は回避できたはずです。

答　そうは思えません。そんな状況だったとは思いません。

問　では、天皇がそのような態度をとって事件をひき起こすことをやめ中国から全面撤退するようにと命令したとしても、軍部は彼を無視して何とかして進んだと思いますか。

答　天皇陛下が支那から日本軍が撤退するようになどといったご命令をくだされたなら、そこでどんな種類の事件が発生するやもしれず、おそらくさらに多くの増援や派兵が必要になるかもしれません。そうなればそこに日本人居留民が非常に大勢いるので自衛の問題になり、問題の処理が非常に難しくなります。元老と重臣たちはこれらの問題をすべて考慮に入れて最善をつくしました。

〔第一七回〕

北支事件処理についての天皇の発言
天皇機関説事件
北支事件
軍部のファシスト政権構想
満州の経済事情
牧野内大臣の政治的立場
国体明徴声明
皇道派と統制派
林陸相の辞任
天皇の軍部に対する注意
第二次国体明徴声明
牧野内大臣の辞任問題
天皇機関説排除の影響
議会の解散手続き
陸軍の軍備増強要求
アジアから英米の駆逐を主張した勢力
一九三六年当初の日本の対中国政策

日時　一九四六年二月一八日　一四時―一六時三〇分
場所　東京　巣鴨プリズン
出席　木戸幸一（侯爵）
　　　ヘンリー・R・サケット（尋問官）
　　　フレッド・F・スズカワ中尉（通訳）
　　　S・M・ビーター嬢（速記者）
尋問　サケット

問　〔一九三五年〕六月二二日の日記*を見ましょう。そこに天皇と当時新任の中国大使〔蔣作賓〕の会見のことが出ています。そのときの天皇の言葉に、日記を読んで私にはそう思えるのですが、ふだんとは違ったどんな異例なことがあったのですか。

　＊木戸日記から
　〔一九三五年〕六月二十二日（土）晴
　……
　松平長官来室、支那大使〔蔣作賓〕信任状捧呈の際の御言葉につき話あり。御上は北支の事件は誠に遺憾なことであったが、蔣介石、汪精衛の親日態度により円満に解決せられたるは誠に結構であったと云ふ意味の御言葉を賜り、右に対し〔て〕は、優渥なる御言葉を拝承し誠に感激に堪へず、右の趣は早速本国政府へ伝ふべしと奉答せし由にて、従来、此種の拝謁の際に時事問題に触れて御言葉あらん(ここ)とはなきを以て、松平長官は大に驚き、侍従長に尋ねたるに、右は予め侍従長に御下問あり、侍従長は外務大臣と打合せたる由なりとのことであった。
　……

答　通常は非常に儀礼的なものですが、このときは政治問題に触れている点で異例でした。

問　ふつうは信任状を捧呈する儀式であり、一国の対外政策の細かい話は出ないのですね。

答　はい。

問　この会見は、天皇が二国間の関係を改善するために思い切った手を打とうとする気持があった証拠ですか。

答　天皇陛下は支那と友好関係をもつことをとくに希望されており、〔広田弘毅〕外務大臣に〔正確には侍従長に〕、支那大使と政治問題について話してよいかどうかご下問され、外相はそうなさって結構ですと奉答しました。

問　少しあと〔六月二四日〕*に谷〔正之〕参事官のことが出てきます。アジア局長だった人と同じ人ですか。

＊木戸日記から

〔一九三五年〕六月二十四日（月）曇

……

正午、住友別邸に至り、東久邇宮殿下の台臨を仰ぎ、井上、高木、原田、岡部、酒井、松平の諸君と会食す。食後、好機会を得て、皇族の御態度、御礼奉公会云々等につき意見を言上す。

食後、谷参事官来会、満洲の現状を聴く。三時半散会。

……

答　同じ谷です。

問　彼の参事官という肩書はどんなものですか。アジア局長とは別の官職ですか。

答　このとき転任しました。彼は満州国の参事官になったと思います。

問　それは日本が満州を監督するための顧問でしたか。

答　はい。

問　彼がそのとき参事官として満州問題について話したことで、とくに何か覚えていますか。

答　とくに何も覚えていません。

問　わかりました。六月二八日の日記に*、美濃部〔達吉〕博士の起訴のことが出ています。美濃部博士は日本のために天皇機関説を主張していたと私は理解していますが、彼を起訴しようとしていたのは誰ですか。

＊木戸日記から

〔一九三五年〕六月二十八日（金）曇

……

美濃部博士の起訴問題につき、大臣より左の如き話を聴く。

松下権八なるものが確なる話なりと語れりとて、右傾方面にて相当伝へられ居るは、美濃部博士の起訴云々の記事新聞に出たるに、御上より侍従長に御下問あり、侍従長は突然の御下問にて奉答することを得ず、退下、廣幡太夫と相談し、某氏を使として博士に勅選議員を辞し謹慎すべき様勧告せしめたるに、拒絶するところとなりしかば、側近は硬化して起訴説に傾けり云々。尤も之とは全然関係なく、清水博士が博士に右の如き勧告をなし拒絶せられたる事実はありしとのことなり。

答　誰が起訴または告訴を行ったのか正確には知りませんが、右翼団体だったと思います。

問　日記で言っているのは裁判所での起訴のことですね。

答　いいえ、その種の噂が広まっていたことを記しただけです。

問　天皇側近の態度が、彼の起訴を支持するように変わったと書いてあります。天皇側近はなぜ美濃部博士の起訴を望んだのですか。

答　この種の噂が飛び交っていたといっているだけです。事実はまったく根拠がないものでした。

問　美濃部博士を起訴しようとしたのは右翼ですか。

答　そう思います。それは新聞に出ており、そのために天皇陛下のご下問がありました。

問　彼らは、天皇機関説が自分たちの天皇主権説の考え方と対立するものであったので美濃部博士に反対したのですか。

答　皇室はもちろん天皇機関説でした。

問　「彼ら」と言いましたのは、それが右翼の考え方と対立するものだったために、右翼が彼に反対していたという意味です。

答　はい、そうです。

問　軍部の中でとくに誰か、美濃部博士と彼の学説に公然と反対していた主だった人を覚えていますか。

答　天皇機関説に反対の人は大勢いました。

問　誰か公然と反対していた指導者を覚えていませんか。

答　荒木〔貞夫〕や真崎〔甚三郎〕は、みな天皇機関説に反対でしたが、彼らは実際の学説を知りません。

問　でも彼らはその説に反対だったために美濃部博士個人にも反対していましたね。

答　はい。

問　彼は貴族院議員に推薦されていたと私は理解していますが、彼らはそれに強く反対していましたね。

答　はい。

問　七月二日の日記に*、「選挙粛清運動」のことが出ています。選挙制度のどんな改革が主張されたのですか。

＊　木戸日記から

〔一九三五年〕七月二日（火）晴

　午前八時、原田邸を訪ひ、朝食会に出席す。後藤内相、唐澤警保局長出席、選挙粛清運動につき話を聴く。松平、佐々木、黒木、酒井、岡部、織田、黒田、岩倉の諸君来会せらる。

……

答　このとき衆議院議員選挙が腐敗し、買収や汚職が多かったので、斎藤〔実〕前総理が選挙手続きの粛清〔正〕を提唱し、その下でそのための機関が設けられました。

問　それには、議会や政党を廃止しろという軍部からの圧力はなかったのですか。

答　はい、そのような関係はありません。

問　七月一一日の日記に*、江藤氏のことが出ています。江藤氏というのは誰ですか。

＊　木戸日記から

〔一九三五年〕七月十一日（木）晴

……

十時、内大臣出勤せられ、江藤の請願につき左の要旨を以て内奏せらる。

　江藤は天皇機関説に関し請願を提出致しました。此れは目下朝野の問題となり居る件にも有之、是が取扱は充分慎重に為すことを要すと考へられます。請願の取扱は審議の為御下付と参考送附の二つ御座いますが、此の問題は余り事を重大なるが如く扱ひ政治問題となすは予ての思召にも反すと考へられまする故、参考送附の処置を取りたいと存じます、との意味を内奏せらる。右に対し御嘉納あらせられたる旨、御諚ありたり。

佐藤御用掛を召き、右の請願の案文に修正をなし、内大臣の承認を経たり。

……

三時、宮内大臣と面談す。

一、皇太子殿下御養育方針は、五日太夫より皇后陛下に内奏し、八日宮内大臣に（マヽ）陛下に奏上して決定することを得たり。主任者の人選は中々難しく、苦慮し居れり。心当りのものはなきや、考へられたし。入江は如何云々。

一、陛下に拝謁の際、外地は大体旅行せしが朝鮮丈は未だ知らず、もう差支なきにはあらざるかと御希望あらせらるゝが如き御諚ありたり。

大臣としては元老、内大臣、齋藤前総督等とも協議して奉答すべき旨、言上せり云々。

……

答　これは江藤源九郎のことで、天皇機関説に強硬に反対していました。彼は天皇陛下に直接請願を行いましたが、動機が不純だったため真面目に取り上げられず、内閣に回されました。

問　これは、先日話に出た天皇に対する請願のもう一つの例ですか。

答　そうです。

問　彼はその請願で天皇機関説に対してどうすることを求めたのですか。その請願によって天皇にどうしてほしいと求めたのですか。

答　彼は天皇にその問題を取り上げて天皇機関説に反対してもらうことを考えていました。

問　彼は右翼のメンバーだったと思いますが。

答　陸軍少将で、のちに衆議院議員になりました[1]。

問　彼は当時荒木や真崎の親しい仲間でしたか。

答　つながりがどんなものかは知りませんが、考え方や目的は同じです。

問　彼は関東軍に属していましたか、それとも東京または内地の陸軍グループに属していましたか。

答　関東軍とは関係がなかったと思います。

問　彼は参謀本部のメンバーでしたか。

答　いいえ、それほど高い地位ではありません。

問　当時、天皇が朝鮮を訪問したいと述べたということですが、天皇が朝鮮に行きたいと思った意図は何ですか、もし知っていれば。

答　日韓併合以来、朝鮮を訪問された天皇はいらっしゃいません。天皇陛下は、何も支障がないなら朝鮮を訪問したいと思し召されました。それまで朝鮮ではたくさんの独立運動が起こり、陛下が訪問されるのはかなり危険でしたが、朝鮮が落ち着き始めたので、陛下は訪問するのが最もよいと思われました。

問　何か政治上のまたは外交上の意義があったのですか。

答　いいえ、外交や政治上の動機はありませんでした。

問　柳井〔恒夫〕氏と守島〔伍郎〕氏が華北問題に関してどう言ったか覚えていますか。七月一二日*にあなたは彼らと話し合っていますが。

* 木戸日記から

〔一九三五年〕七月十二日（金）曇

午前八時半、原田邸朝食会に出席、外務省の柳井、守島〔伍郎〕の両君より、北支問題其他対支方針を聴く。岩倉、黒田、織田、佐々木、松平、岡部、近衛の諸君来集。

……

答　彼らは外務省の人間でした。おそらく秘書官または課長だったはずです。

問　彼らは華北について何と言ったのですか、もし覚えていれば。

答　とくに何も覚えていません。

問　日記に北支事件と書いてあるのは、どの事件のことですか。

答　それは、軍部が北支に手を伸ばそうとした事件で、事件は広がらず平和的に解決されましたが、軍部が今度は外交問題に介入してきたと心配されました。

問　そのころ軍部は非常に強大になっており、外務省とは別個に日本の対外方針を決定していたと言うのですか。

答　制度上外務省と独立に動くことはできませんが、軍部は外務省を責めたて指図を与えるようになっていました。

問　真崎と荒木が当時林〔銑十郎〕陸相に天皇機関説の廃止を主張するように要求したというのは本当ですか。

答　はい、そのとおりです。

問　彼らは、天皇が政府の一機関であるのではなく、天皇が実際に政府を支配し、政府を付随的な機関にすることを望んでいたのですね。

答　はい、彼らは政府〔天皇の誤り〕が一機関としての機能しかもたないことに反対し、天皇自身が支配者の役割を果たすことを希望していました。

問　天皇機関説の廃止を主張することで、荒木・真崎やその追随者たちは立憲君主制ではなくファシスト政権を主張していたと言えますか。

答　軍部の意図は立憲君主制を廃止することではありませんでしたが、軍事独裁制を確立することを考えていたと思います。

問　それでは、彼らは天皇を上に戴いて軍部のみが支配するファシスト政権のようなものを主張していたのですか。

答　そうです。

問　〔七月二三日の日記〕* 竹田〔竹内可吉の誤り〕氏が当時の満州の経済事情についてあなたがたと議論しました。彼が何と言ったか、またはその経済事情が一般的にどうだったか覚えていますか。

* 木戸日記から

〔一九三五年〕七月二十三日（火）晴

午前八時半、原田邸に至り朝食会に出席す。関東軍経済顧問竹内可吉君を招待し、近衛、黒田、岩倉、松平の諸君と共に最近の満洲経済事情を聴く。

……

答　竹田〔竹内〕は商工省から派遣された〔関東軍〕経済顧問であり、満州の経済事情について話しました。彼は、満州に対する軍事的要求が非常に大きいため、経済的困難にあえいでいると言いました。

問　どんな点で困難があったのですか。その軍事的要求の結果どうなったのですか。

答　軍部は重工業その他の生産施設の増設を求める根本的な要求を行っていたと思います。

問　彼らがそうした目的は何ですか。日本と満州の軍隊と軍事力を強めることですか。

答　国防のために生産と施設を早急に確立しようとしていたと思います。

問　軍部は軍事力をできるかぎり増強する目的で満州を開発しよ

うとしていたのですね。

答　そんなつもりだったと思います。

問　七月二七日の日記*に記されていることですが、松井〔成勲〕氏は、〔牧野伸顕〕内大臣は辞職すべきだとしてどんな理由を挙げたのですか。

＊木戸日記から

〔一九三五年〕七月二十七日（土）晴

……

九時半、松井成勲来庁、刻下の時局急迫の情況を述べ、内大臣の辞職を希望す。然るに立論は殆ど総て誤れる事実に基礎を置けるを以て、其の蒙を開きて再考を促す。

……

答　内大臣は今に軍部に暗殺されると大勢の人たちが心配しており、事態を鎮めるために辞職すべきだと人々は思っていましたが、私はその立論の基礎がまったく誤っていると説明しました。

問　内大臣が暗殺されるかもしれないという心配のもとになった内大臣と軍部の間の当時の主な問題とはどんなことでしたか。

答　当時、天皇側近が天皇陛下を邪魔し、陛下の判断を誤らせているというデマがしつこく流されていたためです。

問　天皇機関説と政党政府を支持するのが誤っているというのですか。

答　軍備増強についてもです。また軍部は、内大臣が重臣たちに共鳴し財閥寄りであると非難していました。

問　一般的に言えば、その噂にはいろんな内容が含まれていました。内大臣が軍部と対立する立場をとっていたというのは、噂ではなくて事実でしたね。

答　内大臣の判断は公正でしたが、いつも誤解を受けていました。

問　ところで、彼は軍部と右翼の計画に強く反対していましたね。

答　はい。

問　でも軍部の力が非常に大きくなって、彼らが内大臣を暗殺してこの反対を押しつぶそうとしているとの噂が飛び交うまでになったのですか。

答　そうです。

問　斎藤〔実〕の場合、何が起こったのですか。彼は暗殺されたと思いますが。

答　はい、牧野氏も同時です。(2)

問　八月三日の日記*に、政府が国体明徴に関する声明を出したと記されています。その声明の内容はどんなものでしたか。

＊木戸日記から

〔一九三五年〕八月三日（土）晴

……

正午、帝国ホテルにて原田君と会見、食事を共にし、最近の政情につき意見を交換す。

政府、国体明徴に関する声明を発す。

原田より電話にて宮内大臣の伝言、一木議長の進退につき心配の点を申し来る。

午後七時、鎌倉に牧野内大臣を訪ひ、右の件につき報告打合す。

午後三時半、柴山昌生少将来訪、軍部の動向、怪文書の真相等につき情報を交換、意見を闘す。

答　非常に多くの攻撃があったため、政府は国体明徴が必要であると考え、その趣旨の声明を出しました。

問　それでその声明はどんな趣旨のことを述べたのですか。

答　政府が国体明徴問題に取り組んでいるということです。

問　国体とはどういうことですか。ファシスト型の政府ではなく天皇機関説ですか。

答　政府は、軍部が天皇機関説を攻撃したため、国体を明徴にすべく努めていると述べました。

問　それで政府は国体を明徴にするため、何をすることを提案したのですか。政府は天皇機関説をはっきり認めさせることを提案したのですか、それとも軍部と妥協することですか。

答　その後の成り行きからみると、妥協したと思います。

問　柴山〔昌生〕少将というのは誰ですか。

答　私の同窓生の一人です。私と同じ学校を出て、海軍少将でした。

問　彼が当時の軍部の動向について何と言ったか覚えていますか、それとも忘れてしまいましたか。

答　彼は海軍軍人であり、海軍内にも同じ雰囲気があったので、その点で海軍の状況について彼に質問しました。

問　要するに彼はどう言ったのですか。

答　彼は横須賀で海軍の人事問題を扱っており、そういう考えをもつ精力的で急進的な者たちがたくさんいるという趣旨のことを報告しました。

問　海軍には右翼団体や陸軍と同じことを考えている人たちがたくさんいると彼は報告したのですか。

答　はい。

問　先ほどの話に出た松井氏は、当時陸軍省にいましたか。

答　彼は軍人ではありません。浪人で、軍部とは非常に親密でした。

問　彼はよくあなたのところへやってきて話していましたか。

答　はい、ときどき情報をもって直接やってきました。

問　彼が右翼団体や軍部とそんなに緊密に連携していたなら、どうしてあなたに会いにきたのですか。

答　彼は右翼というわけではありません。第二次世界大戦の勃発の直前に、橋本徹馬と共鳴して日米友好を促進しようとしたかどで憲兵に逮捕されましたから。

問　八月一二日*に襲われた、あなたが軍務局長と記しているこの永田〔鉄山〕は、鈴木〔貞一〕中佐と同じ局、軍務局ですか。

＊木戸日記から

〔一九三五年〕八月十二日（月）晴

……

十一時頃、松井成勲より電話にて、永田軍務局長陸軍省に於て現役将校の為に傷害せられ重態なりとの情報あり、事の意外なるに驚く。其後の情報を綜合するに左の如し。

午前十時十五分頃、永田軍務局長、陸軍省軍務局長室（応接室とも云ふ）にて青年将校（台湾軍へ転任の元三十一聯隊（福山四十一聯隊とも云ふ）の中佐相澤裕〔三郎〕（三郎）の為、左肩（頭部とも云ふ）を斬られ重態なり（軽しとも云ひ、既に死亡とも云ふ）。新見〔英夫〕東京憲兵隊長も偶ゝ室に居合せ、重傷を負ふ。直に内大臣に電話にて報告す。

四時、軍務局長逝去の旨発表せらる。

……

答　その局です。

問　永田は局長で、鈴木中佐はその部下だったのですか。

答　そうです。(3)

問　永田襲撃の黒幕は誰でしたか。

答　相沢〔三郎〕中佐が永田に斬りつけました。その理由は、八月の陸軍定期人事異動で林が真崎を罷免したためそのグループが憤激し、また永田が林の手先ないし腹心の一人で相談相手だったため、彼らは永田を襲いました。

問　つまり、当時の林陸相は、真崎参謀次長に圧力をかけて辞任に追い込んだのですか。

答　真崎は当時教育総監でした。

問　その前は参謀次長でしたね。

答　そのとおりです。彼は参謀次長でした。

問　でもそのために教育総監を罷免されたのですか。

答　はい。当時軍部には二つの考え方がありました。一方は皇道派と呼ばれ、もう一方は統制派でした。

問　林はどちらの考え方を支持していたのですか。

答　統制派です。皇道派には、西田〔税〕、北〔一輝〕その他にとくに真崎と荒木がおり、尉官級将校が中心でした。彼らはたえず陰謀を企て、たえず語らっていました。林を中心とする統制派は大川周明とつながりをもち、その中心は佐官級将校でした。統制派〔皇道派の誤り〕は、その中心人物の一人であった真崎が八月の陸軍定期人事異動で無理やり辞任させられたため、憤慨しました。

問　どちらのグループも右翼でしたか。右翼の中の一派でしたか。

答　はい、どちらの派も右翼であり、急進的で侵略的でした。

問　メンバーの違い以外に、この両者の計画や考え方の主な違いはどんなことでしたか。一方が望みもう一方が望まなかったことは何ですか。

答　それまで西田と大川が軍部内に影響力をもっていましたが、西田と大川が衝突したため、彼らの軍部工作が分裂を生み、その結果二つの派ができました。

問　それは主義というよりも性格の衝突でしたか。

答　主義というよりも感情的な理由だったと思います。二人とも非常に短気で狭量でした。

問　林陸相も真崎も軍部による政権支配と満州への進出に関して同じような考えをもっていたのに、人脈上の違いがあったのですか。

答　そうです。

問　日記から私は、内大臣と軍部の関係が当時かなり緊張していたと思いますが。

答　はい、軍部と内大臣の関係は非常に深刻でした。

問　九月三日の日記*に、林陸相が辞意を表明したと記されています。誰からどんな圧力があって彼は辞任に追い込まれたのですか。

＊木戸日記から

〔一九三五年〕九月三日（火）雨

……

正午、華族会館に至り昼食す。

五時、松井成勲来訪、軍の動行につき話を聴く。

四時半、原田男来訪、首相よりの話に、林陸相今朝首相を訪、辞意を表明し、後任には川島〔義之〕大将を推挙する意向を述べたる由なり。川島大将は明日迄に回答すとのことなり。

……

答　どんな理由だったのか覚えていません。

問　私のメモによれば、彼の後任は川島〔義之〕でした。

答　そうです。

問　川島は、軍部内でどのグループに属していましたか。

答　はっきり覚えていませんが、林派だろうと思います。

問　この陸相の辞任は、永田事件とつながりがありましたか。

答　正確なことは覚えていませんが、彼が病気ではなかったので、陸軍内の不和によるものと思います。

問　あなたが浪人だと言っているこの松井は、天皇機関説を支持していましたか、それとも軍部と緊密に連携してそれに反対していましたか。

答　彼は天皇機関説に関してははっきりした意見をもっていなかったと思います。どちらかと言えばすべての人の動きに興味をもってあらゆるニュースや噂を流していました。

問　華族クラブは政府の機関ですか、それとも社交団体でしたか。

答　まったく社交的なものです。

問　九月二七日の日記*に出てくる後藤〔隆之助〕*氏というのは誰ですか。

* 木戸日記から

〔一九三五年〕九月二十七日（金）晴

……

三時、後藤隆之助来庁、政情、近衛内閣云々等の話あり、井上侯に紹介す。

答　近衛〔文麿〕公爵の友人で、自由主義者です。大日本青年会館〔日本青年館〕に勤めていました。

問　九月三〇日の日記*に、若手将校は行き過ぎているとの天皇の危惧が記されています。彼らはどんなことをしようとしていると懸念されたのですか。

* 木戸日記から

〔一九三五年〕九月三十日（月）晴

……

二時、内大臣を官邸に訪ひ、例の機関説問題其の後の情況を報告す。其際、内大臣より、陛下は陸軍大臣に対し、近頃若い者は少し行き過ぎて居る様であるから大臣は此の際犠牲になりて処置する様にとの御言葉あり、更に総長宮の参内せられたる際、大臣に右の旨を申して置いた故、力を添へる様にとの御話あり、侍従長に対し、右の趣を内大臣に伝へ置く様にとのことなりし由なり。

答　このとき天皇陛下は、若手将校が独善的になっていると非常に心配され、大臣たちは犠牲になっても最善をつくすようにと仰せられてその点について大臣たちをおとがめになり、総長宮〔参謀総長閑院宮載仁〕が参内されたとき、陛下は総長宮に、陸軍大臣にその旨を話しておいたと仰せになりました。

問　天皇は、陸軍の規律を厳しくすることを要求していましたね。そのことを迫ったのではありませんか。

答　はい、大臣は犠牲になっても最善をつくすべきだと陛下はおっしゃられました。

問　天皇は彼らがどんなことをするのではと懸念していたのですか。立ち上がって政権を奪うことですか。

答　その点について陛下がどうお考えになっていたのかわかりません。おそらく行き過ぎたふるまいをして集団暴力に訴えるのをご心配しておられたのだと思います。

問　翌年の二月二六日に実際に起こったようなことを彼は予想していたと思いますか。

答　そこまでお考えになっていたとは思いません。陸軍軍人の大きな集団が集まるたびに、われわれは何か暴力事件が起こる予感がしましたが、陸軍自体が立ち上がることは夢にも考えたことがありませんでした。

問　私は、あなたがたのように陸軍軍人が事件をひき起こすのではないかといつも恐れているような状況に置かれたことがないので、そのような状況が存在することを理解するのは困難です。一〇月八日*の日記に陸軍大臣のことが出ています。彼は天皇機関説について再声明の要求を出そうとしている様子でした。川島陸相はその声明で政府に何をすることを求めていたのですか。彼はどんなことを主張していたのですか。

＊木戸日記から

（一九三五年）十月八日（火）晴

午前八時、原田より電話にて、軍部大臣は機関説の問題につき再声明の要求を出す模様にて、内閣は要求の如何によりては応じ難かるべく、万一の場合を考ふるの要ありとの話あり。九時半、内大臣を官邸に訪ひ、右の情勢を報告す。内大臣にも同様の情況を報じ来れるものあり。

……

一時半、侍従長を訪ひ再声明云々の話を伝ふ。本庄武官長と面談、土曜日に催されたる軍事参議官の会同の模様を聴。之によれば陸軍大臣（川島義之）は再声明を要求するも、結局、国体の根本義を更に一層明徴にするとの意にて、一木、金森等の人事には触れずとのことなりき。

……

答　政府が国体を明徴にすべく最善をつくすと宣言したことに関して、十分なことが何もなされていないと軍部は考えたため、国体を明徴にすることを再度政府に要求しました。

問　軍部は、国体を明徴にするために何をすることを望んでいたのですか。軍部内閣を作ることを望んでいたのですか。国体の明徴を要求するというのは実はそのことですか。

答　その目的は天皇機関説を支持していた人々を解任することで、結局はおそらく軍部独裁になると思われます。

問　政府は国体の明徴に関して再声明を出したのですか。

答　政府は再声明を出したと思います。

問　国体の明徴とはどんな性質のものでしたか。

答　覚えていませんが、政府は軍部と合意の上で声明を出したと思います。

問　その声明の概要を覚えていますか。声明がどんな内容だったか覚えていますか。

答　覚えていません。

問　政府が声明を出すと言いますが、内閣が首相を通じて行うのですか。誰が声明を出すのですか。

答　内閣です。

問　首相が発表するのだと思いますが。

答　そうです。

問　一〇月八日の日記に軍事参議官のことが出てきます。誰が軍事参議官でしたか。また日本政府内での彼らの役割はどんなことでしたか。

答　最高軍事顧問です。

問　軍事参議院と同じですか。

答　はい、同じです。

問　一〇月一五日の日記に*、国体明徴に関する再声明の写しを受け取ったとあります。どんな内容だったか覚えていませんか。

＊木戸日記から

〔一九三五年〕十月十五日（火）曇

……

六時半頃、白根書記官長より所謂国体明徴に関する再声明の写を送附し来る。直に内大臣に伝達す。

答　はい、ここのところは何も覚えていませんが、この声明は軍部との合意の上で出されたものなので、軍部に完全に押し流されたと思います。

問　この声明では、その後の日本の政策として軍部内閣を登用することを謳っていたと思いますか。

答　そのような具体的なことだとは思いません。非常に抽象的なことだったと思います。

問　一〇月二二日の日記に*、北支で新たな戦端が開かれたと記されています。そのころ、北支でどんなことが起こったのですか。

＊木戸日記から

〔一九三五年〕十月二十二日（火）晴

……

内大臣より電話にて、北支にて開戦云々との情報あり、右の確め方を命ぜらる。よって武官長を其室に訪ひ、事情を聴く。未だ何等情報なきも、今回は天津軍は介入し居らざるべしとのことなりき。尚、過日催されたる大将の会合の模様等を聴く。

……

答　そのあとに記事がないので、正確なことは覚えていません。間違った噂だったと思います。

問　日本軍は当時北支に進出しましたか、それとももっとあとのことですか。

答　もちろん天津には日本軍が駐屯していましたが、〔本庄繁〕武官長は天津軍は介入していないと言いました。

問　このころ、牧野内大臣が辞任を決意しましたね。

答　このとき決意したのではありません。彼はいつも辞任したいと思っていました。

問　それは軍部から強い圧力があったためですか。

答　一つには、健康を損ねたためですが、もう一つには彼に対する追及が非常に激しく、彼のほうで何か落度があればためにならないと思ったためです。

問　一二月四日の日記*の真中か終わりのほうに、内大臣も宮内大臣〔枢密院議長の誤り〕も辞任するということになると、反対側は勢いづくと記してあります。反対側と書いてあるのは、誰のことですか。

＊木戸日記から

〔一九三五年〕十二月四日（水）晴

七時五十分熱海発にて興津に向ふ。九時十六分着、直に西園寺公を訪問、九時二十分より十一時十五分迄懇談す。

大要左の如き御話を交換す。

内大臣の最近の病状を述べ、辞意の固きことを御話し、偶々一木枢府議長も亦健康勝れず辞意を宮内大臣に漏したることを伝ふ。

元老は右に対し、事情はよく判ったが、実は自分ももうやがて八十八で、最近は朝云ったことを午後は忘れると云ふ様な次第で、それに眼も具合が悪いので名古屋の医者〔勝沼精蔵〕に診て貰ったら、矢張りそこひだとのことで困って居る、そう云ふ話なら先づ私を御免蒙らして貰いたいものだとのことであった。

……

尚、左の如き御話もあった。

総理の立場を考へて見ると、今一緒に更迭すると云ふことになると、是れは反対側は凱歌を挙げることになるし、それ等の影響も考へねばならないからねとのことなりし故、其点は充分考へる必要があると思ひますが、先づ議会前に内大臣を更へ、選挙の際にでも枢府議長を交迭されてはどうかと思ひます、尚、元老御後見の下にやり直して見るのが必要かと思ひます、と御答す。

……

答 反対側とは、天皇機関説を非難し反対していた人たちや軍部のことです。

問 一般的に言って右翼団体と軍部のことですか。

答 そうです。

問 一二月一九日の日記で[*]、久原〔房之助〕というのは誰ですか。

* 木戸日記から

〔一九三五年〕十二月十九日（木）晴

……

一時、宮内大臣と内府の件につき面談す。宮内大臣、昨日首相と同上の件につき相談したるに、首相は内大臣の辞任は非常に困る、寧ろ一木男の方を辞任願ふ外なからんとのことにて、其の裏面には陸軍は久原一派にすっかり懐柔せられ、最近、陸軍大臣は某閣僚に若し国体明徴の問題にて内閣が解散を行はんとする場合には副署せずと話たりとのことにて、首相は議会中総辞職の不得止に至る場合をひそかに考へ居る様子なりとのことにて、事の意外なるに驚く。尚、金森法制局長官に就ては、閣僚中後藤内相を除き他は皆辞任を希望せりとのことなり。

答 久原は代議士で政友会です。軍部に近いとの評判でした。

問 あなたの日記の書き方に従えば、内閣は軍部が主張するように国体について声明を出すのではなく、総辞職をほのめかすところにまできていたのですか。

答 はい、久原は国体明徴を望んでいた人物の一人で、もちろん軍部の側でした。久原は陰謀家で、当時この事件を利用して政権の交代をはかろうとしていたと思います。

問 私の質問は、天皇機関説を撲滅するかどうかが、その問題の解決をめぐって内閣が辞職をほのめかすほどの問題になっていたのかどうかです。

答 はい、その取り扱い方が内閣の運命をある程度まで決定するからです。

問 内閣が天皇機関説の撲滅に賛成すると全員一致で発表したとすればどんな状況になるのか、私はまだ理解できません。立憲政体を廃止するということですか。

答 いいえ、天皇機関説の撲滅は、立憲体制に対する批判にすぎません。

問 憲法では、天皇を政府の機関として認めていますね。

答 憲法の下でこの二つの問題が議論されていたからです。

問 憲法を廃止せずにですか。

答 はい、この二つの見方は、憲法の解釈に関して出てきたものです。彼らは自分たちの希望を実現できるように憲法を解釈しようとしていたと思います。

問 天皇機関説を撲滅するとなると、政治のやり方にどんな一般的変化が起こることになりますか。

答　私にもよくわかりません。それは学問上の問題です。

問　そうなれば天皇の権力がかなり大きくなりますね。

答　彼らは天皇陛下に権力を授けて何でも自分たちの思いどおりにすることをめざしていたと思います。

問　それには天皇を彼らの側に引き入れることが必要でしたね。天皇は統治機関の変革に反対していませんでしたか。

答　反対しておられました。

問　彼らは天皇が自分たちに同意するのを待つことさえせず、そのような政府を天皇に押しつけようとしていました。そう言ってかまいませんか。

答　いいえ、彼らがそれを天皇陛下に押しつけていたということではありません。

問　でも、できれば押しつけたいと望んでいましたね。

答　はい、でも実際にはそれはできません。

問　日記に一、二箇所、陸軍大臣が辞職を拒否すれば内閣が総辞職できなくなることがあり得るとあります。閣僚の一人が辞職を拒否すれば、内閣は総辞職できないということですか。

答　閣僚が同意しなければ内閣は機能することができず、その結果内閣は倒れることになります。

問　一二月二〇日〔一九日の誤まり〕の日記の終わり近くで、陸軍大臣が反対しているため、内閣は総辞職できないことがあり得るとあなたは書いていますが、どういうことなのかまだ理解できません。他の閣僚がみな辞職を決意したのに、内閣が倒れるのをどうして彼が妨げることができるのですか。

答　議会解散の際、詔書に閣僚全員が署名しなければなりません。誰か一人の閣僚が副署を拒否すれば、解散を行うことはできません。

問　新内閣の組閣ではなく、議会解散のことを言っているのですか。

答　そうです。

問　話に出ましたので尋ねたいのですが、貴国の手続きによれば、議会は定期的に会合をもつのですか、それとも天皇または内閣または何らかの機関が召集するのですか。定例会があるのですか。

答　憲法にもとづいて、通常議会が一二月に召集されて三月まで会期が続き、必要な場合には特別議会〔臨時議会の誤り〕が召集されます。

問　でも内閣の全員一致の議決によって中途で解散できるのですね。

答　必要ならいつでも衆議院は解散できます。

問　解散とは、新しい選挙が必要になるということですか。

答　はい。

問　単なる休会とは違いますね。議会は休会になることがあるでしょうが、解散されれば新たに選挙を行いますね。その場合、衆議院議員の任期は、決まった期間ではなく内閣が選挙の実施を決定するまでの間になりますか。

答　衆議院が解散されると、代議士は国民の信任を失い、したがって新たに選挙が実施されます。

問　内閣が倒れると、必ず総選挙が必要ですか。内閣が倒れるのと同時に議会が解散されるのですか。

答　いいえ。

問　議会解散と新しい選挙は、内閣の特別な決定によるのですか。

答　はい。

問　内閣が倒れて新しい首相が任命されても代議士の身分は必ずしもその影響を受けず、衆議院議員は何代もの内閣にわたってその地位に留まることがあり得るのですね。

答　はい。

問　では、衆議院議員に選出されると、任期は決まっているのではなく、一般的に特定の議会を解散するとの内閣の決定によって決まるのですか。

答　議員の任期は四年と決まっています。

問　では、任期は四年以下になることはあっても四年を越えることはないのですね。

答　そうです。

問　一九三六年一月二二日の日記に*、ナチスの宣伝映画を見たとありますが覚えていますか。どんな性格のものだったか思い出せますか。何を植えつけようとしたのですか。その宣伝は日本向けのものでしたか、それとも何か他の種類の宣伝でしたか。

＊木戸日記から
〔一九三六年〕一月二十二日（水）晴
……
三時より会議室にてナチスの宣伝映画を見る。

答　ドイツの宣伝で、世界中にばらまかれていたと思います。

問　どんな性格のものだったか覚えていますか。何を実現ないし定着させようとしていましたか。

答　正確なことは覚えていません。空軍力や産業の発展などを誇示するものだったと思います。

問　日独協力を主張し、ドイツが実現しようとしていた軍事プログラムを印象づけようとしていたかどうか覚えていますか。

答　このときはそういうことはなかったと思います。

問　翌日〔一月二三日〕の日記に*、有田〔八郎〕大使のことと中国についての彼の意見のことが出ています。彼が当時の中国についてどう言ったか覚えていますか。

＊木戸日記から
〔一九三六年〕一月二十三日（木）晴
……
正午、貴族院議長官舎に至る。東久邇宮殿下台臨あり、有田大使を中心に小倉、結城、佐々木侯、井上侯、近衛公、南條〔金雄〕、各務、児玉〔正金〕、串田、原田、松平侯等参集、会食の後、有田大使より対支問題につき意見の開陳あり、之を中心に意見を交換す。
……

答　いいえ、覚えていません。[4]

〔この間原文が欠落か〕

問　〔二月二日の日記〕*この川崎〔卓吉〕という岡田内閣の新しい文部大臣は、先日話に出た川崎家〔川崎財閥〕と関係がありますか。

＊木戸日記から
〔一九三六年〕二月二日（日）晴
本日は日曜にも拘はらず川崎卓吉氏文部大臣に親任の式を行はせらるるにつき、九時四十五分出勤す。
式後、本庄武官長の求により面会、相澤公判の影響、軍の希望、山本英輔大将の最近の動き等につき懇談す。
軍の希望、動向、北支の方面は今の処自重せる故差当り心配のことはなかるべきが、元来軍の希望せる重点は軍備の充実なり。現在の軍備不足につき最も顕著なる点を挙ぐれば、第一、将校の不足にして、何れの隊も士官学校出は足らずして一年志願兵、特務曹長出身を以て補充せる有様なるが故に、力量も不足、士気も奮はざる状態なり。第二に、航空機其他の新兵器も蘇国等に比し劣勢なり。相手は何と云ひても蘇国なるが、現在の軍備にては第一線に立つ中少尉辺りはみす〳〵死地に入るの外なしと考ふ。彼等は死を恐るゝには非ざるも、飜って国内の実情を見るに極めて不真面目なる点あり、之等を是正すれば僅に軍備の充実をもなし得べしと考ふるに至れり。之が真面目に国内改造を論ずるものの主たる根拠なり。米繭等の統制法案にしても一部の政商等の為議会にて阻止せらる。此の現状には頗る憤慨す。而し彼等も急激なる革命を欲せず、故に彼等の希望を充し得るが如き強力内閣の出現を希望せるなり。何か一つでも宜しき故、此際実行することが急務なりと思ふ。

今、陸軍にては満井、橋本、石原等が活躍せるが、何れも考へは異り、満井は所謂皇道派、橋本は統制派と云はるゝが、彼等も此の問題になると一致して外部に当ることとなる。

……

答　まったく別人です。

問　同じ一族ですか。

答　いいえ、何の関係もありません。

問　その日に、あなたは相沢公判を含めて二、三の項目について懇談しました。相沢公判についての懇談とはどういうことですか。

答　相沢は永田を暗殺した人間で、彼の裁判に関係することでした。

問　山本〔英輔〕海軍大将の最近の動きとありますが、どういうことですか。

答　山本大将は非常によく動き回る人で、国内改造に積極的に動いているという噂がありました。

問　彼はどんな形の国内改造を主張していたのですか。陸軍の指導者たちと同じですか。

答　彼がそういったことを主張しているとの噂がありました。

問　彼は陸軍に関しても兵力と軍備の増強を主張していましたか。

答　山本大将は非常にエキセントリックな人で、斎藤が内大臣になったとき、自分が首相になれば国のすべての問題を解決してみせるとの手紙を斎藤に送りました。

問　彼は本当に総理大臣になりたいと希望していたと思いますか。

答　いいえ、彼はそんな人間ではありません。逆にそうではないということで支持を受けていました[5]。

問　真崎が解任されたとき、次に軍のどんな地位に移ったか覚えていますか。

答　軍事参議官になったと思います。

問　真崎や荒木などが率いる陸軍グループが当時主張していた主な問題の一つは、軍備の大幅増強でしたね。

答　そうです。

問　彼らが軍備の増強を望んでいた理由は何ですか。彼らはどんな理由を挙げていましたか。

答　陸軍は当時、将校の素質が非常に低下しており、またその人員が不足していると非常に心配していました。第二に、航空機や新兵器の点でロシアに比べて劣勢でした。この問題が二・二六事件の一つの原因になりました。

問　でも彼ら、陸軍軍人がそのように軍備の大幅増強を必要とした理由は何ですか。

答　ロシアが実際に日本を攻撃するのではないかと警戒していた

ためです。

問　ソ連は当時日本を攻撃すると脅かしていましたか。

答　ソ連の軍備がますます完全になり、ソ満国境での兵力が増強されてきましたから。

問　軍部は、満州でその地歩を固め、中国でやりたいことを実行するためにも軍備の増強を主張し迫っていたのではありませんか。

答　陸軍はソ満国境で問題が発生することを非常に心配していましたが、公けにはそう言いませんでした。

問　彼らは日本をロシアから防衛するために軍備増強が必要だと国民には言っていたと想像しますが、そのとおりですか。

答　そうするとロシアの神経をいら立たせることになるので、公然とは問題にしなかったと思います。

問　政府部内では、軍備予算を増やそうとして、ロシアから防衛するために陸軍の軍備増強が必要だと主張したのですね。

答　そう思います。

問　このグループは、日本が満州を保持しこの対アジア計画を推進していこうとするなら、軍備を増強しなければならないとも主張していたのではありませんか。

答　このとき私たちは支那に対する侵略的態度には気づいておらず、それはまったくロシアに対する受身的な恐怖だったと思います。ロシアの五ヵ年計画の成功は、日本にとって大変なショックでした。

問　たしかに軍部には日本をロシアから防衛するために軍備を増強すべきだと考える者がいましたが、大陸に生活圏と領土を獲得するために日本の兵力を増強すべきだと判断したグループもいましたね。

答　日本は満州問題の解決で手いっぱいだったと思います。

問　彼らは当時華北と南方のことを考えていたとは思いませんか。その考えはあとになってからめだってきたと思いますか。

答　はい、それはずっとあとのことです。第一次大戦の直後、世界中に軍縮の気運が強まり、宇垣〔一成〕が陸軍大臣のとき、日本の常備軍を四個師団削減しました。その代わりに機械化を進めることになっていましたが、その後財政困難となってその計画が実現できず、そのことが原因で軍部は政党に対して機嫌を損ねました。

問　あなたがたが陸軍や軍備の増強を始めれば、遅かれ早かれ誰かと戦うことになるのは当然ですね。そうではありませんか。

答　日本は第一次世界大戦には積極的に参加しませんでしたので、戦争方法の開発と陸軍の機械化が他の諸国に比べて非常に立ち遅れており、その面で優位に立ち積極的になろうと試みました。ロシアの五ヵ年計画とは対照的に、日本はその計画を実現できませんでした。その結果、日本は非常に恐れ心配していました。

問　種々の事件によって満州での作戦が始まったあとの陸軍の満州での行動は、いわば実地演習を行って、どこまで実現できるか知りたいという願望に刺激されてのことだと思いますか。

答　そんな意味があったかどうか知りません。

問　いずれにせよ、満州事変のあと、日中戦争の開始まで、この軍備の大増強は自衛のためであるとかなり一般的に考えられていたと思いますか。

答　はい。

問　当時、軍部の指導者たちが中国や仏領インドシナや南方に進出する計画を議論していることを聞きましたか。

答　当時そんな雰囲気はまったくなく、日本は満州で手いっぱいで、軍部内でも支那に手を出すかどうか意見が割れていました。

問　また、一部にはアジア人のためのアジアという総体的な考え方もありましたね。

答　それはずっと以前から日本にありました。

問　それには、一般的に言って政府内のすべてのグループが、軍部も軍部以外も賛成していましたね。日本は自らの対外政策の中で、アジアはアジア人のためのもので他の勢力はそれに介入すべきではないと考えていましたね。

答　軍部と右翼はそのような考えをもっていましたが、政府がそんな考えをもったことはありません。政府は常に英米と手を握り、世界中の国々と協力しようとしていました。

問　日本がアジア人のためのアジアという外交政策をとることが悪いと言っているのではありません。それが日本で広く行われていたか、それとも右翼団体だけがそう考えていたのかわからないのです。

答　一方ではそのような気持が広まっていたかもしれませんが、インテリはそう考えていませんでした。彼らは、軍部がそういった考えをもつなら、日本は英米と衝突することになると思っていました。日本の財界や産業界は英米との関係が密接でしたから。彼らの考えはアジア人のためのアジアというお題目よりも財政や経済を重視していました。抽象的ではなく現実的でした。

問　当時の日本には、英米の影響力をたとえば香港から実際に武力によって駆逐することさえ主張する急進派がいたと思いますが。

答　はい。

問　必要ならば武力に訴えても非アジア人を大陸から追い出すことを主張していた人たちは誰だったか知っていますか。

答　軍部にはそんな考えをもつ者がいたかもしれませんが、その他の人々はそんなことは不可能だと思っていました。

問　軍部の中で誰が当時武力に訴えることを主張するほど急進的だったと思いますか。

答　極東から英米のあらゆる利権を一掃することまで考えていた軍人がいたとは思えません。そこまで急進的だったとは思いません。

問　彼らは、言うなれば英米の影響力がアジアにさらに侵入するのをとめたいと思う程度には急進的であったのですか。

答　日本が極東で優越的な地位を得ようとする程度にすぎなかったと思います。

問　たしかに彼らの一部は、必要ならそれを達成するため武力に訴えることを主張するほど、その計画にのめりこんでいましたか。

答　多分軍部内にはそのような雰囲気があったかもしれません。

問　荒木や真崎はそういう考えだったと言えますか。

答　荒木と真崎は、徹底した反ソの戦略家だったので、支那問題にはかかわり合っていなかったと思います。彼らがすぐに英米の影響力を一掃する計画を実行できると考えていたとは思いません。

問　彼らがその後の出来事をそこまで予期していたとは思いませんか。つまり、彼らが中国で最終的に起こしたようなことを主張していたとは言えませんか。

答　そのような長期計画をもっていたかもしれないと思います。

問　荒木や真崎は、うまくいけばいつかは中国で領土を獲得したいと希望し計画していたという意味ですか。

答　支那の領土を欲していたとは思いません。

問　領土ではなく影響力を望んでいたと思いますか。

答　むしろ、彼の考えは支那での政治的発言力を得ることだったと思います。

問　彼らの計画は、経済面で実現できないなら、十分な力があれば武力に訴えてもそれを実現することを含んでいたと思いますか。

答　彼らが権力を握ったとすれば、そのことにどの程度まで考慮を払うかわかりません。

問　荒木と真崎は、一九三七年に支那事変が勃発したあとも引き続き指導者として積極的に活動していましたか、それとも背後に退いていましたか。

答　当時はたいした指導者ではなかったと思います。

問　少し前に出てきた同じ名前の浪人の他に、満井〔佐吉〕という名の陸軍軍人がいますか。ああ、二月二日の日記の終わりのほうに出ていますね。

答　はい、彼は軍人です。中佐ぐらいで荒木・真崎・石原〔莞爾〕一派の一人です。

問　彼は今日さきほど出てきたミツイとは別人ですか。

答　この名前が出たのはこれが初めてです。

問　満井は関東軍の一員でしたか。

答　いいえ、東京にいたと思います。

問　彼の軍部とのつながりや立場はどうでしたか。当時のことを思い出せるなら。

答　彼は九州の炭鉱を担当していたと思います。現地の状況を見て、彼は財閥に対して非常に憤っていました。

問　彼は出張からもどったとき、財閥に対してどんな不満を抱いていたのですか。

答　彼は、三井財閥が経営していた炭鉱が労働者にとって非常に過酷で、労働条件が劣悪であり、そのため騒ぎをひき起こしストライキさえ起こしていると考えました。

問　東京での彼の陸軍の階級は何でしたか。

答　おそらく九州の何らかの陸軍機関付きだったと思います[6]。

問　当時の日本の対中国政策はどうでしたか。二月七日の日記*にそのことが出ています。

＊木戸日記から
〔一九三六年〕二月七日（金）晴
……
正午、原田邸に至り、有田大使、結城、井坂、中根〔貞彦〕、池田、江口、深井〔英五〕の諸君と会食し、対支政策を中心に意見を交換す。

答　この会合には財界人が出席し、駐支大使として在任中に帰国した有田が、支那に対する政府の強力な措置について見解を述べました。具体的なことは覚えていません。

問　二月九日の日記*に真崎大将に対する優遇とあります。どういう意味ですか。

＊木戸日記から
〔一九三六年〕二月九日（日）晴
……
十二時半、土岐子来訪、相澤事件を中心とする軍の事情、眞崎大将優遇云々等の意見を聴く。
……

答　このとき陸軍将校だった土岐〔章子爵〕は、相沢に対する処罰で陸軍内が非常に動揺していると述べました。彼は、事態を好転させるため真崎に対し寛大にのぞむべきだと進言しました。

問　真崎は永田暗殺に直接関係していたと非難されていたのですか。

答　相沢の背後に真崎がいると言われており、また相沢はいつも真崎を訪ねていました。

問　真崎が教育総監に転属されたのは、永田暗殺のあとですか。

答　転属が事件の一因となったので、事件のほうが先です。

問　当時、真崎は陸軍省の好意的態度を回復するためにどんなことをしていましたか。

答　陸軍大臣との関係を改善しようとする動きがありましたが、実際には関係がよくなかったので、こんな話がもち上がりました。

問　二月一三日の日記*に軍事参議官等の意向とありますが、どういうことですか。

　* 木戸日記から

〔一九三六年〕二月十三日（木）晴

……

正午、華族会館に至り昼食す。土岐子より軍事参議官等の意向を聴く。

……

答　土岐は、真崎と陸軍大臣の関係を非常に心配していたので、そのことがどうなっているか軍事参議官らに尋ねました。

問　彼はこの問い合わせでどんなことをたしかめたのですか。

答　正確なことは覚えていませんが、彼は軍事参議官たちに個別に尋ねました。

問　彼が言ったことを覚えていませんか。

答　何人かのメンバーに問い合わせたので、私にはわかりません。

〔第一八回〕

真崎教育総監の更迭
二・二六事件の原因
二・二六事件に対する陸軍上層部の対応
真崎教育総監罷免と二・二六事件の関係
皇道派と統制派
真崎内閣構想
陸軍指導者の二・二六事件への対応
軍部の政権掌握後の対外政策構想
二・二六事件に対する軍事参議院・海軍の対応
二・二六事件の収拾と天皇の態度

日時　一九四六年二月二〇日　一三時四五分—一五時三〇分
場所　東京　巣鴨プリズン
出席　木戸幸一（侯爵）
　　　ヘンリー・R・サケット（尋問官）
　　　フレッド・F・スズカワ中尉（通訳）
　　　S・M・ビーター嬢（速記者）
尋問　サケット

問　一九三六年二月一九日の日記に*、真崎〔甚三郎〕大将が梨本宮〔守正王〕を動かそうとしたと記してあります。彼は実際にどんなことを行おうとしたのですか。

＊木戸日記から
〔一九三六年〕二月十九日（水）曇
……

十一時半、副島伯、侍従長に面談の際、左の如き一節ありし旨、廣幡太夫より聞く。

教育総監交迭の前に眞崎大将は伯を訪ね、部内の事情を語り、鍋島公（侯）母堂〔栄子〕より梨本宮妃に御話を願ひ、元帥宮〔守正王〕を御動かし願ひたし云々と語りし由にて、伯は強く其不都合をたしなめたりとのことなり。

……

答　副島〔道正〕伯爵と真崎はたまたま同郷で、彼らの藩主が鍋島〔直映〕侯爵でした。梨本宮妃が鍋島侯の母堂〔の娘〕なので、彼らは鍋島侯母堂〔鍋島栄子〕を通じて梨本宮を動かそうとしました。

問　私が知りたいのは、彼らが何のために彼を動かそうとしたかです。彼らはどんなことをしようとしていたのですか。

295　第18回尋問　1946年2月20日

答　真崎が罷免された件で皇族を動かすのが目的でした。

問　それは真崎の罷免に関係するものでしたが、彼は誰の信望を取りもどそうとしたのですか。陸軍ですか。

答　天皇陛下の恩寵を得ることです。

問　二月二六日まできました。日記にはその事件についてたくさんのことが書いてあります。二・二六事件の背景は何であったか、それは何を暗示するものだったのか、誰がかかわったかを、思い出すままに自分の口から説明してください。

答　二・二六事件の原因は、財閥や政党に対する陸軍の反感です。この年、第一師団は満州に移駐することになっており、第一師団の将校たちは満州へ移駐すればソ連と戦うことになると思っていました。彼らは、ソ連を非常に恐れ、自分たちの装備が不十分だと思っていました。彼らは国のために死ぬことは恐れていませんでしたが、劣った装備では犬死になると思っていました。そのため、非常に不満を抱いていました。

問　第一師団の師団長は誰だったか覚えていますか。満州へ行く部隊の指揮官は誰でしたか。

答　師団長の名前は今思い浮かびません〔堀丈夫〕。

問　結構です。続けてください。

答　それで、将校たちは満州へ出発する前にここで問題を片づけていく、陸軍をこんな状態にしている財閥と政党に対して何かしていくと言っていました。

問　政党と財閥は陸軍の装備改善のための予算を抑えるように動いたので責任を負うべきだと彼らは考えたのですか。彼らはそう考えたのですね。

答　陸軍は不満をもち、予算を削り、税法改正や十分な軍事予算の支給を妨害しようとした責任を財閥は負うべきだとの気持を抱いていました。

問　満州へ行くことになっていた第一師団の者たちは、装備が十分であればロシアと戦争を始めることに賛成していたのですか。

答　第一師団が満州へ行くことに特別の意味はありません。彼らは部隊を交替して満州に配置されたのですから。

問　でもこの事件に関係した人たちは、彼らの考えではロシアと戦うはずの第一師団だったとあなたが言ったと思いますが。

答　彼らはロシアと戦う意志、ないしそういう気持をもっていましたが、彼らがロシアと戦う予定だったということではありません。この第一師団の満州移駐は、大臣が決めた長期計画ないしスケジュールにもとづくものです。その種の噂はずっと以前からわれわれの耳に届いていました。

問　つまり、軍部は適切な装備が得られるなら、彼らが日本の敵国と考える国々と戦う気があったのですか。そう言ってよいですか。

答　当時の陸軍はどちらかと言えば受け身の状態にあり、装備を近代化しようと血まなこになっていました。

問　なぜ装備の改善にそれほど固執していたのですか。中国に進出できるようにですか、それとも純粋に防衛のためですか。

答　陸軍はその装備が防衛にさえ不十分であり、第一次大戦に参加した好戦的な諸国が軍事的に日本よりずっと進んでいると考えていたと思います。

問　でも、彼らは軍事目的に充当してほしいと思っていた予算をいわば防衛的装備ばかりでなく攻撃的軍事装備にも使いたいと希望していましたね。

答　当時の気持は、攻撃というよりも防衛に使うべきだということだったと思います。彼らは攻撃には信頼を置いていませんでしたから。二・二六事件の中心は前に話した皇道派で、大部分が尉官級の将校でした。皇道派の背後には、民間人でそのグループの事実上の策士だった西田〔税〕や北〔一輝〕などの人物がいました。しかし実際の陰謀は第一師団内で企てられ、こんなに突然に暴力的な形で事件が起こるとは誰も予想していませんでした。すなわち彼らは岡田〔啓介〕首相官邸、〔斎藤実〕内大臣邸、高橋〔是清〕蔵相邸、それに教育総監邸を襲撃しました。

問　それは誰ですか。

答　渡辺〔錠太郎〕です。それにまた湯河原温泉にいた牧野〔伸顕〕前内大臣を襲い、陸軍省、参謀本部、警視庁を占拠しました。また鈴木〔貫太郎〕侍従長も襲いました。私は事件を知ってすぐ午前六時に参内しましたが、三〇分遅れていれば私も反乱軍に捕まっていたと思います。

問　彼らは当時あなたを捜していたと思いますか。

答　私を捜していたとあとになって聞きました。この計画は二段階になっていました。第一段階は今話したもので、これらの人たちがすべて襲われました。第二段階では、私も襲撃目標に含まれていたと思いますが、近衛部隊内に破壊分子や反乱分子がいたことがわかりました。私が最も恐れていたのは、反乱軍が陸軍司令部の支配権を握ることで、彼らが偽りの陸軍命令を出すのが心配でした。

問　陸軍司令部とはどういうことですか。参謀本部のことですか。

答　参謀本部と陸軍省のことです。〔本庄繁〕武官長にその点を調べさせて、彼らが偽命令を出していないことがわかりました。われわれが心配していたもう一つのことは、宮城を武力で襲撃して天皇陛下に直接請願をしはしないかということでした。この点については私が近衛師団の決意ないし気持を尋ね、近衛師団は彼らが武力をもって進入してきた場合は撃退すると答えました。その答を聞いてわれわれはおおいに安心しました。陸軍は当時その事件を正当化しようと全力をつくしていました。そのような気持をなだめるためわれわれはとても苦労しました。

問　陸軍は彼らの行動を正当化するためにどんなことをしたり言ったりしましたか。

答　陸軍は、彼らが国を救おうとしており現状を黙認して坐視することができなかったのだと言おうとしました。

問　陸軍が正当化しようとしたと言いますが、陸軍の誰のことですか。

答　司令部の石原〔莞爾〕などがその点できわめて積極的で、この気持は佐官級将校たちの間で非常に強烈でした。

問　石原は当時参謀本部にいたのですか。

答　彼は東京の参謀本部にいたと思います〔作戦課長〕。

問　事件に対する閑院宮〔載仁〕参謀総長自身の態度はどうでしたか。

答　宮は非常に正しい見方をなさっており、とても憤慨しておられたと思います。

問　当時の参謀次長は誰でしたか。それまでは真崎だったと思いますが。

答　正確には覚えておりませんが、多分杉山〔元〕だったはずです。

問　杉山は事件の犯人たちに同情していましたか。

答　いいえ、杉山は絶対に事件を肯定しませんでした。

問　参謀本部の誰が犯人たちに同情し、彼らの行動を正当化しようとしたのですか。

答　将官の中には事件を正当化しようとする非常に強い気持はありませんでした。でも彼らには犯人たちを弾圧しようという意志や希望もなく、このとき両者の間に立って動いたのが山下奉文でした。

問　彼は参謀本部の一員でしたか。

答　陸軍省の〔軍事調査〕部長だったと思います。

問　彼は満州事変当時、荒木〔貞夫〕や真崎と緊密に連携していた人ですか。

答　直接のつながりはなかったと思います。彼が仲介役を買って出たのは、その地位のためだと思います。このときの陸軍の宣伝では、現在の困難を解決するには満州〔真崎の誤り〕に組閣させなければならないと言っていました。

問　つまり、陸軍グループは真崎を首班に推そうとしていたのですか。

答　天皇陛下はこのとき反乱に対して非常に毅然とした態度をおとりになりました。事件が完全に鎮まるまでは組閣を行ってはならぬと仰せられました。陛下は現内閣が事件を解決するように命じられました。

問　真崎が少し前に教育総監を罷免されたのはなぜですか。

答　真崎は陸軍内に分派を組織しようとしており、陸軍が分裂するのを防ぐために罷免されたといわれていました。

問　彼はどのようにして罷免されたのですか。天皇が彼の罷免に何らかの形で関与したのですか。

答　いいえ、林〔銑十郎〕陸相が彼を罷免しましたが、真崎は承知しませんでした。

問　天皇はそのとき彼の罷免に賛成でしたね。

答　はい。そのために天皇陛下は真崎の罷免に同意なさり、またそのために相沢事件が起こって永田〔鉄山〕が殺されました。

問　陸軍内には二・二六事件の直前に真崎の罷免を非常に憤っていた分子がいたのですね。

答　はい。

問　彼の罷免が、係争点の一つとして二・二六事件と結びついていたと思いませんか。

答　ですから皇道派は真崎や荒木の下で動いていました。

問　荒木や真崎の一派は、真崎の罷免が政党や財閥やさらには天皇をも含めた反対派によって行われたと思っていましたね。

答　天皇陛下が含まれていたかどうかはわかりません。

問　天皇は一般的にこの軍部の計画にとても反対していましたね。ですから彼も反対派に数えられるはずですね。

答　はい、そのとおりですが、日本の軍部は天皇陛下をその範疇には入れません。両派とも陛下を味方にしようとして全力をつくしていました。

問　彼らはどちらも天皇を通じて支配することを望んでいたのですか。天皇ぬきではなくて、天皇を通じて自分たちの目的を達成することを望んでいたのですか。

答　事件勃発の直後には、参加者は蹶起部隊と呼ばれました。四日後には騒擾部隊と呼ばれ、そのあとには叛乱部隊と呼ばれました。

おわかりのように見方が変わったのです。

問　彼らがそう呼ばれたと言いますが、新聞記者がそれらの名前で呼んだのですか。誰が彼らをそれらの名前で呼んだのですか。

答　陸軍省が出した公式発表でそう呼ばれていました。

問　二・二六事件の根本的原因は装備のための予算を増額してほしいという軍部の要求でしたが、事件が起こった直接原因の一つは真崎の解任と罷免だったのですか。

答　それは直接に働いた要因の一つだったと思います。真崎は反乱軍に呼ばれ彼らは真崎を利用しようとしましたが、真崎は直接の武力行使に賛成でなかったので彼らの行動にとても憤慨していました。

問　真崎は事件の勃発前にその企てに手を貸したとは思わないのですか。

答　それはとても疑わしいと思います。彼はその計画ないし陰謀を受け身の形で聞いていたが、賛成でも反対でもなかったと思います。

問　彼は前もって知っていたと思うのですね。

答　知っていたと思います。彼はその状況について何でも知っていたと言われていました。ですから、あとで軍法会議で取調べを受けました。そして、無罪を宣告されました。

問　彼が非常に積極的であろうとなかろうと、少なくとも叛徒たちは常に真崎を自分たちの指導者と考えていましたね。

答　反乱は彼を頼りにして実行されたと思います。叛徒たちは真崎が背後から手助けしてくれるものと思っていました。

問　つまり、彼らは自分たちが立ち上がれば真崎が進み出て指揮をとってくれると思っていたが、彼は彼らが考えたほどにはそうしなかったのですね。

答　そうです。

問　荒木も当時真崎の罷免にとくに怒っていましたね。

答　怒っていたかもしれませんが、私にはわかりません。でも荒木はこのときあまり積極的ではありませんでした。

問　荒木はあらかじめこの企てを知っており、それに参加していたと思いますか。

答　真崎ほど知っていたか疑問です。

問　荒木も真崎も、叛徒たちが望んでいたのと同じ結果を実現しようとしていましたね。でも方法についての考えが違っていたのですか。

答　そうです。

問　荒木も真崎も、兵力を増強して中国で彼らの計画を実現できるようにするために、軍部が政権を握ることを望んでいましたね。

答　一般的にはそうです。

問　南〔次郎〕はこの事件にどんな形で関係していましたか。

答　まったく関係していなかったと思います。このとき南は事情も知らされておりませんでした。

問　板垣〔征四郎〕は叛徒たちのために積極的に動きましたか。

答　板垣は何のつながりもなかったと思います。

問　彼は当時満州にいましたか。

答　当時どこにいたか知りません〔関東軍参謀副長〕。

問　この人、奉天時代に〔事件での誤りか〕動き回っていた大川〔周明〕はどうですか。彼はこの事件に関係していましたか。

答　大川はもう一方の統制派とつながりがあったので、関係していなかったと思います。これは皇道派が起こした事件でした。統制派は、大部分が佐官級の将校でした。

問　統制派と皇道派の目的の違いを教えてください。彼らの計画はどこが違っていたのですか。

答　統制派と皇道派の計画は大体同じようなものです。唯一の違いは、指導者です。皇道派では西田と北が指導者で、統制派の指導者は大川です。この二つの派ができた理由は、大川と西田が喧嘩し、両派の人たちが非常に短気かつ狭量だったことで、仲違いのため分裂が起こりました。

問　皇道派はこの事件で統制派から何らかの支援を受けましたか。

答　いいえ、統制派はまったく手を貸しませんでした。十月事件の前には統制派と皇道派は一緒になっていましたが、青年将校たちは上級の佐官級将校たちが不純な動機を抱いていると思い、そのためそのあとで分裂が起こりました。

問　彼らの動機のどこか不純だと思ったのですか。

答　昇進や金銭的報酬などを望んでいると言われていました。

問　例の橋本〔欣五郎〕はこの事件と関係がありましたか。

答　彼は統制派でした。

問　彼はこの事件で積極的に動かなかったと思いますか。

答　彼はあまり積極的ではなかったと思います。十月事件のとき参謀本部の将校たちは日本中の全部隊に偽命令をくだすことを計画していたので、二・二六事件でも叛徒たちが偽りの陸軍命令を出さないかと心配されました。でも統制派がこの反乱にまったく参加しなかったので、われわれの懸念は杞憂に終わりました。

問　統制派は事態に共感していましたね。なのに積極的に参加しなかったのですか。

答　反乱を鎮めるのに四日もかかった理由は、統制派の佐官級将校たちが共感し、また彼らがそれに関して企てや陰謀を謀ったためです。また、彼らが真崎の組閣を要求したためです。

問　彼らというのは、統制派のことですかそれとも両方ですか。

答　両派です。

問　この二派が一緒になり、お互いに争わなかったら、事件は成功したかもしれないと考えますか。

答　はい、そうなれば大変な事態になったと思います。

問　でもそのとき両派が前面に出て事態収拾のため真崎を首班に推したのですか。

答　真崎内閣が同意を与えられれば、軍部は勢いづいてあらゆる要求を出すことになるからです。組閣について考える前に事件を完全に鎮めなければならないと思いました。

問　根本〔博〕のこの事件での役割は橋本とほぼ同じですか。

答　はい。

問　石原がどんな役割を演じたか、話してください。

答　正確なことは知りませんが、石原は参謀将校としてこの事件で非常に活発に動き、おおいに共感していたと聞きました。

問　彼はどちらの派でしたか。

答　皇道派に近かったと思います。

問　小磯〔国昭〕はどうですか。彼は事件に関係していましたか。

答　関係していたと思います。彼はいわばまあ統制派の首領でした。

問　小畑〔敏四郎〕大佐〔事件当時少将〕はどうですか。

答　彼は関係していなかったと思います。

問　鈴木〔貞一〕中佐〔事件当時大佐〕はこの事件である役割を果たしましたね。どんな役割でしたか。

答　直接の関係はありませんでした。彼は事件解決の際に積極的に動きました。

問　重藤〔千秋〕はどうですか。

答　彼が当時日本にいたかどうかわかりません。

問　林陸相ですが、彼はこの事件でどんな役割を演じましたか。

答　彼は明らかに事件に反対していました。林はもちろん真崎解任の責任者で、統制派でした。

問　満井〔松井石根の誤りか〕将軍は事件に関係しましたか。

答　わかりません。関係していたとは思いませんが、共鳴していたと思います。

問　彼は当時参謀本部にいましたか。

答　覚えていません。

問　岡村〔寧次〕少将のことが出ています。彼がこの事件でどんな役割を果たしたか、知っていますか。二月二八日の日記*に、岡村、山下両少将がこの陰謀で積極的に動いたと近衛〔文麿〕公が述べたとあります。

* 木戸日記から

〔一九三六年〕二月二十八日（金）曇

……

近衛公と会談の際、左の如き断片的の情報を聴く。

一、今回の事件は岡村〔寧次〕・山下〔奉文〕両少将、石本〔寅三〕大佐の合作なりとの相当確実なる聞込あり。

一、石原大佐と久原の合作にて山本英輔大将を擁立せんとし、海軍側に一蹴せられたりとの説あり。

一、石原、橋本、根本等には連絡あり。

一、橋爪〔明男〕助教授に改革案を頻りに急ぎたる事実あり。

近衛公は三浦一平〔逸平カ〕の紹介にて橋爪に会ひたることありと。

……

答　岡村少将のことは何も知りません。今は大将だと思います。

問　石本〔寅三〕大佐についてはどうですか。

答　石本兄弟は三人ぐらいおり、これはそのうちの誰のことかわかりません。この話は眉唾だと思います。

問　大体のところ皇道派の首領、指導者は誰だとあなたは言いましたか。

答　石原は皇道派に近かったのですが、実際の指導者は若手大尉で、香田〔清貞大尉〕や天野〔安藤輝三大尉の誤りか〕等です。一二人の尉官が事件に関係し、全員死刑になりました。

問　でも荒木や真崎は皇道派に同情的な高官でしたね。

答　はい。

問　林は統制派に同情的な高官でしたね。

答　はい。

問　林以外に統制派に同情的だった高官は誰ですか。

答　統制派の指導者は、林や亡くなった永田〔鉄山〕や橋本とその他の佐官級将校たちでした。

問　永田は亡くなっていましたね。

答　はい。

問　両派は方法こそ違っていたが、その当面の欲求は軍部が政権を握ることでしたね。

答　はい、一般的に言えばそうです。

問　両派はその長期計画の中で、政権を握って自分たちが求めていた軍事力を増強したあと、日本が満州や中国へさらに進出することを望んでいましたね。それが彼らの長期計画だったのではありませんか。

答　彼らが長期計画をもっていたとは思いませんが、青年将校たちは装備が不十分なことを憤っていました。

問　軍事的な意味で国を強化して、これらの諸事件を通じていつも厄介の種であった中国問題に決着をつけたいと思っていたことが、彼らの計画に含まれていたとは思いませんか。彼らは中国に要求を突きつけ、それが容れられなければ軍事力を投入して決着をつけられるようにするための十分な兵力を望んでいましたね。

答　そのような徴候はありましたが、彼らが実際に計画していたかどうかはわかりません。

問　それが石原の一般的態度でしたね。

答　石原は満州問題を解決したいと望み、ソ連との関係のほうに熱心だったので、支那事変には賛成していませんでした。支那とロシアのどちらを最初に取り上げるか、意見が分かれていました。

問　でも軍部の本当の目的についてこれまで話し合ってきましたが、それは中国とソ連に対して侵略的な対外政策が採用できるように、十分な軍事力と統治能力を強めることでしたね。

答　はい。

問　この事件で殺されたのは誰ですか。

答　斎藤〔内大臣〕です。

問　それに高橋蔵相ですか。

答　はい、渡辺軍務局（ママ）長兼教育総監、この三人です。それに鈴木〔侍従長〕が負傷しました。

問　岡田〔首相〕は助かりましたか。

答　はい、牧野〔前内大臣〕も助かりました。

問　これらの人たちが狙われたのは、彼らが軍事力増強に反対する指導者だと叛徒たちが考えたためですね。

答　はい。

問　軍事参議官についていくつか記事があり、また二月二六日の日記に*、軍事参議官たちは、叛徒たちの意見に共鳴しその計画の実現に賛成であり、彼らが撤退すれば軍事参議院はその計画を支持するとの態度をとったとあります。それが軍事参議官たちの態度でしたか。

* 木戸日記から
〔一九三六年〕二月二十六日（水）雪
……
午後六時半、大角海軍大臣拝謁、後藤内務大臣を総理大臣臨時代理に任命の件を内奏す。
軍事参議官の申合せにて、手分けして慰撫することとす。其の条件は、国体の顕現と云ふ諸君の主張は自分等も同感なれば、之が達成には努力す、又内閣に向ても之が実現を要求するが故に、汝等の目的は達せらる、故に此辺にて兵を引くべしと云ふにありと。
……

答　軍事参議院がそのような態度をとったため、この事件は反乱とは呼ばれませんでした。

問　つまり、叛徒たちがやったことは、実は軍部が望んでいたことだったのですね。

答　はい、それに軍事参議官たちの考え方がばらばらでまとまらなかったので、反乱と呼ぶかどうかの問題は結論が出ませんでした。

問　つまり、軍部の側で事件を鎮めるための組織的努力は行われず、どうすべきかで意見が割れていたのですか。

答　陸軍は、反乱者たちに好意的でない態度をとると、日本国中に叛徒たちの共鳴者が出るのではないかと恐れており、われわれは軍部がそんな馬鹿げた態度をとったことにとても憤慨していました。

問　軍部がその機会に政府を完全に乗っ取れなかった唯一の理由は、軍部内で互いに争っていたことだと思います。彼らが一致団結していれば、事件後は軍部が日本を完全に支配することになったでしょうか。

答　はい。

問　一木〔喜徳郎〕枢密院議長は、自分が事件の原因であると考えて辞意をもらしたと日記*にあります。彼は事件とどんな関係があったのですか。なぜそう考えたのですか。

* 木戸日記から

〔一九三六年〕二月二十六日（水）雪

……

一木議長は今回の問題の根源が自己にあるとの意味にて辞意を漏さる。

……

答　彼は天皇機関説の支持者の一人とみなされ、その点で軍部の反対を受けていたからです。彼は東京帝国大学の教官だったとき天皇機関説について講義し、そのために非難の的になっていました。

問　これは、実は日本にファシスト型のあるいは全体主義的な政府を作ろうとする軍部の運動だったのですね。

答　この事件の犯人である青年将校たちは直接の目的しかなかったのですが、同情者たちはこの事件をそのために利用しようとし、真崎内閣を強く要求していました。

問　同情者というのは、先に名前が出た荒木や石原等、上級の指導者たちのことですか。

答　そうです。

問　彼らは、日本がもっと積極的で侵略的な対外政策を実現できるように陸軍の兵力を増強すべきだと判断した者たちですか。

答　はい。

問　海軍はこの事件でどんな役割を果たしましたか。また海軍の高級将校たちはどんな態度でしたか。

答　海軍はこの事件に非常に憤慨し、報告によれば、陸軍が反乱を鎮圧できないなら海軍がそうする覚悟があると言っていました。陸戦隊が軍艦から上陸したとの噂さえ耳にしました。

問　東久邇宮*というのは誰ですか。

* 木戸日記から

〔一九三六年〕二月二十六日（水）雪

……

午後十時半、朝香宮山縣〔栗花生〕御附武官来室、殿下御召とのこと故、宮殿内の御部屋に至る。朝香・東久邇両宮殿下御出にて、十二時迄今回の事件につき種々御意見を承り、又進言す。大体に於て大義名分を明にせらるゝの御論にて大に意を強ふす。

……

答　東久邇宮〔稔彦〕は皇族の一人で、第二次世界大戦の終了後に内閣を組織した人です。

問　事件は結局どのようにして収拾されたのですか。

答　叛徒たちが反乱部隊の烙印を押されてから、戦車とアドバルーンを使って兵士たちに離脱を呼びかけるビラがまかれました。それによって反乱軍の士気が乱れて参加者の多くが原隊に復帰し、戦火を交えることなく反乱が鎮圧されました。将校は全員逮捕されました。

問　その間、事件が続いていた三、四日間、天皇は事実上宮殿に閉じ込められた捕虜でしたね。

答　いいえ、近衛師団は反乱軍ではありませんでした。

問　でも外部の反乱軍が天皇の自由な行動を妨げ、皇居内に彼を閉じ込めていましたね。

答　もちろん、この事態のため陛下が外へお出ましになることはできませんでしたが、皇居は完全に包囲されてはいませんでした。私自身皇居に出入りできました。反乱軍は、議事堂、参謀本部、陸軍省の周りに集結していました。

問　軍部の大多数が叛徒たちがやろうとしたことに共鳴していたため、軍部内ではこの事件は最初の数日間反乱とはみなされていませんでしたね。

答　はい、軍部内では彼らは反乱軍として扱われず、事件は反乱とみなされていませんでした。

問　軍部が結局はその決意を翻して彼らを反乱軍とみなし、逮捕して裁判にかけ、そのうち数名を処刑するに至ったのはどうしてですか。

答　天皇陛下が事件を反乱とみなす断固とした態度をおとりになり、また世論が、将校が兵に命令する行為は反乱行為であると考えたためです。

問　あなたは疑いなく反乱であったと思いますね。

答　はい、私は当初から反乱とみなしていました。また日本の全兵士を徴兵する兵役法のもとで、兵士を利己的な目的に使う行為は国民の非常な憤激を呼びました。

問　これは、天皇が断固とした態度をとって陸軍グループの忠誠心を呼びさまし、反乱を鎮圧することができた例ですね。

答　はい。

問　これまで話をしてきて天皇が本当に断固とした態度をとったときはいつでも必ず支持を受けたことがわかりました。そうではありませんか。

答　はい。

（二）东京审判田中隆吉询问中的卢沟桥事件

资料名称： 東京裁判田中隆吉蘆溝橋事件の部分

资料出处： 粟屋憲太郎、安達宏昭、小林元裕編，岡田良之助訳《東京裁判資料田中隆吉尋問調書》，大月書店1994年発行，第220—247頁。

资料解说： 田中隆吉曾任陆军省军务局长，虽然不是卢沟桥事变的直接参加者，但是策划了「绥远事件」等多次重大侵华战争行动，战后曾作为远东国际军事法庭检方证人，提出所谓的「田中证言」。本资料是东京审判时询问田中隆吉的一部分证言，包括卢沟桥事变、《何梅协定》等。

〔第二四回〕

満州事変に関する報告書
張作霖爆殺事件と河本大作
日本軍・蒙古軍の察哈爾進攻
日本軍の河北撤退
梅津＝何応欽協定
関東軍の中国本土への部隊派遣
支那事変
満州での軍隊訓練
満州事変の中心人物
今田新太郎と柴山兼四郎
張作霖爆殺事件
満州事変における大川と橋本の役割

日　時　一九四六年五月一八日
　　　　　　一〇時一五分～一二時一五分
場　所　日本　東京　陸軍省庁舎　三七四号室
出席者　田中隆吉
　　　　エルトン・M・ハイダー氏　尋問官
　　　　W・I・マッケンジー氏　尋問官
　　　　リシチ・オーヌマ氏　通訳
　　　　クレア・ステファネリ嬢　速記者

ハイダー氏　将軍、陸軍省または参謀本部が作成した、満州事変の計画に関する報告書があるのですか。

答　その当時、私は上海に駐在していました。私は、それについては知りませんが、建川が満州に行き、調査をしたという話を聞きました。彼は、帰国したあと、陸軍省あてに報告書を作成しました。建川が奉天に到着したその夜、いわゆる満州事変が勃発しました。建川は、その事変について調査したあと帰国し、南大将あてに報告書を作成しました。

問　将軍、あなたは、その報告書を見たのですか。

答　いいえ、私は、その内容については知りません。ほかの人から聞いたのです。

問　将軍、あなたは、だれが張作霖を謀殺したか知っていますか。

答　河本大作です。

問　将軍、どのようにしてそのことを知ったのですか。

答　河本がそれについて話してくれたのです。

問　彼は、いつあなたにそのことを話したのですか。

答　私が関東軍参謀部に勤務していたころです。私は、彼が張作霖を殺害したことをその当時知っていました。そういうわけで、彼は、軍の職を追われたのであります。彼は、罷免された、というよりはむしろ停職処分になったのですが、そのときに私は、彼が張を殺害したことを知ったのです。事件は一九二八年に起こりました。私は、一九三五年に満州で再び彼に会いました。当時、彼は、陸軍を去り、南(ママ)満州炭鉱株式会社理事長をしていました。(1)われわれは互いに酒を酌み交わしましたが、彼は、いろいろなことを話してくれました。私が、どのような方法で張を殺害したのか、と尋ねると、彼は、それについて一部始終を話してくれました。

問　張作霖を殺害した彼の目的は何だったのですか。

答　彼は、張学良を権力の座につけたいと思ったのであります。彼は、張学良をその父親の代わりに満州の元首にしたかったのです。(2)

問　張作霖の殺害で河本と関係していた人物がいますか。

答　河本と密接な関係をもっていた陸軍将校が一人二人いますが、しかし、名前は覚えていません。彼らは、工兵隊の将校でした。(3)

問　河本大尉(ママ)が張作霖を暗殺したとき、彼の陰謀にかかわった人物が東京にいましたか。

答　多田大将がそのことについて知っていると思います。彼の夫人は河本の妹だからです。そういうわけで、私は、彼なら知っていると思います。

問　多田の名のほうは何というのですか。

答　駿(はやお)です。多田は河本の親戚で、親しい友人でもあります。

問　張作霖の謀殺と満州事変との間には何か関係があるのですか。

答　満州事変を計画したのは河本です。(4)

問　陸軍の計画だったのですか。

答　彼は、関東軍を代表して満州事変を計画したのです。満州での事件はすべて、中央政府もしくは〔陸軍〕省に公式に通知することなく関東軍が単独で計画し、実行したものであるということをご記憶願いたいと思います。満州事変が勃発した当時、河本は、満州、つまり奉天にいました。彼は、満州事変できわめて重要な役割を演じたと思います。[5] 彼は、満州の独立のためにそれこそ一所懸命に働き、ついに満州独立が達成されたのです。

問　河本はすでに死去したのですか。

答　彼は今なお存命し、支那にいます。

問　その場所を知っていますか。

答　太原です。日本が降伏した当時、彼は、ある製鉄会社〔山西産業〕の社長をしていました。現在、彼は、太原にある日本人協会の会長〔日僑倶楽部委員長〕をしています。その協会は、日本人で組織されています。太原の人口は、およそ一〇万です。そこには約一万人の日本人がいました。

問　将軍、満州事変の陰謀には、重藤および長という人物がかかわっていましたか。長少佐のことですが。

答　長は、満州事変に深く関係していましたが、しかし、彼は死去しました。重藤も死去しました。

問　彼らは、満州事変の計画に参加しましたか。

答　参加したと思います。長は沖縄で死亡しました。重藤は、三年ほど前に病死しました。

問　将軍、熱河は、一九三三年の一月もしくは二月に占領されましたか。

答　一月だったか二月だったか覚えていません。寒い陽気でした。いずれにせよ、冬でした。[6]

問　とにかく、あなたは、そこが占領されたことを知っていたのですか。そこが占領されたことをどのようにして知ったのですか。

答　その当時、私は軍人でしたから、私にお尋ねになるのは不必要なことです。私は、よく知っています。当時、私は大阪で中隊長（ママ）をしていて、新聞をつうじてそれを知りました。

問　のちにあなたは満州に行きましたか。熱河省に行ったのですか。

答　そこへはしばしば行きました。

問　それで、あなたが同地にいた当時、そこは、日本軍兵士によって占領されていましたか。

答　はい、日本軍によって完全に占領されていました。

問　将軍、塘沽停戦協定のことを覚えていますか。

答　私は、そのことも大阪にいたころに知りました。

問　協定、つまり停戦協定文の写しを見たことがありますか。

答　当時は協定文を見ませんでしたが、関東軍に赴任してから見ました。

問　日本軍は、河北省に進入しましたか。

答　日本軍はそこに進出しましたが、のちにそこから撤退しなければなりませんでした。

問　日本軍は、察哈爾（チャハル）省に進入しましたか。

答　いいえ、日本軍は、そこには進出しませんでした。

問　日本軍は、一九三六年の半ばに進出したのですか。

答　いいえ、日本軍は、一九三七年に察哈爾へ進出しました。それ以前、日本軍はそこには行きませんでしたが、日本人は行きました。

問　彼らは、一九三七年の支那事変以前に察哈爾に行きましたか。

答　いいえ、その当時、私は関東軍参謀をしており、事情をよく知っていましたが、当時、日本軍は、そこにはまったく行きませんでした。しかし、私は、満州人将校で構成される蒙古軍がそこに駐屯していたことは知っております。

問　将軍、一九三五年、日本軍は、察哈爾南部に進入しなかったのですか。

答　軍隊、と言っても、李守信に率いられる蒙古軍がそこに進出しました。[7]彼は蒙古軍の指揮官ですが、私の友人ですから、私は彼をよく知っています。彼の指揮下には蒙古騎兵三箇師団がありました。[8]

問　その蒙古軍と一緒に日本兵が駐留していたのですか。

答　はい、三〇人ほどの日本軍人がおり、彼の顧問をしていました。[9]

問　この蒙古軍は、日本軍の教唆ないしは要請により察哈爾に進入したのですか。

答　この三〇人は、日本軍の命令により派遣されました。李守信は、関東軍の命令に従ってそこに赴いたのです。

問　将軍、あなたは、いつそのことを知りましたか。

答　当時、私は関東軍参謀であり、彼らの面倒をみていました。そういうわけで、私はそのことをよく知っているのです。下永憲次が軍の金を着服したものですから、私が現地に出向いて彼を処罰しました。そういうわけで、私は、非常に詳しく知っています。

問　将軍、関東軍の計画を教えていただけますか。彼らは、南と西に進出する予定だったのですか。

答　関東軍の計画では、西に進むことになっていました。関東軍の計画は、共産軍の前進を阻止することでした。もしわが軍が西に進めば、共産軍は、その地点で阻止されることになります。それが、われわれの目的でした。われわれの目的は、赤軍の前進を止めることでした。

問　なぜ日本軍は河北省から撤退したのですか。

答　いつのことですか。

問　一九三三年四月です。

答　日本軍は、その地域の諸省を満州国の領土に加えるべきだと考えなかった、つまり、その省(河北省)を満州国に含めようとは思わなかったので、そこから撤退しなければならなかったのです。それが、日本軍がそこから撤退しなければならなかった理由です。

問　彼らは、中国側の強力な抵抗にぶつかったのですか。

答　日本軍が河北に前進したときには、支那軍はきわめて頑強に抵抗し、日本軍はすさまじい戦闘を経験しました。

問　あなたは、何＝梅津協定のことを知っていますか。

答　その当時、私は関東軍参謀部にいましたので、そのことはよく知っていました。

問　将軍、それについて知っていることを話していただけますか。

答　その当時、河北省の北平と天津には支那軍が駐屯していました。この部隊の目的は、蒋介石軍を押し返すことでした。

問　南に押し返す、ということですか。

答　南方の黄河付近までということです。この部隊の目的は、その省に、つまり河北省にいる蒋介石軍の代わりに日本軍を配置することでした。支那軍が撤退したあとは、日本軍がその地域を占領しました。＊

問　その地域には、どの範囲が含まれますか。

答　河北省と察哈爾省です。[10]

問　両省とも全域にわたってですか。

答　………

（＊印を付した前述の部分については、訂正の必要あり。）

答　日本軍が承認しうるような支那軍が代わりに配置されなければならなかったのです。これが、それについて私が知っている唯一のことです。その点が、あの停戦協定に含まれている最も重要なことですから、〔それ以外の〕些細な問題は忘れてしまいました。ほかのことはどれも重要ではないので、忘れてしまいました。

問　何応欽将軍は、そのようにすべきだと本当に考え、梅津将軍と合意したのでしょうか。

答　実のところ、日本軍が彼に圧力を加えはしましたが、しかし、彼は同意しました。たぶん、彼は、心のなかでは同意していなかったでしょう。彼は、日本軍の圧力によりそうせざるをえなかったのです。そのように私は理解しています。

問　将軍、その協定の日付を記憶していますか。

答　はっきりしませんが、私の記憶では、一九三三(一九三五)年六月(一〇日)だったと思います。六月か七月、はっきりしません。梅津将軍が日本に帰って来る前でした。

問　将軍、梅津は、だれの命令で行動していたのですか。

答　お話するわけにはいきませんが、しかし、彼は、彼自身の意思でそれを実行したのだと思います。もちろん、関東軍と南は、彼を支援しました。日本政府はいかなる命令も出さなかったと思います。[11] そのように私は理解しています。

問　陸軍省は、それを事後承認したのですか。

答　もちろん、陸軍省は事後承認しました。

問　将軍、あなたは、華北自治運動のことを知っていますか。

答　それについては、昨日、タヴナー氏に詳しく話しました。

問　察哈爾、河北、熱河のほかに、蒙古の日本軍によって占領された省がありますか。

答　いいえ、日本軍によって占領された省はありません。

問　一九三七年七月の支那事変のさい、関東軍は、中国での戦争に使用する部隊を派遣したのですか。

答　関東軍は、事変直後に部隊を派遣しました。

問　どの程度の規模か知っていますか。

答　二箇旅団程度、それに飛行一箇連隊です。[12]

問　のちに部隊を増派したのですか。

答　のちに関東軍は、さらに二箇旅団を派遣しました。全部で四箇旅団です。

問　何人程度ですか。

答　三万人程度です。私は、朝鮮に派遣されましたので、その後どういうことが起こったかは知りません。

問　これらの四箇旅団が満州から中国本土に派遣されたことを、どのようにして知ったのですか。

答　私は、参謀でしたから、よく知っていました。それらの四箇旅団がそれぞれの配置先に派遣されたあと、私は中佐から大佐に昇進し、そののち朝鮮に転任しました。

問　部隊は、一九三七年七月に支那事変が始まったのち一、二ヵ月経ってから中国に派遣されたのですか。

答　日本軍は、支那事変が勃発する前に二箇旅団を派遣しました。[13] 勃発後、さらに二箇旅団が派遣されました。全部で四箇旅団です。

問　最初の二箇旅団はどこに派遣したのですか。

答　最初の二箇旅団は万里の長城の南に、〔あとの〕二箇旅団は北京に派遣されました。

問　将軍、支那事変は、日本軍によって計画されたのですか。

答　日本軍がその事変を計画したわけではなく、現地で日本軍と支那軍との間で衝突が起こり、その結果、自然の成り行きで発生したのだと思います。

問　それは、満州事変とは異なり計画されたものではない、ということですか。

答　満州事変とはまったく異なります。日本軍によるはっきりした計画は何もありません。その当時、一つの噂がありました。支那軍が演習をしていた、つまり、軍事演習を実施していたというのです。当時、日本軍も、軍事演習を行なっていました。橋〔盧溝橋〕の付近に大勢の共産系支那人学生がいましたから、その支那人学生たちが日本軍だけでなく、支那軍に向かっても発砲し、そのようなわけで事変が起こったのだと思います。[14] それは噂でしたが、はっきりとはわかりません。私は、日本に帰国したのち、それについて徹底的に調査しましたが、しかし、何も発見できませんでした。そのようなわけで、噂は本当であったと思います。私の専門分野は調査でした。私は、調査したすべての事件でいつも成功を収めましたが、しかし、この件については、成功しませんでした。その件にかぎり、私は成功することができませんでした。衝突がなぜ起こったのか、現時点ではっきりとお話することはできません。

問　そのような事件が発生した場合に備えて、何らかの軍事計画がつくられていたのですか。

答　日本軍は、いかなる事件にも対処する計画を常に用意しています。それは、軍の任務だからです。

問　将軍、満州は、軍隊を訓練するための駐屯地として利用されたのですか、それとも中国に部隊および補給物資を送り込むための基地として利用されたのですか。

答　日支事変が勃発する前には利用されませんでした。しかし、そののち日本軍が満州で訓練され、支那に送り込まれるようになりました。事変以前にはそのようなことはありませんでした。

問　満州で訓練された部隊を、第二次世界大戦中の実戦に使用したのですか。

答　太平洋戦争〔勃発〕後、日本軍は満州で訓練され、このように訓練された軍隊が支那および南太平洋の数多くの島に、そしてフィリピンにも送り出されました。

問　それらの島の名前を挙げてください。

答　私の知るかぎりでは、この軍隊は、南太平洋の数多くの島とフィリピンに送り出されました。それは私が陸軍を辞めたあとのことでしたから、知りません。満州で訓練された日本軍は、支那、フィリピン、沖縄、セレベスおよびニューギニアに派遣されました。それらの部隊は、ニューギニアでは西部だけに送られました。私の友人がそれらの地域に派遣されたので、知っているのです。そのようなわけで知ったのです。

問　将軍、およそどのくらいの部隊が満州で訓練され、のちに大戦で中国や南方諸島に送り出されたのですか。

答　一〇箇師団程度ないしそれ以上です(15)。それらの部隊全部が支那に派遣されたわけではなく、大部分は南方諸島に送り出されたと思います。

問　陸軍省と参謀本部は、中国での戦争で使う部隊の訓練場として満州を利用したのですか。

答　そうです、日本軍は、満州を日本軍の訓練場として使い、その部隊が、支那および南太平洋諸島に派遣されたのであります。それは、とくに日本軍だけでした。アメリカが日本に宣戦したのちは、大兵力が満州で訓練されました。

問　のちに大兵力を訓練したのですか。

答　アメリカが宣戦し、大戦が始まったのちは、より大規模な軍隊が満州で訓練されました。

マッケンジー氏　将軍、少し前にあなたは、橋本、建川、それに石原が満州事変に積極的に関係し、その計画を作成したのだ、と言いました。

答　それら三人が、満州〔事変〕の中心人物でした。

問　どういうわけでそのことを日本軍が知っているのですか。

答　満州を独立させることを日本軍がもくろんでいたので、知っているのです。日本軍は、日清戦争以来、多年にわたってそのことを考えていました。日本軍は、張作霖が殺害されたのち、それまで以上に満州の独立について考えるようになりました。橋本は、私の友人です。

問　橋本がそのことをあなたに話したのですか。

答　建川は私の上官、つまり先任将校で、彼が私にそのことを話してくれました。

問　橋本があなたにそのことを話したのですか。

答　橋本がトルコから日本に帰って来たとき、私は、支那（上海）に派遣されました。そのようなわけで、私には、彼に会う機会がありませんでした。

ハイダー氏　将軍、あなたは、今田新太郎が一九三一年九月一八日に鉄道線路を破壊したことを、どのようにして知ったのですか。

答　ヘルム氏が、そのことをご存じです。

問　あなたは、今田が線路を破壊したことを、どのようにして知ったのですか。

答　私は、それについては今田から聞いていません。岡村寧次将軍がそのことについて私に話してくれました。彼は、南京にいます。

問　将軍、彼は、いつごろあなたに話したのですか。

答　一九三六年三月ごろでした。

問　〔岡村〕将軍は、彼〔今田〕がどのような方法で鉄道線路を破壊したかを話しましたか。

答　岡村は私に、彼（岡村）は今田がそれを実行したと推測している、と言いました。もっと詳しく知りたければ、柴山兼四郎中将にお尋ねになるほうがよいと思います。

問　彼は、東京にいるのですか。

答　彼は元陸軍次官です。彼は、病気ではありますが、東京にいると思います。ハイダーさん、その人物が一九三一年のあの事変について詳しく知っているということを、なぜ私が知っているのか、お話したいと思います。今田は大尉でした。その当時、柴山は司令官〔張学良顧問補佐官〕でした。当時、柴山は、張作霖の顧問をしていました。今田は柴山の補佐官でした。彼は司令官の補佐官ではありましたが、しかし、彼らは、まったく仲がよくありませんでした。

マッケンジー氏　河本はあなたに、彼が張作霖を殺害した、と言いましたか。

答　彼自身が、私にそう言いました。

問　彼は、どのような方法でそれを行なったのですか。

答　河本は私に、きわめて高性能の爆弾を陸橋に仕掛けた、と言いました。〔鉄道〕交差点にです。

問　列車全体が破壊されたのですか。

答　二輌ほどが破壊されました。満州事変が起こったとき、柴山は北京にいました。彼は、張作霖と一緒に行ったのです。その当時、柴山は張作霖将軍の補佐官（ママ）で、今田は柴山の補佐官でした。訂正します、今田は張学良の顧問でした。

問　だれとだれが、仲がよくなかったのですか。

答　今田と柴山です。満州事変が起こったとき、柴山は、それについて大変に憤慨していました。柴山は、満州事変に反対の立場だったからです。柴山を召喚すれば、いま私が提供できるよりももっと多くの情報を提供してくれるでしょうし、提供できます。

問　当時、柴山は、日本軍の司令官（ママ）だったのですか。

答　そうです、北京でです。

問　そこの日本軍駐屯部隊のことですか。

答　そうです。彼は、張学良に大変関心をもっており、張学良の顧問をしていました。

問　彼は、張作霖の死後に張学良の顧問になったのですか。

答　そうです。

問　あなたは、張作霖が殺害された当時、中国にいたのですか。

答　私は、北京にいました。日本大使館付（ママ）でした。

問　軍が張作霖の殺害を計画したのですか、それとも、それは、この将校が個人で考えついたことですか。

答　正確にお話します。それは、河本自らの計画でした。彼個人の計画であって、日本軍の計画ではありませんでした。

問　あなたは、東京の陸軍省に提出された張作霖事件に関する報告書を見たことがありますか。

答　当時、私は、北京の大使館（ママ）にいました。

問　あなたは、東京に戻って来て、参謀本部に勤務するようになってからその報告書を見ましたか。

答　そのことは記録に残されなかったと思います。(16)あるいは記録されたかもしれませんが、しかし、それは事実でした。河本は、その事件が原因で陸軍の職を解かれました。

問　あなたは、奉天事件が起こったとき中国（上海）にいたのですか。

答　それは、一九三一年だったでしょうか。

問　そうです。

230

答　私は、北京の大使館（ママ）にいました。

ハイダー氏　将軍、あなたは、満州事変が起こったのち、橋本または大川博士がその事変で果たした役割について、本人たちと話をしたことがありますか。

答　あります。

問　あなたは、彼らが満州事変で果たした役割について、本人たちと話しましたか。

答　彼らは、そのことについて私に話してくれました。

問　彼らは、彼らの役割がどのようなものであったかを話してくれましたか。

答　彼（ママ）は、政党に反対していましたので、十月事件を起こすために人びとを煽動しました。長少佐が私に、十月事件の目的は満州事変を支持することにあるのだ、と言いました。長、橋本、それに大川が十月事件の中心人物でした。

問　大川と橋本の役割は、事件が起こったとき、世論にそれを支持させることだったのですか。

答　当時、政治家たちは満州事変に反対していましたし、また、外交官も反対していたと思います。概して言えば、わが国の国民は満州事変を支持し、また、新聞、と言っても高級紙でなく大衆紙は、満州事変を支持していました。およそ半数の国民は事変を支持し、残りの半数は支持していなかったと思います。満州事変は、わが国の国民すべてに衝撃を与えました。彼らは、ひどく興奮してしまって、正しい意見を示すことができませんでした。実にさまざまな意見があったものですから。日本国民は、爆破が日本側ではなく支那側の仕業であると信じたがゆえに、その事変を支持したのであります。それが、日本国民が事変を支持した理由でした。

問　橋本が果たした役割についてですが、彼は、新聞に事変を支持させようとしたのですか。

答　橋本としては、何もすることができませんでした。彼は軍に籍を置く身であり、そして、軍人は世論を誘導することを禁じられていたからです。しかし、私は、長がパンフレットを発行し、それを広く世人に普及したという話を聞きました。

問　橋本は、事変を惹き起こすことに一役買うため、どのようなことをしたのですか。

答　彼は、十月事件で一役買いました。

問　彼は、満州事変のことを、それが起こる前から知っていたのですか。やがてそれが起こるということを知っていたのですか。

答　彼はそのことを知っていたと思います。彼はかつて私に、そういったような事件が起こるだろう、と言いました。私は、大川は一年前からそのことを知っていたと思います。大川がそのことを知っていたのですから、橋本も知っていたにちがいありません。

問　彼らは仲のよい友人ですか。

答　彼らは非常に仲がよく、兄弟のような間柄です。

問　建川は、満州事変の実際の計画についてあなたに話しましたか。彼は、彼らが鉄道線路を爆破しようとしていたこと、そしてまた、そのあとで日本軍が、奉天をはじめ満州の他の地域の占拠を計画していたことを話しましたか。

答　建川は、満州を独立国にすべきだ、と始終そう言っていました。それが彼の持論でしたから、彼はその事変のことを知っていたと思います。この爆破のことは、きわめて少数の人にしか知られていなかったと思います。陸橋の爆破は、満州の独立という目的を達するための手段でした。[17] そのようなわけで、私の考えでは、この事件がやがて起こるということを知っていた人はごく少数であり、関東軍のなかの二、三人にすぎません。柴山は反対の立場をとっていましたから、その事件について知っていた唯一の人物であると思います。彼は去年、胃の手術を受け、まだ病気が治っていないと思いますが、生存しています。この件については、彼のほうが適任だと思います。したがって、この事件について知りたければ、彼を召喚するほうがよろしいでしょう。

〔第二五回〕

塘沽停戦協定
満州軍の察哈爾進攻

日時　一九四六年五月二一日一六時四〇分～一七時
場所　日本　東京　陸軍省庁舎　三七四号室
出席者　田中隆吉
エルトン・M・ハイダー氏　尋問官
リシチ・オーヌマ氏　通訳
クレア・ステファネリ嬢　速記者

ハイダー氏　将軍、あなたは、塘沽〔停戦〕協定[1]の諸条項を知っていますか。

答　それについては、ある程度知っております。私は、関東軍に赴任したのち、自らその件について少しばかり調査しました。それについてあまり詳しくは知りません。

問　非武装化された地域を教えていただけますか。

答　万里の長城の近くに二ヵ所の中立地帯が残っていました。中立地帯は左右にありました。

問　何の左右ですか。

答　その地域を二つの地帯、右側と左側に分割する線が、北平と天津にかからないようにして西から東に引かれました。どちらの地帯も、中立化されることになっていました。[2]と言うのは、支那軍を、その中立地帯に入らせないとすれば、そのことは、そこの統治の問題に関係してくるからです。もう一つの理由は、奉天・天津・北平間の輸送を回復することにありました。日本と支那は、航空輸送会社を設立することで合意しましたが、しかし、資本金は、政府ではなく関係当事者が投資しました。つまり、民間会社でした。その目的は、満州と支那との間の輸送および交通を回復することでした。[3] 私が知っているのは、それだけです。

問　いかなる中国軍も、この地帯に入ることはできなかったのですか。

答　それは、支那軍が中立地帯に入ってはならない旨を規定していましたが、日本軍は入ることができました。日本側は、支那政府が警察隊四ないし五隊、場合によっては五ないし六隊を中立地帯に配置できることを認めました。

問　日本軍は、義和団議定書に基づき、この中立化地帯に含まれる諸都市に駐屯部隊を常駐させましたね。

答　義和団議定書に関する支那側との協定によれば、日本軍は、鉄道沿線にのみ駐屯することができるというのでした。それは、天津・北平・山海関の間のことです。[4]

問　将軍、当事者は、この地帯から日本軍が撤退する明確な期限を設定しましたか。

答　日本政府（ママ）は長城の北に軍隊を撤退させる、という合意がありました。

問　協定は結ばれなかったのですか。

答　結ばれました。

問　その協定には、いつまでに撤退すべきかが書かれてありましたか。

答　日本政府（ママ）は、一ヵ月以内もしくは即時に日本軍を撤退させることに同意しました。[5] その点については自信がありません。

問　そのことは、塘沽協定そのものに書かれたのですか、それとも、後日結ばれた協定に書かれたのですか。

答　そのことは、塘沽協定のなかに含まれていたと思います。

問　将軍、関東軍は、一九三五年一月、察哈爾（チャハル）省に進入しましたか。

答　そこに派遣された軍隊は、日本軍ではありませんでした。それは、日本軍によって訓練された満州軍でした。[6]

問　それは、関東軍の命令に基づいて行ったのですか。

答　満州軍は、関東軍の南大将の命令によりそこに派遣されたのです。

問　あなたは、その当時、満州に駐在していたので、そのことを知っているのですか。

答　私は関東軍参謀でしたから、知っているのです。

問　将軍、彼らはどの辺まで行ったのですか。察哈爾省のどの辺りまで前進したのですか。

答　満州軍は、長城の外側、と言うよりも長城の向こう側に到達しました。その直後、それらの部隊は、蒙古の多倫（ドロン）に派遣されました。

問　彼らは、一九三五年二月に会談を行ない、察哈爾のその地方を実際に熱河省の一部とすることを決定したのですか。

答　知りません。私は、その会談が、一九三五年二月に日本軍将校と支那軍将校によって行なわれたことは知っていますが、彼らが何を話し合ったのかは知りません。(7)彼らは、察哈爾と熱河の境界を決定したのだと思いますが、しかし、私は、正確に知っているわけではありません。(8)

〔第二六回〕

内閣参議
荒木貞夫
　文相荒木
スプラトリー群島の併合と海南島の占領
東亜新秩序の支持
国家総動員審議会
思想統制と国民精神総動員委員会
二・二六事件
　皇道の定義
満州事変直前の大砲設置

日　時　一九四六年五月二四日一一時一五分～一二時
　　　　一三時一五分～一四時三五分
場　所　日本　東京　陸軍省庁舎　三七四号室
出席者　田中隆吉
　　エルトン・M・ハイダー氏　尋問官
　　ユミ・ゴトウ女史　通訳
　　クレア・ステファネリ嬢　速記者

ハイダー氏　将軍、あなたは、内閣参議[1]のことを知っていますか。

答　知っております。

問　その役割はどのようなものですか。

答　それは、何も実質的な権限はもっていませんでした。それは、近衛が首相をしていたときに置かれていました。第一次近衛内閣のもとに初めて設置されたもので、その当時は、陸軍と海軍のなかに四つの派閥がありました。皇道派と統制派が陸軍内部の二つの主要な派閥でした。海軍には艦隊派と軍政派がありました。艦隊派は急進的で、その領袖は末次信正提督でした。彼らは対米戦争論者でした。艦隊派は陸軍の皇道派に呼応するもので、この派は、ロンドン会議とワシントン会議に反対していました。[2]もう一方の軍政派は、そのメンバーのなかに岡田〔啓介〕や財部〔彪〕がいました。彼らは平和主義者でした。これら四つの派閥は、絶えず喧嘩し合っていました。

問　荒木は皇道派の領袖でしたか。

答　はい、荒木は皇道派の領袖でした。東条、永田、武藤は、統制派に属していました。政界人の間には政友会と民政党がありました。この二つの政党は、官僚の間に支持者をもっていました。国内には大変な混乱と不安が生じていました。彼らは、国民のことは顧みず、自分たち自身のことばかり考えていました。彼らは、自らの手中に権力を握りたがっていました。十月事件、三月事件、五・一五事件、神兵隊事件、二・二六事件といったような一連の事件は、これらの派閥間の争いを象徴するもので、近衛は、初めて首相になったとき、このような状況に大変悩まされました。彼は、力の均衡が保たれるようにするため、それらの派閥の幹部に接近し、彼らと懇意になりたがっていました。そのようなわけで、内閣参議が設置されたのです。[3]したがって、この会議のメンバーは、前述の政党および派閥の幹部たちでした。近衛政権は、皇道派と艦隊派に近い関係にありました。それゆえに、統制派と軍政派は、彼らの代表を参議に出しませんでした。統制派は、陸軍の実権を握っており、代表を内閣に送る必要があると考えなかったからです。軍政派、つまり岡田と財部の影響力は、満州事変以来著しく低下していました。末次提督は、艦隊派代表として参議につらなりました。皇道派からは荒木、民政党からは町田〔忠治〕氏、政友会からは久原〔前田米蔵〕が参議に加わりました。池田〔成彬〕は財閥を代表していました。ほかにも何人かのメンバーがいましたが、覚えていません。

問　将軍、彼らは、支那事変について近衛に助言しましたか。

答　私の記憶が正しければ、この参議は、事変後に設置されました。参議は近衛に助言しましたが、しかし、彼らの意見は、それほど強い力をもっていませんでした。だれ一人として事変に強く反対した参議がいなかったのは確かです。

問　荒木は、中国の占領を支持しましたか。

答　荒木氏はご都合主義者です。荒木が支那の占領に反対していたかどうかははっきりしませんが、しかし、彼が三国同盟に反対していたのは確かです。

問　荒木は、アメリカまたは英国との戦争を支持していたのですか。

答　彼は、それに反対していました。断固として反対していました。荒木を弁護するためにそう言っているのではありません。私は、荒木がそれに反対していたことを知っています。それは、荒木がロシアを攻撃したいと考えていたからです。

問　荒木は、文部大臣のときに教科書を改訂しましたか。

答　彼は、文部大臣のときに教科書を改訂し、また、小学校を国民学校に改称しました(4)。

問　荒木は国家主義者だったのですか。

答　はい、そうです。

問　彼は、日本の勢力を東アジアに拡張したいと考えたのでしょうか。

答　そうです。

問　荒木は、満州の占領をはっきりと支持していましたか。

答　はい、彼は支持していました。このことは、板垣将軍から直接に聞きました。板垣は、一九三一年の夏、日本に帰って来て、一九三二年までいました。

問　つまり、荒木は、満州侵略を支持していたということですか。

答　彼〔板垣〕は、帰国して当地の陸軍と協議するよう関東軍から命じられました。彼は、満州の独立に関して中央政府の承認を得るために帰国したのです。その当時は犬養〔毅〕が首相でした。犬養は、それに反対していました。政府全体としても、それに反対していました。その構想は閣議でしりぞけられましたが、荒木は犬養内閣の陸軍大臣でしたから、それに反対するのが彼の責務でした。しかし、荒木はひそかに板垣を呼び、彼にそうするよう勧めました。私は、板垣本人からそのことを聞きました。

問　彼は、何をするように勧めたのですか。

答　満州を独立させるために赴くことです。率直に申しましょう。このことは、一九三五年、満州でのある晩餐会の席で聞きました。

問　将軍、知っているでしょうか。内閣と枢密院は、満州を完全に占領することを決定したのですか。

答　一九三一年にですか。

問　一二月のことです。

答　決定しませんでした。彼らは、その構想に反対でした。

問　満州を完全に占領するという構想にですか。

答　彼らは、満州を完全占領するという構想には反対でしたが、しかし、支那の中央政府の勢力下で満州を自治政府とする計画は支持しました。彼らは、国際連盟が設置したリットン〔調査団〕の報告書に述べられている構想を支持していたにちがいありません。リットン氏の意見は、前述の方針に沿ったものであったと記憶しております。私の記憶が間違いであれば、訂正してください。

問　将軍、荒木が教科書を改訂した目的を教えていただけますか。

答　荒木大将は、日本の小学校教育はあまりにも自由主義的すぎると考え、それを全体主義的な方針に沿うものに変えました。ちなみに、そのときの実際の草案は、文部次官石黒英彦[5]が起草しました。この人物は東京にいます。彼を召喚すれば、彼は、そのことについてもっと詳しく知っています。石黒は、大政翼賛会局長の一人です。その当時、私は陸軍省兵務局長をしていて、文部省との接触がありました。

問　荒木は、文部大臣をしていたとき、スプラトリー群島の併合に賛成しましたか。

答　はい、彼は、それを支持しました[6]。

問　将軍、それらの群島を併合した目的を知っていますか。

答　海軍は、もし戦争が勃発したら、フィリピンを押さえたいと考えていましたから、その場合にスプラトリー群島は、フィリピン進攻のためのまたとない飛び石になります。

問　荒木はあなたに、この併合を支持している、と言いましたか。

答　私は、荒木大将からそのことを聞いてはいませんが、しかし、それは閣議で決定されたのですから、荒木大将は承認せざるをえないということになります。

問　承認は、閣僚全員によるものでなければならないのですか。

答　もしもだれかが賛成しなければ、決定を下すことはできません。日本の内閣では、すべての閣僚が、表決に関して同等の権利をもっており、したがって、もしもだれかが賛成しなければ、決定を下すことができないのです。この問題は、もっと詳しく調べていただきたいと思います。

問　実際には、内閣が決定を下し、占領を承認したということを知っていましたか。

答　内閣は、その群島の併合に関する声明を出しました。

問　海南島は？

答　はい。

問　それは、日本軍によって占領されたのですか。

答　はい、日本軍はそこを占領しましたが、しかし、併合はしませんでした。[1]

問　占領の目的を知っていますか。

答　その島には大量の鉄とゴムがあります。

問　鉄とゴムですか。

答　そうです。それだけでなく、海南島は、南洋で日本が発展していくためのもう一つの飛び石になります。政治的動機、経済的動機および戦略的動機からです。

問　つまり、南洋での攻撃作戦基地としてですか。

答　南洋に対する作戦基地の一つです。

問　一九三九〔一九三八〕年五月、日本軍が厦門に上陸したことを記憶していますか。

答　はい。

問　それは、内閣の承認がなくても、日本軍が実行できたのでしょうか。

答　それは、海軍が行なったと記憶していますが、まず先に実行したうえで、事後にその承認を求めたものと思います。いずれにせよ、それは、陸軍ではなく海軍でした。

問　内閣は、上陸実行後にそれを承認したのですか。

答　そうです。

問　それで、もちろん、実行当事者は、文部大臣である荒木の同意を得なければならなかった、ということでしょうか。

答　そうです。内閣がそれを承認したのであれば、文部大臣である荒木も、当然、閣僚の一人としてそれを承認したはずです。

問　将軍、荒木は、いわゆる東亜新秩序を支持したのですか。

答　彼は、日米戦争には反対していましたが、そちらのほうは支持していたと思います。東亜新秩序と対米戦争は、まったく別の問題であると思います。彼が東亜新秩序を支持していたという事実は、彼が対米戦争を支持していたことを意味するものではありません。

問　あなたは、荒木が演説をするのを聞いたのですか、それとも、彼があなたに、東亜新秩序を支持している、と言ったのですか。

答　大東亜戦争勃発後、荒木大将は、演説旅行に出かけました。

問　支那事変勃発後のことですか。

答　大東亜戦争勃発後のことです。

問　そして、東亜新秩序を支持する演説をしたのですか。

答　そうです。

問　将軍、その演説がどのようなものであったか覚えていますか。

答　私は、彼の演説を一度聞きました。それは、荒木大将が民間人の間に医者の団体を組織したときのことでした。その名称は、大日本医療団(国防衛生協会)でした。名称は、あまりはっきり覚えていません。とにかく、医師の団体でした。荒木大将は、東京支部が設立されたさい、私に講演してくれました。当時、私は、兵務局長をしていました。荒木大将は、支部への寄付金を募るために講演をしたのです。

問　その講演がどのようなものであったか記憶していますか。

答　私は、その会合に招かれましたが、演説は、次のような趣旨のものであったと記憶しております。すなわち、「日本は、東亜新秩序を確立するために戦争に勝たなければならない。日本が戦争に勝たなければ、われわれは日本に新秩序を確立することはできない。戦争に勝つには、日本国民の健康をきわめて良好に保たなければならない。しかし、実は、日本国民の健康は全体として下降しつつあり、したがって、わが医療団は、これを向上させるため、何らかの貢献をしなければならない」というものでした。私は、荒木大将が好きではありませんでした。その会合には、公式に招待されたので出席しただけのことです。演説は、形式だけの、月並みなものでした。

問　荒木の演説記録をどこで入手できるか知っていますか。

答　戦時中の演説の記録ですか。

問　そうです、それと戦前のものです。

答　彼の戦前の演説は、講談社発行の雑誌にしばしば掲載されました。発行人は野間清治です。この出版社からは九種類の雑誌が発行されていましたが、荒木大将の演説は、それらの雑誌にしばしば掲載されました。

問　大学図書館にそれらの雑誌があるでしょうか。

答　ないと思いますが、しかし、その出版社に問い合わせれば……。

問　東京にあるのですか。

答　そうです、それらの雑誌を入手する最もよい方法は、その出版社から取り寄せることです。

問　出版社の所番地を知っていますか。

答　記憶していませんが、……東京〔都〕小石川区音羽町だと思います。

問　荒木には、何冊か著作がありますか。

答　それらは、荒木が著述したものではないと思います。それらは、彼の名前で出版されました。たぶん、荒木はだれかに著述を委嘱し、彼の名前で出版するように言いつけたのでしょう。私は荒木が大嫌いですから、彼の本を見ただけでむかむかします。

問　将軍、内閣の国家総動員審議会のことを覚えていますか。

答　覚えております。

問　荒木はそのメンバーでしたか。

答　そうだと思います。[8]

問　審議会の役割はどのようなものであったか知っていますか。

答　審議会は、国家総動員法に関する話し合いの草稿を作成することになっていました。それは、草稿ではなく指針でした。

問　彼らは、その法律を作成したのですか。

答　はい。

問　つまり、法律案文を作成したということですか。

答　案文は、企画院によって作成されました。

問　内閣の総動員審議会は何をしたのですか。

答　国家総動員法は、日本のすべての経済機構を統制するためのものであり、したがって、それは、実際のところ、大仕事でした。支那事変後は、日本政府が陸軍と海軍の代弁者でした。したがって、国家総動員法が政府によってつくられたという事実は、そのとき以来、軍部が日本の経済を支配したことを意味します。その法律は、国防のためにつくられました。軍部の目的は、国防国家を建設することでした。したがって、国家総動員法は、軍事国家として日本を建設するための基本的な土台であり、日本の経済統制は、この国家総動員法の制定後、強固に完成されたのです。それゆえに、この審議会には、日本のすべての統制経済政策について責任がありますし、陸軍は、それにもまして重い責任をとらなければなりません。[9]

問　審議会の委員は何人いたのですか。

答　委員は大勢いました。私の記憶では、三〇人ぐらいいました。

問　荒木は委員の一人でしたか。

答　はい、そうです。

問　それで、この審議会は、経済統制政策および、総動員法に基づく諸問題の処理にかかわったのですか。

答　日本経済の統制以上に有効なものが仮にあるとすれば、それは、どのような国家総動員法でしょう？

問　審議会は、国家総動員法案が可決される前に設置されたのですか。

答　そうです。

問　すると、審議会がその法案を作成したのですか。

答　法案が可決されると、審議会は解散しました。

問　委員の大部分は、陸軍側または海軍側の委員でしたか。

答　半数以上が民間人でした。

問　将軍、いわゆる「思想統制」なるものを記憶していますか。

答　その問題も、国家総動員審議会の会議で議論されました。と言うのも、「思想統制」なしには経済統制もまたありえないからです。

問　「思想統制」は、一九三九年以前には実施されていませんでしたか。

答　荒木大将が平沼内閣の文部大臣になったとき、彼が行なった二つの大仕事があります。一つは、〔国民〕精神総動員委員会の設置でした。[10] それは、荒木大将の提言により設置されたもので、彼は、興亜奉公日を制定しました。[11] それは、毎月一日でした。その日にはすべての国民が、神社を参拝し、飲酒を慎み、政府に献金することになっていました。以上の二つは、荒木大将の発案であると聞きました。

問　精神総動員委員会の役割は何でしたか。

答　「思想統制」でした。

問　それは、文部省の所轄とされたのですか。

答　内閣の直轄でした。それが荒木大将の発案であると証言することはできませんが、私が聞いたのはそういうことです。平沼と荒木が詳しく知っています。

問　この委員会は、逮捕したり、投獄したりする権限をもっていましたか。

答　いいえ、もっていませんでした。その権限は、憲兵隊と内務大臣しかもっていませんでした。いかなる時期においても、それ以外の機関が逮捕や投獄に関する権限をもったことはありません。たぶん、委員会は、内務省もしくは憲兵隊に逮捕するよう命じることができたでしょうが、しかし、それは、それら二つの機関の権限に属していました。

問　精神総動員委員会は、国家総動員法およびその目的を支持する世論を形成しようとしたにすぎないのですか。

答　委員会の目的は、世論を誘導・検閲すること……誘導・教育・検閲することでした。

問　荒木は、板垣の親しい友人でしたか。

答　彼らは、親しい間柄でした。荒木は陸軍士官学校〔陸軍大学校〕の教官をしていて、板垣はそこでの教え子でした。

問　将軍、荒木は、二・二六事件に直接または間接に関係したのですか。

答　荒木と二・二六事件との関係は、不明瞭かつ複雑であります。その事件に参加した青年将校はみな、荒木を非常に尊敬していました。彼らは皇道派に属し、したがって、統制派に属する人たちは、荒木が事件に深く関与しているのではないかと疑っていました。しかし、彼らは、はっきりした証拠を見つけることができませんでした。真崎は荒木の親しい友人で、実際に事件に関係していました。彼は拘禁されましたが、のちに釈放されました。

問　荒木は、板垣(ママ)を弁護するため一役買ったのですか。

答　私は、荒木が真崎を弁護したとは思いません。荒木は、彼自身が嫌疑をかけられていたのですから、真崎を弁護しうる立場にはありませんでした。荒木が真崎を弁護したという話は聞いたことがありません。

問　荒木は、陸軍の崇拝の的になったのですか。

答　荒木は、宇垣大将が軍備を縮小したのちに陸軍の崇拝の的になったのです。

問　一九三〇年でしたか、それとも一九三一年でしたか。

答　一九三〇年よりも前でした。彼〔宇垣〕は、軍備の縮小を二度試みました。荒木と真崎は、その計画に反対していました。したがって、荒木と真崎は、一九三〇年以後に青年将校たちの崇拝の的になりました。私の記憶が正しければ、青年将校たちは、満州事変後に彼〔荒木〕を深く尊敬するようになったのです。

問　荒木は、国本社のメンバーでしたか。

答　そうです[12]。

問　その創立者だったのですか。

答　国本社は、平沼によって設立されました。荒木は、そのメンバーでした。

問　荒木と平沼は、親密な間柄でしたか。

答　はい、非常に親密でした。

問　将軍、荒木による皇道の定義を教えていただけますか。

答　今朝、私は、ある日本軍人（山本）がヘルム氏のもとを訪ねるところを見かけました。彼は、皇道派に属していました。彼らは、天皇による親政を唱えていました。皇道の「皇」は天皇を意味し、「道」は統治を意味します。彼らは、共産主義を敵と見なしていました。彼らの考えでは、国民は、いかなる権利ももつべきではないというのであります。国民の生命と財産は、天皇に奉還されるべきだというわけです。皇道派は、対米英戦争に反対していました。彼らは、ロシアを攻撃することだけを考えていました。荒木と真崎は、きっと、アメリカと戦うつもりはなかったと主張するでしょう。私は、彼らは対米戦争を支持したことはないと主張するものと確信します。

問　あなたは、荒木が、ロシアを攻撃したいと思う、と言っているのを聞いたことがありますか。

答　何度も聞きました。

問　彼は、陸軍大臣になったのち、ロシア攻撃計画の立案を命じましたか。

答　日露戦争後の陸軍大臣はみな例外なく、ロシアを攻撃することを考えていました。陸軍は、ワシントン会議のときまでは、アメリカを敵と見なしたことはありませんでした。

問　ワシントン会議後は敵と見なしたのですか。

答　それは、海軍の要求によるものでした。一九二四年、参謀本部は、初めてフィリピン攻撃計画を策定しました。[13]

問　一九二四年ですか。

答　そうです。しかし、ロシアとの戦争は、日露戦争以来ずっと計画されてきました。そのことについては、畑（俊六）大将がすべてを知っています。彼は、長期にわたり陸軍参謀本部に勤務していましたから。

問　皇道の定義には、世界征服は日本の使命であるという意味が含まれているのですか。

答　青年将校たちは、世界統一について論じていました。

問　天皇のもとにですか。
答　そうです。
問　荒木は、そのような主張をしていましたか。
答　もちろんです。
問　あなたがそれを聞いたのですか。
答　間接的に聞きました。私は、彼が大嫌いでした。
問　荒木が大嫌いだったのですか。
答　そうです。
問　彼は、そのような主張の演説をしたことがありますか。
答　荒木大将は、満州事変後、しきりにそのことを主張しました。田舎で個人の家を訪ねると、荒木大将が揮毫した掛け軸が何本もあり、「天皇治下の世界統一」を意味する八紘一宇という四文字が書かれているのを見かけます。
問　それは印刷され、人びとがそれを買ったのですか。
答　荒木大将が寄贈したのです。それは、東洋の習慣です。東洋以外の国では、このような習慣はなじみのないものですが。
問　荒木大将は、在郷軍人会の指導者でしたか。
答　ええ、彼は、重要な幹部の一人でした。
問　多数の会員――三〇〇万人もの会員がいたのですか。
答　会員数は、およそ五〇〇万でした。[14]
問　その団体は、政府の政策に大きな影響を及ぼしましたか。
答　いいえ、そういうことはありませんでした。私は、とりわけ、兵務局長になってからは、政治に関与しようとする軍人たちに圧力をかけました。橋本欣五郎は、そういった軍人の一人でした。橋本は、在郷軍人会にかかわる権限を直接握ろうとしました。私は、彼にそうさせませんでした。
問　荒木と東条は、親しい友人でしたか。
答　親しくありませんでした。
問　敵同士ではなかったのですか。
答　敵同士でした。東条は統制派の領袖で、荒木は皇道派の領袖でした。
問　将軍、満州事変の結果、そこではどのくらいの数の中国兵が殺されたのですか。
答　どのくらいかわかりません。
問　見当がつきませんか、大まかに。
答　少なくとも一万人です。いま思い出したことがあります。私は、だれが鉄道の破壊計画をつくったのかと、これまでしばしば質問されました。線路上の爆発は、取るに足りない事件でした。私は、次のような話を板垣大将から直接に聞きました（証拠文書1を見よ）[15]。一九三一年の春、日本軍はそこの兵営内に大砲——二四サンチ砲——二門を据え付けました。この二門の大砲を据え付けるには長い時間がかかりました。部外者には、井戸を掘っているのだ、と偽り、秘密裡にその作業をしました。据え付けが完了したのは九月一〇日でした。鉄道上の爆破が行なわれるとただちに、二門のうちの一門が支那軍の兵営を、そして、もう一門が飛行場を攻撃しました。板垣大将に尋ねるほうがよいでしょうが、そのさいには、私からこの話を聞いた、と言ってください。鉄道上の爆発は、それら二地点を攻撃するきっかけをつくるために起こされたのです。この日本軍が、最初に大砲を据え付けた部隊だったのです。二門の大砲は、日本内地の軍から関東軍に送られてきたものです。大砲二門を送るという考えは、軍事課長の永田鉄山が提案したものです。支那軍が抵抗しなかったのは、彼らが二門の大砲ですっかり驚いてしまったからです。鉄道上の爆発は、二門の大砲が据え付けられるとすぐに起こされました。二門の大砲を据え付けるまでにおよそ三、四ヵ月かかりました。

問　これらの大砲は、この辺（証拠文書1を見よ）で発射され、線路上で爆発を起こすことができたのでしょうか。

答　そうです、大砲の射程距離は三キロメートルでした。

問　たぶん、鉄道線路上での爆発を起こすことができたでしょう。

答　そうです。この二地点は、互いに非常に接近していました。爆発直後、彼らは、兵営に猛烈な砲撃を加えました。

問　二、三時間以内のことでしたか。

答　直後のことでした。

問　将軍、どのようにしてそのことを知ったのですか。

答　板垣が私に話してくれたのです。

問　大砲を持ち込んだことだけでなく、兵営に砲撃を加えたことについても話したのですか。

答　建川が、逃げ出そうとした芸者を抱きしめたのは、この猛烈な砲撃の音が聞こえたときのことでした。つい最近、そのことを思い出しました。事変について記憶していることは、これだけです。

問　その芸者があなたに話したのですか、それとも、建川が話したのですか。

答　芸者が奉天で私に話してくれました。彼女が言うには、彼女は、建川将軍の落ち着きぶりに驚いたそうです。建川は、その音を聞いても少しも驚きませんでした。爆発は取るに足りない事件であったという意味が、これでおわかりになったと思います。この事変について、私は、それこそ何度となく質問されました。その話をくり返すのはうんざりしています。このことについては、柴山が知っています。

問　柴山の名のほうを知っていますか。

答　兼四郎です。

問　柴山が最後に昇進した階級は何ですか。大将ですか。

答　中将でした。彼は、杉山〔元〕が陸軍大臣のときに次官を務めました。

（三）卢沟桥的枪声（田中隆吉）

资料名称： 蘆溝橋の銃声

资料出处： 田中隆吉著《田中隆吉著作集》（非売品），あづま堂印刷株式会社1979年印刷，第277—280頁。

资料解说： 本资料记录了田中隆吉对于卢沟桥事变的分析与认识。他引用与天津特务机关茂川秀和少佐的对话，认为卢沟桥事变并非偶然，是日军进行一系列谋略工作的结果。但是田中以为「卢沟桥事变第一枪」可能在日军诱导之下由「中共系学生」所为。

蘆溝橋の銃声

日本を大陸の泥沼に足を突込ませ、終に東条氏及その一派をして、太平洋戦争を企てさせ、光栄ある祖国を今日の荒涼に導いた日華事変の直接の原因である蘆溝橋上二発の銃声は何人が放った弾丸の音であったろうか。それは今日と雖も謎である。然しこの謎は私に取っては必ずしも解けぬ謎ではない。

昭和十年の七月、梅津——何応欽協定に依って、華北に於ける一切の国民政府の機関及軍隊は黄河の南に撤退した。察哈爾には宋哲元氏の三個師、山西には閻錫山氏の十数個師、山東には韓復渠氏の四個師があったが、河北省には警察と保安隊四個大隊の外一兵も居なかった。

当時、南京から派遣せられ唯独り善後処理のため北平に残って居た王克敏氏は私に対して口を極めて軍閥を罵り、河北省に軍隊は要らぬ。軍隊が北平、天津に入ることは徒らに日華の間の紛争を捲き起す種子を蒔くに過ぎぬとして、如何なる軍隊と雖も絶対に河北省に侵入にすることに反対して居た。今にして思えば卓見である。

関東軍は、南京政府を弱体化し、又満洲国治安の撹乱工作の根源を絶つために、十年の春頃から北支の自治を画策し始めた。その終局の目的は河北、山西、綏遠、察哈爾、山東の五省を南京政権より分離し、蒙古地帯には徳王の希望する蒙古政権を、漢人地帯には呉佩孚氏を首班とする自治政権を樹立せんとするに在った。然しこの関東軍の希望には天津軍は必ずしも賛成ではなかった。殊に蒙古の独立運動には何等の関心を持たなかったのみならず、反って之に反対であった。

梅津——何応欽協定が出来た直後即ち七月の中旬、天津軍の酒井隆参謀長は新京に飛来した。氏は、国民政府直系軍の撤退した河北省に察哈爾の宋哲元軍を入れて、茲に南京政府と絶縁した日華の合作地帯——換言すれば自治地帯を樹立することを提議した。

宋氏の指揮する第二十九軍は旧馮玉祥系であって、元来田舎廻りの排日の色彩の強い軍隊である。私は当時関東軍の参謀であった。私は強くこの酒井氏の主張に反対し、極力現状維持を適当とすることを提議したが、宋氏と深き理解ありと主張する酒井氏の言が勝を制して第二十九軍の河北省進出を承認することと成った。蓋し河北省は天津軍の管轄であって関東軍に直接関係が無かったのである。

十年九月、土肥原少将は、華北自治政権樹立の内命を帯びて北平に急行した。多田天津軍司令官はこの土肥原少将の行動を不愉快なりとして、協力を拒んだ。土肥原氏は然し、得意の謀将振りを発揮して、十二月に冀察・冀東の両政権を樹立した。土肥原氏に言わせると冀察政権が南京政権の完全なる分離を承諾しないからその牽制のため冀東政権を樹立したのである。冀東政権は殷汝耕氏が長官であり、冀察政権は宋哲元氏が首席であった。

宋哲元氏は河北に於ける日華の合作には賛意を表した。然し中央政府との絶縁は絶対に同意しなかった。殷汝耕氏は完全に南京と分離した。

河北に於ける冀東・冀察両政権の存在は、北支の政情を複雑にした。而も十年十二月から行われた天津駐屯軍の増強（歩兵八箇中隊を混成一箇旅団に増加）は著しく河北の省民を刺激し、その兵営の建築は到る所に於て妨害を受けた。

宋哲元氏は此頃側近の秦徳純氏に対して

「満洲が日本の誇張する如く王道楽士であるならば自分は河北民衆を率いて喜んで之に参加する。然し事実は全く之に反するではないか。河北に於ける日華合作は共存共栄のために衷心から賛成である。然るに日本は満洲と等しく武力を以て之を強制せんとして居る。自分は満洲の二の舞はイヤだ。」

と語った由である。この、華北に於ける日本軍の増強は、華北に於ける一切の親日家を失わせしめた。

排日の気勢は日に日に高まった。顧問として冀察政権に入った日本の官吏、軍人は誰も相手にするものが無くなった。次で十年十二月起った綏遠事変で、日本軍が敗退した如く宣伝せらるに及んで排日は侮日と変り、華北の日華関係は恰も満洲事変勃発の前夜に似た情勢となった。

十二年春頃からは、屢々、中国の軍隊と天津軍とが、演習其他のとき小競合いを演じたが其都度、双方の指導者の鎮撫に依って事なきを得た。然るに十二年七月七日夜蘆溝橋上から日華両軍に向って放たれた二発の小銃弾は、終に両軍の大規模な衝突を惹起し、運命の日華事変の端緒となった。

中国側は之を以て日本側の発砲であると主張し、日本側は中国側の挑戦だと断定した。然し私はその何れも真実でないことを知って居る。

私はこの日、徳王の招待を受けて綏遠事変の戦歿者の慰霊祭に参列のため、蒙古の徳化に在った。時偶々関東軍から電報があって連絡のため、天津に到れとの命令を受けたので、八日払暁飛行機で天津に向って出発し、正午　駐屯軍司令部に着した。その夜天津の芙蓉館の一室で茂川秀和少佐に会った。

茂川少佐はもと私と一緒に参謀本部に勤務したことがあり、当時、冀察政権の軍事顧問であった。氏は語る、

「あの発砲をしたのは共産系の学生ですよ。丁度あの晩、蘆溝橋を隔て、日本軍の一ヶ大隊と中国側の一団が各々夜間演習をして居たので、之を知った共産系の学生が双方に向って発砲し日華両軍の衝突を惹き起させたのです」

と。私は茂川氏が平素、北平の共産系の学生と親交があることを知って居るので

「やらせた元兇は君だろう」

と詰った。氏は顔を赫めて之を肯定した。

当時共産軍は蔣介石氏のために陝西延安の一角に追い詰められ、気息正に淹々たるものがあった。その運命の打開は日華の衝突によって蔣氏の鋒先を日本に向わしめるより外に手段がない。私は事を好む茂川氏の謀略が成功したのも無理はないと思った。

私は天津滞留二週間、具さに日華双方の実情を調察し、「日華の全面的衝突は必至である。然し衝突後六ヶ月以内に之を平和に解決しなければ日本の将来に対し不測の災が起る懼がある」との意見を具申して新京に帰った。不測の災とは列強特に米英との対立ないし衝突である。

茂川氏は終戦直後、酒井隆中将と共に華北の共産軍に投じたが、久しからずして捕えられ二人共に刑場の露と消えた。

（四）卢沟桥事件之谜（今井武夫）

资料名称：今井武夫《蘆溝橋事件の謎》

资料出处：《サンデー每日》（新秋特別號）1951年9月10日，京都府立総合資料館藏，第94—101頁。

资料解说：本资料是时任日本驻华大使馆驻北平陆军助理武官的今井武夫对卢沟桥事变的回忆。今井不仅回忆了卢沟桥事变爆发的经过，还从一个亲历者的角度，回忆了自己经历的停战谈判、日本当局的相关决定，以及以时任参谋本部第一部长石原莞尔为代表的「不扩大」派的主张及「不扩大」方针的破产。

蘆溝橋事件の謎

今井武夫

蘆溝橋と永定河

早朝の電話

一九三七年七月三日の早朝私はまだ覚めきらぬ残夢の中にいた。突然けたゝましい電話のベルで起された。河北省主席兼第二十九軍第三十七師長馮治安からである。夜更し、朝寝が習慣になっている中国官場では珍らしいことだから、私は軍人らしい彼の早朝からの精励格勤振りに内心好感を持った。ところでその用件というのは最近、省政府所在地の保定に、外賓接待処をつくった。ついては開処早々真っ先きに私を招待したいから、今日、彼の帰任と一緒に保定に同行もないか、という誘いである。

当時、私は陸軍少佐で大使館附武官輔佐官として、北平に着任以来既に一年余。その間馮ともしばしば往来して親交を結んでいたので、気軽にその好意を受けることにした。午前九時、北平前門の平漢線停車場で落合い、主席用の特別列車に迎えられた。良郷を過ぎる頃から、窓外に展がる華北大平野の、きらめくような新緑の田園風景が窓外に展がる。彼はこの附近農村で育ったことや、故郷には今なお年老いた母が健在であること、彼自身、兵から身を起した経歴など、うちとけた身の上話等も出たが、談たまたま北平で行われている戒厳に及ぶと、彼は急に黙りこんでしまって、明答を避け、気拙い様子をかくそうともしなかった。

やがて、改った態度で「日本軍は六月二十九日、夜間演習に名をかりて、蘆溝橋に実弾を撃ち込んだ」と私を批難する口調になった。

北平駐屯軍の軍紀を信ずる私としては、意外な抗議であったので、「日本軍がそんな非常識をするとは考えられない」と答えたら、馮は「城壁には明瞭に、その弾痕が残っているから、万一必要とあらば、後日に検分しよう」とまでいきまいた。

今井武夫氏は元陸軍少将。終戦時は支那派遣軍総参謀副長、事変中支那課長の席にも坐ったが、蘆溝橋事件以来、ほとんど大陸現地を南船北馬、汪精衛の和平運動から引続き、対重慶全面和平の第一線に立ち、近衛日記で近衛公をして、その立消えになったのを残念がらせている。「宋子良工作」では終始立役者であり、終戦直前には総参謀副長の肩章のまゝ重慶地区に入って何柱国と和平交渉を行ったりした。日本降伏とともに湖南省芷江に飛んで、在華軍の武装解除と邦人引揚げ事務の最初の折衝に当ったのもこの人である。

麻殻と猿

その頃、北平には第二十九軍長宋哲元を首班とする冀察政権があり、青天白日旗を関して日本との提携的役割を果していた。僅々数哩を隔てた東方の通州では、殷汝耕を長官とする冀東政府が、関東軍や天津軍を背景に、五色旗を掲げて、これと対立していたので、単に日華両国の間ばかりでなく、冀察政権対冀東政府、関東軍対天津軍と、複雑な関係が渦巻き、極めて紛糾した情勢にあった。

前年秋の九月十八日の満州事変紀念日には、北平近郊の豊台に駐屯していた日本軍と中国軍とが、行軍の途中に遭遇して些細な事から衝突して発砲し合っている。その十一月末には、綏遠事件が突発した。この事件は張家口北方の徳化にあった内蒙自治委員会の蒙古軍が、関東軍の後援で、李守信や王英に指揮され、綏遠に侵入しようとして、中国軍に撃退された事件である。内蒙は建軍当初から、武藤章、田中隆吉両大佐等関東軍参謀が直接兼任し、自ら現地に在勤した特務機関に援助されたのみならず日本製の武器で装備し、十数人の日本浪人も従軍していた。中国側はこれを単なる蒙古軍とはとらず、関東軍か満州国軍の一部と考えていた。この事件に関東軍が関与することは、日本政府はもとより、陸軍中央部も同意せず、何とかして制止せんと努力した。しかし満州事変以来、殊に二・二六事件の後を受けて、軍中央部には出先関東軍の専擅を禁止するだけの威信と気魄を欠いていた。私は北平にいて薄々情勢を察知し、十一月初め視察に来た参謀本部第一部長の石原莞爾少将に報告して、これを阻止するように要請した。石原少将も痛く憂慮し、北平から満州に赴き、関東軍最高首脳部と協議の上善処を約していたが、時既に遅かったか、朔北草原の戦闘となった。時恰も南京では、川越大使が張群外交部長と、日華国交調整の交渉中であった。飛電一閃、この事件で忽ち交渉は停頓した。綏遠の傅作義軍激励のため北上した蒋介石は、傅作義軍が蒙古軍を撃退した結果、遽に対日抗戦意識を昂揚した張学良軍のため、十二月西安事件を惹き起した。国民政府の穏和な対日政策を不満とする、少壮将校が中心となって中共と通じた下剋上的風潮の中国版でもあった。

馮治安

綏遠事件のニュース映画は、時を移さず北平を初め中国各地で上映され、中国民衆はこの映画に熱狂し、手を拍ち足を踏みならして喜ぶとともに、蒋介石や傅作義の写真が出ると、襟を正して嵐のような拍手を送って、救国の英雄をたたえるのであった。

こんな情勢であったから、一九三七年春以来の華北は、常に不穏な空気が漂い、人々は不安な中で寄るとさわると耳語していた。この頃、私は中国要人から、彼等の間に麻桿児打狼という隠語の流行していることも聞いた。直訳すれば、麻殻で狼を打つということである。狼は麻殻を堅い棒だと過信し、これを所持する人に恐れ戦いて身を震わせているが、一方麻殻を持った当人は、狼が麻殻を堅い棒だと盲信している間は、虚勢に胸を反らしていられるが、一旦、狼が単なる麻殻に過ぎないことを看破すれば、忽ち飛びかかると思えば、そぞろに恐ろしくなり、彼もまた手足の竦むような思いだ、という寓話である。中日両国の関係はちょうどこれと同じで、固よりこの狼は中国で、綏遠事件によって鉄棒かと思った日本軍の実力は、案に相違した麻殻に過ぎないことが判った。最早や日本の恫喝や脅迫に屈してばかりいないぞという、危険信号でもあった。天津にあった日本軍司令部は、中央の指示で、滄州、石家荘間の鉄道敷設権と、龍煙鉄鉱開発権を要求したが、宋哲元は、これに対する回答を避けて、郷里の山東省楽陵に逃避した。たまたま満ソ国境ではカンチャズ島事件が突発し、日ソ関係緊迫の報と相俟って、華北は流言蜚語で物情騒然としていた。

宋哲元

この時冀察政権は六月二十六日北平で密かに戒厳令を実施し、第三十七師長の馮治安が戒厳司令を兼任した。戒厳令実施の理由は判然としなかったが、日本軍の演習が頻繁になったためともいい、また土匪に等しい劉桂堂や孫殿英の部下が、冀東の殷汝耕と通謀し、一部日本浪人も参加して北平奪取を計画しているためだと、中国人間では伝えられていた。

私は日本軍の演習が増加したのは、七月九日ないし十六日に行われる予定の、毎年恒例となっている第二期検閲に備えて、各中隊が予行演習を行っている結果であることを日華および第三国の各国新聞に発表するとともに、特に北平公安局長陳継淹に釈明したが、陳局長からは演習のため別に危惧を感じていることもなければ、戒厳令を実施している事実もないとの返事であった。

不思議な予告

七月三日保定に着いた私は、馮師長の心

からの歓待を受け、蕭振瀛将軍初め省政府各庁長等と屡、夕食をともにした。午後は蓮池書院、中山公園、第五十三軍の兵営等を見物して愉快に過し、夜は招宴終了後も暑さで眠られぬまま、馮師長と二人で庭前に椅子を持出して午前一時頃まで談笑した。翌朝、更に数日の滞在を勧められたが、最早や悠長には構えていられない。きのう聞いた芦溝橋の射撃事件を究明するため急いで北平に帰任した。帰途、汽車が芦溝橋にさしかゝった時、中国兵が盛んに演習していた。三日後に東洋悲劇の戦雲が、この風光明媚な橋畔に捲起ろうとは夢にも考えなかった。北平では夏季特別警戒の名称で依然戒厳令が布かれていた。私は小野口旅団副官に馮師長抗議の内容を伝え、日本軍の芦溝橋城壁に対する実弾発射の有無を調査するように依頼した。その夜、北平の邦人居留民会の宴席で、旅団長河辺正三少将とも会合したが、河辺旅団長は既にこの抗議を承知しており「極秘裡に内面から豊台の部下部隊を綿密に調査したが、かかる事実は絶対にない」とのことであった。六日、即ち盧溝橋事件勃発の前日、私は北城にある元国務総理靳雲鵬の秘書長、陳子庚の自宅に、大倉組の林亀喜とともに夕食に招待された

話は少しわき道に外れるが、その年一月以来、私は天津に隠棲していた靳雲鵬とある交渉を続けていたのであった。靳は前年の暮、蔣介石に招聘されて南下した際、華北における日華関係の打開を依頼されて来たので、彼は差当り難しい政治、経済方面を避け、まず文化提携から始めて、両国の全面的関係の改善に寄与しようとしていた。私にもその企図を打明け、相共に協力を約したが、いよいよ時機も熟したというので五月に入ると自ら北平にやって来て、錦花胡同の靳の自宅で、詳細の打合せをした。彼は、ひとまず蔣介石の承認を受けた後、現地の実力者たる宋哲元や閻錫山、韓復榘等を同調させたいという考えで、六月末、密教会長の用務を口実として天津から南下して山東に滞在していた。陳子庚とはその関係でしばしば会合していたが、靳雲鵬も近くいよいよ山東から、蔣介石の滞在している江西省の廬山に赴くことゝなり、陳も北平から靳に追及する手筈になった。そのため最後の打合せを行うと、この日別離の招宴を張ったのである。ところが開宴間際になつて、招かれもしない冀北保安総司令石友三が飄然と姿を現わして、私に「今日午後三時盧溝橋で日華両軍が衝突し、目下交戦中だが、武官はこの情況を知っているか」と、質問した。私は「いやしくもそんな事件があれば、日本軍から私に知らせないはずはない」と強く否定した。これに対し石は何故か、この情報の出所を秘しながら、頑として聞遊ないと固執し続け、果ては「日華両軍が全面戦争に突入しても、自分の部隊には戦意がないから、必ず攻撃せぬよう尽力してくれ」と、冗談とも真面目ともつかぬことを口走りながら、そわそわと落着かぬ態度で出て行ってしまった。

後日、私は当時を回想して、僅か一日後を察知し得なかった短見を慨嘆したが、事件勃発の前日、盧溝橋事件を知らせた石友三の言は、単なる暗合とばかり思えないものがある。

蘆溝橋事件当時現場地図

殷汝耕

事件の勃発

七月七日深更、熟睡中の私を、連隊の河野副官からの電話が呼び起した。盧溝橋事件が突発したのである。私はとるものもとりあえず連隊本部に駆けつけた。連隊長牟田口廉也大佐を中に幹部将校が何れも武装いかめしくズラリと詰めている。盧溝橋附近の部隊から情報が逐次集って来た。それによれば、豊台駐屯の第八中隊は、七日午後十時頃盧溝橋北方約千米の龍王廟附近で夜間演習中、中国軍から突然十数発の実弾

射撃を受けた。直ちに演習を中止して部隊を集結、人員点呼をして見たら、兵一名が不足しているので捜索を開始した。この報告を受けた豊台の大隊長一木清直少佐は、新たに一中隊を指揮して急ぎ五里店に到りさらに調査続行の結果行衛不明だった兵一名は無事帰還して来た。

冀察軍事顧問桜井徳太郎少佐は、この事件を聞くや否や、盧溝橋に駆けつけたが、同地守備の中国軍は第三十七師第二百十九団の二個中隊で、その指揮官である大隊長は、龍王廟とも連絡なく、情況も審かにしていないと述べた由である。

別に連隊本部からは森田中佐が、宛平県長王冷齊、外交委員会専員林耕宇を同行して現地調査に赴いたが、その到着に先立ち、

河辺正三旅団長

新に長辛店から龍王廟に送られた中国軍の増援隊は集結中の日本軍第八中隊に再び射撃を始めた。このため午前四時すぎ、前線の一木大隊長は、牟田口連隊長を特に電話口に呼出し、「中国軍は再びわが軍に向って射撃中であるが如何すべきか」と指示を求めたので、連隊長は「已むを得ないから応射して差支えなし」と断言した。事の重大性を知った大隊長は、午前四時二十分の時刻まで照合して時計を合わせた。

午前五時半、私は記者団と別れて庭内の招魂社に東洋の平和を祈念した。折しも雨がしと〳〵と降り出した。ちょうどその時、西南方のまだ明けきらぬ暗澹たる大気を揺り動かして、砲声が轟き渡り、さながら東洋の弔砲の如くドシン〳〵と重苦しく撃出された。

その時降り出した雨は、天意か偶然か夏中降り続いて、数十年来にない長雨となりやがて華北の曠野を洪水に浸した。

現地協定の成立

八日は雨であった。北平市内の戒厳はます〳〵至厳となり、冀察政権の要人は何れも不在と称して日本側との会見を回避した午後七時、私は秦市長を自宅に訪れて、ここで漸く市長の外に第百三十二師長趙登禹および冀察政務委員張允栄の三人と会見することが出来た。額を集めて種々協議したが、結局善後策は得られなかった。この日北寧線は列車の運行を停止し、城門も閉鎖してしまった。そのため日本軍は患者の後送すら出来なくなったので、中国側と交渉の結果、ようやく臨時列車で戦傷兵を北平に収容することが出来たという状態であった。九日も雨が続いた。午前一時、日華間に一応の協議が整い、取敢ず両軍とも停戦を命令した。午前五時、両軍同時に盧溝橋から撤退の約束であったが、中国側に命令不徹底の部隊があって、後退中のわが軍を射撃して来た。日本軍は憤激し、両国調停委員が現地に駆けつけて辛うじて一小部隊を残して主力を後退させることが出来た。

石友三

天津軍司令官田代皖一郎中将は、六月十六日以来心臓弁膜症で重態となり、幽明の境に呻吟していたので、参謀長橋本群少将が、この日豊台の戦線を視察し、夜になって北平に入城した。

十日は漸く雨が晴れた。この日初めて東京から不拡大方針の訓令が届き、これに従って現地の解決策が定められた。中国側では天津市長兼第三十八師長張自忠が交渉の任に当ったが、日華双方の条件不一致のため一向進展しなかった。

この夜前線では、中国軍から迫撃砲の集中射撃を受け、耐えかねた日本軍は、午後十時龍王廟を夜襲し、十数名の死傷者を出した。

夜半過ぎ、私は北平特務機関長松井太久郎大佐に従って、冀察側差廻しの自動車で、暗夜の雨中を中国軍の戒厳部隊に誰何されながら北城の張自忠宅に赴いた。張はひどい大腸カタルを患い病臥中であった。彼は交渉に専念するため、実兄の訃も知らされず、衰弱し切った顔色で病床のまゝ会談した姿には、悲壮な感じさえ湧き、その誠実な態度に好感が持たれたが、会議は纏まらないまゝで別れねばならなかった。

当時わが兵力は、漸く北平の歩兵部隊を前線近く集結し得たに止まり、天津から急援の砲兵部隊は、泥濘のため通州で前進困難となっていた。万一北平市内で衝突があっても、各所に散在する邦人二千人以上を保護するため、城内残留の歩兵は僅々三十数名にすぎない状況であった。これに反し中国軍は、永定河左岸に約一連隊のほか、西苑駐屯の二個旅は八宝山に前進し、その一部は衙門口から長辛店に至り、南苑には第三十八師が控えており、戦況は極めて緊迫を告げていた。

かくて十一日朝が訪れた。冀察側の最高責任者である政務委員長代理の秦徳純は、午前五時自ら電話口に立ち、盧溝橋の中国軍を撤退すべき日本側の要求は、断じて容認出来ぬと明白に拒絶して来た。こゝに交渉は全く暗礁に乗り上げた。

これがため橋本参謀長も、交戦の拡大避け難しと判断し、戦闘開始となれば、軍司

令官病臥中時に参謀長が司令部を空席に出来ない責を考え、急遽天津に引揚げざるを得なくなったので、万一の成功を期待して、一時交渉の打開が私に託された。

私は、今こそ日華和戦の関頭だと感じ、午前十一時緊張した気持で単身張允栄宅に赴き、冀察政務委員齊燮元と張允栄のほか孫潤宇の三人と会見した。劈頭、私は中国側で日本側の条件を容認すれば、日本軍は調印と同時に、蘆溝橋から自発的に撤兵しようと提案したら、齊燮元は直ちにこれに応じて、日本側の条件全部を承認すると答え、自ら筆をとって一試案を書き上げ、危機は一応回避出来るかのように思われた。私は齊燮元自筆の試案を今でも保存しているが、これに一部修文したものが解決案に決定し、この間僅か四十分で会見を終った。

従来冀察政権が頑強に、蘆溝橋から中国軍を撤退すべき条件を承認しなかったのは実は蘆溝橋附近に進出した日本軍をそのまゝにおいて、中国軍のみ撤退させるのは不公平だと考えていた。これに対し、日本側は、まず中国軍の撤退を見届けた上でなければ引揚げられないと主張して、ともに譲らなかった。結局日華両軍相互の不信に起因して交渉成立に至らなかったものであった。ところが日本軍から、まず自発的に撤兵するなら、中国軍も撤退に同意して差支えなしと考えを変え、疑念も去ったので、かく簡単に解決したわけで、冷静に考えれば実に愚劣な話である。

牟田口廉也連隊長

私は直ちに特務機関に引返したが、すでに橋本参謀長は同所を出発後であったから、急ぎ南苑飛行場までこれを追っかけた。飛行機はすでにプロペラを始動して将に出発しようとしていた。やっと参謀長に無事報告を了することが出来、参謀長もこの解決案に満足した。私はホッとした思いで出発を見送り、連日の苦闘も漸く報いられたと思った。ところが午後二時すぎ、特務機関に帰ると、そこに私を待っていたものは天津軍司令部から声の至急電話であった。早速受話器を耳にすると、同軍参謀から「本日東京の廟議は重大決意の下に、関東軍および朝鮮軍の有力部隊と、内地の三個師団を動員するに決定したから、今更、現地で中国側と協定の必要もなく、またすでに出来た協定は破棄せよ」という、高飛車な言葉であった。私は全く驚いた。一言の下に、しかも語気鋭く拒絶して受話器をおいた。特務機関に集まっていた幕僚間の空気も全く一変し、この廟議を境に開戦気構えとなり、俄に強硬意見が擡頭し、議論も沸騰した。私は松井機関長とともに四囲の異論を退け、天津帰着の橋本参謀長の決意に変化なきことを確めた。約束の時間に遅れはしたが、午後八時、とも角さきの協定案に松井、秦徳純両者の調印をすませて一安心したのであった。

張自忠

運命の廟議決定

不拡大方針を決定していた日本政府は、十一日に至り、特に現地の意見を徴することなく、独自の情勢判断に基いて華北出兵を決定し、動員の内命まで出してしまった。軍刀を抜いたら血を見ずに鞘に納まりにくいのは日本軍の常識であった。この廟議決定こそ、現地の局地解決方針を決定的に困難ならしめ、各方面に破局的な影響を及ぼした原因であった。

天津軍では一部強硬分子が、この決定に勢づけられて不拡大方針に対する異論を強めた。元来、十一日成立した現地協定は、極めて尋常一様の条件であるばかりでなく、例えば謝罪についても別に方式や謝罪者を定めることなく、責任者の処罰も特定の人を指名せず、宋哲元の裁量に委かせる意向であった。最も問題となった中国軍の盧溝橋撤退についても、両軍の衝突回避のため、軍隊を引き退げて保安隊に代えるだけで、別に非武装地帯の設定を意味するものでもなかった。しかも、まず日本軍の自発的撤退を約束する等むしろ手緩いと思われたもので、現地側の誠意を反映していたものである。しかるに中央の廟議決定するや、強硬意見として、謝罪者や責任者を逐次高級者に指定し、或いは処罰の程度を過酷にする等、中国側の神経を刺激し、実行困難に陥れて、徒らに時機を遷延した。加うるに信望を一身に集めていた穏健な田代軍司令官は七月十六日病没して、部内の統率を期し得なかったのも悲運というべきであった。

冀察第二十九軍も、宋哲元以下最高首脳部が、たとえ内心穏便な解決を希望しても、下級将校の熾烈な抗日意見に押されて、表面にわかに日本軍の要求を鵜呑みに出来ない難しい立場におかれていた。現に宋は山東を引払って、十八日天津軍を訪問したが、外部には香月新軍司令官着任に対する挨拶という触れ込みで、その実は日本側への謝罪であった。このような手のこんだやり方をしていた場合であるだけに、日本軍出兵の報道は冀察政権内部の意見取纏めを、極めて困難に陥れてしまった。それでも宋は、北平に帰ると即座に、しかも決然と、市内の防禦施設を撤去して軍隊の撤収を開始するとともに、和平解決方針を布告したのである。一方中央軍を北上させようとする南京政府の提議はこれを拒絶したが、現実に旧西北系の第三十九師、第八十四師等が北上するに及んで、強硬論に引ずられざるを得なくなったのである。

折しも南京政府では、七月一日から全中国の政、学、財、言論界の有力者や、中共代表まで交えて、百五十名を廬山に招集し、談話会を開催していた。日華両軍の衝突ニュースはその席上に齎らされたのである。元来、この談話会は西安事件の要求によって開催を余儀なくされたもので、対日強硬態度が昂揚し、激越な意見が戦わされ、周恩来の如きに至っては、もし蒋介石が対日抗戦さえすれば、共産党は挙げてその麾下に譲渡するとまで極言していた。また馮玉祥も最高軍事会議の席上、中共と同一主張に立って、多数意見に反対して開戦論を称えた。折も折、日本政府出兵の決定がもたらされ、会議は極度に刺激されてしまったのである。十七日には蒋介石の「中国の生死関頭演説」となり、二十二日には参謀次長熊斌を派遣して、宋哲元に抗戦の決断を促させるというのっぴきならぬ立場に追込んでしまったのである。

秦　徳　純

かくて開戦は時間の問題となった。宋哲元は二十三日頃から俄然態度を硬化して、一たん開始した撤兵を中止した。二十五日夜には廊坊で彼我の交戦があり、二十六日には広安門事件が発生して、情勢は全く破局的となった。田代中将に代り、出兵の廟議決定を携えて、新たに東京から着任した香月清司軍司令官は、二十六日期限付撤兵を要求した最後通牒を宋哲元につきつけたのである。

二十七日は未明から不気味に動き始めた北平城内二千二百人の日本人居留民を、交民巷に集結したが、集結を終ると同時に、中国軍に包囲されて、外部との交通、通信を遮断された。二十八日、遂に日本軍は南苑の中国兵営に対して攻撃を始め、殷々たる砲爆声は、情況不明のまま籠城中の邦人を不安の底にたゝき込んだのである。

しかるに北平を守備した中国軍は、夜半から撤退を始め、宋哲元は張自忠を代理に残したまゝ、自らは秦徳純、馮治安等の将領を従えて保定に逃れ、午前四時頃全部隊を撤去した。

この際、北平市内は日本側と諒解の下に、一部中国軍を保安隊に改編して治安維持に当らせたので、文化の古都は辛うじて戦火から救われた。

七月二十九日は久振りに快晴となり、天高く気澄んで、大陸の夏は既に初秋の忍び寄った感じであった。

当世金言集

YYクラブ

△孝行をしたい時分に親はなし
▲勉強をしたい時分に籍はなし（スト学生）
△人は死して名を残す
▲菊乃は死して石を残す（塩谷博士）
△七転び八起き
▲七転び八焼（国鉄）
△虎穴に入らずんば虎児を得ず
▲オケツを出さずんば人気を得ず（ストリッパー）
△出る釘は打たれる
▲出る区議は浮かれる
△無理が通れば道理ひっこむ
▲ポリが通れば浮浪人ひっこむ
△待てば海路の日和あり
▲待てば解除の便りあり
△良薬口ににがし
▲公約耳にいたし

検察庁では「チャタレー夫人の恋人」の起訴状も、近くワイセツ罪として起訴することになった。

！　！　！

[illegible]

[illegible]各学園ではカツラの毛が抜けて困るとコボしている。

！　！　！

アルバイト全盛に文部省では、各大学から提出された校舎増築補助金の申請を校舎建築の必要なしとの見解の下に却下した。

事件の放火犯人

当時渦中にあった者の一人として、主観をまじえずに語れば以上につきるといえる。しかし渦中にあっただけに、それだけではすまされない数々の判らないことのあるのは否定出来ないのである。盧溝橋事件勃発後、世間は一般に、口にこそ出さなかったが、満州事変以来の記憶に照らして、これを日本軍閥の陰謀と考え、柳条溝事件の二の舞であろうと想像した。ひとり外国人に止まらず、国民もまた政府を無視した出先陸軍の無軌道行為として、いわず語らず眉をひそめ、殊に終戦後は無批判にこれを公言して憚らない有様であった。

事実事件勃発の真因を究明すればするほど、種々怪事実を指摘することが出来るのである。当時、現地に在留した人々の中には、何らかこれに関する記憶をもっている[illegible]宋、日本軍の実際発射しない小銃弾が、夜間盧溝橋城壁に弾痕を印している。後には事件当夜、中国軍大隊長の関知しない実弾が龍王廟から夜間演習中の日本軍に飛来しているのである。日華両軍の責任者の関与しない第三者の行為と解する外あるまい。

石友三が事件前日、盧溝橋事件を私に語ったのも不思議といえば不思議である。彼は陰謀の一端を関係者から漏れ聞いていたのかも知れぬとの推測も成立つ。

また冀察政権が六月末から密かに戒厳令を実施したのは、日本軍の演習が治安責任者の神経を刺激した結果かとも想像されるが、表面これを否定したことは事実である。但し、これも日華人の何れといわず、浪人や投機分子が妄動した情報に基くものとすれば、騒然たる当時の空気で、かかる陰謀を企て、若くは流言を放った[illegible]止されていた爆竹をならし、ただでさえ不安の人心を一層惑乱したものがあった。引続いて同様の事件が戦線の各処に頻発し、日華両軍から、相互に相手側の不法射撃と難詰され、交渉当事者をしばしば困惑させた。当時の新聞や情報では、何れも中国の男女青年学生等の所為と伝えていた。

これら一連の事実を綜合すれば、日華両軍の当事者以外に、何者か両者の離間衝突を策して行った火遊びが、たまたま危険ガスの充満した両国間の国際的空気に引火し大事変に発展したものとも考えられる。

しからば、この愚劣な放火犯人は何者かといえば、私もこれを適確に断言し得ない。しかし中国側は前年の西安事件後、国共間に諒解成立した結果、共産党を中軸とする人民戦線の抗日急進分子がバッコし、また抗戦意識の昂揚した青年学生が夏季訓練と称して、事件直前大挙軍隊に入営し、営内で盛に将兵の抗戦熱を鼓舞したことは隠れない事実である。

一方、日本側にも冀東貿易の上で行われた密輸的低関税貿易で挙がる巨利に巣喰った浪人も少からずいて、種々不穏な流言飛語の出所となっていたことも見逃し得ない事実であった。従って些細な原因から、直に大事を誘発する背景は、日華双方ともに存在していた訳で、[illegible]

終戦後に[illegible]尉がやった所業だと、発表した日本の著書もある。しかし従来、かかる陰謀を行った場合、秘密の保てない日本人の間では、必ず尻尾が出るのが常であるが、私は事件以

石原莞爾参謀本部第一部長

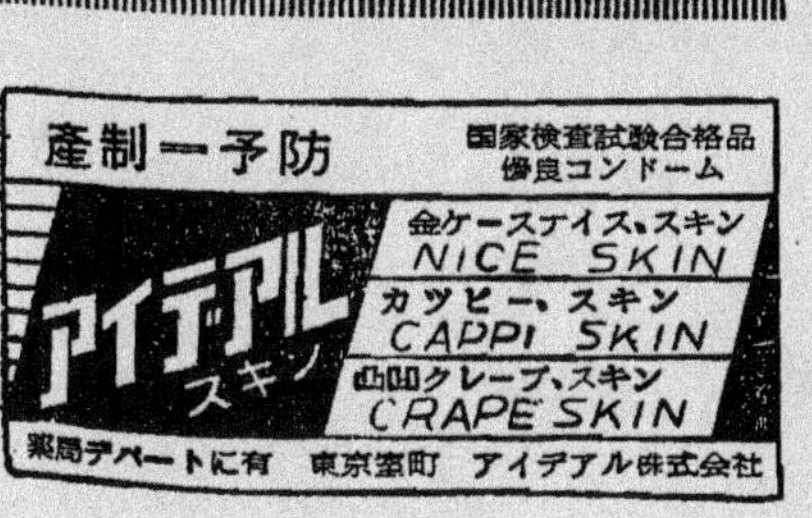

馮　玉　祥

来十五年、未だ首肯すべき情報を耳にしたことがない。某大尉とともに服務した者や彼を熟知する者は、何れも頭からこれを否定しているのである。

私は石友三軍の旅長馮執鵬が、私の友人に密語した内容を聞いたことがある。それはかつてクリスチャン・ゼネラルの名で親しまれ、親ソ派の将軍として有名だった旧西北軍の大御所馮玉祥のことである。反蔣運動失敗後、長い間空名を擁して実権を与えられず、悶々として髀肉の嘆に堪えられなくなっていた。折から人民戦線の抗日急進思想の高潮に便乗し、再び華北を手中に収めんと画策していた。これがため、まず自分の息のかかった軍隊を、北上させるべく、その機会を作ろうとして、日華間の紛争を企図していたことは否定できない。彼は昔の部下であった旧西北系の孫殿英や石友三の部隊に魔手を伸して煽動したので、馮執鵬の部下中にもこの陰謀に躍ったものがあったことは事実で、これらが盧溝橋で発砲したばかりでなく、中共系の青年を指揮して、戦線の各所で爆竹を鳴らしたということであった。

私はこれ以上、この話の真偽を確める方法がないが、事件当時、その現場で体験した各種の徴候に照らして見ると、肯ける個所も少くない。即ち事件直前、北平で行われた戒厳令の理由としては、土匪の劉奎堂と共に、旧西北系である孫殿英が策動の恐れあるためとの情報があったし、また七月六日、事件勃発の一日前に、これを予告した石友三も旧西北系の将領であった。従って彼が部下から陰謀の一端を知らされたとしても不思議はない。更に事件最中の七月十八日になると事態はもっとハッキリして来るように思われる。馮玉祥は逸早く保定に到着して声を大にして開戦論を煽り、この時すでにかつて彼の部下であった龐炳勛の第三十九師や、高桂滋の第八十四師のほか孫連仲軍まで、何れも旧西北系軍隊が北上のため集結を開始していたのである。

また冀察政務委員で、北寧鉄道局長を兼ねた陳覚生は、政治資金の最も豊富な、冀察政権のドル箱と噂されていた。日本の一高を経て農大を卒業した才能と、流暢な日本語に物をいわせて、一面日本人と親交を結ぶとともに、他面、かつて馮玉祥の下に服務した縁故もあった。彼が馮の意を迎え、保身の手段として、北平の抗日青年運動に資金を供給しているとの情報もあった。

盧溝橋事件については、従来種々の陰謀説があったが、何れも首肯するに足るものはなく、馮執鵬の密語に就ても、これ以上は単なる推測に終るであろう。

〇

要するに、一番肝心なことは、両国間の紛争問題が徒らに山積して、一として解決出来ず、相互に依怙地な不信感を抱きあい、日本人特に日本軍は、いわれなき優越感をもって中国人に臨んでいた。中国人特に青年学生は、共産党の人民戦線戦術に同調して、抗日急進思想鼓の吹に専念し、しかも、日華両軍ともに、過激分子の逸脱行為を抑止出来ぬ状況であった。これでは些少の越軌行動も再転三転、忽ち大事変に発展することは当然であり、国際間の悪気流を清掃出来ない限り、時には単なるマッチの燃えさしでも、大爆発の誘因となりかねないわけである。

馮執鵬は盧溝橋事件後、山東に逃れて、楊毓詢省長の下で山東保安司令をやっていたが、日本敗戦後は第十一路軍第二師長となり、次いで国民政府から逮捕令を出されるや、馮治安軍に身を投じたと聞いている。孫殿英も後に汪精衛の南京和平軍に参加した。また石友三は重慶軍陣営にあって、河南で日本軍と交戦していたが、その出所進退を疑われ、一九四〇年銃殺刑に処せられた。馮玉祥は第二次大戦終了後米国に渡り反国民政府運動の第一声を挙げ、一九四八年アメリカからソ連経由帰国の途に就いたが、裏海で船火事に遭難して焼死したのは人々の記憶にまだ新しい。なお陳覚生は盧溝橋事件後、突然吐血して急死し、何者にか毒殺されたとの噂が高かった。私は馮玉祥こそ、或いは盧溝橋事件の鍵を握っていたかも知れぬと、考えている。

時の人 インタビュー　YYクラブ

ピカソ氏の巻

——先生の作品で、アカデミックなのは全然ございませんので？
——いや、ないことはないさ、もっとも妻との共同制作じゃがネ。
——それを一つ拝見させていただければ……
——君、さっきから見ているじゃないか、ホラ、そこに遊んでるワシの子供を……

（五）日中战争导火索的蔓延（松井太久郎）

资料名称： 松井太久郎《涯なき日中戦争の発火点》

资料出处：《别冊·知性》1956 年 12 月，第 201—208 頁。

资料解说： 本资料是时任中国驻屯军司令部付（北平特务机关长）的松井太久郎大佐对卢沟桥事变的回忆，内容包括卢沟桥事变前的华北局势、卢沟桥事变爆发的经过、中日两军的停战谈判，以及冲突的再次发生和扩大等。

涯なき日中戦争の発火点

芦溝橋畔に起つた一発の銃声は、現地解決、不拡大方針の希望も空しく、遂に涯しなき日華事変の泥沼に国民を追いこんで行つた。

当時天津軍司令部付
北京陸軍機関長　松井太久郎

事変前の一般状況

昭和七年夏、日華事変の勃発当時、華北の河北省と察哈爾省は、冀察政務委員会の統治下に属し、一種の特別地域が形成されていた（冀は河北省の別名、察は察哈爾省の略称）

冀察政務委員会は、河北省の北京に位置し宋哲元が委員長となり、政務を統轄すると共に、軍長として第二十九軍の四個師並に暫編四個師合計約八個師の軍隊を統率し、政治的にも軍事的にも実権を持つていた。（事変の勃発当時、宋哲元は山東省の郷里に帰省、七月十九日北京に帰任したが、留守中の政務軍務は副軍長兼北京市長たる秦徳純が代行した）

日本側の華北駐屯軍司令官は陸軍中将田代皖一郎であつたが、同中将は宋哲元と親交あり、日華両軍の関係も比較的良好で、格別の摩擦も起らなかつたし、日本陸軍中央部の方針もまた冀察側と親善を図り、且その発展を援助するにあつた。而して軍司令部は天津に位置し、部隊主力の歩兵一連隊、野砲兵一連隊その他の特科隊は天津付近に、一部の歩兵旅団司令部と歩兵一連隊は北京城内及び豊台に駐屯し、英仏伊等各国軍との関係もまた良好であつた。

昭和十一年十二月、当時大佐の私は、天津の軍司令部付となり、同時に軍司令官より北京陸軍機関長に任命された。その任務は日本軍と冀察政権との連絡や、冀察政権の発展進歩に協力すること、或は満州国破壊工作を防止すること等である。これがため冀察の軍隊・鉄道通信・外交・経済の各部門に、日本人顧問を入れて内面指導に任じ、交友関係も政界軍部の要人、学者、ジャーナリスト等に求め、反政権人物との接近は成るべく避けることにした。（特務機関の名称はややともすれば諜報謀略に専任する危険的存在なる如く解釈せらるる虞れがあるので、前任者時代より単に陸軍機関と呼称することになっていたが、事変勃発と共にいつとはなしに特務機関といわれるようになった）

冀察政権は、日本と特に親善提携を期することを標榜していたが、当時の中国一般は、満州事変や満州建国に関連して、反日抗日の気分が旺盛で、冀察の親日態度を非難攻撃するものが多かった。これがため冀察としては日本と中国本土との板ばさみとなり、表裏両面の使いわけをしなければならないことも少くなかったのである。日本側の一部にはこの表裏両面の態度にあきたらず冀察信じ難しと速断するものもあったが、私はそれは聊か無理な注文だ、成るべく寛大なる態度を持し、徐々に親善の実をあぐべきであると考え、事に当っていた。

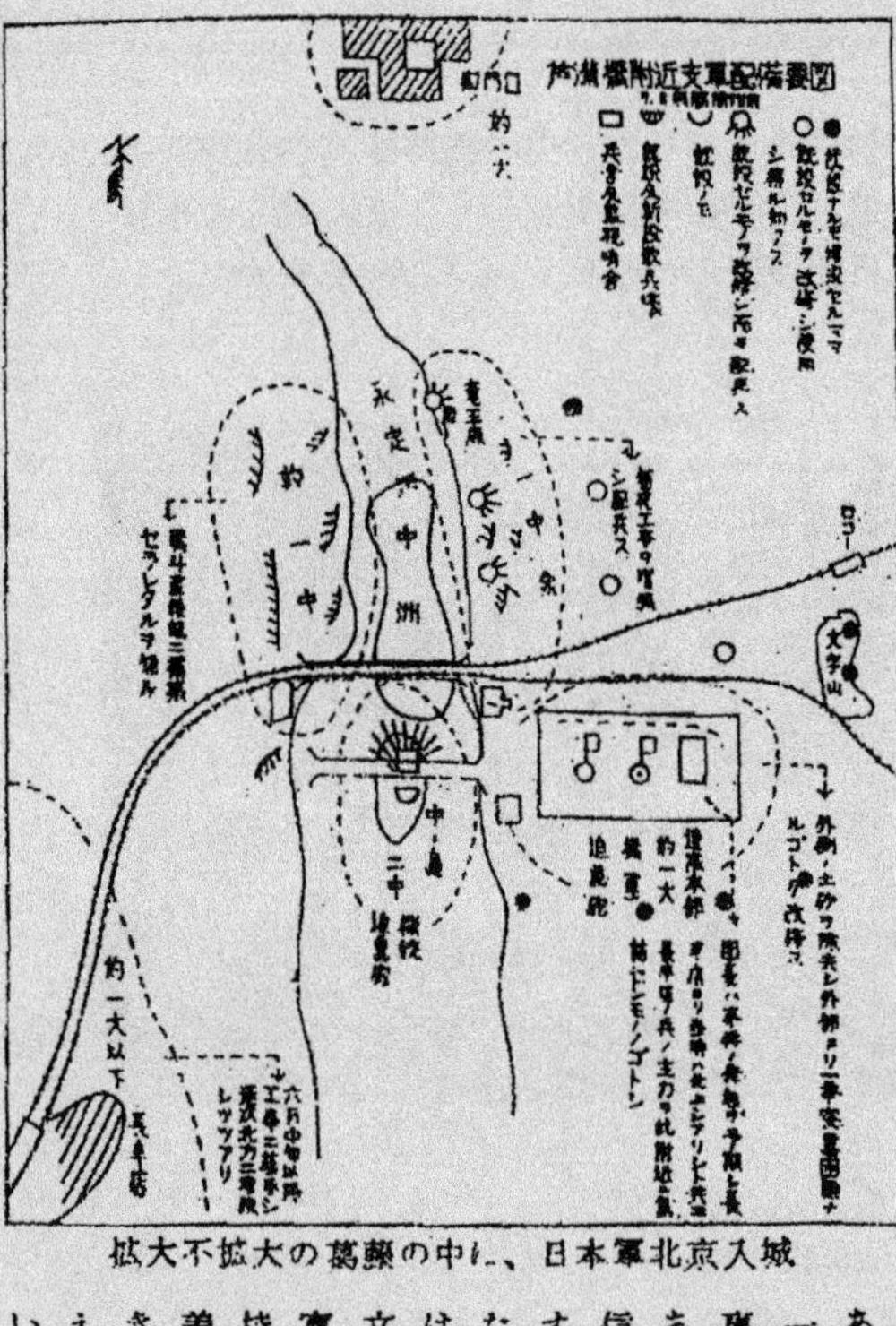

拡大不拡大の葛藤の中に、日本軍北京入城

事変の勃発

北京駐屯の各国軍はあまり訓練をやらなかったが、日本軍は常に訓練につとめていた。七月は中隊教練完成の時期で、近く検閲が始まるというので、各中隊は夜となく昼となく訓練に熱中した。

事情を知らない中国人が、「日本軍隊は近頃頻りに夜間演習をやっているが、何か始めるのではなかろうか」という噂をしていると聞いたので、私は冀察側幹部に対し、「日本軍隊の夜間演習は真に訓練を目的とするものである。近く教育令に基く第二期中隊教練の検閲が始まるから、昼夜を分たず演習をしているのである」と説明した。同時に日本軍隊方にも、こういう風評があるから注意するようにと、連絡しておいた。

然るに昭和十二年七月七日夜半のことである。就寝中けたたましく電話のベルが鳴るので、起きあがって受話機を取れば、牟田口連隊の副官からであった。それは、

「豊台駐屯の第八中隊芦溝橋部落付近において演習中、午後十一時頃突然中国側より、十数発の射撃を受く、中隊長は直に中隊を集結応戦の態勢を取りし処、兵一名行方不

明なることを発見したに
という通知だったのである。

私は機関員に集合を命じたる後、連隊本部に至り、年内に連隊長と会談したが、連隊長は事態収拾のため所要の部隊を率いて現地に行くことにし、私は北京に於ける交渉に任ずることにしてわかれた。（当時旅団長河辺少将は検閲のため山海関に出張し不在であった）

私は特務機関に帰り、冀察外交委員会に電話をかけて、日華両軍の代表を現地に派遣し事態を収拾せんことを交渉した。これよりさき軍事顧問桜井中佐は秦徳純に会見して、

(1)他部隊を動かさない
(2)芦溝橋部落並に宛平県城内の部隊は部落外乃至県城外に出さぬ
(3)事件拡大を防止する

の三箇条を約束して特務機関に帰った。
（宛平県城の城門外に芦溝橋部落があり次いで同名の橋があった）

こうして八月の午前三時半頃、日華代表は現地に向つて出発したが、その顔ぶれは次の通りである。

日本側
特務機関　桜井中佐、寺平少佐
連隊　森田中佐
憲兵　赤藤少佐
冀察側　王宛平県長　周参謀
林外交部専員

一行は途中日本側部隊に連絡し、午前五時頃宛平県城に入り、営長（大隊長）と会見説得に努め、午前七時に至り一時戦闘中止となる。しかしその時既に日本側には戦死一、負傷数名あり（行方不明の兵は無事帰隊）、ために将兵一同激昂当面の中国軍隊を撃攘せんとし、中国軍隊は現在地を守備して飽くまでも抗戦せんことを主張して已まず、両者の感情は容易に緩和出来ない。

私は両軍対峙のまま夜に入る時は、かねての情報にもある如く、共産党藍衣社等の介在により、事態は益々悪化する虞があるから、速かに両軍を引き離すにしかずと考え、日本軍隊は永定河東岸に集結、中国軍隊は同河西岸に撤退し、しかる後交渉を進め度しと申入れた。

午後に至り東京陸軍中央部より、「不拡大現地解決の方針決定との電報があった。同時に連隊長も第一線に到着、一般情勢に鑑みて、八日夜自主的に部隊を永定河東岸に集結することに決め、旅団長も山海関より現地に急行、連隊長の処置に同意した。

然るに中国側部隊の永定河西岸に撤退は難色あり、しかも八日夜には臨時戒厳令が施行せられ、北京の城門城壁並に市内要所に兵を配置し険悪な空気となって来たのである。

停戦協定の成立

九日更に接衝を重ね極力説得の結果、冀察側も当面の部隊を永定河の西岸に撤退することに同意した。但し宛平県並に芦溝橋部落に一兵も置かないとすれば、治安の維持が困難ゆえ、保安隊を以て交代させることにしたいとの申入れがあったから、十日軍事顧問笠井少佐を派遣して保安隊の誘導並に交代の監視に任じた。しかしその約三分一位交代後、中国側の将兵は硬化して上司の命に服せず、交代は一時中止の形となった。これがため日本側部隊は中国側の不誠意を憤激、はては特務機関の交渉はあてにならぬ、一挙当面の敵を撃攘するにしかず、と主張するものもあったが、旅団長と連隊長はこれを制止し、よく沈静を維持した。

十日、十一日、大使館付武官今井中佐その他の軍事顧問と協力して、冀察側と接衝を重ねたる結果十一日午後に至り、天津の軍司令部

より要求せられたる左記解決条件（所謂停戦協定）を承認せしむることになつた。

一、第二十九軍代表は日本軍に対し遺憾の意を表し、且責任者を処分し、将来再び斯の如き事件の惹起を防止することを声明する。

二、豊台駐屯の日本軍と接近せる宛平県城及び龍王廟付近に中国側軍隊を駐めず、保安隊を以て其の治安を維持する。

三、今回の事件は、所謂藍衣社其の他抗日系各団体の指導に胚胎すること多きに鑑み将来これが取締を徹底する

右協定の調印寸前に至り、日本内地に於て動員を命ぜられたりとの報道が伝わつたので「動員を命ぜられたる以上は断乎戦争の決意をせられたものと察せられる。今更停戦協定の必要なし」と主張するものもあつたが私は「刀を抜いても血を見ずして鞘に収めることが出来れば上乗、動員しても戦争せずにすめば結構だ、此の協定を締結した為に害を将来に残すことは絶対にない」と云つて十一日夕刻、冀察側第二十九軍代表の捺印を終つたのである。（此の協定は松井秦徳純協定と伝えられているが、実際捺印せるは第二十九軍代表として軍内の古参師団長張自忠と参謀張允栄の両名である。）

協定調印を終るや直に天津の軍司令部と東京の陸軍省参謀本部に電報報告したが、夜半近く東京のラジオで「北京に於て停戦協定成立との報告に接したが、冀察政権従来の態度に鑑み、果して誠意に基くものなるや否や信用が出来ぬ、恐らくは将来反古同然に終らん云々と放送せられた。私は心外に堪えず、直に東京中央部に対し「東京ラジオ放送の真意那辺にあるや、協定実行の誠意を冀察側に要求するならば、我が方もまた誠意を示す必要がある。今日の放送は冀察を責むるに効なく、却て冀察側に協定破棄の口実を与うる結果を招来するものである云々」と電報したところ、折返し返電があつて「ラジオ放送は誤りなり、引き続き努力あれ度し」とのことであつたから聊か安心した。

其の後伝聞するところに依れば、右のラジオ放送は陸軍省新聞班の強硬派が、上司の認可を受くることなく、勝手に原稿を書いて放送局に廻したということであつた。当時、軍部の中央も現地も如何に強硬派が活潑に動いたかということが想像出来るであろう。

日本側に強硬穏健の両派があつたと同時に中国側にも二つの派があつた。冀察の強硬派はこのラジオ放送を捕えて、「日本こそ誠意がない、今日既に協定破棄の口実を設けているではないか、不拡大方針も、停戦協定も作戦準備完了までの時間をかせぐ緩兵（カンペイ）の策に過ぎない」と云い出した。そのために、世論も或は硬化するのではないかと思われた。

そこで私共一同は、各界要人ジャーナリスト等に対し、極力宣伝弁明、不拡大方針に変更なきことを普及することに努めたが、北京城内の戒厳は益々厳重となり、その守備兵も二師団以上に達し、人心恟々たる有様であつた。

第二十九軍の北京撤退促進

私は日本と冀察の善処を期待しつつ、不拡大方針現地解決の具現に望みを失わなかつたが、若し不幸にして日華両軍干戈を交うることになつても、北京には戦禍を及ぼし度くない、東洋文化を誇る古都北京を灰燼に帰し、無辜の一般民衆に危害を及ぼしては、日本軍末代までの恨事であると考えた。そこで「北京城内にある第二十九軍の自発的撤退を促進せよ、北京は北京市民で守れ」と強調し、世論の喚起に努めたのである。

北京華文学校長を始め、ユニオン協会長、青年会総幹事等の外人側は、結束して賛成の

意を表し、中国側も商務総会を始め、老政客、穏健新聞人並に侠客グループ等が賛同、陰に陽に運動を開始したが、大学教授連は「国辱めらるるに北京のみを擁護して、何の意義あらん」と毒舌を弄した。

停戦協定実行の妨害

停戦協定は成立しても、中国軍の永定河西岸に撤退は尚も難色あり、この実行を見るまでは、日本軍部隊も永定河東岸に全部隊を集結することが出来ない。局部に於ては両軍対峙の状態となり、十三日夜には再び射撃を交えてしまつた。日本側は中国側より射撃を開始せりと云い、中国側は日本側より射撃を開始せりと云い、何れが先に仕掛けたかわからない、どうもおかしいと思つて調査したところ、両者の中間に於て、拳銃を発射し爆竹を鳴らすものがあつたことがわかつたのである。

日華両軍にこれを伝え自重警戒を要望したが、十四日以後も時々同様のことがあつた。

当時、共産党員某々は北京文化人を糾合し北京文化界抗敵後援会を組織したとか、京津藍衣社第四総隊は、西安の第六総隊より増援を得て、更に一層日華の衝突を促進しているとかの情報もあり、冀察政権内の強硬派は益益その勢力を増大し、協定の実行も容易に進捗しなかつた。その後、我が方数次の督促と、軍の威力により宛平県城と芦溝橋付近の部隊は、永定河西岸に撤退したが、龍王廟付近の部隊は尚も撤退せず、（但し二十一日に至り撤退、その経緯は後述）協定第一、三項の実行も宋哲元の不在を口実としてのびのびとなつた。

宋哲元の北京帰任

この重大時局に於て、宋哲元が何故速かに帰任しなかつたか知る由もないが、七月十九日朝に至り北京に帰任したのである。

宋哲元は北京駅頭に到着するや付近の物々しき警備状況を見て、「何だこのあり様は：：あまりに仰々しいではないか」と側近に語つたということである。彼は最初は事件も軽く考え和平解決に望みを属していた様である。従つて彼の帰任後は戒厳も著しく緩和せられ、我々日本側ともよく会談した。しかし、彼と会談するものの斉しく感ずる所は、「彼に和平的解決の意図は明瞭に認められるが、惜しいかな統制力なく、ややもすれば周囲の強硬派に引きずられる虞れがある」ということであつた。

七月二十日宋哲元は天津に至り、日本軍司令部を訪問したが、田代軍司令官の病気見舞の言葉を述べただけで、事件に関しては一言もふれず同日北京に帰つた。

当時田代軍司令官の病気は危篤の状態にあり、二十二日頃陸軍中将香月清が後任として着任せられた。

最後の通告

その後の宋哲元は、周囲の強硬派乃至は全国各方面よりの激励電報に刺激せられ、逐次硬化の噂もあり、協定の実行もうやむやとなるやに思われたので、私は二十一日大使館付武官今井中佐と共に、宋哲元を訪ねたるも会見出来ず、その代理秦徳純に会見し、協定実行を督促した。秦徳純は、協定の第一、三項は目下研究中第二項龍王廟部隊の未撤退は命令の不徹底に基因するゆえ了承を乞う、但し明二十二日平漢線の修理完了後直に撤退すると答えたので、その実行を待つたが二十二日夕に至るも撤退しない。それどころか、却て増援しているのではないかという噂もあつたので、顧問をして「日本軍は今夜龍王廟を夜襲する企図あり」と伝えさせたところ直に秦効同夜完全に撤退した。

香月軍司令官は、着任後一般状勢を検討し今一応宋哲元の真意をたしかむる要ありとして、二十四日、軍参謀池田中佐を北京に派遣された。私は同中佐と共に宋哲元と会談し、彼に誠意あるも、周囲の強硬派乃至は本国各方面の圧力に屈するの已むなき情態にあることを察知し、これを軍司令官に報告した。同時に事件の解決は、今や既に宋哲元の主宰する冀察だけの問題でない、正に中国全土の問題となつているから、対国民政府との交渉と併行せねばならぬだろう」と、簡単に意見を述べて置いたのである。

その後も協定の実行に関し何等の回答もなく、而も永定河西岸に撤退した二十九軍は時時日本軍（永定河東岸の）に銃砲撃を加えた。二十五日は廊坊に於て電線修理中の日本軍部隊に対し、中国兵が射撃した事実もあり、北京市内の警備は更に厳重を極め、周囲の状況は刻々悪化の兆があらわれた。

これがため日本軍司令官香月中将は二十六日、遂に最後の通告を発するに決し、

「北京城内にある第二十九軍諸部隊を二十八日夜半までに撤去せよ。然らざれば今後不慮の事変発生の場合累を北京に及ぼす虞れあり。北京を破壊し無辜の市民に惨禍を及ぼすは忍びざる所である云々」

の文書を特務機関宛に送達された。

私は右の通告を持つて午後三時頃宋哲元を訪ねたが、彼は差支えがあると云つて会見せず、その代理秦徳純に会い通告書を渡した。秦徳純は内容を見るや色をかえて、かかる危険書類は受取り難しと云つてつきかえしたので、私は「今直ちにこの通告の回答を求めるのではない。貴官はこれを受取つて軍長に提出せらるれば責任がすむではないか。若しあくまでも受取らないと主張せらるるならば、私は貴官が日本軍の意のある所を知りながら、これを独断黙殺されたと云うことを公表する。若し北京市内で兵火が起り、多数市民が惨禍を蒙むることあらば、貴官の責任を問われることになるだろう」と説得したところ、彼も遂に受取ることに決したので、受領証を書かして退去したのである。

広安門事件

二十六日の昼頃、城外にある牟田口部隊より、北京城内の留守部隊は百人未満で、若し万一の事あらば居留民の保護も出来ないから、留守部隊増援のため、大隊長の指揮する二中隊に広安門を通過させ北京に帰還せしめると云つて来たので、冀察側に交渉しその了解を得た。

この北京帰還部隊はトラック十数台に分乗して、軍事顧問笠井少佐ほか特務機関員の誘導の下に夕刻広安門に到着した。ところが、その先頭の三台が城門を通過後突如城門が閉鎖せられ、城壁上の守備兵が未通過部隊に対し射撃を開始したのである。広安門の城門は二重となり、先頭の三台は第一の城門と第二の城門の間に閉じ込められたことになるから城外部隊としては、心配に堪えない。大隊長は城壁上の敵を攻撃、且つ城門を破つて閉じ込められた部下を救出するに決した。（以上笠井少佐の電話報告）

私は此の報告を受くるや「今、日本軍の一部でも、北京城の一角を攻撃すれば、一波万波を起す如く忽ち全線に波及し、北京市街の攻防戦に拡大するから極力これを避けねばならぬ。中国兵の城門閉鎖も射撃行動も共に局部将兵のする所で、上司の命令に基くものではない。冀察二十九軍に交渉して直に城門をあけさせるから、その攻撃は暫く待て」と伝えた。

その後、電話を以て二十九軍司令部に交涉

すると同時に桜井顧問を現地に派遣したが、同軍司令部も事の重大なるに驚き、張自忠師長も蒸條と共に広安門に急行した。

桜井顧問は城壁に登り、射撃中の中国兵を叱咤し、射撃中止を大声疾呼せるも中々やめず、興奮せる中国兵のため脚を射たれ、第二弾を避くるため城壁上から飛び降りた。（但し中国側参謀に助けられ翌朝帰還）その後張自忠その他の制止に依り、中国兵も沈静して城門は開かれ、城門内に閉じ込められたる部隊も城門外に待機せる部隊も相携えて広安門を通過北京城内の兵営に帰った。この事件に於て日本側に戦死三負傷数名を出したのは遺憾に堪えないが、北京市街の攻防戦にまで拡大しなかつたのは幸である。

日本居留民の収容

広安門事件は大事とならずに片づき、城内の我が警備力も幾分強化されたが、一般の形勢は益々悪化の傾向にあり、殊に二十六日午後、我が方より発せる通告により、情勢の急転も懸念せられたので、大使館員、陸海軍武官等と協議の上二十七日早朝居留民を大使館内に収容保護することにした。

この際の居留民の行動はよく統制がとれて秩序整然たるものであり、中国側の軍隊警察並に一般民衆も何等妨害を加えず、数時間にして収容を終つたのである。

この際集結したものは、日本人千百人、朝鮮人千三百人である。

第二十九軍の北京撤退

二十八日の午前一時頃、天津軍司令部より、宋哲元に伝達すべき左記勧告文を電話で通知して来た。

協定不実行の不誠意と歴次の挑戦的行為は、最早我軍の隠忍し能わざる所なり。

就中、広安門に於ける欺瞞行為は我軍を侮辱する甚しきものにして断じて許す可からず。軍は茲に独自の行動を執ることを通告す。尚、北京城内に戦禍を及ぼさざる為、即刻全部の部隊を城内より撤退することを勧告す。

特務機関は、午前二時頃電話を以て右通告文を中国側に伝えた。

その当時、北京付近に於ける日本軍は、従来の河辺部隊のほか、朝鮮及満州よりの増援約一師団半が逐次北京付近に到着していたので、冀察側としては、相当脅威を感じたと察せられる。他面また北京市民の各層並に在住外人の戦争反対の運動に動かされたと見え、二十八日夕刻、宋哲元は使者を特務機関に派遣し、第二十九軍の撤退に関し左記二項を申入れた。

一、二十八日夜半、北京城内の第二十九軍を自発的に撤退し、二十九日午前中に平漢線以北の地区を経て長辛店方面に至る。先頭に黄旗を立て、戦意なきを示す故、日本軍の攻撃並に飛行機の爆撃を禁ぜられ度し。

二、第百三十二師（二個連隊）は本夜中に根本的に改編し、明日以後共産党藍衣社の弾圧に任ずる。蓋し従来の保安隊は満州旗人にして治安維持の能力に乏しく、将来治安維持会を設くるとしても、其の手足となるものなきを以て、是非本案を承認せられ度し。

私は二十九軍の撤退を期待しつつ、二十九日の未明、北京市内を視察したが果して撤退、市内は火の消えた様な静けさである。あらかじめ準備したビラを飛行機や自動車で撒布し「北京市民よ安心せよ、二十九軍は撤退せり、古都は救われたり」と伝えたところ、市民は漸く安心喜色に溢れた。午後市民を代表し、商務総会から御礼に来たのである。（当時北

京に放送局があつたが残念ながらその利用は出来なかつた）

さきに宋哲元より申入れた第百三十二師を調査したところ、北京の一隅旃壇寺兵営に集結し、保安隊に改編中なることがわかつたので、軍事顧問を派遣し指導監督に任じたが、一般に柔順よく顧問の指令に服した。三十日に至つて軍司令部より保安隊は認めず、武装解除をせよとの指示があつたので、高級責任者を招致して武装解除を要求した。しかし哀願これ努めるから憐憫の情に堪えず、これを強行して反乱を起すことあらば折角静穏になつた北京市内を再び騒がすことになるので、この際は寧ろ逃がすにしかずと考え、三十日夜コッソリ逃がしてやつたのである。

地方維持会の設立

第二十九軍の撤退と共に、冀察政権の首脳部全体が撤退したので、今後の問題は如何にして治安を維持するかであるが、幸いに北京市民は寛容にして穏健で而も過去数回の兵変政変によつて、幾多の経験を重ねているから、今回も別に慌てもせず動揺も紛糾もなかつた。古老連中には事変後の治安維持会業務に携わること数回に及ぶものもあつたので、これら古老を中心として日本側軍官民側面より協力、三十日地方維持会を組織することに決定した。

当時、日本軍は尚北京城外にあり、その全部又は主力の北京入城は固より過早なるも、在来北京城内に駐屯せる牟田口部隊だけは、成るべく速かに北京の原駐地に帰還し、市内の治安維持に任ぜしむる要ありとして、天津軍司令部より北京城門の開放を督促して来るし、居留民はまた一日も速かに市内の自宅に帰らんことを熱望していたが、北京市内には尚も不穏分子の潜伏が懸念せられた。そこで地方維持会殊に公安局の活動を促進し、大体の見透しのついた後、牟田口部隊及び居留民の帰還ということになり、何等の事故も起らなかつたのはまことに幸であつた。

七月二十九日通州保安隊が反乱して居留日本人を虐殺し、次いでまた天津軍司令部に対する中国側軍隊の襲撃事件等があつた。しかし両地とも北京特務機関の担任区城外に属し、且つまた冀察政権は遠く保定方面に逃走し交渉相手もなくなつたので総ては天津東京南京の交渉に待つのみとなつたが、事態は益益悪化し、遂に日華全面的の戦争となつたのは遺憾である。

思うに日華事変は、芦溝橋に於ける冀察第二十九軍一部の不法射撃に端を発し、絶対に日本軍隊が仕かけたものでない。

当初日本側は不拡大現地解決の方針を取り、冀察側もまた和平解決を希望していたことは、事実であるが、時日の経過と共に、日華両軍の強硬派の主張がだんだん強くなつて、事変が拡大したのである。

而して日華両方の衝突の誘発拡大を図り、漁夫の利を占めんとせる共産党の活動は、決して見逃がすことが出来ない。

（六）现场所见卢沟桥事件的回想（关公平）（一）

资料名称：関公平《現場で見た芦溝橋事件の回想（その一）》

资料出处：《経済新誌》1959年7月，第19—21頁。

资料解说：本资料著者时任《每日新闻》编辑次长、驻天津特派员，他从身临现场的新闻记者的角度，结合个人的采访经历，描述了如何接获驻屯军通知赶赴卢沟桥现场进行报道、宣传卢沟桥事变的情况，介绍了驻屯军方面「对方不法射击」、「事件突发」的通知，强调日本当局的立场是采取「不扩大政策」。共分六次连载。

現場で見た芦溝橋事件の回想（その一）

関　公平

序

昭和十二年七夕祭の夜、北京（当時は北平と称していた）の西南郊外芦溝橋畔に瀰いた数発の銃声が現地の日華小部隊の衝突となり、北支事件に転じ、やがて支那事変に拡大しついに太平洋戦争にまで突入する発端ともなったのである。これがすなわち芦溝橋事件である。

この芦溝橋事件が外国はもちろん、日本国内でも第二の満洲事件であり日本の謀略によるものであると信ぜられている向が二十二年後の今日でも存外多いのである。

私は昭和二十一年五月末、北京から帰国したとき、芦溝橋事件が日本の陰謀に出たものであるとした数種の書冊を手にした時、芦溝橋事件の発端そのものは、日本軍ないし日本側の発砲に帰因するものにあらず、また不幸日華両軍の間に銃火が交えられるに至った当初にあって、現地は事件不拡大、早期解決に死力を尽した事実のあったことを世人に改めて周知させる義務の如きものが私にはあるように感じたのである。

丁度この事件が起ったとき私は毎日新聞の北京支局勤務であり、事件の勃発を知り、関係機関にあたり、両軍衝突の現場に立ち、緊迫した折衝振りに接し、その時その場の印象打診、状況、言動等々これらのすべてを綜合してみて本事件は突発事件少なくも現地日本軍の徴発銃火でないことを知り、またその後の数日間にとられた出先軍の不拡大方針の交渉も真剣なものであることを感得したのであった。

現在、事件当時の現地軍関係者の多くが健在であり、これらの人々の事件記録もそれぞれ発表されている。私も当時、現地にあって芦溝橋事件に際会した一新聞人として、また帰国後今日までこれらの人々によって更に確かめ得たところも依然、事件当初の印象の如く芦溝橋事件は日本軍の徴発行為にあらずとの見解を是正する必要を認めないのである。

この故に私は声を大にして芦溝橋事件は云々と述べたて得るわけなのである。だがしかし一方ではまた。今更ら「芦溝橋事件だけはさにあらず」と書き綴ることのいかにも虚しい、かつ返らぬ繰りごとでもあるかのような気のすることも否み得ないのである。

私はこのような感慨をもってに私なりの芦溝橋事件を記録することにする。

芦溝暁月

北京の西南郊外約十キロ、永定河（芦溝河とも云う）にかかる芦溝橋は北京、長辛店を結ぶ優美長大な石橋であり、別名をマルコポーロ橋とも云われ、左岸橋畔に清朝乾隆帝御筆「芦溝暁月」の大理石の碑がありこの辺は北京人士の観月の名所でもある。

事件を知る

八日の深夜三時半頃、私は天津の橋特派員（現毎日新聞[illegible]次長）の長距離電話で起された。天津軍の発表があり本社（大阪）に電報を打った所である。そちらを頼むと云う意味のものであったが、事件は突発、先方の不法射撃によるものであると伝えられた。

天津の電報は「河北省豊台駐屯のわが部隊は七日夜、夜間演習中、同十一時四十分頃芦溝橋（北平西南三里）附近で支那軍より突如不法にも数十発の射撃を受けた。わが部隊は直ちに演習を中止し取り敢えず同支那部隊長に対し謝罪を要求中」と云うものであった。

天津の電話を受け終った私は、尖の所「また始ったな！」と云う感じがした。と云うのは　前年の九月十八日満洲事件の日であるが、芦溝橋に近い豊台で起った事件をすぐ思い出したのである。豊台は北京に入る鉄道の南関門の駅で軍事要地であるだけ、ここに日華の小部隊が駐屯していたが、その時も軍馬の尻が擦れあったとか、日本兵の臂にふれたとか些細なことから交渉がもつれて行ったが、この時は先方の陳謝で一応落着したのであった。いま天津支局からの電話で聞いた芦溝橋の部隊は、その豊台部隊に所属し、数日前から近く行われる検閲に備えて、豊台からほど近い芦溝橋の河原に毎日出かけて夜間演習をしていたのである。

豊台駐屯の部隊は北京の歩兵第一聯隊に所属する第三大隊（隊長一木清直少佐、ガダルカナルで戦死時に大佐）、射撃を受けたのは第三大隊の第八中隊（隊長清水節郎大尉）であった。

事件の真相は

天津の電話が済んで、先ずかからねばならない仕事は、事件の真相をつかむことである。

当時、ニュース・ソースの一であり、また恰好の記者クラブでもあった北京大使館内の陸軍駐在武官室に日本人記者が集まったのは四時前後であった。何時もならば夕刊目あてに午前十時頃集まるのが普通であった。

武官は今井武夫少佐、中国側からも信頼された策を弄せぬ人柄であり在京記者団との折合いも至極よかった。早暁、押しかけている記者団に会見した時の今井武官の話しぶりは特に硬ばった風も見えず事件の大略、見透しなどを述べたのみで、別に声明とか発表の形式は何らなかった。

武官の話しの内容を要略すると、事件は全く突発事件であり二十九軍の不法射撃によるものである。軍は早急事態を収める可く努力中である。飽くまで不拡大方針である、と云うのであった。

記事の取扱いについて軍としての注文もなければ暗示の如きものもなく武官室の話しは終った。

武官室を出たのち、私は日本大使館と高塀一つを距てた隣りの歩兵隊（当時は支那駐屯歩兵第一聯隊本部であったが、昔からの呼び名が使われていた）の衛生詰所に入ったことを思い出す。

歩兵隊の正門から入ったのか、大使館と歩兵隊との境の塀にあるくぐり門から入ったのか、営内に入る可く正式に歩哨に頼んだ記憶はないが、とにかく、ふらふらと、偶然に歩兵隊正門の内側左側寄りにある衛生詰所の片隅の椅子に私は腰かけていた。十五六丈位の土間はすぐに鉄帽を背負った兵隊で一ぱい、出入りもはげしく電話に兵がかかり切りで、あちこちに連絡をしていた。土間一ぱいの兵の影に別にかくれるでもなく腰かけている私は、所内の雑然とした慌ただしさを見、電話にかかりきっている兵の声を聞いていたのであったが、間もなく私の存在に気付いた将校にどなられながら追い出されたのであった。あの時の詰所の空気は大事決行と云うようなものではなかった。

芦溝橋の現場に立つ

私はやがて六時半、芦溝橋の現場に立ち、九時には支局に帰省していた。この事件は現地日本軍の徴発行為でないとの確心のもとに原稿にかかった。これが芦溝橋事件に関する現地報道の号外第一号であった。

この時の号外電文を次に録すわけは、支局に帰着した私を待ちかねていたかのように、すでに上海支局と北京支局との無電連絡が始まっており、上海、大阪本社間の無線電話の連絡も予約がされていたので、私の書き流す原稿の一枚一枚がそのまま次々に送稿されて行ったのであるから、とても辻褄を合わせながら慎重に書きあげるなどの余裕はなかったのである。尤もそれだけ、見たこと感じたことをそのまま伝えたと云う真実性はあったと思われ、号外の電文が当時の前線部隊の責任者である清水中隊長（私はまだ未見）の記録（後述）による日本軍の始めて応戦した時間とも大体照合しているのである。

電　文

号外の始めに「……八日朝六時半記者は宛平県城の芦溝橋のすぐ手前にある平漢線の土手に立った……」とある。（註一）

次に二ケ所をそのまま抜き書きす

証券市場観測

景気の過熱はみられぬ

現在のように株価の水準が漸次上昇すると、株式市場の関心は、国際収支の動向に集中してくる。過去に於ける高水準から株価の反落が、多くの場合、国際収支の変化を理由に政策の転換が行われてきた。

しかし国際収支への関心も未だ問題視しなければならない段階ではなく、最近発表された通商白書をみても、およそ白書というものに対する先入観からは程遠いものがあって、内容的には明るさと楽観にみちたものであるといえよう。

さらにこれと相前後して、輸出最高会議が、三四年度の輸出目標をきめたが、その数字が、これまでの政府予想をさらに上回り三一億八千万ドルにも達していることからも、改めて一般の国際収支に対する懸念は一掃されてきた。このように国際収支への関心が、一応肩すかしを喰ってみると、その関心の次は、景気の過熱といったことに立戻らざるを得ないのではなかろうか。殊に輸出という面から国際収支の先行さを安堵したのであるから、次はどうしても輸入の増大という点を問題にせざるを得ないことになろうし、その順序として、設備投資の問題や、生産の高水準といったことが、俎上にあげられよう。

しかし設備投資の面からみた景気過熱論議は、ここへ来て或る程度沈静化している。鉄鋼や石油にみられたように、案外自主調整が奏功するという見通しになるものであるかも知れないが、それが生産の相対的な高水準と、その異状な上昇テンポをまで解決することになるとは思えない。景気への関心は意外にも手近かの生産面に向けられてくる可能性が濃いのではあるまいか。

生産面の当面に於ける問題点は、昨年四月から今年の一月まで、年率にして実に二〇%という異常な上昇を示してきたものが、この二月、三月になって漸くそれが鈍化して、折角落付きを取戻したとみられたのは四月に入るとともに、再び季節変動を修正して、三月のそれより四・五%という大巾の上昇をみせたことである。このため、三〇年基準の通産省鉱工業生産指数による四月のそれは、総合で一六七・一、季節調整済では一六四・一という新記録を作っている。四月といえば一昨年の四月は、デフレ政策実施直前の云わば神武景気のほぼ頂上であり、昨年の四月は、その反動不況のほぼ底にある月であった。その間、同じ生産指数は一昨年の四月が一四七・三、昨年の四月が一四一・〇、そして今年の四月が一六七・一である。このことは不況の生産面への影響が、意外に軽微であったことを示すとともに、最近の生産水準が、神武景気時の頂上をはるかに上回る高水準にあることを強く教えるものである。もっとも四月の生産が異状に伸びたのは、三月にストが行われて、大きく減産となった業種が、この月に反動的な伸びを示したためだとみられる点が多い。ストの行われた鉱業関係の伸びも大きくその外の工業に於ても生産の伸びはせいぜい一～二%にすぎないことが立証している。

【内田生】

る。

「……戦況が一寸落着いた頃、米国大使館員ソルスベリー氏がＡＰのホワイト記者をつれて来た。ソルスベリー氏はかって東京に在勤していたので日本語はうまい。ホワイト君は本社に電報は打ったが真相を確かめに来たとのこと。記者は抗日意識に燃える支那兵の挑戦によって事件が突発したこと、日本の夜間演習の性質をよく諒解せず先方が二度三度も発砲し来ったにかかわらずわが軍は自重して発砲しなかったこと、夜明けまで一発も射たなかったわが軍の忍耐も考慮せず夜明けを待って俄然彼は攻勢に出るに至ったので自衛上決然わが方も応射するに至った旨を大略語った。両君はうんうんと聞いていた。……」（註二）

「……午前八時半に至って砲声は衰えたが小銃、機関銃の音は依然静寂を破りそこへ軍用病院自動車が来た。まだ前線から負傷者は後送されていないが負傷者は相当にあるらしい。わが方は不拡大方針をとり彼が射たねば我も射たぬ方針をとっている。芦溝橋支那本部隊が攻勢に出ない限り大事にはならないと見られているが、用兵のことは記者の知る所でない」と結んだ。（註三）

（以下次号につづく）

（七）现场所见卢沟桥事件的回想（关公平）（二）

资料名称：関公平《現場で見た芦溝橋事件の回想（その二）》

资料出处：《経済新誌》1959 年 9 月，第 20—21 頁。

资料解说：本资料从身临现场新闻记者的角度，回忆 7 月 8 日凌晨赶到卢沟桥现场后与美、英记者讨论事变是否为日军「谋略」等报道问题，介绍日军方面的各种说法，以及时时可闻的来自宛平城的枪声、北平城的封闭情况。

現場で見た芦溝橋事件の回想（その二）

関　公平

（註一）八日朝六時半、平漢線の土手に立ったとあるから、北京城内は五時半頃出たのだと思う。現場は自動車なら三、四十分位の所である。

この土手の上で永定河右岸、前方の山麓を双眼鏡でながめていた一将校から「今少し前から射ち出した」と、はっきり聞いたのであったが、それが歩兵砲？鉄砲なのかその時は別に問い正しもしなかったが、今少し前に射ち出した所だと云うその将校の語調は、今でも妙に記憶に残っている。発砲されたと云う事件の当事者第八中隊長清水大尉の手記（後録）によれば朝五時半始めて応射するとある。

（註二）米国大使館員ソルスベリー氏、APホワイト記者との個所は、城内に引返さんと現場から少し離れた路上での少談であったが、私はいささか国民外交をしたつもりであった。

のち九月中旬頃かと思うが、未知の在米邦人から私宛の部厚い封書が支局に届けられた。

手紙に「あなたはホワイト記者を知っていられるようだが、同記者は同封のような記事を打っております。会ってよく注意をしてくれまいか」とあった。同封された英字紙はホワイト記者の打った芦溝橋事件の記事が、一面の大半を埋めていた。内容は日本軍の不法射撃、謀略によるものであるとされていた。

私が現場でホワイト君に会ったとき、一応本社に打電したと云っていた時は、すでに日本軍の不法行為として記事を打ってあったのかも知れない。私は送られて来た手紙と、英字紙とを支局の庭の槐樹の下陰で読み較べながら、戦局はすでに日華全面戦に入っていた時局を考え暗然たるものがあった。

（註三）電文は、彼が射たねば我射たぬ、彼が攻勢に出ない限り大事にならないであろう。わが軍は不拡大の方針であると結んだのも、早朝現場に臨んで見聞した結果がかく感じこのように書かしめたので特に意図する所は何もなかったのである。

せきたてられて書いた原稿が打ち了えられてほっとした私は少憩する間もなく、今朝から以後の様子を知る可く日本の関係各機関を廻ってみた。そして何れも早期解決、事件不拡大に努力を傾けつつあることを更に確認した。

丁度特務機関（正式には支那駐屯軍北平陸軍機関と称す）に廻った時これから宛平県城に出かけると云う寺平大尉に出会った。同補佐官は今朝から宛平県城で、二十九軍の現地代表らと善後処置について交渉を続けている。二十九軍の軍事顧問桜井少佐に連絡に行くと云うのである。

それでは一緒にとまた宛平県城の東門まで同行した。今早暁、私はこの東門下まで来て楼上の保安隊員から銃を擬せられ命からがら退散したのであったが、再度来てみれば内側から土嚢が積み上げられて東門は開ける術もなかった。大尉は楼上からたらされた一本の太い麻縄につかまりたぐりあげられていった。これは恰好の記事と写真に撮ったのが、どうやら本社に届いて毎日グラフの表紙に使われたのを憶えている。

再度宛平県城に着いたのが十二時過ぎであったが、まだ時々小銃の音がしていた。

大体、今暁にかけての現地双方の交渉の結果、八日午前十一時を基準におそくも十二時までには二十九軍の現地部隊は芦溝橋右岸に撤退することに話しが進んでいたのであったが、いざとなるとなかなかそうは行かなかった。支局に帰った私は次のような現地状況を打電した。

「日支両軍は竜王廟の前線において停戦状況のまま対峙中である。わが軍の特使森田中佐、ならびに赤藤憲兵隊長、桜井少佐、寺平大尉らと秦徳純市長の特使王、祝両氏らは宛平城内で事件不拡大の方針にもとずき善後処置交渉中である。支那側は目下の所、撤退の模様なく白旗を掲げた宛平城壁から今なおわが軍に対して、しばしば発砲するが如き有様では、勢の赴くところ如何なる重大事態を惹起するやも図り知られず、不安は依然として去らず成行重大視さる」と（当時、日本軍の官氏名は全部〇〇である）

私は同じ日、再度の芦溝橋現場の視察で現地は話しがつきそうでなかなか話しがつき難いことを知ったのである。

一方、北京城内も八日正午頃から東門にあたる朝陽門が閉され、北京、天津間の一般電話も不通となり北京、豊台、天津間の日本軍用電話も杜絶した。ことに朝陽門の閉鎖は通州街道の交通遮断であり通州附近に演習に出かけていた城内の日本部隊は本部に引返すことも出来ないし、また芦溝橋の現場応援にしても城壁外を遠廻りするより仕方がなくなった。この時城内の聯隊本部は一ケ中隊と機関銃一ケ小隊だけであったと。

北京城内の二十九軍の兵力数とは問題にならないこの少数で、もしもの場合は城内の日本居留民の保護に当らねばならなかった当時、部隊の掌握をどうするか、これで頭が一ぱいであったと当時の第一聯隊長（牟田口廉也大佐）が後ちのちもよく物語っているのである。またあのような当時の部隊配置でなんぼ何でも事を起すようなことが出来ようかとも云うのである。

だが城門の閉鎖、八日夜に入って城内に臨時戒厳がしかれるなど、これみな軍人市長秦徳純の命令によるものとして日本側は漸く彼の態度について非難するようになった。謡言いよいよ乱れ飛ぶで市内外は次第に不気味な空気につつまれつつ八日の夜を迎えた。

以上は芦溝橋事件の発端から八日までの経過を日華両軍の当事者以外の者として、新聞人としての職務的立場はあるけれども当時、実際に見聞したものを飽くまで私は第三者として記述したつもりである。

ここで事件勃発当時の直接の当時者である現地両軍の人事について述べなければならない。中國側の最高当時者は冀察政務委員会委員長兼第二十九軍長の宋哲元である。昭和十年末同委員会の成立が国民政府によって認められ旧西北系（馮玉祥）の部将宋哲元が河北、察哈爾両省の北京に迎えられた裏面にいわゆる、日本の土肥原工作の強い働きがあったのも見逃されない。それで日本軍側として宋に対日満政策の特殊性、自由裁量を期待するものが多かったのである。

かくて昭和十一年および事件の始まるまで宋哲元は、日本の希望と国民政府、中國民衆の拒否、反感に身を処しながら宋はとにかく華北では中国軍政界のワンマンで在り得た。

この宋哲元が事件の始まる数日前、山東省楽陵の田舎に、帰省展墓をしており留守は軍人の秦徳純北京市長が軍政の事務一切を代行していた。宋哲元の当時、北京不在であったことは事件解決とくに事件突発の緒の口ならば宋自身の説示説得によって二十九軍内部の意向をまとめ得たかも知れぬ点に於て大きな支障を来したものと思われる。

宋哲元の力量に比す可くもない秦市長がまして事件処理に積極性なくむしろ責任回避の態度を取っていたのでは交渉のうまく運ぶはずがなかったであろう。二十九軍内部は事件当初より日を経るごとに硬化紛糾して行ったのであるが、秦徳純の態度はただに彼のみならず中國側の空気そのものを示す一例に過ぎなかったのである。

芦溝橋事件に関する現地の中國側当時者の文件としては目下のところこの秦徳純と宛平県長王冷斎両氏の東京裁判に於ける申述書があるだけのようだ。これに対して日本側の生存関係者の呼び出し、疏明の機会は遂に与えられなかった。

（後記）

次に国民政府は「廬山談話」一において、中国共産党は八日付「宣言書」において芦溝橋事件を日本の新たな進攻とみなし、断乎抗日あるのみとする文件であるが、後者の宣言が事件直後、いな最中に発出されているのは注意を引くものがある。（後記）この外、中国側で、本事件を取扱ったもの例えば当時の各党各派の政客軍人ないし学生・文化人等の談話、手記の如きものが出ていてもよい頃であると思われるがまだかかるものは見当らぬようだ。（以下次号につづく）

×　×　×

（八）现场所见卢沟桥事件的回想（关公平）（三）

资料名称： 関公平《現場で見た芦溝橋事件の回想（その三）》

资料出处：《経済新誌》1959年10月，第20—21頁。

资料解说： 本资料从身临现场新闻记者的角度，概要介绍日军方面直接参与卢沟桥事变的几位军官的回忆资料，并简述卢沟桥、龙王庙附近的战斗经过。

現場で見た芦溝橋事件の回想（その三）

関　公平

日本側の軍当事者の文件は現在大体出揃っている。左に題名、、氏名当時の役職名、掲載誌名等を記す。

一、芦溝橋事件。清水節郎手記（第三大隊第八中隊長大尉）桊郁彦編。（アジア政経学会誌、アジア研究第三巻第四号）

一、日支事変勃発の真相、謎の芦溝橋事件。
牟田口廉也、支那駐屯歩兵第一聯隊長。
（雑誌「丸」昭和三十三年十月十五日発行）

一、涯なき日中戦争の発火点、芦溝橋の銃声、不拡大の方針も空しく……。松井太久郎。
天津軍司令部付北平陸軍機関長大佐。（雑誌「別冊知性」昭和三十一年十二月号）

一、芦溝橋事件の謎。今井武夫、北平大使館陸軍駐在武官少佐
（サンデー毎日昭和二十六年新秋特別号）

一、日華事変拡大か不拡大か。田中新一、陸軍省軍務局軍事課長。（別冊知性、昭和三十一年十二月号）

なお事件当時の在北平陸軍部隊の長は少将河辺正三支那駐屯歩兵旅団長であった。この外二十九軍顧問の桜井徳太郎少佐、北京陸軍機関補佐官の寺平忠輔大尉らみな生存し、毎年七月七日、暁月会主催のもとに河辺氏導師となり慰霊祭を行っているが相会するこれらの旧軍人の懐旧談はみな等しく、芦溝橋事件は日本人の発砲に帰因するものに非ずと云うにあり、それならば誰によって発射されたかと云う段になると今なお推測、臆断の域を出ず結局は今なお謎と云うことになるのである。

「あれからもう二十余年、日本側がいかにうまくやったとしても、もう尻が割れる頃だ」と、当時の現地軍関係者は〃事件は日本軍にあらず〃とかたく信じている。

かくて謎と云う字を使ってもよいと思われる芦溝橋事件を日華両関係方面の現存文件その他を経緯として記述を更に進めることにする。

以上が事件勃発当時における私の現場報告であり、また事件を如何に見、いかに取扱ったか第三者としての私の偽りのない心象を述べたのである。

さてここで芦溝橋事件が当夜どのような具合で起ったかその実状をのべる必要がある。

幸い当夜、事件の現地第一線の第八中隊長であった清水節郎大尉（当時）の手記になる「芦溝橋事件、七月七日夜から八日夜まで」が桊郁彦氏の註を加えて「アジア研究」（昭和三十二年三月、第三巻第五号）に資料として掲載されているので、私はこの清水手記を次に借用抄録することによって、事件突発前後の実状を記述することにする。

清水中隊長の手記

一、事件当夜の演習について

昭和十二年七月七日午後、第八中隊は夜間演習のため豊台の兵営を出

1959. 12

発、芦溝橋西北方約千米の竜王廟に行った。当夜の演習過程は「敵主陣地に対する薄暮の接敵および黎明攻撃」であった。午後四時半頃、演習地へ来て見ると堤防上には二百名以上の支那兵が白シャツ姿で盛んに工事している。……

午後十時半頃、前段の訓練を終り明朝黎明時まで休憩（野宿）するため私は各小隊長仮設敵司令に伝令を以て演習中止、集合の命令を伝達した。ラッパを吹けば早く集合が出来るが中隊では訓練の必要上夜間はなるべくラッパを使わぬ習慣にしていたのである。

さて私が立ってこの集合状況を見ていると遽に仮設敵の軽機関銃が射撃を始めた。演習中止になったのを知らず部隊が伝令を見て射っているのだろうとみていると突如、

数発の小銃射撃を受け確かに実弾だと直感した。然るにわが仮設敵はこれに気付かぬらしく依然空砲射撃を続けている。そこで傍らのラッパ手に命じて急ぎ集合ラッパを吹奏させると再び右後方鉄道橋に近い堤防方向から十数発の射撃を受けた。この前後に振り返って見ると芦溝橋城壁と堤防上に懐中電燈らしきものの明滅するのが認められた。（何かの合図らしい）中隊長は逐次集合する小隊を区署して応戦準備を整えつつある時、兵一名行方不明の報告を受けると共に豊台にある大隊長にこの状況を報告しその指示を待つこととした。（略。ここで手要は支那軍の発砲が実砲射撃であったという説明を加えている）

手記はこの時、八中隊は小銃は全然（空砲も）射撃しなかったと述べまた行方不明の兵は約二十分後に無事発見されたと記しており、兵発見後の中隊の行動について手記は次の如く述べている。

支那軍発砲の証拠を得少なくも支軍との接触を緊密にすることが望ましく、また上司の指示あるまで事件を拡大せぬことも大切である。これがため俘虜を捕え、或は斥候を派遣して支軍の動静を捜索する等の積極行動も拙くすれば過早に戦闘を惹起し、不測の損害を招き或は支軍の術中に陥り却て上司の意図に反する結果となる虞れが多分にある。また現在地を撤して過早の戦闘を避け行動の自由を得るため西五里店附近へ転進することも考えられるが、それは支軍との接触を保つにやや不便である。以上相反する要求のため決心処置に迷ったので、結局無策に終りことに行方不明の兵発見について中隊の位置移動と同時に報告し度い考えから、その時期が著しく遅れたのは良くなかったと思う。

二、戦闘経過の概要。

八日午前二時半頃、駐屯隊は西五里店に集結を終り一文字山南北の線を占領、午前三時半頃竜王廟方向に三発の銃声を聞く。ここに於て一木大隊長は敵の対敵行動確実と認め払暁攻撃準備の必要を感じ第八中隊（機関銃一小隊配属）に竜王廟北側堤防を占領待機すべく命じた。

午前四時二十分大隊長は聯隊長に電話を以て再度（筆者注。三度目）発砲の件を報告した所、聯隊長より「断乎戦闘するも差支えなし」と明言せられここに攻撃の決心をした。……（中略）午前五時、大隊長は一文字山附近の歩兵砲に射撃を命じたが実行しない。そのうち連絡があってこの頃、聯隊長から支那側との交渉員として派遣され一文字山にあった森田徹中佐の命令で射撃を中止したとのこと（同中佐は早く北京を出発したので新情勢に基く聯隊長の意図を知らなかった）で再度の要求にも応ぜず、その後同中佐との連絡交渉に手間取るのを予想し、第一線の前進を停止して朝食を喫すべく命じ各隊戦線を整理して朝食を始めた時、竜王廟方面の敵が俄然射撃を開始したのである。（筆者注。第四回目の射撃）

これより先、竜王廟北側を占領待機を命ぜられた第八中隊は、…（略）前進普通を始めるとこれまで壕外に立ってわが方を監視中の支那将校等が急遽壕内に跳び込んだと見るや同時に壕内から一斉射撃をしてきた。ここに於て中隊は直ちに応戦、機関銃の掩護射撃の下に敵陣地に突入、退けるを追って一挙竜王廟南側に進出した。時に午前五時三十分、東天低く垂れこめる暗雲を破り旭日燦として輝きわが将兵の意気いよいよ上る。この頃、主力機関銃、歩兵砲も射撃を開始し云々…（略）

以上が清水中隊長の手記そのままを抄録して事件の発端から彼我両軍の交戦に至るまでの概略に代えたのであるが、これでみると、現地の日本軍は午後十時四十分頃、突然数発の実弾射撃を受けてから八日の午前五時半頃までに彼から四回の射撃を受けたことになる。そしてわが方が始めて彼に射撃を加えたのが八日の午前五時半頃、即ちこの時始めてわが軍は彼に応射したと言うのである

（次号へ続く）

× ×

（九）现场所见卢沟桥事件的回想（关公平）（四）

资料名称： 関公平《現場で見た芦溝橋事件の回想（その四）》

资料出处：《経済新誌》1959 年 12 月，第 19—21 頁。

资料解说： 本资料从身临现场新闻记者的角度，回忆卢沟桥事变爆发后中日两军交涉与谈判的情况。

現場で見た芦溝橋事件の回想…（四）

関　公平

夜間演習

日本陸軍は伝統的に夜間演習を重視していた。殊に北支の地理、環境から見て北支駐屯兵の錬度をあげるために、夜間演習は更に重要視されていたが、北京の第一聯隊管下に於ても同様であった。丁度七月九日から豊台部隊（一木第三大隊）も第二期検閲（中隊教練の検閲）が実施されることになっていたので、ここ数日来一木部隊は昼はもとより夜間演習に余念がなかった。芦溝橋の砂河原が演習場に使用されることは、前から協定され夜間演習はその都度先方に前もって通知をしてあった。

八日は武器被服の手入れにあて、検閲の九日朝、始めて聯隊長から昼間、夜間演習の検閲をどの中隊に実施するか指示することになっており、いわば七日は中隊教練の総仕上げ日であり、第八中隊も七日の夜は夜間演習の仕上げ日であった。

事件の連絡

ここで第一線の清水第八中隊長から一木大隊長に、大隊長から牟田口聯隊長に事件発生の連絡が如何になされ、どう措置されたか、この間の経緯を記してみよう。

豊台の一木第三大隊長が芦溝橋の清水第八中隊長から急派された騎馬伝令によって、同中隊が射撃を受けかつ兵一名行方不明なるを知ったのは七日の深夜十二時頃であった。大隊長はこの夜、芦溝橋の現場で第七中隊の夜間演習を視察し、翌早朝は第八中隊の黎明攻撃を視察する予定にして帰営、寝に就かんとしていた時であった。（第七中隊については後述）直ちに大隊長は北京城内の聯隊本部内に在る牟田口聯隊長にこの旨を電話報告した。

当夜、河辺旅団長は管下部隊の第二期検閲視察の為め、南大寺の野営地に出かけて不在、聯隊長が警備司令官を代行していた。

聯隊長は大隊長に対して「変に応ずる準備をなし一文字山附近（現場の東方にある砂丘、日本側でかく呼称す）に大隊を集結すべし」の命令を下したが、攻撃命令は発せられなかった。

直ちに聯隊長は本件を特務機関長松井太久郎大佐に連絡し、貴官より二九軍側に厳重抗議を申し込むと共に、速かに事態収拾を計られたしと述べた。

共同調査

かくてここに日華両機関の事件解決に対する活動が始められた。彼我の共同現地調査もその一である。

日本側の調査員の一員である森田徹中佐が現場に到着したのは八日の午前五時頃であったが、来てみれば一木大隊はまさに攻撃体形に入らんとしているのにびっくりした中佐はこれを制止したのである。森田中佐は北京を出る時、聯隊長から隠便にことを片付けるを本旨とするよう含められて現場に急行したので、その後、新状勢に応じて聯隊長から一木大隊長に下された四時二十分の攻撃許可の命令は知る可くもなかったのである。

とにかく森田中佐から射撃を止められた一木大隊はその場に待機したままパンの朝食にかからんとした。この時、彼方から激しい射撃を受けた。今の今まで大隊の進撃を止めていた森田中佐もこの実況を見るに至って、同行の支那側の調査員に「御覧の通り支那軍は射っているではないか」（清水手記）と先方に確認させ、今度は森田中佐自ら攻撃を命令した。これが八日の午前五時半頃であった。これは前の清水手記にあった「森田中佐の命令で射撃を中止した」とあるケ所の詳しい説明を牟田口聯隊長の記事及び談話の援用によってなしたのであるが、刻々と変って行った当時の場面がこれでよく想像出来るであろう。

断乎応戦すべし

芦溝橋事件の突発受けた牟田口聯隊長の一木大隊長に対する最初の命令は〝変に応ずる準備をなし一文字山附近に大隊を集結す可し〟であり直ちに正式交渉によって事件の早急解決を計らんとしたことは前述した通りであった。その聯隊長が八日午後四時二十分に到って断乎応戦もやむなしと心境の変化を来すに到った経緯は次の如きものがある。

一木大隊長は八日の午前二時三分

芦溝橋の現場に到着し第三大隊の指揮をとった。午前三時半頃、大隊は第三次の射撃を受けた。大隊長は現場から城内の牟田口聯隊長にこの旨を電話報告し今後の行動につき指揮を仰いだ。

この時のことを牟田口聯隊長は次の如く述べている。

〔謎の芦溝橋事件(丸)昭和三十三年十月号牟田口記及び同氏の談話による〕

三時半ならもう薄明るい、すでに日本軍なることが判っていてなおかつ射って来る以上やむを得ない。断乎応戦せよ! ただ今、四時二十分なり。と自分から応戦指示の時刻を大隊長に明示した。大隊長も確かに「四時二十分です」と復唱して電話は終った。

だが、実際に日本軍が彼に応戦し火蓋を切ったのは前述した如く八日の午後五時半頃であった。

以上によって事件の発端から日華両軍の交戦に至るまでの経緯が大体知り得たと思う。

しかし事件の当夜、芦溝橋の現場では清水大尉の第八中隊のほか第七中隊(穂積松年大尉)も夜間演習をしていたのである。

第八中隊は薄暮接敵および黎明攻撃が当日の演習課程であったので野営をすることになっていた。第七中隊は夜間演習が終れば豊台に帰営することになっていた。

最近(昭和三十四年初旬)私は第七中隊の当時初年兵であった東浦邦年氏(東京在住)から次のような話を聞いた。

夜間演習が終ったので帰営整列した時、隊長が「今日は七夕だ、初年兵は北支で始めての七夕だから兵舎でゆっくり七夕を味うがよい」と云う意味の話をされていた時、突如、我らは十数発の射撃音を確かに聞いた。隊長も、今の音は実弾の音だと説明された。時刻は丁度十一時頃であったように記憶する。しかし第七中隊は予定の如く帰営の途につき豊台の営門近くまで帰り着いた時、支那馬に乗った侍令が敵襲! と叫びながら飛ばして来た。これが十二時頃であった。兵舎に入った第七中隊はもとより、第九中隊機関中隊の在営全員が非常呼集され、実包その他を渡されて芦溝橋に急行したのであった、と東浦氏は当夜のことを物語ったのである。

前にあげた清水手記について編者森氏の註四の所にも、第七中隊長はすでに射撃の銃声を聞いて大隊長に報告伝令を出発させていたとある。

当夜の第七中隊の穂積松年大尉(現在岩手県在住)からこの間の様子を問合せたその回答は、右の東浦初年兵の言を裏書きし、また第七中隊の当夜における演習は第八中隊と異なっていたことが知られるのである。

第七中隊長の回答

一、私の中隊は夜間演習のみで夜営の準備なし。

二、演習終了、整列帰営せんとしていた時十数発(或は数十発なりしか)の銃声を聞く。清水中隊の最初に聞いたと云う数発でなく二回目の射撃にあたるのを聞いたのでしょう。私は已に熱河作戦その他で実戦の経験ありし故、「今のは空包の音でない、確かに実包の音だ」と云ったように思います。

三、七中隊と八中隊との演習地間隔は一・五キロメートル乃至二キロメートルであったが両中隊とも別々の演習で関係なし。八中隊の演習しありしは勿論知っておりました。

四、大隊長に報告伝令を出した理由

a万一の事があったとすれば全大隊の出動準備をする必要あり、それが為には一刻も早く知らせる必要あり。

b当夜一分隊(十四、五名)に実包三〇発しか所有しあらず、先ず実弾を補充せざれば清水中隊の応援も何も出来ず、また清水中隊にも急ぎ弾薬補充の必要を判断し、取り敢えず次のような意見具申の伝令を出した。

「清水中隊、支那軍と衝突せるやも知れず、速に大隊長自ら進出して情況を確むる必要あり、また速に弾薬を急送すべし」

五、前述の如く何をせんにも一分隊実包三〇発ではどうにもならず、鉄帽その他携帯品、機銃等も実包なく戦闘準備のためどうしても一応帰営する必要ありたり。

穂積中隊長の回答要旨は大体以上のようなものであるが、回答の末尾に「芦溝橋事件は種もしかけも全くなく、彼より無謀に打ち出して来たので、何よりもこちらは三〇発しか実包を持って居らなかったことを証明します」と穂積第七中隊長は当夜実戦に備える準備の何らなかったことを右の如く述べているが、第八中隊として大体似たようなものであった。清水手記には「当夜は二日後に行はれる中隊教練検閲を控へて兵の過労を防ぐため、極度に携行を軽減し鉄帽も携行せずそのまま戦闘に参加した次第で険悪な情勢を軽視恥しい失態であった」とあり、当時、陸軍恤兵部から発行された絵ハガキに支那軍発砲当初わが軍が鉄帽をかぶっているのは実状にあわないと述べている。

以上の如く第七、第八両中隊長の記述から見ても、当夜の演習想定がそれぞれ異なり検閲を二日後に控え兵の過労を防ぐため携行品は努めて軽減されていた。また事件当夜にとられた両隊の行動を見ても、予め計画された事件に対処するものではなかったことが知られるのである。

とにかく八日午後二時三分、大隊主力に先行した一木大隊長は西五里店（芦溝橋の現場より東方）で第八中隊に遭遇し、清水中隊長から行方不明と伝えられた兵一名はすでに発見された旨の報告を受けた。最初の報告から約三時間後にこれを知ったわけである。

兵の無事発見の報告に一木大隊長も先ず一半の安堵はしたことであろう。（昭和十三年六月、朝日新聞の芦溝橋座談会で一木大隊長は原因不明の射撃についてはさした重視しなかったが、兵一名の行方不明は一大事と思った、と語っている）。しかし、なお残る不法射撃の一件は究明する必要がありました、このまま陣を徹したのでは「支那側は何と宣伝するか分らぬ、豊台事件もあり実包射撃をすれば日本軍は演習をやめて逃げだすと云う観察を彼らに与えるのは遺憾だからこれはやはり厳重に交渉せねばならない」。（同座談会、一木談）と云うわけで不法射撃の究明に行動が集約された。

ここに云う豊台事件とは冒頭にも述べた豊台の日華両軍の前年夏に起った小競合を指し、日本側では「窮鳥入懐」の態度で事を穏便におさめたつもりであれば、彼は「吾方が強く出れば、日本軍は引き退る」と陰で放言していたと云うので、今後このような事が起った時はただでは措かんぞと云う状況下にあったのは事実である。

しかし河辺旅団長の意図を受けた牟田口聯隊長以下隷下各隊長とも軍の実力については平常、慎重を期しており、対二十九軍との関係は友好保持を旨とするよう命ぜられていた。事件当夜、第八中隊、第七中隊の両隊長とも早急に事を構えて上司の命に添はないことがあってはならぬと、行動に慎重を期したと述べているのは当時の出先軍の意向を示すものである。

中国側との交渉

先に牟田口聯隊長から芦溝橋事件突発の連絡を受けた北京の松井特務機関長は第二十九軍副軍長兼北京市長秦徳純（軍長宋哲元は郷里の山東省楽陵に展墓帰省中）に

一、支那軍の不法射撃究明

二、行方不明一名の兵捜査方

の抗議、申出がなされた。勿論のちに兵一名は見出されたので不法射撃の究明、処理に問題は集中された。

しかし先方としては不法射撃の抗議すら言いがかりと感じたのに、行方不明の兵を発見するため、当初宛平県城内の捜査を申込むなど、事態いよいよ危険なるを思はせたであろう。秦徳純、王冷斉（行政委員兼宛平県長）の東京裁判における証言にもこれが覗はれている。

芦溝橋事件について中国側（第二十九軍、冀察政務委員会）と日本側との交渉経過は松井太久郎（北京陸軍特務機関長）の〝涯なき日中戦争の発火〟別冊知性（昭和三十一年十二月号）今井武夫（北京大使館駐在武官）の前掲した〝芦溝橋事件の謎〟によって十分知り得られる。

事件発端の当時、中国側の軍、政界の首脳者宋哲元は不在、留守役の秦徳純を始め中国側の首脳部は言を左右にし病気、不在と称して日本側との会見を極力回避するの有様であった。

しかし北京の軍首脳部たる河辺旅団長、牟田口聯隊長は事件の究明は当然としたが、飽くまで事件の不拡大を堅持し松井特務機関長、今井駐在武官らによる正式交渉により事件の解決を期待した。

このような焦慮、緊迫のうちに八九の両日を経過し、現地の日華両軍は双方とも射撃は厳に禁止され協定履行を見守ると云う所に到ったことがあった。しかしこの頃のことであるが、夜ともなると発砲、爆竹の音怪火があり、両軍から出された監視聯絡将校が指示された時、場所を調査しても何れの側からもかかる事実は遂に見出されなかった。当時、私も日本の聯絡将校から「どうもこれはおかしい、八路（共産軍）の仕事じゃないか」と云うことを聞いた。

協定成立

九日、宋哲元の代理として天津から北京に来た第三八師長兼天津市長張自忠を十日夜、松井機関長、今井武官は彼の自宅で会見することが出来た。下痢で臥中と云う彼と、これまでの交渉を条文化せんとするのであったが〝二十九軍の永定河右岸撤退の件〟は依然として難点を示した。

十一日早朝五時頃、今度は秦徳純から特務機関に電話があり昨日、張自忠に申入れのあった。二十九軍の永定河右岸撤退の件は困るという回答があった。

（以下次号に続く）

（十）现场所见卢沟桥事件的回想（关公平）（五）

资料名称： 関公平《現場で見た芦溝橋事件の回想（その五）》

资料出处： 《経済新誌》1960 年 1 月，第 26—27 頁。

资料解说： 本资料从身临现场新闻记者的角度，回忆 7 月 11 日前后中日双方的交涉情况，以及日本当局围绕「一击论」、「不扩大」进行争论并最终增兵的背景。

現場で見た 芦溝橋事件の回想…(五)

関 公平

支那駐屯軍の橋本参謀長は天津から九日夕北京に来て、二十九軍当事者との接衝推移を見守っていたのであるが、今朝の秦回答に接して交渉行詰りなるを知った。しかしこの頃田代軍司令官は明日をも知れぬ病床に在り、参謀長が長期留守にするを許さず苦慮すること深甚。参謀長は更に事件不拡大の方針を以って交渉に当る可きことを命じ、兎に角午後一時、南苑から飛行機で天津に帰ることに決心したのである。

今井駐在武官はこれまでも先方との交渉に当っていた一員であるが、十日付駐在武官のまま支那駐屯軍援助を命ぜられた。橋本参謀長と別れた今井武官は当時、冀察政務委員ではあるが宋哲元から冷飯を喰はされていた斉燮元を訪ねてみる気になり、彼の自宅で面会することが出来た。

今井少佐から芦溝橋事件の発端その後の日華双方の交渉経過を聞き終った斉委員が先ず問うに〃芦溝橋の二十九軍部隊が退っても日本軍はそのまなのか〃と。

今井〃勿論日本軍も同時に退る、いや決れば日本軍が先に退る、約束は必ず実行する〃

斉〃それなら問題はない〃

と、斉委員は自ら筆をとって「中国と日本の交戦部隊は地主の誼をもって云々」三ケ条を二枚の紙に認め、これを今井武官に示した。

今井武官は今書かれたばかりの斉委員の提案文を持って特務機関に飛んで帰ったが、参謀長はすでに南苑に向ったあとであったので後を追った今井少佐は、まさに機上の人とならんとする橋本参謀長を漸くつかまえ案文を示すことが出来た。参謀長もこれに同意し調印を済ます可く命令し満足の意を表して天津に飛び去ったのであった。

これが十一日の午後一時少し過ぎであった。

やれやれと気をよくして特務機関に引返した今井武官は、一、二時間前の空気と何だか変っていることに気付いた。南苑に行っていた不在中に日本内地から北支派兵の閣議決定の声が伝えられていたのであった。

天津に帰任した橋本参謀長も天津に着いて始めて北支派兵決定の報を知ったのであるが、この声に煩らはされることなく斉燮元委員との間に交はされた停戦協定の調印は進めらる可きことが再確認され、同日午後五時調印の運びがおくれはしたが午後八時、無事調印された。

これが第二十九軍代表張自忠、同張允栄の名によって正式に発表された次の三ケ条である。

一、第二十九軍代表は日本軍に対し遺憾の意を表しかつ責任者を処分し、将来再び斯の如き事件の惹起を防止することを声明する。

二、豊台駐屯の日本軍と接近せる宛平県城及び竜王廟附近に中国側軍隊を駐めず保安隊を以てその治安を維持する。

三、今回の事件は所謂藍衣社その他抗日系各団体の指導に胚胎すること多きに鑑み将来これが取締りを徹底する。

閣議で派兵決定

しかし「北支派兵」と閣議決定の報は、もともと疑心暗気を抱く冀察、二十九軍当路者に対して更に絶大な悪影響を与えたが、他面、天津の支那駐屯軍幕僚の一部その他、所謂強硬派、一撃論者のなかにも影響を及ぼしたようだ。これはただに天津の出先軍に限らず陸軍中央部に於ても然りであった。出先、中央の軍部何れが先かは別として影響し影響されたと言うのが至当かも知れないが、「アジア研究」（前掲、九五頁）に芦溝橋事件当時における拡大派、不拡大派の対立なるものについて左の如き記事がある。

「陸軍中央部は不拡大方針に一致していたかのように見えるが内実は必ずしもそうではなかった。陸軍中堅将校と一般国民の大部分が中国民族運動の本質と地理的特性を理解しない軽々しい一撃論（暴支膺懲の合言葉）を主張した。当時新国防方針による対ソ戦略第一主義の立場から中国との戦争を極力回避しようとする石原参謀本部作戦部長の立場を支持するものは参謀本部では第二課（戦争指導担当課長河辺虎四郎大佐）陸軍省では軍務課（課長柴山兼四郎大佐）であり、他方一撃論は参謀本部第三課（作戦編制担任課長武藤章大佐）と陸軍省軍事課（課長田中新一大佐）を中心として中堅将校の大部分を含んでいた。

また関東軍、朝鮮軍一撃論の線でまとまり、支那駐屯軍では、軍司令官、参謀長、作戦主任（池田純久中佐）及び今井北平武官が不拡大派、情報参謀の和知鷹二中佐と専田盛寿少佐らが拡大派と云われ拡大派は相互に水平的連絡を行って強硬論を鼓吹した。

（筆者註・支那駐屯軍（天津）の一部および十一日の北支派兵の閣議決定に影響されたと思われる動きは調査不備につき暫くこれをおく）

ここに拡大、不拡大という軍内部の当時の微妙な動きを覗われる資料として以下数例をあげてみる。

一撃論者のなかに挙げられた陸軍省の田中新一軍事課長は別冊知性、昭和三十一年十二月号に「日華事変拡大か不拡大か」なる題で、芦溝橋事件に対する軍中央の態度は政府、軍一致して〃不拡大、現地解決〃の政策が確立されていたと述べている。

また当時関東軍参謀副長であった今村均少将の記録をあげてみる。同少将は満洲事件の当時は中央の作戦課長として事変処理に苦労を重ねたのであったが、由来良識かつ厳正をもって知られた軍人であった。芦溝橋事件の当初天津北京を視察したのち関東軍としての意見具申の為に上京した少将の記録要旨。

石原作戦部間の採った不拡大方針は確かに立派な識見であった。しかるに支那駐屯軍司令部の参謀たちは橋本参謀長と池田純久中佐参謀のほかは石原氏の指令を奉じようとせず逐日事変は拡大した……（中略）

参謀本部に出頭してみると驚いたことに作戦部内自身が二派に分れ、河辺虎四郎大佐（筆者註・北京の河辺旅団長弟）の不拡大論に対し武藤章大佐の拡大論が強調され石原部長の威令は行われず、陸軍省もまた柴山課長の不拡大論に対して異存を唱える者の方が少なくない実情であった……（中略）

他人のおらない小室に私を誘った河辺大佐は真剣な顔つきで私に語りかけた「失礼ですが卒直に所感を申上げます。今次の事変に対じいろいろ意見が分れておりますことは各人の思想からやむを得ないことです。が満洲事変の当時、あんなにも中央の統制に苦慮されたあなたが立場をかえ統制される地位に立たされると曽つての苦難を忘れ、自ら上京の上、富永恭次氏や田中隆吉氏をして拡大派の者たちをおだてあげさせる。人格的に考え、いかにも残念の行為でありますにい……（略）

私は大きく、この誠意をこめた非難に心打たれた。（以下略）（別冊知性昭和三十一年十二月号、満洲火を噴く頃）今村氏はその然らざる所以を説明したのであった。私はここで改めて軍内部の拡大派、不拡大派を云々するの愚さを痛感するのである。

すでに当時の軍人が「兵者国之大事」なる精神を味得すること少なくまた時局を洞察し将来を見透した上での国策を樹てる政治の優先が期待されなかった当時に於て、軍内部の所謂不拡大派の人々は特稀でありかつ数も少なかったのであるから「命令」の一言は凡てを決定するこの社会でこれら少数の意見が入れられ難かったのは自然の理であったろう。

北支事変が進展していた頃、石原少将は中央を離れて関東軍参謀副長に転出していたが一日、京津地方視察のため北京に来り宿舎の扶桑館で新聞記者に会見した。この時も持論である。満洲国の育成強化に日本は専心すべきで事件を更に拡大すべきでない、と力強く断言したのであった。〔以下次号につづく〕

× × ×

（十一）现场所见卢沟桥事件的回想（关公平）（六）

资料名称： 関公平《現場で見た芦溝橋事件の回想（その六）》

资料出处：《経済新誌》1960 年 2 月，第 23—24 頁。

资料解说： 本资料从身临现场新闻记者的角度，介绍了中日双方兵力对比；再次追溯事变爆发的原因，指出「中共」说缺乏实证。

1960.2

現場で見た 芦溝橋事件の回想…(六)

関　公平

この石原将軍にして軍内部の数に押し切られ押し出されたのであった。

ここに当時における時の勢なるものを分析し改めて深く反省するの資とする必要がある。

彼我の兵力数

ここで芦溝橋事件当初の彼我兵力数と配置を示せば、現地の日本軍はもとより軍中央に於ても、焦心するのは必ずしも無理でなかったことがわかるであろう。

▽第二十九軍（軍長宋哲元）

第三七師（師長馮治安）三ケ旅北京西苑。

第三八師（〃　張自忠）三ケ旅天津。

第一三二（〃　趙登禹）察哈爾省懐来。

第一四三師（〃　劉汝明）四ケ旅張家口。

一、北京城内　約二団、二営。

二、西苑　三七師司令部、三ケ旅、八宝山、衛門口一団。

長辛店　　二団、騎兵一団

三、南苑　三八師（張自忠）二団外に二十九軍直属特務旅、騎兵第九師二旅。

註・中国兵側の平時単位は師（一万四千、一万千、七千の三種。平均九千余）編成は師、旅、団、営、連、排、班。軍は師二ケ乃至数ケ師。

▽日本軍は支那駐屯軍司令部（天津）歩兵旅団司令部（北京）第一聯隊（北京）第二聯隊(天津)天津に騎兵一ケ隊、砲兵一聯隊、工兵隊、軽戦車二ケ中隊。

総兵力六〇〇〇名。

北京の第一聯隊は総兵力一九六〇名。第一大隊は北京城内、第二大隊は天津、第三大隊は豊台に駐屯。芦溝橋事件の当夜は城内の第一大隊（五八〇名）の大部分が検閲に備えて東郊の通州に夜間演習に出ており、当夜の牟田口聯隊長の手許にあった兵数は二五〇名であった。

当夜北京城内のみの二十九軍約五、六千と当時いかに精強をほこる日本兵であっても城内に残留する日本軍との兵力差は問題にならなかった。

北京城内の日本人居留民（日本人千五百名、朝鮮人千三百名）の保護を如何にするか、これが旅団長、聯隊長ら北京の軍首脳部の先ず解決せねばならぬ当面の緊急事であった。

十一日、前述した如く現地協定が出来たと云うものの、その実施にあたって一進一退、必ずしもうまく運ばなかった。

城内の日本人居留民の生命が懸念されたのもこの頃であった。

城内、および周辺に配置された二十九軍の軍勢は前述した如くであるがこの頃になると黄河以北にも中央軍、雑軍が潮の如く押し寄せていたことは云うまでもない。

中国側をみる

これまで芦溝橋事件は北京の現地軍は関与せずと云う前提のもとに種々述べ来ったのであるが、相手のない喧嘩は在り得ない例の如く、中国側の様子も次のように分けて考察することにする。しかしこれとて風評、伝聞、憶測の域を出ないものが多く物的証拠、文件の如き現在でも見受けられていないのは残念である。

一、先ず当面の第二十九軍側である

当時、宋哲元軍長を始め第二十九軍首脳部に於て事を起す必要があったとは考えられない。従って末端をして挑発行為をさせることもあり得なかった。事件の数日前、第三七師長の馮治安が出身地の保定に旅館を新築し、その披露に招かれた今井駐在武官が彼と車中同乗していた時、馮師長から日本軍が演習の時宛平城壁に弾を打ち込むのでこれを注意するよう伝えてくれと話されたので、帰城して内々部隊を調査して貰ったことがあった、馮師長の云うが如きことはなかったと云う。

二、次に当時、冀北保安司令であった石友三（旧西北軍の馮玉祥系）が七月六日の夕、中国人の招宴に列していた今井武官を突然訪ねて来て、いま芦溝橋で日支両軍が交戦している、と云うので、そんな馬鹿なことがあるものかと一笑に附したが、いやほんとだと石司令の顔は真剣そのものであった。（事実より一日早かったわけであるが、芦溝橋で日本軍が夜間演習をする日程は日本側から先方に予め知らされていたので先方で日本軍の演習日程を予知しているのは当然であった）（筆者註・しかしこれに類する風評は東京の軍中央部にも一部伝えられたことはあとで知り得た）。

この石友三を始め孫殿英、陳覚生も然りであるが二十九軍の宋哲元、山東省の韓主席何れも馮玉祥の旧部下であり、永らく隠棲していた馮玉祥も当時漸く南京の国民政府に拾われた形であったが、失意の域を脱していたわけではないのである。馮自身か旧部下か華北で一花咲かせんものと暗躍したのではないかと云う見方である。第二十九軍と日本軍との重要会談には日本語の堪能な北寧鉄路局長も勤めた陳覚生が常にその席に列したが事件紛糾の最中、突如吐血して死去するなど何か関聯があったのではないかと説をなす人もある。

三、国民政府側。南京政府は七月十六日から廬山で全国各界の要人を召集し蔣介石、汪兆銘司会のもとに会議を開く準備で多忙な矢先に芦溝橋事件が起った。しかし会議は予定の如く開かれ、十九日〝日本の進攻に一致抗戦〟を説いた所謂、蔣主席の廬山談話が全国に発表された。七月二十二、三日、冀寧政権の最も微妙な段階に在った頃、南京から参謀次長熊斌の秘かな入京は宋哲元ら北支首脳者に別様の態度を取らせるに至った。南京政府の強硬意見が注入されたこと勿論である。

ここに芦溝橋事件を国民政府が如何に見ていたか好個の話がある。

終戦時、南京から北京に飛来した当時の何応欽参謀総長が北支那方面軍司令官の根本博中将に対し「芦溝橋事件の真因如何」を問うた時、次のような自問自答の言葉をもらしたと云うのである。

「日本の傀儡と見られる二十九軍を日本軍が叩く、これはもう云いがかりだ。例えば地を移してハルビンで関東軍と満軍と衝突した時、日本がその解決を国民政府側でせよと談じこまれても如何ともなし難いではないか。例え芦溝橋事件で譲ってもそれだけでは済まないと思った」と云うのである。

四、最後は中国共産党である。

ここでは中国共産党および広くインテリ階層を含むのであるが、当時中共が抗日気運の先頭となって国民政府をして抗日に踏み切らしむ可く凡ゆる活動をしていたことは衆知のことである。芦溝橋事件の勃発した翌日の八日、在延安の中共当局は中央委員会の名を以て次の如き通電を全国に発表した。

「全国の同胞諸君！　平津は危急を告げている。華北は危急を告げている。中華民族は危急を告げている。

我らは馮治安部隊の勇敢な抗戦を賞讃し支持しなければならない。われらは宋哲元将軍が直ちに第二十九軍の全部を動員して前線に赴き応戦するよう要求する。我らは南京の中央政府が二十九軍を援助すると共に直ちに全国民衆の愛国運動を自由にし、民衆の抗戦気運をたかめることを要求する。直ちに全国の陸海空軍を動員し応戦の用意をするよう要求する……（略）」

まことに痛烈な通電であるが事件の突発を知り、やがて行われるならん妥協工作をぶち破らんとするが如きこの全国通電は感歎まさに打てば響くの措置と言う外はない。

しかし中共側が芦溝橋に発火点を求めたとする実証は見出されていないようである。要するに今なお芦溝橋事件は謎に包まれたものであると云わざるを得ない。

結　び

以上にわたって芦溝橋の突発事件そのものは北京現地部隊の作為に基くものに非ずとなす私の立論に万全の証拠を指示し得ないのは甚だ遺憾とする所である。

もしそれ万一にも今後日中何れの側からでも芦溝橋事件の発端に日本側が関与したと云う事実が証明されるならば、その時私は潔ぎよく脱帽し心眼の不明なりしを深く謝すものである。【完】

（十二）亲眼所见的卢沟桥事件（斋藤弼州）

资料名称： 齋藤弼州《この眼で見た芦溝橋事件》

资料出处： 《善隣》（社団法人国際善隣協会）NO.54，1981年12月，第7—10頁。

资料解说： 本资料为时任第二十九军军事顾问樱井德太郎的秘书斋藤弼州的回忆。作为首先到达卢沟桥现场与中方交涉的三名日军当事人之一，斋藤认为，对于事变的真相，即令是日方主要人物寺平的回忆性「名著」，也未能真正交代出事变的原因。斋藤表示自己无法肯定现有的诸多对于「第一枪」的说法。文中记述香月清司司令官在受命之初曾表示坚守不扩大立场，但赴任途中曾会晤朝鲜军司令官，到达天津后态度即发生转变，猜测是受到了蒋介石所宣示的抵抗立场的刺激。同时表示，事变扩大为中日全面战争，是日本方面全面派兵而「发展」起来的。

この眼で見た芦溝橋事件

斎藤弼州（会員）

昭和十二年七月七日北京郊外で起きた芦溝橋事件は、太平洋戦争勃発の引き金として歴史上忘れることの出来ない事件である。巷間芦溝橋事件に関るす数種の著作もあり、又、同事件に関する論文も少なからずあるけれども、その何れも真相を明らかにしていない。当時の部隊関係者は、当時者として何れも主観的な見方からして、否は二十九軍にありとし、日本軍には何等の否も無いとしている。事件勃発から数時間後に現場に到着し、彼我の状況を見聞したのは、二十九軍軍事顧問桜井徳太郎少佐と、北京陸軍機関輔佐官寺平忠輔大尉と桜井顧問の秘書であった私の三人だけである。しかも桜井さんも寺平さんも今は故人になり、生存しているのは私だけとなった。その上この二人は陸軍軍人であったから日本軍の否を訊すことに遠慮勝ちであったのは巳むを得ない。特に寺平さんは「芦溝橋事件」という名著を出されたが、その内容は寺平さんが如何に縦横無尽に活躍したかとの経緯を述べ、真相に触れていないのは残念である。日本の運命を左右した今次の大戦争の引き金になった芦溝橋事件の真相を語るのは私一人になったので、菲才をも省りみず一文を草することにしたのである。

梅津・何応欽協定

昭和九年三月一日満洲国が出来てから、関東軍の悩みの種は熱河省の動向であった。当時熱河省に君臨していたのは湯玉麟であり、彼は満洲国に組みするが如く、或は旧主張学良に傾くが如く曖昧な態度をとっていた。失地回復にひたむきな張学良は、遂に古北口方面から熱河省に進入してきた。

関東軍は熱河作戦を策定し、熱河省が完全に満洲国に帰属し、その治安問題は純然たる国内問題であることを内外に宣言した。そして長城を隔った河北省は中華民国の領域たることを認め、関東軍の作戦は河北省にまでは及ばないことを更めて言明した。しかしながら実際には山海関事件、天津における爆弾事件、親日新聞社長らの暗殺事件などが頻発し、排日の風潮は次第に広まり、平津地区には暗雲低迷し、容易ならざる空気が漂うことを認めざるを得なかった。このような状態が続くことは何時如何なる事件が起きるかもしれないことを憂慮し、それを未然に防ぎ、暗雲を一掃する目的で、支那駐屯軍司令官・梅津美治郎中将と、北平軍事委員分会委員長の何応欽上将との間に協定が成立した。その大綱は

第一　要求事項
　憲兵第三団、軍事委員会分会政治訓練所、事件関係国民党部及び排日団体の平津撤退並びにこれら団体責任者の罷免。
第二　右要求事項貫徹のため、支那側に期限を付して諾否を要求する。
　右回答期限については、北支駐屯軍交代兵士上陸期日を考慮してこれを定む。
第三　左記事項を支那側に希望し、右要求回答と同時回答を促す。
㈠　平津地方駐屯の第五十一軍並びに中央直系軍は保定以南に移駐す。
㈡　平津地方に於て、国民党及び藍衣社、その他秘密団体の反満抗日的一切の策動を禁絶す。今後策動の事実を認むるときは、日本軍に於て随時適宜の処置を講ずることあるを承認す。
　本交渉の機会を利用し、外務当局に於て、全支にわたる排日行為に関し、支那側の反省を促し、排日諸団体の解散を促進し、その実質的転向を助長して、日支懸案解決のため有利なる情勢を展開する如く、適当の処置を行なうことを外務省側に対し希望す。

これでも明らかなように、この協定は外交的な協定ではなく、一種の軍事協定にすぎない。勿論陸軍省の同意を得たものであり、外務省にも通告

してその諒承を得ている。しかし、この協定は出先軍事機関による「極度の内政干渉である」との批難もあり、中国側にとっては屈辱的な協定であるとして当時の中国の各新聞は一斉に抗議の報道をしていた。

それにも拘らず、国民政府側がこれに応じたことは、もしこれを拒絶した場合、関東軍は恐らく長城線を突破して南下するだろうとの憂慮と、この協定によって国民軍の北支に割いている戦力を、掃共戦に向けることが出来た場合、国共戦を国民軍に有利に展開されるだろうとの意図に基くものであると思われたからである。

冀察政務委員会の成立

梅津、何応欽協定の成立により、平津地区の治安は安定する筈であったが、同時に国民党・軍の撤退による空白状態となり、張北事件、熱西事件など相次ぎ、依然として混乱状態が続いたので、今度は奉天特務機関長土肥原賢二少将と、察哈爾省代理主席秦徳純との間に、いわゆる土肥原、秦徳純協定が成立した。その結果昭和十一年十二月十八日、冀察政務委員会が成立して、河北省、察哈爾省並びに北平、天津地区の軍事・行政を担当することになった。この委員会は青天白日旗を掲げ、表面上は国民政府の地方行政団体機関であることを表明していたけれども、実質的には支那駐屯軍司令官の支援がなければ、その存立はあり得なかったのである。

委員長	二十九軍々長	宋哲元
北京市長	二十九軍副軍長	秦徳純
天津市長	三十八師長	張自忠
河北省長	三十七師長	馮治安
察哈爾省長	百三十二師長	趙登禹

右の表を見ても分るように、完全な軍政一致の政権が成立したことを証明している。

二十九軍はもともと馮玉祥系の部隊で、いわば淳朴そのものといってよい部隊であった。その部隊が察哈爾省のような田舎から、河北省と北平・天津のような大都市の首長になったのだから、彼らの喜びようは大変なもので、生みの親ともいうべき支那派遣軍司令官に対する尊敬の念は一入なものがあった。また北京特務機関長は内面指導の任務を持っていたから、機関長の松井大久郎大佐とは緊密な接触を保ち、大小に拘らずその指示を仰いでいた。特に二十九軍の軍事顧問団の中でも、元北京陸軍大学の教官の経歴を持っている松井徳太郎少佐とは直接に接触し、緊密の度合は他の政治又は経済顧問団とは格段の差があった。

そのため桜井顧問に随行する私は、宋哲元、秦徳純は勿論のこと、師長やその他の要人にも面識を得ることが出来、軍事顧問の秘書という任務が如何に重要なものであるかを身を以て知らされた。昭和十二年四月、冀察側の対日認識を深め、親善の実をあげるため、三十八師の張自忠師長を団長とする十三名は、笠井軍事顧問と愛沢特務機関員の案内で、日本各地の視察のため出発し、六週間の長きに亘り旅行をした結果、親日の度合は一段と高まった。それと相前後して永野海軍大将の率いる連合艦隊が、青島に入港するのを機会に、二十九軍の参謀長以下要人三十名は桜井顧問と私が案内役となって見学に赴いた。艦隊側も冀察政府の性格をよく知っていたので、至れり尽せりの歓待をし、一般には公開されない秘密な箇所まで見学を許して呉れて、見学団一行に多大の感銘を与えた。

このような状態で先づは安泰な日が続いて、北京在住邦人の数も次第に増加し、満洲よりも住みよいなどといわれていた。又満洲から来る軍官民の人達も、冀察地区といふ緩衝地帯が出来たため、満洲国の安帯にどれほど貢献しているかと賞讃する人もあった位である。そこに降って沸いたのが芦溝橋事件であった。

芦溝橋事件勃発

七月七日の夜十一時頃、特務機関から桜井顧問に電話があり、芦溝橋方面にて日支両軍が衝突したらしいので、至急調停に行って欲しいと依頼して来た。特務機関からは寺平補佐官が同行するとのことであった。七月八日午前二時に、桜井顧問・二十九軍の周恩靖参謀・寺平輔佐官、それに私の四人は、軍事顧問部の自動車に同乗して現地に向った。約一時間後には現地に到着、最初に面接したのは一木大隊長であった。桜井顧問と一木大隊長は士官学校の同期生でもあり、昵懇の間柄でもったので「一木君一体どうしたのだ」と質問すると、一木さんは困った顔をして「どうも中隊長が気が荒らくて……」と返事に当惑している姿が印象的であった。この夜間演習は二十九軍側にも通告してあり何ら不法なものではなかった。日本軍の演習は二十九軍が仮想的ではないことは勿論である。しかし当時の状勢としては、何れ遠からずソ連を相手に戦わねばならぬという予想はあったから、演習とはいえ真剣なものであったことも事実である。その頃いわゆる青年将校の間には二、二六事件などの影響もあり、一種の悲壮感すら見受けられた。演習中、たまたま一兵卒が行方不明になり、中隊長は興奮していた様である。幸いにしてその兵隊は無事見つかり事なきを得て、騒動は一段落したかに見えた。桜井顧問は宛平城内の様子を見るため私を伴って城内に入った。城内では王冷斎県長と二十九軍に属する金振中営長（大隊長）が出迎えて呉れた。桜井顧問が宛平城か発砲したかどか質問すると、金営長はとんでもないという顔をして、「友好国の日本軍に対して何の理由があって発砲しなければならないか、お分りでしょう。発砲するなど絶対にない」と言明した。しかし、軍事協定が結ばれていて、夜間演習をすることも事前に通告があり、この演習が不法なものでないことは十分承知している。それにしても空砲とはいえ間断なく発射される銃声にはホトホト閉口した様子である。それに加えて日本軍の吹き鳴らす「ラッパ」の回数の多いこと、そしてその吹き鳴らす「ラッパ」はどれもこれもわが方を攻撃する突撃「ラッパ」に聞えるのですよと、閉口千番といわぬばかりであった。私はそのとき、日本側の思いやりのなさ、自分達の行動が相手側にどのような影響を与えるかを全く無視したやり方は、矢張り思い上りのしからしむるところであると深く感じた。日本側は二十九軍から実弾の射撃があったから、その真相を究明せよとの依頼があったけれども二十九軍の兵士は空砲を所持していないことは明らかであり、実弾を射った者があるかも知れないが、それは日本軍に対する敵意から出たものではなく、恐怖のあまり又は癇にでも障った感情から二十九軍の兵士の中に発砲したものがあることも想像された。如何に演習とはいえ、又通報してあるから差し支えないとしても、連続射撃を間断なくやり、おまけに連続的に「ラッパ」を吹き鳴らす日本軍のやり方は「おごり」としか思えなかった。午前八時頃になって城外の様子がおかしいので桜井顧問は県長の公務室に居るのは危いといって、安全な個所に避難して十分もたたないときに轟然たる野砲の一発が県長室を粉砕した。そのとき桜井顧問は「とんでもないことをする」といって猛然と怒り叫んだ。われわれが城内にあって県長や営長と交渉していることを百も承知していて、このようなやり方をする意味は全く分らなかった。この野砲の発射はそのとき現地に到着した牟田口連隊長の命令で発射されたことを後で知り、冀察政権の成立の事情も知り、日支融和の必要性を誰よりも熟知している連隊長の心理に疑問の念を抱かずにはおられなかった。それは兎も角として日支双方にこれ以上騒動を拡大してはならぬとの意思が確立したのを見届けて、桜井顧問、寺平補佐官と私は特務機関に八日正午頃帰り、委細を松井機関長に報告したのであった。

左から桜井顧問、松井特務機関長、寺平補佐官、筆者

事件は一件落着

昭和十一年五月、支那駐屯軍は約三千名の兵力を増強した。すなわち司令官（田代皖一郎中将）を親補職にすると同時に、歩兵二ケ連隊からなる旅団をおき、これに砲兵一ケ連隊、戦車・騎兵・

工兵各々一ケ中隊と通信隊を加えて、計五千名（それまでは二千五百名）に増強し、交代制であったものを永久性に改めた。司令部は天津に置き、歩兵二ケ大隊を北平に、一ケ大隊は山海関と天津にそれぞに増勢し、それまで交代制であったのを永久制に改めた。このほか公表されない目的があった。それは天津軍司令官を関東軍司令官なみに親補職とし兵力を増強することによって、今後いっさい北支の事態をこれに一任し、関東軍には口を出させないことにしたのである。

これは当時の天津駐屯軍の人名の配置にもよく示されている。司令官は陸軍きっての中国通の穏健を以て知られていた田代皖一郎中将をあて、参謀長には知能派で知られている橋本群少将がなり、参謀には和知鷹二中佐、池田純久中佐など優秀な人達であった。又旅団長には後に大将にまで昇進した河辺正三少将、連隊長には剛勇を以て知られる牟田口廉也大佐、北京特務機関長には陸軍のソ連通でもあり、かつて関東軍の参謀としても知られていた松井大久郎大佐が宛てられていた。又、北京の陸軍武官府には今井武夫少佐と冀察軍事顧問に桜井徳太郎少佐を配置し、相互の連絡協調が旨く行くように図られていたように思う。

以上の人事で見逃すことのできないのは、大部分が穏健派いわゆる「ハト派」と見られるなかで、「タカ派」と見られるのは牟田口連隊長であった。牟田口さんは佐賀県の出身で世にいう「葉隠れ武士」の傾向があり、陸軍の長老真崎甚三郎大将の信任の厚かった人といわれていた。支那駐屯軍の主要なる任務が防共と居留民保護である以上、その責任は重大であり適切な人事であっかも知れない。一方冀察政権の育成という点では松井大佐が適任であったことも見逃がせない。そこに降って沸いたのが芦溝橋事件である。牟田口大佐と松井大佐の見方は自ら違っているのも無理からぬことである。

事件勃発以来拡大か不拡大かは現地においても相当論議された。しかし、田代司令官の病中にあって、専ら司令部の意見は参謀長の橋本少将から、河辺旅団長又は松井機関長に伝達されていた。その事実を私はたびたび特務機関に連絡に行った際に見聞した。

一方今井武官と桜井顧問は冀察政府側に足繁く通い、昼夜を問わず事件が拡大しないように努力する一方、停戦協定の成立にまで漕ぎつけたのも事実である。

一方冀察側としては折角河北省と平津地区を手に入れ、これから安定政権育成に力を注ぎ、やがては華北五省連合の中心的存在になろうという夢を抱いていたのではないかというふしがあった。冀察側の全体の空気は一刻も早く事件を解決せんとする努力が、眼に見えていた。いささか不安な言動のあったのは、馮治安河北省長兼三十七師長だけだった。桜井顧問の交渉乃至相談相手は主として馮治安に傾けられ、馮師長さえ納得すれば事件を解決したのも同様だと判断して、全力を尽し馮師長と対談した結果、彼もわが方の真意を諒解し、七月十一日停戦協定は成立した。

芦溝橋事件は東京から発展した

前述の如く、現地にあっては司令部、旅団、特務機関、駐在武官、冀察軍事顧問が日夜を問わず相互に連絡をとりながら、停戦協定に漕ぎつけやれやれと安心し、事後における復旧整理に取りかかっていたところに、時も同じくして東京電報は、華北の治安維持のため五相会議で関東軍から二ケ旅団、朝鮮軍から一ケ師団内地から三ケ師団を派兵することを決定したと報じてきた。内地師団の増兵の発表と同時に、病気療養中の田代司令官を更迭し、新たに香月清司中将が司令官に任命された。司令官は就任してから初の新聞記者との会見で、芦溝橋事件にもふれ、極力不拡大方針である旨を述べていたので、現地各機関も「わが意を得たり」とでもいう感触を持った。しかるに香月司令官は赴任の途中、朝鮮軍司令官と会見し、天津に着任するや一変して拡大方針に転じたかの感がある。憶測すれば、南京国民政府が一戦を辞せずと盛んに宣伝していたことに反応したのかも知れない。

事件勃発は、中国側の不法射撃だとか、二十九軍の計画的行動だとか、又は中共側の陰謀説など諸説は乱れ飛んでいた。私はこの眼で見た芦溝橋事件としてはその何れにも賛し難い。停戦協定成立で現地では愁眉を開いた同日に、東京三宅坂は強力な兵力の派兵を決定し、軍司令官の更迭までしたのが、その意味で「芦溝橋事件は東京から発展した」と言いたい。

（十三）卢沟桥事件五十周年特集号

资料名称：蘆溝橋事件五十周年特集号

资料出处：支那駐屯步兵第一聯隊（極第二九〇二部隊）戦友会《支駐步一会会報》（第11号），1987年5月，第1—15，26—33，66—115，134—135頁。

资料解说：本资料是由原中国驻屯军第一联队官兵在战后组建的战友会，在卢沟桥事变五十周年之际出版的会报（非卖品）。其中包括数据介绍、重要史实记录、亲历事件回忆、追悼亡者等。

支那駐屯歩兵第一聯隊（極第二九〇二部隊）戦友会誌

支駐歩一会報

（第11号）

昭62－5月

蘆溝橋事件五十周年特集号

蘆溝橋事件五十周年特集号

目次

巻頭のことば

支駐歩一会々長　内海通勝

私共の先輩の英知は、明治維新の偉業を成し遂げることにより、日本を二〇〇年の惰眠から目覚めさせてくれました。

即ち、先進欧米諸国の新しい知識、技術、制度を積極的に採り入れ、政治・経済、軍事・文化等各方面に亘り急激な改革を断行しました。

明治二十二年（一八八九年）帝国憲法が制定公布され、教育・納税・兵役の三大義務が定められ、日本国民は斉しく、その義務を忠実に果すことが祖国に報ゆる所以と信じ之を実践してきました。

その間、我が国は、日清・日露両戦役を経て世界の五大強国に列するに到りました。

私共は、この様な時代背景の中に育まれて成人しました。

昭和十二年（一九三七年）七月七日蘆溝橋事件が勃発し、やがて支那事変を経て大東亜戦争に突入、そして昭和二十年（一九四五年）八月十五日、瓦礫と焦土の中の無条件降伏という苛酷な終戦を迎えました。

自分が生きて行く為、そして日本の再建の為、唯、夢中で働きました。あれから四十二年、日本は奇蹟的な復興を遂げ、今日の経済大国になりました。

その間に戦争の歴史は、戦勝国の都合のよいように綴られて行きました。戦争の原因はすべて日本の側にあると云う一方的な考え方を戦後の日本人に教え込む為、教科書や歴史辞典が真実と異る記述がなされています。

我が支駐歩一会は、当時、この事件に遭遇した聯隊の戦友会であり、会員の中には今、尚、事件生き残りの方々も多数健在であります。

事件五十周年に当り、これ等の方々の体験に基く思い出を中心として会報特集号を企画致しました処、多数の方々から御寄稿や資料の提供がありました。

自分達が青年期に命がけで体験した事実が戦後の歴史の中で歪められ、誤り伝えられていることに対する忿満やる方なき思いが、この機会を逃しては永久に埋没して了うと云う危機感をもって、当時の日記や記録や資料を行李の底から捜し出して、不馴れなペンを握って、懸命に記述された、ひたむきな様子がありありと紙面から窺えます。

然しながら、なにぶんにも半世紀も以前の事ゆえ、記憶違い、思い違いのあることは免れませんが、蘆溝橋事件の証言として極めて価値の高いものであると信じます。

該事件の経過は、去る昭和四十九年に当会が編纂刊行した「支那駐屯歩兵第一聯隊史」に詳しく述べられて居りますので、その再録は致しませんが、この特集号が正しい歴史の資料として後世の真摯な史家の研究に多少なりともお役に立ち得れば望外の幸であります。

戦没された戦友の冥福を祈り之を霊前に捧げます。

豊台兵営

豊台駅にて
牟田口聯隊長
一木大隊長
田代軍司令官
宋哲元軍長

第一大隊長 木原義雄 少佐
（支駐歩一会初代会長）

第一大隊長 木原義雄少佐
（終戦時少将、支駐歩一会初代会長）

芦溝一発暗雲横
不測炎々及米英
當常王茲稱暁月
星移変移乙天彦
憶芦溝橋
木原義雄
昭和四十三年七月七日

第二大隊長 筒井 恒 少佐

第二大隊長 筒井 少佐

告急風雲永定辺　炎々戦火八方燃
回頭三十二年夢　芳韓山川浮眼前
昭和四十三年七月七日芦溝橋回想
筒井恒山

穗積第七中隊長　清水第八中隊長　安達第九中隊長　中島第三機関銃中隊長　一木第三大隊長　桜井少佐

訓示する一木第三大隊長

一 文 字 山
写真左より一木大隊長，河辺旅団長，牟田口聯隊長

戦時中に建てられた
一文字山記念碑

竜 王 廟

— 5″—

一文字山ヨリ　竜王廟ノ遠望（中央×印）
右，筒井第二大隊長

宛平県城を望む戦死者の墓標（長谷川伍長）

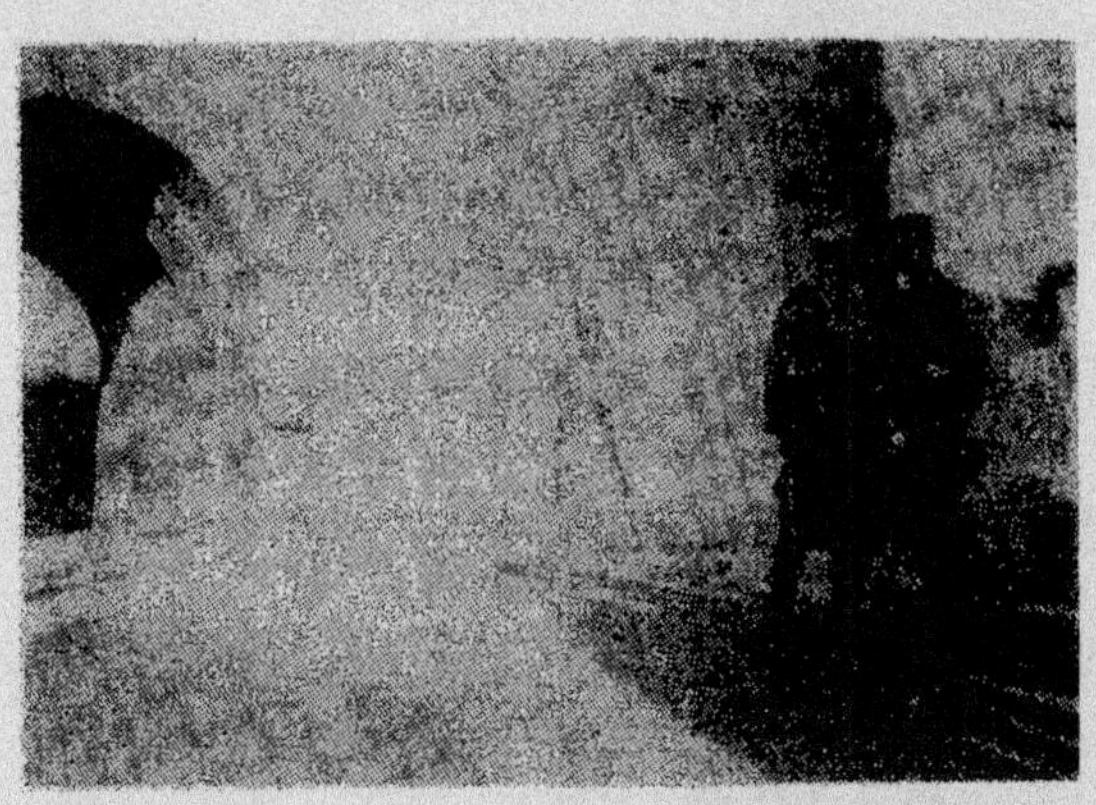

29軍将校（日本陸士出身）と交渉する野地少尉
宛平県東門にて

演習機材を運んで宛平県城を通る

宛平県城 城門

盧　溝　橋　（昭和11年撮影）

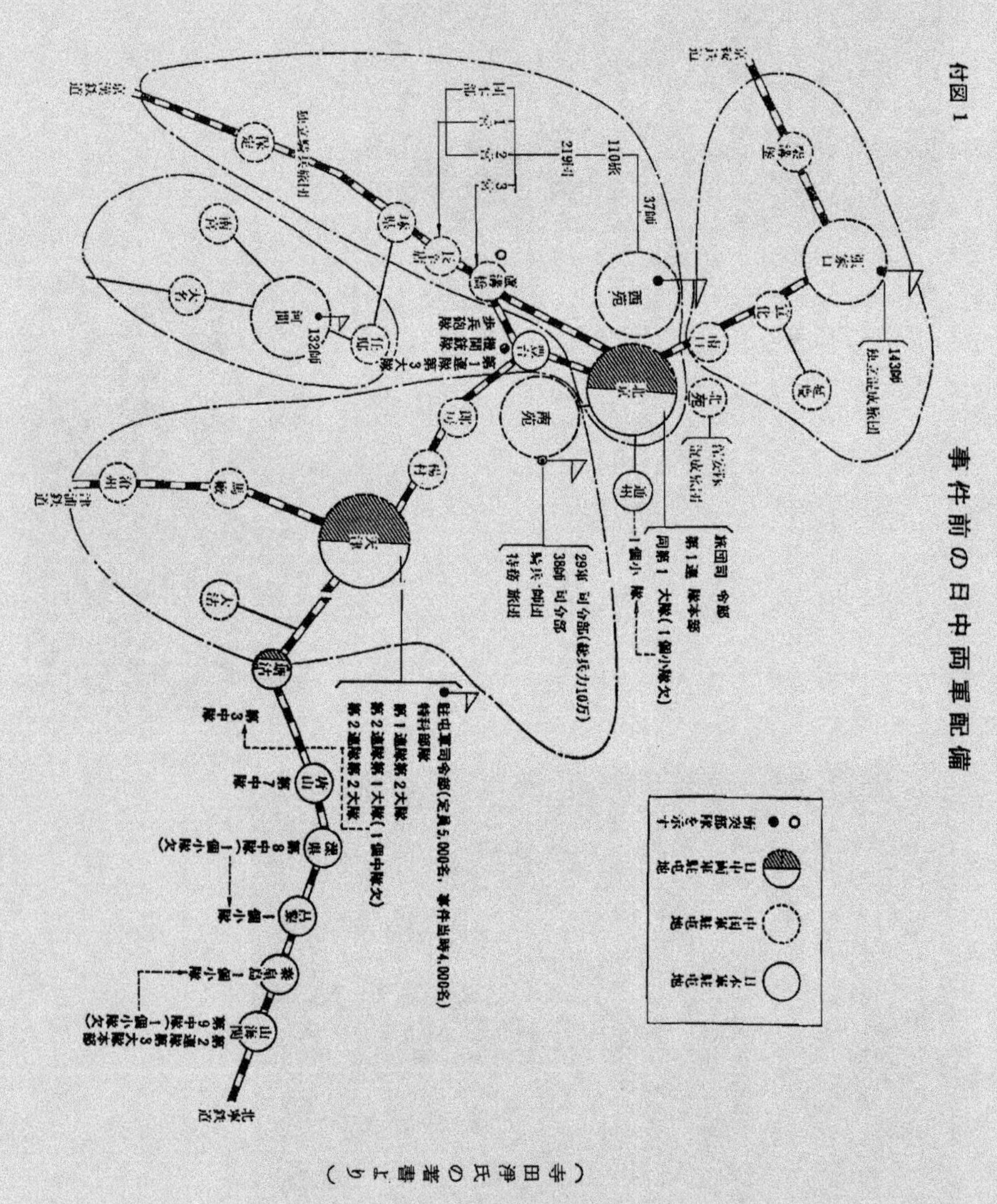
付図 1
事件前の日中両軍配備
143師
独立混成旅団
張家口
沙城
延慶
宣化
京綏鉄道
南口
北苑
保安隊
混成旅団
旅団司令部
第1連隊本部
同第1大隊(1個小隊欠)
1個小隊
通州
北京
西苑
37師
110旅
219団
団本部
1営
2営
3営
盧溝橋
長辛店
琢県
豊台
南苑
29軍司令部(総兵力10万)
38師司令部
騎兵師団
特務旅団
機関銃隊
歩兵砲隊
第1連隊第3大隊
郎坊
楊村
任邱
132師
河間
南宮
大名
独立騎兵旅団
保定
京漢鉄道
天津
駐屯軍司令部(定員5,000名，事件当時4,000名)
特科部隊
第1連隊第2大隊
第2連隊第1大隊(1個中隊欠)
第2連隊第2大隊
馬廠
大沽
滄州
津浦鉄道
塘沽
第3中隊
唐山
第7中隊
灤県
第8中隊(1個小隊欠)
昌黎
1個小隊
秦皇島
1個小隊
山海関
第2連隊第3大隊本部
第9中隊(1個小隊欠)
北寧鉄道
日本軍駐屯地
中国軍駐屯地
日中両軍駐屯地
衝突部隊を示す
(寺田淨氏の著書より)
－8－

付図2

北京市附近略図

（事変勃発当時）

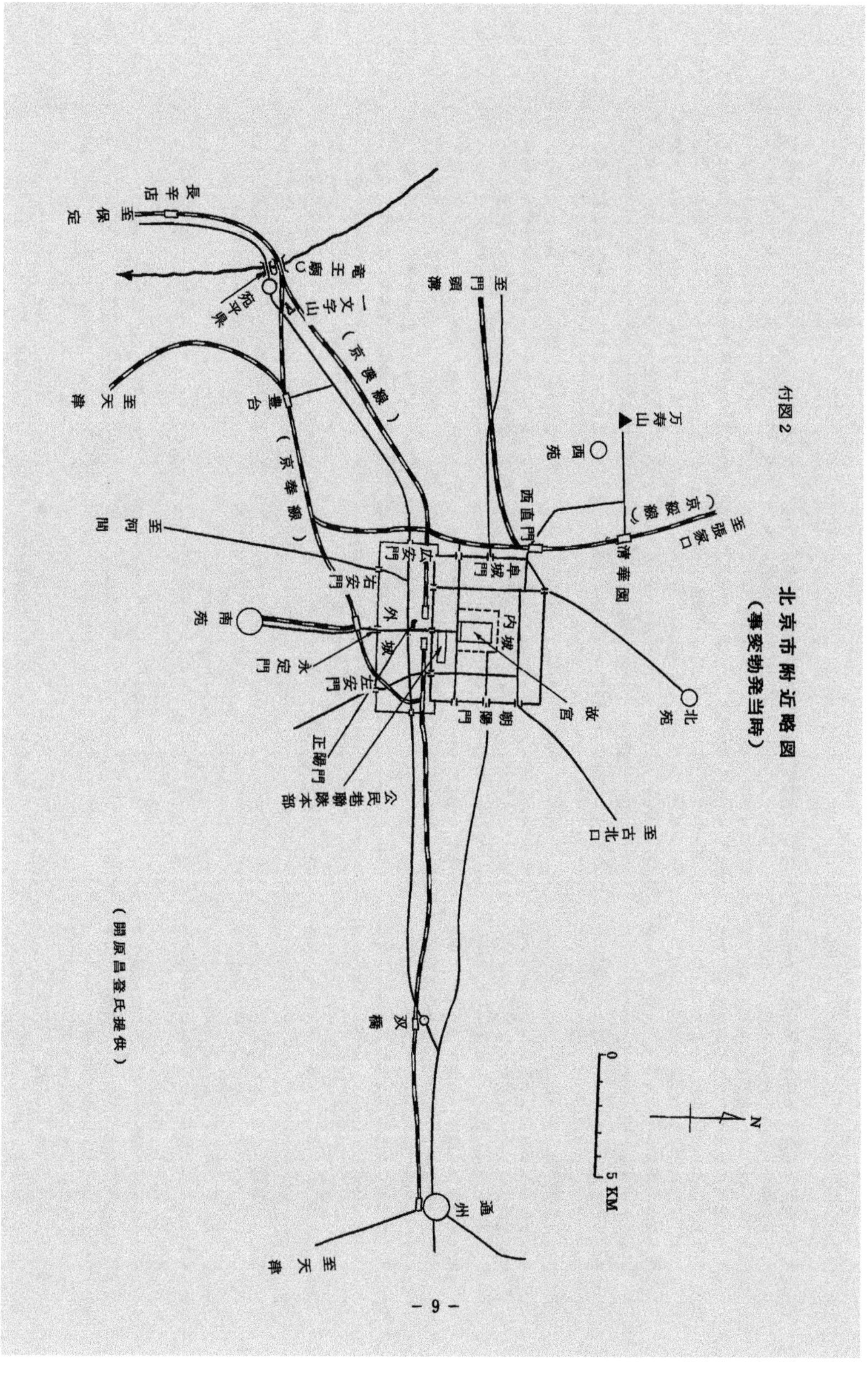

N

0 5 KM

至張家口

（京綏線）

万寿山

清華園

西苑

北苑

至古北口

故宮

西直門

至門頭溝

阜城門

内城

朝陽門

通州

広安門

外城

双橋

公民巷聯隊本部

竜王廟

一文字山

（京漢線）

右安門

左安門

正陽門

永定門

（京奉線）

豊台

宛平県

南苑

長辛店

至保定

至天津

至河間

至天津

（開原昌登氏提供）

(1) 史実追求編

蘆溝橋事件手記、抄　総括所見

河野又四郎（遺稿）

一、蘆溝橋事件とは何であったのか

㈠日本軍は中国軍を軽蔑し中国軍は日本軍に怨恨を抱き相互不信。而も互に相手国の言語及び事情に通ぜず、誤解を重ねて偶発した事件である。偶発とは云え青天の霹靂ではない。七月七日事件が発生するまでに何回か小競合があったことは既述の通りである。若し云いがかりをつけて戦争を望むならば一年前に既に機会はあった。若し七月七日の事件を直ちに消し止めたとしても遠からず些少のことから再発は免れ得ざる状勢であったと思う。

私が偶発と主張するのは、この事件は謀略によって引起されたものではないことを明言したいからである。世上謀略説が流布されているのは事実を知らぬものの妄想に過ぎない。私は昭和八年より同十五年まで、つまりこの事件を中心にして前後七年間北平に勤務したが事件の後にも先きにも日本側は固より、中国側にもそのような企図は発見し得なかった。

それ故本事件は

「日中両軍の相互不信と誤解により偶発した局地的事件であり、日中首脳の交渉により不拡大方針を以て解決した」と断定して憚らない。

㈡本事件と中国共産党との関係に就いては次章に述べるが、蘆溝橋事件第一発に中共が直接関与したか否かは不明である。只我方としては当時中共に関する知識乏しく情報は皆無であった。従って事件突発の際「中共」は全然念頭になかったことは事実である。

二、漁夫の利を得たのは中共である

「日中を戦争に導き蔣介石の戦力を消耗せしめ、之に乗じて天下を握る」これが中国共産党の大謀略であったと云う人がある。確かに中共は使嗾、煽動、事変前から北平に於て工作し事件を誘発したことは間違いないと思われる。私は戦場に於て不可解な現象を見た。七月八日夜、八宝山方面に於て深夜盛んな爆竹を放つものがあった。只事ではない、何であろう、偵察者を派遣しようかと思ったが折から日中交渉中でもあり、誤解を避くるため自重した。九日、日中の協定により宛平県城内に入るべき保安隊が来たとき、日本軍も保安隊も射撃しないに係らず、銃声がして日本軍は保安隊が撃った。保安隊は日本軍から撃たれた、と思はせるような事件があった。南苑攻撃の途中村落に於て土地の百姓とは思へない若者が出て日本軍のため湯茶その他サービスしている。此の種異状なことは私が見ただけでなく、事後聞くところによれば戦線のあちこちにあったと云う。七日夜第八中隊が竜王廟及び鉄橋方面から射撃を受けた際、別に原因不明の一発があった。これが戦闘の誘因と憶測する人もいる。戦場に於けるこれ等不可解な現象が中共の仕業であったと覚ったのは戦後のことである。

昭和十一年西安事件頃から新聞等により中共に関心を持つようになったが、私等に与えられる情報には中共に関するものは殆どなかった。日支事変が進展するに従い中共に関する世人の関心も漸く高くなった。昭和十四年私は北支方面軍参謀部に勤務していた。軍に於ても漸く中共を重視し山下参謀長を委員長とし軍官民の有力者を委員として滅共委員会を創設した。その事務所の設置を私に命ぜられた。市内のある邸宅を借り黄城事務所と名付けた。しかし肝心な資料が乏しい。満鉄調査部の人が華北交通に来ていたので、そこから適任者を差出し、資料の提供を依頼した。其の頃地方の警務段の人がよく中共軍に襲われ延安に連行せられるものがあった。その内逃げ帰ったもの、洗脳されて解放されたもの等があったので、それらの人から中共の実体、特に民衆工作の実情を聞いた。私の最も注意を引いたのは中共の対民衆工作であった。中共は民心を獲得するに腐心し民衆を大切にした。例へば百姓を呼ぶに老郷（お百姓さん）の敬語を使い、百姓と喧嘩した兵は理由の如何を問わず、兵が罰せられる。村落に宿営した場合は出発に当り村落を掃除し、借りたものは間違いなく返す。返すときは村の有力者を集めて感謝の意を表し同時に中共の正しさを宣伝して村民を感動せしむ等のことであった。之を日本兵の対民衆態度に比すれば雲泥の相違である。况んや言葉がわからぬ。これでは民衆が中共に好意を寄せ日本を敵視するのも当然である。日本側の宣伝は「反共」「東亜の新秩序」等スローガンだけで中味がない、民衆には理解し難いものであった。

黄城事務所はいつ会議があってもいいように設備は出来たが訪ねて来る人は殆どなかった。開店休業である。私は六ケ月勤務したが終に委員会は一度も開かれなかった。私はかねて図上に中共の勢力範囲を赤く、日本軍の占領地域を青く塗った。中共の地域は農村地帯で面、我方の地域は大都市と鉄道即ち点と線である。之を第二課の某参謀に見せたところ、「この赤がいつなくなるか、半年か、否一年位かかるかも知れぬ」と云った。昭和十四年春のことである。主任課参謀ですら中共に対する認識はこの通り甘かった。

三、事件処理

蘆溝橋事件発生するや日本側は北京特務機関（松井大佐）（大使館付武官今井中佐、其他軍事顧問を含む）、中国側は冀察政務委員会（宋哲元）（代理は参謀長秦徳純）との間に交渉が始められた。我方は天津軍司令部と協議し「この事件は現地問題として不拡大方針のもとに速かに解決する」との主旨を以て臨み、中国側もこの原則に同意した。問題はその具体的処置である。我方の要求に対し中国側は内部不一致のため協定しても実施は不確実であった。七月九日天津軍参謀長橋本少将北平に来り正式交渉に入った。交渉の難点は蘆溝橋（宛平県城）の中国軍撤退に在る。第三十七師長馮治安は宛平県城が日本軍に占領せらるることを最も怕れ其の態度は強硬であったと云う。

旅団長は北平に於ける彼我の交渉を注視し、交渉を容易ならしむる如く部隊を統制した。之が為に一度出した命令が中止となり、立消えとなること両三回、朝令暮改、優柔不断の感なしとしないが、之は「速かなる事件の解決」と云う軍の方針に忠実ならむとしたためと思われる。従って部隊の指揮に於ては努めて日中両軍を引離さんことに腐心し、又宛平県は連隊長より再三攻撃を具申したるも最後まで之が占領を許さなかった。

これに反し連隊長は終始一貫戦闘を以て臨まんとし、機会あらば中国兵に一撃を与えんものと虎視眈々たるものがあった。宛平県城の占領は純作戦的見地からすれば速かに之を占領することは至当なるも、之が占領は中国軍との戦闘を拡大することになるが、連隊長としては区々たる外交々渉に振り廻わされるよりも眼前の中国兵に痛棒を加へ蘆溝橋一帯を制圧して威武を示すことが却って事件解決を促し再発防止にも有利と考えられたものか、更に推測すれば日中戦争を見越して蘆溝橋事件を超越し、支那事変を先き取りせんとする意図があったのか、腹の中は忖度し難い。

当時中国側に於ては軍長宋哲元は山東に帰省中で北平では秦徳純が最高責任者であった。軍長不在の為めか日本軍の要求に対し速決が出来ず、一方馮治安の強硬派あり、内部統一がうまくゆかず、交渉員個々の考えで日本側に当り、その上現地に在る中国軍に命令が徹底せず、それで屢々矛盾を起したようであったが結局今井中佐の粘り強き交渉により七月十一日夜停戦協定が正式に成立したと云う。事件勃発後五日目、軍は所期の目的を達した。序で乍ら部隊に於ける交渉について一言したい。何か事が起ると日本側の要求で中国側からも交渉員が来る。この場合日本側の態度は通常高圧的命令的となることが多い。中国側から出て来るものは権限を持つ真の責任者ではない。下級者が来る。それを日本側は中国代表と考えて対応するがそれは単なる連絡者と見做すべきものである。

豊台事件の際連隊長は副師長許長林に長々と武士道を説いたが彼は意味がわからない、本気で聴いていないのだからどうでもいいのだ、然るに蘆溝橋事件起るや「支那側には昨年の事件で懇々説き聞かしてあるに拘らず又も不法を敢てする、中国兵は打たねばならぬ」と云われるので私は吃驚した。又七月八日未明、森田中佐が現地に向う際同行した王冷斎にその資格及び軍隊に対する命令権の有無を糺問して王を狼狽せしめたがこれも愚問、総て中国事情に通ぜず、中国人心理を知らぬための間違いである。

四、統　帥　（口述）

五、誤伝誤説を駁す

蘆溝橋事件に就て世上誤り伝えられていること、要点を逸し空論に過ぎないものあり、就中権威ある文献に於て誤説を掲げ之が歴史として残ることは私等この事件に参加した者にとり耐え得ざるものがある。既に述べたところにより正否の判断は出来ることが多いとは思うが、念のため数例を挙げて反駁しておく。

一、日本歴史大辞典編集委員会

『日本歴史大辞典』執筆者　中塚　明

「蘆溝橋事件、一九三七（昭和一二）七月七日　北京西南郊外の蘆溝橋付近で起った日中両軍の衝突事件（中略）一九三七年七月七日夜、北京西南郊豊台に駐屯していた日本軍は中国軍の駐屯する蘆溝橋のまぢかで示威的な夜間演習を行ったが演習終了まぎわに原因不明の一発の実弾発射音をきき、部隊を集めて点呼したところ、一兵士が行方不明であった（実は用便中であった）。日本軍はこれを理由に宛平県城内に入って捜査方を要求、県長が拒否するに及び蘆溝橋の中国軍を攻撃し、翌八日蘆溝橋、竜王廟を占領、永定河左岸一帯を制圧した」

註、傍線は筆者、以下同じ

反　駁

この辞典の執筆者中塚氏は如何なる思想の持ち主か知らぬが出鱈目、無責任である。

△示威的な夜間演習

我が方は一度も示威的な演習をしたことは無い。当夜も普通の演習であった。只時期が第二期検閲前で昼夜を問わず、猛演習であったため日本軍の実情を知らぬ中国兵は脅威を感じたかも知れぬ。我が方は中国側の思惑を意識せず演習を続けていた。

△原因不明の一発の実弾発射音をきき

演習終了の際仮設敵が演習上の約束により空砲を撃ちたる事に対し竜王廟より、又集合喇叭に対し鉄橋付近より、中国兵が十数発実砲を発射した。その頃原因不明の一発があったと云うが明確でない。若しありとせば之れは中共の挑発行為と考えうる。中隊爾後の行動は竜王廟及び鉄橋付近よりの射撃を考慮したものであって原因不明の一発を意識したものではない。

△日本軍はこれを理由に宛平県城内に入……

（中略）……蘆溝橋の中国軍を総攻撃し、翌八日蘆溝橋、竜王廟を占領……

この記事を読むと七日に日本軍が宛平県城に乗込み之を総攻撃し、翌八日蘆溝橋、竜王廟を占領したことになる。これが学究の徒としての記述で辞典に載るとは、無知か厚顔か、杜撰極まる。八日朝宛平県城に入ったのは、特務機関員及び軍事顧問が中国側交渉員と共に調査の為入城したので、日本軍は事件中一兵も県城内に入ってはいない。宛平県城を占領したのは七月二十九日、即ち北支事変に移行した後である。参考のため時間関係並に七日より月末までの主要事項を左に掲ぐ。

七日…第八中隊演習開始午后　七時三〇分

〃　…同　終了　午后一〇時三〇分

（中国兵の射撃）

八日…第三大隊現地到着　午前二時二〇分

〃　…連隊長攻撃決心　〃　四時二〇分

〃　…第三大隊攻撃開始　〃　五時三〇分

〃　…同　終了　正午頃

〃　…連隊長戦場到着　午后二時

七日より北支事変発動までの主要事項及び戦闘左の如し

七日………夜第八中隊の演習

八日………第三大隊の堤防攻撃

九日………宛平県城歩兵砲々撃

十日………第一大隊竜王廟夜襲

十一日………停戦協定成立

二十日………宛平県城々壁砲撃

二十七日………北支事変発令

二十八日………南苑攻撃

二十九日………第二大隊蘆溝橋付近掃蕩戦

（注、二十日迄の攻撃はすべて中国軍の発砲に応えるものである）

二、歴史学研究会。大平洋戦争史

執筆者　藤原　彰

「最初の発砲がはたして事実かどうか。事実とするも、誰れによっておこなわれたかは明かでなく、その点については諸説あるが問題はわずか二十分間の兵の行方不明を原因として日本軍が攻撃を開始したことである。」

反　駁

右は事実を誤認した空論である。日本軍の攻撃は兵の行方不明を理由にしたものではない。その兵が帰ったことは大隊長から連隊長へ報告があった。その後岩谷曹長等（豊台へ報告に行った伝令が帰還したが中隊の位置不明のため竜王廟までさがしに行った）に対する中国側の射撃が行われた。これに対し大隊長が「又撃って来た。攻撃してもよろしきや」と伺いをしたのに答え連隊長は一度ならず二度までも射撃して来るとは、中国兵の挑戦である。「挑戦を受けたら攻撃せよ」と断呼命令した。連隊長は従来の中国兵の対日態度に鑑み一度膺懲するを要すと考えられていた。攻撃に至る経緯は斯の如きものである。

三、日本近現代史辞典編集委員会

　『日本近現代史辞典』執筆者　今井清一

「盧溝橋事件（一九三七・七・七（昭和一二年）北京西南郊外の盧溝橋付近で夜間演習中の日本軍の一部と、ここを警備していた中国第二九軍の一部隊とが衝突した事件（中略）一九三七年七月七日に演習中の日本軍の一中隊が原因不明の実弾射撃音を聞き、かつまた兵一名が一時行方不明となったので、大隊主力が出動して中国軍を攻撃した。

反　駁

この辞典の執筆者も甚だ無責任な書き振りである。辞典と云う以上事実を明確にすべきである。

▲原因不明の実弾射撃音

▲兵一名行方不明になったので

以上二件については既に中塚氏及び藤原氏の記述に反駁を加えたから略す。

▲大隊主力が出動して盧溝橋の中国軍を攻撃した。

この件に関しても既に反駁したがなお若干補足しておきたい。

この今井氏の記述中「盧溝橋」とあるのは宛平県城を指すものと考えられる。然りとすればこの文章は嘘である。宛平県城内の中国兵が協定に背き九日撤退せず却って我を砲攻撃して来たので膺懲のため城壁に対し砲撃を加えたがこの際旅団長は「歩兵の前進」を許さなかった。二十日にも同様の事態の為砲撃したが、この際は既に正式の停戦協定が成立し、中国兵は当然退去すべきものである。それでも旅団長は歩兵の攻撃は許さなかった。宛平県城は事件中一兵も入城しなかった。之を占領したのは二十九日北支事変以降のことである。又「大隊主力が出動して盧溝橋を攻撃した」と頗る簡単。日時も書かず、隊号もなし。これで辞典の価値はあるのか、事実は旅団長統率のもとに、其の主力が出動した事件である。本事件研究の価値は兵よりも幹部就中旅団長、連隊長の指導理念に在る。僅に一ヶ大隊の事件ではない。

四、岩波書店編集部

　『近代日本総合年表三一〇頁』

　　「東京朝日新聞」

「一九三七（昭和一二）七・七　盧溝橋で日中両軍衝突（日中戦争の発端）」

反　駁

△日中戦争の発端

世上「盧溝橋事件は支那事変の始り」と云う虚説が流れている。其の意味は「盧溝橋事件は日本側の謀略により起ったもので、之を拡大して支那事変に進み、更に大東亜戦争に発展し、間断なく戦争を続け終に敗戦となった」と云うのである。これは時局の分析が足らぬためではあるまいか。私は盧溝橋事件と支那事変とは関連性はあるものの其の本質は廓然と区別せらるべきものと思う。盧溝橋事件は出先の軍隊と中国兵との偶発事件で支那事変は国策により発動されたものである。盧溝橋事件が支那事変と同質のものであるならば、何故現地日中首脳が速かに現地解決を図り其の不拡大に苦心したのか、わからなくなる。

結言、歴史を書き改むべし

終戦後盧溝橋事件に関する著述は少くないが、当初のものには誤伝誤説が相当多い。既述の如く最も信頼すべき辞典に於てすら誤解虚構を堂々と書立て日本歴史を曲げている。当初は資料も少く敗戦による流言飛語もあった。其の災を受けたのも已むを得ないが、しかし堂々たる史家、学者がいつまでも間違いを其の儘として後世に遺すことは、学者、教授等歴史学に専念せらるる方々の恥辱ではないか。戦後早くも半世紀に垂んとし、参考資料も豊富になった今日、学者の良心に於て上記の如き誤謬を抹殺し正しき歴史書に書き替えられんことを懇願して止まず。（妄言多謝）

なお一言加えておきたい。従来の史書に於て事件とか戦争とかの記述に当り、只ことの経過を羅列するを以って足れりとし史観なきもの多し、戦史を研究するに当り最も重要なる着眼は、戦争指導者、戦場の最高指揮官の人物如何である。経過の羅列は形骸に過ぎざるのみ。

（終）

筆者は事件当時の連隊副官、「支那駐屯歩兵第一聯隊史」の蘆溝橋事件前後の記述は概ね同氏の執筆である。又「支駐歩一会々報」の題字は氏の揮毫による。昭和五十八年四月二十一日逝去。享年八十六才。（編集委員）

（特別寄稿）

蘆溝橋事件勃発の通説に関する一考察

─「七七事変紀実」の検討を中心として─

坂本夏男

序論

昭和十二年（一九三七）七月七日夜、蘆溝橋事件が勃発した。このことに関して、次のような説がある。

一九三七年七月七日夜、北京西南郊豊台に駐屯していた日本軍は、中国軍の駐屯する蘆溝橋のまぢかで示威的な夜間演習を行ったが、演習終了まぎわに原因不明の一発の実弾発射音をきき、部隊を集めて点呼したところ、一兵士が行方不明であった（実は用便中であった）。日本軍はこれを理由に宛平県城内に入って捜査方を要求、県長が拒否するに及び、蘆溝橋の中国軍を総攻撃し、翌八日蘆溝橋・竜王廟を占領、永定河左岸一帯を制圧した。①（傍点筆者、以下同じ）

右の文章中、「示威的な夜間演習を行った」、「一発の実弾発射音」、「実は用便中であった」は、事実に反する。このことは、本稿第一章において明瞭になるであろう。

また、「日本軍はこれを理由に宛平県城内に入って捜索方を要求、県長が拒否するに及び、蘆溝橋の中国軍を総攻撃し」も、事実に符合しない。しかし、これに類する説は、わが国の内外に流布し、通説化している、と言ってよい。その典型的なものを若干例示すれば、次のようなものがある。

1. 近衛内閣ができてから、ものの一カ月余、十二年七月七日夜、蘆溝橋事件が勃発したのであった。

ことのおこりは、日本の華北駐屯軍の演習中、一兵士が行方不明になったので、軍がその捜索のために、宛平県城内に入ることを要求したのを県長が拒否したこと─であった。実をいうと、その兵士は、行方不明になったのではなく、生理的要求のために、隊列を離れただけのことであった。（中略）この入城要求と拒否とが発端となって、日支両軍が激突する場面が生じたのだ。②

2. 民国二十六年（一九三七・昭和十二年）日本平津駐屯軍河辺旅団所属両個聯隊、集中於北平城西南的豊台車站附近、挙行示威性的演習。七月七日夜、揚言失踪士兵一名、要求入宛平城内捜索、迫令我城内守軍撤退。守軍拒絶、日軍即向城内砲撃。③

3. 7 July: The Lukouch'iao Incident broke out. While carrying out an illegal military exercise at Lukouch'iao (蘆溝橋), Japanese troops demanded entry into downtown Wanp'ing (宛平) at 23 40 hours to search for a Japanese soldier they said was missing. When they were refused, they started bombarding the area.④

前掲諸文は、その成立の時期、殊にその内容から、極東国際軍事裁判に提出された秦徳純の「七七事変紀実」に基づいていることは明瞭であり、ほとんど疑問の余地はない。秦徳純は、国民政府から冀察政務委員会に派遣された軍人かつ政治家であった。彼は、蘆溝橋事件勃発当時、第二十九軍副軍長兼北京（当時は北平）市長を務め、極東国際軍事裁判の頃は、国民政府国防部次長の要職に就いていた。彼の「七七事変紀実」に関して、朝

日新聞法廷記者団著『東京裁判』は、

検事団は秦徳純氏の「七七事変」紀実を証拠として提出した。これは終戦後中国検事団の求めにより南京においてしたためられ、検事の前において同氏が認証したもので、これが国際検事団へ提出され、同氏が東京法廷出廷と同時に法廷へ提出された。蘆溝橋事件について何れがその責任をとるべきかを当事者として明らかにしたものである。王冷斉氏の証言と並んで、七・七事変の謎を実証する歴史的文献といってよい⑤。

と言い、読売新聞社発行『昭和史の天皇』は、

冀察政権の実力者である秦徳純は、昭和二十一年七月二十二日、東京裁判、正しくは「極東国際軍事裁判」に対し、検察官側資料として「七七事変紀実」と題する長文の"回想"を提出している。いってみれば、蘆溝橋事件についての冀察政権側の公式な証言であり、当時は、この証言によって蘆溝橋事件の真相が解明されたとさえ、内外から評価されたものである⑥。

と述べている。「七七事変紀実」は、右の記述のように、わが国の内外において、蘆溝橋事件の真相を解明する文献として、高く評価され、重視された。

本稿においては、蘆溝橋事件の実相を究明したのち、同紀実は、果たしてその名の通り、事実ないし真実を記述したものであり、蘆溝橋事件の真相を解明するものであるか否かを検討することとする。

第一章　蘆溝橋事件の勃発

アメリカの著名な一外交史家は、その著書の中で、

南京や東京から国務省へ送られた外交文書から、一九三七年夏、中国の多くの官憲は、日中戦争を熱望していた（many Chinese officals were spoiling for a fight between Japan and China.）ことが明白である。（中略）日本でなく、中国が戦闘勃発の準備をしていたのであった⑦（China, and not Japan, was ready for the outbreak of hostilities.）。

と記している。また、蘆溝橋事件勃発当時、支那駐屯歩兵第一連隊に服務していた一日本人は、その従軍日誌の昭和十二年六月七日の条に、

連絡の為奥田一等兵を伴い、「通州」より汽車にて帰営、寝台上に背嚢を下ろすや突如として、非常呼集、『只今、北平清華大学の学生数百名、「北平」駅に来りて、「対日即時開戦」を進言するため「南京」に行く汽車を「出せ」「出せぬ」との交渉中』との事、直に待機す。一寸の時差に依り、日支開戦の導火線と成るを免れ得たるの思いあり。

昨今の反日、抗日の気運は日毎に高まり、小事件は続発し、北支は騒然たるものあり⑧。

と書いている。中国においては、昭和十一年（一九三六）十二月の西安事件以来、反日の気運や抗日の風潮が日毎に高まった。前記の著書や日誌から、蘆溝橋事件勃発前のただならぬ情勢の一班を推察することができるであろう。

さて、昭和十二年七月七日のことである。この日の午後四時半頃、北京西南郊外の豊台に駐屯していた支那駐屯歩兵第一連隊第三大隊第八中隊は、中隊長清水節郎大尉の指揮の下に、夜間演習のため、永定河に架かる蘆溝橋の北方の演習場に到着した。その演習課目は「薄暮ヨリ敵主陣地ニ対スル接敵及黎明攻撃」であった⑨。演習の目的は、同月九日、十日に予定された中隊教練の検閲に備えるためのものであり、他意はなかった。序論に掲げた引用文の「示威的な夜間演習を行った」と言うのは、中国側の誤解ないし曲解を無批判的に受け売りしたものに過ぎない。

その頃、永定河の堤防上では、中国軍が毎日のように作業をしていた。七日にも、二〇〇名以上が白シャツ姿で作業をしており、容易に帰営しそうにもなかった。そのため、清水大尉は、部下に所要の注意を与え、午後七時三十分から、中国軍を背後にして演習を開始した⑩。第一小隊長野地伊七少尉は、清水大尉の許に、伝令として、午後八時頃、高桑弥一郎上等兵を出し⑪、また、午後九時三十分過ぎ、志村菊次郎二等兵（のち憲兵伍長、十九年ビルマで戦死）を遣り、小隊の状況を報告させた。志村二等兵は、報告を終わった後、帰路方向を誤り、行方不明になった⑫。七月七日は、旧暦五月二十九日で闇夜の時分、その

㉞ 戦闘詳報、一七丁表~同丁裏。
㉟ 同詳報、一八丁表。
㊱ 寺田浄『第一線の見た蘆溝橋事件記』五六頁、一二三頁。
㊲ 戦闘詳報、一八丁表。
㊳ 同詳報、一八丁裏~一九丁表。
㊴ 前掲偕行社記事、五三頁。
㊵ 戦闘詳報、一九丁表~同丁裏。右偕行社記事、五三頁。
㊶ 牟田口大佐の戦闘開始の決意については、左記の論稿の中で、筆者の見解を述べた。

「蘆溝橋事件勃発の際における牟田口廉也連隊長の戦闘開始の決意」『史料』(皇学館大学史料編纂所発行)第六八号

㊷ 河野又四郎、前掲手記、四八頁。
㊸㊹ 業務日誌、六丁表。松井太久郎「涯なき日中戦争の発火点」『別冊知性 5 秘められた昭和史』二〇三頁。
㊺ 牟田口廉也『蘆溝橋事件発端ノ真相ニ就テ』三丁表~同丁裏。
㊻ 桜井徳太郎証言、昭和五十四年十二月二十二日、福岡市中央区春吉町の同氏宅でインタビュー。
㊼ 斎藤弼州「この眼で見た芦溝橋事件」『善隣』第五四号、八頁。
㊽ 戦闘詳報、二〇丁表~二一丁表。「桜井徳太郎宣誓口供書」『極東国際軍事裁判速記録』(雄松堂書店発行)第五巻、一二七頁。同速記録は、以下「裁判速記録」と略称する。
㊾ 戦闘詳報、二一丁表~二二丁表。
㊿ 寺平忠輔『蘆溝橋事件の真相に就いて』九~一〇頁。
(51) 戦闘詳報、二二丁裏。

森田中佐は、砲身の前に立って、歩兵砲の射撃を中止させた。歩兵砲隊長は、この捨身の阻止に抗することはできなかった。

(寺田浄『第一線の見た蘆溝橋事件記』六五頁)。

(52) 戦闘詳報、二三丁裏~二四丁表。
(53) 『東京朝日新聞』昭和十三年七月一日第二面。
(54) 歴史学研究会『新版日本史年表』(岩波書店)二八八頁。
(55) 岩波書店編集部『近代日本総合年表』第二版、三一〇頁。
(56) 拙稿「蘆溝橋事件に関する二つの通説への疑問」『芸林』昭和五十六年九月号。
(57) 古屋哲夫「日中戦争にいたる対中国政策の展開とその構造」古屋編『日中戦争史研究』(昭和五十九年十二月)三頁。
(58) 裁判速記録、第一巻、三四五頁。
(59)(60) 同速記録、同巻、三四四頁。
(61) 同速記録、同巻、三四五頁。
(62) 同速記録、同巻、三四四~四五頁。
(63) 業務日誌、四丁表~同丁裏。
(64) 寺平忠輔『蘆溝橋事件』四三八頁。
(65) 宛平県城の城門には、衛兵がいた。左記には、その衛兵の写真を掲載している。

呉相湘編著『第二次中日戦争史』(上冊)三六二頁。

日本軍は、「宛平県城内を通過するには、その三、四日前にあらかじめ文書をもって、『これこれの兵隊が何時に通過するから城門をあけて通されたい』と通報していました。」(佐藤一男証言、読売新聞社『昭和史の天皇』一五巻、三三〇~三一頁)。

(66) 寺平忠輔『蘆溝橋事件』四三八~三九頁。
(67)(68)(69) 同書、四三九頁。
(70)(71) 外務省『日本外交文書 第三三巻 別冊三 北清事変』下、一五三頁。
(72) 外務省『日本外交文書』第三五巻、六一七頁。
(73) 裁判速記録、第五巻、一一七頁。
(74) 寺平「日本破滅への序曲」『日本週報』五六五号、七三頁。
(75) 寺平『蘆溝橋事件』四二頁。
(76) 裁判速記録、第一巻、三五七頁。
(77) 同記録、第五巻、一三七頁。
(78)(79) 斎藤弼州「この眼で見た芦溝橋事件」『善隣』五四号、九頁。
(80) 河野又四郎、前掲手記、三六~三七頁。
(81) 寺平忠輔『蘆溝橋事件』五〇頁。
(82) 戦闘詳報、二五丁表~二六丁表。
(83) 寺平忠輔『蘆溝橋事件』一三二~三三頁。

⑧④ 戦闘詳報、二八丁裏。寺平、同書一三三頁。

⑧⑤ 裁判速記録、第五巻、一二七頁。

⑧⑥ 同速記録、第一巻、三四三頁。

⑧⑦⑧⑧〕同速記録、同巻、三四五頁。

〔筆者紹介〕

坂本夏男氏は大正五年佐賀県の生れ、昭和十六年東京帝大文学部国史学科を卒業、同十七年二月久留米第四十八連隊入隊、二十年九月召集解除。昭和五十五年皇学館大学教授となられ五十八年より附属図書館長を兼ねて居られます。専門は日本近代史。蘆溝橋事件には特に研究の重点を置かれ、内海会長初め事件当時の各関係者とは親交を深められて居ります。

（編集委員）

歴史と真実（仮題）

寺田　浄

人の歴史は、人によって作られ、人によって後世に伝えられる。人が作るために、そこにまぬかれがたい故意や過失の誤りがあり、真実の歴史が歪められる危険性がある。

まず多いのは、勝者や時の権力者に、都合のよい歴史が残り、敗者の正義が抹殺されやすいことである。はじめからある立場を支持し、失敗を正当化しようとし、あるいは、あることを隠蔽し、歪曲し、粉飾しようとする意途がある場合に、公平な歴史ができ得ないのは当然である。

人は同時に二つの体験を持つことを許されない。同時に盾の両面を見ることはできない。そのために、自分の体験し、自分の確認した以外のことは、他人の調査、見聞を引用し、あるいはこれに基いて推察を加えるほかはない。一人の力では、万全の歴史を記録することが出来ないわけである。

本人は良心的に記述したとしても、自分の体験、自分の見聞にも、錯誤や記憶違いがあり、時日の経過と共に一層甚しくなる。他人の見聞にも同様の誤りがある上に、人間の通有性として、功は過大に、非は過少に伝え、さらに甚しきは人の功をわが功とし、非は人に転化し、失敗は正当化しようとする弊があって、一層事実を混乱させる。

戦記を書く上において、戦闘詳報（作戦要務令の規定によって、一戦闘終了のたびに、各級部隊長の作成するもの）などは公式記録であり、確実な資料のようであるが、全面的に信用することには危惧を感ずる。なぜならば、勲功査定上重要な証拠となるこれらの書類には、よい勲章を貰うために——すべての公文書に見られる、記述上の技術が加えられている危険性があるからである。

蘆溝橋事件は、支那事変に拡大し、さらにこれが収拾のために、大東亜戦争に発展した。そして日本の破局を招いた。しかし、その発端の原因は曖昧とされている。この事件の曖昧さを、曖昧のまま放置すべきではないと思う。たとえ、一面でも、一部でもよい、この事件の解明に役立つ資料を持つ者は、これを明らかにすべきであると思う。人間は死ぬ。これらの資料を持つ者もだんだん少なくなっていった。やがて全部死ぬであろう。この人たちが生存中に、謎を明らかにする努力をしなかったならば、事件は永久の謎となるであろう。後世の史家は、不十分な資料の下に論議を余儀なくされるであろう。（以下略）

…………

以上は、寺田浄氏の著書「第一線の見た、蘆溝橋事件記」の「緒言」の一部であります。寺田氏は支那駐屯憲兵隊に属し事件当時、豊台憲兵分駐所長でした。事件勃発と同時に、命により一木大隊長と行動を共にし、当夜永定河を渡渉し部隊将兵と生死を共にされました。この著書にはその時の模様が刻明に記されて居り、得難い文献です。しかし、他の記事と重複する処が多いのでその本文は割愛させて頂きましたが、この緒言はまことに明言なので、お許しを得てここに掲載させて頂いた次第です。随って標題は仮につけさせて頂いたものであることをお詫び致します。

文中に戦闘詳報のことが記されておりますが、確かに氏の書かれた通り戦闘詳報には、少しでも功績が認められるように文章を練ったりした点はあったと思われます。それは事実を知っている潔癖な人々には相当抵抗を感じさせますが、敗戦間際の苦しまぎれの真実と反対な軍事発表や、終戦後勝利者の一方的な判決で都合のよいように記録されたもの等とは本質的に異ります。その当時書かれたものであること、部隊の複数の幹部責任者がこの作成に参画し部隊長が承認したものであること、必ず記載されねばならぬ項目が規定されて居り、通常大隊長、聯隊長、師団長の命令文は番号、日時、場所を明記して尽く全文が記載されて居ります。それでかなり厖大なものとなっていますが、戦争の記録としては個人的な手記等より遥かに客観的なものであります。勿論個人の手記と同様、主観的な要素を極力払い去って客観的な資料とする処置は当然必要ですが、歪曲されたいい加減なものとして見捨てる事は慎まねばならないと思います。むしろ残された資料としては、他のものに比べれば最も確実で信用出来るものと考えていいかと思います。寺田氏もその点は充分御承知の上書かれた筈です。

（編集委員）

蘆溝橋の一発

（同名著書の「はしがき」より）

荒木和夫

蘆溝橋は中国河北省宛平県に位置し、明の崇禎七年に築城されたもので、拱極城とも呼ばれたこともあり、歴代宛平県県庁の所在地であって永定河左岸の戸数四百戸、二千人ほどの閑村である。

一見田舎風の古城であるが、この城を出て永定河畔に建てられた清朝乾隆帝御宸筆の蘆溝暁月の碑と、マルコポーロが渡ったと伝えられる大理石で作られた蘆溝橋という橋名で歴史的に有名である。

支那事変は、昭和十二年七月七日、宛平県豊台駐屯中のわが支那駐屯軍歩兵第一連隊第三大隊（大隊長一木清直少佐）第八中隊（中隊長清水節郎大尉）が、永定河上流の砂取場演習場で夜間演習中、この蘆溝橋に駐屯していた国民政府第二十九軍第三十七師第百十旅第二一九団第三営（営長金振中）の部隊（約二〇〇名）から不法挑戦を受け（七月七日午後一〇時四〇分）これに端を発して惹起されたものである。

さらにこれを詳しく述べると、当時北平には宋哲元を委員長とする冀察政務委員会が存在し、軍事的には北平・天津・保定を中心とする第二十九軍第三十七師、第三十八師の精鋭部隊と、旧軍閥を代表する馮玉祥及び冀北保安総司令石友三等の雑軍が駐屯中であり、六月頃から北平市内には種々の憶測や流言飛語が乱れ飛び政情不安を醸成し、北平市内は第三十七師馮治安指揮下に特別警戒がほどこされ、事変の勃発した蘆溝橋城には守備隊長金振中に対し日支両軍不測の事態発生に備えるための防衛命令が国民政府国防部長何応欽将軍から出されており、一方、昭和十一年十二月十二日、西安事件以来国共合作を成功せしめた中国共産党は対日逆九・一八作戦を呼号して、日支開戦を誘発し、一挙に彼の野望たる中国制覇を達成せんとしてその目途を昭和十二年秋に置いていた。

このような時期にわが支那駐屯軍は如何なる態勢にあったのだろうか。

駐屯軍は関東軍が起した満洲事変以来、これと不即不離の態度をとって来た。そして関東軍奉天特務機関の土肥原工作に協力、天津日本租界に隠栖中の清朝第十六代の廃帝溥儀の脱出工作を始め、関東軍熱河作戦開始の布石として策謀された山海関事件に協力し、国民政府系の于学忠軍を冀東地区から撤退させることに成功すると共に、さらに梅津・何応欽協定を締結せしめ、北は古北口 — 塘沽を通ずる冀東二十二県をその掌中に収めて、熱河作戦を容易にした。

そして支那駐屯軍は独自の見解に立っていたとはいいながら、昭和十一年六月に兵力を増強し、親補職たる軍司令官に田代皖一郎中将を配し、次期作戦を想定して、その布石として冀察政務委員会管轄下の豊台に日本軍兵営の建設を強行し、豊台事件を契機として中国軍の豊台撤退を余儀なくさせた。さらに宋哲元に対しては石徳線建設承認を迫るなどの強硬策を打ち出し、対策に苦慮した宋は郷里山東省楽陵県に逃避中だった。

しかしこれらの政策は関東軍の綏遠事件の失敗を契機として早くも破たんのきざしを見せていたのである。このような情勢の中に日支両軍が衝突したのであるが、しかし七月七日の時点において日本軍は事を構える態勢には全くなかった。

すなわち軍司令官田代皖一郎は危篤の病床に臥し、旅団長河辺正三少将は北平を離れて冀東地区南大寺日本軍夏期演習場におもむいて遊泳演習を指揮中であり、豊台駐屯第三大隊のみ二日後に迫る大隊長の第二期検閲受検のため、夜間演習課目を猛訓練中であったのである。

そしてこの部隊（第八中隊）の仮設敵は演習終了を知らせに来た伝令に対し、演習中の斥候の出現と誤解して軽機で空包三、四十発の点射をあびせ、これとほとんど同時に反射的に実弾による中国軍からの不法射撃を受けたのである。

わが演習部隊は空包のほか非常用実包を各人三十発ずつ携帯していたのであるが、応戦することなく隠忍自重、事件を大きくしてはいけないと、軍使を蘆溝橋に送り、交渉による事件解決をはかったのだが、二十九軍の再三、再四にわたる連続的不法挑戦があとを絶たず、かえって兵力を増強して敵対行動をあらわにして来たので、一木大隊長も決断を下して、ついに七月八日午前五時三〇分、日中両軍が正面戦闘に入ったのである。

だが日本の多くの著書は、支那事変の発端について、当時発生した黒い霧に惑わされてか「発砲者は不明」として無為に過して来た。

その七月八日の緒戦において永定河畔で散華された十三勇士を始め、大陸には無数の尽国勇士の墓標が建てられた。私は一兵として支那事変に頭初より従軍し戦争なるものを知った。そして終戦後、日本戦犯として北京に拘留せられ死刑囚から奇しくも死一等を減ぜられ、再び生きて日本の土を踏んだ。私は「発砲者は不明」の解消に余生を賭けようと決意し、当時の資料を長年に亘って収集し、これを分析して一つの結論を得た。支那事変の挑発者は最初に記述したように国民政府第二十九軍第三十七師第十旅二一九団第三営の中国兵であると確信を得たのである。

読者よく私の念願を洞察せられ、これを諒とせられんことを切望する次第である。

ことに現地交渉の中心となった蘆溝橋から中国軍を撤退させるについて、支那駐屯軍は冀察政務委員会の面子を尊重し、日本軍には蘆溝橋進攻（保障占領）の意途なき旨の誠意を披瀝して現地停戦協定を妥結せしめたことは、紳士的軍隊たる駐屯軍の伝統的面目を発揮したものであって特筆されなくてはならぬものと信ずる。

（筆者は昭和七年徴集、当時支那駐屯憲兵隊、豊台憲兵分駐所勤務、憲兵上等兵、後に憲兵大尉）

一言云っておきたい事

小原春雄

いろいろ思い出がありますが、それを語る前に一言云っておきたい事があります。

それはしばしば耳にすることですが、蘆溝橋事件はこちらの方から仕掛けた事件であるとか、満洲事件のように計画的にやった事であるとか云う輩があるのは、全く心外に堪えない事です。くやしい事です。

これは、まさしく中国軍からしかけた事で

す。その証拠は、小生が現実に見たのです。豊台事件でも、蘆溝橋事件でも見たのです。豊台事件（昭和十一年九月十八日）のとき、中国軍の兵士が日本兵（看護兵）をなぐったのを小生は見たのです。実際にこの眼で、その場に居合せて見たのです。間違いありません。その頃、日本兵を馬鹿にしていた中国兵が大勢いたからだと思います。

その次はNHKの放送です。昭和四十六年一月十七日でしたが、私が存じ上げている坂本夏男と云う先生からのお話とかで、東京のNHK教養部勤務の菊池浩さんと云う方が、わざわざ岩手県東和町安俵の私の家まで来てくれました。豊台の時の話を色々して、当時の写真を十枚貸して上げました。その後、その菊池氏から連絡があってNHKの総合テレビで「歴史への招待、蘆溝橋謎の銃声」が四月十八日夜十時放送される、又再放送が四月十九日午後五時からあるから見て欲しいとの事でした。これを見ると私の貸した写真の内、豊台第三大隊本部幹部の写真と一文字山、それに永定河左岸散兵壕の写真三枚が使われていましたが、説明をしている人の話をきくと発砲した銃声の出所は謎と云う事です。全くけしからん話です。三十何年も前の事ですが、はっきりと中国軍に仕かけられたものだと云う事実を、天下万民、全国民にはっきり発表して欲しかった。あの放送を見る限りでは、或いは日本軍が仕掛けたのでは、と思われる方も多いのではないかと思われ遺憾でした。

其の後日本放送出版協会から「歴史への招待二十号」を送って来ました。小生の送った写真三枚が載っているので、これは小生への寄贈だと解釈し礼状を出しましたが、別に抗議文と依頼文を書いて放送出版協会に送りました。それに返事が来ましたが、それには「御指摘頂いた『蘆溝橋謎の銃声』の番組内容については、御意見はこちらでも十分検討致しましたが、編集方針が番組をその儘に編集すると云う性格上、公正を期し編集した積りです。何かと内容上御意見もございましょうが、何卒その点御了承頂ければと思います」と書かれて居りました。

結局、抗議文の出し先を誤ったと感じたのですが、それ以来NHKの放送には余りいい感じを持って居りません。

（筆者は、昭和二年徴集、当時第三大隊本部付甲書記、曹長）

蘆溝橋事件を想起して

長沢連治

1. 彼等は我々をどう見ていたか。

。当時北京には欧米各国の駐留軍がいた。その数は居留民の数に比例していたと記録されている。だが日本軍のような訓練や演習をしているのを殆んど見たことがない。

。中国第二十九軍の約一営が豊台東方約一粁の造甲村に、豊台駅前、我駐屯隊の南約三百米の処に約一連、宛平県城内と中州に約一営、長辛店に約二営いたが、皆体操や真銃を持って踊りの様な剣法、あるいは気勢（一（イー）二（アル）三（サン）～四（スー））を揚げての密集行進に軍歌を加えて歩くのを見た。だが我々のような演習をしているのは見たことがない。

。我々が毎日練兵場や営庭（外部からまる見え）で行う各個教練や、朝夕の銃剣術の間稽古を附近の住民が、老若男女を問わず、珍しそうに、初めは遠くから次第に近くに来て見物していた。

。野外演習も、止むなく畑地でする時は、努めて農作物を荒さぬよう注意をしてやっていると、農民は鍬を休めて実戦さながらの演習を物珍しそうに見ていた。中隊長は私達に、鉄道（北寧線）の両側四粁以内で行う演習は、自由にやってよいと日中間で協定は結ばれてはいるが、農民の気持を充分汲んでやれと教えた。

。駐屯隊で毎日規則正しく吹奏する日課時限を告げる喇叭の音を、彼等、特に兵士達はどんな気持で聞いたとか、癪に障りこそすれ余りよい気持がしなかったのではないだろうか。

○第二十九軍には軍事顧問まで送っている位だから、友軍に等しいと思っていたのであろう。ある日曜日彼等の隊内に行って見たことがある（豊台事件前）。どうもよい印象は得られなかった。

○当らないかも知れませんが、私の感じでは彼等は日本軍と自分達との日常軍隊生活を比較して卑下していたのでは?、住民の目前であれ程はっきり見せつけられては嫉妬心を起していたのでは?、自然的に次第に日本軍が憎い、あれさえ居なければ?、等と、折り悪しくもそれ等が三十七師麾下の軍隊だったから皮肉と云う外ない。

2.　豊台駐屯隊の置かれた環境

○他国に軍隊を駐留させることは間違いだったと云う人もいるが、それはあの当時の諸条件や事情があってのことだから、一概に云えないと私は思う。

○駐屯隊附近は畑作地帯で、いくら自由とは云え、どうしても演習地を彼等の鼻先の永定河畔に求めざるを得なかった。

○実弾射撃場が、宛平県城内を通過し、蘆溝橋を渡って行かねばならない永定河の中州にあった為、各中隊が頻繁に彼等の目の前を通った。城門歩哨など時々嫌がらせの待ったをかけた。

○昭和十一年九月十八日豊台事件により、豊台駅前にいた一個中隊が撤退して、宛平県城内に移っていたと聞いている。

○蘆溝橋、長辛店に駐留の軍隊は、不幸にも二十九軍中最たる排日家、第三十七師長馮治安の指揮下にあった。

○住民の多くは次第に我々に対し好意的になっていると思われたが、中には馮の影響を受けていた者も少くないことは否めない。

3.　彼等の誤解

○昭和十一、十二年当時は、歩兵操典が改正され、駐屯軍では歩兵学校の千田大佐を迎え、多数の管内将校を豊台に集め、二、三日普及教育を行った。演習地は豊台以南一文字山以北で、我々が実演部隊要員となる。

○それに相前後して豊台駐屯各中隊は大、中隊長の指導に依り、普及教育訓練に余念のない毎日を過していた。

○昭和十二年三月一日、昭和九年兵除隊、関東地区から初年兵の入隊を得て、新操典に基づく教育訓練が開始された。内地で教育を受けた私も、内地部隊に劣らぬ猛烈さを極めたものであると思った程である。六月末第一期検閲を終了する。

○直ちに第二期検閲（中隊教練）に向けて訓練が始まる。勿論対「ソ」戦法であり、七月七日の演習課題は夜間の接敵行動(薄暮)と払暁から黎明にかけての縦深陣地の攻撃要領であって、近く行われる聯隊長の検閲に備え大隊長の指導で各中隊共連日連夜の訓練中であった。この時、我が第八中隊の背後から突如発せられた不法射撃が事件を起こしてしまった。

○このように、一連の日本軍の諸行動、特に実戦さながらの演習は、専ら自分達を攻撃目標としていると思い込み、それに備えた陣地を永定河左岸堤防に構築したものであろう。

◎日本は陰謀の罠にかかった。若し日本軍の攻撃を受けるとしても、彼等には堅固な防禦陣地城壁があるのに、何もわざわざ堤防に散兵壕を造る必要はあるまい。あんなものは単なる気安めであって、我が軍の前にはいとも簡単に処理可能な代物だ。城壁からはまずいから、ここで少しぶっ放なしてやれば必ず攻撃を仕掛けて来るに相違ない。初めに多少損害を受けても最終目的は全面戦争にもってゆく端緒をつくることが出来ると云う策謀であり、結局は罠に引っ掛けたのだ。考えて見ればあの陣地は直後に河を控え、いわば背水の陣であって、彼等得意の退却には極めて不利で、戦略的には、只既設の二、三の「トーチカ」を利用したとしても日本軍を相手に出来る程のものではない。

4.　我が仮設敵の空砲射撃

ご承知のように中国軍には空包はなかった。仮設敵は永定河に向けて配置された。つまり散兵壕に配されていた中国兵にも向っている。演習進行中に中隊長の指示で射つのだが、その時どうも間違って早目に射ってしまったらしい。遅い早いは別として射てば小銃も軽機も銃口の先で火光を放つ。それが中国の壕内兵の目に映じたのは当然である。これを中国側某要人があの晩蘆溝橋方面で盛んに銃声が聞えた。こちらが一発も射たないのに日本軍の攻撃を受けたからだと事件の責任を日本軍に押しつける。自分を有利にしようとする為に、空包も実包にしてしまうのは中国人の得意芸である。

5.　彼等の嫌やがらせ

私の思うに、お前等がこっちに向けて火を放つなら当方からも少しぶっ放なしてやれとの気持ちを起したのでは?。射とうにも空砲などないから所詮は実弾だ。射たれた方は、暗夜に鉄砲でも、背後から突如実弾の飛行音を浴せられたらどんな気持ちになるか?、それも一度ならず二度、三度やられたら、古来から「弓をひく」と云うことを敵意の現れと云い伝えられてきた日本軍人である。現場に居合せた人でなくともお分りと思う。

6.　第三十七師長の失言

第二十九軍軍事顧問桜井徳太郎少佐(当時)が馮師長に不法発砲の非を追求すると、宛平県城外には我軍の部下は一兵も配置してない、若しいるとせば多分匪賊であろう、と其の場の責任免れの言を吐いたとのことである。それでは、匪賊か賞軍か分らないが、確かに兵は配されている。如何なるものかの確認と、抵抗すれば懲らしめの為、攻撃すると日本軍が云っているがどうか。又その際、城内軍が支援したり、退避する兵を城内に入れないことを申し入れると、承知した、そちら勝手だと云ったそうである。処が攻撃態勢に入ると最初に火蓋を切ったのも彼等であり、敗退兵は師長の口も乾かぬ間に城内に逃げ込む。更に城内から、我が左側から猛射し援護の挙に出たではないか。これ将に日本軍を侮蔑した失言と云う外なく、最初からこの調子では真意が疑われる。その後色々不拡大交渉で取り決めがなされるが、その場では面なりのよいことを云って免れるが、後で必ず逆なことが起る。当方が信じて期待しても結果は無駄だった。

○一木大隊長が後にこう云っていた。この附近に馮の部下でなく、せめて第百三十二師長趙登禹中将の部下であったら、この事件も前年の豊台事件も起らずに済んだかも知れぬと。因みに趙師長は大の親日家で、七月二十八日南苑から敗退し北京城内に逃れようとして、天羅荘で我が大隊主力の退路遮断に遭遇し、多くの司令部員と共に車中に坐ったまま、頭部が機関銃弾のため飛散する惨状を呈し戦死なされたのである。座席の下に中将の階級章の付いた軍服が風呂敷に包んで入っていた。大隊長曰く、日支両軍にとって実に惜しい指揮官を失ってしまったと遺体に最敬礼を捧げられた。私達大隊本部要員も、その後で捧げ銃をしたことを忘れない。

7.　戦闘開始後

○演習でよく教えられたことは、敵の側背を突くことの効果である。最初の展開で第八中隊は敵の左側方に進出していたので、有利な態勢で第一線を突破し損害も軽少なのに比し、正面第一線の七、九中隊は数名の戦死傷者が出た。

○敵の第一線陣地奪取後直ちに追撃に移るが河に飛び込んでみると流れは七、八十糎位と思われる。泥濘が意外に深く足早やに渉らないと沈んでしまう。下流鉄道橋脚付近から飛び込んだ中隊や大隊本部は中間に中洲があって一見渉り易いようで、前と後の水流は急で深く、左側方から猛射を受け大いに危険であった。

○右岸に達し追撃中に、単身「チェッコ」軽機銃手が退却し乍ら執拗に抵抗しているのがいる。中隊長が早くあれをやってしまえと命じた。数回発進停止を繰返し、敵に発射する暇を与えず、近づいて銃剣を構えると、両手を頭上に合せて助命の態度を示す。構わず一気に刺突して、見ると、軍曹の階級の者だった。敵の一軍曹をやっつけたのは、恥し乍ら田口軍曹と私長沢伍長の二人掛りだったとは、敵とは云え実に機敏で勇敢な立派な下士官が中国軍にもいた。

○渡河追撃中部下を置き去りにしてしまい、半数位の分隊兵が河の向うに残り、左側方からの猛射を受け渡河出来ず、完全掌握は昼頃だった。これは緒戦に於ける分隊長の大失態だった。

○第八中隊は、七日夕食(飯盒携行食)を喫してから、水筒一本の水の外一物も喉を通してない。八日昼頃には既に誰の水筒も空っぽ、水の補給は全く不可能だった。喉はカラカラ、汗も出なくなる。それも緊張しているうちは空腹も忘れる。夜十一時頃蘆溝橋駅東方に集結休憩すると急に空腹を感じた。その時豊台兵営で居留民の協力を得て作った「にぎり飯」を弾薬箱に入れて運んで来た。熱い湯茶を飲みながら腹一杯、前日夕食から三十時間後に喰べた時の美味しかったこと、一生涯忘れられない。

8. 命がけの軍使

現場にいた方は皆目撃したであろうが、特筆せねばならぬことは、二十九軍顧問桜井少佐（当時）は七月八日夜明前北京から現場に急行し、城内に入り彼等と事件の穏便な解決の為の交渉をしていた方である。今でもはっきり覚えている、白の中国服に白い「ヘルメット」帽姿で黒塗りの乗用車のボデーの上に安座して、白旗を片手に、城壁に拠る敵の銃口の前と対する我が軍との間を、大声を張揚げ手を上げて射撃を制止し、固唾を飲んで我々の見守る中をそれこそ命がけで何回となく往復していた。我が方は兎も角、中国兵のことだから、指揮官の命令など無視して何を仕出かすか分ったものでない。危険極まりなかった。聞く処に依れば興奮した中国兵の為危うく射たれそうになったことが一度ならずあったとか、他にも北京特務機関補佐官寺平大尉など射ち合いが始まる前既に城内に入り、桜井顧問同様交渉中に射ち合いが始まり、軍服を着用していたこともあって、一室に閉じ込められ、着剣した歩哨の監視を受け、可成り長時間身動き出来なかったと云っている。何時射殺されるか生きた心地がしなかったことであろう。

こうした日本人の他、中国人にも不拡大策に懸命の努力者がいたのに、裏で逆な方向にもってゆこうとする、策謀家の暗躍があったのではないかと思われる事件が、方々で起きたことでも考えられる。

（筆者は当時、第八中隊分隊長・伍長）

(2) 記録編

一、聯隊戦闘詳報第一号

ここに掲載したものは支那駐屯歩兵第一聯隊戦闘詳報第一号で、事件当時通信班長だった小岩井光夫中尉の未亡人の保管されていたものです。他に第二、第四、第五、第六号があります（第三号欠）。事件勃発の日から二十八日の南苑攻撃、二十九日の宛平県城占領に至るものですが、第一号は七月八日及び九日の記録です。戦闘詳報としては、この他に秋田豊台会より提供された第三大隊戦闘詳報及び当時第九中隊の小隊長だった会田庄之助氏の提供された第九中隊の七月二十八日、西五里店附近の戦闘詳報は現存します。これらはすべてこの第一号と併せて鴻巣市常勝寺の支駐歩一史料室に保管されて居ります。

（編集委員）

……………………

支駐歩一戦詳第一号

自昭和十二年七月八日

至昭和十二年七月九日

蘆溝橋附近戦闘詳報

支那駐屯歩兵第一聯隊

第一、戦斗前に於ける彼我形勢の概要

一、彼我一般の状況

1. 一般支那軍の状況

直接我聯隊に接触し且事変当初我に対抗せるは、宋哲元の指揮する第二十九軍なるを以て主として同軍の情況に就き記述す。第二十九軍主脳部は北平に在り其の所属四個師特務旅一個独立混成旅二個及独立騎兵一個を主なるものとし他に華北辺区保安隊と称する一隊ありて一師は歩兵四個旅及特務団一個よりなり其の兵力約一萬五千乃至六千を有す。騎兵一師は兵力約三千独立混成旅は兵力約三千乃至四千、独立騎兵一旅は兵力千五百内外を有し保安隊は其の兵力約二千なり、其の兵力約十万を有す。

事変前に於ける配置概要左の如し

第二十九軍司令部及孫玉田の指揮する特務旅は南苑に位置す

馮治安の指揮する第三十七師は其の主力

四、第二十九軍作戦命令

これは蘆溝橋事件勃発後二十一日目に当る昭和十二年七月二十八日、中国第二十九軍々長宋哲元が日本軍と決戦する為に下令した作戦命令である。南苑の戦闘で戦死した中国軍将校の図嚢から押収したもので、その謄写版刷りの本書は支駐歩二の津久井広氏が所蔵して居られ、これはその日本語訳文で、同氏から提供されたものである。

（編集委員）

二十九軍作戦命令（日本語訳文）

命令　七月二十八日午前十時
　於軍司令部

一、軍は北京、天津両市及その附近の地区を確保し敵軍に対し持久戦を行いつつ機を見て攻勢に転じ最後の勝利を得んとす

二、戦闘部署

(一) 第一路軍（北京城郊）

指揮官　総指揮官　張自忠
　　副総指揮官　馮治安

右地区隊　指揮官第一三二師団長　趙登禹
　副指揮官第三十八師副師長　王錫町
　第一三二師独立第二十八旅　柴建瑞
　第三十八師教導大隊王錫町第二二五団　張文海（欠第一営）
　第二二七団　楊幹三
　軍特務旅　孫玉田（欠第一団団部及第一営）
　（註、営とは日本の大隊単位とする）

左地区隊　指揮官冀北保安司令　石友三
　副指揮官独立第三十九旅々長　阮玄武
　冀北保安第一旅　程希賢（欠第一団）
　冀北保安第二旅　呉振声
　独立第三十九旅　阮玄武

北平城防隊　指揮官第一一一旅旅長　劉自珍
　副指揮官独立二十七旅旅長　石振綱
　第三十八師特務団　安克敏
　平北市保安隊

騎兵隊　指揮官騎兵第九師団長　鄭大章
　騎兵第九師（欠第一旅）

総予備隊　指揮官、副総指揮官　馮治安
　第三十七師（欠一一一旅）
　独立第二十五旅
　張菱　騎兵第一旅　張徳順
　冀北保安第一旅第一団
　陳光然　河北省保安隊

(二) 第二路軍（天津附近）

総指揮官　張自忠、李文田代
副総指揮官　劉家鸞
第三十八師第一一二旅　黄維綱
　第一一四旅　董村堂
（欠二二七団）
独立二十六旅　李九思
天津市保安隊

(三) 第三路軍（察省）

総指揮官　劉汝明
　第一四三師独立第二十九旅　田温其
　独立第四十旅劉汝明兼騎兵第十三旅　姚景川
　察哈爾省保安隊

三、指導要領

(一) 第一路軍は必要の度に北平を守備し後方機動部隊の余地に応じ北平の南北線に堅固なる陣地を占領す。その配置区分左の如し

1. 右地区隊は北平南門～大紅門を占領し南苑兵営―団河―黄村―亘竜各荘付近の要点に堅固なる陣地を工事し敵の出撃方向に応じ対処可能の如く配置を変換し適時主力を出撃しこれを殲滅せしむ、同時に北平―固安間の交通線の確保に留意し南苑の重要地を確保し西紅門～新宮小紅門～旧宮殿には相当な部隊を配置し、南苑の駐軍は随機時動力として予備せしめる

第一一三旅団（欠二二五団）は先ず

安次～武清県城を守備し適時敵を牽制擾乱し敵の利用せる交通線を破壊すべし

また敵軍のため退却の際は右地区隊に合すべし

2. 左地区隊

北平城東北角を占領し更に北苑—沙河鎮—昌平停車場付近において第一線、各要点に堅固な陣地を構築し相当兵力を配置して各方面より出撃する敵の兵力により相互援助し、主力は要点に分置し適時敵を挟撃してこれを殲滅する。昌平方面の敵の出撃に対しては南口付近の守備隊と協力してこれを殲滅する

3. 北平防衛隊

防城計画を固守しこれに平行して敵の搭載自動車は勿論何時でも城内外の敵を攻撃出来る準備をなすべし

4. 騎兵隊

各地区の戦闘に容易なる如く地区隊の前方に出動し敵の利用する交通線を随時これを破壊し牽制擾乱すべし

5. 予備隊

有力部隊の厳正な監視に応じ蘆溝橋付近の敵の脱出を攻撃し機を見てこれを殲滅す。これが為北京西方に進出し要点を占領し敵の通過を不能ならしむべし

㈡ 第二路軍、天津部隊を掩護するため部隊を進出させ将来の作戦を容易ならしむため機に応ずるため堅陣をもって同市を守り一部をもって大塘海岸、河川を警戒する

㈢ 第三路軍冀察省保安隊は適時北平城外方面の作戦に連絡を保持し主力をもって康荘附近一部をもって南口鎮を占領し沙河鎮付近の友軍と協力し昌平より進出する敵を挟撃殲滅する

㈣ 作戦の方法

1. 遊撃戦法を採用し主要点を除いて京津両市外において一地点に兵力を集中し敵の一部の行動に対し殲滅を図る

2. 敵の機械化部隊は道路に接近行動するため地雷を埋設し或は落しあな、便衣の伏兵をもって側面からこれを攻撃する

3. 友軍が敵の攻撃を受けた時は敵の側方に出て奇襲をもってこれを挟撃する

宋哲元

⑶ 回想編

蘆溝橋は叫ぶ

武田 熈

「北京」と「北平」との変遷考

私は、本文では官署等の公的名称以外は、凡て「北京」と統称したのであるが、実際での北京と北平との呼称変遷は、次の如くなのである —。

① 北京が改称されて「北平」となったのは蔣介石が北伐を完成したことの記念のためだった。ソレは一九二八年（昭和二年）六月四日 —。

② ソレが「北京」と原称に復したのは一九三七年（昭和十二年）十月だった。コレはコノ年七月七日に所謂蘆溝橋事件起り（やがて、華北事変、ソシテ支那事変、と発展）ために、当時の華北政権であった冀察政務委員会が北京を撤退した — ので、コレに代って江朝宗を主席とする「北平地方維持委員会」が成立（七月三十日）した。実に、コノ委員会が主唱して「北平」を「北京」としたのだった。

（この委員会は、この年十二月に、中華民国臨時政府が北京に樹立されるに及んで解散されたのであるが、ソノとき政治・経済・教育・宗教・文化等各面においての施政状況を夫々一書にマトメ後世に遺すことにした。題して「北京地方維持委員会報告書」）。

③ ところが、一九四五年（昭和二十年）八月十五日、日本敗戦。九月九日、中国派遣日本軍降伏調印。国府は同月十一日、また、北京を「北平」と改称した—。

④ だが、一九四八年（昭和二十三年）十二月十五日、中共軍は北京に入城した。そして、一九四八年九月二十一日、中華人民共和国を樹立。同月二十七日、「首都を北京に定む」と公布した—。

茲で、「北平」は、またまた「北京」となったのである。

（国府はこの年十二月九日、首都を「台北」に決定）。そして、現在に及んでいる、という次第。

「北平陸軍機関」設置さる

宋哲元第二十九軍々長を委員長とする冀察政務委員会が、北京に設置されたのは、一九三五年（昭和十年）十二月十八日だった。国民政府令によるものであり、委員はいうまでもなく国府の任名で十七名。法規等の制定権は、中央政府の法規の範囲内とされていた。

これに対する日本側陸軍の、いわばコレとの特別交流（内面指導）と中国軍政界に派遣しある日本人顧問統制等を主任務とする「北平陸軍機関」が、北京に設置されたのは、ソノ翌年、即ち十一年四月だった。陸軍省の隷下に在ったが、北支軍の区処を受けるシステムだった。名称は初代機関長松室孝良少将の智慧に基づくもので、従来的な「特務機関」という名称が、謀略主動型に見られがちだ、その深い慮りによるものだった。当時の北支駐屯軍司令官は田代皖一郎中将—。

「北平陸軍機関」が、東交民巷に設置されたころ、私は国士館教授として「中国統治機構の研究」のための第二次北京留学を終えようとしていた。一夕、閣下に請ぜられたとき「君の学問の仕上げにも意義をもつであろうから」—と前提して、自分は当分従前どおりでよいから、奏任待遇の「情報処長」として嘱任したい。差当っては通訳官と文化関係の役もお願い致したいが—との懇請を受けた。かくの如くして、私は、北平陸軍機関に身を寄せることになったのである。

文化工作第一号

陸軍機関（以下単に機関という）に身を寄せるようになってから私は松室少将が「君の学問の仕上げに資しうるだろう」と言われていたことがソノとおりだったことに感銘を深うした。殊に宋哲元とか蕭振瀛などは、私に昔の諸葛孔明を思い起こさしてくれた—。私は無性に人的交流を考え出した。

だから、機関が、先登第一になすべきことは何か?、についての議が日程に上ったとき、私はスグ人的交流案を提起したのであった。これの実現が、二十九軍若手将校の日本視察旅行だった。ソノ年（昭和十一年～一九三六）十一月には、北海道で大演習が展開されることになっていた。この「見学に兼ねて日本諸工業と諸要人との交流を計る」ということにしたのである。桜井徳太郎二十九軍軍事顧問と私とが中心になって宋哲元、秦徳純らを説き、日本各方面との接衝を進めた。そして、二十九軍李文田中将を団長とした若手将校九名。指導官桜井顧問（陸軍少佐）、通訳官武田熈というメンバーが決定した。日程は、十一月初めから月末までとされた。北京駅から塘沽へ、そして、船で神戸を経て東京に先ず入った。東京では赤坂見付台上の「万平ホテル」を拠点とした。当時の内閣は広田弘毅が首相だった。広田首相と桜井顧問は同じく福岡県人だった関係もあったので、桜井顧問が一行を帯同して、首相執務室へ首相を表敬訪問した。一行は感激した—。一行が第二師団の所在地の仙台に着いたとき、北海道へは団長、副団長及び桜井顧問のみに—との要請があった。残留部隊は武田を中心とするグループを構成し、師団参謀の案内で松島等を見学し、団長らの帰仙を待ち、また東京に入った。そして名古屋、京都（一力の夜は通訳には骨は折ったが、一同は鉄腸を洗った）、大阪を見学し、福岡を経て大連をのぞき、北京に帰来した。実に愉快な旅だったし、若き将校連へはヨキ開眼旅行であったことと思われた—。若手将校の中には、宋哲元の親戚張祖徳もいたし、斉燮元元帥の令息斉少校（日本士官学校卒）もいた—。

（本件についての記事は他紙等で未だ曽って見たことがない。恐らく本文がはじめての公表であろう—）。

蘆溝橋の悲風

第二十九軍若手将校の赴日視察旅行の、無事帰燕は関係者一同の願求であったと思う。が、就中、松室機関長は「ォーイ、武田君。帰えりの土産には〃白髪染め〃だぞ、忘れるなよ」と笑い乍らも、心の奥では、人一倍案じていたようだった。幸いに、一同道中恙なく元気で帰燕したので、殊の外の満足らしかった。宋哲元軍長らも同様に満悦の状だった。

が、私達が旅装を解いて間もない十二月の或る日、突如として松室少将が他に転出することになった。聞くと、北満の騎兵第四旅団長へ — ということだった。理由は、いろいろとあったらしいが、淋しいことだった。後任は、ロシヤ事情研究のため長い間ウラジオストックに駐在していたソ連通の松井太久郎大佐だった。

蘆溝橋事変（一九三七・昭和十二年・七・七）勃発の時は、当然に松井機関長時代だった（田代将軍は、事変勃発後の七月十六日逝去。後任は香月清司中将）。

(1)走る草野の銃声

ところで — アノ日は、例年のように矢張り暑い夏の日だった。私は新しい公舎住いだったが、まだ、独身だったので、久振りに留学生仲間を招いていた。

「今日は七夕だ。天上では天の川（銀河）を挟んで東岸の牽牛星と西岸の織女星とが年一度の逢瀬を楽んでいよう。が、われらはお互い孤単身（どくしん）だから、一つ生臭い政治論でも展開しようか — 」

といって、延安に本拠を移した中国共産党の其の後の動静などについて、持ち合わせの情報交換に花を咲かせ、「ぢゃーネ」 — といって十一時過ぎお開らきにした。私はスグ寝についた — 。

瞬時にして、枕頭の電話ベルがけたたましく高鳴った — 。十二時半ごろだったろうか、機関からの急電だった。事変勃発の第一報 — 日本軍が一文字山附近で演習中の処午後十時四十分頃、中国軍より実弾射撃を受けた — と。私は倉皇として機関に急行した。私の公舎は東安市場近くの西堂子胡同だったし、機関は交民巷内、日本公使館裏手の、台基廠頭条胡同に在ったから、洋車でも五～六分とかからなかった。ソノ車中、私は先刻語り合ったばかりの七夕の両星のことを思い出し、天上と地上とでは、かくも懸隔ありしか — と嘆じていた。

— 執務室に駆け込んだ。と、急に電話、電話。日本軍前線から、中国側要人から、その他等、等、等 — 。

それっ連絡控帳を作くれ、明瞭に書け、簡単に要領よく、間違うなよッ — 。

（こうした記録が後日「北平陸軍機関業務日誌」自昭和十二年七月八日～至同年七月三十一日として、不完全乍ら主要文献とされることになった）。 — （注）別掲

(2)誠意相見

思えば、アノ七日夜半から十一日までの五日間は、日本側も中国側も「不拡大、現地解決」を方針とされた中央の指示に基づいて、双方が、誠意を凝集し合ったのだった。その結果十一日には両国軍間の「合意書」（協定書）が成立したのだった。ソノ文案は私が清書した — 。ソノ頃の機関の応接室は正さに日華両軍接衡の本舞台だった — 。

嗚呼、終に事態は混迷は混迷を呼び、誠意は誠意として通せず、強は強を呼んで、すべてが次第に複雑化していった。協定書はついに一片の紙切れになってしまった。私は、到頭七月一杯は、機関の執務室で電話を枕に寝なければならなかった。そして、来る日も来る日も、朝から晩まで、晩から朝までという位に、機関長と中国要人との接衡、日本側から中国側への通牒文書、また、中国側からの来函、応待、そして、時には機関外関係筋からの依頼による訳文検閲等々 — に無中になっていた。

しかも、こうした仕事の中に、私は私の言葉や私の訳文等の一言一行が — 妄想でなく、本当に、古語にいう「一言事を僨り、一人国を定む」の句の如く — 両国の命運と前線将兵の生命につながるものであることを思い、全精神を集中して取組んでいた — 。夜十時頃になると心身共にクタクタだった。参いらなかったのは、恐らく年来修業の「通背拳法」のおかげだったのだろう — 。

〜〜〜〜〜〜〜〜〜〜

思い出の記は限りなく続く — が、就中、最後通牒を二十九軍長に手交するために、軍長の辦公処進徳社に赴いたときのシーンは忘れられない。

(3)故都北京を護れ

ソノ前にちょっと触れておきたいことは、「故都北京を護れ」という文化工作を展開したことについてである。コレは七月十日頃、私が機関長に進言したもので、北京在住の中国人、日本人、第三国人による運動とし、戦火を城内に及ぼすな―という運動だった。（この声は次第に宋哲元や日本軍上層にも到達した。後述のように目的は充分にはたし得たし、世界的に評価もされた）。

(4)最後通牒

そうこうしている間に、大勢の赴くところ、日本側では終に決戦の臍をかためざるを得なくなってきた。

ソレは七月二十六日だった。その日午后三時、日本軍司令官香月中将よりの、第二十九軍長宋哲元殿と表記された「第二十九軍に与うる通告書」を懐に、私たちは軍長辦公処進徳社に馳せたのであった―。

私たち―日本軍司令官代理としての機関長、そして司令部参謀、補佐官と私。宋哲元は病気との理由で張維藩冀察総参議と秦徳純副軍長が応待した。文書の受領を強硬に拒否した。しかし、終に受領せしめた。コレが宣戦布告だった。書の内容は複雑で長文だったが、要点は―

「来ル廿八日正午マデニ城内卅七師ヲ城外ニ撤退―」等々にあった。

会見は午后三時半頃から一時間程を要したであろうか。どうしたことか不幸なことにコノ日（二十六日）夕方、例の「広安門」の異変が突発した。嗚呼―時局は愈々混迷複雑に陥ち入った。

越えて二十八日、ソノ夜十時頃宋哲元方から私へ電話がかかってきた（機関長命で、日華双方共、重要事については武田が窓口と指定されていた）。日く、「貴方の声に応じ城内部隊を夫々北京以外の各地に撤退せしめると共に北平市長代理を張自忠に命じ、宋哲元は秦徳純らを伴い保定方面に赴く―」と。そして、また間もなく、即ち二十九日午前四時、再び宋哲元方より電話があり、宋哲元方においては「既報のとおり凡て措置し終れり」と伝えて来た。

このとき私は、受話機を手にしたまま、思わず幕末志士が、徳川慶喜に大政の奉還を、実現せしめたときのことを、湧然と思い起していた―。

二十九日朝六時頃、私は笠井軍事顧問と市中の検分に出掛けた。進徳社に赴いたとき、軍長の居室だったかと思われる整頓された部屋の中央のテーブル上に、麻雀の牌が散乱していた。「英雄閑日月あり」の標本然として―わざと残したものか。

（台湾李雲漢著「宋哲元与七七抗戦」によると下の如く書かれている。即ち（訳文）『廿八日午后、宋哲元は秦徳純、張自忠等と、鉄獅子胡同の進徳社において、緊急会議を開き……中央政府及び全国々民は廿九軍が北平を死守することを希望しているが、宋哲元は、北平住民の故都北平とソノ文化とを守れとの声に、最後的に応じ……』とある。）（傍点は筆者）。

憂歎の声は永えに

多くの人々が、智慧をしぼり、長日間にわたって労苦憂歎したにも拘らず、当面の急たる事変解決の緒は、茫々としてつかみ得なかった。却って事態は、深刻拡大の一途を驀進するのみだった。

終に、終に、蘆溝橋事変は有識の痛哭憂憤のうちに次第に世界大戦へ―と突入していった―噫。

（筆者の事件当時の職責は本文の通り、現在国士館大学教授）

蘆溝橋事件勃発について

（第三大隊、歩兵砲隊関係）

荒田武良

昭和十二年七月七日、清水（第八）中隊は夕方から、宛平県城北側の砂利取場の演習場で黎明攻撃のための夜間攻撃陣地構築作業の演習を実施していたが、時刻も午後十時三十分を過ぎ且つ各小隊の陣地構築作業も完成したので、中隊長は、一応演習を終了し、露営の支度にかゝることに決し、伝令を集めて、「今夜の演習はこれで終了する。伝令は各小隊長及び仮設敵司令に、直ちに演習を終ってこの位置に集合するよう伝達せよ」と命令した。伝令は夫々命令を伝達すべく散って行った。

突如！　仮設敵の陣地でにわかに激しい軽機関銃声が捲き起った。

「伝令が仮設敵の方にとんでったもんだから、多分、それを敵襲と勘違いしてブッ放したんだろう！」、射撃は五十メートル間隔の二挺の軽機で、合計三、四十発程度のものだったが、この時、今度はこれに対応して真背後の方向、竜王廟の南側、トーチカ付近と覚しい堤防上から、にわかにパンパンパーンという銃声が聞えてきた。

「中隊長殿、今のは実弾じゃありませんか？」一番最初にそう叫んだのは三浦准尉だった。

「ウム、そうらしいな、さてはさっき、堤防上にいた中国兵達がブッ放したんだな」

「おい喇叭手、直ぐ集合喇叭を吹け」

「ハッ！、集合喇叭を吹きます」

二名の喇叭手は吹奏し始めた。喇叭手が集合喇叭を吹き始めると、

パンパンパーン！　パンパーン！

またもや連続十数発の激しい銃声が耳朶をつんざいて、ピユッ、ピユッ、ピユーッ！おびただしい弾丸が頭上をかすめた。発射位置がトーチカの直ぐ南側、堤防上からであるのを確認することが出来た。

以上のような状況の下で、中隊は全員の集結を急いだが、第一小隊の伝令一名が、行方不明なことがわかった。

中隊長は、この情況を大隊長に報告することが、何よりの急務だと思い、岩谷曹長を情況報告のため、兵一名と共に、豊台の大隊長のもとに派遣した。

行方不明の伝令志村初年兵は、再度喇叭を吹奏して捜索を開始せんとした矢先、中隊の集合位置に帰来した。中隊長以下一同安堵したのであった。

中隊長は、大隊の集結を援護すると共に情報収集の目的のため、中隊主力を一文字山東方の西五里店付近に集結することとした。

大隊長は、岩谷曹長から清水中隊長の報告を受けるや、北京の牟田口連隊長に、電話で情況を報告した。この時連隊長から「大隊主力で直ちに一文字山を占領し、夜明けを待って蘆溝橋にいる中国軍の営長を呼び出し、交渉を開始せよ」との命令を受けた。

大隊長は、岩谷曹長に対し、「大隊は今から警備呼集を実施して、清水中隊増援のために出動する。清水中隊は、大隊が蘆溝橋に進出するまで、一文字山を占領して待機しているよう中隊長に伝えよ」と命令した。

岩谷曹長の姿が消えた後、大隊長は、警備呼集のため本部書記に命じ、隊の非常用警鐘をたたかせた。時に七月八日午前零時二十分。

大隊長は、「大隊は、第九中隊の一小隊を以て豊台駐屯地の警備に任ぜしめ、主力を以て蘆溝橋に向い前進せんとす」との要旨の大隊命令を下達した。

大隊主力より先行した大隊長は、午前二時頃西五里店付近で清水中隊長と会見した。その時清水中隊は、ようやく西五里店に集結を終ったところだった。

大隊主力が現地に到着し一文字山の台地を占領したのは午前三時二十分であった。昨夜来、ずっと演習場にいた清水中隊は、弾はまだ一発も使っていなかったが、今後の情況に備えて更に弾薬を補充しておかなければならなかった。一文字山東側窪地で弾薬の分配を始めたところ、また堤防上方向から、パン！パン！パーン！と三発の銃声が聞えて来た。

大隊長は、第八中隊に対し、「清水中隊長は機関銃一小隊を併せ指揮し、直ちに現在地を出発、大瓦窑部落の西側を通り、夜の明け切らないうちに竜王廟北側堤防に進出し、戦闘を惹起しない距離にあって攻撃を準備せよ」との命令を下した。尚第七中隊、第九中隊、機関銃中隊及び歩兵砲隊に関しては、夫々一文字山付近に展開し攻撃準備を進めるよう命令した。

此の頃北京連隊本部と電話連絡が出来るようになり、一木大隊長と牟田口連隊長とは、直接談話を交換した。大隊長は、「三回も敵の挑発射撃を受けては、断固一撃を加えた上での交渉でなければ、今後の交渉はうまく行かないんじゃないか」と思う旨の意見を述べた。これに対し連隊長は、特務機関から寺平補佐官、連隊から連隊長代理の森田中佐、中

国側から宛平県長の王冷斉、外交委員会の林耕宇、（中国側からの二名は宋哲元代理として）が先刻当方を出発したから間もなくそちらに到着するだろうということと、大隊長の意見には同意である。攻撃してよろしい。いま午前四時二十分！間違いはない。とのことであった。

大隊長は、連隊長と電話の後、桜井軍事顧問に一文字山東方地点で遇い、同顧問から、「中国側は、宛平県城内には確かに駐屯しているが城外には一兵たりとも配置していない」と主張していると聞き、「大隊は城外の敵を攻略して中国兵が城外に配置されていた事実を鮮明にします」と言明し、桜井顧問はこれを了承した。大隊の各部隊は、一文字山付近において攻撃準備を完了し、清水中隊は、竜王廟北方堤防の線に進出しつつある。

大隊長は、歩兵砲隊の射撃開始を合図に、大隊は一斉に攻撃前進すべしと命令し、歩兵砲隊に射撃開始を命じた。しかし歩兵砲隊は一向射撃を開始しようとしない。

その時、歩兵砲隊の伝令がとんで来た。

「大隊長殿、歩兵砲隊長報告、ただいま一文字山に連隊長代理森田中佐殿が見えております。射撃開始の件は森田中佐殿が、絶対いかんといって中止を命ぜられましたッ」

その直後、私は大隊長のもとにたどりついた。「大隊長殿、荒田中尉ただいま北京から戻って参りました。森田中佐殿と同行して参りましたが、中佐殿はいまから不拡大交渉を開始するといってられます。しかし堤防上の敵は明瞭に二十九軍ですなあ！森田中佐殿はまだ、全然この情況はご存知ありません」

「そうだろう、それだもんだからいま、歩兵砲の射撃を止められてしまったんだ」

「大隊長殿、このまま演習のような格好で部隊を前進させたら如何ですか。そしたら敵は、きっと射撃して来るに違いありません。その時、断固攻撃を加えたらいいじゃありませんか」

「確かに一案だ。しかし森田中佐の肚がハッキリつかめんことにはなあ」

大隊長は、私に対し森田中佐殿のところへ行き、この情況報告と攻撃決行の意見を具申することを命ずると共に、森田中佐の了解を得るためには時間がかかると思い、各部隊に急いで朝食を撮るよう命令した。

各部隊が、地形を利用して乾麵包を取り出して囓り始めた。暫くすると、突如、バンバンバンバーン！猛烈な急射撃を我が第一線めがけて浴せかけてきた。

大隊長の堪忍袋の緒は、とうとう断ち切れた。大隊長は、大声を張り上げて「攻撃前進」。を命令した。実に蘆溝橋事件勃発の一瞬であった。時まさに昭和十二年七月八日午前五時三十分。東天には今し朝雲を離れたばかりの大日輪がさし昇りつつあった。

付記

この記事の一部は、読売新聞社発行の、寺平忠輔中佐（事件当事大尉で、北京特務機関の補佐官であった）の著書「蘆溝橋事件」から抜粋させていただいたものである。

（筆者は当時、第三大隊副官、中尉（陸士四十三期）、当日北京に出張中で森田中佐と同行して現場に到着した）

蘆溝橋の銃声、一発

佐藤一男

蘆溝橋の銃声一発、は誰か？　中国軍か？日本軍の挑発か？　中国共産党の謀略か？、これは謎とされている。

昭和十二年（一九三七年）七月七日夜、当第八中隊が中隊教練（演習科目、対ソ戦闘、夜間の接敵、火点の不意急襲、連隊の第二期検閲受検の為の予行演習）実施中、一発と三発の二回に亘って、中国軍から不法射撃を受けた。何れも「竜王廟」の方向からと思はれた。最初の一発を受けて、中隊長は「演習止め……集合……」の喇叭を吹かせた。すると今度は、この喇叭に向って三発（チェッコ銃）の射撃。

最初の一発は、大瓦窑に配置された我が仮

設敵が、演習実施部隊に演習上の約束に基き、ある時点に於て軽機（二〜三基）を以て我々演習部隊に対し、猛烈な空包射撃を一斉に開始したときだった。空包を知らない中国軍は、軽機の空包射撃の物凄い火焰を見て驚き、恐怖のあまり発砲したのでは……？と思った。そして二回目の三発は……この喇叭を合図に日本軍が夜間攻撃でも……と思い込み、これまた恐怖のあまり発砲したのでは……と思った。

この演習中に中隊の連絡兵一名が、中国軍の歩哨線に迷い込んだので射たれたのでは？と云う説もあるらしいが、この時の状況からして、迷い込むような近い距離でもなかったし、又そのような演習体形でもなかった。この兵は間もなく中隊に復帰し、中隊長は人員を把握して西五里店に移動した。そして、翌七月八日朝一木大隊長の指揮下に入り今までの状況を報告した。これより先、中隊長は指揮班の岩谷曹長と喇叭兵の二名を乗馬伝令として豊台に馳らせ、一木大隊長にこの事を報告させてあったのである。

我々がこの時受けた大隊命令や指示の概要は、

① 大隊は演習と称して永定河左岸に前進する。
② 第八中隊は右第一線、前進目標は竜王廟。
③ 実包を装塡しない、着剣もしない。（当時演習の時は、空包の他に警備用として実包を小銃は三十発、軽機は一二〇発、密封のうえ携行していた）
④ 決してこちらから先に発砲してはならない。

以上の要領で、西五里店から竜王廟に向って前進した。竜王廟のトーチカの手前約一〇〇米か一五〇米の地点で中隊は一時停止した。そして中隊の右第一線だった第一小隊長、野地少尉がトーチカに向って手ぶりで呼びかけ合図をした。

呼びかけに応じて、一名の連絡兵（服装から見て将校）が馳け寄り、野地少尉も前進して対話した（野地少尉は士官学校時代中国語を専攻）。「我が部隊は演習の為め竜王廟に前進するから、此所を通して貰いたい…」と。連絡の中国兵は、片手を上げてOKをした。そして馳け足でトーチカへ戻った。

だが、トーチカに到着する前に、トーチカからチェッコ銃で一斉射撃（幸いに我々に当らなかった）。不意を突かれて我々は周章狼狽、着剣をしないまま一挙にトーチカへ突撃を敢行した。これで戦闘状態に入ったのである。あとで思った事だが、あの連絡兵がトーチカに着いて対話の主旨を話したら、或いは発砲しなかったのかも……？と思った。

爾後中隊は左岸の敵を突撃に次ぐ突撃を以て宛平県城まで撃退した。この時宛平県城の銃眼や永定河右岸地区、主として京漢線の鉄橋付近から猛射を受けた。

中隊は鉄橋に近い地点で永定河の渡河を敢行し、右岸に進出して同地区の敵を撃退した。その夜、闇を利用して再び永定河を渡り、一文字山付近まで戻って、ここで爾後の戦闘に備えて待機したのである。

第八中隊の夜間演習はいつも俗に云う「砂利採り場」（永定河左岸と一文字山の間）に於いて竜王廟に背を向けて実施されていた。当時、中国側の状態は……可成りの兵力で、毎日白シャツ姿で永定河左岸に壕を掘ったり、又埋まっていたトーチカを掘り出す作業を続けていた。

その頃豊台の各中隊は、連隊の検閲を目前に控え、演習は最高潮に達していた。中国軍としては、日本軍の演習の要領や内容など知る由もなく、ただ脅威を感じたり、敵愾心を持ったりしていたのかも知れない。こうしたことから毎日あのような土工作業が続けられていたのであろう。

事件当夜も、竜王廟付近は可成りの兵力を以て警戒されていた。戦闘当初、永定河左岸地区の敵を追撃した時見て驚いたのは、延々と新しい壕が続いていることだった。彼等はこの壕を利用して、宛平県城へ向って敗走した。

私には、政治、戦略、戦術など大きな事、高い事はわからないが、これまでいろいろな状況や事情があったが、蘆溝橋の銃声一発は中国軍からである……と云うことは間違いのない事実である。

（筆者は、当時、第八中隊第一小隊第一分隊長、軍曹）

蘆溝橋

阿部久六

豊台駐屯軍第三大隊は弘前第八師団で編成された部隊で、なかんずく事件発端に関係した清水大尉の第八中隊は、中隊長以下秋田の歩兵第十七聯隊第二中隊が主体であり、小生は当時第二中隊兵器係軍曹だった。初代聯隊長牟田口廉也陸軍大佐、第三大隊長一木清直少佐、第八中隊長清水大尉等で陣容を整えられていた。小生事件当日は第三小隊石井准尉の軽機分隊長として蘆溝橋事件に参加したので、体験した事実を誤伝誤説を訂正して頂く意味で当日遭遇した人間として書かせていただきます。

当時中国軍は平津地方北京天津方面に二十九軍宋哲元軍が配置されておりました。日本軍側は駐屯軍の増強が実施され、小生等が居留民保護の任務に服す様になったのです。北京に旅団司令部（河辺正三陸軍少将）が置かれ、歩兵第一聯隊牟田口大佐の聯隊本部及び第一大隊（木原義雄少佐）が配置された。第二大隊（筒井恒少佐）は天津に、第三大隊（一木清直少佐）及び歩兵砲隊は豊台に置かれ、対中国の布陣は強化されたのである。宋哲元の二十九軍は満洲事変以来抗日をもって志気を鼓舞して来た軍隊で、抗日侮日の感情が溢れ、その年の秋第一第二の衝突小競り合いが起きた。北京朝陽門で居留民が中国兵の射撃を受けた事件、次の衝突は豊台で起きた。同年九月十八日第七中隊が夜間演習のため豊台市街の中国軍兵舎附近通行中、前方から中国兵が向って来た。どちらも四列従隊であった。双方とも隊列を変えるとか、一時停止して相手方に道を譲ることはせず、そのまま突込んだからたまらない。お互に押したり踏んだりという騒動になった。その時中隊の看護兵は殴打された。後尾にいた教官小岩井中尉の乗馬を中国兵は銃床で乱打したため馬は棒立ちとなり、小岩井中尉は落馬、遂に投げだされた。状況は一触即発の緊張した空気と一変した。中国兵はバラバラと自分の兵舎に逃げこんだが、中隊はこれを追い中国軍兵舎を包囲し、速かに大隊長に報告する。

急報により大隊長は非常呼集をかけ、援軍第八中隊と機関銃中隊は速かに兵舎の東西南北の隣の屋根に登り、中国兵を監視、その後の命令を待った。翌朝牟田口聯隊長豊台に到着、第三十七師副師長許長林と交渉の結果、豊台の中国部隊を翌日門頭溝に撤退せしめる回答を示したので、小生等包囲を解除、中国兵は翌日撤退したのである。

後中国側も警戒を強め、蘆溝橋の宛平県城には西苑第十七師に属する一営が駐屯するという状況にあった。豊台駐屯軍は昭和十二年も相変らず間断なく演習を続け、兵舎に於ては銃剣術、又野外演習も実施する。その場所は主に蘆溝橋近辺に於て行われていた。七月上旬には軍事教練に最も重要な検閲が行なわれることもあって、各中隊の教練は最高潮に達していた。中国側はこの激しさに脅威を感じたのか、宛平県城の部隊から一文字山に夜間歩哨を立てた。射撃演習場は宛平県城内を通り蘆溝橋を渡って行く。小生は兵器係の為兵隊若干を引率して準備のためリヤカーに荷物を積んで先発し城門を通ると以前と異り、城門の歩哨に通さないとおびやかされた。その都度隊長トイチャンを呼んでくれと云うと、日本の士官学校を出た少尉が出て来てどうぞどうぞと通してくれた。射撃演習の時は各中隊共事前に大隊本部を通して連絡済みだったが、不祥事件が何時発生するか心配もありました。

昭和十二年三月一日、第三年兵約八百名が除隊内地帰還し、初年兵約八百名が入隊したのであります。優秀な三年兵と別れるに際しては、彼等と別れることが自分達にとっては恐ろしい感じがしました。

昭和十二年七月七日七夕の夜、此の日は蘆溝橋の演習地で検閲準備最後の総仕上げの夜間演習でした。午后四時、豊台兵舎に駐屯の第八中隊週番下士官が「夜間演習整列」と大声でどなった。小生は第三小隊長石井准尉の軽機分隊長として営庭に整列を終った。第一期の検閲を二日後に控え兵に疲労をさせてはならぬという親心から、背嚢の中身は空ッポの軽装備であった。これは特に中隊長が命じてそうさせたのである。兵器係の小生は携帯弾薬だけは、演習の空包の他、小銃実弾各人三十発、軽機関銃一銃百二十発を分配した。これは支那駐屯軍の規定に基いての弾数であって、外地駐屯部隊としては突発不慮の変に不覚を取らない為に常時これだけの実弾携帯を要求されていた。同日夜中隊長は十時三十分頃、今夜の演習はこれで終了する、伝令は各小隊並に仮設敵司令谷辺曹長に、直ちに演習終ってこの位置に集合するよう伝達せよと命じた。その時数分後、突如仮設敵陣地から激しい軽機関銃の空包銃声がまき起った。伝令が仮設敵の方に飛んで行ったので、多分それを演習部隊の敵襲と勘違いして射撃したものであろう。三、四十発程度だった。その時今度は背後の方向竜王廟の南側トーチカ付近から、俄かにパンパンパンと実弾が頭の上を飛んだ。清水中隊長は中国兵の発砲と判断して「おい喇叭手、直に集合ラッパを吹け」と命じた。吹奏始めると同時に又パンパンパンと十数発の銃声が頭の上をかすめる。集合終って清水中隊長は豊台の大隊本部一木大隊長へ岩谷曹長に命じて現在の状況を急報した。中国兵発砲情況の急報告を受けた豊台の一木大隊は非常呼集を実施、速かに北京聯隊本部牟田口聯隊長に情況報告をなし、その後の命令を受けて大隊命令を発した。翌七月八日午前零時二十分命令受領の曹長達は鉛筆を走らせ片端から命令筆記していく。

一、蘆溝橋付近の中国軍は同地に於て演習中の我が第八中隊に対して突如不法射撃を開始し、該中隊は直に演習を中止し目下応戦態勢にあるも、すでに一名の不明者を生じあり。

二、大隊は一ケ小隊を残置して守備隊直接の警備に任せしめ主力をもって直に蘆溝橋に向い前進せんとす。

三、第九中隊長はその一ケ小隊を守備隊に残置し、機関銃隊は二銃宛の四小隊編成とし、歩兵砲隊は聯隊砲二門、大隊砲四門をもって編成する。

四、中島大尉は大隊を指揮し鉄道線以北の地区をまず一文字山に向い前進すべし。

五、予は今より一文字山附近に前進し中隊の位置に先行す。

一木少佐

これが蘆溝橋事件勃発の最初の命令の要旨である。七月七日夜間演習に実弾を装塡して夜間演習をやっていたとしたら、これは確かに中国軍に対してなんらかの意図を以っていたとかんぐられても仕方がないと思います。装備は純然たる演習の服装であった。尚当時河北省察哈爾省に駐屯していた宋哲元を最高指揮官とする第二十九軍は十万であった。その配備情況は次の通りと知らされていた。第二十九軍司令部北京、第一四三師長劉汝明張家口、第三八師長張自忠南苑、第三七師長馮治安西苑、北京蘆溝橋宛平県城内には馮治安の部下の吉星文の一ケ大隊がいる。そして竜王廟付近に於て警備して居た。

蘆溝橋事件の回想

安　保　喜代治

一九三七（昭十二）年七月七日の夜、第八中隊は蘆溝橋北側竜王廟東方地域で、敵主陣地に対する薄暮を利用する夜間の接敵攻撃から翌朝の黎明攻撃までの一貫した演習を、永定河堤防（竜王廟）を背にして、大瓦窰附近に向って行なう予定でした。

中隊員は連日の夜間訓練で疲労が多く、従って軽武装で夕食を携行し、午後四時頃豊台兵営を出発、演習地の砂利取り場附近に来て見ると永定河左岸堤防上に中国軍が「白シャツ」姿で盛んに工事をしており、やはり中国軍も演習をするのかなあ、と分隊員と語りながら蘆溝橋北側永定河左岸堤防下の道路手前（約一〇〇米弱）の位置に停止休憩（堤防には中国軍の散兵壕）。私達は汗になった上衣とシャツを乾し、中隊長はその間に仮設敵を大瓦窰附近（休憩地から約一〇〇〇米弱、実測は約八〇〇米位いと思う?）に配置、その間私達中隊員は夕食をしながら附近を観察したところ、中国軍は堤防上に散兵壕を構築し、その壕の前には、砂利取り場の方向に銃眼を開いたコンクリート造りの「トーチカ」が、私達の演習を威圧するように出現、これが散兵壕に通じ一連の防禦陣地が出来ており、初めて見る敵陣地。一週間前にこの附近一帯で行はれた新歩兵操典草案の普及教育時には何もなかったのにと、いやな予感がした。おそらく兵隊は全員そう思ったとおもいます。七夕の日は何かがおこると噂さが兵隊の間で飛んでおったことを思い、昨年の九月十八日満洲事変五周年記念日には豊台事件が発生したことを想い出していた。堤防上で盛んに工事をしておった約二〇〇名位の中国兵が作業を一時中止し、警戒兵を配置して私達の中隊の行動を監視している（警戒兵は堤防下の道路附近まで来て立哨）。中隊長は、今日は七夕の晩であるが、現在地は見たとおり中国軍陣地で堤防に「トーチカ」を配置した一連の散兵壕であるから、彼等に対して挑発的な行為や言動はあってはならない。また前の道路に入ってもいけない、何が起きてもあわてる事なく落着いて小隊長の指示に従うように、また単独行動は絶対に禁ずると、日頃の訓練よりも厳しく注意を喚起された。（注意の内容は若干違うかも知りませんが概ねこのような事で、捕虜になった時の注意もあったように思う）

　蘆溝橋城内には中国軍三七師の一営（一ヶ大隊）が駐屯、蘆溝橋対岸長辛店には騎馬隊を含む一営が駐屯とか。

　中国軍の「トーチカ」を配した陣地は、竜王廟附近から蘆溝橋北側、京漢鉄道橋頭附近に亘って完成し、また堤防の手前にあった土饅頭も掘り返されておりました。鉄道線路は宛平県城の北側を通り豊台と北京に至る。この線路北側一帯は砂利地で落花生、綿花、高粱等の作物だけで、永定河の河床地帯は小石混りの広々とした砂原でした。所々に背の低い楊柳が生え日本軍の恰好な演習場として豊台の全部隊が常時使用しており、時には一大隊も使用していました。前年の豊台事件以来、険悪な情勢は私達兵隊も充分承知しておりました。

　第八中隊は東北出身者で団結心が強固で、初年兵だけが関東、東京一師団管内からの兵隊でした。（なんでも二・二六事件の関係とか）

　休憩地を前進起点として、大瓦窑附近の仮設敵に対し夜間の接敵攻撃前進準備中、その間中国軍の作業は続けられ演習開始時になっても終りませんでした。日没になっても中国軍の警戒兵若干が認められましたが、我々は彼等に背を向け行動開始、星が出て無風状態で暗夜でした。私は第二小隊第四分隊長で、中隊の最後尾を前進しながら中国軍に対する警戒もおこたりなく、前段の夜間接敵訓練を終り、午后一〇時頃だったでしょうか、一応終りの小隊長指示を受けた時、仮設敵が何を誤ったのか軽機関銃の空包射撃を開始した。その時、突如後方堤防方向から銃声がしたと思ったとたん、頭上を「ピュンー」と飛行音を残して通り過ぎたので実弾と直感した。後方中国軍の警戒兵の方を見ると暗夜で何も見えず、城壁上では電燈の点滅が見え、何かの信号かと思った。

　中隊長は演習終了、集合ラッパ吹奏させると、再び後方堤防の竜王廟方向から、ラッパ吹奏に向けて数発の実弾射撃を受け、頭上近く「ピューン、ピューン」。立っていては危険を感じ伏せました。射撃は私達中隊に向けた事は確実で竜王廟方向から大瓦窑方向に対する射撃でありました。中隊は警戒しながら大瓦窑に集合、第一小隊が若干遅れて集合し人員点検したところ第一小隊指揮班の伝令、志村菊次郎二等兵が行方不明と小隊長が中隊長に報告すると、中隊長にあれ程単独行動を禁じたのにと叱られ面目を失墜。第一小隊長の伝令長である高桑上等兵を中隊本部に伝令に出し、初年兵の伝令一人よりいない事を知ってか知らずか、一人の志村二等兵をも伝令に出し、その志村二等兵が砂利取り場附近の地形は余り知らない。中隊長は直ちに佐藤一男軍曹を長とする捜索斥候を命じ（伝令長の高桑上等兵も加わり）演習行動した範囲一帯を捜索したが発見されませんでした。その間各小隊は事態に備え警戒態勢を取り、応戦準備を整え、捜索斥候の帰りを待ったのであります。

　志村二等兵は三月入隊の初年兵、第一期検閲を終えたばかりで附近の地形に乏しかったのであります。

　私達はこの実態の重大さを察知し、豊台に来てから事件が色々と発生した事を想い、兵隊同志の私語を交しました。中隊長は大隊長に、発砲されたことや兵一名の行方不明を報告する乗馬伝令（岩谷曹長、内田一等兵）を急派、（中隊長には伝令用として緊急に備え乗馬「支那馬」を配してあった）。豊台の大隊長は第七中隊の夜間訓練を視察して官舎に帰り就寝直前（夜半前後とか）であった。中隊は爾後の行動を容易にするため大瓦窑を撤し西五里店に移動、到着間もなく亀中尉来着、豊台兵営では非常呼集で大隊主力を中島大尉が指揮して出動して来る事を知りました。

八日午前一時過ぎ、先行して来た大隊長と合い状況を報告すると、大隊長は少々声を大きくして「清水、お前兵一名を残して来たのか」と叱かられたような気がします。大隊長は直ちに将校斥候二組、野地少尉と高橋准尉の斥候を一文字山に侵入させた。高橋斥候には私も分隊員を伴なって斥候隊として京漢線に添って一文字山に侵入、当時列車は平常通り運転され、列車の通過するライトの明り、また行商の通過で斥候隊の行動も容易ではなかった。彼等は日本軍の演習と安易に思い、「辛苦辛苦（シンクシンク）」と挨拶して行く。高橋斥候長は行商に姿を変えて我が日本軍の行動を偵察する敵の偵察斥候と思い、油断してはいけないと充分注意するようにと云う。一文字山附近には中国軍や人影は全くなく、堤防から竜王廟方面では電燈の点滅信号で連絡しているようでした。また城壁上には二名一組の警戒兵が約二〇米くらいの間隔で警戒、時々電燈で連絡しておりました。黎明も程近いのか朝焼けが遠くから浮ぶ。

八日午前三時頃でしょうか竜王廟方向で銃声と犬の遠吠えを聞く。高橋斥候隊が帰り大隊長に報告、中隊では払暁攻撃準備中で弾薬交付（空包返納し実包を受領）や朝食喫食等で混雑を極めておりました。

中隊は竜王廟北側堤防を占領する目的で機関銃二銃の配属を得て攻撃開始地点に進出待機、この間細部の命令指示を小隊長から示され、鉄道線路や堤防中国陣地を確認すると、中国軍は堤防陣地一帯に戦斗配置を完了して散兵壕には中国軍が充満しておりました。午前五時三〇分頃攻撃命令で発進、第一小隊左、第二小隊右で一列縦隊で併進し、平素の演習そのままの状態でした。こうして中隊は敵陣地に対し攻撃前進して行きますと、この状況を壕外に出て私達中隊の行動を監視しておった敵の将校が中隊に対して前進を停止せよと呼び掛け、野地少尉は我々は演習であるから通してほしいと言いながら前進、敵前約二〇米位いの地点に至った時、監視中の敵将校が壕内に跳び込んだと同時に敵銃火による一斉射撃を受けた。中隊は一挙に敵陣地に突入、逃げる敵を追撃して鉄道橋頭北側竜王廟南側に進出、この間約四、五分位いで演習より楽でした。このころようやく歩兵砲や機関銃の射撃も始まり、中隊は逃げる敵に対し追撃と突撃を繰り返しながら前進し、鉄道橋頭の敵陣地を占領。敵は永定河対岸と城壁からの猛烈な射撃、附近に炸裂する追撃砲弾の猛射を受けながら追撃をゆるめず、濁流でうず巻く永定河を渡渉し、一段と烈しくなった敵砲火、側防機関銃の猛火を冒しての永定河右岸に進出し中の島を確保した。私の第四分隊は大隊長命で歩兵砲の援護をすることになって橋頭附近で警戒。敵は相変らず城壁からの集中砲火を歩兵砲隊陣地附近に集中、その炸裂した追撃砲弾で川村少尉は頭部に軽傷しましたが、戦斗指揮に支障なく砲側で指揮しておりました。

宛平県城内では、特務機関員が日中両軍不拡大方針で交渉を繰り返し、停戦可能とか情報が伝えられ、一時歩兵砲も射撃中断。城壁には白旗をかかげ戦斗中止を訴えること数回（白旗を三回もかかげる）。平静になったと思えば城壁から時々猛烈な中国軍の射撃。約束をやぶる行為を繰り返し、停戦交渉は戦斗に関係なく行なわれ、日没後は戦斗も一段落し、中隊が一文字山に集結したのか夜半であったと思います。

夜間になっても敵は散発的に射撃をするなど闇夜に鉄砲で威嚇でしょう。敵は長辛店方面や八宝山方面から救援部隊が来て、蘆溝橋は強化されたようです。

連隊は一〇日夜襲により竜王廟の敵を再度攻撃し現地を確保し、八宝山方面に対する警戒を厳にしました。これが第二次蘆溝橋攻撃ではなかったかと思います。

十一日現地で日中両軍の停戦交渉が成立し午後連隊は砂利取り場を撤去。第三大隊は豊台兵営に引き上げ事件は解決するかに見えました。ところが蘆溝橋の敵は撤退を約しながら長辛店、八宝山方面からの部隊と交代しただけで、更に兵力を増強、また西苑方面の中国軍も行動したとかでここでも中国軍は停戦協定をやぶったのであります。

連隊は蘆溝橋を攻略する目的で、一三日一文字山附近に第三大隊を展開させ攻撃を準備したのであります。一文字山に来て敵情を見ると、敵は城壁に「土のう」を積み陣地を強化し我が方に対し時々チエッコ銃、迫撃砲射撃で応戦する態度を示し威嚇射撃。中国軍は必らずこの手段を行なう。我が砲兵隊による城壁を破壊する一五榴弾砲攻撃も効果なく、砲弾を跳ね返し、日中両軍の対峙が続く。私の分隊は潜伏斥候として軽機一銃を増強され、西五里店東北端「娘々廟」に侵入し、北京、八宝山方面から侵入する敵を警戒監視するのが目的。「娘々廟」は畑の中の小高い台地にあって、約一〇〇米前方には北京、八宝山、西苑方面に通ずる県公路が走っており、公路両側は集落で老人、病人以外人影はありません。潜伏斥候は昼間は展望哨で、夜間に備え廟内壕に警戒兵を配置し、昼夜の別なく警戒、敵の夜襲は毎夜午后九時頃から一二時頃に掛けて三、四回、遠くから近くは一〇〇米くらいまで近接してチエッコ銃による連射をします。時には手榴弾の投擲、これは高粱にさえぎられ効果なく、又時には喚声を上げたり、ラッパ吹奏突撃行為するなど威嚇攻撃で幕切れ。三日程過ぎた時中隊本部から三浦准尉が来て、前の部落偵察に朝七時頃出発して、部落の北端に出て大声を出したとたんに敵チエッコ銃の射撃を受けて斥候の位置に飛んで帰った。敵は県公路に遮断壕を掘っており、道路上にチエッコ銃二銃を備え警戒兵を配し作業中でありました。南苑攻撃に備え一文字山を撤し、私達潜伏斥候も交代して中隊に帰りました。（交代した部隊は忘れました。）

二九日は第三次蘆溝橋攻撃で、第三大隊は一文字山南方鉄道線路附近に展開し、敵と対峙しながら薄暮を期して行なう砲兵隊の城壁に対する突撃路の開設を待ちました。然しながら砲撃ではあの堅固な城壁も仲々突撃路開設進みません。この支援射撃の機を失せず工兵隊破壊班は爆薬を抱え宛平県城東門及び東方突端角（砲弾により破壊された所）の城壁を爆破に成功（破壊班の工兵隊は友軍射撃で全員戦死傷を受けたとか？）、第二大隊と思いますが城壁上と城内から一挙に突入、抵抗する敵を撃破し城壁を占領、続いて追撃、蘆溝橋西端に進出しここで完全に蘆溝橋城を占領した。連隊長は軍旗を奉じ午後九時頃宛平県城東北角に前進し城壁上で万才三唱、この時の感動と云うか感激は現在も忘れる事出来ません。

七月七日以来一貫した不拡大方針でありましたが廊坊事件、広安門事件等我が方を刺戟し、険悪の度が重なり、最早勘忍袋の緒も切れ、遂に南苑攻撃で再び結ぶ事もなく日中・支那事変と拡大したと思います。

（筆者は、当時、第八中隊分隊長）

蘆溝橋事件の思い出

会田庄之助

明治三十四年の北清事変から続いていた北支那派遣軍が、居留民の増加に伴い支那駐屯軍に改められ、其の要員として全国各聯隊より一ケ中隊づつ選抜し、これ迄の様に一年で交代しない永久駐屯の部隊が出来たのでした。

私も希望して五月七日付支那駐屯歩兵第一聯隊付となり、山形歩兵第三十二聯隊では鋭意詮衡の結果第一中隊中隊長安達大尉以下約一五〇名が其の要員として選ばれ、懐しい三十二の襟章を外したのでした。愈々出発準備完了、出征兵士同様戦友市民の日の丸の歓呼の声に送られ、勇躍山形駅を出発、一路新潟港へと向いました。同地に一泊、翌五月二十三日任地に向け港を出帆した。途中無事二十九日塘沽港に上陸、通州に到着、此処で第三大隊一木大隊長以下全員集結完了、着任の第一歩でした。六月十八日、北京東交民巷に於て、外国で第一号の軍旗奉戴式に一同参列し、任務の益々重きを覚えました。

六月三十日豊台に移駐し、猛暑を厭はず猛訓練の毎日でした。併し内地聯隊と違い、昼寝の時間が三時迄あるので、これが何よりの激いでした。明けて昭和十二年二月、山形の三年兵が除隊、其の代り初年兵が関東地方から入隊する事になり、塘沽港迄出迎え三月一日入隊しました。

私は初年兵の教育掛を命ぜられ、教える助教助手は山形勢、これに対し教わる初年兵は関東勢、敵を目前に控えての日夜の猛訓練は真剣其のものでした。五月第一期検閲では、日頃の努力の成果が遺憾なく発揮され、優秀なる成績で無事終了し、中隊長以下一安堵と言う処でした。

続いて第二期教育に入る。一期と違い部隊の訓練なので裏の練兵場より蘆溝橋の河原の使用が多くなる。内地と違い六月に入れば三十度を越す日が多くなる。其の中で日夜の猛訓練実弾射撃の毎日でした。

訓練も愈々終末に近づき、第二期検閲を目前に控え、一生到底忘れ得られない七月七日がやって来たのでした。

その日七月七日は、私は週番勤務に当り夜十一時頃営内を巡廻中、第七中隊長の穂積大尉が見え、突然、今蘆溝橋で第八中隊が演習中支那軍から射たれたそうだ、これは大変だぞ、と言って直ぐ帰られた。

私もこれは大変と急ぎ足で兵舎を巡廻した途端に、非常呼集の喇叭が夜空高く鳴り渡ったのである。それー大事と中隊一同大混乱中の出動準備、装備は軽装備との事、間もなく兵舎前に整列、軍装検査が終って中隊長の訓示、蘆溝橋の情況の説明あり、中隊はこれより蘆溝橋に向い出発す。第二小隊会田中尉は尖兵となる。第三小隊は留守隊、警備の為残留すべし。直ちに出発の命下る。私は復唱して出発に先立ち弾丸込めを命じた。併し考えて見ると前方に第八中隊が居るので、味方射ちの恐れがある。直ちに弾丸抜けの号令をかけ、暴発のない様注意せよと言って居る間に、誰かゞズドンと一発やって了った。

小隊は尖兵となり蘆溝橋に向い前進する。途中情況を説明しながら、今度は昨年の豊台事件と異り、大きくなるかも分らんが、みんな自分の睾丸あるか触って見ろ、と言ったら皆一同「有りまーす」と元気のいゝ返事が返って来たので、私も大声で「ようし」元気でやれと激励した。途中何事もなく一時間足らずで一文字山に到着、第八中隊も其の後情況に変化はないとのこと。

一休みした処で夜が明けた。よく見ると永定河左岸堤防及び右方の竜王廟附近には、立って居る者座って居る者相当多数の支那兵が見受けられたのでした。

北京では日支交渉の結果、支那軍は城外には居らない筈だ、若し居ったなら匪賊か何かだろう、日本で勝手にするがいゝとのこと。

我が方ではそれでは証拠をと展開前進する。間もなく前進中止、朝食の命下る。一同停止しパンを食べようとした処で前方及び竜王廟方面から一斉射撃を受けた。これは大変と攻撃前進、敵との距離僅か一〇〇米、これが戦斗の始りでした。

敵の猛射の中、前進又前進、突撃白兵戦に入り、敵陣を占領したのでした。占領はしたものの左後ろの城壁の上、又鉄橋からの猛射を浴びたので、止むなく前進永定河に飛び込んだ。水の深さは腰まで、右岸からの射撃も猛烈だ。水煙が盛んに立ち上る。気ははやるが足が泥にとられて仲々進まない。漸うやく中州に上陸し、右岸目掛けて猛進中、安達中隊長が近寄って来て、会田水飲ませろと言うので、私は止って膝をついたら、私の水筒の口金に手を当て、なーんだやられたなと言って直接口に当てて飲んだのでした。こんな敵弾の中で、あんな芸当が出来たのは、昨日酒を飲んで相当喉が乾いて我慢が出来なかったからの事でしょう。後で判った事だが、私の水筒の口金に敵弾が命中し貫通、右横腹負傷、雑嚢には数箇の穴が空いており、機重の射撃を受けたのでしたが少しも気付きませんでした。直ちに右岸の敵陣に突入し奪取、軽機一、青竜刀一を鹵獲しました。

一たん停止して伏せて居った処、突然前方の畑から一斉射撃を浴び、私は右腕に貫通銃創を受けました。側に居った中嶋曹長が駆け寄り仮包帯を出して応急手当、首より輪を作り右手を吊し、軍刀を左手に持ち変える。直ちに前進又前進、西瓜畑とコーリャン畑を少し行くと空地となった。前方長辛店の敵陣の高地からはまる見えである。敵もそれとばかり猛射を浴びせる。幸いにして一米位の土堤があった。此処で前進中止である。

此の日も猛暑で、鉄兜は手で触れられない程の暑さでした。腹が空いては戦が出来ぬのたとえで、先づ携帯のパンに食い付いた。昼も過ぎると又腹が空った。そのうち誰かが大きな西瓜を持って来た。皆大喜び、次々と運ばれる。途中の畑に西瓜が沢山あったのである。併し西瓜取りも命掛けである。最初は大きかったが段々小さくなり、しまいにはおにぎり程度、一ケ大隊の食糧だから無理のない事でしょう。

此処で一つ心配事が出来た。それは金子一等兵の姿が見えない、誰も見た人が居ないのである。

夕方になると大隊命令が下り、今度は前進でなく撤退である。暗くなったら夜暗を利用して永定河左岸に集結との事、一同がっかり。

暗くなるのを待って、戦死者、負傷者を収容し、周囲を警戒し乍ら、永定河を渡り永定河左岸土堤下に辿り着いたのでした。そこえ大隊長来り、土堤の上に日本兵が死んで居る。行って見ろとのこと。兵二、三名と直ちに馳け付け捜した処、金子一等兵の名誉の戦死でした。直ちに中隊に収容し、戦死三、負傷者八名となりました。

間もなく一文字山まで撤退の命下り出発。漸くして目的地に到着、此処には嬉しい事にはおにぎりの山が待っていた。居留民諸氏の心尽しの賜物で本当に感謝に耐えなかった。一同食事が終ると、軍医の負傷者への手当が始った。私も右腕貫通と右横腹の傷に赤チンをつけて後はぐるぐる巻き、入院もすすめられたが断った。

北京では日支交渉進まず、我軍は明九日払暁を期し城内を攻撃占領するに決し、第三大隊は城壁東北部に砲兵の破壊射撃後突入せんとす、二時まで長豊線裏側に攻撃準備完了すべし、の命下り、中隊に梯子二、手榴弾各自二箇、私も二箇雑嚢に入れた。我が小隊は予定破壊口に最短距離に陣取った。小隊は一番乗りだ、俺が梯子を最初に登るから先に登っては駄目だぞ、と言い聞かせた。敵との距離僅か五、六〇米。

諸準備万端完了し休憩に入る。戦斗の前の静けさである。

漸くすると夜も白々と明けわたり、目の前の城壁も見えて来た。時機到来とばかり、着剣して突撃命令を待つのみ、破壊口目がけて突進だ、友軍の砲撃が待ち遠しい。

間もなくドカンとの轟音だ。目の前の城壁に命中し攻撃が始ったのだ。そうれ始ったと言うので一同固唾をのんで見守るばかり。初弾に続いて次々の轟音、時々飛び上って様子見ると突入する破壊口は一つも見当らない。城壁はそれ程固いのだ。これでは梯子の掛けようがない。従って突入は不可能である、困った事になって了った。

砲撃が約三十分も続いたと思う頃、城内から白旗の軍使が来て、城内で支那軍と桜井少佐の交渉の結果話合がまとまり、支那軍は永定河右岸まで撤退するから、日本軍も攻撃を中止して一文字山方面に撤退せよとのこと。

我が軍は万止むなく攻撃を断念して撤退集結。聯隊命令に依り第三大隊は第一第二大隊と交代して豊台兵営に引き上げたのでした。

此の事件がまさか大東亜戦争の発端になろうとは、誰一人として夢にも思はなかったと思います。併し此の事件も満洲事変の二の舞だろうとの噂も専らだが、現地の我々の知る範囲内ではそう言う事実は全く無かった事を証言致します。万一其の様な野心が日本軍に少しでもあったとすれば、前年の九月十八日の豊台事件の時に勃発して居った筈でした。

尚此の事件の出動総員大隊長以下五一〇名、戦死一〇、負傷三〇、内第九中隊戦死三、負傷八で、あれから丁度五十年、護国の鬼と化した戦友諸英霊に対し衷心より深く深くご瞑福をお祈り申し上げる次第でご座います。

（筆者は、当時、第九中隊第二小隊長、中尉）

当時の思い出

佐竹源治

昭和十一年六月三十日、通州より豊台に移駐。昭和十二年七月、豊台の各部隊は、第二期検閲を受けるべく連日兵舎東側の練兵場及び蘆溝橋附近において、昼夜の別なく、演習

（訓練）を実施中であった。

当時私は週番副官として勤務中で、予定表に基き衛兵所或は歩哨等の勤務状況、兵営を囲む鉄条柵異状の有無等について巡視しつつあったが、七月七日最後の巡視時間（午后十一時三十分頃）を終えて自室に戻り、服を脱ぎ消燈して就寝したが仲々寝つかれず、ウツラウツラしておったところ、一人の兵隊が私の室の扉を強くノックしながら「副官殿非常です」という。何事かと聞き糺すと「只今蘆溝橋より第八中隊の岩谷曹長殿が馬を飛ばして衛兵所に立寄り、中隊の兵隊一人が夜間演習中行方不明になったと非常を知らせて来ました」とのことである。

その時私はこれは一大事と考え早速週番司令に報告しようと、大隊本部を始め各隊を探し廻ったが何処にも見当らない（当時週番司令は大隊本部に寝泊りしていた）ので、仕方なく衛兵所に行き衛兵司令に対し非常呼集の喇叭を吹かせるよう指示し、喇叭と共に各隊は営庭に整列、これを見届けた後大隊長（一木少佐）に報告に行った（当時営外居住者は営外の官舎に寝泊りしていた）。大隊長の官舎の扉をノックして入室してみると、大隊長は寝もやらず、軍服姿の儘毅然とした態度で「何事だ」というので、事情を説明し非常呼集によって大隊を営庭に集合させている旨報告したところ、大隊長は大変立腹された。私は事の重大さを報告したのに何故立腹されたのか理解出来なかった。後で大隊長は「附近の住民に察知されぬよう隠密に行動しようと考えておったのに、喇叭等吹かせ兵隊を集合させたら、その騒に直ぐ附近の住民に分ってしまうんじゃないか」とのことであった。

とすると、私より一足先に大隊長に非常事態を告げた者がいる筈、いったい誰なんだろうと考えたが分らずじまいだった。（一年後の新聞に蘆溝橋事件一周年回顧座談会の記事を読んで始めて分った）。その後中島機関銃中隊長が第三大隊（第九中隊一個小隊欠）及び歩兵砲隊を指揮し、高粱畑やトウキビ畑の中をガサコソ通って、一路蘆溝橋に向って前進したのである。

この時私は週番副官の肩章を自室に置き営庭に整列したところ、中隊長より第三機関銃中隊第二小隊長を命ぜられたが、一瞬私は中隊には佐々木（信）中尉、三浦（幸）准尉、佐々木（正）准尉、秋元曹長等諸先輩がいるにも拘らず私如き者に小隊長を命ぜられたのには一寸驚いた。実は機関銃中隊に転属になってから期間も浅く、小隊長の経験は演習中二、三度あるものの、実戦での小隊長の指揮はうまく出来るものかどうか、不安が先に立ち緊張したり又光栄とも思ったりで気持は複雑であった。

蘆溝橋の手前の一文字山に到着するや、大隊は一旦停止し、敵を警戒しながら暫らく待期していたが暗くて何も見えない。その内聯隊本部の森田中佐が宛平県城に乗り込んで、何やら交渉中との話が誰からともなく伝ってきた。しかし私達は、何時戦斗が開始されても対戦出来るよう準備して置くに越したことがないと考え、一文字山頂上附近の斜面に一生懸命銃座を構築し、終ってその場に待機し夜が明けるのを待った。夜も次第に白んできたが、敵の様子は一向に分らない。その内散兵壕・トーチカ等のあることが段々見えてきたが、人影は発見されなかった。

漸く朝日も昇り空は晴天である。前方を見ても様子は変らない。その時朝食を採って置くようにと伝ってきたので、我小隊は一文字山麓の前の窪地まで下りて、三、四人づつ分散し遮蔽しながら、背負袋から乾パン、缶詰等を取り出し「戦争なんか始まる気配がないね」等と雑談しながら食事しておったところ、食事が終るか終らぬうちに前方より小銃弾がピュンピュン飛んで来るではないか。私は食事を噛みながら早く陣地に着けと号令し、射撃準備にとりかかった。その時歩兵砲の発射した一発目が竜王廟の側にあるトーチカの銃眼に命中し、同時に大隊長が各部隊に対し攻撃命令を下されたのである。右第一線に第八中隊及び機関銃第一小隊、中央に第九中隊、左第一線に第七中隊及び機関銃第二小隊、後方に歩兵砲隊、と夫々展開し攻撃が開始されたのである。我小隊は一文字山陣地から、第一線部隊の攻撃を容易ならしむるため援護射撃を行っていたが、第一線部隊の進撃が余りにも早く、我が小隊との距離も相当離れたので、駄馬及び馭兵は敵弾を避けるため遮蔽物に隠れ、戦況を見て後から前進するよう指示し、機関銃は四人搬送しながら、第一線部隊の第七中隊、第九中隊の間に入り射撃を行っていた。そして、我が小隊は第一線部隊（小銃中隊）より遅れ永定河左岸堤防の麓に到着し、更に堤防頂上に達した時、第一線部隊は既に永定河堤防を越え、第一の河を渡河し、中の洲に上陸、永定河第二の河の対岸及び蘆溝橋の橋（マルコポーロ）の袂の敵陣地に対し攻撃中であった。私は小隊の先頭に立って前進中、堤防七合目附近に差しかかるや、敵散兵壕中から不意に敵軍曹が銃を構えながら躍り出たので、一寸吃驚して胸を反らせたが、私は前進中抜刀しつつあったので、躊躇せず敵軍曹を目がけて切り込んだところ、首は外れて左顔面を切りつけた。軍曹はその場にばったり倒れてしまった。又散壕附近には二、三の敵兵が倒れていた。私が河を渡ろうと入ったところ、水量があり、腰まで浸るし流れも強い、機関銃の四人搬送では容易でない、更に二人搬送に切替えたがこれも駄目、暫らく思案していたが敵弾も激しく、而も第一線部隊より遅れた兵が渡河中敵弾に倒れて流されて行く者、或はこれを助けようとして引っぱり上げる者等ありて気が気でなかった。その時第一分隊の土田上等兵（秋田県出身）が少しの浅瀬を探し、先づ河に入り腰まで浸りながら銃を他の兵に肩の上に揚げさせ、一人で担ぎ敵弾をものともせず渡河し、中の州にある鉄橋の橋脚まで進出して陣地を確保し、射撃を開始したのである。暫らくするうちに歩兵砲隊の安部曹長が、大隊長の命令受領を終えて砲隊に帰る途中、永定河を渡ろうとして河に入った途端敵弾に当り倒れている、と誰れからともなく伝ってきた。私は第一分隊長に後事を托して、直ちに安部曹長の許え行き、河より引き上げ確かりするよう元気をつけた。安部曹長は「弾が腹に当りとても痛くて苦しい。我慢が出来ないから殺して呉れ、お前が出来なければ、軍医殿を呼んで殺して呉れるよう頼んでくれ」と哀願する。

安部曹長は私の生れた部落より一つ離れた部落の出身で、而も本年二月末まで歩兵砲隊で一緒に起居した仲だったので、残念で仕方がない。戦斗も益々激しくなっているし、安部曹長一人にのみ構っている訳にもいかず、小隊の方も心配になってきたので同伴の田口喇叭兵を残して陣地に戻ったのだった。

その後永定河第二の河の右岸に対峙する敵陣地を撃破して右岸に進出、陣地を構え対戦中、中隊長より佐々木准尉と第二小隊長を交代するよう告げられ、命令受領及び給与係を命ぜられホットしたのも束の間、大隊本部より命令受領者が招集され、大隊長より歩兵砲隊の所に豊台より夕食が届いている。直ぐ同地に行って夕食を運ぶように命ぜられたので、この旨中隊長に報告し、本部の主計少尉（氏名不詳）、山口一男軍曹及び兵三名と共に早速出発したものの、未だ明るく水深の浅いであろう竜王廟附近を目標にして前進した。河を渡ろうとした時、敵迫撃砲弾が蘆溝橋方面より飛んできて頭上を掠め、附近の水中に着弾破裂したが、幸い怪我人は出なかった。こんな事が河を渡り終るまでの間二、三回繰り返されたが、その都度体を水の中に潜り込みながら危険を避けつつ漸く竜王廟に辿り着きヤレヤレと思う瞬間、今度は竜王廟東北方東辛庄方向から銃声と人声が聞えて来るではないか、主計始め我々は竜王廟の斜面にある散兵壕の中に身を潜めていたが、暫らくすると人声も銃声も絶えたので頭を擡げて見ると、辺りが薄暗く敵が見えないのを確めてから、「敵がいないから皆んな散兵壕から出るように」と声をかけたところ、一同頭を擡げ壕より出て来たので、直ぐ歩兵砲隊の所に行き夕食を受領、暗夜を利用し空腹を抱えながら戦斗を継続している第一線部隊の将兵を思いながら又元の道を引き返して遂に大隊本部に到着、各隊に分配したので皆んなから大変喜ばれたのは勿論、任務を果した我々の喜びも又大であったことを覚えている。

七月九日の夜中か、十日の早朝かは記憶に残っていないが、第三大隊は闇の中、雨に打たれつつ東五里店及び西五里店に来て休養をとることになった。雨に濡れた衣服が乾かず、睡眠どころではなかった。七月十日早朝になって、中隊長より彼我両軍共戦死者の遺体を収容するため停戦協定が結ばれたので、今日は停戦日だ、中隊にも昨日の戦斗において行方不明の兵と駄馬がいるので、佐竹曹長大変だが馬に乗ってその所在を確めて来るようにと命ぜられた。私は一人馬を飛ばして八日の激戦地永定河を目指して前進した。途中一文字山附近を見て廻ったが、戦死者の遺体は一体も見当らないので、永定河堤防まで進み、八日私と戦った敵軍曹はどうなっているのか、散兵壕附近の敵兵の遺体はどうか近づいて見ると、支那軍の遺体収容は未だ終っていないと見え、壕の外に左顔面を割られた敵軍曹が倒れた儘であり、他の支那兵の遺体もその儘残されていたが、友軍の遺体は見当らなかった。而し我が中隊の長谷川一等兵の遺体は何処にあるのだろうと馬を走らせ、竜王廟附近一帯を探したところ、竜王廟東側にある散兵壕の中に膝から下を上に出し頭、胴体を土中に逆さにして埋没しているが、巻脚袢、地下袋からして日本兵であることが確められた。これを掘り起す道具を持っていないので足を引っぱってみたが少しも動かない。そうこうしているうちに支那兵（便衣）らしい者二人、拳銃を手に此方に近づいて来たので、私は危険を感じ直ぐ馬に乗り、二人に間隔をとるため遠廻りして一目散に蘆溝橋目指して馬を走らせた。更に馭兵、駄馬を後方に残したが、未だ中隊に復帰していないので、不案を感じながら彼方、此方探したところ、小さな柳が数本ある土手を遮蔽物に敵弾を避けていたらしく、其処に支那人三、四人の人影が見えたので、私は不思議に思い「オーイ」と大声を上げたところ、支那人は驚き馬具を担いで東辛庄方面に逃走していった。近づいて見ると三頭の馬の馬具、勒を剝ぎ、馬のたて髪、尻尾の毛等は悉く切り取られ、馬の腹は大きく膨れ上り見るも無惨な状態であった。五十年過ぎた今日でもその哀れさが目に浮んで来るのである。

以上のような状態を見届けることが出来たので、一路帰路につき蘆溝橋城壁の線に差し掛ったところ、城壁上より大声で「オーイお前は何処の兵隊だ、一人歩きして危ないぞ」と声を掛けられた。「ハーイ、第三機関銃中隊の佐竹曹長です」と答えると「俺は桜井少佐（二十九軍顧問）だが、こんな処一人歩きして危ないから直ぐ帰れ」というので、私は「ハイ」と答え馬を走らせ一五〇米位来たところ、今度は前方から日本兵七、八人隊伍を組んで来るので近づいて見ると、第七中隊の小岩井少尉が一個分隊を引きつれて戦死者の遺体収容に行くのだとの事であった。私は永定河中の州、同右岸地区は分らないが、これまで見た情況を申し上げ、東五里店の中隊に帰り中隊長に、その経過及び結果について報告したのだった。

その後槐房、南苑戦斗に参加した。

（筆者は、昭和四年徴集、当時、第三機関銃隊付曹長。同氏は、記録編に入れた朝日新聞の「一周年回顧座談会」の新聞切抜を完全に保管されて居られます。拝借してその一部を掲載した次第です。編集委員）

感想

佐藤与吉

本年は蘆溝橋事件勃発より満五十周年に当るとのことですが、私は当時豊台に駐屯中で事件発生と同時に緒戦に参加しました。極度に緊張したあの時の様子は、最近の出来事のように身近な気がしてなりません。それだけにまことに感無量で、その感激たるや実に筆紙に尽くせぬものがあります。

それにしても、あれから五十年の歳月とは全く「光陰矢の如し」の諺を深く実感する次第です。現今、世上で、あの事件は我が方から故意に仕掛けたものだと誤解している向きもありますが、それは全く根拠のない勝手極まる風説で、当時直接戦闘に参加してその実情を知る我々は、全く身に覚えのない作り事なので、それを聞く度に切歯扼腕、実に残念至極でたまりません。この特集号にもその真相は詳述されておりますので、支駐歩一会員諸氏は特に御留意の上、充分御諒解下さることをお願い致します。

今や日本は、終戦後の発展実に目覚ましく、あらゆる分野に於て革新を遂げ、また経済的にはその実力はまさに世界各国の注視の的となるまで成長しました。

従ってあの事変こそは、我が国発展の基礎となり、その契機をもたらしたものではなかったろうかと、私は斯く善意に解釈したいのであります。我々はその叡智と努力を更に発揮して、我国の確固たる地位を築くため、大いに頑張ろうではありませんか。それでこそ世界平和のために貢献できるであろう事を確信するのであります。そして又、それが戦争のため犠牲となられた方々の英霊に対しても何よりの供養になると思はれます。ひたすらその御冥福をお祈り申上げる次第であります。

（筆者は当時、歩兵砲隊付准尉、指揮班長）

事件回想二等兵

山田　誠

八日午前零時七分、非常呼集の喇叭の音は豊台兵営のつわもの達の夢を破った。服装、編成の伝達・砲・馬・車両・弾薬等の準備は突発的でありてんやわんやであった。

連隊砲二門、小隊長川村淳二郎少尉。中隊指揮班長佐藤与吉准尉。弾薬小隊長大高吉治曹長。二時二十分頃舎前に整列。歩兵砲隊長久保田尚平大尉は馬上の人となり抜刀、白刃は冷たく暗に光った。「只今ヨリ蘆溝橋ニ向ッテ前進ヲスル」と命令した。

衛門を出て左折し兵営沿いに進み、突当りて右折、鉄路沿いの道を行く。左側豊台駅構内には外灯が明るく輝いていた。観測器具を肩に見上げた夜空には星一つなく、街は静寂そのものであった。地下足袋を穿き石畳の道を進む。車両の軋る音と蹄の音が気になる程響き、時々馬の蹄が石に当り火花を散らす。街を右折し少し行くと砂深い道に出た。砲の臂力搬走を繋駕に換える。精一ぱい砲を曳く馬の姿がいじらしく思え今もまぶたにその姿が浮ぶ。吾々の進むのを知らせるかのように犬が吠える。突然「誰カッ」「友軍」味方歩哨の誰何に答える。先頭を進んだ久保田隊長は、花浅号の馬上より歩哨に蘆溝橋への道を確認し、さらに、西五里店へと進んだ。

未明、砲は一文字山北側に陣地進入した。第一分隊長安藤藤一郎軍曹、第二分隊長伊藤重蔵伍長勤務上等兵、観測班長鈴木利三美伍長勤務上等兵。小隊長を先頭に、吾々は一文字山に馳け登ると、ただちに〃観測用意〃を命じられた。不法射撃を受けた第八中隊は、一体何処に居るのだろうか？ 静寂な蘆溝橋一帯には不気味さが漂うのであった。

太陽が昇り始め、すがすがしい夜明けに思はず溜息をつく。倍率十二倍の測遠器の狭い視界を移動して、友軍の姿を探し求めたが見当らない。砂利採取をした大きな窪地が近くに見受けられ、そこには夏草の緑が朝陽を受け美しくじっと見とれた。入隊後四箇月、故郷への思慕であった。

この時、朝の空気を震わせ前線から逓伝、「第一線小銃隊ノ進撃ヲ阻ム敵ノ射撃スルトーチカヲ射タレタイ」一木大隊長よりの射撃命令である。吾々は緊張した。しかし、砲隊長は「連隊長殿モ既ニ到着サレテオラレルシ、イズレノ命令ニヨルベキカ?」と、大隊長へと逓伝を発したのであった。（注、当時北京特務機関補佐官寺平忠輔大尉の遺稿〃蘆溝橋事件〃によれば、牟田口連隊長は、河辺正三旅団長山海関出張中のため北京警備司令官代理を命ぜられており、北京を離れることは出来ず、連隊長代理として、森田中佐を現地に派遣され、急拠、北京より自動車ですでに一文字山に到着されていた。そして、連隊長命令として、前進行動の中止方を北京より伴なって来た第三大隊副官荒田中尉を通じ、一木第三大隊長に命ずるとともに、手近にいた歩兵砲隊長久保田大尉に対し、弾薬の装塡を禁止した。）。森田中佐は一文字山におられたに違いない。多くの将校が観測陣地近くにおられたことを記憶する。

その後、数分しか経たなかったであろう、突如として、激しい銃声が前線に湧き起った。これを受けて、機関銃の連続射音、擲弾筒？大隊砲弾？の炸裂音。戦闘開始か！心臓の激しい鼓動を覚えると同時に、切歯扼腕のひとときであった。（第三大隊戦闘詳報によれば、一木大隊長は敵の攻撃に対し、攻撃前進を命じた。時正ニ午前五時三十分、此ノ時暗雲ヲ破リ旭日燦トシテ輝ク。）と記されている。

川村小隊長は大声で叫んだ「目標ッ……竜王廟ノ左約二分画敵ノトーチカ」。一番細田勇三郎が砲隊鏡内に照準した目標のトーチカ位置を確認し、測距三回を行ない一、四〇〇米を報告した。迅速な砲操作により砲弾は唸りを残して敵陣へと飛んだ。各砲一発づつの試射は各々近弾であり、小隊長は高低2を修正し各砲に三発宛の各個射を命じた。その第一弾は敵陣へ飛んだ「命中」「命中」と歓声があがる。小隊長は機を失せず「射チ方待テ」を令した。四番関田徳蔵は大声で分隊長に、「命中」を伝えた。この頃、宛平県城から小銃弾がビュンビュンと頭上をかすめていた。

長豊支線の鉄道橋下の堤防を、宛平県城へと逃亡する多数の敵を発見。小隊長はただちに射向変換を命じた。これが諸元の算定に当った新井長一郎の迅速さは実に見事であった。榴霰弾数発を約五十米上空より浴びせかけ、爆煙の下を狼狽し転びながら逃げ行く敵を小気味よく眺めた。友軍の突撃により射撃を中止。前進命令により小隊長と観測班五名は、永定河堤防へと先行した。

堤防上の敵交通壕に飛びこんだ。敵は気付いたか、銃弾は激しく飛来し観測は到底不可能であった。小隊長は、左鉄道橋方向へと移動したが、断念し「下ニオリロ」と命じた。

堤防下には、大隊砲その他後続の将兵が多勢集合し、立った儘休息していた。

永定河を渡渉し攻撃前進した友軍の状況を知ることなく、長豊支線のシグナル近くの鉄路敷堤の下に、連・大隊砲も集結して休息。白旗を掲げた宛平県城は約五百米、吾々は砲隊鏡により交替で監視に当る。銃弾二発飛来。

その後、一文字山下への陣地変換、この時川村小隊長、佐藤准尉両名は敵迫撃砲弾により受傷。この日、大隊本部に命令受領中の安部弁蔵曹長の戦死、担架兵として負傷者収容中板垣二年兵の受傷のことを知る。

戦死傷者の収容は、夜暗を利して行なわれたと、この夜聞いたが詳らかでない。

九日、連・大隊砲により城内射撃。敵沈黙反撃なし。午前より降雨。朝食の握り飯は在留邦人の手により作られ、一文字山上にて泥ん子の手で食べる。部隊は警戒兵として一部兵力を一文字山に残置し、夕刻帰営す。

十日、晴天。二装用に着替え練兵場に行き薪運びの使役。鹿内准尉以下十一名の眠り給う真新らしき柩運ばれ来る。安部曹長の面影彷彿たり。頭を深く垂る。吾もいつの日か斯くあらんと思う。涙落つ、ご冥福を祈りたり。

午後、連隊砲四門、大隊砲五門一文字山へ。第一小隊長近藤保少尉、第二小隊長不詳。射撃準備をなし民家にて休す。

十一日、陣中、近藤小隊長の精神訓話あり、「生れながらにして、否、この世に生を亨けずに死んで行く者もいる。人生に執着のない人はない。しかし、二十年という人生を全うした皆は、どれ程倖せかも知れない。そして今、戦闘に於ての皆は……」。その言葉は重く、途切れ途切れであった。

十二日、一文字山下の平地にて、近藤小隊長を囲み、加給のビール五人分の三本と酒少量、牛缶一缶宛で会食をした。一片の雲もない青い夜空に美しく冴えた月の光を浴び、ニュームの湯呑コップを手にした小隊長、飯盒の蓋をコップ替りとした吾々は、心地よい酔心地を覚えた。「故郷の親達は、自分達が斯うしていることとは相像も出来ないことだろうし、どんなに心配しているか判らんなァ」と、小隊長も同じ人の子である。吾々はうなづき遥かなる祖国の親達へと思いを馳せた。

そして、自分は夜空に浮ぶ月をじっと見上げていると、この地球上のばい菌みたいな人間同志が殺し合いをしていることが余りにも情なく思えて仕方なかったのである。

十三日、役場よりの慰問文嚢内にて受領。夕刻二度目の帰営。一装用の軍衣袴を着用、身も心も引締る思いである。出動を顧慮して装具着用の儘小隊毎に内務班にて仮眠す。

十四日、豊台兵舎に友軍機通信筒投下。頭髪を刈り夏襦袢に着替え、久し振りに入浴場に行きこれが最後かと思い湯に浸る。俸給二十日分を受領、五十銭銀貨が主である。

十五日、休養、蝉の声有。朝鮮竜山に集結。関東軍到着（地名不詳）。

十六日、班内整理。八宝山攻撃の流説。

十七日、班内整理。

十八日、出動準備。

十九日、軍装検査。明日出動らしい。

二十日、昼食未了の儘、大瓦窑部落西方に出動。築城教範による砲陣地を作り、二時四十分砲兵隊十五糎榴弾砲と同時に攻撃開始。順治門の望楼は砲兵の一弾により骨組を残し崩れ落つ、一文字山に万歳の歓声あがる。されど、敵の榴霰弾は一文字山の上空に、しきりに炸裂し爆煙を望見す。いずこにて着弾、破裂で飛散するや迫撃弾の破片小雨の如く降る。この日は、砲撃戦にして敵味方の砲弾は上空に交錯し、その状況は名状し難けれど。数人の両者相対しヒュウヒュウと、休むことなく口笛を吹くが如し。敵弾総て遠弾にして被害なし。砲兵観測、黄昏にして漸く火光により敵砲位置を発見（長辛店）。一弾にして敵沈黙、午後八時射撃を中止せり。第一小隊射耗弾百発。東五里店に移動し萱草を貰い十二時頃寝る。

二十一日、長辛店・八宝山に対し砲陣地作る。午後八時半帰営の途につく。
二十二日、西苑説有。
二十三日、中隊毎に軍装検査、酒保ビール販売。
二十四日、休養。
二十五日、友軍機廊坊を爆撃。
二十六日、大隊砲午前十時二十分トラックにて出動。
二十七〜八日、南苑攻略（省略）
二十九日、宛平県城占領。この日、第一小隊は大瓦窑西端に陣し砲撃を実施。蘆溝橋一帯の戦場は静寂にかえり夕闇に覆われていた。命令受領者を通じ軍旗入城の時刻等が示達され、定刻前、吾々は砲側に立ち不動の姿勢をとる。君が代の喇叭の音が闇を伝わる。軍旗の入城である。嗚呼、地下に眠れる英霊も屹度喜んで呉れるであろう……感極りてむせぶ。久保田隊長の音頭により万歳を三唱す。戦場のあちこちには、万歳三唱の声がこだました。戦場は、再びもとの静寂に戻った。

『参考事項』

中隊幹部名（昭和十二年三月一日現在）

歩兵砲隊長久保田尚平大尉、中島米斗利中尉、近藤保少尉、川村淳二郎少尉、川村美平准尉、結城仁三郎准尉、大高吉治曹長、安部舛蔵曹長、瀬川末蔵軍曹、井上隆太郎軍曹、第一班山谷正軍曹、第二班佐々木茂吉軍曹、第三班松本幸吉軍曹、第四班安藤藤一郎伍長、第五班佐々木秀雄軍曹　（順不同）

兵員　約一二五名、　馬匹　約三〇頭？

火砲　四一式山砲　四門　連隊砲
　　　九二式歩兵砲　六門　大隊砲

観測器具
　九三式砲隊鏡　八倍（日本光学製）
　九三式野戦軽測遠機
　　十二倍（日本光学製）

備考
　器具は連・大隊砲四箇小隊分しかなく、大隊砲は一箇小隊分観測班は器材がなかった。連隊砲が大原攻略参加（萱島部隊の枝隊として）の時、第一小隊川村（淳）隊観測班（小生も班員でした）は三七式砲隊鏡（十六倍）を使用しました。

観測手
　砲隊に二年兵四名、初年兵十名教育は六月一日より開始された。当初八名のところ途中二名増員し十名となる。
　事変勃発により教育未修分は実戦中閑あれば教育され、また北京入城後に教育されたが完璧な教育はなされなかった。

（筆者は、当時、歩兵砲隊観測手、旧姓坂本）

陣中想い出日誌

佐々木　茂　吉

（これは事件当時小生が戦斗中に七月七日〜七月九日にかけて従軍手帳に書いた古いノートからのもので、筆記原文のままのものです）

七月七日夜間演習中の第八中隊（注、秋田歩兵第十七連隊第二中隊が支駐歩一になった。小生も下士官任官まで同二中隊に在隊）が蘆溝橋西側鉄橋附近の「トーチカ」の支那軍から不法射撃を受け、急報を以って豊台駐屯隊に報告す。依って駐屯隊は直ちに八日午前零時五分非常呼集の号音により歩兵砲隊長久保田尚平大尉は下士官以上の幹部を集め大隊砲二個小隊、連隊砲一個小隊の編成を下命す。直ちに火砲を出し砲弾を弾薬庫から搬出弾入れに入れるため木箱を破り、その時兵器係は帰って来てから収納する際困るからあまり多く木箱を破らないようにとの注意もあった。小生の属する連隊砲は小隊長川村淳二郎中尉第一分隊長は小生、第二分隊は小生と同期の安藤藤一郎軍曹、編成を終え一文字山高地に向って出動す。

日頃演習地である一文字山北側に夜明までに連隊砲は陣地を占領し、八日午前五時三十分駐屯隊は一木少佐の指揮により一斉攻撃前進、連隊砲は「トーチカ」陣地に対し射撃開始し、見事に命中し、同時に第八中隊は右側より敵に迫りしを以ってさすがの敵も退却し始め鉄橋附近を退却する敵に対して連隊砲は猛砲撃す。その時の砲撃はなかなか痛快であった。第三大隊は一斉に陣地を突破前進し、永定河を渡河、中の島まで前進せり。連隊砲小隊は鉄橋近くまで陣地変換、途中城内より敵弾の猛射撃を受けた。この時、初めて敵弾を浴びたが、演習中と同じ体形で無事前進ができたが、実戦では体形をもっと変える必要があると痛感した。

時に歩兵砲隊の安部曹長は第三大隊本部に命令受領の任務をもって中の島に前進中、城内よりの敵弾を右側腹に受けその場において花々しく戦死（歩兵砲隊第一号の戦死者）、続いて歩兵砲隊の板垣一等兵も担架を持って負傷者を収容中足に敵弾を受け負傷す。

本戦斗に於て第三大隊及び歩兵砲隊の戦死十一名、午前八時三十分頃大隊砲は鉄橋手前に陣地を占領し中の島の敵に対し砲撃す。その間敵迫撃砲弾盛に落下し一弾にて六名の死傷者がでた。正午頃敵の軍使二名駐屯隊本部に来たとの知せがあった。

折柄の暑さにて飲料水のないことは一番苦痛であった。時に豊台の留守隊より自動車により「ニギリ飯」七人に対し一個、西瓜二十人に半個、ドロップ等を支給され一同大いに元気を増した。

午後六時半、第三大隊は中の島を撤退することになり、連隊砲はこの掩護射撃の任に当る。大砲隊は猛砲撃中の城内よりの敵重迫撃砲弾の見舞を受け、砲もろとも一面の煙に覆われiA小隊長川村中尉が顔部負傷、佐藤与吉准尉左足に重傷、よってそれまで事件不拡大を考えて蘆溝橋城内に対しては砲撃を加えなかったが、かねてより準備した大隊砲川村准尉小隊は直ちに城内に一斉砲撃を開始、さすがの敵も射撃を中止した。連隊砲は小隊長の負傷にも負けず友軍の撤退掩護射撃を遂行した。その後敵の西苑部隊は八宝山より我が背後に進出、盛んに我が軍に対して射撃す。連隊砲小隊は直ちに陣地を撤し停車場に後退、城内に対して陣地を占領す。小隊長川村中尉は顔部負傷するも元気旺盛にて我等を指揮、一同もこれを見て元気百倍す。時に既に暗夜となる。河辺旅団長、牟田口連隊長殿も停車場に来ておられ、我等一同に対して元気か、又弾薬は等々の言葉を賜わり一同大いに感激す。その時夕食のニギリ飯も支給された。

午後九時三十分、小生は小隊長の命令を受け木村一等兵、増村二等兵の三名にて第三大隊の撤退後の位置並びに連隊砲の位置を連絡のため鉄橋附近まで前進し、第三大隊と連絡後三名にて停車場に帰隊す。その直後、前方四、五百米附近において猛烈な火力戦が開始された。小生はこの分では第三大隊は全滅かと思ったが、第三大隊はその後無事停車場に到着す。これは敵西苑部隊と蘆溝橋部隊との同志射ちで、小銃、機関銃、迫撃砲等実にものすごい音でした。我が軍は直ちに一文字山高地北側に移動し、連隊砲は同地に陣地を占領す。この時第一大隊も到着の報あり、我等一同意気益々旺盛、明朝の攻撃準備す。然れども兵は夜来の疲労にて陣地に在りて眠る者数名。

七月九日午前五時、連隊は蘆溝橋城内攻撃開始、連隊砲二門、大隊砲四門、第三大隊は右第一線、第一大隊は左第一線で一番攻撃、此の戦斗において連隊砲は射耗弾二〇〇発、第三中隊下士官一名戦死す。午前七時半頃背後五里店より保安隊及び騎兵の攻撃を受け、背後より敵弾が飛来するのはあまり好い気持ではなかった。然れども一部を以ってこれを攻撃、何なく撃退す。五時半頃より雨が降り出し全員濡鼠のようになる。午前十時、敵の申出を入れて鉄道「ガード」の処に集結し、一部監視兵を一文字山に置き、東五里店まで後退し昼食をとる。小生は午後一時頃、同地より本戦斗における戦死者の火葬委員助手として豊台に先行す。

午後六時三十分、将校集会所において戦死者の納棺を行う。時に駐屯軍参謀長閣下来豊され戦死者に対して哀悼の意を表された。戦死者に対しては一階級上の新品の階級章を新品の軍服に付して霊を慰めた。

午後七時三十分、歩兵砲隊は全員豊台の兵営に帰る。時に第二大隊も一部「トラック」で豊台に到着した。（戦死者は十三名）

（筆者は、当時、連隊砲第一分隊長、軍曹）

千地王秀也氏筆

その夜の第七中隊

西野長治

(これは昭和三十二年七月、筆者がある地方新聞に投稿し四回に亘って連載された「蘆溝橋事変の回想」の一部である。そのまえがきに「私はこの事変当時の模様をいつか記録して置きたいと心に思っていたが、今年は丁度その二十周年目に当るので当時を回想し、以下真相の一端を述べて見たいと思う」と書かれている。事件から二十年目に書かれた思い出の記が、五十年目の今日、この特集号によって再び当時のことを伝えることが出来たのは奇しき因縁である。全文を掲載したいが、長いので他のものとの重複を避けて七中隊の行動だけを抽出させて頂いたことをお詫びします。編集委員)

◇　◇　◇　◇

七月七日は朝から焼けつくような暑さだった。豊台の日本軍は一部を兵営の警備に残して殆んど全部が蘆溝橋演習場に出て、三日後に迫った第二期検閲の総仕上の訓練が行はれ、大隊長一木清直少佐もこの日各隊を巡回して、演習状況を視察した。

昼間の訓練が終ると、各中隊とも夜間の陣地攻撃訓練で蘆溝橋一帯に激しい空包射撃の音が休みなく響いた。

大隊長の視察が終った第九中隊、機関銃中隊、歩兵砲隊は帰途につき、残るは私等の第七中隊(穂積隊)と第八中隊(清水隊)だけとなり、やがて私等の第七中隊も演習が終了して、大隊長の講評が始まった。

大隊長は小柄であるがなかなか豪勇な人で反面人間味の溢れた面白い人でもあり、頼もしい隊長であると感じられた。

大隊長は講評中に「星空を仰いで見よ。良い星月夜ではないか」等と云った。

澄み渡った満天に星が輝き、天の川がかかっていた。年に一度牽牛織女が逢瀬を楽しむと云う詩的な夜であり、不思議に私等は郷愁をそそられた。涼風が心地よく頬をなぜ、汗にまみれた身体に気もちよい。

と、その時、竜王廟(蘆溝橋北方約五百米)附近から、五、六発の銃声が、断続的に聞えた。今のは空包ではない。確かに、シュン、シュンと云う実包の飛行音が耳をかすめた。

時に時刻は十一時頃である。八中隊は竜王廟の近くにいたが、演習は終った様子であるのに、不思議なことと思はれた。

演習出場部隊は万一の場合を考えて出発の時各人三十発宛の警備実包を渡されているが、実包は後盒に入れ、空包は前盒に入れてあるので、日本軍が間違って射つことは先ず絶対にないと考えられた。それに支那軍の銃は口径も大きく弾の音も日本軍とは異っている。今のは確かに支那軍が射ったのだ。私は何事かあるなと、ちょっと感じた。

大隊長の講評も終って、その後何事もなく中隊は軍歌を歌いながら、一里の道を帰営した。二年兵等も今夜は非常呼集があるかも知れないから何よりも兵器手入を先にするようにと云い、念入りに兵器の手入れをしていた。

果して間もなく非常呼集の喇叭が鳴り渡り、出動命令が伝達された。私等は来るものが来たなと云う緊張感に打たれた。

忽ち日頃の任務部署に従って出動準備を完了した。

最後まで蘆溝橋に残っている第八中隊の報告によれば、支那軍より数発の射撃を受け、兵一名が行方不明、中隊は現地に在って敵と接触を保ち乍ら之を看視中とのことである。

いよいよ出動である。いつも云はれているので「飛ぶ鳥あとを濁さず」。兵舎の内外もきれいに掃き清められ、内務班も常以上に整頓し、最後の武士のたしなみを忘れなかった。

営庭に整列した部隊は隊長の力強い前進命令によって愈々悲壮な決意に燃えて出発した。歴史的な瞬間である。厳粛なそして身の引き締る緊張感が皆の眉宇に漲っていた。

いよいよ出動となると、さまざまの事が頭の中を去来する。此の兵舎にも再び生きて帰れないのかとも思はれて営門も幾度も振り返った。夜風が鉄帽を切って「ヒューヒュー」と無気味な音がする。豊台兵営には、わずか一ケ小隊の警備兵を残したのみなので、残留隊の苦労も思いやられた。

部隊はやがて蘆溝橋宛平県城を間近に望む一文字山（二十米位の丘で一木大隊長の命名）附近に到着して、現地に残っていた第八中隊（清水隊）を掌握し、その後の情報を聞くと共に天明まで当面の敵情を捜索することにした。時に七月八日午前二時頃であった。第八中隊の行方不明であった兵は演習中方位を間違えたもので間もなく発見された。

派遣した斥候の報告によると永定河堤防上竜王廟附近一帯には敵のいる事は大体判明したが、細部の兵力等は不明の状況であった。

（中　略）

第一線歩兵部隊は更に攻撃準備位置を推進するため百米程前進を命ぜられて発進した。その時である、堤防上の敵は機関銃、小銃を交えて一斉に射撃を浴せかけて来たのである。

遂に戦斗は開始された。しかも敵から先制射撃を加えて来たのである。時に時刻は午前六時前後であった。

今迄躊躇していた歩兵砲隊が、まっ先に砲撃を開始した。初弾は竜王廟附近のトーチカの直前に落ち閃光と共に黒煙は天に冲し、払暁の静寂をやぶってあたりを震はせた。続く第二弾は早くも敵トーチカに命中し、更に砲兵はつるべ撃ちに敵陣地に砲弾を浴せかけた。

第一線歩兵部隊も所命の攻撃を開始し、しだいに敵陣に近迫して行った。先づ機関銃が連続点射で射撃を開始した。

敵も、堅固なトーチカや陣地に拠って猛烈に射ちまくり、微動だもしていない様である。我が砲兵の射撃は正確で、我等を大いに喜ばせた。生れて始めてみる実弾射撃である。戦場は日頃手馴れた演習場であり、私等初年兵は演習の時と何等変らない機敏な動作で地形、地物を利用し、躍進し、射撃し、模範的な攻撃前進を続けた。恐怖も生死の考えもなく只夢中で突進を続けていた。

やがて敵前四百米、三百米と近ずくと彼我の銃砲声は益々入り乱れて耳をロウするばかり、戦いは最高潮に達した。

この頃になると我が方にも可成りの損害が出始めて来た。隣りにいた戦友が倒れると、「ああ弾丸が当ると死ぬんだな」と云う実感が始めて湧いて来た。

大隊の左側面には京漢線の土堤を経て蘆溝橋の城壁が黒くそびえていて、敵兵が点々と見えるが依然沈黙している。

大隊長は城壁寄りに前進中の第七中隊には特にその敵を警戒しつつ前進するよう注意した。

早くも右第一線、竜王廟側面に進出した第八中隊は突撃を準備中である。

之に対して砲兵、機関銃はその全力を挙げて突撃支援射撃を送り、戦機は正に熟して来た。此の頃より浮足立つ敵は、しだいに堤防を南方の城内目指して退却を始めた。

機をみた各隊は一勢に壮烈な突撃を敢行して敵陣に殺到し、此処に白兵戦が開始された。

左第一線、第七中隊は城壁寄りの鉄橋畔に突入して城内へ退却中の敵の退路を遮断した。退路を断たれた敵は止むなく多数の死体を残し濁流渦まく永定河を越えて対岸に敗走し、七時前後には敵陣地一帯を完全に占領して爾後の戦闘を準備した。

（中　略）

今朝の戦闘には、完全な勝利を収めたが、まだ城内には多数の敵が残っている。永定河対岸の長辛店、その後方の良郷県城にも有力な敵がいる。更に南苑、西苑の敵数ケ師が出動したら、我が部隊は四面数十倍の敵をうける。一抹の不安を感じない訳にはいかなかった。

我々は城壁から俯瞰され側面と側背面から射撃をうけると云う悪条件下にあった。戦闘は一時停止状態であったが、地形上我が方の不利な態勢を知った城壁上の敵は、誓約を破り不意に迫撃砲を交えて猛烈な射撃を浴せかけて来た。為に戦闘は新たな方面に発展して再開された。

この為に第三小隊長鹿内（シカナイ）准尉は敵情監視中頭を射たれて戦死し、堤防下の死角にいた部隊は迫撃砲の集中火によって大きな損害を受けた。

城壁の敵は白旗を振ったかと思うと射撃を浴せて来たりした。我方もこれに応戦したが、徒らに遮蔽物のない堤防附近に部隊を停止させておくことは犠牲を増すのみであったので、大隊長は敗敵を追撃して永定河右岸地区に進出するよう各隊に命じた。各隊は胸までの濁流に敢然といどみ、敵前渡河を開始した。

（以下略）

（筆者は昭和十一年徴集、当時第七中隊所属、一等兵）

（第一大隊関係）

蘆溝橋事件前後の私の思い出

前門戸　俊　夫

　北京交民巷は、旅団司令部、聯隊本部、第一大隊の所在地で、第一隊は中国軍の監視の中で軍規厳正にして軍務に勉励し緊張した毎日だった。昭和十二年五月、内地より同行した三年兵が任務を終えて満期除隊の為内地に向け帰還した後も列国監視の中に在って警備訓練に従事し、六月二十五日より通州野営地に移り中隊教練が始まっていた。六月三十日、聯隊長は内地より陸軍歩兵学校教官千田大佐を豊台に招請し、聯隊の下士官以上の幹部並びに天津部隊よりも幹部参加、歩兵学校発行の当時赤本と呼んでいた対ソ戦法書による新戦斗方式要領に基づき演習を実施されたのである。場所は蘆溝橋演習場で、完全軍装して防毒面携行、小銃分隊に軽機を含めた十五名編成であった。私は分隊長として、小石混りの広い砂原で、所どころに楊柳が生い茂げる演習場で、地形地物を利用し小銃を持って膝立匍匐前進を繰り返へし、其の間に瓦斯攻撃を受ける情況下で、防毒面を着用して三十米以上の各個匍匐前進は大変苦しかった。其の時聯隊長が分隊長笑って居ると云われたので、私は笑っておりませんと答えると、傍から渋江中隊長が笑っていないと助け舟を出して下さった一幕があった事を今も記憶しております。続いて敵に接近突撃を敢行し演習終了となり、各部隊は集合して、千田大佐の講評があった。最後に聯隊長は、只今は非常時であるから気合を欠く事なく軍務に精励するようにと訓示がありました。部隊の志気高揚に努められたものと我が足らざるを棚に上げて感激したのでした。それから一週間後には、此の地が戦場になるとは神ならぬ身の知る由もなかったのである。実技演習を終り直ちに通州野営地に帰り、新戦斗方式で日夜演習訓練に没頭していた。八日午前五時頃中隊事務室集合を命ぜられ、昨夜豊台の第八中隊が夜間演習中、中国兵の発砲事件があって、中国軍と衝突し我が方に死傷者ありとの情況を知らされたので大変な事になったと感じました。「第一中隊ハ速ヤカニ豊台ニ集結スベシ」との聯隊命令を受け渋江中隊長以下全員武装を整えトラックに分乗し通州を出発して北京城朝陽門外の国際射撃場附近に前進したところへ、北京城を脱出して来た部隊より弾薬の補充を受けて完全軍装完了して食事を済まし、豊台へ向け同地を出発したのである。当日は晴天で陽炎が発生し、焼け付くような炎熱行軍となり、部隊の移動秘匿の為北京城外南方を遠く迂回しながら生い茂る高粱畑の道を、全身水を被ったように汗でずぶぬれになった。背嚢は肩に食い込むし、咽は乾き水筒の水は無くなり、六粁行軍は五粁ー四粁と速度が落ちる状態となり、畑の胡瓜や西瓜を農民から調達し咽の乾きを防ぎながら行軍を続けた。疲労困憊し、二時頃から落伍者続出するに至り、馬車を徴発して前進中、時を置いてドーンと云う砲声が聞えた。その度に互いに励まし合い必死の行軍を続け、日はトップリ暮れて豊台到着は午後十時頃になった。豊台では河辺旅団長、聯隊長が到着して居られ、戦用物資を鉄道や貨物自動車で集積中で混雑を極めて居り、一大事を感じさせたものである。居留民の炊出しの握り飯で夕食をとりながら情況を聞くと、鹿内准尉以下下士官兵三名の犠牲者並びに数名の負傷者が出ていた。「一中隊ハ直チニ五里店ニ到達スベシ」の聯隊命令が出されたので、休む暇もなく豆だらけの足を引きずりながら出発したが、敵は途中道路上に樹木を切り倒し障碍物を造り、道路を堀り戦車壕を造り前進を阻止しており、おまけに真っ暗な夜で路上斥候を出して警戒しながら前進を続け、二時間以上かかってやっと五里店に到着、友軍と合流陣地に着き敵と対峙した。

　十日第一大隊は大瓦窰北方に展開し、日没後前進し竜王廟の敵陣に対して木原大隊長を先頭に白兵攻撃を敢行したのである。渋江中隊長は軍服に敵の返り血を浴びると云う、彼我入り乱れる突撃を演じ敵を潰滅した為、大隊長は部隊を集結した。我が方は宇根元軍曹以下数名、敵手榴弾に依り負傷者が出たが有利な初戦を飾ざり、負傷者を収容して午前二時現地を引揚げ一文字山附近の陣地に着いたのである。十二日支那駐屯軍司令官田代中将重病のため後任として香月中将が着任されたのであった。毎日小規模の戦斗を繰り返えす度に尊い犠牲者がある中で、敵部隊を前面にして居る時、心細く感じる事もあった。一方では停戦交渉に必死の努力をされたにも拘わらず、二転三転し遂に決裂、南苑攻略実行となり、二十七日炎天の中を聯隊長と共に第一中隊は南苑西方の潘家廟、新行宮附近に進出した。私は下士斥候を命ぜられ、敵の歩哨線偵察を行ない、手榴弾戦を交えたが無事中隊に復帰し、夕方豊台に引揚げて見ると友軍陣地である大井村に敵襲を受け、激戦に依り第二大隊の古市中隊長、吉崎准尉外拾数名戦死者が出たので中隊は直ちに大井村に進出し陣地を占領したのである。明けて二十八日南苑攻撃の為、山岸兵団と河辺兵団は協調し払暁までに戦斗態勢を整え払暁を期して果敢な攻撃と空軍部隊の適切なる爆撃に拠り敵大部隊を圧倒殲滅し、大勝利を収めたのである。

然し乍ら一方に於ては通州事件が突発し保安隊の叛乱部隊が夜明けと共に居留民と冀東防共自治政府要人に対して言語に絶する暴虐の限りをつくして甚大なる犠牲者が出たのである。通州守備隊は僅か一ヶ小隊であったが藤尾隊長以下相当の戦死傷者を出したけれども、沈着にして勇敢に防戦し死守したのであった。事件発生から八月三十日までの間北京附近一帯は大混乱となったが、寡兵を以って良く対応し戦火を切り抜けたのである。此の間に北京城内外に駐屯していた二十九軍は保定方面に向け退却し、一応氷定河左岸地区は平定した為、八月八日治安維持の為北京に入城したのである。若き身で戦陣に散華され、又負傷されて今尚苦しんで居られる戦友の皆さんを思うと胸の痛みを禁じ得ません。亡き御霊安かれと祈る次第であります。

五十年前を回想して書きましたが日時など符合しない所もあると思いますので訂正して下さい。愚文お許し下さい。　以上

昭和六十二年二月十一日建国の日に記す。

（筆者は、当時第一中隊兵器営繕係、第五班長、軍曹）

通州より蘆溝橋へ

中　原　梅　吉

私達第一大隊の初年兵通州教育隊は、昭和十二年七月七日、大隊教練の検閲を目前に通州城外の野外演習場で露営演習中であった。その夜半頃非常呼集で天幕舎を飛び出し集合した。稲葉教官の説明では、豊台の第三大隊が蘆溝橋で戦闘状態に入った為、我々は直ちに救援に行くということである。幕舎を撤し再び路上に集合した。すでに迎えの車輛が来ていた。私は先頭車に乗る。

稲葉教官と二個分隊位が分隊長の指揮下に乗車し、屋根に上り、軽機を据えて実弾を装塡した。城門通過時には敵の攻撃に備えての準備完了。出発してからも私は演習の想定のような気がしていた。城門に近づくと冀東軍の衛兵がいつもより多く、両側に二十名ぐらい銃を持って立っていた。然し何事もなく無事に全車輛が通過し、駐屯隊の営庭に到着した。兵営の通路には、すでに四斗樽数個の白米が湯気を立てていた。全員下車して整列。教官より今から十分後に兵舎に帰り、一装用の衣服に着替えて集合するよう命ぜられた。その時になって初めて戦争は事実である事を考え身のひき締る思いだった。そして同時に故郷を出た時のことを思い出した。

大急ぎで食事をすませ、約十分後には私は軽機をしっかり握って再び先頭車に乗り込んでいた。車輛は夜明け前の北京街道を一列になって進んだ。夜の明ける頃、北京城外にある陸軍共同墓地へ着いた。着くとすぐ遠く豊台の方向で時々大砲の音が聞え、血の沸き立つような思いがした。各中隊毎に仮眠をする様命ぜられたが、とても眠れなかった。

昼頃、北京からバスが二、三台到着し、そのバスから弾薬等が卸され各隊に配給され、愈々戦闘意識が高まって来た。あとで知った話だが、この時バスが北京城を出るのに大変苦労があったらしい。

やがて部隊は豊台へ向って出発した。途中南苑の中国軍を避けて高梁畠の間を進んだ。折柄日中の猛暑で、兵隊の中には日射病で倒れるものが続出した。二十キロ程行った処で小休止があり、各隊より志願者を募って健脚

隊が編成されることになった。私は第一番に志願した。健脚隊は約一ヶ中隊ぐらいだったと思う。私の分隊長もいたので大いに心強かった。馳け足で前進中、のどがからからになって、途中に水たまりがあれば、それをガブガブのんで前進を続けた。健脚隊の中でも、更に倒れるものが続出した。夕闇がせまる頃鉄道線路上に到着した。豊台の灯りが遠くに見え、小銃の音さえ聞えて来た。我々の士気は一層さかんになり足はますます早くなった。薄闇となる頃、豊台駐屯隊に着く。国防婦人会の人達が私達を迎えて呉れたのは嬉しかった。にぎり飯と胡瓜のぬか漬け、それに水がとてもうまかった。夢中になってあまり水を飲んだので、食べるものが食べられなくなったことを思い出す。

営庭で一時間位休んでいる間、国防婦人会の人達が何くれとなく親切に私達の労をねぎらってくれた。その内に後続部隊も到着し、一緒になって一文字山に向った。私は第一大隊第一中隊第一小隊第一分隊の軽機関銃手だった。ライトを消したトラックに分乗し、山の麓で下車して徒歩で前進した。小銃の実弾が頭の上をかすめて飛んで行く。初年兵のかなしさ、弾丸が通る度に身をすくめる。上等兵が、心配するな、今のは全部はるかに頭の上だと教えてくれた。その言葉を心強く思い、上等兵殿にぴったりくっついて進む私だった。

部隊が停止して、私の分隊の部署もきまった。分隊長が来て軽機の銃座を作る場所を指示されたが、まっくらやみで殆んど見えない。分隊長から前方に影が見えるからその方向が射撃出来る様にと指示された。私達の居る場所は恰好の凹地だったので、立って射撃の出来るように銃座を作った。作業が終ってウトウトしていたら、分隊長に起された。あたりが薄明るくなっていた。昨夜作った銃座を見ると、驚ろいたことに、銃座の前方六米ぐらいの処に墓地があって、その真中を射つように出来ていた。墓地の右側に出て、城壁上の敵が射てる様にと指示され、凹地から出て大いそぎで銃座を作る。私一人だけ地上にいることになり心細く思ったが、頑張る。

明るくなってみたら、城壁前の鉄道線路の手前斜面に、友軍が一ヶ小隊ぐらい横に並んで伏せて居るのが見えてホッとした。敵の射つ小銃の音がしきりにする。完全に夜は明けて、県城の門も、その上に動いている敵兵の姿も見えて来た。中隊長からは、我軍は不拡大主義であるから、射撃は命令がある迄絶対にしてはいけないと云われているので、その儘の姿勢で敵を見ている。その頃背中の方から朝日が上って来た。眼の前で敵の銃声を聞き、これが戦争をしているのかと大分落着いた気持になった時、後方の一文字山から、突然重砲の発射音がして、私の頭の上をかすめて通る砲弾の音をきいた。殆んど同時に、目前にある宛平県城の望楼の屋根に命中、その半分位がふっとんだ。第二弾、第三弾と命中し、次には城壁にも続いて命中し、城壁が気持よく崩れ始めた。あっと云う間の出来事だった。砲撃がやんで、暫らくしたら白旗が二十本ぐらい上っているのを見た。私はこれで戦争は終ったと思い、ホットすると同時に万歳を叫びたくなって後方をみると、戦友達も大喜びをしていた。

再び前方を見ると、二百米ぐらいの処を、白旗を二本高く掲げた敵の将校らしい軍人が四、五人、こちらへ向って歩いて来る。思わず私は、軍使だ、とさけんだ。同時に私は演習の操典通りだと思い、駐屯軍は戦争不拡大と命令されていたため、我々は一発の小銃も射たないで勝ったのだと万歳を唱えた。

軍使は櫻井中佐一行と聞かされた。中佐の「まいった、まいった」と云う声を私も聞いた。軍使が約束をして帰って間もなく、姿勢を高くした日本軍に対し、再び城壁から敵が射って来た。そして再び戦争が始まった。私達は小銃一発射たなかったが、砲撃が始って城壁はどんどん崩れ、私達の眼の前で、突撃路が出来上って行った。

その後敵が約束を守らない為、十数日間一文字山で待機した。そして愈々敵が永定河以北へ撤退する約束を守らない為、七月十九日龍王廟の夜戦、永定河を越えて長辛店への攻撃、更に南苑の戦闘、北京入城などについては次の機会に又書きたいと思う。

（筆者は昭和十一年徴集、当時第一中隊所属）

蘆溝橋事件の思い出

守屋嘉吉

「第一中隊、第一中隊」と遠くの方で微かに誰か呼ぶ声がする。中隊は第二期検閲が近いので通州城外で中隊教練の猛演習中だった。夜間訓練も十一時頃終了、これから天幕露営で、いざ休むと言う時だった。

稲葉准尉が息をきらして飛んで来て中隊長に報告（中隊長渋江大尉）「只今第三大隊（八中隊）が演習中中国軍の射撃を受け目下戦斗中なり、各中隊は至急駐屯地に復帰する様に」との命令。我々は手早く後片付けをし通州分遣隊に向って行軍する。夜が白む頃到着、国防婦人会の人達の握って呉れた「むすび」一ヶを頂いて一装用軍衣を支給されバスで六時頃通州分遣隊を出発、支那駐屯軍の兵営のある（北京東交民巷）北京市内に向った。朝陽門まで来ると中国軍により門は固く閉鎖されており入城出来ず北京郊外の射撃場に行き実弾を支給され戦斗準備完了。

今朝通州で握りめし一ヶで腹はへるし暑さは暑いし日蔭も無く豊台に向って前進する。

高粱畑の中を中国軍のいない道を選んで無言のまゝ三十粁余りの道を完全軍装の上、気温三十七、八度の炎暑の中を水筒の水も一滴もなく疲労して頭ももうろうとして、歩いていることさえ気がつかない状態であった。

然し豊台が近くなるにつれて蘆溝橋方面で戦斗の銃声が聞えて来る。一同これに勇気づけられ豊台兵舎に到着したのは午後十一時過ぎであったと思う。

全員落伍者もなくよくも頑張ったものだと我れ乍ら感心する。約一時間程休憩　一文字山前線に出動命令　午前二時頃であったか一文字山の下で宛平県攻撃のため戦斗配備につく。時折頭の上をピューン－ピューンと敵の流れ弾が通る。午前六時頃であったか隣接の連隊砲陣地から火蓋がきられた。約三十分の砲撃が続いた。聯隊長命令により攻撃中止となり我々は小雨の中永定河を狭んで敵と対峙していた　第一機関銃が直ぐ左の鉄橋の上に据えてあり誰かゞ宛平県に向って三十発連射をする。中隊長が「射つな!!」とどなる。

しばらくして後方より自動車が前方に白旗をかゝげて蘆溝橋を渡って敵の中に消えて行くのが見えた（これが軍使かと思う）我が方は協定により後退して中国軍の協定実行を期待していたが中国軍は協定履行の気配なく永定河を越えて永定河の堤防上に陣地を構築したので我が中隊は九日蘆溝橋駅に集結遺言状を書いた。髪を少々と爪を切って夜食を包んだ藁半紙に国の為、喜んで決死隊に参加することを書いたのだがなぜか涙がとまらなかった。九時頃より攻撃前進、敵前二〇〇米位いで一斉射撃され、一時頭が上らず約十分程で射撃もやみホフク前進着剣敵陣地に突入する。敵は永定河を越してざわざわ逃げるのが見えるも我が方一発も撃たず（歩兵操典通り）。

時に午后十一時頃だったと思う。

戦場を整理し再び一文字山附近に後退し次の戦斗準備に入った。

（筆者は昭和十一年徴集、当時第一中隊所属）

「軍旗が征く」

開原昌登

昭和十二年七月七日、蘆溝橋事件勃発のため作戦編成下令に依り、同月十三日豊橋陸軍教導学校を繰上げ卒業、原隊復帰を命ぜられた我々駐屯軍の下士官候補者（二十七名）は、豊橋から陸路下関、釜山、奉天と乗り継いで十六日山海関に到着した。ここから先の普通列車は総て運行を停止しているため、前途が案じられていたが、幸い軍用列車が始めて天津まで運行されるので、これに便乗してその日の内に天津まで帰り、翌十七日一聯隊の候補者は再びこの軍用列車に便乗し、途中の警備を兼ね乍ら豊台まで帰ることが出来た。

既に七月八日以来、作戦指揮のため豊台に進出していた牟田口聯隊長は「よく帰って来てくれた、皆の帰りを待っていた。教導学校で学んだことを十二分に発揮して頑張ってくれ」と如何にも嬉しそうに声をかけられ、候補者一同「皆んな元気で頑張ろうぜ」と声をかけ合い乍ら、夫々の所属中隊に帰って行ったが、私の所属する第二中隊は、その頃北京（当時は北平と呼んでいた）城内に駐屯して警備と居留民の保護に当っていた。当時北京市内に在る城門は総て支那第二十九軍（軍長宋哲元）第三十七師（師長馮治安）の支配下で、殊の外警備が厳重なため、駐屯軍の兵営に帰ることが不可能なので、止むなく私達三名の候補者は、当分の間聯隊本部で勤務することになり、私は伊藤續曹長の助手を命ぜられて人事、作戦関係の仕事を手伝うことになった。事務室は聯隊長室の隣りの部屋で、聯隊長の話声が耳に入ってくることも再三あった。

私達が豊台に帰った頃、現地（蘆溝橋方面）では既に停戦協定が成立しているとのことであったが、軍の上層部は万一を期してか既に北支に続々と部隊を派遣していた。

こうしたなか、牟田口聯隊長は猛暑と激務に依る兵力の消耗を避けるべく配慮されていたのか、私達が豊台に帰って間もなく、早朝から残留部隊に藁人形を作らせ、破れた雨外套を着せて前線に送り、昼間歩哨の代りに陣地のあちこちに立てさせては、敵を欺く反面兵力の温存に努めていた。

既に停戦協定が成立しているとは云え我が軍は一文字山附近に陣地を確保し、歩兵砲隊の四一式山砲が砲列を敷いて宛平県城に照準を合せていた。

一方支那軍は「協定を無視して約一ケ大隊の兵力を宛平県城に入城させた」との情報も入っていたが、二十日の午後けたたましく電話のベルが鳴り、前線の一木大隊長より「只今宛平県城より射撃を受けたが我が方損害なし」との報告を受けた牟田口聯隊長は直ちに「反撃せよ」との命令を伝えていた。間もなく殷々と響く砲声は、約四粁離れている豊台に居ても腹にこたえるようで、攻撃の凄ましさをヒシヒシと感じていた。我が軍の猛攻により敵は間もなく永定河を渡って長辛店方面に退却したが、戦火の拡大を好まぬ我が軍は之れを追撃することなく一文字山の夜は更けて行った。

こうして数日間聯隊本部に居た私は、気掛りなことが一つあった。聯隊長が居られるのに軍旗がないらしい。伊藤曹長に聞くと「事件が起きた翌日急拠現地に出たのと、まさかこんな事変にまでなろうとは誰も予想してもいなかったので、交民巷の本部に奉安してあるままだよ、その後城門の警備が殊の外厳しいのでどうすることも出来ないんだよ」とのことで納得したが、当時は宋哲元支配下約五万の兵力が北京を含む周辺に駐留し、城内に通ずる城門は、何れも第三十七師が起居の傍ら警備していた。

その頃牟田口聯隊長は森田中佐と「その内南苑を攻撃することになれば、聯隊将兵の士気を鼓舞する上にも、是非、軍旗を捧じて参加しなければならないが、何とかして、軍旗を持ってこられないものか」と話して居られた。私は「南苑と云えば二十九軍の本拠地ではないか、これは大したことになるな」と伊藤曹長と顔を見合はすと、伊藤曹長は肯づいていた。

その直後牟田口聯隊長は、北京留守部隊長の岡村中佐に「万難を排して、成る可く速かに、軍旗を豊台迄奉送せよ」と命じ、之を受けた岡村中佐は、直ちに特務機関員で然も二十九軍の軍事顧問の櫻井徳太郎少佐（終戦時陸軍中将第二一二師団長）と協議した結果、「軍長の慰問袋を現地に送る」と云うことで、支那側の承認を受けることにした。都合のよいことには蘆溝橋事件の起きる少し前に、第二十九軍長の宋哲元より北京の日本軍に贈ってくれた慰問袋があったが、部隊主力が第二期検閲を控えて野営のため不在だったので配給されないまま沢山残っていた。宋哲元は元来親日家で、日本軍への儀礼と慰労の気持で、我々に贈ってくれたものであろう。（私もその後北京に帰ってこの慰問袋を貰ったが、石鹼、歯磨粉、歯ブラシ等の日用品が入っていて、何れも良い品物とは云えないが、当時支那の生活程度からすれば相当価値ある品物だったと思う）。

この名案が功を奏して、広安門の通行証を手にすることが出来たので、早速、軍旗を奉送することになり、その大任が第二中隊に下達された。中隊長古川大尉は早速幹部会を開いて協議に入ると、池尻中尉が「この大任は是非私にやらせて下さい」と云う。一徹の彼故中隊長は即座に「よろしい貴官に大任を任す。警護については少数精鋭主義。」と云って細部は一任した。これを受けて池尻中尉は自ら決死隊と名乗り、死なば諸共と部下で同郷、然も従兄弟の古志貢軍曹を指名し、古志軍曹は部下の下江上等兵以下六名を率い、池尻隊長以下八名でこの大任につくことになったが、その夜池尻中尉は、例の明治十年西南の役の田原坂の激戦で、乃木将軍の卒いる聯隊の軍旗が賊軍に奪はれると云う不測の事態が脳裡をかすめ、何時までも寝付かれなかったと云う。

翌二十二日午前十時過ぎ本部前のトラックの荷台に毛布が敷かれ、岡村中佐の捧持する軍旗箱に納められた軍旗（軍旗は平常は軍旗箱に納められて奉安してある）が、静かに安置された毛布に包まれると、その上に二十九軍々長宋哲元より贈られた慰問袋が次から次へと積み込まれた。古志軍曹以下七名の警護の者はやっと荷台に乗って居られる位で、之れを見送る古川中隊長の心中如何ばかりかと、隊員一同緊張と興奮の昂まるなか、津村上等兵の運転するトラックは静かに表門を出て、正陽門を通過し午前十時過ぎ広安門に到着した。

この広安門は蘆溝橋に一番近く、城外には日本軍がいるので、三十七師の将兵は殊の外目を光らせ乍ら警備していて、全く薄氷を踏む思いで近づいた。池尻中尉が通行証を見せると、隊長らしき将校が「名刺が一枚欲しい」と云うから一枚差出すと「もう一枚欲しい」と云うので又一枚渡すと「二枚共同じだな、よろしい」と云って開門を命じたので、古志軍曹が荷台の慰問袋を数個警備の兵達に渡すと「謝々」と云い乍ら門の扉を開けたので、中に進むと直ちに扉を閉じたが、前の門（外門）を開けようとしない。城壁の上からは沢山の兵士達が銃を構え、手榴弾或は青竜刀を振り廻し乍らこちらを威赫して来るので、警護の者は誰一人頭を上げて見ることも出来ず、このままここで死んだら、軍旗は一体どうなるだろう？と思うと、居ても立っても居られない悲壮な感情が体中をかけ巡り、僅か数分間？とは云えとても永く感じ、古志軍曹以下みんな胸が高なり心臓の鼓動が止る思いの一ときであったが、池尻中尉が再び通行証を見せ乍ら荷台の慰問袋を渡すと、外門の扉を開けたので直ちに城門を通り抜け、九死に一生を得た思いの一行は、砂塵を捲き上げ乍ら北京—蘆溝橋街道を一路豊台へと驀進した。

かくして午前十一時頃豊台に到着した池尻中尉は、決死の形相で、軍旗を捧じ古志田軍曹を伴って聯隊長室に入って来た。迎えた牟田口聯隊長は「オー池尻中尉よくやってくれた」と一言ねぎらいの声をかけておられたが、毛布に包まれた軍旗がとり出されると、竿頭に菊のご紋章が燦然と輝き、傍に立たれた聯隊長の胸中は、安堵と喜びと南苑総攻撃の構想が秘められていたであろうその慧眼に流れる涙がすべてを物語って余りあり、そばで見守る池尻中尉と古志軍曹の顔には、生涯二度と訪れることのない大任を果した者しか味わうことの出来ない責務と感激の涙が、頬を伝っていた。

斯くして無事豊台に奉遷された。軍旗は、それから六日後の七月二十八日、南苑総攻撃に華々しく初陣を飾った。

附記　私は　軍旗を護送したトラックに乗ってその日（二十二日）の夕方広安門を通って公民巷の兵営に帰ったがこの記事は私の体験と　軍旗を護送した戦友の話を綜合して記述した。

（筆者は、昭和十年徴集、当時伍長勤務上等兵）

特務機関日誌に記された軍旗奉移

蘆溝橋事件のボイスレコーダーとして別項に紹介した北京陸軍機関日誌には、この軍旗奉遷の作業を次のようにクールに記録している。

「七月二十一日　（晴）

前　七・〇〇　（中略）

前一〇・〇〇　軍旗ヲ豊台ニ奉移

歩兵隊本部ニ奉安シアル軍旗ヲ豊台ニ移シ奉ルヘキ方法ニ付予テ考慮中ノ処、昨夜支那側ニ交渉ノ結果トラック二台ニ武装兵三十名ヲ搭載シ広安門ヲ通過スルコトヲ約セシメタルヲ以テ本朝午前八時三十分櫻井少佐、齋藤通訳ハ万全ヲ期スヘク広安門ノ状況ヲ偵察ニ赴ク、広安門ハ至極平穏ナリトノ電話報告ノ後齋藤通訳ヲ広安門ニ残置シ機関長ハ更ニ不安ヲ感シ中島顧問ヲ現地ニ派遣ス櫻井少佐ハ打合セノ為帰来ス　午前十時十分歩兵隊出発十時三十分無事広安門通過十時五十分豊台ニ到着セリ」

実施の日が一日違っているのは記憶の違いかも知れない　（編集委員）

七夕の夜の非常呼集

松岡広美

昭和十二年七月七日（一九三七年）七夕の夜である。日中戦争の発端となる蘆溝橋事件が勃発するとは全く予想し得なかった。

当時、北京城内交民巷に在る、支那駐屯歩兵第一聯隊（第一大隊）の兵営で衛兵勤務に服務していたのは、橋本博上等兵（伍勤）を司令とする私を含めた十六名であった。

私達は第二中隊員で皆んな同年兵ばかりである。昼間の勤務を終えて夜間勤務に移行し、暫くすると七夕の夜空に燦然と輝く満天の星座、天ノ川、異国北京で眺める二度目の七夕の夜空である。私達の胸に郷愁の念が去来する。故郷広島の肉親の事、友人のこと等、雑多な想いが走馬燈のように懐しく浮んでは消えてゆく。来年の三月になれば満期除隊で内地に帰還出来る筈の二年兵ばかりで、種々の思いの中に北京の夜は更けていった。

歩哨交代の時間が来ようとする十二時少し前の頃、突然カタコト、カタコトと表門の方向から珍らしく下駄の音が夜の静寂を破って、和服姿の聯隊長（牟田口廉也大佐）が姿を現わす。聯隊長は黒羽織をはおっていられる。暑い盛りの夏であるが、古武士の嗜みというのか、謹厳そのものの風格である。聯隊長の官舎はすぐ隣接の日本大使館内に在る。歩いても僅かな距離である。でも私服で来られるという事は珍らしく、始めての事だと思う。しかも真夜中である。

控え中の私達は、容易ならぬ重大事が発生したものだと直感し、控兵は一斉に直立した。

聯隊長は衛兵所の入口に立ち止り、衛兵司令橋本上等兵を呼んで、「今夜十時過ぎ、蘆溝橋附近で第三大隊（豊台駐屯）の兵が行方不明になっている、すぐ喇叭手を起せ」と命ぜられた。

仮眠中の渡成喇叭手が、服装を整え聯隊長の前に直立すると、聯隊長は自ら喇叭手渡成の手をとるようにして、狭い営庭の略中央にある大樹附近に行かれ、非常呼集のラッパを吹奏させた。

当時北京の兵営には第一大隊（私達の大隊、大隊長木原少佐）が駐屯していたが、その大部分は夏季野営のため北京郊外（通州）に出ていた。

北京の兵営に居たのは第二中隊（中隊長古川政男大尉）の主力（第一小隊は通州に派遣されて欠）の約一〇〇名位いと各中隊の残留者等併せて約二〇〇名足らずであったと記憶している。

非常呼集で急拠営庭に集合した隊員に対し、牟田口聯隊長は緊張した口調で、「今夜十時過ぎ、豊台の第三大隊第八中隊（中隊長清水節郎大尉）が蘆溝橋附近の一文字山、竜王廟周辺で夜間演習中、突然数発の銃声を受け、清水中隊長は直ちに演習を中止し中隊全員を集め人員点検をしたところ志村二等兵が居ない。方々を捜したが行方不明になっているとの報告があった。（後で判明したのは、この志村二等兵は便所に行っていて、道に迷ったらしく無事であった）残留部隊はいつでも出動出来るよう準備待期せよ」と以上のような要旨の命令をして帰られた。

その翌八日未明、十数発の銃弾が二、三度にわたり支那軍（支那第二十九軍　三営）から発砲された。

このような状況の中で、第三大隊長一木少佐は電話で聯隊長と連絡をとり日本軍の措置について伺いをたてた。

聯隊長は「これは明らかに支那軍の挑戦で来るなら受けて起て」と電話を切り「軍人が敵から撃たれてどうするかとは何事だ」と独り言を呟いたと云う。八日午前四時を一寸過ぎた頃である。

それから間もなく真赤な太陽が地平線に昇り始めた午前五時過ぎに、日支両軍間に遂に戦争の火蓋が切られた。

（筆者は、昭和十年徴集、当時一等兵）

蘆溝橋事件前後の第一大隊行動概要

須山完一

七月

第一大隊本部、第一、三、MG中隊通州兵営に在り、（第二中隊北平警備）

各中隊最小の兵力を北平に残置（患者、舎内監視程度）

七月四日　下士官（伍長勤務上等兵含む）以上、豊台西方、日本演習場に於ける、陸軍歩兵学校教官、千田貞雄大佐指導の新歩兵操典研究に参加。

七月六日　正午通州帰営、午後休養、兵の疲労大なるに依り、予定の夜間演習中止、

（参考）本部、各部隊の記憶はありませんが一ヶ中隊としては遠方すぎると思いますので他の中隊も参加したとも考えられます。

七月八日　午前一時前に急電に依り、蘆溝橋事件発生を知り直に非常呼集、待機す。命に依り大隊は通州守備隊を残し、午前六時通州発、行軍、朝陽門外日本射撃場に集結す。城内兵営より弾薬糧秣の補給を受け昼食後出発（城門閉鎖）城外の道を探しつゝ強行軍（第三中隊尖兵）夜九時豊台着、十時一文字山に進出し、連隊長の指揮に入る。宛平県城攻撃の命を受け配備につく。

七月九日　午前二時第三中隊宛平県城東門外[illegible]陣地確保、停戦、午前六時前、突然城[illegible]敵の射撃を受く、歩兵砲直ちに砲撃開始、第三中隊長谷川伍長戦死、松井第二小隊長負傷、再び停戦、一文字山に一ヶ小隊残置、敵情を監視せしめ（第三中隊第一小隊）西五里店に集結す。

夕方天津より到着せる、第二大隊に申送り豊台兵営に帰り宿営、明日北平帰還予定。

七月十日　暁、第二大隊正面に激しき銃声を聞く、大隊は北京帰還を中止し、西五里店に進出す。命に依り、竜王廟に一ヶ小隊（MG一ヶ分隊配属）派遣す。第三中隊田渕准尉の一ヶ小隊MG世羅少尉指揮の（大谷分隊）間もなく激しき銃声起る、田渕小隊戦闘開始戦況進展せず、死傷続出、他不明。

日没を待ち、大瓦窑より出撃、竜王廟を夜襲す、右第一中隊、左第三中隊。

占領確保後、戦死傷者を収容しつゝ西五里店に帰る。

七月十一日　大瓦窑陣地確保、西苑第卅七師南下の報あり、郭庄に陣地転換、北面して西苑南下の敵に備う。第三中隊第一小隊小屯に進出、数名の憲兵北方より帰り来り、第三十七師の二ヶ団、衛門ロ－八方山の線に南下陣地構築中と云う。

七月十二日　停戦協定成立、大隊は第一中隊（軍旗護衛中隊）を残し豊台駅発、貨車に乗り（実質、本部と第三中隊のみ）隠密に城門通過北平駅下車、東交民巷兵舎に帰り第二中隊を掌握し、兵営、大使館、旧墺国兵営の警備につく。大隊長、乃美中隊長先頭にラッパを吹奏しながらの行進、堂々と帰営した事を覚えて居ます。

各隊、連日、市街戦の訓練実施。

七月十八日　大隊長、各隊の舎内を巡視し訓示す。「近き日、奮起の時は来る、楼門攻撃に市街戦に充分御奉公が出来る様に、身心の準備をしておく様に……」。

七月二十日　大隊軍装検査。

参考、本日正午最後の通牒とのことにて、第一装被服着用待機す。夕方重砲の砲声数発をきく、停戦を破り宛平県城に入城せしに依り、十五榴発射、宛平県東門の楼門吹飛び、城内炎上すと、営内の志気大いにあがる。

七月二十二日　手榴弾投擲の査閲。

七月二十六日　大隊本部を旧墺国兵営に進め各隊配備。第三中隊の第一小隊、大隊の予備隊。正午、居留民約四千人（内朝鮮人一、三五〇人）東交民巷区域に収容す。

午後広安門事件発生、夕方第二連隊第二大隊の傷者トラックにて来隊、収容す。

七月二十八日　北支駐屯軍、総攻撃開始。

七月二十九日　通州事件発生。

八月八日　河辺兵団、北平入城（城内警備派遣）（第三中隊の半ヶ小隊正陽門）。

以　上

盧溝橋事件発生より、河辺兵団北平入場迄の第一大隊の戦死者

月日	戦死者	中隊名	場所
7・9	1人	第3中隊	盧溝橋
〃〃	1	第1MG隊	〃
〃〃	6	第3中隊	竜王廟
7・29	12	第2中隊	通州
〃〃	1	第3中隊	〃
〃〃	1	第1MG隊	〃聯隊史記載アリ、患者デ通州ニ残留シテ居タノカ不明
合計	22人		

(事件前の情勢と事件発生に就いての考察)

1. 発生前夜

昭和十年梅津何応欽協定に依り北支駐屯軍の増強となり、歩兵第一聯隊第三中隊要員として、昭和十一年五月十五日通州到着警備中九月十八日豊台事件、十九日豊台協定成立、十二年三月一日朝第一師団管区より昭和十一年兵入隊、夜昭和九年兵除隊、兵力は同じでも戦力は半分以下、「排日」「抗日」「侮日」の気運は急速に高まり、特に燕京大学、清華大学の学生運動は激しく、亦第二十九軍の抗戦意識は高まり将校間に於て会議の席上、開戦派、自重派のなぐり合いがあったとも聞きました。この時機が駐屯軍の危険期だったでしょう。従って、初年兵教育は一日も早く戦斗参加を目指して日夜の猛訓練でした。六月七日、私が連絡の為、通州より北平の兵営に着くや非常呼集、只今清華大学の学生数百名北平駅に押かけ、「対日即時開戦」進言の為、「南京え行く汽車を出せ」「出せぬ」と論争中とて待機した事もあり、北支はまさに爆発の寸前との感がありました。

2. 事件発生の誘因

七月四日　盧溝橋附近の日本演習場に於て陸軍歩兵学校教官、千田貞雄大佐指導に依る改正された歩兵操典の研究が行なわれ、第一連隊の下士官以上（伍勤を含む）参加し、第三大隊の実兵に依る反復の猛訓練が行なわれました。これを眼前に見ていた宛平県城の第二十九軍の将兵の神経を刺戟し、引続き第三大隊の中隊教練検閲前の昼夜を分たぬ猛訓練と之に伴う銃声、火光に恐怖を感じ、永定河左岸の堤防上より竜王廟の既設の陣地に配兵、臨戦体勢をとった事は当然だったと思います。そして運命の七月七日夜、第八中隊演習の銃声、火光を眼下に見て堤防上の支那兵の実弾射撃を誘引し、之が事件の発端と成った事と考察致します。

3. 爾来幾星霜、昭和五二年三月、乃美隊の戦友会の席上、談たまたま盧溝橋事件に及ぶや遙々山形県より来臨の、新宮繁三郎氏即座に「あれは七月四日の演習が原因だよ」、と云われた記憶も新です。

4. 其の後、児島襄氏の日中戦争第三巻、亦今井武夫氏（当時北平日本大使館附陸軍武官補佐官少佐）の著書等を読んで、いよいよこの感を深く致します。

以上

（筆者は、昭和十年徴集、当時第三中隊、伍長勤務上等兵）

事件当時

田井澄男

〝事件前日迄の情況

(1) 聯隊長殿は第二大隊第二期検閲の為天津に出帳中

(2) 経理委員主座岡村勝実中佐殿は業務打合せの為天津出張中

(3) 第一大隊は第二期検閲受検準備訓練の為通州に野営中

(4) 田井准尉は昭和十一年五月二十日より聯隊経理委員を命ぜられ服務中

〝事件発生後

(1) 七月八日午前〇時五十分頃、当番兵岡部公館に来り、唯今非常呼集発令されたので、迎えに参りましたと告ぐ。各自の当番も次々と来る。直ちに各室に伝える。軍装を整え当番兵に将校行李担がせ兵営に到る。

先づ第三中隊に行き残留者福山軍曹以下軍装して舎前に整列あり、兼ねて定められたる通り上官の指示を受けるよう申渡し経理室に行き出動準備をする。

松尾寛二主計少佐殿お出でになり田井准尉、福山軍曹以下五名、残留指示あり（炊事要員）。松尾主計少佐殿以下経理全員聯隊本部と倶に豊台へ急行せらる。

(2) 岡村勝実中佐殿急拠天津より帰られたので申告して指示を受け業務に従事す。

三、第一大隊豊台に急行、第一線に参加

(1) 第一大隊は歩一作命第一号に依り直ちに野営地を出発、夜行軍に依り一文字山附近に到着、森田中佐殿の指揮下に入る。

(2) 第三中隊は第一大隊作命第一号に依り一文字山西側地区に展開し敵情及地形を偵察し攻撃前進の命を待つ。

四、豊台に於ける彼我の情況

(1) 電話連絡に依ると時々銃声あり両軍小競合程度にて大なる変化なく対峙しある模様。

(2) 其の後数次電話にて問合せたる処によると、目下日本軍顧問、特務機関、大使館各上級幹部に依り不拡大方針に基き停戦協定締結の為鋭意交渉中なりと。

五、竜王廟の戦闘

情報に依ると敵は竜王廟に遂次兵力を増強中と報告あり、第一大隊は薄暮を利用して一文字山より竜王廟に向って接近し、九時頃突撃を敢行して敵を全滅し該地を確保し戦場掃除を行い、死傷者を収容して午前二時集結を完了し爾後の戦闘を準備中なり（電話連絡による）。

六、第一大隊北京帰還

旅団命令に依り大使館及居留民保護の為、第一大隊は十一日午後五時北京駅に帰着の予定と電話あり。

七、戦死傷者及第一大隊帰還の為、北京駅に出迎え。

残留者は定刻北京駅に出迎え、戦死者、戦傷者、第一大隊本部、第一中隊より順次下車、第三中隊も乃美中隊長以下元気旺盛なり、午后五時三十分交民巷兵営に帰着す。

（七月十二日）　　　　以　上

（筆者は、当時第三中隊付准尉、連隊経理委員）

思い出

其阿弥　英　男

昭和十二年七月上旬、第二期検閲が予定され、七月五日から三日間の予定で小生の指揮する一ヶ小隊は第一中隊に配属され、通州で中隊教練の仕上げをして居た。一応演習が終了したので現地に天幕露営をしていた処、蘆溝橋附近に於て第三大隊が演習中、中国軍の射撃を受け目下戦斗中である。大隊は連隊命令により救援の為豊台に向い急進するとの事となった。

先づ北京郊外列国射撃場に到着、弾薬を受領三十七度の炎暑の中豊台に急進した。

居留民の心づくしの握り飯を食べ休憩後、最前線に七月九日早朝一文字山附近宛平県城攻撃の為戦斗配置についた。

宛平県城東北角陣地に向い連隊砲による攻撃が開始されたが連隊命令により一時攻撃中止となり後方約一粁地点まで後退した。

双方不拡大方針のもとに事件解決へ努力する事になった。我が軍は協定により中国軍の協定実行を期待していたが、七月十日に至り一向に協定履行の気配なく、逆に増援部隊が竜王廟附近に南下中との情報を得、強行偵察をする事となり、第三中隊の一部と機関銃世良小隊がその任についたが、双方激戦となり第一大隊長は主力を以って敵陣地に突撃する事となり、我々も機関銃をひっさげて暗夜の中敵陣地に突入し永定河畔の敵を潰滅した。

七月二十九日の通州事件、七月二十八日の南苑攻撃等全面開戦に向った。

（筆者は、当時、第一機関銃中隊小隊長少尉）

（第二大隊関係）

蘆溝橋事件勃発より北京入城までの戦闘

田村正雄

昭和十二年七月七日の夜、第五中隊は天津市郊外東機局兵営北方に於て夜間演習中であった。其処に慌しく伝騎が飛んで来た。これは唯事ではない何かあったな一瞬不吉な予感が走る。急拠兵営に帰って蘆溝橋事件が知らされ直ちに一装被服に着替えて出動準備をして待機。鳥取歩兵第四十聯隊より支那駐屯歩兵第一聯隊に転属して以来一年二ケ月になる。この間昭和十一年九月十八日の豊台事件ともう一件二度出動したが、途中に於て状況終りとなって事なきを得た。俗に三度目の正直とか二度あることは三度あるとよく謂はれるように遂に事変に突入した。

七月八日第六中隊は機械化部隊として先発し、第五中隊は大分遅れ徴集されたトラック二十余台に分乗して東機局兵営を出発した。その後事変が戦争に発展してゆき、北支中支と転戦したが、再びこの東機局兵営に帰ることはなかった。

途中敵中強行突破を命令され、尚私には助手席にて如何なる事態に於ても運転手を保護するよう特に命令され、一路豊台を目指して西に走った。道路脇には揚村などの兵営が点在している。トーチカや塀の上では武装した中国兵が待機していて将に一触即発状況だった。

濛濛々たる砂塵を巻き揚げながら突っ走る。日本軍の大部隊の通過と思い恐れをなしたのか、中国兵は唯見守り目迎目送の状態でことなきを得た。その外にも何等の抵抗もなく豊台に直行したと思っていたら、通州に到着して吃驚した。休息と夕食の後、夜八時車を捨てて豊台に向って夜行軍に移る。敵を避け迂回、休憩のない強行軍が続いた。九日の朝四十五分の朝食と休憩、何処をどう歩き回ったのか同じような処をぐるぐる歩き回っているようで、皆目見当がつかない。約二十五粁の行程を三倍も歩いたような感じだった。

約十五時間の強行軍、やっとの思いで豊台に到着した。七日の夜着た一装被服が、汗と土埃で泥塗れとなり、練兵服より非道い見事なものだった。休息と昼食後、直ちに七月七日の夜以来第一線に於て頑張っていた三大隊の一部と交代し、一文字山大瓦窑付近の警備についた。

その後は事件不拡大交渉の締結などで大した紛争もなかったが、八宝山付近の敵陣では、日本軍の夜襲を恐れてか日が暮れるとドンドンバリバリと夜明けまで射ちまくっている。

一文字山では、作戦の指揮をしていた第五中隊長山崎雅良大尉が宛平県よりの狙撃により負傷、その後池田保夫中尉も狙撃され負傷、又撤退した筈の中国兵が宛平県の城壁に公然と姿を現し、小銃軽機を乱射するなど協定を無視する暴挙に出た。これ等の暴挙に対して膺懲の鉄槌が下された。即ち第二次蘆溝橋の戦斗である。

七月二十日一文字山大瓦窑付近は第五中隊の最前線である。大瓦窑には聯隊本部が進出、木蔭には四式十五榴重砲及び聯隊砲が砲列を布き待機、西五里店には豊台より戦斗指令所が推進し河辺正三旅団長が頑張っておられる。大陸灼熱の太陽が、真上から一文字山の砂山をジリジリと照りつけ、焼けつくようだ。

十二時牟田口廉也聯隊長の「撃て」の命令により宛平県城に対して一斉砲撃の火蓋を切る。東門の望楼及び城壁に集中砲火濛々たる砲煙に包まれ、宛平県城は全く見えない。一文字山とは距離約八百米歩兵は散開戦斗態勢に在ったが、砲撃戦で全く出番がなかった。宛平県城に偵察に出ていた斥候長小林正治軍曹が腹部貫通（砲弾破片創）により戦死された。五中隊最初の犠牲者である。

牟田口聯隊長も大瓦窑から一文字山に進出され、その時開口一番、予定より早く始まって皆に暑い目をさせたご苦労、と明言された。上層部では事変勃発を九月から十月に予想されていたことになる。

敵も反撃して来る。宛平県城より迫撃砲、

遠く長辛店の丘陵地帯より加農砲、熾烈な榴弾が一文字山前方に於て激しく炸烈し、後方七十米付近に雨霰の如く落下する。

誠に恥ずかしいことながら、この激しい砲撃戦は私が生れて初めての戦斗体験であり、すっかり度肝を抜かれてしまい、こんな状況下で何時迄命が持つだろうかと幾度となく考えました。

四式重砲では射程距離が短く威力がないのか砲一門を一文字山に引上げる。旧式とはいえ砲一門となると砂山では大変難作業であったが総掛りで引上げに成功した。宛平県城望楼目掛けて直接照準で一発又一発、見事に命中二層建望楼の八割を破壊し、次に城壁に集中砲火を浴びせ破壊し後日の為の突撃路が完成した。

暑くて長かった灼熱の太陽が漸く西に沈む午後七時頃、激しかった砲撃戦がやっと終った。一文字山の後方陣地に並べた背嚢全部（外套、飯盒、襦袢、袴下その他内容品一切）蜂の巣の如く撃ち抜かれていて、如何に砲撃が凄いものだったたわを物語っていた。もう一つ幸運だったことは、敵の加農砲の距離観測を誤ったことである。榴弾がもう百米早く炸烈していたら、恐らく聯隊長、第二大隊長、第五中隊主力が全滅したことだろう。

追撃砲弾が沢山飛来した一文字山及び周辺が砂地の関係もあったが、粗製乱造のためか不発弾も多かった。不発弾は速度も遅くて急速に落下し至近弾となったが悉く不発に終った。この七時間に亘る激しい砲撃戦による第五中隊の損害は戦死一名負傷二名という少ない犠牲に終って誠に幸運でした。

我が軍は遂に総攻撃の火蓋を切った。

七月二十八日、関東軍の酒井第一旅団、鈴木第十一旅団は北方より西苑及び北苑を攻撃した。

中国軍の第三十八師、第百三十二師主力の南苑大兵営に対し、航空隊の戦爆大編隊による早暁の寝込みを急襲する大爆撃が加えられた。地軸を揺がす大爆音、濛々と舞い上る黒煙。続いて地上部隊は東より第二聯隊、西より第一聯隊の二大隊と三大隊、南より川岸第二十師団が三面より一斉攻撃を開始した。

不意を衝かれ大混乱の敵も槐房では頑強に抵抗したが撃破された。潰滅的打撃を受けて北京に敗走する敵は、我が伏兵三大隊に捕捉され、戦死者の中に第百三十二師長趙登禹中将、第二十九軍副軍長佟麟閣を始め数百の人馬の死体が山のようになっていた。この戦斗に於ける第五中隊の損害戦死三名負傷二名である。

我が一聯隊の主力二大隊三大隊（九中隊欠）が、七月二十七日夜隠密行動を取り南苑攻略に転進し、戦斗の結果南苑の二ヶ師を潰滅残敵の掃討中、豊台の第九中隊、一文字山西五里店付近の野口騎兵隊が敵の猛攻を受けて危機に頻したので、第六中隊と福田戦車隊は馬村付近から急拠転進し、豊台一文字山付近の優勢なる敵の真只中に突入して、敵を攻撃し一文字山の騎兵隊の救援に成功したが、この戦斗に於て第六中隊長古市大尉が壮烈なる戦死をされた。

第三次蘆溝橋付近の戦斗（宛平県城攻略）

七月二十九日午後四時十分、筒井第二大隊の宛平県城攻撃が砲撃により開始された。

第四中隊右、第五中隊左第一線、第六中隊予備隊、戦車隊は城外の左側面より攻撃する。城内より追撃砲弾が激しく炸裂、城壁トーチカより重機小銃弾が雨霰と飛来し敵の猛反撃を受ける。

薄暮に乗じてジリジリと城壁に迫る。砲撃により城壁を崩し突撃路が完成、こゝより第四中隊、中央の城門は工兵隊が爆破、第五中隊が七時四十分同時に突入した。城内の残敵を掃討しながら八時四十分蘆溝橋畔に到達して同地付近を完全に占領した。この戦斗に於ける第五中隊の損害は戦死一名負傷一名である。

七月三十日、追撃戦に移り蘆溝橋（マルコポーロ橋）を渡り長辛店を占領す。

七月三十一日、第三大隊が京漢線を南下し良郷を占領す。

軍命令により第一線を川岸第二十師団と交替し聯隊の主力は豊台に帰り、第二大隊は南苑に転進し付近の警備についたが、夥しい人馬の死臭に随分悩まされた。

北京付近の戦斗も一応終り、治安維持のため待望の北京に帰還することになった。八月八日正午、朝陽門より堂々と入城した。在留邦人達が手に手に日の丸の旗を振り大声で万歳万歳と涙を流しながらの大歓迎、あの光景あの感激は今もって忘れることの出来ない想い出の一つである。

この戦記の終りに望み、蘆溝橋事件勃発から北京入城までこの一ケ月緒戦に於て花々しく散華護国の花と散った戦友の名前をこゝに明記し祖国の繁栄の礎となった御霊の安らかなご冥福をお祈りいたします。

戦死者名簿

支那駐屯歩兵第一聯隊第五中隊

○昭12.7.20　第二次蘆溝橋付近の戦斗

曹　長（昭7）　小林正治
兵庫県豊岡市永井町

○昭12.7.28　南苑付近の戦斗

軍　曹（昭9）　中西満夫
鳥取県八頭郡河原町小倉四一三

上等兵（昭10）　美城元旦
兵庫県出石郡出石町伊豆

上等兵（昭10）　山本武夫
兵庫県宍粟郡山崎町金屋

○昭12.7.29　第三次蘆溝橋付近の戦斗
（宛平県城の攻略戦）

伍　長（昭10）　中島弘美
鳥取県岩美郡国府町上荒舟

終り

（筆者は、昭和十年徴集、第五中隊所属、後、新設の支駐歩三聯隊に転出）

一文字山、宛平県城

杉山善次

天津を出発した第二大隊（筒井少佐）は翌朝豊台に到着。直ちに西五里店に進出、大隊本部を同所に置く。一文字山に進出した第六中隊の山下中尉指揮する将校斥候は、竜王廟付近に於て敵と遭遇、山下中尉負傷す。大隊は南苑攻撃のため八月二十八日南苑に向って歩を進めた。

南苑の殲滅戦を終えた連隊は、引続き残敵掃蕩に当っていたが、一文字山及び豊台に優勢な敵の攻撃を受け目下苦戦中との情報に接し、直ちに鉾を転じて豊台に急進した。

この時豊台にいた第九中隊は、一文字山の野口騎兵隊が危険と察知したので、これが救援に当り、西五里店の敵を撃退した。私の所属する第六中隊は、戦車隊と共に馬村付近から急拠転進し午後四時豊台に着き、直ちに一文字山に進み、極めて優勢な敵の真只中に突入、鉄道路線南側の敵を攻撃した。敵は包囲を解いて退却し、野口騎兵隊も危急を脱し、豊台も安全となった。

しかしこの戦闘に於て、古市中隊長、吉崎准尉、原田上等兵が壮烈な戦死を遂げた。この日、連隊主力は豊台に、第九中隊は西五里店に、第一中隊は大井村に、そして第六中隊は一文字山南方の鉄道戦路南側に、夫々位置して至厳な警戒の裡に夜を撤した。

七月二十九日、河部旅団長は断固宛平県城の攻撃を牟田口連隊長に命じた。そのため連隊に工兵一ケ中隊を配属、又鈴木砲兵部隊及び福田戦車隊も協力することとなった。ここに於て連隊長は、砲兵に前面の城壁を、又工兵に城門を破壊させ、筒井少佐の指揮する第二大隊を突撃隊として一挙に宛平県城を屠る策を樹て、午後六時十分砲撃を開始した。

敵の迫撃砲弾が各所に炸裂し、機関銃小銃弾も雨霰と飛び交い、暮れかかった蘆溝橋一帯は、彼我の銃砲声で耳を聾するばかりであった。

午後七時三十分、我が砲撃により、遂に東北角の城壁に突撃路が開かれた。機を失せず配属工兵隊は爆薬筒を抱えて、敵弾両飛の下、宛平県城東門に爆薬筒を装着し、之が爆破に成功した。筒井大隊長は機を失せず、「杉山信号弾を撃て」と命令され、この信号弾の合図と共に、砲兵によって作られた突撃路より第四中隊を、又工兵が破壊した中央城門より第五中隊を夫々突撃させ、大隊長は予備隊第六中隊を提げて第四中隊の後方を城門に突入した。時正に午後七時四十分であった。

大隊は突撃後、北側及び南側の城壁上と、中央道路を前進し、抵抗する敵を蹴散らして宛平県西方城壁を占領し、続いて蘆溝橋梁西端に進出して、完全に同地を占領した。時正に八時四十分であった。

…………………………

昭和五十五年六月、戦友秋山、相沢と共にこの激戦の地を訪れ、一文字山、宛平県城、蘆溝橋に再度見えることが出来たのは、本当に夢のようであった。特に宛平県城の砲撃により崩れた城壁の一部が、いたる処に残る弾痕もそのままに残されているのを見て、当時のことが走馬燈のように思い出された。

（筆者は、昭和十一年徴集、当時第六中隊に所属、田村氏と同じく三聯隊に転出）

(4)　追慕・随想・評論篇

故清水節郎中隊長の御霊前に額づいて

長　沢　連　治

昨年九月、四国の松山市で日本傷痍軍人会と同妻の会の合同大会が行われたのですが、それが秋田県に住む私に、愛媛県菊間町にある故清水隊長の旧宅を訪ね、御霊前に伏し、御遺族にお目にかかる機会を与えて呉れました。

私達八中隊の者は、当時皆が「親父」と云って親しみ敬慕していた清水中隊長にもう一度お逢いして「隊長を囲む会」をやるのが念願だったのですが、中々その機会はありませんでした。漸くその気運も出て来た昭和四十年頃、愛媛県世話課に御消息を問合せたのですが、惜しくもその三年前、結核の為入院御療養の甲斐なくお亡くなりになったとのことで、愕然とした次第でした「回答を寄せて下さった係長は、隊長が文部省指導官時代に指導を受けた方だった由ですが、その後心には掛っていても為すこともなく、日を送って居りました。ところが、偶々前記大会が松山市で行われることになりましたので、これに参加して、出来得れば是非墓参したいと思いました。そこで再度県庁に御遺族の住所芳名を照会致しますと、奥様ではなく今は他家に嫁いで姓の変った娘さん（小田淑子さん）を紹介してくれました。早速隊長と私の関係を立証する当時の写真を添えて墓参の許可をお願いすると共に、お母様はどうなさいましたかも含めて手紙を送りましたら、旬日を経ずして、快諾の返信が参りました。この中に父は二十五年前の奇しくも終戦記念日に病歿したことと、母も四年前に亡くなりましたと書いてありました。後日私達の旅行日程表を送り参上日時を双方で確認し合いました。

愈々九月十八日八時三十分松山市駅前から、伊予鉄道バス（急行）を利用、右手に山、左手に海の海岸沿に今治方面に走ること約一時間で、隊長御生家近くの菊間町営業所に着きました。

下車すると中年の女性も一緒でした。その方が笑顔で、若し長沢さんでは？と、親しそうに言葉をかけてくれました。そして申すには、私は少し手前の北条市から乗った清水の長女、今は冨田（久代）です。御案内致しますとのこと。その日は台風の影響で可成り強い雨でした。後について少し行くと、向から女の方が急ぎ足でやって来ます。それを見て冨田さんが、叔母さんもお迎えに来られたと云いました。叔母さんに名刺を差上げ間違いない人間と分って戴き、三分位歩いたら清水家の玄関前に着きました。座敷に上げていただき何気なく仏間の方を見ると、真先に目についたのが飾られてある遺影でありました。余りの懐しさに御挨拶もそこそこに早速近づき、今は亡き曽っての恩人と三十八年振りにじーっと見詰めて暫し無言の対面を致しました。言葉で表現できない胸に迫るものを感ずると同時に、目の曇りを禁じ得ませんでした。この写真は昭和十八年頃十一師団高級副官当時のものと伺いましたが、どうも頬の辺に可なりの窶れが現われていて、尚更感無量なものがありました。隊長は終戦後の暫くを御家族と共に生家で過ごされましたが、余り体調が勝れず、海の条件さえよければ、毎日のように小舟で鯛釣りをしては皆を喜ばせながら家庭療養に努められたそうです。隊長にはお子様が三人（皆女性）おられ、内二人はお父様の病気を治したい一心で看護婦になり、お母様を助けて看病に励んだとのことでした。戦中戦後の長く続いた食糧事情の悪化に因る栄養不足は、体力の衰弱、抵抗力の喪失と病状益々悪化に拍車をかけ、更に今日のように特

効薬もなく、御家族総掛りの手厚い看病も効を奏し得ず、国立愛媛療養所に於て遂に昭和三十七年八月、奇しくも終戦記念日の十五日御逝去（享年六十一才）なされたと聞かされました。訪問の目的は墓参でしたが、遺影と御仏壇の前で過ぎた日の思い出や、隊長のお人柄、特に部下への思遣りの深かったことなど、実例を掲げて偽りのない話を致しますと、今頃まで生きていてくれたらどんなに喜んだことでしょう、でも今ここでの話は屹度故人の霊に通じて、嘸かし草場の蔭で喜んでいるに違いないと妹さんが申され、皆ハンカチを目に当ててしまいました。又長女の久代さんが、こう云っていました。父は若い時分からお酒が好きで、飲過ぎも身体に障ったことでしょうと。隊長の遺品等は近くに住む二女の（小田淑子さん）宅に保存されてあるとのことでしたが、一つだけ支駐歩一Ⅲ戦闘詳報第二号（南苑）が大切に保存されてあるのを見せてくれました。第一号（芦溝橋）はありませんでしたから私の手許にある再製版を差上げる約束をし、二つ併せて長く保存すると云って居られました。

当日は思いの外話し時間が長くなり、雨も小止みながら降っていて、私の旅行隊への合流時間の関係上、残念にも墓参は断念せざるを得ませんでした。十一時頃隊長の御霊前に再度の御焼香を捧げお暇を乞い、玄関前で記念のシャッターを押し（別葉）再度の参上を約して帰途につきました。隊長を育んだ菊間町は余り高くないが山に近く海（瀬戸）に面した天然の魚港で、空気のよく澄んだ自然環境に恵まれた処だと思いました。清水家は古くから薬種販売業を営み隊長は三男二女の次男として生を享け、恵まれた家庭環境の中で育ったことでしょう。と申すのは、清水家のお庭や植込み、邸宅の構造など一見して、隊長のあの高邁なる人格がこのような処で培われたと感ずるに充分且余りあるからであります。隊長は幼少時から軍人を志し、陸士に進み、後秋田歩兵第十七聯隊第二中隊長に補されました。その二年目の昭和十年一月、同中隊に私が初年兵として入隊したのが私とのご縁の始りです。

隊長の弟さん（八十一才御健在）は海兵出身の士官（同家に士官服姿の写真あり）で、先般お亡くなりの高松宮殿下とは兵学校も砲術学校も一期後輩だったそうです。今清水家を継いで守って居られる方は末妹の清香さんと申されます。私をバスまで迎えに来て下さった方です。清水家では昨年八月十五日故人の二十五回忌の法要を営まれたと聞きました。（宗派＝禅宗）

法名は「高昌院節真義道居士」（享年六十一才）と承っております。

（清水家の所在地）愛媛県越智郡菊間町新町西

（父と慕った中隊長の死を悲しむ余りの愚作）

○大戦の激務の祟り身にうけて
癒す能はず父は逝きしか
○武情徳あわせ備えし父なれど
襲う病魔は追い払い得ず
○時の世の医学も人の生命をば
止めおき難く長は去り逝く

支那駐屯軍司令官田代皖一郎中将のこと

—— 中国側の歴史粉飾 ——

　田代皖一郎中将は、昭和十一年支那駐屯軍が増強された時、在任僅か一ヶ年の第十一師団長から転じて任ぜられた軍司令官である。支那駐屯軍にとって初めての親補職の軍司令官であった。

　増強と云う言葉が使われた為、とかく誤解されるが、この時の支那駐屯軍の増強は、中国軍と戦争をする為の増強ではない。山海関から天津、北京に至る間に五千や六千の兵を配したとて、中国軍と戦争を始める事が出来るものではない。満洲の治安を恢復し、日満一体となって同地域の平和を維持し、産業の開発を計る為には関東軍の力を必要としたが、これによって日中両国の全面戦争が起る事は、日本としては何としても避けねばならぬ事であった。しかし関東軍の活動をその勢いに任せておけば、中国側の猛反撥と相俟って、日本の真意に反する結果となることは明らかである。

　北支に於ける我が居留民の生命財産を保護し、諸権益を守る為の支那駐屯軍は関東軍に比して余りに小人数なので、中国側の抗日意識の拡大を考えるとき、関東軍がこれを黙視して居れぬ為の強硬意見を持つ事も憂慮された。

　以上の点から、関東軍と違う考え方で、別個の立場で（勿論それが支那駐屯軍の本来の姿であるが）関東軍の介入を必要としない実力を備える為に実施されたのが、この時の「増強」であった。随ってその目的は、従来の駐屯軍の目的と変りはないのである。ただ日中の対立が満洲事件や満洲国建設の為に極めて酷しくなった事により、従来の方針を続ける事が難しくなっていたのである。

　この困難な任務を果す為に最適の人として選ばれたのが、田代中将だった。中将は当時陸軍きっての秀才で、しかも部内随一の中国通であった。その経歴を見ると、日露戦争終了後、陸軍大学校を卒業と同時に参謀本部支那課に配属され、一時は蒙古人に変装して約一年間東部内蒙古に潜入、大正十二年から二ヶ年間漢口に駐在、内地の聯隊長を経験した後、参謀本部支那課長として大正十五年から昭和五年まで在勤、旅団長を経て中華民国大使館附武官となり、第一次上海事変には派遣軍参謀長として作戦を指導した。そしてその停戦交渉には最も苦労した人である。満洲国の誕生と共に関東軍憲兵司令官となったが、これはその本来の経歴とは凡そ無縁で、軍内部の派閥を排撃し、軍人の本分を尽す人格高潔な武人として、粛軍の衝に当る為の最適の人物と目されたことによるものである。

　駐屯軍司令官着任間もなく、山海関に出張した折に病魔に冒され、心臓弁膜症と云う病名で病床につき、昭和十二年七月七日芦溝橋事件勃発の時は既に再起不能の重態であった。事局重大の為支那駐屯軍司令官には一期先輩の香月中将が補され、参謀本部付となったが、自らこの交渉を意識することなく、昭和十二年七月十六日、天津の軍司令官邸に於て不帰の客となられたのである。享年五十七才であった。

　中国二十九軍軍長宋哲元は、事件勃発時山東省の郷里に帰省していたが、この時天津に戻り、十七日午后三時半から官邸で行われた告別式の二時間前、霊前に默禱焼香した。当日の新聞記事によると、次のような追悼の言葉がその口から洩れたと云う。

「閣下は私と真の友達でした。北支における日支関係の将来は閣下に期待する所が多かったのです。図らずも私の留守中に発病されて私の留守中に亡くなってしまわれました」

生きている人に語るようにいう言葉を、陳覚生氏が通訳して亡き将軍に伝える宋委員長の面には涙さえ光っている。雪江末亡人も無量の感慨を面に運命的なシーンを現出した。なお張自忠天津市長、冀察の曹如霖、陳中孚委員が来邸静かに焼香瞑目した。

と記されている。

宗哲元が任務を放棄して郷里へ帰ったりしなかったら、又田代中将が病気で亡くなったりしなかったら、と悔まれる気持は否定できない。田代中将が健在だったならば、芦溝橋事件など起きなかったかも知れない、と考えたくもなる。

勿論、歴史の流れはそれ程甘いものではない。それは日中両国の間ではどうにもならぬ。世界の荒波によるからである。この両国間の悲劇を中将の霊はどのように見て居られるだろうか、その御冥福を祈って止まない。

…………………………

以上の文章は、昨年六月、中将の五十年忌法要に際し、御令息田代皎氏が孫達に伝える為として、内輪で印刷された追想録によるものであり、ここでお許しを願う次第だが、敢えてこれを書く必要を感じた動機は他にもある。

「田代軍司令官が宛平県城外で中国軍に殺されたと云う事が、中国側の印刷物に書かれている」と云う話を人から聞いたので、訪中した友人に現在蘆溝橋にある資料博物館で観光客向けのそのパンフレットを買って来て貰った。

それは「蘆溝橋」と云う標題で、筆者は彭成と記されている。しかし中国のお国柄や売っている場所から考えてこれは中国国家の意志表示と考える他はない。勿論中国文だが翻訳して貰うと、その箇所は次のように書かれている。

「蘆溝橋の抗戦において、二十九軍の愛国的な兵士は、中国共産党の影響と全国人民の支援と鼓舞のもとに、生命を顧みない英雄的な業績が数多く出現した。二十九軍の大刀隊のうわさは、日本軍に知れわたり、彼等の肝をつぶしたものである。

たとえば、七月十三日、宛平県城を防御する郝占鰲という班長は、八人の兵士を連れてコウリャンの茂みに身を隠し、敵の砲兵陣地を襲撃し、日本軍の田代駐屯軍司令官を打ち殺した………」

事件発生当時、田代司令官が天津の官邸で危篤の重病であった事は公知の事だった筈である。余程いいかげんな人間がこれを書いたのだろうが、これを美しいパンフレットに印刷して外国人の観光客に売る迄の間に、この非常識さをチェックする人が中国政府の中に一人も居なかったとは全く呆れたものである。

然しこれを読んだ中国人も、中国語の分る外国人も当然これを信用するだろう。日本の支那駐屯軍司令官である中将が宛平県城外の高粱畑などで戦死する筈はない、と云う程度の常識さえあればその心配はないが。

ところで、このパンフレットを読んでみると、どこもかしこも驚くことばかりである。蘆溝橋事件は中国を侵略する為に日本軍の仕かけたもので、中国共産党はその翌日全国に抗日の通電を発して（これは事実だが）抗日に立上った。そして中国の全国民を抗日に向って立上らせ、八年間の抗日戦争の結果、日本軍を粉砕した。とある。

国民の心を一定の方向に向ける為には、国家はどんな出たらめでも教える必要がある、と云う事だろうか。

日本も世界中を敵として困窮した時は、神がかりの事を云って国民をあざむいた。今の中国も、国民にうそを云ってまで、その心を握る必要があるのだろうか。うそが永久に通るなどと思っているのだろうか。他国の教科書の一字一句にまで文句をつけて来る国とは迚も考えられない。

又これはそのパンフレットではないが、日本軍が蘆溝橋でも大量の人民虐殺を行ったと云う事が宣伝されているらしい。通州で二百人の日本民間人が虐殺された時のセンセーションを考えたら分るように、そういうことは隠しようがないのである。戦争による軍隊同士の殺し合いでなく、一般人民が何百何千と虐殺された事などが、五十年の間、人に知られずに居る筈はない。ひそかに語り継がれているなどと云う生やさしい問題ではない筈である。南京の大虐殺と同様、中国流の白髪三千丈式のでたらめである。日中戦争の最中でも、一般の中国人と日本人との間には何等わだかまりの無かった事は、当時を知っている者なら誰でも理解出来る事である。

現在は、日中の友好が絶対必要である、日中は相互に援け合わねばならぬ、これは議論の余地がない。その為には昔のことに拘ってはいけないと云う事も事実である。

然し、その為にこれは昔のことで、今の日本人には関係はない。したがって責任はないと免責した上で、昔の歴史を勝手に粉飾し或いは創作したりするのは同意出来ない。そんな事をするのは中国内部の事情によるものである事は分るが、日本にはまだ当時の人間が生きているし、犠牲になった人々の遺族もいるのである。中国の人民が中国の政府にだまされる事については、他国人が異論を唱える事は出来ないかも知れないが、何も知らない日本人までだまされてしまう事は黙視出来ない。

真実を追究すると云う事は国家の都合や人々の感情とは無関係に、絶対必要な事柄なのである。

（編集委員）

龍王廟について

津久井　広

盧溝橋事件の舞台となった龍王廟は、魔の廟として彼我の間に一躍有名となった。

これは永定河の堤防上にあり、大昔から水神様として祀られていた。現在の社殿は明の英宗が正統二年（一四三七年）に建てたものと伝えられている。事件の起った昭和十二年（一九三七年）は丁度五百年目に当る。その間一度もお祭りが行われた事がないので、その怒りに触れたとも云われている。勿論偶然だろうが、何となく無気味な因縁的宿命を感じさせる。

（筆者は昭和六年徴集、支駐歩二聯隊第五中隊所属、事件当時旅団司令部勤務で事件後現地調査員に加わり、第八中隊の幹部と交談したとの事である。別項第二十九軍の作戦命令書は津久井氏の提供によるものである。）

竜王廟（山本登氏提供）

盧溝橋碑

開原昌登

表　盧溝暁月

裏　苑店寒雞呼喔鳴曙光斜漾欲参横半鈎留照三秋澹一蝀分波金鏡明入定納僧心共印憶程客子影猶驚邇来毎踏溝西動觸景那忘黯爾情

乾隆辛未初秋　御題　乾隆御筆　所寳惟賢

説　明

苑店寒雞呼喔鳴　林舎の鶏寒さの為チーチーと鳴く

曙光斜漾欲参横　朝の太陽の光は浪を斜に照らして縦、横色々の状態に

見える

半鈎留照三秋澹　黎明の月の光が残秋の水を照らし

一練分波金鏡明　一橋は波を分けて全鏡を明朗する処

入定納僧心共印　老僧は読経するとき其の心は月の静なる状態と同じ

憶程客子影猶驚　旅行する人は道上に於て自分の影を見ると驚く様子

遛来毎踏溝西道　近頃にて蘆溝橋の西道上に到れば

觸景那忘翻爾情　其の景を考出すと其の情況が忘られない

（宛平県公署発行の日、華対訳文による）

想蘆溝橋故事（蘆溝橋随想）

新井孝次郎

歩一会報第一〇号を受領して次号が蘆溝橋特集号だと知り甚だよい企画だと感じました。現在生存している当時現場に居た人々が真実の事実を沢山残して置かなければ永久に事件発端の真相は闇に包まれたものになります。特に戦後に溢れ出した反戦図書類や一方的な極東戦争裁判の記録とによって真相が曲げられたものになる虞が有ります。

中国では「史」と言って一つの国の歴史はその国が亡びて次の国の時代になって政府役人が編集する慣例が有ります。明の歴史「明史」は次の清が書き、清の歴史「清史」は中華民国が書いて居ます。当初十八史であったが現在までに全部で二六史が官製の歴史として作成されて居ます。これは随分のんびりした話ですがこれこそ正しい国の歴史だと思います。現在は時のスピードが早くなったが正しい日中事変の歴史は私達や子供達の時代が過ぎて孫達の時代にでも書けば正しいものになると思います。

戦後平和論者と称して戦争の経験皆無の若者達が少しばかり自分達に都合の良い文書だけを根拠に新聞・雑誌・単行本等に日中事変参加者全部が三光（殺光・焼光・略光・殺し尽くす・焼き尽くす・奪い尽くす）の下手人の如く書きまくり本屋に並べて金もうけしました。私達もつい買わされて読まされましたが一方的な意見だとこの本を途中から購入し読むことを差し控えました。

その後に在支部隊の聯隊史・師団史等が発行されて次第に正しい史実が公表され更に防衛庁の戦史が公刊され之を読んでまあまあ物足らない処もあるが正常に戻りつつあるなとやや安心しました。支駐歩一の聯隊史を手にしてよく書いてくれたと編集者に感謝しつつ何回も何回も読み返しました。早とちりしてこれで反戦論者も居なくなるとまで思いました。

最近になりＮＨＫテレビ等で日中両国だけでなく第三国の主として米英独の資料を捜して当時の全般的社会経済状況の動向とも併せて幅広い立場で特集番組にして見せてくれてよい傾向と思いますが少しドキメンタリーに表現し過ぎると思って居ます。

終戦直後から反戦論者が「蘆溝橋の銃声一発」が上海南京と全面的な日中事変に発展させ大東亜戦争から敗戦の泥沼に突き込んだと極め付けました。一方別な論者は満州事件から筆を書き始めて「柳条溝の爆発」が火元で「蘆溝橋の銃声一発」は再発で上海は再々発だとし私達の旧上官達を「蘆溝橋トリオ」として悪口を書きました。悪口を消して置きたいのが私の心情ですが当事者の一木大隊長は昭和十七年ガダルカナルで戦死、牟田口聯隊長は昭和四一年死去、河辺旅団長は昭和四十年死去で聴くことは出来ないのです。正しい歴史は私達の孫達に出して貰うとして私達に出来る事は真相はこうだと少しでも多く残す事だけだと思います。私は具体的に次の二点に特別の興味をもっています。

（Ａ）一つは「蘆溝橋の銃声一発」の発砲者は誰であったかです。

①中国軍第二九軍兵士（当時の将介石軍宛平県城駐屯部隊員）

②馮玉祥の陰謀（反将介石クーデターに失敗

した軍閥）

③日本軍の謀略（秘密命令を受けた隊員又は特務機関員）

④満洲で成功した関東軍特務機関の特殊工作

⑤中国共産党工作員（劉伯承系か？聶栄臻系か？）

⑥満洲を日本軍に奪われた張学良が共産党と提携した陰謀

以上六項目が現在までに検討推理されているが果たしてどれか？又はどれではないか？聯隊史でも断定していないので興味があります。特に聯隊史の最後の⑤と関連する処です。

（B）次は戦争の抑止力です。私達は終戦の詔勅によって戦争を止めました。負けたのではなく「耐え難きを耐え忍び」矛を納めたのです。今後も此の様に抑止力が働くでしょうか？

銃声一発の直後に政府も現地部隊も不拡大方針が出されたと書かれて居ます。しかしながら結果は拡大してしまったのです。満洲事件も上海事件も全く同様です。結果からは戦争のどの時点でも抑止力は働かなかったのです。

ガソリンも火薬も原子力も爆発物は爆発する性質なのです。問題は之を抑圧制御する抑圧剤の使用時期、方法と使用する人間の訓練が大切なのです。気違いには刃物を持たせず持たせる者は厳格な管理能力の訓練をして持たせるべきです。異常は早く見付けて抑圧制[illegible]止することです。戦争の何処かの段[illegible]止力を働かせないと日本も世界も全人類が困るのです。機械と同じに人間も制御出来るでしょうか？

六〇〇〇年の間戦乱の続いた中国では広大な土地と多民族な為に抑止力の発動に自由な批判と為政者の自己批判の組み合せ方式を発見しました。従って外国から見ると何時もごたごたして居る様に見えますが自国内で問題を発見して漫々的ではあるが自国内で解決して近代化を進めて居ります。狭い土地で単一民族の日本では自国内ではお互いに自動制御が働いて問題が問題に成らずして外国から批判されて大問題に発展する場合が多いのと対照的です。中国は国共紛争四年間の結果は台湾は中国の一部（省）として認めて大幅な自治を認めて抑止して居ります。

米国も北鮮派兵、ベトナム侵攻で国内批判を自己反省して抑止しました。ソ聯もアフガニスタンで抑止を考え始めて居る様ですが中近東イラン・イラクでは見通つかず当事国は勿論湾岸諸国、全世界が困って居ります。聯隊史や今回の特集号その他の文書を沢山子供達に残して置けば参考にして上手に抑止して結果は孫達が私達の期待する結論を出すことでしょう。

以下は蛇足かも知れませんが私は昭和十五年兵で蘆溝橋に就いて残すものが有りませんが命を賭けて日中事変に参加した身として子供達に次の点だけは残して置きたいと思います。

①部分的例外的には中国軍にやられたことはあっても全ての戦闘に負けたことはなく負けたと思ったことも無かった。

②国共両軍と戦ったが部隊と部隊の戦闘では勝ったが民衆と一体の敵、戦場の無い戦線、政治経済補給を含めた総合戦争では勝ったとも負けたとも言えず引き分けであったがヤルタ会議の審判団のミスジャジで負けたことにされた。

③中国の民生安定、民心把握では私達は負けていた。治安維持を一部の特務機関や特務憲兵に任せて人民の反発を受けて失敗であった。県警備隊や治安軍の育成共同作戦に生ぬるいものがあった。

④粛正討伐、掃蕩剔抉の結果として中国人民に多大な迷惑を掛けたが命令指示でやったもので勝手に三光を実施したことは一度も無かった。軍規は厳正そのものであった。

⑤中国は日本に対して戦時賠償を免除して友好条約を締結した。共同声明第五項に次の様に説べている。「中華人民共和国政府は中日両国民のために日本国に対する戦争賠償の請求を放棄することを宣言する」。これは中国が中日友好、永久不戦を国是として再び両国の間に戦争の無いことを表明したものである。

⑥従って中国は日本の軍事大国化は背信行為として批判すると共に靖国神社に総理大臣の公式参拝等の細かいことまで批判するのである。国内だけの立場で日本国内の事にお節介やくなとの意見も解るが此の際に隠忍自重を望みたい。靖国神社は私達自身が一人でも多く参拝すればよい。

⑦中国で青壮年時代を数年間過ごし生還した

私達はどんな事が有っても「耐え忍んで」中日友好永久不戦の尖兵となって一生を過ごさなければならない。

おわり

（筆者は、昭和十五年徴集、第四中隊）

蘆溝橋事件の世界謀略史的位置づけ

桂　鎮　雄

一、極東国際軍事裁判にて　証言拒否の謎

昭和二十三年五月、私は市ヶ谷の軍事法廷に呼び出されて、東条大将弁護証人となった。昭和十二年七月七日の蘆溝橋及通州事件につき、生き残り小隊長として、証言をする事であった。証言する二日前の夜、中国側検事梅如耕が私共の宿舎へやって来て会議が開かれた。「桂証人は蘆溝橋事件の証言をする事が無くなった」と。おかしいと思い反問したが答えもせず逃げる様に帰って行った。同席の先輩たち桜井徳太郎元軍事顧問・萱嶋元聯隊長・桜井文雄元小隊長からムキにならぬ様宥められた。然し法廷の中で「検事側が急に蘆溝橋事件を不問に附する事は、中国側に何かがあって日本軍を責める事が出来なくなった」と察せられた。

あとで知った事であるが——劉小奇副主席自身が昭和二十三年「仕掛人は中国共産党で、現地責任者はこの俺だった」と、証拠を示して、西側記者団に発表した由。一番驚いたのはこの法廷検事団であった。その為に、蘆溝橋事件の被疑者として収監中の河辺正三、牟田口廉也の両被告は理由も告げられずに無罪放免された。その時期は桂の証言拒否の直前であったと思われる。又中国代表の梅検事は東京裁判閉廷後、国民政府へ帰国しないで中共軍の北京へ向ったと。

東京裁判は占領軍が国際法を無視して強行した政治ショウであった。昭和五十八年ローリング元判事は東京で行われた極東国際軍事裁判の国際シンポジウムに参加した。その時彼の曰く「戦勝国が事後立法で敗戦国を「平和の罪」で裁けるか？」と。

二、事件の謎は中共側から洩れる　ホンネによって解明されて来る

事件発生の原因は謎と言う時代が過ぎて五十年も経過すると、どこからかホンネが聞こえて来る昨今である。初めは「犯人は誰か」から調査を開始した。ミクロの問題と考えたのは現地にいた駐屯軍の故であろうか。今やミクロもマクロも併せて私流に考えて見るとして、三ツの側から大別して原因を追って見よ

う。

(一) 日本側

1. 支那駐屯軍を改編した事が悪かった。それ迄は一年交代の派遣部隊であって内地各師団から選出された。それが固定の建制部隊となり、編成装備は戦略部隊となった。即ち歩兵には軍旗を、砲兵には野重を、機動力に戦車を配して兵力を三倍とした。目的は関東軍をして北方の対ソ戦に専念せしめる事にあったけれど、それは日本国内の統帥の問題であり、ここは外国即ち主権中国の領土内と言う国際問題である。日本以外の外国駐留軍も多数居る中で、天津条約の範囲内とは言え、この日本陸軍の突出は、疑心暗鬼を招くが当然であったと思う。

2. 豊台に駐留した事が拙かった。従来は豊台に駐兵していなかった。それは兵力が増強された為に通州のみでは収容出来なかったことや演習場が無いことであった。豊台には長く国民政府軍の第二十九軍が居り、交通の戦略要点をおさえていた。従って日本の一ケ大隊を駐留させる事の是非は早くから憂慮されていた問題であった。

3. 訓練演習の内容が激しくなった。従来は儀杖や礼砲の儀式用訓練と、居留民と鉄道を守る為に軽装した市街戦程度であった。夜間行軍はあったが夜間の戦斗訓練や射撃は固く禁じられていた。然るに今回は北支にあり乍ら、対ソ教育一点張りであり前面の中国軍を一顧だにしないのみか、その一木大隊長は演習の神様視された前は歩兵学校の教官であった。

4. 支那駐屯軍司令部として
増強された駐屯軍への疑惑を解消する為の各種の情報や宣伝活動の継続、訓練の公開、演習場の選定、時間制限や夜間の訓練特に空包射撃など、制限と公告周知につき配慮を欠いた。

5. 東京中央部の不統一。関東軍の無軌道、政府の不拡大、局地解決方針と矛盾する内地三ケ師団動員説のチラツカセなど、支那駐屯軍を嘲弄するが如き事態は、二・二六事件反省の時期だけに、陸軍の驕慢さが目立った。

6. 近衛内閣の無定見と南京会談中止、ゾルゲへの大失態。

7. コミンテルンの手先である中共指導部の軽視、否無関心からする支那軍一本説の失態。(二本目の中共に騙され、敗れた陸軍の醜態)

(二) 支那側の主体、国民党政府軍側

1. 日本関東軍と称する横暴の代表に対し憎悪に燃えたぎっていた。支那駐屯軍の増強は関東軍の欺瞞的配備でさえある。それは訓練が対ソ一点帳りに変っているから。

2. 憎みて余りある関東軍が綏遠事件で敗れた事。日本陸軍はクーデターの二・二六事件に失敗して弱化した。好機とさえ考えられた。

3. 外侮に対する中国民衆の反発は大きい。蔣介石直系の各種愛国的団体特に藍衣社とC・C団の抗日工作は大きかった。

4. 馮治安の指揮する第三十七師の訓練と士気は格別に高かった。
豊台に駐留する二一九団に於て傾向は著るしいものがあった。

(三) 中国共産党側

1. 昭和十年モスコーのコミンテルン本部は中国共産党に対し指令した——日本の帝国主義者及その手先に対し武装革命斗争をせよ——。同年八・一宣言により、抗日救国の為、中国全同胞に告げる書を以て蹶起を促した。是は中共及ソ連の対日宣戦布告でもあった。

2. 同年一二・九運動を起し、日本帝国主義打倒のデモを全国に拡げ、蘆溝橋事件の導火線とした。副主席たる劉小奇は自ら北京市に潜み平津地区の学生、労働者、農民及兵士を指導し、事件勃発の地盤をつくった。豊台の日本部隊の演習に紛れ馮治安部隊と日本軍との衝突を計画。七日の夜爆竹学生らを竜王廟附近に混入させて双方の交戦に導いた。その後は拡大の為の処置をとり続けた。

三、中国共産党が「日本軍来攻」の特電を全国同胞に発した事の意義

七月八日、中共から全中国の団体に対し蹶起の特電が打たれた。「七月七日夜十時日本

-111-

は蘆溝橋に於て中国の駐屯軍馮治安部隊に対し攻撃を開始し、馮部隊に対し長辛店への撤退を要求した。日本軍のかゝる挑戦行動が、遂に大規模なる侵略戦争にまで拡大するか、或は外交圧迫条件を造成して将来への侵略戦争導入を期するかに不拘、平津と華北は日本軍に武装侵略される危険がありすこぶる切迫している（略）。今や煙幕はすでに取り除かれた。日本帝国主義の平津華北武力侵略の危険はすべての中国人の面前にある。

全国の同胞諸君、中華民族が抗戦を実行する事こそ我々の責務である（中略）。宋哲元君が即時動員して前線に出動応戦する事を要求する。南京中央政府が即時且つ切実に二九軍を援助する事を要求すると共に全国民衆の愛国運動を開放し、抗戦的勇気を発揚し、全国海陸空軍を動員し応戦を準備し（以下略）」

銃声の第一発は午后十時三十分であって十時ではなかった。又日本軍が初めての射撃を開始したのは、八日朝五時三十分であって長辛店の問題は交渉には入って後の事である。中共が情況不明のこの時機にかゝる激越な対日即時開戦論を主張出来たと言う事は語るにおちた中共謀略の一端である。この通電は日本側には一切匿されてあって知られなかったのであるが、この通電を受けた軍事委員長の蒋介石が八月十九日蘆山に於て発せられた「最後の関頭」演説と比較して見るとその違いが明らかである。私も当時新聞でこの悲壮な声明を読み、訴えるものが大きかったのを憶えている。

その大要は——

1.中国は平和を熱愛している民族であるが弱国である。強国から不当な理由で攻められる時、全民族は死を賭して国難を守るしかない。

2.蘆溝橋の事件は偶発ではない。（驕慢な日本の）中国攻撃である。若し之を許したならば、古都北京は傀儡満州国の奉天と同じ運命に陥るだろう。断じて許してはならぬ。

3.日本は立場を変えて見よ。弱国とは雖も主権と領土とを死守せねばならぬ。この事件を中日戦争にまで発展させるか否かは、一に日本政府の態度如何である、と

別言で言えば、共産党は「立ち上れ」、蒋介石は「成るべく我慢せよ」

四、中国共産党が（国際共産党（コミンテルン））から受けたテーゼとは何か

年代順（西暦と日本の年号）に追って行くと、

一九一二（大正元年）革命の父と言われた孫文が中華民国の成立宣言。自ら大統領となって清朝まで続いていた帝国主義から、中国の解放を目指す事となった。

一九一九（大正七年）五・四運動、天安門広場に約三千人、「二十一ヶ条廃止、青島戻せ」

一九二一（大正九年）中国共産党が結成せられ、毛沢東はその時のリーダーの一人であった。

一九二三（大正十一年）国共合作の方針が決定された。孫文は「ソ連及中共と結び労働者、農民を援ける政策」を採択した。

この二年あと孫文没す。

一九二七（昭和二年）蒋介石は孫文の遺志で国内の統一を計り自ら革命軍総司令となったが、外国及資本家の要請の為上海にクーデターを起した。これによって国府側と中共側とが別れ、互に勢力を争うことになった。

一九二八（昭和三年）中共側は瑞金に中華労農ソビエト大会を開いた。同年モスクワではスターリン体制下、第六回のコミンテルン大会が開催せられた。その会の骨子は「建設途上にあるソ連を、列国の脅威から如何にして防衛するか。その為に中国支部の中共は帝国主義国家に戦争を誘発し之を内戦に転化する戦略とその斗争手段に関する提案を採択した。

この時点に於て、十数年後の日独対米英の戦争を予見していた事が注目されるが、驚くべき先見性と言わねばならない。

このあとの中共の動きは、既述の二の㈢を参照。

五、テーゼを実行して勝利した中国共産党の足跡

党の内規の故であろうか、白と判っていても否定を続けて秘密を守る共産党であるので、五十年間に得られた資料を断片的ながらつなぎ合はせて全般を窺知する事とする。

(一) 蘆溝橋事件（中国では七・七事変）の中共内部での発表

中共軍の中で、兵士教育用の「戦士政治読本」の中に次の記述があった。「七・七事変は、劉小奇同志の指揮する抗日救国学生の一隊が決死的行動を以って党中央の指令を実行したもので、これによってわが党を滅亡させせようと第六次反共戦を準備していた蔣介石南京反動政府は、世界有数の精強を誇る日本軍と戦はざるを得なくなった。その結果滅亡したのは、中国共産党ではなくて、蔣介石南京反動政府と日本帝国主義であった」と。

（新資料「蘆溝橋事件」葛西純一編・訳）

註

葛西氏は、昭和十五満鉄入社、昭和十八阜新独守歩兵十三大隊へ現地入隊し終戦後も満州。昭和二十年九月中共の誘いで共産軍に入隊し昭和二八年日本に帰国した人。氏は昭和二四年、中国共産党政権が樹立のあと、河南省洛陽市の第四野戦後勤軍械部（兵器弾薬部）に正連級（大尉）として勤務時、教育を受けた時に渡されたのが「戦士政治読本」であった。日本で言えば歩兵操典とか軍隊内務書或は同教育令に相当する様であるが、政治読本と言うから、日本には無かった種類の本である。

発行社は成詳出版社であるが、葛西氏と成詳社に対する脅迫とマスコミの嫌がらせは執拗に続けられたと聞く、私は偕行社で需め大切に保管中。

(二) 波多野乾一氏（東京裁判法廷に於て、証言を準備中、発言を封じられた人で桂のすぐあとの出廷予定者。中国共産党の研究家）は著書に次の如く記している。

「西安事件後、全国的抗日態勢が整備され、国共合作が成立しようとしていた時、蘆溝橋事件が発生した事は、コミンテルと中共との思うツボであった。コミンテルは直ちに指令した。

1.飽くまで局地解決を避け日中の全面的衝突を導かねばならん。

2.局地解決や妥協を策する要人を抹殺しても良い。

3.民衆に工作して行動を起こさせ、国民政府をして戦争開始のやむなきに立ち入れなければならないと。

(三) 毛沢東が朱徳第八路軍長に与えた訓辞。

昭和十二年、日支両軍の戦斗が開始せられ、共産軍が国共合作の為、蔣介石の指揮下に入るに先だち

「中日戦争は中共発展の為絶好の機会である。七分の力を中共の発展に、二分の力を国民政府との対抗に、残りの一分の力を抗日に使用せよ。政策は第一段階で妥協即ち国民政府に表面上服従、第二で競争、即ち黄河以北から国民党の影響を除去して同等の力をつけ、第三では攻勢をとり、党の兵力を華中深く浸透させて根拠地をつくり、国民党に反抗せよ」と。

——————

面従腹背の中国人根性躍如たり、中共のホンネ。

(四) 勝利したあとの、毛沢東のホンネの言葉

昭和三九年七月、日本社会党の佐々木更三氏を団長とする訪中団が毛沢東に会った。佐々木氏の「中国国民に多大の損害をもたらして申し訳ない」に対して答えて曰く「何も申し訳なく思う事はありませんョ。日本軍国主義は中国に大きな利益をもたらしました。中国々民に権力を奪取させてくれました。皆さんの皇軍の力なしには権力を奪うことは不可能だったでしょう。

（東大近代中国史研究会訳、「毛沢東思想万歳」下巻）

(五) 日本敗戦後、中国の国内戦に勝利した中共のやり方——

1.昭和二十年八月、日本軍が降伏するや国府軍と中共軍とは先を争って日本軍と南京政府軍（汪兆銘）の占領地域に進出した。満州を占領したソ連軍から関東軍所有の武器弾薬を譲り受けた中共軍は有利であった。米国は中国の内戦を望まず、蔣介石の指導下、両軍の話し合いを期待し、ソ連も従った。

2.昭和二一年、米国の軍隊を利用出来る中に、と、蔣介石は、交渉と共に戦斗を準備し、中共軍も準備した。夏頃から両軍の衝突が始まり、軍事的に有利な国府軍は共産党側の辺区（解放区）や満州にも進出して攻勢をかけた。共産軍は延安の根拠地をも一時的に放棄して農村地帯に退却した。そして国府軍の兵力の伸び切った所を見計って反撃に転じた。農村にいた共産軍は人民解放軍として解放区を出て攻勢、遂に攻守、所を異にした。米軍の優秀な装備を援助されていたが、政府内部

の腐敗があって崩壊した。（昭和二一—二三年）

3. 昭和二四年、人民解放軍は北京に無血入城、四月には揚子江を渡り全土に亘り進撃した。国府軍は台湾に逃れた。十月一日、毛沢東は中華人民共和国の成立を宣言した。

内戦に勝利した中国共産党は新民主々義革命、次で社会主義革命の段階へ進むべく、昭和二五年、中ソ友好同盟が結成された。

コミンテルンのテーゼに従って忠実に実行した中国共産党は抗日と国共合作とを嚙み合はせ漁夫の利とも申すべき中国本土を完全に占領、掌握して第二次世界大戦の真の勝利者となった事は偉とすべき事ではあるまいか。

六、反省と教訓

㈠ 日中友好問題の発展について

五十年の歳月は早くも過ぎ去って昔の忌はしい想出を忘れてしまいたいのが人情である。中国の各地へ戦友の慰霊と、戦場として迷惑をかけた現地の人々へ謝罪の誠を捧げる事は人間として麗はしい事であり、継続を願い、又発展を期待したい。中国残留孤児の問題の如く避けて通れない問題が後遺症として残る限り、戦争が終ったとは言えないのも人情であろう。

㈡ 秘密主義と内政干渉の問題

共産党の秘密主義の恐怖は日本人の如く陸地続きの隣国を持たぬ人種には理解し難い。ゾルゲのスパイ結果が日本の敗戦にどれだけ影響したかは判らないが、現在の日本に、より以上恐るべきゾルゲの第二、第三が滞在している事は断言してよいと思う。

近頃中共政府から外交を通して日本の内政に干渉と思える言辞が出る事は残念である。靖国問題、公式参拝、教科書、南京問題等々その根本に極東軍事裁判がある様である。

国際法の常識から言って裁判とは言えぬ事が、軍事法廷の名の下に行われ、戦敗国の不都合のみがとり上げられて簡単に極刑にまで運ばれたのが復讐人情であって敗戦国の不利益は加重されるのみ、茲に遺訓として残る事は、「武力は正義なり」である。

軍事裁判でどんなに抗議しても、マ元帥は悉くを一蹴して顧りみなかった。日本が北方四島の返還を訴えて早や四十年。一顧だにされないソ連、「武力で占領した事は正義なり」とウソぶいて憚らぬ。コミンテルンを信奉した中共は真犯人が自分であるとは、口が裂けても言はぬ。徹底した嘘つきの国である。

私の同期生の畏友三岡健次郎（陸将）が昨秋、十三回目の中国訪問をした。中共側は彼を「鄧小平の古い友達」として下へも置かぬ賓客扱いをして来た事は、周知の事実である。鄧小平が都合で会えず、政治及軍事の最高に近い余秋里氏に三回目の懇談をした。話が盧溝橋の事に及び、今や周知に近い劉小奇の「自分がやった」に到った途端、余氏外満座の中で色をなして、初めて怒り「否」とした。事の内容は未だ良いが、賓客に対しても尚且つ嘘を主張して譲らぬ魂胆を見逃してはならぬ。言葉を別にすれば、この国も「武力は正義のみ」と。

㈢ 東京裁判の司法的正しさは無い、有るのは軍事的（復讐の意）のみ。

東京裁判は正しかったと思いこんでいる国の筆頭はソ連であった。盧溝橋事件の真犯人であり乍ら国民政府軍を退けて漁夫の利を奪いとった中共は、ソ連と同じ様に東京裁判を正しいと信じている様である。「戦勝国の事後立法で敗戦国を裁く権利があるか」の三岡の言葉も通じなかったと言う。

㈣ 戦争を商売してはならぬ。

今次第二次世界大戦の儲け頭はソ連であって、第二位は中共であること史家の一致する所である。条約を踏みにじり一週間の参戦によってこれだけの収獲とは、マルクス、レーニンも顔負けであったろう。

㈤ 「武力は正義」の時代が未だ続く。

今後に於て戦争を二度と興してはならぬ、その為には核を廃絶にまで軍縮する事が第一、武力に代って「道義こそが正義」とする道義世界の建設が第二と信ずる。それ迄は必要な武力を国として持たねば敗けるのみ、「平和、平和」の掛け声やデモ行進で戦争が予防出来るなどと思うことを是非共考え直して貰いたい。コミンテルンのイデオロギー戦争が消える迄は。

以上

（筆者は、陸士第四十六期、当時支駐歩二聯隊　小隊長）

芥川龍之介の「支那遊記」に現れた日中戦争・太平洋戦争の萌芽

岡　野　篤　夫

芥川龍之介は毎日新聞の特派記者として、大正十年の三月から七月まで中国の各地を回った。訪れた先は上海、南京、九江、漢口、長沙、洛陽、北京、大同、天津などである。この旅行の紀行文は大阪毎日新聞、東京日日新聞に掲載され、後に「支那遊記」として出版された。

芥川の敏感な神経と鋭い観察は中国の民俗、人々の生活、古い歴史を巧みに捉えているが、彼は単に名所旧蹟をみて歩いただけでなく、彼を案内したのは夫々の地に長く住みついている日本の文化人で、その人達と中国を語り、又その人達の紹介で中国の名士や若い思想家と対話を交し、当時の中国人の考え方を読者に伝えている。中国の古典に関する彼の該博な知識がこれを援けていることは云う迄もない。

文章の流麗なことは勿論だが、彼の記述は正確で奥行が深く、大局を捉えている。それは巨匠の画いた風景画のようである。その結果として、その中に欧米の影響がこの風土に根深く浸透している有様が現われ、又日本の進出に対する欧米の反撃が中国人の間に排日感情を植付ける形で現われていることが無意識に描き出されている。大正十年と云えば満洲事件の十年前、芦溝橋事件の十六年前だが、日中戦争の最初の動きがこの頃すでに相当顕著に現われていたこと、そしてそれは日本と中国との戦争でなくて、日本と英米の戦争で、当然太平洋戦争にまで発展する運命だったことを物語っている。

芥川は中国の排日に関する情報を集めるために旅行した訳ではないから、その模様を伝えている箇所はほんの一部で、しかも彼はそういう事を意識していない。だからその箇所だけを摘出することは、この「支那遊記」の評価を狂わせてしまうことになるのだが、ここでこの本の全体を紹介する訳にはいかないので、その部分だけを抜き書きしながら、私の見解を述べてみたいと思う。

1．蘇小小の墓のほとりで

芥川は上海に一ヶ月程滞在して、街々の露路の奥まで歩き、古い廟に詣で、人々と語り、演劇に親しみ、紅楼の美妓を評し、上海の西洋を見ている。その中の、例えば乞食の話だけでもこの本を買って読む値打がある。少し下等なカッフェで、英国の水兵達が頬紅の濃い女たちとたわむれている描写は、戦後進駐軍のいた頃の東京の盛り場を思わせる。

「上海遊記」の次は「江南遊記」となるが、杭州の旅館でアメリカ人の傍若無人の振舞に憤然とした後、西湖周辺の旧蹟を回る。ここでは畫舫（遊覧用の小舟、船頭が棹で操る）で湖面を回り、名所で上陸する訳だが、その度に古典や古詩を思い浮べ、独特の弥次をとばしたり、感心したりする。蘇小小と云う唐時代の美人の墓を詣でた時、一寸不愉快な目にあった。

「その次に蘇小小の墓を見た。蘇小小は銭塘の名妓である。何しろ芸者と云う代りに、その後は蘇小と称へる位だから、墓も古来評判が高い。処が今詣でて見ると、この唐代の美人の墓は、瓦葺きの屋根をかけた、漆喰か何か塗ったらしい、詩的でも何でもない土饅頭だった。殊に墓のあるあたりは、西冷橋の橋普請の為に、荒され放題荒されていたから、愈々索漠を極めている。少時愛読した孫子の詩に『段家橋外易斜曛。芳草凄迷緑似裙。弔罷岳王来弔汝。勝他多少達官墳。』と云うのがあるが、現在は何処を見ても、裙に似た草色どころの騒ぎじゃない。堀り返された土の上に、痛痛しい日の光が流れている。おまけに西冷橋畔の路には、支那の中学生が二三人、排日の歌か何かうたっている。私は匆匆村田君と、悠蓮女史の墓を一見した後、水際の畫舫へ引き返した。」（傍点筆者、以下同じ）

芥川は事もなげに書いているが、中学生が排日の歌を歌っているなどと云う事は、聞き

訃　報（敬称略）

一中隊　林　実香　十二年兵　六二、一
〃　山口　代一　十三年兵　六一、七、八
〃　佐野伊左雄　十三年兵　六一、三、一
〃　日置　勇　十八年兵　六一、一一
三中隊　佐藤七五三吉　六二、三、一七
四中隊　篠原　明　六一、四一九
五中隊　門井　常吉　十四年兵　六二、三、六
〃　福島　義勇　〃　六二、三、三〇
八中隊　清水　義次　十三年兵　六二、一〇、一
十二中隊　友井　三郎　六二、一〇、三一
一機中隊　大野　貫治　十六年兵　六二、三、九
二機中隊　窪田　作造　十三年兵　六〇、一二、三
〃　吉沢　武雄　十五年兵　六一、九、一六
〃　小沢　幸明　十四年兵　六二、一二、三一
三機中隊　伊藤　隆夫　十四年兵　六二、三、二
通信隊　織茂善次郎　十三年兵　六二、三、二〇
〃　山田　映次（旧姓石渡）　〃　六二、三、一七

尚、須山完一氏より会員名簿（五七、八月印刷）の内、左記の方々が故人となられている事御通知がありました。（57～58頁）

（鳥取県）
石賀一郎60・9　市場信道（旧姓稲葉）61・9
植田金吾55・10　河井俊徳60・
楠原正三　不明　中村清三郎58・
福田光男58・　横山沢範53・5
（島根県）
小浜虎和嘉55・　奥原三吉58・
景山　清　不明　金津　実57・
金森勝好（旧姓高木）61・8　坂根忠助53・9
為石重雄61・7　福瀬邦夫54・8
以上十六名

聯隊史戦没者名簿訂正の件

須山完一氏より左記の通り戦没者名簿の追加（記載洩れ）御申越がありましたので御訂正願います。

（五八三頁）
第二中隊　上等兵　高山孝三郎　13・7・29　通州
（五八四頁）
上等兵　浅見金作　13・10　武漢作戦中

尚五八六頁、階級、名前不明となっているもの
（五中隊分）
上等兵　中村兼蔵　上等兵　浅野安久

五九三頁　下段一三行　上野輝光は輝元の誤記
五八〇頁　上段二六行　第一機関銃中隊の中の金原貞次郎は第五中隊出身であり、前記上野輝元の次へ挿入（班長と班員である。）

全国戦没軍馬慰霊祭のこと

「とった手綱に血がかよう……」方々にお知らせします。

四月十二日、桜前線も既に北上したのに、底冷えのする日でした。

第三回目の軍馬慰霊祭が靖国神社境内に建立されている軍馬の碑前に於て行われました。

支駐歩一会を代表して内海会長が式典に参列し玉串料金壱万円也を奉納しました。

本年は元豊橋騎兵第二十五聯隊の当番で、騎兵科代表として竹田恒徳氏（元竹田宮）も出席せられ、全国各地より凡そ四百余名の参加者で、『復員のなかった軍馬の霊よ安らかなれ』と祈りました。最後に全員で愛馬進軍歌を合唱し解散しました。

今後も毎年四月第二日曜日（昭和六十三年四月十日）に挙行する由です。参加は自由です。

会報綴込用表紙　御送付、その他

支駐歩一会々報も第十一号と号を重ねて参りましたが、各位適当に綴込んで居られることと存じます。ついては、後れ馳せながら今回本会報用の綴込用表紙を作製、同封お送り致しましたので御使用願います。甚だ勝手乍らこれは実費送料共五百円頂きますので次回

会報代御送金の際この五百円をプラスしてお送り下さいますようお願いします。若し表紙御不要の方はお手数乍ら御返送下さい。

　尚今回の第十一号は特集号として増頁致しましたが、この為に会費の増額は致しません。

　又本号は会員数より若干余分に印刷致しましたので、御希望の向には本号のみの別売をさせて頂きます。その場合の頒価は一部千円（送料二〇〇円）と致します。

第十九回支駐歩一大会

　来る八月二十三日（日）開催の予定です。詳細は追って御通知致します。

原稿募集

　本号は盧溝橋事件特集号としましたので一般の御寄稿は保留してありますが、次号は普通号と致しますので奮って御投稿を願います。締切は九月末日と致します。

　原稿は必ず四百字詰原稿用紙にお書きの上「東京都世田ヶ谷区駒沢四—七—六　内海通勝方　支駐歩一会」宛お送り下さい。

編集部より

　我国全体、そして国民の全部を破滅の底に追い込んだあの大戦争の、一つの起点となった盧溝橋事件から五十年が経ちました。その後の我々日本人の環境の変化は実に夢のようです。我が聯隊はその盧溝橋事件に関係し、歴史の上に深い足跡を残しました。そこで、この事件の実体を明らかにし、正しい歴史を後世に伝えることは我々の責務であると信じ、今回その特集号を企画した次第でありますが、この計画は当時在隊の諸兄の絶大な御賛同を受け、ここに当時の事件関係者二十八名（内故人1、二聯隊2、部外3）の方々の、御体験に基く生々しい御寄稿を集めることが出来ました。又近代日本史の研究家で特に盧溝橋事件を専門的に究明して居られる皇学館大学坂本夏男教授の、胸のすくような明快な論説を載せさせて頂くことが出来ました。こうして、編集部としては望外の内容を持つ特集号が出来ましたことは、喜びに堪えない次第です。やはり、戦友会には心の通いがあったことを痛感します。

　此の際戦友諸兄にお願いしたいことは、本号を単に読み流すことなく、これは全日本人が子々孫々に至るまで語り伝えねばならぬ歴史であることを、お子様達、お孫さん達にお伝え願いたいことです。宜しくお願い致します。

　次に編集に当って困ったことが一つありました。それは聯隊と連隊の問題です。勿論、聯隊が正しいので、日本軍には連隊と云うのは存在しませんでした。（中国軍には「連」がありましたが）戦後、漢字制限の関係で、新聞社などが皆「連隊」と書くようになり、今日では皆それに随って居りますので、間違いと云って一々直すことも出来ないようになりました。

　そこで本誌では、止むなく、書いて来られた儘に致しましたので、聯隊と連隊が混用されて居ります。まことに不統一で申訳けありませんが、どちらも同じ意味であると御判断下さるようお願い申上げます。　（岡野）

本号に使はせて頂いたカットは当時北京に在住された千地琇也氏の作品です。

（十四）卢沟桥事件的发端

资料名称：《特集 8・15 終戦秘話》（中）《蘆溝橋事件の発端》

资料出处：《サンデー毎日》1984 年 8 月 26 日，京都府立総合資料館藏，第 154—158 頁。

资料解说：本资料是日本媒体利用亲历者的战后回忆，对卢沟桥事变发生经过的报道，强调卢沟桥事变充斥着「偶然」和「误解」。

'84. 8. 26　　サンデー毎日　154

写真は昭和12年7月7日夜　この橋の上流で発生した一発の銃声が悲劇の日中戦争の導火線となった（毎日新聞社『一億人の昭和史』）から

盧溝橋事件の発端

"賊の一発"だった！

機関員が47年ぶり真相証言

だれが何のために撃ったのか——昭和十二年七月、盧溝橋事件の発端となった中国・北京郊外のナゾの銃声について、元特務機関員が半世紀近い沈黙を破って真相を証言した。道に迷った日本兵を送ってきた馬賊が敵意のないことを知らせるために撃った馬賊流のあいさつだった、というもので、中国共産党や日本軍の陰謀だとする従来の説をすべて覆す。終戦秘話第二弾は、四十七年ぶりの「盧溝橋の真実」である。

フリーライター・佐久間　瑩

一九三七年（昭和十二年）の七月七日、北京（当時の北平）郊外、盧溝橋のすぐそばで、日本軍の一中隊が夜間演習を行っていた。

午後十時半ごろ、演習の前段が終わった直後に、近くで"パンパン"と二発の銃声が突然、鳴り響いた。

155　サンデー毎日　'84.8.26

特集8·15終戦秘話㊥

謎の銃声は馬

あいさつの

元特務

その銃声を聞いた日本軍は中国軍による〃攻撃〃と思い込み、すぐさま闇夜に向かって軽機関銃の実弾掃射を行った。この後、七月二十九日に北京近くの通州にいた日本人百人以上が虐殺され、今度は日本軍が激高。戦乱は燎原(りょうげん)の火のごとく中国全土へと広がり、この年の十二月から翌年の二月にかけて、日本軍は〃南京大虐殺〃を引き起こすなど、全面的な日中戦争に突入していくのである。

日本の歴史書などでは、〃蘆溝橋の一発〃が日中戦争の引き金になった、というのが定説になっている。確かに日本政府は蘆溝橋事件後、兵力の増派を決定するなど強硬な姿勢を示したが、あくまで不拡大の方針だった。

だが、軍の方はこの事件後、華北方面に兵力を集結、着々と全面戦争開始に備えつつあった。

その折も折の通州での虐殺事件。これが戦線拡大の大きな原因になった。蘆溝橋事件で散った火花が通州に飛んで小爆発を引き起こし、これが中国全土を揺るがす大爆発を誘発したのである。

この〃蘆溝橋の一発〃を誰がどういう状況下で撃ったのかは半世紀近くの間、大きな〃ナゾ〃とされてきた。日本側の軍関係者の間で強い「中国共産党陰謀説」。逆の立場の人が主張する「日本軍陰謀説」。はたまた、当時、問題の地域に部隊を配置していた宋哲元が指揮する中国軍第二九軍が真犯人だとする説など諸説紛々、真相はまさに藪の中である。

この〝盧溝橋の一発〟は、実は馬賊が善意の〝あいさつ〟のために撃ったものだ、と証言する人物が現れた。元特務機関員、中島辰次郎氏(六八)がその人である。本題に入る前に、同氏の横顔と当時の時代背景を説明すると――。

中島氏は、大正五年、千葉県生まれ。東京府立第三中学校を卒業後、すぐに哈爾浜特務機関訓練所に第三期生として入所。そこを一九三四年八月に卒業、海拉爾行きを命じられた。同地で最初に受けた任務を遂行中、馬賊の一団に襲われて捕虜になってしまう。

ところが、捕らえられている間に馬賊の仲間に入り、中国大陸を流転することになった。馬賊時代の名を王道義という。その後、再び日本軍と合流した中島氏は、一九三七年から包頭特務機関員として活動した。

中島氏は、終戦を延安の北方にあった楡林で迎える。その年の十月に北京へたどり着いた時は、参謀部二課の日野機関付であった。同機関は国民政府によって解散させられるが、中島氏らは同政府の軍事統計局に雇われることになる。中島氏は国民政府国防部第二庁在籍の少校（旧日本軍の少佐に相当）にも任命された。

中島氏によると、その後、OSS（米戦略活動局）に徴用され、毛沢東暗殺を企てるが、失敗。帰国後、強制的にキャノン機関に協力させられ、松川事件にもかかわることになったという。

この中島氏には、馬賊時代に契りを結んだ義兄弟がいた。六合こと于海賓である。彼は阜新県の出身で、祖父の代から続く馬賊の名門の出。祖父も六合と名乗ったが、その部下に黒山こと張作霖もいたという

この于海賓こそが〝盧溝橋の一発〟を撃った当の本人だった。事件の真相を中島氏はこの人物から聞いたというのである。

そもそも、馬賊という呼び名は日本でつくられたもので、中国語にはない。中国では紅鬍子といわれていた。

自分たちの勢力圏外の集落を襲う時、彼らが顔を赤く塗ったり黒く塗ったりすることから、こう名づけられたという。

一説によると、馬賊は清朝末期（一九一〇年ころ）に生まれた民間の自衛武装集団だといわれ、数百騎単位で群れをなして大陸を走り回っていた。

◇◇◇

闇夜に道に迷った日本兵を送り

大陸浪人と呼ばれる民間の日本人の中にも、馬賊に身を投じて謀略活動を行った者もいた。

日本人馬賊として有名なのは、中島成子、小日向白朗、薄益三、そして檀一雄の小説『夕日と拳銃』のモデルになったといわれる伊達順之助らである。

こうした馬賊も、満州国軍や日本軍に追われ、次第に一国一城的な根拠地をつくれなくなっていった。彼らは万里の長城を越えて中国軍に入ったり、日本軍に帰順したりする。一部は張作霖のように地方軍閥化した。

さて、いよいよ〝盧溝橋の一発〟である。中島氏が語る事件の真相は次の通りだ。

――盧溝橋は北京の西方約一五キロの地点にかかっている。かつてマルコ・ポーロも『東方見聞録』の中で「きわめて美しい石橋」と褒めたたえた大理石造りの名橋である。そのすぐ近くにある宛平県城内には、宋哲元が指揮する中国軍の第二九軍第三七師司令部があった。師長は馮治安将軍である。

一九三七年七月七日、于海賓は管区内の巡察を完了し、宛平県城の馮治安を訪問しようとしていた。彼が四人の護衛兵を連れて龍王廟に着いたのは、夕刻の七時ごろだった。

于海賓は馬賊の頭目として満州を駆け巡ってきた人物だが、時代の流れを感じて手兵の六百余騎とともに、第二九軍第三七師に合流していたのである。一九三六年九月に部下を冀東六県に分散配置する。

第三七師のうち第二一九団は、吉星文が団長の国民党軍。宛平県城の守備についていた。第二二〇団の団長は于海賓の副官である李大鉄、遵化県城を守備する第二二一団の団長は于海賓自身であった。

于海賓が龍王廟に到着した時、そこには彼の配下の一個分隊が駐屯していた。分隊長は部下に夕食の準備を命じ、龍王廟周辺の警備状況を報告する。

この時点で「盧溝橋の北東にある一文字山付近に二百人ほどの日本軍が現れている」との報告が前哨站から入っていた。日本側の資料によると、支那駐屯歩兵旅団歩兵第一連隊第三大隊の第八中隊（中隊長・清水節郎大尉）である。

龍王廟から宛平県城まで二、三キロの距離ではあったが、夕食で時間をつぶした于海賓は、馮治安将軍訪問を翌朝に延ばすことにする。

この夜は空に雲なく、星がよく見えたという。しかし、月がないためにあたりの様子がよくわからないほどの暗夜であった。

龍王廟で団長の于海賓を囲んで

〈日中戦争時の中国〉
（昭和12年）
北平（北京）
盧溝橋
天津
渤海
黄河
青島
済南

酒宴を催していると、そこへ歩哨がひとりの日本兵を連れて現れた。闇夜で道に迷った第八中隊の志村菊次郎二等兵である。

〝一発〟の翌日　蘆溝橋のたもとで勝利の万歳をする日本軍　㊨㊤は蘆溝橋事件1年後　馬賊から日本の特務機関に戻り　于海賓から事件の真相を聞いたころの中島氏　㊨㊦現在の中島辰次郎氏

志村二等兵は中国語が理解できないうえ、自分が行くべき方向もわからない様子だった。一文字山のあたりで何かしている日本兵のひとりであろう、と判断した于海賓は、「よし、俺が日本軍に送り届けてやろう」と護衛兵四人を連れ、総勢六人で一文字山に向かって馬を走らせた。

たき火が見える地点、距離にして約一〇〇㍍のあたりまで来たときのこと。相手に対して敵意のないことを知らせる馬賊流の合図をした。空に向けて、けん銃を二度発射し、その答えを待ったのである。午後十時四十分ごろのことだった。

◇◇◇ 馬賊流の復讐は残虐そのもの

ところが、なんと日本軍からの返事は軽機関銃による実弾掃射だったのである。

護衛兵が応戦するのをやめさせた于海賓は、馬を龍王廟に向けて走らせた。その際、四人の護衛兵は腹部などに弾を受け、傷を負ってしまった。彼らは龍王廟にたどり着いて一時間もしないうちに死んだ。

その四人の中には、于海賓の甥である黒龍と李大鉄の実弟、海龍とが含まれていた。

一緒にいた志村二等兵は落馬、そのまま無事、所属部隊に帰り着いている。

李大鉄はこの事件のてん末を知って激怒した。実弟が日本軍により射殺された。しかも〝仁義を切っていた〟にもかかわらずに、である。彼は復讐を誓う。

満州の馬賊などは、〝転生〟を信じているという。「この世に生きている人間の数は一定しているため、死ぬということは別の者が生まれてくるということだ」という考えである。この考えに従えば、「人を多く殺せば、それだけ多くの死者が生き返ってくる」という結論になる。蘆溝橋事件から十日ほどたってから、李大鉄は于海賓を訪ね、日本軍に殺された海龍たちの復讐をしよう、と誘う。于海賓は李大鉄をなだめてやめさせようとしたが、むだであった。そして、ついに七月二十九日に李大鉄は通州で日本人を多数虐殺してしまった。

北京の東約二〇㌔にある通州は日本軍のかいらい、冀東防共自治政府の所在地。当時、通州城内には、日本軍守備隊約五十人と居留邦人約二百五十人がいた。親日派の殷汝耕のおひざ元だったので、日本人にとって安全な場所と考えられていた。ところが、そこの保安隊が反乱を起こし、日本人を虐殺したのである。

実は、この通州の保安隊員は李大鉄の部下たちだった。このころ第二九軍はカネ払いが悪かったため、こっそり保安隊と掛け持ちする兵士が少なくなかった。日本軍を嫌っていた于海賓が李大鉄をなだめたのも、資金源を断ちたくない、という事情があったためである。

李大鉄自身も通州城内に駐屯していた。彼は分散していた部下約二百五十人を集め、通州在留の日本人皆殺しを厳命した。

七月二十九日の夜明けと同時に、李大鉄は日本軍兵舎を包囲した。そして通州特務機関に突入

'84.8.26　サンデー毎日　158

特集　8・15終戦秘話㊥

し、細木繁機関長、甲斐厚補佐官らを射殺した。

　この騒ぎに驚いた在留邦人は、日本料亭「錦水楼」に避難し、立てこもった。しかし、結局、子供や婦人に至るまで虐殺されたのである。

　通州城内には日本の守備隊や在留邦人のほか、冀東自治政府関係職員や日本軍が連れてきた朝鮮人もいた。記録によると、在留邦人・軍人百四人、朝鮮人百八人が殺害されている。中国語が話せないため、朝鮮人も日本人とみなされて殺されたのである。

　その殺し方は、馬賊流の残虐なものだった。拖腸（尻を割いて腸を引き出す）、栽大蒜（丸太にしばりつけて逆さに立てる）、牽黄牛（鼻に針金を通して引きずり回す）、食大麵条（棒を口から内臓に差し込む）、拖地雷（首にひもを巻き、馬に引かせて走る）、梳肉（腕や足の筋肉を削る）、食大七八（女性の陰部に棒を差し込む）などの手口が使われた。

　これが味方に犠牲者がでた場合の馬賊流の報復である。

　中島氏が于海賓に蘆溝橋事件から通州事件に至るいきさつを聞いたのは、一九三八年七月七日、つまり蘆溝橋事件が発生してちょうど一年目の日であった。

　その日の午後二時ごろ、北京市北海公園の北に住む高文斌を中島氏は訪ねた。高文斌は反満抗日義勇軍の第三軍長だった人物。

　すでに第二九軍の参謀にまで昇格していた于海賓と小日向白朗たちが高文斌を囲んで七夕を祝おうと集い、談笑していた。そこに中島氏が入っていくと、于海賓は涙ながらに一年前の蘆溝橋事件の一部始終を語ったという。

　戦前戦後にわたり、謀略活動の第一線で働いてきた中島氏は現在、東京の会社監査役。かつて自分の体験をまとめた『馬賊一代』という本を出したことがあるが、「戦争で死んでいった友人たちの霊を慰めるためにも歴史の真相を語らねばならない」と今回の証言を決意した。

　戦後生まれの私(佐久間)は、近代日本の裏面史に興味を持ち、取材する過程で、歴史の〝裏街道〟を歩いてきた中島氏と出会った。何度か会って、やっと重い口を開いた中島氏は、半世紀近い前の出来事のひとコマひとコマを、昨日のように語った。そして、長い間、口をつぐんできた理由をこう語る。

◇◇◇

錯覚と誤解が生んだ全面戦争

「これまでにも真相を明かそうと思ったことは何度かあります。しかし、あまりにも意外な話なので言っても信じてもらえない、と思っていた。馬賊仲間の小日向白朗さんたちも亡くなり、私の話が真実だと証明するすべもなく今日に至っていました」

　中島氏がこの真相を公にする決心をしたのは、元第六方面軍参謀の岡田芳政氏が『蔣介石秘録12日中全面戦争』（サンケイ新聞社）の中に中島氏の証言を裏付ける一節が載っていることに気づいたためである。

「しかしその銃声は、空に向けて発射する音であった」

と、事件当夜、蘆溝橋守備の任務についていた祁国軒という排長（小隊長）は、はっきりと語っている。

　事件の当事者のひとりである清水節郎氏の手記（秦郁彦著『日中戦争史』所収）にも「敵弾は頭上相当高く飛んだので、その被害はまずなかろう」と同様のことが記載されている。

　事件の数少ない目撃者が一致して銃弾は上空に向かって飛んでいったと断言している。空に向けて撃った銃弾に攻撃の意志があったかどうか——。

　志村二等兵が第二九軍の駐屯地の方へ歩いていった、という証言もある。NHKのテレビ番組「歴史への招待」で、当時、第八中隊の上等兵だった高桑弥一郎氏は、次のように発言している。

「志村はまだ初年兵なものだから、方向がわからないわけです。これはあとで聞いた話なんだけれども、志村は最初に出発した方向に迷って中国兵の前まで行ってしまった。それで撃たれたという話でした」

　また、「敵に捕まったのか」という質問に対して、本人はハッキリしたことを言わなかった、という話も伝わっている。

　岡田氏自身も戦後、清水節郎氏に蘆溝橋事件について聞いたことがある。両氏とも陸軍士官学校の第三十六期生でよく知った仲だ。

　岡田氏の質問に対し、清水氏は次のように答えたという。

「当時は非常に緊迫した状態にあって、ゆっくりと兵隊を調べていられるような状況でなかった」

　現場にいた清水氏でさえ、事実関係はよくわからないのである。これまでの諸説はいずれも推測にすぎない、と言ってよかろう。

　中島氏の明かした真相によると、〝蘆溝橋の一発〟は、むしろ善意から出たものであった。道に迷った日本人を案内する——普通なら衝突の原因などにはなりそうにない。

　ところが、国際緊張が高まっていると、こうした善意すらも軍事衝突のきっかけになってしまう。「面白いから油をかけてやろう」という者もでてくる。

　蘆溝橋事件発生の翌日には、所管外の関東軍が「厳に本事件の成り行きを注視する」と、いちはやく声明を出している（防衛庁防衛研修所戦史部著『支那事変　陸軍作戦』）。

　また、「この日（九日）、関東軍参謀、辻政信大尉が天津に来て、関東軍の意見として時局対処の強硬論を述べた」（同）ともいう。

　かつて中国共産党陰謀説をとったこともある岡田氏は今、次のように言う。

「これまでのほかの説に比べ、中島君の証言は具体的だ。『蔣介石秘録』の記述からもこれが一番真相に近いのではないか、と考えるようになった」

×　×　×

　緊張が高まった状況では〝どこでマッチをすっても爆発する〟。蘆溝橋事件はその小さな火花だった。小さな錯覚と誤解が、全面戦争に発展した不幸な事例である。あらゆる核に取り囲まれた現在、ボタン一つで全世界が破局を迎えてしまう状況下で、こうした真相が明るみに出された意味は小さくないだろう。

（十五）空包弹和实弹和枪声

资料名称： 空包と実弾と銃身

资料出处： 読売新聞社編《昭和史の天皇》15，読売新聞社 1965 年発行，第 309—317 頁。

资料解说： 本资料是对卢沟桥事变的回顾。内容包括当事人对演习日军所携带的是空包弹还是实弹的回忆，时任第二十九军副军长秦德纯、宛平县县长王冷斋为远东国际军事法庭提供的证词等。

空包と実弾と銃身

豊台事件について、もう少し触れておく。

内田市太郎氏（当時、一等兵、現、農業、秋田県鹿角郡尾去沢町新堀町一七の二）の話。

「われわれが豊台へ行ってからちょっとして、ちょうど満州事変記念日だったと記憶しております。その九月十八日に第七中隊と支那の軍隊とがぶつかったんです。そのころはわれわれもまだ戦時編制ではなかったから、自分は第八中隊の第二班に属していました。

ともかくその晩は、もう完全に第三大隊が出動しまして、支那の兵舎を包囲して、とどのつまり支那側が撤退することになった。自分がみたところ、あのころ、日支間はなんとなく無気味でしたね。自分が歩哨に立っていたときのことなんですが、支那の兵隊が自分の兵舎にハシゴをかけて日本の兵舎をのぞいたりする。こっちは初年兵ではあるし、どうも気味が悪い。二十九軍が親日かどうか、そんなことよりも、ヘイの中をのぞいたりされると気味がわるくて、こりゃあ、そのうち、ぶつかるぞと思っていたんですよ。それが満州事変記念日の衝突ということになったんでしょうね」

兎沢正樹氏（当時、一等兵、現、酒類販売業、札幌市月寒中央通九の四三の五〇）の話。

「二十九軍の兵隊というのは、わたしだけの感じだったかもしれませんが、別に緊張感を招くほどのことではなかったけれど、なんとなく、しっくりしませんでしたね。

自分らが演習などに出かけると、それを見かけた二十九軍の兵隊はツバをはいてみせたりする。今日になってみれば、それがなにを意味していたのか、よくわかるんですが、あのころは感じのいいもんではありませんでした。

豊台事件の原因は、向こうの兵隊が第七中隊の隊長さんの馬のしりをひっぱたいたとかだそうですが、その通りすがりの中国の兵隊というのは、豊台の兵隊ではなかったと聞いています。つまり、この一種のワルサのため豊台の中国兵が撤退させられたんだから、結局、和解したといっても二十九軍の兵隊は腹の中ではおそらく『このヤロウ』と思ったことでしょう。そしてこの事件をきっかけにして、日中の現場の空気は険悪になりましたね」

証言のニュアンスはいろいろだが、清水中隊の兵士たちは、付近の民家の屋根に上がり、鉄帽をかぶり、小銃には着剣をし、機関銃射手は銃口を二十九軍の兵舎に向けていたのだった。このような一触即発の態勢にあっては、当然、兵士たちには小銃、機関銃ともに実弾が装塡（そうてん）されていたわけだが、つねづねもそうだったのだろうか。第八中隊の兵器係は阿部久六軍曹だった。

阿部久六氏（現、太陽銀行本店総務課、東京都府中市本町二の一五の二二）に聞く。

「出身はスキーで有名な秋田の八幡平村で、入営したのは昭和六年。佐藤一男君も一緒だったんですが、満州事変に参加し、九年にいわゆる“がいせん”しまして軍隊に残ったんです。第八中隊では兵器についての責任者である兵器係というのをやっていたから、職務上、タマのことはよく知っているんです。

この弾丸のことは蘆溝橋事件に関係していろいろいわれているようですね。たとえば、あの七月七日夜、われわれの部隊は全員、実弾を持って行ったとか、その実弾の数も三十発、六十発、さらに百二十発というように、かなり誤って伝えられているようです。もし七月七日の夜、われわれが実弾を装塡して夜間演習をやっていたとしたら、これは確かに中国軍に対してなんらかの意図を持っていたとかんぐられても仕方ないんですが、そうではないんです。

われわれは外地の駐屯軍ですから常に不測の事態に備えなければならない。この点が内地の兵隊とは根本的に異なる点ですね。オーバーないい方をすれば日常坐臥（ざが）が臨戦の心持ちでいなければならない。当然でしょう。したがって演習をやるさいのわれわれのタマの持ち方が内地とは違ってくる。

まず小銃は一銃当たり、つまり小銃を持つ兵隊は空包を五発、それに、外地という特殊事情から警備用として実弾三十発、軽機関銃は実弾を百二十発携帯するんです。空包は演習の規模と、演習が昼間か夜間のどちらに行なわれるかによって量の増減があるが、実弾は小銃三十、軽機百二十発はきまりでした。

だからといって、実弾はいつでも自由に使えるものではありません。小銃隊の場合ですと、ご存じだと思いますが『三八式歩兵銃』は一度に五発装塡する。そこで携帯する実弾は五発が横に並んだのが三列、つまり、十五発をかたいボール紙できちんと包装したうえに、みだりに開封出来ないよう木綿糸がグルグル巻いてある。これを二箱、計三十発を薬盒（やくごう）という箱型のタマ入れに入れて、これを広いベルトに通して上着の上からからだにつけるんです。

薬盒は左右二つあってたしか左側にこの実弾を、右側に空包を入れたと思います。ですから、兵隊は闇夜手さぐりであっても、実弾と空包をとりちがえて銃にこめるなんていうことは絶対にあり得ないんです。さらにいえば、隊長の『実弾使用』の明確な命令がない限り、実弾は使えない仕組みになっていたんです。軽機の場合はこれがさらに厳重だったし、銃身が実弾を使用するさいの『実包銃身』と『空包銃身』の二種類あって、つねづねは『空包銃身』を取り付けているから、狂人でもない限り、実弾と空包を間違えることはないんです。この点よく理解しておいていただきたいと思いますよ」

兵士たちからも重ねて聞いておこう。

石川小太郎氏（当時、上等兵）の話。

「われわれ歩兵は、演習のさい、いつも実弾を三十発ずつ持って行きました。ええ、これを使うには〝間違って〟ということは絶対に考えられなかったんです。なんとなれば、この実弾はボール箱に入れてあって、その上から糸で何回もグルグル巻きにしてある。事故を起こさないためなんですねえ。箱をしっかり密封したうえに、念のため糸でからめてあるんだから、いくら初年兵だといっても空包と間違えるということはないと思いますよ」

高桑弥一郎氏（当時、上等兵）の話。

「実弾は持っているが、それは十五発ずつボール紙の箱に入れて、その箱の上から木綿糸でがっちりゆわえてあるんです。誤りがないようにね。それを二箱、左の方（の薬盒）に入れてある。空包は心配ないから、むき出しのまま右に入れてあるんです。だから、どんな闇の中でも手ざわりで実弾か空包かはわかる」

これまで、蘆溝橋事件に関していくたの著書があるが、この実弾と空包についての記述がとかく正確を欠きがちなので、詳しく聞いたわけである。——ともかく、豊台事件は幸い、日中両軍は銃火を交えることなく一応解決をみたが、豊台事件が中国側に与えた心理的反発は、日本に対する強く激しいにくしみになって現われてくるのである。

豊台という狭い地域に日中両軍、とりわけ反日色の強い馮治安（ひょうちあん）を師長とする二十九軍三十七師の兵士が、ひたいを突き合わせるようにして駐屯していたのだから、豊台事件のようなトラブルが起こらなかったとしたらむしろ不思議なくらいである。日本軍は、北清事変最終議定書をタテにとって豊台に一木大隊を駐屯させたが、これに対してすでに冀察（きさつ）政務委員会側はふくむところ大きかったのは想像にかたくない。この間の事情を、こんどは委員長・宋哲元の片腕であり、冀察の実力者であった北京市長兼二十九軍副軍長・秦徳純（しんとくじゅん）の記録からみてみよう。

冀察政権の実力者である秦徳純は、昭和二十一年七月二十二日、東京裁判、正しくは「極東国際軍事裁判」に対し、検察官側資料として「七七事変紀実」と題する長文の〝回想〟を提出している。いってみれば、盧溝橋事件についての冀察政権側の公式な証言であり、当時は、この証言によって盧溝橋事件の真相が解明されたとさえ、内外から評価されたものである。この証言が果たして真相を解明しているかどうか、ここではそれに触れないが、「紀実」は、一＝前言（まえおき）、甲＝抗戦前の冀察軍政情況、乙＝日本の侵略の段階、二＝事変紀実という構成になっている。「紀実」の日本語訳は、かたかな、漢字がすこぶる多いので、この点を考慮しながら、第三大隊（一木大隊）の豊台駐屯のくだりをあげよう。

「〝七七〟事変発生の地点、盧溝橋は、北平（京）彰儀門外西南二十里の地点にあり、宛平県（えんぺいけん）政府は橋（盧溝橋）の東に位し、城壁は大きからず、城の内外はひとしく（第二十九軍）三十七師（師長・馮治安）の駐屯するところであり、かつ、その地は北平西方の要衝としてすこぶる形勢のぬきんでた所である。

豊台駐屯の日本軍は、かつて一再ならず、その地の駐屯軍の撤退および長辛店の譲与を（冀察に）要求してきたが、みな、わが方の厳重なる拒絶にあった。（中華民国）二十五年（昭和十一年）冬、仇敵日本は駐屯軍の増強を図り、豊台より盧溝橋に至る中間地帯に兵営および飛行場を建設し、華北の完全なる控制を企て、このことに関し、わが方に対し数次交渉を試みたが、ひとしくわが方の厳重なる拒絶にあった。

日本側はここに計画を変更し、地方的著(着)手を試み、利をもって誘い、あるいは威嚇し、かくしてこの地帯の住民に自発的租貸(借)または売却をなさしめんとした。ただし、この地方の主任官吏・王冷斉専員の報告によれば、この地方一帯の住民は、所有地を租貸または売却することを欲せず、かつ、その誓言をなし、拇印をも徴し、証拠となしたる趣である。

あるとき、日本軍駐屯軍参謀長橋本（群少将）、和知（鷹二中佐・参謀）ら数名来訪し、なお、土地購入を要求していうには、この地方の住民はすでに自発的に租貸し、または売却せんと希望しておるにかかわらず、今日これを実現し得ないのは、明らかに華北の官庁方面（つまり冀察政権）の妨害工作によるのであると。

余（秦徳純）は答えて、もちろん、いずれの国家たるとを問わず土地に関する権利は勝手に租貸または譲渡することは出来ない。たとえば、われわれが東京付近に土地を租貸しまたは購入しようとしても、貴政府はこれを許可しないでしょう。仮に数百歩譲っていいますが、民間の田地とか、不動産の支配権が元々その地方の住民に帰属し、官庁において勝手に処分することを得ないとしても、いったい君たちはこの地帯の人民が自発的に租貸または売却を欲しているといういかなる証拠を持たれるのですかといったところ、橋本らは、では閣下、何か住民が租貸または売却を欲しないという確証を持っておられるのですかと問くので、さっそく、王専員の報告による、住民の拇印入りの売却租貸反対誓言を呈示したところ、橋本らは返す言葉もなく、恥が高じて憤怒となり、ついに、しばしば演習に名をかりて、わが方の不備に乗じて、宛平県城を侵略しようと企てたのである。

これがすなわち、事変発生の近因である」

このように、秦徳純北京市長は蘆溝橋事件の近因を、豊台の土地問題に置いているのである。だいぶむずかしくなるが、さらに続けよう。

「乙＝日本の侵略の段階。

分化離間＝華北当局（冀察政権）に対し、あるいは脅し、あるいはあざむき、離間を教唆して、地方と中央を離脱せしめ、その部分化と各個撃破の目的を遂せんとし、途中いくたの経緯はあったが、すべて（利をもって誘い、威をもって脅す）利誘威脅の四字を出なかった。

しかしすべて地方当局の厳重な拒絶にあって狡計は実現することを得なかったけれども、これが敵人（日本）の華北に対する第一段階である。その期間は、およそ昭和十年秋より十一年夏に至る間であった。

経済独占＝親善友好の仮面と、平等互恵の口頭禅をもって、その経済独占の目的を遂せんと欲した。その具体的事実は、およそ、

一、津石鉄道（天津—石家荘）の建設要求、二、竜烟鉄鉱の開発、三、津海関税率の改定、欧米貨物の関税増加、日本貨物の関税低減等であり、これらはすべてわが方に有害なるため、わが国の主権は厳としてこれを拒絶した。これすなわち、仇敵日本の侵略の第二段階であり、その期間は、およそ昭和十一年夏より十二年春に至る間である。

武力脅迫＝敵は、分化離間も経済独占もすべて不可能なのを見て、ついに武力的脅迫を用いることに決し、こ

こに戦わずして得んとする詭計を遂しようとした。

蘆溝橋事変の初めは、比較的優勢な兵力をもって、われに打撃を与え、われを屈服せしめ、わが国北方の北華五省を特殊地帯と化し、田中（義一元首相）の世界併呑の＝いわゆる田中上奏文（昭和二年七月二十五日）をさす。これはだれが作成したか今日もなお不明で、用語、事実などから考えて日本人が作成したものではないという説があるが、露骨な侵略政策が内容になっている＝第二歩計画を達成せんと図ったものであるが、わが最高領袖が高所より一呼せば全国奮起し、全国的抗戦を敢行し、長期抗戦となるも、終始屈せざるこの事実には思い至らなかったのである。

敵が今にしてこれに思い至るも、もはやおそいというものである」

もう一人、宛平県長・王冷斉は、同じく八月六日、東京裁判の検察官側書証に「蘆溝橋事件実録」を提出している。こんどはこれを見よう。

「私は民国二十五年秋（昭和十一年）日本が侵略の度を加えつつあった時に本職に就任した。ゆえに交渉はひんぱんに行なわれ、事態は楽観を許さない状態にあった。

宛平県城は北平（京）の外郭的要塞で、かつ北支交通の枢軸をなし、平（京）漢鉄道の蘆溝橋、北寧鉄道の豊台、平綏鉄道の清河の各大駅は皆、宛平当局の管轄下にあった。

日本軍は、豊台占拠後、平清の交通を制圧し、北方と中央を切断し、もって昔より希望しておったところの特殊勢力範囲と称するものに北支を変える企図を持っていた。すでに前々よりそのつもりで日本はしばしば東三省（満州）に使って成功した手段を用いて、一兵も一矢も損せず北支占領を遂行せんことを希望した。この見地からして和平侵略なるものを開始した。豊台を占領しそこへ駐兵して、更に蘆溝橋をも奪取せんとした。

万一これが成功したならば、北平ははさみ撃ち作戦をもって、彼らに制圧されることとなり、二十九軍もまた彼らの監視下に置かれることになる。

それより前、北寧(鉄)路局長の協力により、鉄道経営の名義を借りて、豊台より蘆溝橋の中間地帯六十四畝(中国の一畝は約六・七アール)の測量をした。

この完了を待って、日本側はわが方に交渉し、この地帯を租借または買収して兵営と飛行場にせんとした。

難航の兵舎建設

（十六）认识的差异与判断

资料名称： 判断に認識のズレ

资料出处： 読売新聞社編《昭和史の天皇》15，読売新聞社 1965 年発行，第 377—385 頁。

资料解说： 本资料是时任驻北平助理武官今井武夫的回忆，反映了日本华北驻屯军及各部机构对于华北局势的认识与判断情况。

判断に認識のズレ

北京駐在武官今井武夫少佐の回想を続ける。

「――大谷と前後して、陸軍省軍事課高級課員岡本清福中佐が来訪した。

岡本中佐は華北で事件が突発しそうだと懸念した石原莞爾第一部長、田中新一軍事課長の内意を受け、柳条溝事件の二の舞を警戒して、血気な日本軍青年将校の内情を観察しつつ華北の一般状況を視察するため旅行中であったらしい。

私は（西本願寺の）大谷（光瑞）に語ったと同一趣旨で、危険状態にある華北の状況を詳細に語った。

岡本は北京、天津地方を約一週間旅行の後、東京に帰任し、さっそく上司に、

『華北の日本軍には、一部事件の勃発を憂慮している者もあるがきわめて少なく、全体として心配する必要はない』

と、私の説明に反し、きわめて楽観的な報告をした。もっとも彼は、もっぱら現地日本軍について、満州事変における柳条溝（事件）と同じ種類の陰謀の有無を、主として調査観察したため、天津軍（支那駐屯軍）参謀や、冀察、冀東両政権軍事顧問のまったく他意なき日本軍内部に陰謀のない言明に安心し、日華両国関係が発火点に近

づいていた、きわめて危険な現実の摩擦状況について、深く認識しなかった結果と思われる。すなわち説明者の話すところと、聞き手の聞きたいところとお互い交錯していたためである。しかるに彼の報告後いくばくもなくして盧溝橋事件の勃発となった」

この回想に今井武夫少佐の話をかぶせる。

「岡本中佐が、北京正陽門外前門駅に近い東交民巷の日本大使館や、日本軍駐屯部隊に隣接したわたしの事務所、つまり陸軍武官室にこられたのは、六月のはじめではなかったか。あるいはもうすこしおそかったかも知れないが、もう訪問すべきところ、話を聞くべき人をすべてたずねたあとだったような感じでしたよ。なんというか、わたしはつけたり、ダメ押しのような印象を受けたんです。

で、中佐はわたしに対して、

『北支の状況はどうかね』

というように、華北の一般状況を聞かせてくれといいましたなあ。そこでわたしは、冀察の第二十九軍と支那駐屯軍とが、もう抜きさしならぬ一触即発の間柄になっている。一刻も早くしかるべき手を打たないと大変な事態になりますと、できるだけ具体的に説明したんでした。

わたしとしては、岡本中佐はもういろいろな方に会われてきている。つまりわたしの話は、緊張し切った華北の事態解明には、屋上屋を重ねるたぐいだと思ったけれど、軍中央からわざわざ北京にまでこられたんだから、一人でも多くそういう状況を話した方がいいと判断して、縷々説明したんです。ひと言でいえば、軍中央はいまこそ勇断を振るって、日中関係解決に努力していただきたいということなんですが、中佐はただ『わかった』ということでした。

あとになって知ったんだが、わたしの話の力点は、緊迫した日中間の状況に置かれていた。ところが岡本中佐が知りたかったのは、そういう状況のことではなくて、支那駐屯軍の参謀たちの間に、果たして満州事変のときのような陰謀が計画されているかどうかだった。その有無を調査するのが岡本中佐の任務だったんですよ。こんなぐあいに話が食い違っていたんだから、いくらわたしが『大変なことになりますぞ』と力説したって、ある意味ではまったく効果はなかったんですねえ。

皮肉なもので、その後支那事変がはじまると、岡本中佐は新たに支那駐屯軍参謀に任ぜられて北京に来たんです。わたしに会うなり、

『君に会って現地の危険な状況を聞きながら、帰朝した直後、自分の楽観的報告に反してこのような事態になってしまった。まったく自分の不明によるもので、君に対し申しわけない』

とくやんでおりました」

岡本中佐のこの調査行の焦点であった支那駐屯軍参謀部の若手参謀の一人、鈴木崇之大尉はいま群馬県館林市にいる。

鈴木崇之氏（旧名、京、現、文化書道北関東支部連合会長、館林市堀工字遠山一九〇〇の二四七）の話。

「岡本中佐ねえ――、駐屯軍へ調査にこられた？　記憶ありませんね、むしろ初耳ですなあ。いったいどういう内容の調査ですか、そうですか。だがわたし――当時、大尉の参謀で動員主任と通信主任を兼ねていたから、そういう調査であれば、なんらかの形で当然わたしにもコンタクトがあったはずですがねえ。しかしそういう覚えはまったくないんです。

だいたいわたしは、若いころからいわゆる革新運動にひかれまして、参謀本部ロシア班長だった橋本欣五郎中

佐らが主導して、昭和五年に発足した軍内革新運動団体の『桜会』のメンバーに加わっていたんです。ですからそのころのわたしの大陸問題に関する意見は『満州、支那問題は武力で解決すべきである』という強硬なものだったんです。

当時この問題に関しての政府の方針、施策は、わたしの見るところ常に軟弱で、こういうことでは日本はジリ貧におちいってしまう。どうしても実力行使でなければ、ついには大陸から全面的に手を引かざるを得なくなってしまう。あのころしきりに〝生命線〟という言葉が叫ばれていました。わたしどもは満州と、それから北支を含めた地域が、日本の生命線であるという感じを強く持っていた。

それを確保するためには、いったん事件が起きた場合、積極果敢に解決をつけてゆかねばならない。そうすることによって国内の軟弱外交を一転させ、将来は軍事政権によって国内を革新改造する。それでなければ日本は絶対に救われないと確信していたんです。血の気が多い若手軍人の中には、こういうふうに考えていた者が結構いたんです。あれも時代の風潮だったんですね。

そのころわたし、士官学校の区隊長、早くいえばクラス担任ですが、それをやっていて、生徒の中には二・二六事件の首謀者の一人である栗原安秀（事件当時中尉）なんかがいましてね。のちわたしが参謀本部の部付将校をやっていたころ彼らに会うと『破壊すればいい。あとの建設はだれかにやってもらえばいい』というんです。建設に責任を持たないということにわたし、非常な疑問を持っていたんです。

それから久留米の第十二師団参謀に出たんですが、ちょうどそのとき二・二六事件が突発した。報を受けたとき『やったナ』と思うと同時に、このまま放置しておいたら、軍隊が崩壊することになる。すみやかに鎮圧しなければと考えました。ところが、はいってくる情報だと東京の軍中央部の動きがにぶい。わたし、憤慨しまして

ね。師団長に、

『九州から選抜した部隊を編成して、反乱軍鎮圧のため東京に前進しましょう』

と意見具申した。師団長も同意されたんですよ。

それでわたしはさらに関東軍、朝鮮軍、隣接師団に『わが師団と同一態度に出られたい』むね通電しました。わが師団が上京することもなく事件はおさまったが、この通電が問題になり、軍紀をみだしたということで、昭和十一年八月の異動で支那駐屯軍参謀に〝左遷〟させられたんです。

――と、まあこういうあばれん坊のわたしですから、岡本中佐がそのような調査にこられたのなら、さしずめわたしなんか真っ先にマークされたんだろうがねえ。記憶ありません」

こうみると岡本中佐の調査がどこまで慎重、綿密であったのか、疑いが持たれるが、それはともかく、中国と絶対に事を構えてはならぬと、軍中央が岡本中佐を北支に派遣したこと自体正しかった。しかし岡本中佐に与えられた任務がこのようなものであったことは、軍中央の中国、とりわけ冀察政権に対する判断の甘さとお粗末さを自ら告白するにひとしいのではないか。いいかえれば、その甘さとお粗末さが、蘆溝橋事件という局部的紛争を支那事変、日中戦争へとエスカレートさせた強力なテコにもなったといえないだろうか。

軍中央部から、岡本清福中佐による視察をうけた支那駐屯軍の考え方は、さきに参謀長橋本群少将の「回想応答録」で見た通りだが、もう少し具体的にみてみよう。

まず、動員、通信主任参謀だった鈴木崇之大尉の話。

「昭和十一年八月、久留米第十二師団の参謀から支那駐屯軍参謀になって中国に来てみると、内地で想像していた以上に排日、侮日の空気が強いんで驚きました。それが非常に強く印象に刻まれているんですよ。とにかくわたしどもは軍服を着ていたんでは天津の日本租界外へ出ることもできない。私服でないと中国民衆からどんな仕打ちをされるかわからんのです。天津と北京の間の軍用電信線はときどき切断され、あるいは盗まれることもある。わたしは『これはいかん』と思いましてね。このままだとなにか日中の間に衝突が起こりそうだということが予測できたんです。

われわれ参謀としては、事の良し悪しは別として、そのような事態が発生したら、ただちに応対できるだけの体制は事前につくっておく必要があります。とにかく軍がしっかりしなければ、万を数える居留民の保護――これが駐屯軍に課されていた最大の使命ですが――だって万全ではない。

そういう空気の中で、駐屯軍参謀部内の意見は二つに分かれていたと思う。実力で事態を解決しようというのが和知（鷹二中佐、のち中将）参謀とわたし。これに対する隠健派、不拡大論者は経済担当の池田純久中佐参謀（のち中将）を中心とする人たちでしたね。それでわたしは和知参謀と組んで、ここでしっかりと駐屯軍の青年将校を握っていかねばいけないと思いましてね、司令部や各部隊から青年将校を集めては現地戦術をやりました。

現地戦術というのは、いざという時に備えて、作戦行動予定地の地形を事前に十分点検して戦術を立てることです。わたしどもの考えでは、北支に事件が起きたときは、山東省の済南から山東半島の青島（日本の租借地）あたりまでを中心として作戦行動を起こす必要がある。青島は日本の勢力圏だったんですが、それだけではもの足りない。済南までは手を伸ばさなければいけないんじゃなかろうか。そういうことで昭和十二年三月でしたか、和知参謀ともども青年将校を何人か連れて済南まで視察に行ったこともありました。

また動員主任だったから、事件が発生したさいの動員計画も立てました。この計画は北京、天津の居留民のうちの在郷軍人を召集して部隊を編成しようというもので、現地を細密に調査しましてね、これは盧溝橋事件の前

にはもう、すっかりでき上がり、田代（皖一郎中将）軍司令官も、

『これで本当に自信のある作戦行動がとれるよ』

と喜んでおられましたなあ。

ですから、事件が起きたときは『やった、起こるべきことが起こった』という感じを持ちましてね。このさい一挙に北支問題にケリをつけねば——と、はやったんでした。そういうわけで蘆溝橋事件には今もって大変責任を感じているんです。

もっともわたしどもの拡大論といっても、なにも中国大陸全土を席捲しようなんていうものではなく、永定河の左岸地区、つまり宛平県城側をすっかり掃討し、この地域を確保するという程度の考えでした。いうならば満州に続いて北支を日本がしっかり握るということで、黄河の線まで前進していくなんて考えは毛頭持っていなかった。黄河の線まで進出するというのは、むしろ東京の方の判断じゃあないですかねえ」

支那駐屯軍参謀部のもう一人の〝生き残り〟和知鷹二中佐参謀（現、全国児童交通安全協力会理事、藤沢市片瀬海岸二の一二の一五）の話も聞く。

「昭和十一年八月の異動で北支太原の特務機関長から支那駐屯軍の参謀に転じましてね。情報担当でしたか。ところで例の岡本中佐の調査ですが、駐屯軍は万一の場合のために備え、腹がまえはしておくが、そのほかには駐屯軍の方からは中国側に対して何ら計画しているところがないとわかり、安心して帰ったんでしたな。岡本中佐が北京、天津に来たころは確かに日中間はなんというか、のっぴきならぬ空気の中にあったんだが、しかしなんらかの衝突事件が発生したとしても、そんなにおおごとになるとは思っていませんでしたよ。

わたしが駐屯軍参謀になったころは、まだ広東を中心にしたいわゆる広西派軍閥という李宗仁、白崇禧、それ

に冀察政権の宋哲元、山東軍閥の韓復榘などが力を合わせて蔣介石をつぶそうとしていたんです。わたしは若いころ参謀本部の支那課にいて広東や山東に駐在したこともあって、これら軍閥とは顔なじみなんです。そこで、彼らのそういう動きを利用して、早くいえば内輪げんかをさせて中国の排日をやめさせようと計ったんです。彼らに無線機を貸しましてね、連絡や情報をとっていたんです。

そうそう、あれは昭和十二年の三月でしたか、三月というのは会計年度のかわりでして、現在でも官庁では間間やることだが、予算が余るとあちこち視察に出かける。駐屯軍でも予算が余ったんで、現地戦術をやるという名目をつけて若い将校を連れて山東省の済南に行ったことがある。

山東省の主席がいまいった韓復榘でしてね、彼に会ったんですよ。だいたいわたしは中国西南地方に強い〝西南派〟です。ということは軍閥の流れからいえば反蔣介石派ということになります。もちろんそんなことは韓復榘だって百も承知です。あまり親しいというほどではなかったが、気の置けない同士でした。

おもしろいことに省主席の彼はしばしば町のふろ屋に行く。わたしにも行かんかと誘われたんです。中国には大きなふろ屋があって、ふろから上がって寝そべりながらアンマをやってもらう。いい気持ちになるとだれもそうだが、そんな時、あれやこれやを口軽にしゃべる。彼がベラベラ話し出したがわたしはそんなに中国語はできない。で、通訳を連れて行ったんですけど、彼がいうんですよ。

『和知さん、ことしの秋ごろ北支で事変が起きます』

『どうしてそんなことわかるんだい』

『前年暮れ（昭和十一年）西安事件で国共合作になったでしょう。それで蔣介石が南京に帰ると同時に南京へ共産系の者がかなりはいって行って、作戦室みたいな所には国民党系の者と共産系の者とが机を並べて仕事をしているくらいです』

とまあこういうんです。それで韓復榘はスパイを南京政府内に入れているので、必ず昭和十二年秋には日中はぶつかるという情報を手にしたというんですな。

『日中衝突のその時、わたしには山東省の全軍をひきいて天津を攻略せよという命令が出ることになっている。計画はそこまでできているが、自分は山東省を離れたくない。だからその時は、日本軍はきっと青島から上陸して来るだろうからそれを防ぐために、山東半島のつけ根の所にある濰県に軍を集中する考えだ。これはけっして反日のためではない。あくまで山東省から離れたくない措置だから了解しておいてくれ』

というんですな。のちに彼は蔣介石に捕えられ、重慶で殺されたと聞きましたが、中国軍内にもかなりはっきりした〝作戦準備〟が進められていたように思えますね」

日中それぞれの思惑が複雑にからみ合って〝悲劇の日〟にころがって行くが、では東京の様子はどうだったか。こんどは東京に目を移そう。

（第十五巻　終わり）

（十七）卢沟桥枪声之谜

资料名称： 蘆溝橋謎の銃声

资料出处：《蘆溝橋謎の銃声》，日本放送出版協会 1982 年版，第 67—88 頁。

资料解说： 本资料是战后由日本媒体综合战时新闻报道与日军当事人回忆资料整理而成，围绕着卢沟桥事变的诱因之一——日军指称中国军队的所谓「非法射击」，介绍卢沟桥事变的前后过程。

日中戦争の引き金となった〝一発〟

昭和十二年七月七日の夜十二時ごろ。

北京の支那駐屯歩兵第一連隊長牟田口廉也大佐の前の電話がけたたましく鳴り響いた。電話をかけてきたのは、彼の部下で、北京の南西およそ十キロの豊台に駐屯している第三大隊長一木清直少佐であった。

蘆溝橋付近で夜間演習に行っていた清水節郎大尉の率いる第八中隊百三十五名が、何者かに発砲されたというものである。

これこそ、われわれが「蘆溝橋の一発」ということばで鮮やかに記憶している事件であった。この事件を契機に、それまで中国東北部で争われていた日中の紛争は、一挙に中国全土に広がり、日中の全面戦争へと拡大していったのである。

この蘆溝橋事件は、およそ半世紀経った今も謎に包まれている。いったいだれが、最初の銃弾を発砲したのか。蘆溝橋付近でいったい何が起こったのか。

日中戦争の引き金となり、昭和史の最大の謎ともいうべきこの事件の真相を探ることによって、戦争というもののメカニズムの一面をうかがい知ることができるのではないか。

すでに、事件から四十五年の歳月が経っているが、事件の鍵を握る人物が当時三人いた。北京にいた第一連隊長牟田口廉也大佐、豊台にいた第三大隊長一木清直少佐、そして、事件の現場、蘆溝橋付近にいた第八中隊長清水節郎大尉である。

蘆溝橋付近で起きた事件は、豊台を経由して北京へと報告され、最終的に北京の牟田口連隊長の判断で攻撃命令が下されることになる。

清水節郎大尉が、戦後、書き残した手記の内容が残っている（秦郁彦『日中戦争史』昭和三十六年、実物は所在不明）。それによれば、第八中隊の行動は次のとおりである。

「昭和十二年七月七日午後——。

第八中隊百三十五名は、夜間演習のため、豊台の兵営を出発、宛平県城西北方約千メートルの龍王廟に向った。それぞれ、鉄帽・背負袋・地下足袋をつけ、弾薬は、規定弾数（小銃一銃につき三十発、軽機関銃一銃につき百二十発）を携行していた。

この夜の演習課題は、『敵主陣地に対する薄暮の接敵及黎明攻撃』であった。

午後四時半ごろ——。

演習地へきてみると、堤防上には二百名以上のシナ兵が白シャツ姿で盛んに工事をしている。

そこで、彼らの作業終了を待つため、一時堤防の手前約千メートルの位置に休憩、部隊はすっかり汗になった上衣とシャツを乾かし夕食を喫した。中隊長（私）は、演習仮設敵を配置し、夕食を

一木大隊長以下、日本兵が駐屯していた豊台兵舎(寺平文子氏提供)

清水中隊長(寺平文子氏提供)

とりながら付近を観察して今夜はなにか起こりはせぬかとの予感がしたのである。」

清水中隊長は、その〝予感〟の理由として、二十日ほど前にはなかった散兵壕が、鉄道橋から龍王廟にかけて出来上がっていたことをあげている。午後六時になっても、中国兵の作業は終わる様子もなく、清水中隊長は、六時過ぎ演習を開始する。その演習とは「堤防の手前約百メートルの付近からこれを背にして部隊を配置につけ、薄暮から指揮官その他特殊任務の者は前方に出て活動を始め、一般部隊の者はまったく暗黒になってから仮設敵の前方約二百メートルの線に移動」(清水手記)する形で行われた。

運命の時間が、刻一刻と迫っていた。その夜は、「まったく風なく空は晴れているが月なく、星空に遠くかすかに浮かぶ蘆溝橋(宛平県)城壁の傍らで動く兵の姿がわずかに見えるばかりの静かな暗夜であった」という。

第一の銃声は、午後十時四十分ごろであった。この間の模様を詳しく清水節郎大尉の手記でたどってみよう。

「①午後十時半ごろ前段の訓練を終わり明朝黎明時まで休憩(野宿)するため、私は各小隊長・仮設敵司令に伝令をもって演習中止・集合の命令を伝達させた(ラッパを吹けば早く集合できるが、中隊では訓練の必要上夜間はなるべくラッパを使わぬ習慣にしていたという)。

②私が立ってこの集合状況を見ていると、にわかに仮設敵の軽機関銃が射撃を始めた。

③演習中止になったのを知らず部隊が伝令を見て射っているのだろうとみていると、突如後方から数発の小銃攻撃を受け、たしか

に実弾だと直感した（我が仮設敵はこれに気付かぬらしく、いぜん空砲射撃を続けている）。

十三、ここで、傍らのラッパ手に命じて、急ぎ集合ラッパを吹奏させる。

豊台兵舎での第8中隊の安保上等兵（安保喜代治氏提供）

第8中隊の長沢伍長（長沢連治氏提供）

⑤ふたたび右後方鉄道橋に近い堤防方向から十数発の射撃を受けた。

⑥この前後に振り返ってみると、蘆溝橋城壁（宛平県城のこと）と堤防上に懐中電灯らしきものの明滅するのが認められた。」

清水中隊長の手記によれば、まずその日、堤防で夕方まで散兵壕掘りの作業をしていた中国兵の存在が証言されている。

そして、問題の銃声は二度にわたり、その堤防の方向からあった。しかも、演習のために配置された仮設敵の軽機関銃の空砲、その後急拠吹かれた集合ラッパに呼応して、発砲されている。

このことは何を意味するのだろうか。

事件に遭遇した兵士たち

私たちは当時の兵士たちを訪ね歩いた。事件に遭遇した第八中隊の主力は秋田出身の兵士たちであった。兵士たちは、昭和十一年五月、中国大陸へ向かった。そのうちの何人かが今も秋田で健在であった。当時、二十歳前後の彼らも、今では六十歳を越えていた。第八中隊上等兵だった安保喜代治さんや伍長だった長沢連治さんは次のように語ってくれた。

安保　どういう感じかって、まあ外国に行くんだというような気持がありました。行きたくないとか、あるいは、家族との別れがおしいとかいうような感じはなかったですね。まあ、私らまだ十九歳という若さだったしね。

長沢　当時、私の両親が駅まで送って来たんですよ。餅なんか持ってきたりして。本当になんというか、外国に行くのも軍隊として行く

宋哲元　彼の麾下に第29軍はあった（寺平文子氏提供）

豊台事件が起こると、日本軍は中国軍の兵舎を包囲した（堀内政雄氏提供）

のではなくて、旅行に行くような軽い気持で、かえって私なんかうれしくてしょうがなかったです。ということは、戦争がまだ始まっていないし、二年間おれば帰れるんだと、交替があるんだということを聞いておったんで……。

兵士たちが渡った中国大陸には、満州を除き、それまでおよそ二千百人の日本軍が駐屯していた。ところが、昭和十一年五月を境に一挙に五千八百人に増強された。

ふえる日本人居留民の保護というのがその理由であったが、このことは、当時台頭してきた中国人のナショナリズムをいたくさかなでることになった。

秋田からの兵士たちは、北京郊外豊台の兵舎に入った。豊台での生活は比較的のどかなものであったという。

しかし、それも長くは続かなかった。中国に渡ってから四か月後の九月十八日、近くに駐屯する宋哲元麾下の第二九軍と一触即発の紛争が起こった。いわゆる豊台事件である。

宋哲元の第二九軍は、南京政府の直接統制には属していなかったが、国民党および中共特務機関の工作によって下級将校・兵士間には抗日意識がみなぎっていたという。

事件は、豊台に駐屯する日本軍の第三大隊第七中隊が演習の途中で第二九軍とすれ違った際、中国兵士が日本軍の馬を打ち、その兵士の引き渡しを要求して、日本軍が中国軍の兵営を包囲したというものである。

この事件以降、現地の緊張は高まり、昭和十二年に入り、七夕の夜に何かが起こるという風説がしきりに流れ始めていたという。

第8中隊の高桑上等兵（高桑弥一郎氏提供）

豊台の中国兵舎（簾内政雄氏提供）

第八中隊の兵士たちも、ひしひしとこの緊迫した空気を感じていた。当時第八中隊上等兵だった高桑弥一郎さんは次のように語る。

高桑　蘆溝橋の城門を通り、それからマルコポーロ橋を渡って、そして永定河の中州へ行って射撃演習をやるのは毎日の日課でした。そうすると、上の方から城門をすぐ閉めて、手榴弾を抱えていつでも爆発するようなしぐさと、青龍刀を持って城門から自分の敵におどすようなことをするわけだ。だからこれはやっぱり危険だな、始まったらここは全部みな殺しになるのだなと、私は考えておりました。だから必ずこれは何か始まるのだなと思いました。

そして、事件からすでに四十五年の歳月が流れた今も、兵士たちはあの夜の銃声を忘れてはいなかった。

高桑　私たちの上をピヤッと弾が来たわけです。どちらの方向からかわからなかったけれども、とにかく上の方をピューッと弾が行ったわけなんです。

安保　聞いた瞬間、これはどこか実弾を空砲とまちがって撃ったのじゃないかというような感じがしたわけです。だけど、考えてみますと、対抗する仮設敵が撃ってくれれば、前から飛んで来るわけです。それがうしろから来たということは、これは何かまちがってやったのではないかというような感じもしました、その時は。

長沢　数発の銃声は私たちのうしろから弾が来ているのです。そして、実弾の音だということははっきりわかるのです、私たちは経験し

蒋介石　昭和12年7月17日廬山で周恩来と会談し対日抗戦の準備を語り合った（毎日新聞社提供）

ているから。それが頭の上をスッとかすめて唸って飛んで行くからわかったのであって、空砲とはまったく違うのです。中隊長やその他の方はどのように判断したかわかりませんが、まさしくこれは中国の兵隊が盧溝橋の陣地から撃ったのだと直感しました。

〝歴史〟に立ち会った兵士たち

ここに一冊の古ぼけた手帳が残っている。『軍隊手牒』と、カーキ色の布表紙に題された小さな手帳には、その兵士の戸籍、行動がすべて記録されているのである。手帳は、除隊の際、返却されることになっているのだが、その一冊は、風雪にたえて、持ち主の許に残った。

最初のページを開くと、「陣内政雄、大正四年四月三日生。昭和十一年一月十日、現役兵として歩兵第十七連隊第二中隊に入営」とある。以下、「（昭和十一年）五月七日、支那駐屯歩兵第一連隊第八中隊に編入、五月二十三日新潟港出港、五月二十九日、塘沽上陸、五月三十日、通州着。六月三十日、転営のため通州出発、同日、豊台着」と続いている。

そして、陣内氏は、翌年の七月七日、日中戦争の導火線となった盧溝橋事件に遭遇することになるのである。

「秋田を出発したのは、五月の連隊の軍旗祭が終わった直後、真夜中の出発でした。もちろんまだ戦争が始まっていなかったし、このさい中国を見るのもいいだろう、というような軽い気持だったんですが、新潟へ着いてすぐ乗せられた輸送船の揺れがひどくて、みんな閉口したものです。われわれ秋田の人間は、船で外洋へ出るなんて経験はほとんど持っていなかったですからね。」

中国に行くという命令が下されたのは、出発の約一週間前、「われわれは命令によって中国に行く」という訓示があったが、行き先は中国のどこなのかは明らかにされなかったという。

安保喜代治氏（秋田市将軍野東在住）は言う。

「私は十九歳で、第二中隊の最年少者でした。外国へ行けるんだという、浮き浮きした気分はありましたね。私がうれしいと思ったのは、今までぼろぼろの軍服を着ていたのが、すべて新品になったことですね。中国へ行くということは、家の人にも知らせてはいけないと言われてましたから、手紙が内地に着くまでは、まだ秋田にいると思っていたようです。」

最初に発砲したのはだれか

いったいだれが最初に発砲したのだろうか。日本側兵士たちの証言によると、日本軍の見解はあくまでも中国軍兵士の発砲ということになる。

ところが、最近出版された『蔣介石秘録12　日中全面戦争』（昭和五十一年）によると、当時、盧溝橋守備のため橋の北のたもとの白衣庵という廟に駐留していた排長（小隊長）祁国軒の証言が紹介されている。

「その夜は日本軍の銃声が、ときどき聞こえたが、中国軍の銃声は聞かなかった。

日本軍の銃は『ポトン、ポトン』と低く響き、中国の銃は『カコ、カコ』と高く聞こえるので、その違いは誰にでもわかる。

しかしその銃声は、空に向けて発射する音であった。これは水平に撃つときは、響きが違うから、慣れた者には区別がつく。だからわれわれは安心して聞き流していた。

午後十時すこし前、軍服のまま寝ようとしているところへ、日本軍の使者がきた。

彼は中国語で『うちの者が、こっちに来ていないか』と聞いた。『いない』と答えると帰っていった。しかし、そのときすでに日本軍は、われわれのいる廟にたいして、攻撃できる配置についていた。

当夜の日本軍の演習は、いつもとはっきり違っていた。演習中、日本兵が中国陣地に近づくと、こちらから合言葉『国家』をかける。ふだんは、合言葉を聞くと日本兵は必ず退いた。しかし、そ

長沢連治氏は語る。

「私は当時分隊長をしておったんですが、軍隊として戦地に行くというより、旅行に行くような軽い気持でした。まだ、戦争はやってなかったし、二年間おれば除隊で帰れるという気分でした。」

高桑弥一郎氏（秋田県男鹿市在住）は言う。

「私もそんなに深刻には受けとらなかった方ですが、汽船が走れるような広さの河には驚いたものです。狭い川しか見たことのない東北人にとっては当然のことで、川と河の違いを思い知らされました。」

高桑上等兵に与えられた役割は、小隊長付の連絡係で、つねに小隊長のそばにいて、小隊長の意思のままに動くのだが、この係は、この年度に改正された『新歩兵操典』によって、新たにできたもので、高桑氏の部下に、行方不明事件を起こした志村菊次郎一等兵がいたのである。

この第八中隊の兵隊たちが、現地で激しい演習の明け暮れをすることになるが、上官から口がすっぱくなるほど繰り返されたのは、「われわれの仮想敵は中国ではなくて、あくまでもソ連」であるということ、これには意外な気がしたと、一様に語る。

昭和十二年五月、それまで赤い表紙の操典だったものが、白い表紙に変わった。赤い表紙版が明治以来のドイツの戦闘法に従ったもので、白表紙版は、対ソ戦用のものだという。

その背景には、時の参謀本部第一部長（作戦）石原莞爾少将の、「わが国の仮設敵はソ連であり、強大なソ連陸軍に対するためには絶対に中国と事を構えてはならない」という思想があったからである。

しかし、盧溝橋の銃声から発して泥沼の日中戦争が始まるという、皮肉な結果をもたらしたのである。

今、かつての若き兵士たちも、六十台の半ばとなり、秋田で元気に暮らしているが、忘れがたい盧溝橋の地を、そろって訪れるゆとりができた。

「大分様子は変わりましたが、風景の片々に往時をしのばせるものがありました」

と、感慨深げだった。

の夜は『日本人だ』と答えて、平気で陣地へはいってきた。ただならぬ気配の演習であった。」

ちなみに、銃の専門家伊藤浜吉さんの話によると、当時日本軍が使っていた三八式歩兵銃の弾の火薬は約二グラム。これに対し中国軍が主に使用していた九八式モーゼル小銃の弾の火薬は三グラムであり、したがって、どちらの弾が上空を飛んだかは、耳で識別できるという。それゆえ、中国兵士の証言も、一概には否定できない。

ところが、まったく別のサイドの証言もある。当時、事件の一週間ばかり前に、この地方を同盟通信の記者として旅行していた松本重治さんの証言である。

松本　僕の旧い友だちで韓国人の朴錫胤君が、ホテルに久しぶりに訪ねて来てくれたのです。今何しているかと聞いたら、自分は満鉄総裁の松岡洋右の特命を受けて、北京であるいは平津地区で、日本と中国側の軍の動きとか、学生の動きなんかを調べて報告するものだというのです。それでその時にどうも情勢が不穏である。特に今度の学生の同盟休校は非常に徹底していて長い。北京大学、清華大学を主として各大学全部同盟休校になった。これで数日後何か起こらなければ不思議なくらいだと思う。どういうふうに起こるかということは想像つかなかったのだけれども、朴錫胤さんは、一週間か十日で何か一騒動起こらなければ自分の首をやってもいいと僕に言ったわけです。そのように情勢が逼迫しているということを、松岡総裁に自分は報告したばかりだという話だったわけです。それで、私の上海時代の武官であった田代晥一郎中将というのが支那駐屯軍の司令官として在勤されて

いたので、僕はすぐ田代さんに会うつもりで天津に行ったわけです。ところが、司令官を訪問したところ、先生は非常に体が悪くて病気も重体だと、参謀長の橋本軍少将が代わりに会いましょうと言って会ってくれたんです。その時、田代さんも非常に支那通だったし、人柄も温厚だったから、私も田代さんが司令官で元気でやっていくなら、あまりたいしたことにはなるまいと考えていたんですが、橋本さんはそれに輪をかけたぐらいに静かな人で、学者タイプ。それで二九軍の宗

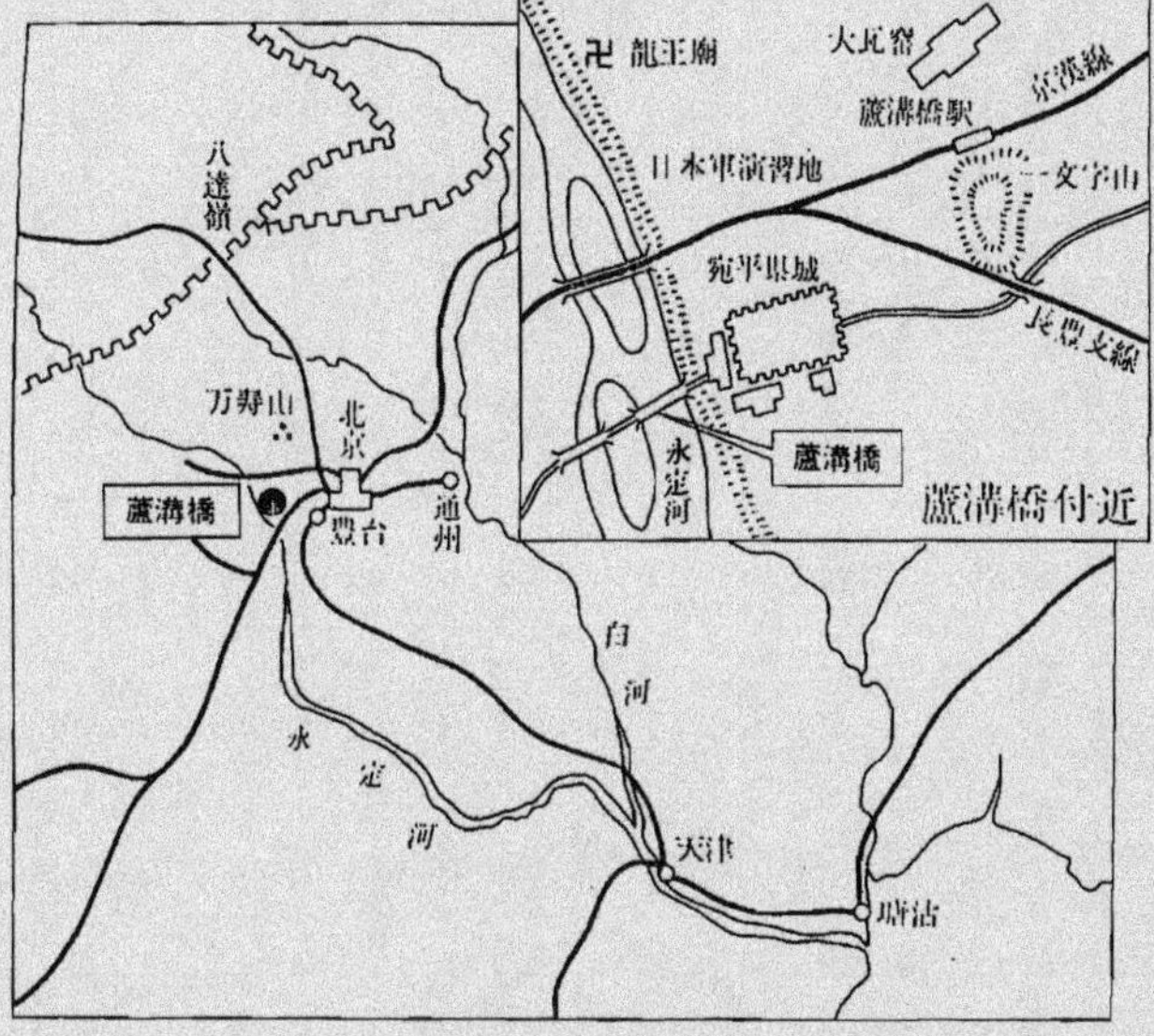

盧溝橋を警備する日本兵（毎日新聞社提供）

哲元軍長とも時々会ってはいるし、日本軍と二九軍の事件が大規模に衝突するなんてことはちょっと考えられない。むしろ自分が心配しているのは日本側の方で、一旅組がだいぶ入り込んで、何か事あれかしというわけで動いているやつがいるから、それを監視して押さえているという状態だから、松本君は安心してくださいという話だった。

私は非常な感銘を受けて、兵隊の中でこんな立派な、良識のある人間が重要な地位にあるというのは非常に楽しいもんだと思って帰りました。ただあとで考えてみると、橋本参謀長が言ったことよりは朴錫胤君の見当の方が当たってたわけです。


松本さんの見た北京大学、清華大学の学生運動の背後には、中国共産党があと押ししていたと言われる。

以上をまとめると、蘆溝橋で最初に発砲した人物について、今まで三つの説が唱えられてきた。
一、日本軍説
北京駐在の「ロンドン・タイムス」の特派員の書いているところによると、日本軍の演習はあまりにも挑発的であり過ぎると指摘している。
二、中国軍説
七夕の夜に何かが起こるという風説が兵士の間に浸透していたときに、演習をしている日本軍の機関銃の火花と音が誘因となって、恐怖を感じた中国兵が発砲したことも考えられる。
三、中国共産党説
このころ蔣介石軍に追いつめられていた中国共産党にとって、日本軍と中国軍を衝突させ、その機に乗じて体勢を立て直そうということは当然考えられることであった。

このいずれにも動機はあるが、その決め手となる証拠は今日でも明らかになっていない。

問題を複雑にした兵士行方不明

ところで、この問題を複雑にするもう一つの事件が現場で起こっていた。七月七日夜半、一木大隊長が蘆溝橋の中隊から受けた報告は、発砲事件だけではなかった。兵士が一人行方不明になったというのである。事態は容易なことではない、そう判断した一木大隊長は、大隊を引き連れ現地へ急行する。

しかし、この行方不明事件が国民の前に明らかにされたのは、なぜか事件から一年後の新聞紙上であった。

「東京朝日新聞」の「蘆溝橋事件一周年回顧座談会」(昭和十三年六月三十日付)で、一木清直大隊長は事件の夜の模様を次のように述べている。

「(豊台の)官舎へ帰って着物を脱いで寝ようとすると、トットットッと馬で誰か飛んで来る。私は今頃馬に乗って演習をやっているものはないがなと思いながらやってきたのを見ると△△部隊(第八中隊のこと)から来た伝令の岩谷という曹長で(清水中隊長が派遣した乗馬伝令岩谷兵治曹長)、

『今龍王廟の付近から支那軍に射たれて△△部隊は演習をやめた。調べて見ると、兵隊が一人居らん。兵隊が一人居らぬから部隊長に報告せよという△△部隊長(清水中隊長のこと)の命令で飛んで来た。△△部隊は兵を探すと共に戦闘に応ずる姿勢で待っているという部隊長の命令だ』

牟田口廉也連隊長は、電話で運命を左右する重大な決定を下した（支駐歩一会提供）

という話。そこで私も射たれたというだけならピンと来なかったが、兵隊が一人おらんということになったら一大事だと思いまして、すぐ警備呼集をやる決心をとった訳であります。」

このあと一木大隊長は、北京警備司令官を務める河辺正三旅団長に連絡をとろうとする。しかし、河辺少将は秦皇島西方に検閲のため出張し不在であった。河辺少将の留守中、北京警備司令官の任務を代行していたのは、牟田口連隊長であった。一木大隊長は牟田口連隊長のもとに電話をする。

「暑い日で、（牟田口）部隊長は、屋根が焼けて暑くて寝られないといって丁度起きて居られ、すぐ電話に出られた。今から私の部隊は警備呼集をして蘆溝橋に行き支那側と談判するということを申し上げると、部隊長は同意されて、

『宜しい。それでは豊台の駐屯隊はすぐ出て行って一文字山付近を占領し夜明けを待って蘆溝橋にいる営長――大隊長の事ですが――と交渉しろ。一文字山を占領して戦闘隊形をとって支那側と交渉せよ』

とこういうことでした。」

一木大隊長（小原春雄氏提供）

行方不明兵一名の知らせが全部隊を緊張させ、豊台の駐屯部隊が現地へ急行することになった。

この行方不明の兵は、二等兵志村菊次郎であった。彼は配属されてまもない初年兵であった。清水中隊長が兵一名行方不明の報告を受けたのは、集合のラッパで兵を集め応戦準備を整えたときであった。しかし、この兵はわずか二十分後に発見されたという。この事情について、清水中隊長は後になって次のように述懐している。

「すぐ捜索の処置をとり、発見に至ったものであるが、事故を想

像されなかったので伝令の曹長にはこの件を報告させたはずだったがこれも記憶ははっきりしない。ただ不法射撃を受けたことの報告が急を要すると思ったので十分な捜索の結果を待つことなく伝令を急派したことはたしかです。兵士発見の報告が少々おくれたのは私の失策であり、兵士は故意や横着でやったのではないし翌日の戦闘にもよく働いたので処分はしなかったのです。」（秦郁彦『日中戦争史』より）

これによれば、清水中隊長は兵士の行方不明よりも発砲事件を重大と考え報告しているのに対し、報告を受けた一木大隊長は兵士の行方不明に重大関心を抱いていた。

一木大隊長が兵士発見の報告を受けるのは、現地へ急行し第八中隊と合流した七月八日午前二時ごろであった。

事件勃発時、行方不明になっていた志村2等兵（安保喜代治氏提供）

一木大隊長は、その時の模様を次のように述べている。

「兵隊は見つかって異状はないという報告であった。だが、私の考えとしては部隊長からも交渉しろという命令を受けて来ていますし、又これで打切ったということになると支那側が何と宣伝するか分らぬ。豊台事件の前例もあって、実砲射撃をやれば日本軍は演習をやめて逃げて行くという観念を彼等に与えるのは遺憾だからこれはどうしても厳重に交渉しなければならぬ。私の方は一文字山を占領してから交渉しようというので、部隊は三時少し前に到着しました。」（「東京朝日新聞」昭和十三年六月三十日付）

この行方不明事件の真相について、先ほどの秋田の兵士が驚くべき証言をしてくれた。

高桑　その志村はまだ初年兵なものだから、方向がわからないわけです。これはあとで聞いた話なんだけれども、志村は最初に出発した方向に迷って中国兵の前まで行ってしまったわけです。それで撃たれたという話であった。それが最初の三発か四発撃って、それで演習やるのにラッパを吹いたものだから、初めて今度は向こうは本格的に攻撃して来るのではないかと、支那軍はそう思ったのじゃないでしょうか。結局軍隊というものは規則が厳しいから、行けと言うところに行かないとしこたま叱られるわけだ。初年兵であればあるほど、叱られることをまず覚悟しておかなければならない。迷ったと言えばそれですむから、だから帰ることができなくて敵の陣まで行ってしまった、それで撃たれたのだと、私は聞きました。幹部に言うとそれは怒られるから、結局何も出てこないわけなんです。どこの戦史にも何もないわけです。

もし、この高粱さんの話が事実だとすると、志村二等兵は道に迷って中国軍の方に近づき、それに対して中国軍が発砲したということである。これが戦争の原因になったとすれば、戦争は歴史の大きな流れとは別に、実に些細なことから始まったことになる。ただ、志村さんが故人となった今、これを確認するすべがない。だが、これを契機として、事態は思わぬ方向へと拡大していった。

日本の最も長かった夜

七月八日早朝、東京の陸軍中央部は事件の第一報を受け取っている。しかし、この知らせを聞いた反応はさまざまであった。

陸軍省柴山兼四郎軍務課長「やっかいなことが起こったな。」

しかし参謀本部武藤章第三課長の感想は「愉快なことが起こったね」であった。

そして、その日知らせを受けた近衛文麿首相の第一声は、「まさか日本陸軍の計画的行動ではなかろうな」であった。近衛首相の脳裏を一瞬よぎったのは、関東軍の謀略によって起きた昭和六年の満州事変の記憶であった。

しかし、さまざまの憶測をよそに、現地ではさらに事態は進展していた。

一枚の写真がある。七月八日、事件現場に近い中国軍駐屯地に入った一人の男の写真である。北京特務機関補佐官寺平忠輔大尉。

寺平大尉（寺平文子氏提供）と「北京特務機関日誌」（中尾興一氏蔵）

蘆溝橋事件経過

昭和11年	5月、日本人居留民保護の名目で中国大陸駐屯の日本軍増強される
	9月18日、豊台事件、以後現地の緊張高まる
昭和12年	7月7日午後、支那駐屯第8中隊の歩兵135名、夜間演習のため龍王廟に向かう
	午後4時30分ごろ現地到着
	午後6時すぎ、演習開始
	午後10時30分ごろ、演習終わり野宿
	午後10時40分ごろ、第1の銃声あり
	午前0時ごろ、第3大隊長一木少佐は第1連隊長牟田口大佐に「何者かに発砲された」との連絡をする
	午前2時すぎ、一木、現地の清水中隊長と合流　行方不明兵発見の報を受く
	午前3時25分、中国側から3発の銃声
	午前4時、一木、再度牟田口に連絡
	午前5時30分、戦闘開始

日ごろ日本軍を代表し中国軍との折衝に当たっていた北京特務機関は、事件発生の報を聞くと同時に現地へ急行し、必死の交渉を始めた。しかし、寺平補佐官が交渉のテーブルに着いてまもなく、城外から激しい銃声が響いてきた。「北京特務機関日誌」はこの瞬間を次のように記録している。

「前五・三〇寺平補佐官ヨリノ報告。一行ハ城内ニテ交渉中ノ処城外ノ日本軍ト支那軍隊ノ間ニテ射撃ヲ開始セリ。」

では、蘆溝橋城外でどのような事態が起こっていたのであろうか。

豊台から演習地へ急行した一木大隊長は、七月八日午前二時過ぎ清水中隊長と合流し、ここで行方不明兵発見の報告を受けたが、演習地の近くの一文字山を占領すべく行動に移る。

午前三時二十五分になって、三発の銃声が突如として中国側から

猛将・牟田口将軍の実像

昭和四十一年八月三日の「毎日新聞」は、ひっそりと一人の死を報じていた。

牟田口廉也氏（元陸軍中将）二日午前七時四十分、脳出血のため東京調布市富士見町四ノ十八の自宅で死去、七十七歳。

佐賀県出身。大正六年陸大卒、陸軍予科士官学校長、第十八師団長などを歴任。昭和十二年七月七日、日華事変の発端となった盧溝橋事件当初、少将で支那駐とん部隊長だった。第二次大戦中はシンガポール攻略戦の第一線兵団を指揮し「牟田口兵団」の名をとどろかせた。さらにビルマ方面軍に駐屯していた第十五軍司令官としてインパール作戦を主張、同十九年三月からの同作戦を指揮した——と短い経歴からもわかるように、陸軍の部将として、つねに第一線を歩み続けたのである。

放送本文にも触れているように、盧溝橋の詳しい真相については、国会図書館に保存されている氏のテープが公開される昭和六十八年にならないと判明しないが、氏の、運命を左右する決断が、日中戦争の幕明けに大きな役割を果たしたことは疑いないだろう。

牟田口廉也は、明治二十一年鍋島藩の士族の家に生まれた。熊本陸軍幼年学校から、陸士、陸大と進み、近衛歩兵四連隊付きから参謀本部庶務課長、さらに久留米歩兵連隊長として北支に転じ、そこで盧溝橋事件に立ち会い、その名を広く日本国中に知られることになる。時の旅団長が後にビルマ方面軍司令官河辺正三大将で、ふたたびコンビを組むが、きわめて象徴的だったと言える。

後に「小型東条」と評されることになる牟田口だが、この当時は九州健児の久留米連隊を率いて、大陸の戦場を駆けめぐり、一度として負けることがなかった。

そして、太平洋戦争に突入後も、マレー作戦コタバル上陸、シンガポール攻略戦の中心となったブキテマ高地の激闘を勝ちぬき、「常勝将軍」の名が冠され、シンガポール一番乗りの武勲で、さらに牟田口の名は広

起こり、四時過ぎ一木大隊長はふたたび北京の牟田口連隊長に電話をした。この電話で、牟田口連隊長は、このあとの運命を左右する重大な命令を下すことになる。当時、連隊副官の河野又四郎さんは、北京の連隊長の側でこの電話の一部始終を見ていた。

河野　北京で連隊長の周囲にみんな集まって、豊台から来る電話を待っておった。そしたら兵隊が帰って来たというので、気合いをちょっと抜いたのですが、しばらく現地の状況を看守しておれと連隊長が言ったのです。そこでまた撃って来たのだが、攻撃してもいいですかということを連隊長に聞いた。すると連隊長は、二度も撃って来るということは中国軍の挑戦である、挑戦をしてくるならばこちらも立て、やれ、こういうようなことを言われた。

ところが、ちょっとの間をおいてまた大隊長から電話が来た。これは大隊長が何を言うたのか、連隊長は受話器を持って離さないのだから、向こうから言うのはわれわれ周囲におる者にはわからぬ。何を言うたのか知らんが、連隊長は今度は声をあげて「間違いない。今は四時二十分。時計を合わす」とこう言われた。そこで今井武夫武官はそれを聞くと席を立って自分の室に帰って行った。そしてすぐ、これはもう戦いが始まる、それで東京に電報を打ったと、まあこういう状況ですが、その時の連隊長が「四時二十分！」とこう言うた言葉は、いまだに私の耳の底に残っています。これで戦闘開始だということになったのですね。

この時、現地の一木大隊長と、北京の牟田口連隊長の間にどのような電話のやりとりがあったのだろうか。

まったのである。

そして迎えたのがインパール作戦である。昭和十九年三月「無謀としか思えないインパール作戦を実施したら、求めて敵に機会を与えることになる。

しかし、事態はすべて手遅れの所にきていた。インパール作戦を断行して、その奇蹟的な勝利を期待しているのは、もはや牟田口軍司令官だけではなかった。（略）東条首相は、敗勢をたてなおすために内閣の改造を行った。（二月）二十一日、東条大将は首相兼陸相に、さらに参謀総長を兼ねるに至った。東条は独裁権を強大にして、この難局をのりきろうとしたのである。

東条首相は何よりもまず、国民の衰えた戦意をたかめ、独裁への信望と人気を集めなければならなかった。このとき彼の眼に映じたのは、狂信ともいえるほどの自信をもつ牟田口軍司令官の存在であった。戦略上重要となってきたインドを背景にして、踊らせる役者としては申し分がない。牟田口の無鉄砲作戦なら、インドに飛びこめるかも知れない。牟田口が成功すれば、人気と敗勢を一挙に挽回することができる。

東条英機参謀総長は、このような政治的な必要にかられて、インパール作戦に期待をかけるようになったものと見られた。」（高木俊朗『インパール』より。傍点編集部）

そして、参加将兵十二万五千名のうち、戦病死者七万、満足な五体をもった者わずか二万という、世界戦史にも例をみない一大敗退戦の総司令官として、名をとどめることになるのである。

牟田口は、よく、「なにしろわしは、支那事変の導火線となったあの盧溝橋の一発当時、連隊長をしていたんでね、支那事変最初の指揮官だったわしには、大東亜戦争の最後の指揮官でなければならん責任がある。やるよ、こんどのインパールは五十日で陥してみせる」と、豪語していたというが、自己顕示欲、猜疑心が強い「ビルマの小東条」も、師団長の抗命事件まで引き起こし、七月一日、インパール作戦に見切りをつけ、大本営に作戦中止を具申した。ビルマを去った牟田口は内地にもどされ、陸軍予備士官学校長という閑職についた。

一木大隊長の証言が残っている。

「一木『今しがた又向うから射って来ました。これから考えるとどうも断然蘆溝橋（宛平県城）を攻撃したいと思いますが（牟田口）部隊長はお許しになりますか』と申し上げた。

牟田口部隊長は暫く考えて居られたようでしたが、『やって宜しい』と電話口でいわれました。」（「東京朝日新聞」昭和十三年六月三十日付）

そこで、一木大隊長はもう一度念を押した。

「私（一木大隊長）は、部隊長はまさかやれとは仰っしゃらんかも知れぬと思う位の腹で申しましたのが、本当にやって宜しいとなると重大問題ですから本当に間違いないかどうか、本当にやって宜しいんでありますかというと牟田口部隊長は『やって宜しい、今四時二十分、間違いない』とこういう風に時刻と共に明瞭に言われましたので私は『やります』と申上げて電話を切った。」（同）

連隊長と大隊長は時計を合わせた。

記録によると、この日の日の出は午前四時四十二分、真っ赤な太陽が地平線からのぼったという。そして、午前五時半に戦闘が開始された。

発砲事件が起きたのが前日の午後十時四十分、そしてその六時間五十分後の七月八日午前五時半に戦闘が開始された。これがひいては、昭和二十年八月十五日へとつながっていく。この昭和十二年の七夕の夜の六時間五十分こそ、日本の最も長い夜であったのかもしれない。

中国を刺激した日本軍増強

なぜ、蘆溝橋事件が起こらざるをえなかったか。その背景を松本重治さんは、次のように語る。

松本　蘆溝橋の背景というのは満州事変にまでさかのぼらなければならないのですが、その後六年間にいろいろのことが起こって、日本側は長城戦をやったり、熱河作戦をやったり、そのあと関東軍としてはどうしても華北一帯に、満州に対する緩衝地帯を作ろうという意図があった。それに対して、中国軍、特に蔣介石の南京政府では、満州は別物だけれど長城以南は絶対に中国の行政権の保善を全うしたいという意味で抵抗していった。それが、二・二六事件の後、天津の駐屯軍が二千しかなかったんですが、北京と天津の日本人口が非常にふえたので、どうしても居留民保護の目的を考えれば増強する必要があるというので、一挙に二千を五千にふやしたわけです。しかしそれにはいろいろ条約上の制限がありましたので、二回に分けて、千人いくら、もう一回と二回に分けて増強したことがある。それはやはり、多少中国側を刺激し過ぎてはまずいという気持はあったのでしょうが、実際において、三千人増強されたということ自体がすでに中国側には非常な刺激になったわけですね。いかに二回に分けても三回に分けて

82

蘆溝橋上で戦勝を祝う日本兵（毎日新聞社提供）

も、増強することは、やはり将来の侵略の拠点を強固にするためだと中国側は考えるでしょう。その後、やはり学生の異常な抗日救国運動というものが始まったわけです。

―― 当時向こうにいた日本軍は、そういう中国側の緊迫した様子をどの程度まで把握していたのでしょうか。

松本　前線に出ている人の気持はちょっと想像できないけれど、田代司令官および橋本参謀長、また大隊長その他も憂慮していたと思います。ただ、どれだけ中国人の気持を日本人がよくわかっていたかについては、非常に残念ながら、日本人は中国人のナショナリズムの気持というものについて理解が足りなかった。むしろ、日清戦争に勝ったというようなことから、最近まで相手を低くみてきたわけですね。そして事実、ご承知のように駐屯軍と直接接触したのは第二九軍でありますが、第二九軍は蒋介石直系の近代式の訓練を受け装備を持った軍隊、中央軍ではなかった。いわゆる雑軍と言われていたわけです。雑軍の人々は、日本軍と戦争してしまえば自分たちはメシも食えなくなってしまう。南京政府からも支援がなくなれば金ももらえないということで、両方、裏腹の、二股膏薬みたいな態度を司令官、参謀長なんかはやってきたのではないでしょうか。だから橋本参謀長が宋哲元に会ったりしても、部下の方の将校は意識がだいぶ違った。その中間将校の意識というものは数年前から、毎年蒋介石が全国から中堅の将校を廬山に集めて訓練して、そして中国の統一問題について教育していた。その教育が一つである。それからもう一つは、学生及びインテリゲンチャ、知識階級の人々の救国会というものを作った。抗日救国会、日本に抵抗して国を救うという会をずっと作っていった。学生会、文化会を上海で作り――それが廬溝橋の一年から一年半くらい前から行われたものだと思います。そういうことについて中共がやはり、なんらかの連絡をとりながらやったと思われます。

第8中隊の簾内上等兵（簾内政雄氏提供）

事件に遭遇した兵士たちは、あの事件をどのように受けとめているのだろうか。

最後にもう一度、当時、中国大陸にいた秋田出身の兵士たちの証言を聞いてみよう。簾内政雄さんも第八中隊にいた一等兵だった。

簾内　こっちからしかけたのじゃないかなという声も聞くけれども、私はそこで全部の給食の献立を作ってやっておったものですから、もしそういうことが画策されておるものとすれば、御飯の態勢なんかももっとちゃんと整えておかなければいけないことがたくさんあったわけです。しかし、その後食糧がなくなったりしたものですから、それはやはり突発的なまちがいというか、そういうものが大きく変わってあのような拡大をしていったと思うんです。

事件直後の永定河畔　右手に塹壕が見える（小原春雄氏提供）

長沢　蘆溝橋事件が支那事変に発展して大東亜戦争に発展するものになるとは、私は当時は毛頭考えなかったですね。あそこで実弾が撃たれて、そしてこちらの方でそれに対する交渉をしながら事件が少しずつ険悪化していく状況を目のあたりに見ても、私はああいう大きな戦争になるとは毛頭考えることができなかった。

行方不明となった志村菊次郎二等兵は、昭和十九年ビルマで戦死。一木大隊長は昭和十七年ガダルカナルで戦死。そして牟田口廉也連隊長は昭和四十一年東京の自宅で脳出血で死亡、七十七歳であった。

国立国会図書館特別保管庫――ここに牟田口氏が蘆溝橋事件について生前語った証言テープが保管されている。

しかし、三十年間は非公開という条件付きで録音されたこのテープが公表されるのは、昭和六十八年である。

はたして、この証言テープが事件の真相を解き明かしてくれることになるのであろうか。事件から四十五年経った今も、銃声の謎は生き続けている。

満州事変から盧溝橋へ

臼井勝美

昭和六年（一九三一）九月十八日、日本軍は中国東北地方（満州）南部で一せいに軍事行動をおこした。遼寧省の中心地瀋陽（奉天）をはじめ満鉄沿線の主要都市は日本軍の占領するところとなり、吉林省の省政府所在地吉林にも進駐したのである。日本軍が警備していた満鉄の軌道が中国軍によって爆破されたというのが事件の発端であったが、爆破は日本軍の謀略であり、東三省の軍事占領という日本陸軍の計画が実行されたのである。

中国国民政府は、国内統一の強化と外国との不平等関係の是正を目指していたが、満州は張作霖—学良の奉天軍閥が長期にわたって支配を続け中央の影響力はまだ薄弱であった。しかし主権回復の動きは次第に活発となり、排日の気運がたかまって日本としては対策に苦慮するにいたった。満鉄を中心とする日本権益の擁護が国防上からも絶対に必要であるにかかわらず、外交交渉ではその達成が不可能と判断した陸軍は、謀略によってでも機会をつくり軍事占領に踏み切る決意を固め、九月十八日行動を開始したのである

満州に駐屯していた張学良軍は日本軍の攻撃に不抵抗方針をとり、国民政府も直ちに国際連盟理事会に日本の侵略阻止を訴えたが、みずから積極的な軍事行動をとろうとしなかった。張学良には日本軍との全面戦争で敗北することは自己の政治的失脚につながるというおそれがあり、国民政府にとっては江西省などの共産軍作戦が焦眉の急であって、中央軍を対日抗戦のために北上させる余裕はなかったのである。

中国の提訴をうけた国際連盟理事会は、日本軍の原駐地復帰を求める決議を行うが、世界不況の影響が深刻ななかで、各国とも有効な対日制裁を実施することは困難な状況にあり、日本軍は理事会の動きを無視するように軍事行動を拡大した。若槻内閣は当初事態の不拡大方針をとり、外相の幣原喜重郎は懸命の努力を試みるが、現地・中央呼応して満州問題の軍事解決を志向する陸軍の前には無力であった。ことに満州在留の日本人のみならず、国内の世論が挙って軍の行動を支持・激励するにいたったことは、内閣の方針に影響を与え、次第に軍事解決の路線に追随せざるを得なくなったのである。

昭和六年の柳条溝の鉄道爆破現場（毎日新聞社提供）

翌昭和七年（一九三二）三月、ついに「満州国」が独立し、東北地方が事実上中国から分離された。満州国の軍事・外交はもとより、内政にいたるまで日本の掌握するところとなった。国民政府は万里の長城を越えて南下し北平・天津にも脅威を与えようとする日本軍の進撃を抑止するため、昭和八年（一九三三）五月塘沽停戦協定を締結して、長城以南に非武装中立地域を設定することを認め、日本のいわゆる満州問題の軍事的解決は「成功」裡に終わったのである。

しかし東四省の喪失は中国の民心に大きな衝撃を与え、失地東北の回復が中国の各党各派を問わず最大の政治目標となった。満州では中国軍の抵抗はほとんど見られなかったが、昭和七年（一九三二）一月戦火が上海に飛火した際、

奉天に移された関東軍司令部（毎日新聞社提供）

中国軍は執拗な反撃を繰り返し事実上日本軍を釘付けにして撤兵に導いたのであり、日本としては民衆の全面的支持を得た中国軍の抵抗の強さを上海戦で初めて経験したのである。しかし上海戦の教訓は満州事変の一見華々しい成功のかげにかくれて定着せず、満州国成功の幻影はその後の日本の中国政策に抜き難い影響を与えるにいたった。満州国の樹立は、日露戦争以来の日本の大陸政策の到達点を示すものであるが、同時にその後の日中関係の不幸な起点となったのである。

昭和九年（一九三四）四月、天羽外務省情報部長が列国の中国における政治的活動はもとより経済的活動も日本を無視するものであってはならないと声明を発表したことは内外の注目を集めた。中国は日本の意図に反発を強め、列国も警戒を深めたのである。国民政府は同年共産軍にたいする第五次攻撃で根拠地瑞金の攻略に成功し共産軍に西遷を余儀なくさせ、一方国際連盟の技術協力や各国の経済援助を得て国内体制の整備を強化しつつあった。日本との協定によって制約を受けていた自主関税も三年の拘束期限が切れて一九三三年から全面的に実施された。しかし中国が列国の協力のもとに統一を強化することは、満州国方式を踏襲しようとする日本にとっては歓迎できない事態であり、種々の対抗策をとるにいたった。中国の実施した日本からの輸出品にたいする高率課税にたいし、塘沽停戦協定による非武装中立地帯を利用して大規模な密輸出を実施し、中国の財政収入に非常な悪影響を与え経済を混乱させたのは、その一つの例である。

昭和十年（一九三五）に入ると、日本は華北五省（河北・山東・山西・綏遠・チャハル）の分離工作を積極的に推進するにいたった。五月、日本の天津駐屯軍は親日中国人の暗殺事件を契機に、河北省主席の交代、国民党部や中央軍の河北撤退などを要求し、梅津・何協定を成立させ、ついでチャハル省でも中央化を抑止するため同じような圧力を加えた。国民政府は日本側の要求に応じ反日的な言論・行動に強い弾圧を始めたのである。

十一月初め中国がイギリスの援助を得て幣制改革を実施し、中央政府の統制力を強化したことは日本を焦慮させ、自治運動の名目を借りる分離工作を強引に進めたのである。満州国の日本軍は長城の線に兵力を集中し、日本軍飛行機は平津地方上空を示威飛行して自治運動の推進をはかった。軍事的圧迫のなかで停戦協定の中立地域内に中央から離脱した冀東自治政権が日本の指導のもとに樹立されたが、国民政府も冀察（河北・チャハル）政務委員会という特殊な政治機構をつくり、日本の要求に対応せざるを得なかった。

共産軍が江西根拠地を脱出し長征北上の途中にあったこの年八月一日、中国共産党中央の名でモスクワで発表された八一宣言は、今や華北が第二の満州国になる危機に迫られていることを指摘し、内戦の停止、抗日民族統一戦線の結成を訴え、中国の生きる道は抗日救国しかない

ことを強調し蔣介石の対日屈伏を批判した。八一宣言は各方面に影響を与えたが、華北における事態の深刻を認識した北平の学生たちは、十二月九日厳寒をついて「日本帝国主義打倒」の示威運動を展開し、各所で巡警隊と衝突した。十六日には学生・市民三万が参加して民衆大会が開かれ「華北の傀儡組織反対」「東北の失地回復」を決議した上大規模なデモに移り、四百人近い負傷者を出すにいたった。北平の学生運動に呼応し、天津・上海・南京・武漢三鎮などで激しい学生の支持デモが展開された。蔣介石行政院長もこのような情勢を無視できず、翌昭和十一年（一九三六）一月学生代表と会見し、現在はまだ中国は劣勢なので無謀な対日戦争はできないが、決して日本に屈伏するわけではなく、国家を毀損するいかなる協定も日本と締結しないと約したのであった。

昭和十一年（一九三六）二・二六事件後成立した広田内閣は、依然として華北五省の分離工作を推進するとともに、国民政府にたいし、防共軍事協定、軍事同盟の締結、日本人政治顧問の招請などを受諾させる方針を決定した。しかしこれらの方針は中国国内で抗日救国の動きが昂まりつつある現実を無視するものであった。十一月山東省青島の日本人経営の紡績工場に大規模なストライキがおこると、日本はスト鎮圧のため陸戦隊を上陸させ背後関係の捜索を実施し、さらに国民政府に圧力を加えて救国連合会の指導者を逮捕させるなどの強硬措置をとった。一方陸軍は内蒙古軍を使嗾して綏遠に進撃させ、逆に中国軍に惨敗を喫する醜態を演じたのである。蔣介石は綏遠の勝利で抗日気運が強まるなかで、十二月西安に赴き、陝西省北部に北上集結した共産軍の攻撃にあたっている張学良を激励した。しかし張学良は突如クーデターをおこして蔣を監禁した上で、国民政府の改組、内戦の停止、愛国指導者の釈放など、国民政府が一致抗日にあたることを要求し内外に衝撃を与えた。張学良に招かれて西安に入った周恩来の斡旋で蔣介石は無事南京に生還し、列国の憂慮した大規模な内戦によって、中国が混乱に陥る危険は回避されたのである。翌昭和十二年（一九三七）に入ると、国民政府の共産党に対する政策は徐々に変化をみせ、抗日民族統一戦線結成の基盤は確実に拡大していったのである。

西安事件の経過は日本の注目するところであったが、日本内部でも満州事変、天羽声明以来の日本の中国政策、とくに華北分離工作実施への反省が深まった。中国の統一という時代の趨勢に逆行し、中国ナショナリズムを無視してきたことが、日本の中国政策の蹉跌を招いたという自覚である。国民政府の親日派も日本が過去に不法に築いた既成事実（塘沽停戦協定、梅津・何協定など）を解消しない限り日中間の友好関係はあり得ないと明言するにいたった。三月林内閣の外相に就任した佐藤尚武外相は、華北分離工作を中止し、国民政府による統一強化を阻害しない新しい中国政策を採択した。中国との平等な関係の樹立、イギリスとの協力の重視という佐藤の路線は、満州事変勃発当時の幣原外交に近いものであった。佐藤は議会で日中間における危機の到来は日本側の決意にかかっていることを強調した。日本が意図しないかぎり日中間に戦争は起こらないというのである。

佐藤外交は、林内閣の倒壊により僅か三か月の短命に終わったとはいえ、満州事変後の日本の中国政策が再検討の時期に入ったことは確かであった。六月近衛内閣の成立をみたが、かつての天羽声明や華北分離工作を復活・維持できる情勢でないことは確認された。しかし一方において、中国の民族統一戦線結成への動き、国際的地位の向上に脅威を抱く向きも少なくなかった。日本側の一歩退却は、中国側の数十歩前進を誘発するという憂慮であり、塘沽停戦協定や梅津・何協定など不法な既成事実の解消という中国の要求を放置すれば、ついには満州国の解消が日程にのぼるのではないかとの警戒が強まったのである。事態が満州国に波及することは、絶対に回避しなければならなかった。

一九三七年の日本は、一方で時代に即応する新しい中国政策を樹立するとともに、他方であくまで満州事変後の既成事実の維持を計らなければならないという困難なジレンマに立たされていた。七月七日夜北平郊外蘆溝橋の銃声は、その日本にあらためて新たなそして決定的な選択を迫るものであり、いずれにせよ一九三一年の瀋陽と、一九三七年の北平との相違を日本は身をもって体験しなければならなかったのである。

（筑波大学教授）

二、战后代表性研究著作摘要

战后日本学术界有关卢沟桥事变的论著数量极其丰富，论点分歧巨大。本书摘录基于不同立场，具有多方面代表性的爱知大学教授江口圭一、筑波大学教授臼井胜美、千叶大学教授秦郁彦、神户大学教授安井三吉的著作。

（一）江口圭一《卢沟桥事件》

资料名称：事件の前ぶれ　事件の発端　事件の展開　事件の拡大　事件の背景と結末　おわりに

资料出处：江口圭一《盧溝橋事件》，岩波書店 1988 年版，第 5–61 頁。

资料解说：本著篇幅相对简短，却是有影响力的代表著之一，摘录其中第六节。江口认为，卢沟桥事变的爆发，有着很强的偶然性因素，然而，自长期来看，卢沟桥事变是九一八事变的延续，是日本侵华政策的必然结果。日本政府在事变后，虽然提出了「不扩大方针」，但实际上下定了战争决心，采取了步步扩大侵略战争的政策，认为日本政府坚持「不扩大」的观点并不准确。但是江口认为，并无足够证据表明，卢沟桥事变是如同九一八事变那样日军有计划、有预谋的「谋略活动」。这一论点在日本学界很有代表性。本节共有六项内容：一、事件的预兆。介绍了日本增强在华驻屯军等战争准备情形。二、事件的发端。考证卢沟桥事变爆发的前后经过，陈述了日军借宣称中国军队「非法射击」而挑起紧张形势的过程。三、事件的展开。卢沟桥事变的扩大化，和日军指挥官的行动有着密切关系，是日军的挑衅和进攻激化了矛盾，导致双方冲突进一步扩大。四、事件的扩大。日本政府对卢沟桥事变采取了强硬态度，并下定了战争决心，将「不扩大方针」当成日本政府的真实方针，是不准确的。五、事件的背景和结果。卢沟桥事变的远因是九一八事变日本侵略中国东北，近因是日本向华北扩大侵略，侵华战争扩大化的根本原因，是日本政府和军方长期以来的对华侵略政策。六、结论：泥沼化的战局。卢沟桥事变后日本在侵华战争中陷入泥沼，这与日本政府大力推动侵略是分不开的，部分日本学者认为军部推动战争、日本政府始终坚持「不扩大政策」的观点是片面的，日本应正视侵略责任。

事件の前ぶれ

マルコ・ポーロ橋

一九三七年七月七日夜、中国の北平の西南郊外、盧溝橋で日本軍が夜間演習をおこなっていた。その日本軍というのは支那駐屯軍に所属する歩兵第一連隊第三大隊の第八中隊であった。

北平とは現在の北京のことである。一九二八年六月九日、蔣介石がひきいる国民革命軍は、張作霖を中心とする北方軍閥軍を打ちやぶり、北京に入城して、北伐に勝利をおさめた。蔣介石の国民政府は、南京を首都としており、それをはっきりさせるため、六月二〇日に北京を北平と改称したのである。張作霖は北京から本拠の奉天（現在の瀋陽）へ逃げ帰ったが、六月四日早朝、奉天到着の寸前に日本の関東軍参謀河本大作大佐の謀略によって列車もろとも爆殺された。

盧溝橋は、北京城外の西南約六キロにある、人口約二〇〇〇の町で、宛平県城がおかれていた。県城の西側を流れる永定河に、獅子の石像に飾られた欄干をもつ美しい石橋がかけられている。これが盧溝橋そのものであって、マルコ・ポーロが訪れたことがあるという故事から、マルコ・ポーロ橋とも称される。橋の東のたもとの北側に、清朝の乾隆帝の筆になる「盧溝暁月」の碑が

6

「盧溝暁月」の碑(筆者撮影)

建てられている。

ここの地名は、中国でも日本でも盧溝橋と呼ばれてきたが、一九八七年、事件五〇周年にあたって文献を検討した結果、盧溝橋が正しいと中国で発表された(以下、書名などはそのままとするが、引用文はすべて「盧」をもちいる)。

マルコ・ポーロ橋から上流(北方)へ少しはなれたところに、平漢線(北平—漢口)と長豊支線(長辛店—豊台)の鉄道橋がある。その北東にある荒れ地が日本軍の演習していた場所である(7頁地図参照)。

支那駐屯軍

それでは中国のもと首都の近郊になぜ日本軍がおり、夜間演習などをおこなっていたのだろうか。

この日本軍の存在は、歴史をさかのぼって一九〇〇年におこった義和団事件(北清事変)と関係がある。列強の侵略に憤激した中国民衆は、義和拳法を体得して団結し、「扶清滅洋」のスローガンをかかげ、北京の列国公使館を攻撃した。日本をふくむ列強は、連合軍を編成して義和団を鎮圧し、一九〇一年、清朝とのあいだに北京議定書を結んだ。そのなかで清国は、「各国がその公使館防禦のために公使館所在区域内に常置護衛兵を置くの権利を認め」（第七条）、「各国が首都海浜間の自由交通を維持せんがために」、天津・塘沽・唐山・山海関など一二地点を占領することをみとめた（第九条）。これによって列国は、北京・天津を中心に軍隊を駐屯させ、国民政府が首都を南京にさだめた後も、居すわりつづけたのである。

7

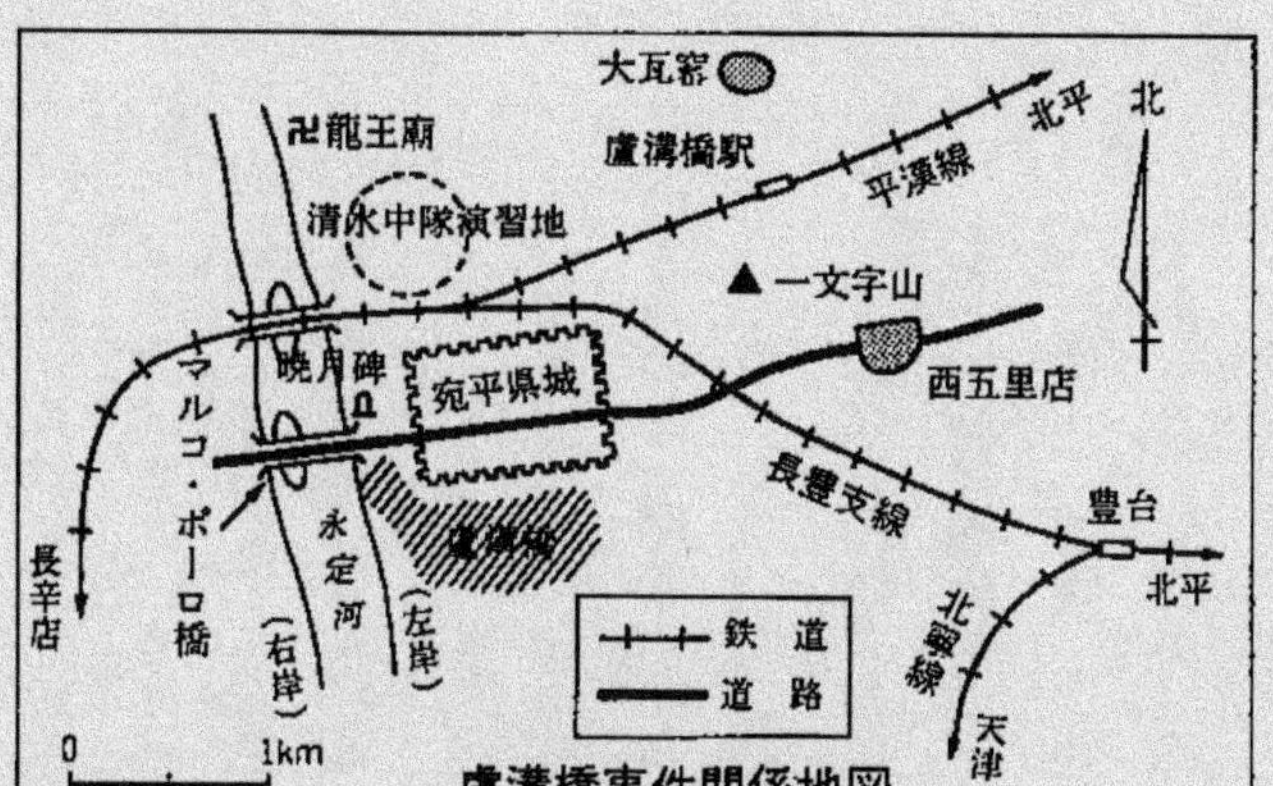

盧溝橋事件関係地図

日本は支那駐屯軍を配備し、司令部を天津においたことから、天津軍と通称された。兵力は、一九三六年四月に一七七一名から五七七四名へと、いっきょに三・二六倍も増強された（この事情は後述）。

ちなみに日本以外の外国軍隊も、すべて天津に司令部をおき、その兵力はイギリス軍一〇〇八名、アメリカ軍一二二七名、フランス軍一八二三名、イタリア軍三二八名であった。

増強後の支那駐屯軍は、司令官田代皖一郎中将、参謀長橋本群少将のもとに、ほぼ混成一個旅団に相当する兵力であった。天津には歩兵第一連隊第二大隊、歩兵第二連隊のほか、戦車隊、騎兵隊、砲兵連隊、工兵隊、通信隊、憲兵隊などが配備された。

北平には、支那駐屯歩兵旅団司令部(旅団長　河辺正三少将)がおかれ、歩兵第一連隊(長　牟田口廉也大佐、在天津の第二大隊を欠く)が配備された。そしてその第三大隊(長　一木清直少佐)が分遣隊として盧溝橋東方の豊台に駐屯していた。第三大隊は、第七、第八、第九の三中隊、機関銃中隊、歩兵砲隊からなり、兵力は五一〇名であったが、問題の部隊はこのうちの第八中隊(長　清水節郎大尉、一三五名)である。第八中隊は秋田の歩兵第一七連隊で編成され、下士官・兵の大部分は、秋田県出身者であったが、初年兵(二等兵、徴兵に合格してあらたに入隊した新兵)は、東京の第一師管内から徴集されていた。

念のためここで、日本陸軍の編成についてかんたんに説明しておこう。

常備兵力の最大の単位は師団で、当時一七個師団があり、定員は野砲兵編成師団一万一八五八名、山砲兵編成師団一万一七一五名であった。一個師団は歩兵二個旅団を基幹として編成され、一旅団＝二連隊、一連隊＝三大隊、一大隊＝四中隊、一中隊＝三小隊というのがふつうのかたちであった。師団が戦略単位(一作戦を遂行できる部隊)、中隊が戦闘単位(中隊長を頭に強く結合し、その命令で戦闘を実行できる部隊)とされていた。戦争がおこり、大作戦が必要になると、複数の師団や旅団で軍あるいは方面軍がつくられた。

支那駐屯軍には、以上の部隊のほか、中国側との交渉、政治工作、謀略工作などにあたる北平特務機関(長　松井太久郎大佐)をはじめ、各地の特務機関があり、北平駐在武官補佐官として今井武夫少佐がいた。

盧溝橋付近地図

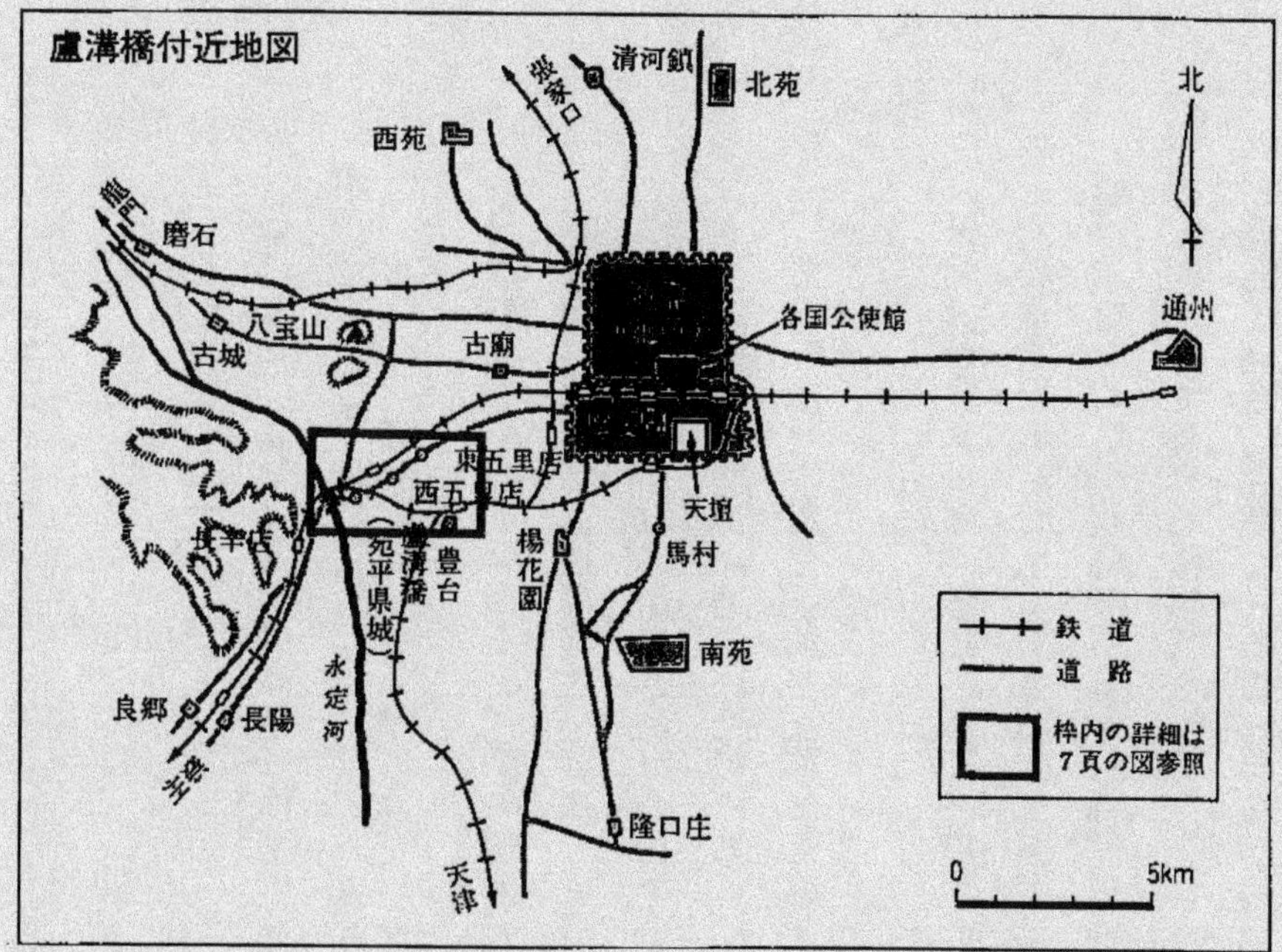

中国第二九軍

増強された支那駐屯軍の部隊は、一九三六年五月に日本を出発した。第三大隊は塘沽港に上陸して通州にしばらく駐留した後、六月三〇日、豊台にうつった。そして翌三七年三月、関東地区から初年兵をむかえ、たまたま歩兵操典（歩兵の動作・戦闘法にかんする教科書）が改正されたこともあって、連日猛訓練をおこない、初年兵教育がいちおうおわると、七月上旬の中隊教練の検閲にそなえて、六月中旬から夜間演習を中心に訓練を実施した。問題は、それが中国軍の目と鼻のさきでおこなわれ、中国側を強く刺激していたことである。

北平の付近に配置されていた中国軍は、宋哲元を司令、秦徳純を副司令とする第二九軍で、宋は、河北・チャハル両省を管轄する行政機構として三五年一二月に国民政府が設置した冀察政務委員会（冀は河北省、察はチャハル省をさす）の委員長を兼ね、平津（北平・天津）地方の軍政両権を一手ににぎっていた。第二九軍は、四歩兵師、二独立旅、一騎兵師、一特務旅などからなり、兵力は約七万八〇〇〇名であった。

このうち、北平の西北郊にある西苑に第三七師（長　馮治安）が司令部をおき、これにぞくする第一一〇旅（長　何基灃、西苑）第二一九団（長　吉星文、長辛店）の第三営（長　金振中）が宛平県城に配備されていた。

日本の編成にあてはめると、師＝師団、旅＝旅団、団＝連隊、営＝大隊、連＝中隊で、第三営は歩兵四個連、軽重迫撃砲各一個連、重機関銃一個連からなり、兵力は約一四〇〇名であった。

つまり、宛平県城に配備された金振中部隊の、わずかに鉄道線路をはさんだだけの目の前で、日本軍は演習をおこなっていたのである。もし日中両国が親密な友好関係にあったというのならば、あるいは日中両軍が緊密な軍事同盟を結んでいたというのならば、それも問題なかったかもしれない。

宋哲元がひきいる部隊は、国民政府軍の第二九軍というナンバーをあたえられていたが、国民政府の最高指導者である蔣介石の直系ではなかった。宋哲元は、馮玉祥の部下で、馮とともに反蔣戦争をおこし、敗れたこともある。宋には、華北（河北・山東・山西・チャハル・綏遠の五省）の実権をにぎって蔣介石に対抗したい、という野心があった。そのため日本側に取りいろうとして、妥協的・迎合的態度をとることが多かった。

一方、日本側は宋哲元を取りこんで華北を日本の支配下におさめることをもくろんでいた。支那駐屯軍は、中島弟四郎中佐と桜井徳太郎少佐を第二九軍の軍事顧問に送りこみ、特務機関を介して第二九軍＝冀察側と密接に接触していた。

しかし一九三五年以来、日本が華北分離工作（後述）をおしすすめた結果、日中間の全般的関係は年とともに険悪となり、三六年から三七年にかけて全中国に抗日の声があふれる状態となっていた。第二九軍の内部にも抗日の動きがひろがり、とくに、馮治安がひきいる第三七師にその傾向が強く、すでに支那駐屯軍とのあいだでいくつかのトラブルをおこしていた。そのうちとくに大きなものが、三六年九月の豊台事件である。

豊台事件

日本が支那駐屯軍を増強したのにたいして、国民政府は一九三六年五月一八日、日本政府にはげしい抗議を通告した。とくに支那駐屯軍があたらしく豊台に駐屯したことは、中国側に強い警戒心をいだかせた。それは、豊台が鉄道の分岐点で、盧溝橋とともに中国本土を南下するための要衝（交通上・軍事上の大切な地点）であり、北平の咽喉（のど、つまり重要な通路の意）のような位置にあるため、日本軍の戦略的意図によるものと考えられたからである。しかも、ここには中国軍の兵営もあったので、両軍のあいだには、一触即発の緊張した雰囲気がかもされていた。

六月から八月にかけて、両軍間に小さなトラブルがつづいておこった。九月にはいると支那駐屯軍は、宋哲元にたいして豊台の中国軍を引きはらうよう申しいれた。その直後の九月一八日（柳条湖事件五周年の日）、豊台駅前で、夜間演習にむかう途中の第七中隊と、行軍から帰ってきた中国軍（一個連）とがすれちがったさい、道を譲れ譲らぬの押し問答から両軍の争いとなった。そして、一木大隊長が全軍を出動させて中国軍の兵営を包囲したため、付近の中国軍も出動して、両軍があわや銃火をまじえる、という状態になった。

このときは、北平から中島・桜井両顧問や牟田口連隊長がかけつけ、中国軍側と交渉した結果、翌一九日には解決した。その解決条件とは、日本側の記録では、①豊台の中国軍の撤去、②中国軍の謝罪と責任者の処罰、③「武士道的精神」により中国軍の武装解除は免除する——とされている。しかし、今井駿氏が紹介した周開慶『抗戦以前之中日関係』（一九三七年四月）によると、そのときの解決条件は中国軍が豊台から自発的に移動し、日本軍は捕虜とした連長を釈放するというもので、両軍は並んでたがいに敬礼をかわし、それぞれ引きあげたという（「盧溝橋事件の「発端」について」『歴史評論』一九八七年四月号）。

また同書によると、日本側が鉄道二キロ以外への撤退を要求したのにたいし、中国側は拒否して豊台から六〇〇メートルはなれたところにしりぞいたという。

どうもじっさいの解決条件は、日本側の記録とは異なり、日本軍の願望どおりにはならなかったらしい。このことから一つの重大な結果が生まれた。

支那駐屯軍歩兵第一連隊の「盧溝橋付近戦闘詳報」という公式記録によると、日本軍が中国軍の武装解除をしなかったのは中国軍をおそれたからだ、という中国側の高言をきいて、牟田口連隊長は「憤懣の情」をおさえることができなくなった。そして、武士道精神を理解させることができず、態度が寛大にすぎたため、かえって「皇軍〔天皇の軍隊＝日本軍〕の威信」を傷つけられたのではないかと思い、「傷心措く能」わざる状態になってしまった。そこで牟田口は、つぎのような措置をとった。

「もし今後支那軍にして不法行為あらば、決して仮借〔みのがすこと〕することなく、ただちに起ってこれに膺懲〔うちこらしめること〕を加え、もってかれらの侮日抗日観念に一撃を加え、かれらの常套手段たる不信を策するの遑なからしむるを絶対必要とす。これ皇軍の威武を宣揚して、しかも事件を小範囲に局限し、ともに解決を最神速〔人間わざと思えないほど速く〕ならしむ所以なりと確信し、かつ部下にたいしても深くこれを訓示するところありたり」

一木大隊長も、牟田口連隊長と同様に深く反省したらしい。牟田口や一木は、中国軍の「不法行為」にたいしては容赦なくただちに一撃をくわえなければならない、という信念をいだくようになった。豊台事件はこうして、後の盧溝橋事件の重大な伏線となったのである。

中国軍、厳戒態勢に

一九三七年にはいって、日本軍が連日猛訓練、とくに夜間演習をおこなった結果、第一連隊の「戦闘詳報」によると、「駐屯地付近の地形は一兵にいたるまで、これを暗識し、また夜間行動に熟達するにいた」った。さらに第一連隊では、「支那軍主脳者邸、兵営、城門等の奇襲計画を策定し、各幹部をして一々実地につき数回にわたり踏査〔でかけて調べること〕せしめ」た。中国軍にたいする奇襲攻撃の準備が、着々とすすめられていたのである。

このような日本軍の行動は、当然に中国側の警戒心をつのらせた。第一連隊の観察するところでは、五月以降、中国軍は宛平県城に一連、永定河の盧溝橋の下の中州（日本側は中の島と呼んだ）に二連を配置し、六月には永定河右岸の長辛店に約二営を増加したほか、その北方高地に散兵壕（一～二歩以上の間隔をとって掘り、兵士が一人ずつはいる壕）をあらたに構築した。鉄道橋から北へ約九〇〇メートルほど行ったところに、龍王廟（中国名は回龍廟）という小さな廟堂（先祖の霊をまつった建物）があるが、そのあいだの堤防上の散兵壕が改修・増強され、それまで埋めてあったトーチカ（相手側の砲撃から火器を守るためのコンクリート製の構造物）も土砂が取りのぞかれて姿をあらわした。

また中国側は、従来はみとめていた日本軍の宛平県城内の通過を拒否するようになり、日本軍が演習のさいに畑に侵入し、夜間演習で実弾射撃をしていると、抗議を申しいれた。これにたいして日本軍側は、実弾射撃の事実はないとしてとりあわなかった。

六月下旬、中国軍は龍王廟付近とその南に配兵し、警備を厳重にした。これは第三営の第一一連（長　耿錫訓）の部隊である。

七月にはいると状況はいっそう緊迫した。

盧溝橋守備隊長金振中の回想「死すとも亡国奴にはならず」（『七七事変』〈北京・中国文史出版社、一九八六年〉所収）が、一九八七年に秦郁彦氏の解説を付して日本に紹介された（『中央公論』一九八七年一二月号、三浦徹明訳）。それによると金営長は、日本軍の奇襲にたいする警戒を強めてきたが、七月六日、旅長何基澧から「もし日本軍が挑発してきたら、必ず断固として反撃せよ」という命令を受けた。そこで金は、日本軍の偵察におもむいたところ、日本軍が「雨と泥濘〔ぬかるみ〕の中を物ともせず、盧溝橋を目標として攻撃演習を行なっている」のを目撃し、「戦車の轟々たる音がしだいに近づいて来る」のをきいた。金はただちに将校会議をひらき、「各中隊〔連〕に対し、十分な戦闘準備をなすよう指令し、日本軍が我が〔中国側〕陣地の百メートル以内に進入したら射撃してもよく、敵が我が砲火から逃れられないようにせよ、と命じた」という。

この回想では、六日も七日も天候は雨とされているが、日本側の記録では晴れであり、雨になるのは、九日午前六時ごろからである。また、六日に日本軍の戦車が出動していたという事実もない。金の回想には、七月七～八日の事実と八～九日の事実とを、混同している点がいくつかみとめられる。八十数歳になってからのインタビュー（一九八四年）をもとにした文章なので、記憶に多少の混乱があっても無理はない。金の回想を無条件に信用できないとしても、七月六日に中国側が厳戒態勢にはいったことはたしかなようである。

謀略か？

じつは、今井武夫『支那事変の回想』(一九六四年)によると、七月六日夕方、北平駐在武官補佐官であった今井のもとに、冀北保安総司令の石友三が突然あらわれ(両者は親交があった)、「武官!!　日華両軍は今日午後三時頃盧溝橋で衝突し、目下交戦中だ。武官はこの情況を知っているか」と質問した。今井はびっくりして、「そんな事は知らないし、またないだろう。いやしくも万一そんな重大事件があれば、日本軍が私に知らせない筈はない」とこたえた。石は、情報の出所をかくしたまま立ちさった。今井は、翌日の事件を予言したかのような石友三の話に疑惑の雲につつまれた感がし、翌日の「陰謀計画」の「好意的な予備通報」ではなかったか、と後日、考えたという。ただし、「陰謀計画」と

昭和史のひとこま

「もう一つのアヘン戦争」

アヘン戦争といえば、だれもが清国とイギリスとのあの戦争のことを思いうかべる。しかしじつはもう一つのアヘン戦争がある。日中戦争がそれである。盧溝橋事件がおこると、関東軍は強引にチャハル作戦をおこない、一九三七年秋に内蒙古を占領し、蒙疆政権と呼ばれる傀儡政権を樹立した。そしてこの政権のもとで、大量のアヘンを生産し、北京・上海など、全中国にばらまいた。生産と配給の計画は、内閣直属の興亜院とその後身の大東亜省が取りしきった。日本は国際条約による禁制品であるアヘンを国策として極秘に生産・配給し、巨額のブラック・マネーを獲得するとともに、中国の抗戦力を麻痺させようとした。中国はこのアヘンによる「毒化政策」を非難し、東京裁判でもきびしく糾弾された。蒙疆政権や興亜院の内部文書が隠されたため、この国家犯罪は長く解明されずにきたが、近年になって史料の発掘と公開がすすみ、ようやく全容にせまれるようになった。

いっても、なにか具体的なことが指摘されているわけではなく、今井の推論でしかない。

千田夏光『銃殺』(一九八六年)には、「東条アヘン兵団」という作品がおさめられている。そこでは、関東軍参謀長東条英機中将の計画と指揮のもとに、チャハル作戦(内蒙古占領作戦)の一環として、中国側金融機関の接収計画がねられ、六月末から七月はじめにかけて満州中央銀行のスタッフら工作員が熱河省やチャハル省の出撃拠点に送りこまれて待機し、「いまか、いまか」と待つうちに盧溝橋事件がおこった、という話がえがかれている。もしこの話が事実ならば、盧溝橋事件謀略説の有力な証明になるが、残念ながら裏づけとなる証拠や史料がしめされていない。

この作品は、日本が日中戦争下に内蒙古占領地でおこなったアヘンの生産と販売(この事実については、江口圭一『日中アヘン戦争』〈一九八八年〉を参照)について、「東京裁判(正式名は極東国際軍事裁判)でこのことはなぜか一度も表面に出ることはなかった」と結ばれている。このような一目でわかる間違いが作品のしめくくりとして書かれていると、せっかくのスリリングな「真相」を信じたくとも、にわかに信用するわけにはいかなくなってしまう。

日本軍が機会あれば中国軍に一撃をくわえたいと念じ、奇襲攻撃の準備に余念がなかったこと、中国軍が警戒心をつのらせ、もし攻撃を受ければ断固として応戦する準備をととのえていたこと、事件前日の七月六日に、中国側をひときわ緊張させるなんらかの情報かデマが流れたらしいこと——は確認できる。しかし翌七日の事件が、日中いずれかの事前の計画にもとづいて、謀略的におこされたことを確証するような事実は、こんにちまでまったくみいだされていない。

事件の発端

最初の銃撃

清水大尉の指揮する第八中隊は、七月七日午後七時三〇分から夜間演習をおこなった。演習課目は「薄暮〔夕ぐれ〕より敵主陣地に対する接敵および黎明〔あけがた〕攻撃」であった。永定河の堤防の上では、中国兵がさかんに工事をしていた。そこで、清水中隊長は堤防を背にし、東方の大瓦窰の部落に仮設敵をおいて、まず接敵訓練をおこなった。

午後一〇時三〇分ころ、接敵訓練をおえ、翌朝の黎明まで休憩（野宿）するため、清水中隊長は各小隊長と仮設敵司令に伝令をだし、演習中止・集合の命令を伝達させた。すると仮設敵の軽機関銃が射撃をはじめた。といっても、軽機は演習用の空包（発射音だけの弾薬）をつかったのであって、実弾を発したのではない。この射撃は、伝令を敵（演習上の）と勘違いしたものとされている。そのとき（午後一〇時四〇分ころ）、清水中隊長は後方の龍王廟の方向から約三発の実弾が発射され、頭上約一〇メートルを通過するのを感じた。実弾の場合には、「ヒューッ」という空気を切りさく摩擦音がするので、空包との違いがわかるのである。

清水中隊長は、ラッパ手に命じて集合ラッパをふかせた。するとこんどは、鉄道橋に近い堤防方向（宛平県城の城壁の方向ともいう）から十数発の射撃を受けた。集合した中隊を点検したところ、演習中止の伝令にだした志村菊次郎二等兵がいないことがわかった。そこで清水は、岩谷兵治曹長と兵一名を伝令にだし、豊台の一木大隊長に報告させた。

さて問題は、①清水中隊長が感じたという実弾射撃とは、だれが何のために撃ったものかということと、②清水が伝令をだした意図は何であったかということ——である。

第一の点について清水自身は、秦郁彦『日中戦争史』（一九六一年）におさめられている手記・書簡で、最初の射撃は、日本軍の軽機の空砲射撃の閃光（瞬間的に発する光）をみて、つぎの射撃はラッパ音をきいて、龍王廟—堤防—鉄道橋の中国軍が発したもの、と判断している。射撃の理由については、第一連隊副官の河野又四郎少佐が、遺稿となった手記（『文藝春秋』一九八五年八月号）で、中国兵は空包をもたず、実包（実弾）とききわけることができない、と指摘したうえ、つぎのような推論をのべている。

「龍王廟の中国兵はその日防禦工事をしていたというから、日本軍の攻撃を予想、戦々競々としていたものと考える。昼間なら龍王廟と大瓦窰の距離は一〇〇〇米あるから、小銃（軽機関銃）発射はさほど感じなかったであろうが、当夜は真の暗夜であり、銃声はすぐそこのように錯覚する。我が仮装〔設〕敵の空包を「ソレ日本軍」とばかり反射的に射撃したものと想われる。（水鳥の羽音を敵襲と誤りし平家の如く。）」

謎の真相

清水・河野両手記と異なる、いま一つの有力な証言がある。

一九八一年四月一八日にNHK総合テレビが放映した「歴史への招待——盧溝橋謎（なぞ）の銃声」（その要旨は藤原彰『昭和の歴史5 日中全面戦争』〈一九八二年〉に紹介されている）は、秋田県で第八中隊の生き残り兵士たちを取材し、志村二等兵は道にまよって中国軍の陣地に近づいたため発砲されたが、しかられるのをおそれて、このことをかくしていたのが真相である、という証言を流した。この発砲が清水中隊長の感じた最初の実弾射撃ということになる。

このような手記や証言に、「日本軍が我が陣地の百メートル以内に進入したら射撃してもよい」という金振中の回想をかさねあわせると、盧溝橋の謎の銃撃の真相は、以下のように考えるのがいちばん妥当ではなかろうか。清水・河野両手記のいうように、日本軍の空包・ラッパ音にたいする反射的な射撃か、第八中隊兵士が証言するように、中国軍陣地に接近してきた志村にたいする威嚇（いかく）射撃（およびラッパ音にたいする反射的な射撃）のいずれかを、龍王廟—堤防—鉄道橋の第三営第一一連にぞくする中国軍がおこなった——。

中国軍が陣どり、その目前で日本軍が夜間演習をしている場所に、この両軍以外の第三者が潜（せん）入（にゅう）して、謀略的な意図（いと）で、中国軍と日本軍との中間の位置から日本軍ないし日中両軍をめがけて実弾射撃をおこなう、というようなことはおよそ不可能であり、解釈として無理があることは、これまで秦郁彦氏らが指摘してきたとおりである。

第二の点、つまり清水中隊長が一木大隊長にむけて即刻に伝令をだした目的は何だったのだろうか。

清水は、実弾射撃と兵行方不明とのどちらをより重視していたか。かれは後年の手記・書簡では、行方不明の兵については「間もなくわかる」「事故を想像されなかった」が、「不法射撃を受けたことの報告が急を要すると思った」とのべている。しかし、一九三七年末につくられた「蘆溝橋事件に於ける支那駐屯歩兵第一連隊第三大隊戦闘詳報」では、射撃をうけて清水中隊長は「中隊を集結せしむ。しかるに兵一名不在なるを知り、断然膺懲するに決し、応戦の準備をなしつつ、本件を岩谷曹長および兵一名(ともに支那馬に乗馬す)をして在豊台大隊長に急報す」と書かれている。第一連隊の「戦闘詳報」も同趣旨である。つまり清水は、兵行方不明のほうを重大視して一木に急報したというのである。手記・書簡と「戦闘詳報」のどちらが正しいのか。これ

盧溝橋で衝突した日中両軍の指揮系統

支那駐屯軍(天津)—支那駐屯歩兵旅団(北平)—歩兵第一連隊(北平)—第三大隊(豊台)—第八中隊

司令官	旅団長	連隊長	大隊長	中隊長
田代皖一郎中将	河辺正三少将	牟田口廉也大佐	一木清直少佐	清水節郎大尉

第二九軍(北平)—第三七師(西苑)—第一一〇旅(西苑)—第二一九団(長辛店)—第三営(盧溝橋)—第一一連

司令	師長	旅長	団長	営長	連長
宋哲元	馮治安	何基澧	吉星文	金振中	耿錫訓

からのべるその後の経過からいって、手記・書簡には作為が感じられるのである。

行方不明の兵、帰隊

第八中隊から伝令にだされた岩谷曹長は、七月七日午後一一時五七～五八分ころ豊台に到着し、一木大隊長に報告した。このとき、一木はどのように考えたかを、事件一周年の回顧座談会（『東京朝日新聞』一九三八年六月三〇日～七月二日付）でつぎのように話している。

「私も射たれたというだけならピンと来なかったが、兵隊が一人おらんということになったら一大事だと思いまして、すぐ警備呼集をやる決心をとった訳であります。こう決心しますと認可を受けるために……牟田口部隊長（連隊長）の所に電話をかけ……今から私の部隊は警備呼集をして盧溝橋に行き支那側と談判するということを申上げると、部隊長は同意されて、

「宜しい、それでは豊台の駐屯隊はすぐ出て行って一文字山付近を占領し夜明けを待って盧溝橋にいる営長（金振中）……と交渉しろ。一文字山を占領して戦闘隊形をとって支那側と交渉せよ」

と、こういうことでした」

一文字山というのは、一木が勝手に名づけた丘というほどもない台地で、宛平県城の東方のやや北にある。この回顧談で注目すべき点は、一木が最初は実弾射撃については「ピンと来」ず、兵行方不明のほうを「一大事」と思って、「談判」にでかけたということである。牟田口が命令

した「交渉」の中身も、この兵行方不明についてである。

一方、盧溝橋の現場では、集合命令から約二〇分遅れて午後一一時ころ、志村二等兵がぶじにもどってきた。遅れたのは、さきのＮＨＫテレビの証言のような事情からであろう。全員が集結したので清水中隊長は、部隊を一文字山の少し東にある西五里店に移動させた。

一木大隊長は八日午前〇時二〇分、出動命令をくだし、午前二時三分、西五里店で待機中の第八中隊と出会った。そして、清水中隊長から行方不明であった兵士がみつかったという報告を受けた。一木は回顧座談会でつぎのようにかたっている。

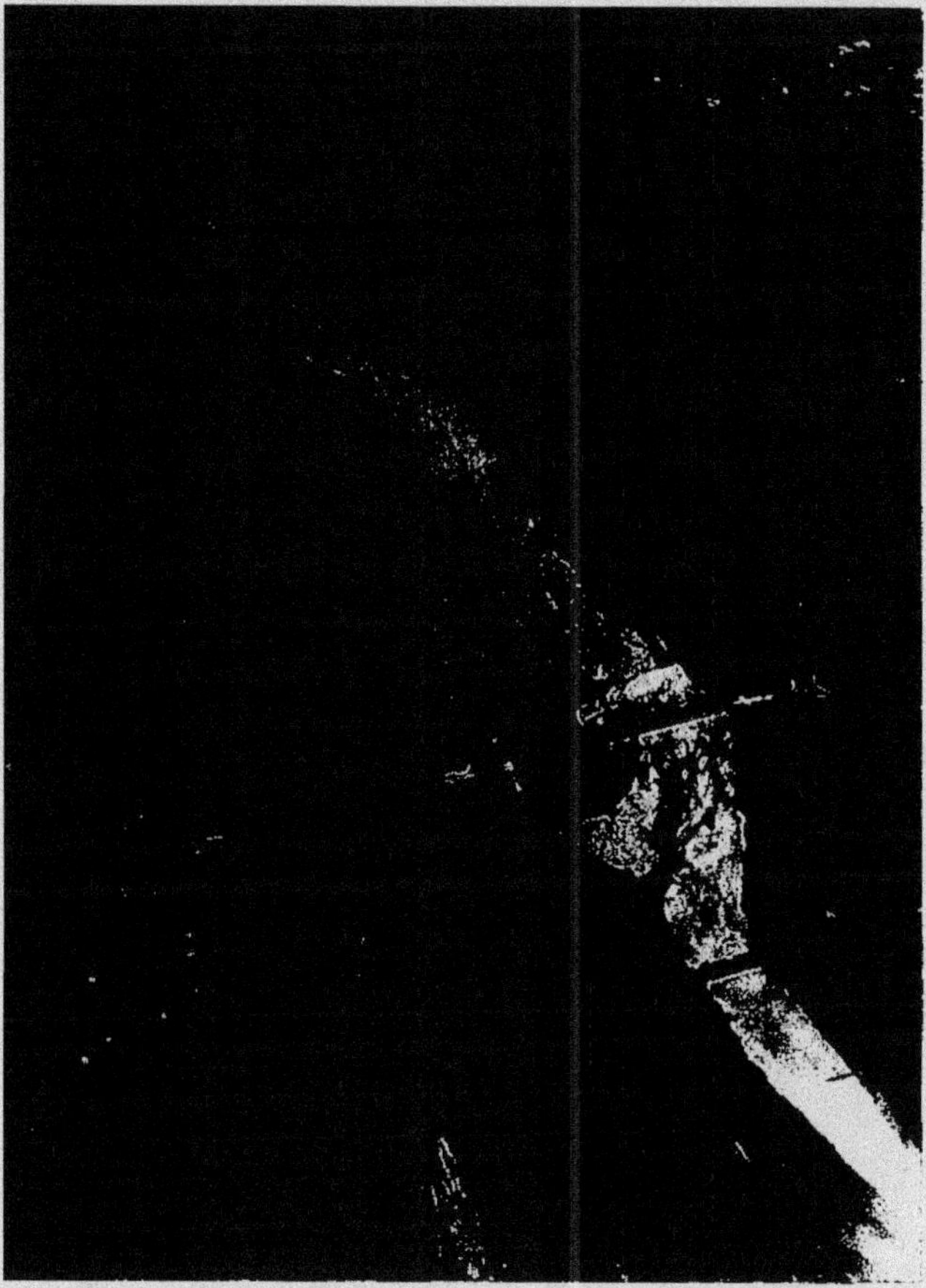

上空からみた盧溝橋付近．川の左側が宛平県城

「あっちこっち迷って遅れたとのことで兵隊は見つかって異常はないという報告であった。だが私の考えとしては、〔牟田口〕部隊長からも交渉しろという命令を受けてきていますし、またこれで打切ったということになると、支那側が何と宣伝するかわからぬ。豊台事件の前例もあって、実包射撃をやれば日本軍は演習をや

めて逃げて行くという観念をかれらに与えるのは遺憾だから、これはどうしても厳重に交渉しなければならぬ。……一文字山を占領してから交渉しよう……」

「不法射撃」が重大事に

まことに重大で正直な発言である。一木は、最初は実弾射撃ではなく兵行方不明のほうを重大だと考えて部隊を出動させた。しかし、現場に到着してみると、その兵士はすでにもどってきていたのである。出動した理由は消滅し、中国側と交渉する必要もなくなったことになる。ところが一木は、豊台へ部隊を引きあげようとはしなかった。逆に、「交渉」のためにまず、一文字山の占領にとりかかった。その理由は、一つは牟田口の「交渉しろという命令」であり、もう一つは前年九月の「豊台事件の前例」である。勢いこんでかけつけたからには、手ぶらで引きかえすわけにはいかぬ、豊台事件のときとはちがって、こんどこそは目にものをみせてやる、というわけである。

だが一木は、いったいなにを中国側と「交渉」するというのか。肝心の兵行方不明という問題は解決してしまっているのである。まさか、志村二等兵が道にまよったのを、中国側の責任として追及するわけにもゆくまい。じつはそこで、実弾射撃＝「不法射撃」という問題が重大事として急に浮上することになったのではないか。

最初は「ピンと来なかった問題」がいまや大事になった、いや、そうしないことには「交渉」

のしようがなくなったのである。清水中隊長が敗戦後の手記・書簡で、兵行方不明についてはあまり心配しなかったが、「不法射撃についての報告を急」いだとのべているのも、自分のだした伝令によって大隊が出動してしまったのに、兵士がもどっていたため引っこみがつかなくなり、最初から「不法射撃」のほうを重大視していたのだと、話をつくりかえたのではないだろうか。もし、清水の手記・書簡にうそ・いつわりがないとすれば、清水と牟田口・一木とでは、兵行方不明と実弾射撃との価値判断が最初からくいちがっていたということになろう。

「陳謝を要求すべし」

北平では、河辺旅団長が演習視察のため出張中であったので、牟田口連隊長が全般の指揮をとった。牟田口は、一木大隊長に出動命令をくだす一方、北平特務機関長松井太久郎大佐に中国側へ抗議するよう申しいれた。松井は冀察外交委員会委員林耕宇に、事態を収拾するよう通告した。七月八日午前二時二〇分、旅団司令部から、牟田口と相談したとして、松井につぎのような電話があった（「北平陸軍機関業務日誌」）。

「1、行方不明の兵は無事なること判明せり。したがって我軍はなんらの損害もなし。

2、解決条件として旅団は、日本軍の演習を害し不法発砲せるは皇軍に対する最大の侮恥なるをもって、最小限度

(1)師団長〔馮治安〕の謝罪

(2)第三営の〔盧溝橋からの〕即時撤退
を要求したきが、機関長の意見御伺いたし」

松井は(1)は異存ないが、(2)は「少々薬がききすぎ」るように思われるので、天津の軍司令部と相談のうえ決定すべきであるとこたえた。

牟田口も一木と同様に、兵行方不明が解決したことを知ったにもかかわらず、「不法発砲」を「皇軍に対する最大の侮恥」として、強硬きわまる態度をとったのである。豊台事件で、「武士道精神」を発揮して「皇軍の威信」を傷つけられたと「傷心」し、「不法行為」があれば「仮借なく「膺懲」しようと期していた牟田口には、この機会をみのがすわけにはいかなかった。

さらに午前二時四〇分、支那駐屯軍参謀大木良枝少佐から旅団に、「不法射撃に対しては断乎支那側の陳謝を要求すべし。交渉に赴くときには一個中隊を帯同し、必要に応じ武力発動をも敢行すべし」という指示がだされた。駐屯軍、旅団、連隊、大隊のすべてのレベルが「不法射撃」にいきりたち、中国軍の「膺懲」に取りかかったのである。

この間に、特務機関が中国側と連絡・協議した結果、日中で共同調査をおこなうことになった。第二九軍顧問桜井少佐、特務機関補佐官寺平忠輔大尉、宛平県長王冷斉、林耕宇らが午前三時三五分、北平から盧溝橋へむかった。この一行には森田徹中佐の指揮する歩兵約一個中隊・機関銃一小隊が同行した。森田は牟田口から、この部隊を宛平県城東門内に進入させ、第三大隊主力を盧溝橋駅付近に集結させて「何時にでも戦闘を開始し得るの姿勢」をとるように指示された。

「三発の銃声を聞く」

一方、一木大隊は午前三時二〇分、一文字山を占領した。その直後（三時二五分）、一木にはもってこいの事件がおこった。

「戦闘詳報」の表現にしたがうと、一木は「龍王廟方面にて三発の銃声を聞く」。この銃声は、さきの河野手記によると、最初に豊台に伝令にだされた第八中隊の岩谷曹長ら二名が、盧溝橋にもどったところ、中隊がすでに西五里店へ移動したあとで、発見することができず、龍王廟の付近で右往左往し、中国軍に射撃されたものであるという。いずれにしても一木は、たんに「銃声を聞」いたのであって、一文字山の自軍をめがけて射撃を受けたわけではない。龍王廟から一文字山までは、二キロ以上もはなれている。

ところが一木は、「ここにおいて敵の対敵行動の確実なるを知るとともに、単なる戦闘準備にては不充分なる場合あるを顧慮し、戦術上の判断にもとづき払暁〔あけがた〕攻撃準備的配置を必要とし」、第八中隊に「龍王廟北側堤防を戦闘を惹起〔ひきおこすこと〕せざる距離にありて占領待機すべし」と命令した（第三大隊「戦闘詳報」）。

午前四時、北平と西五里店のあいだに電話が開設されると、牟田口は一文字山から一木を呼びだし、「森田中佐を部隊長の代理として調停問責〔責任を問うこと〕のため現地に派遣した」ことをつたえた。その後のやりとりを一木は、さきに紹介した回顧座談会でつぎのように話している。

「今しがたまた向うから射って来ました。これから考えると、どうしても断然盧溝橋を攻撃しなければ、爾後〔その後〕の交渉はうまくいかぬと思います。私は断然攻撃をしたいと思いますが、部隊長はお許しになりますか、と申しあげた。牟田口部隊長はしばらく考えておられたようでしたが、「やってよろしい」と電話口でいわれました。私は実は部隊長はまさかやれとは仰っしゃらんかも知れぬと思うくらいの腹で申しましたのが、本当にやってよろしいとなると重大問題ですから、本当に間違いないかどうか、本当にやってよろしいんでありますかというと、牟田口部隊長は「やってよろしい、今四時二〇分、間違いない」と、こういう風に時刻とともに明瞭にいわれましたので、私は「やります」と申しあげて電話を切った」

牟田口に「やってよろしい」といわれて、一木はびっくりしたのだが、牟田口にしてみれば、すでに最初の「不法射撃」だけでも、松井特務機関長にたしなめられるほどいきりたっていたのである。「また向うから射って来」た(じっさいは「銃声を聞」いたにすぎない)との報告を受け、一木に「断然攻撃をしたい」と申しでられて、とめるはずはなかった。牟田口は回顧座談会で、こうかたっている。

「またもや二回目の不法射撃を受けた旨の報告を受けとったので、私はかかる不法行為は日本軍を意識してのことに相違ない。しからば我軍の威武を冒瀆〔けがすこと〕するも甚だしい。この際、支那軍の不法は容赦なく膺懲すべきであると決意し、午前四時二〇分、私は全部隊に戦闘開始の命令を下したのです」(傍点は引用者)

事件の展開

面目のため攻撃

一木大隊長は牟田口連隊長との電話をおえて一文字山へもどる途中、北平から先行してきた桜井少佐と出会った。そのときの模様を一木は、さきの回顧座談会でつぎのように話している。

「これはまずいことになったと思った。なぜかというと、この前の豊台事件の時も桜井中佐〔当時は少佐〕とか中島顧問とかが仲に入って、極力鎮撫〔しずめなだめること〕された。……この前やられているから今度は高飛車にこっちで先手を打ってやろうと、桜井さんに「私はもう今度という今度は断じてやりますよ。今部隊長からも許可を受けてきた」と……いうと、桜井さんが「今度はとめない、とめやせんけれども話があるから……」といわれる……。

桜井さんがいわれるには、今俺〔桜井〕は秦徳純〔第二九軍副司令〕に行き会ってきた。……秦徳純がいうのには、城外には俺〔秦〕の部下は一兵も出ていない。もし出ているとすれば、それは俺の部下じゃなくて、匪賊〔盗賊〕かあるいはすいかの番人だとのことです。……〔秦は〕そういう類いだから攻撃をしてよろしいといった。けれども城内を攻撃するのは中止してくれないかという話だった〔と桜井はいった〕。

私〔一木〕も考えたが、要するに日本軍の面目さえ立てばよいので、かれらに日本軍に戦闘意識がないとか、叩かれても平気でいるとかいわれたくないので、軍の威信上奮起したわけで、城内は挑戦して来ない限り射たぬことにした」

桜井は「それではよし、俺はこれから城内に行って大隊長〔営長〕に会って盧溝橋の城内の者は戦闘に参加させぬようにする」といって、一木とわかれた。一木はその後の行動をつぎのようにかたっている。

「考えてみると、桜井さんが城内に入ってかれらに話をし、城外にいると射たれるぞというと、城外にいる奴は皆城内に逃込んでしまう。私の方で攻撃して行って、一人も敵がおらんというと面目がない。

夜も明けてくる。逃込まれぬ先に、証拠を握るという点からいっても早くやらなければだめだと思って、〔一文字〕山に駈け上るなり、歩兵砲隊長に目標は龍王廟だ、あの方面に向けて攻撃しろ〔と射撃準備を命令した〕」

戦闘開始

第三大隊「戦闘詳報」では、午前五時〇分に、「大隊は盧溝橋城〔宛平県城〕内は攻撃せず。城外にいる兵に対しては断乎これを膺懲す」という大隊命令をくだした、と書かれている。一木のかたるその後の経過はつぎのとおりである。

「〔敵が〕おらんとすれば抜いた刀のやり場に困るがなどと考えながら三百メートル位近づいたとき、薄明りのなかに敵が点々として散兵壕のなかに見える。そこでこれは証拠が握れるぞと安心して、歩兵砲の者にすぐ射てと号令した。ところが今まで準備をして気合をかけていた歩兵砲が射たない。……なぜ射たぬかと催促の信号をしたところ、歩兵砲隊長のところから連絡が来て、一文字山に森田中佐が来て、射撃をとめていますという。

……私もびっくりした。一刻千金という夜明けの大事のときに、とめられたとなると大変なことだし、森田さんは私と牟田口部隊長が電話で話した経緯は御存知がないから、森田さんの御諒解をえなければならぬというので……部隊長と私との間にはやってよろしいということになっているからと伝えさせた」

このとき、第八中隊は龍王廟に接近していた。清水中隊長は午前五時三〇分、「敵前近く第一線を推進すべく……部隊の先頭にあって前進普通（歩く速度）を始めると、これまで壕外に立って我が方を監視中のシナ軍将校らが急遽壕内に跳び込んだとみるや、同時に壕内から一斉射撃を受けた。ここにおいて中隊はただちに応戦……主力機関銃、歩兵砲も射撃を開始し」た、と手記でのべている。

「応戦」というが、安井三吉氏が指摘するように、「戦闘態勢で「前進」してくる日本兵を眼前にして「一斉射撃」を加えるのは、中国軍として当然の対応だったと言うしかない」（「盧溝橋事件」研究に関する若干の問題」『季刊中国』九号、一九八七年)。そもそも日本軍は、はじめから攻撃のために前進し、一木大隊長は歩兵砲の先制砲撃命令をすでにくだしていたのであって、発射されなかったのは、たんに手違いであったにすぎない。

城内での交渉

七月八日午前五時三〇分、ついに戦闘が開始された。このとき宛平県城内では、桜井少佐と寺平大尉が金振中営長と交渉をおこなっていた。

桜井少佐に遅れて、森田中佐や寺平らが一文字山に到着したとき、すでに一木大隊長の攻撃命令がくだされており、第三大隊は宛平県城の横を龍王廟方面めざして前進をはじめていた。午前三時二五分の銃声や、牟田口と一木との電話でのやりとり、一木と桜井とのやりとりを知らなかった森田と寺平は、第三大隊が宛平県城を攻撃するのでなく、「それに側面を曝露しながら、敵前で分列式(隊形をととのえ、順次行進して受礼者に敬礼する軍隊の儀式)をやってるみたいな格好で龍王廟を攻撃する」ことのわけがわからず、演習をしているのかとも思ったりした(寺平忠輔『盧溝橋事件』一九七〇年)。

とりあえず寺平が、林耕宇・王冷斉らとともに東門から宛平県城内にはいり、先着の桜井少佐といっしょになって金営長との交渉をはじめた。桜井が前夜の射撃について追及したのにたいして、金営長はなぜか、城外には自分の部下はいないと言いはった。さきの桜井にたいする秦徳純

一文字山付近で戦闘態勢にはいる一木大隊

の発言と同様、中国側はその後も一貫して龍王廟—堤防—鉄道橋の部隊配備と発砲を否定した。そして秦郁彦氏によると、金振中の回想「死すとも亡国奴にはならず」ではじめてこの配備の事実をみとめた（「現場大隊長が明かした貴重な証言」『中央公論』一九八七年一二月号）。

桜井にかわって寺平が、共同現地調査、宛平県城東門守備兵の西門への撤退、日本軍の東門への配置を要求したのにたいし、金営長は共同現地調査と東門守備兵の減少には応じたが、日本軍の東門配置には絶対に応じられないと主張した。

そして双方が激論をかわしているさなか、城外で銃声と砲声がまきおこり、戦闘が開始されたのである。

『亜州日報』の誤報

ところで、林耕宇の主宰（しゅさい）する『亜州日報（あしゅうにっぽう）』は、この夜の日中の交渉を報じた記事のなかで、日本側が宛平県城内の捜索を要求したと書き、これが今日まで大きな問題を残すことになった。洞富雄氏の紹介する天津版の『大公報』(一九三七年七月九日付)にも、「北平通信」として同じ報道が掲載されている。

最初、松井大佐が冀察当局に「行方不明の兵を捜索するため、部隊を率いて入城したい、と申し入れ」、中国側が「わが方の盧溝橋城駐屯部隊はすべて七日には城内を出たことがなかったので、かの銃声はけっしてわが方の発したものではない、と婉曲に拒絶した」ところ、日本軍は宛平県城を包囲し、さらに「寺平を通じてあくまで入城して捜索することを固守し、わが方(中国側)がまだ承知せず、まさに交渉が始まろうとしたとき、突然に東門外ではげしい銃声が聞えた」と主張するのである(洞富雄「「兵一名行方不明」二件」『歴史地理教育』一九八七年一一月号)。

八日深夜、林から印刷されたばかりの『亜州日報』をみせられた寺平は、城内捜索要求うんぬんは「創作」であると林を問責し、林に謝罪させたといい、松井も捜索を要求したことはないと強く否定している(寺平『盧溝橋事件』)。中国側の報道は、日本軍の東門配置の要求を、故意のすりかえか不注意による誤解か、城内捜索の要求と誤報したものであろう。

これまでみてきたように、日本側は最初に重大視していた兵行方不明問題が解消してしまったため、「不法射撃」問題をやり玉にあげて中国側を「膺懲」しようとしていたのである。したがって、行方不明兵のための城内捜索に固執する必要はなく、牟田口大佐の森田中佐への指示も東門内への進入であった。もちろん日本軍の東門進入・配置という要求じたい、中国側がとうてい受けいれがたい高圧的で不当なものであったことはいうまでもない。

中国側のイメージをめぐって

ところが中国では、この誤報がその後すっかり定着してしまったのである。たとえば、初級中学校用教科書『中国歴史』(一九八六年)の「盧溝橋事変」の項には、つぎのようにしるされている(関根謙編『中国の教科書の中の日本と日本人』一九八八年)。

「一九三七年七月七日夜、日本軍は北平西南の宛平郊外で軍事演習を行ない、一人の兵士が失踪したということを口実に、宛平県城内で捜査を行なうことを要求してきた。我が(中国)軍隊はこの無法な要求を拒絶したが、日本軍はそれを無視し宛平県城に対し発砲を開始し、大砲による百数発の猛烈な攻撃を盧溝橋に加えた。これに対し我が軍隊は勇ましく応戦した。これを「盧溝橋事変」または「七・七事変」という」

盧溝橋事件について、中国では日本とはずいぶんちがうイメージがいだかれているのである。金振中の回想でも、桜井が「日本軍が入城して失踪した日本兵を捜索する便宜をはかる」よう要求したとされている。

東京裁判のなかで、検察側から重要な証拠として提出された秦徳純「七七事変紀実」も、『亜州日報』の報道と同様の経過で書かれている。

この「七七事変紀実」について、坂本夏男氏は日本側の「戦闘詳報」などと突きあわせたうえ、

「秦徳純が盧溝橋事件の「罪責（犯罪の責任）」を、意図的に日本側に確定しようとした創作的性格を濃厚に帯び、該〔その〕事件の謎を実証し、その真相を解明するものでは決してない」と、きめつけている（「盧溝橋事件の通説に関する一考察」『皇学館論叢』第一八巻第四号、一九八五年）。「七七事変紀実」が正確でないことは坂本氏のいうとおりであるが、だからといって盧溝橋事件にかんする日本側の「罪責」が消滅するわけではない。坂本氏は日本側に「罪責」がないことを、なんら証明していないし、事件の経過からいって証明できるはずがない。

また、秦郁彦氏は金振中の回想に付した解説のなかで、「支那駐屯軍としては、中国側が末端兵士の暴発として「不法射撃」の責任をあっさり認めれば、責任者の謝罪と移駐ぐらいですませるつもりであった」とか、「一木大隊、清水中隊が七月七日にとった行動からは「挑発的」意図は見出せない。……したがって、第二十九軍側の行動と対応がもう少し慎重かつ適切であったら、盧溝橋事件は起らず、もし起きても局地紛争として収拾されたであろう」と論じている（「現場大隊長が明かした貴重な証言」）。

これは、盧溝橋事件の実証的研究のパイオニアである秦氏としては、ひどく一面的な議論ではなかろうか。牟田口も一木も、日本軍になんの損害もないことを承知していながら、「不法射撃」を日本軍にたいする「侮恥」「冒瀆」として部隊を出動させた。そして、午前三時二五分の「三発の銃声を聞」いただけで、中国側の対応などには目もくれずに攻撃命令をくだし、一木の回顧談にあるように、はやりたって攻撃を決行したのである。七月八日午前五時三〇分の戦闘は、宛平県城内の交渉とはまったく無関係に、牟田口・一木の決断で、日本軍が一方的かつ主動的に引きおこしたことは、議論の余地のない明白な事実である。いったい日中のどちらの行動と対応が、「慎重かつ適切」であったというべきだろうか。

猪突猛進

一九三七年七月七日から八日にかけて盧溝橋でおこった事件は、事前の計画や謀略によるものではない。清水大尉の指揮する第八中隊は、なんらかの事件をおこす目的で夜間演習にでかけたのではない。第三者による謀略的挑発の余地もない。この点で、関東軍参謀の計画的謀略によって引きおこされた柳条湖事件とは異なり、盧溝橋事件は偶発的な事件であると断定できる。

しかし、偶発的な事件だからといって、やむをえなかったとか、責任はないとか、侵略的ではなかったとか、ということにはならない。

七月八日朝に発生した日中間の戦闘——厳密にはこれこそが盧溝橋事件である——はあきらかに日本軍が意図的にしかけたものである。そして、その最大の責任が牟田口連隊長と一木大隊長にあることも明瞭である。

牟田口と一木は、なぜ中国軍を攻撃したのだろうか。牟田口は、旅団司令部を通じて「不法発砲せるは皇軍に対する最大の侮恥」であるといい、「我軍の威武を冒瀆するも甚だしい」ので「容赦なく膺懲」したと発言している。一木は、「日本軍の面目さえ立てばよいので……軍の威信上奮起した」と説明している。

要するに、牟田口・一木は日本軍の「面目」「威武」「威信」をたもつために中国軍を攻撃したのである。じっさいに損害を受けたとか、危険が切迫していたとか、戦略・戦術上必要だからとか、というのではいっさいない。まして、攻撃の結果として日中間の関係にどのような影響をおよぼすかということなどは、さらさら頭になかった。日本軍の、というより正確には牟田口・一木のメンツのために、もっと端的にいえばかれらの腹いせのためにしかけた攻撃だったのである。

こんなことで戦争をおこされては、中国側はもちろん、日本側としてもたまったものではない。七月八日と九日の戦闘で、第一連隊には下士官・兵に一二名の戦死者がでた。かれらは牟田口・一木のメンツ・腹いせの犠牲者であったといってよい。

一木は後年（一九四二年）、ガダルカナル戦で、同島奪回のために一木支隊をひきいて上陸し、先遣隊の約一個大隊の兵力だけで、約一個師団のアメリカ軍に突撃して全滅状態となり、みずからも自決した。猪突猛進（むこうみずに一直線にすすむこと）の見本である。

牟田口は一九四四年、第一五軍司令官として、もっとも無謀で悲惨な作戦として悪名高いインパール作戦を強行した。かれは、「大東亜戦争は、いわば、わしの責任だ。盧溝橋で第一発を撃って戦争を起したのはわしだから、わしが、この戦争のかたをつけねばならんと思うておる。まあ、見ておれ」といって、この作戦に自信満々だったという（高木俊朗『イムパール』一九四九年）。これまた、メンツ第一の猪突猛進といえよう。

39

日本兵を追撃する英・印軍．インパール作戦は失敗し，日本軍は壊滅状態となった

日本軍の「威信」

日本軍の第一線の指揮官がそろってこういうタイプの軍人で占められていたのは、まことに不運で不幸なことであったが、たまたまそうであったのではない。じつは軍の威信を最重大視して他をかえりみない自己中心主義と非合理主義は、日本軍の伝統的体質だったといってよい。

一九二八年、日本は国民革命軍が北伐を再開すると第二次山東出兵をおこない、五月三日、済南で国民革命軍と武力衝突した。この衝突はいったんおさまり、停戦交渉が成立し、両軍の第一線はなかよく接触していた。

ところが第六師団長福田彦助中将は、日本陸軍の調査報告によると、「帝国陸軍の威信を傷つけられたるを憤り、断然起ってこれ〔国民革命軍〕に一大痛棒〔手ひどくしかりこらすこと〕を加うるに決」し、中国側のとうてい「回答する能わざ」る最後通牒をつきつけた。そして同月八日、総攻撃をかけ、中国軍民の死傷者四〇〇〇人以上をだすにいたり（済南事件）、日中関係を最悪の状態に追いこんだ。

日本の存在、とくに帝国陸海軍の存在を絶対化する視野のせまい軍隊教育が、「必勝不敗」の「無敵皇軍」という優越感にこりかたまった視野狭窄的な指揮官を輩出させたのである。かれらはまた、強度な中国侮蔑感情の持ち主だった。というより、日本優越感情と中国侮蔑感情とが表裏一体となっていた、と表現したほうが正確であろう。かれらは、中国軍は日本軍の敵たりえず、日本軍の前にひれ伏すべき存在である、と考えていた。そんな中国軍が日本軍に手むかってくるなどもってのほか、と思いこんでいたのである。だから、とるにたりぬことでも「不法行為」「不法射撃」と逆上し、「一撃」をかませて「膺懲」しようと突進した。盧溝橋事件は直接には、このような日本軍指揮官の思いあがりと浅はかさの〝産物〟であったといえよう。

事件の拡大

停戦への努力と強硬論

七月八日午前五時三〇分に戦闘を開始した日本軍は、永定河の中州、さらに右岸（西岸）にわたって中国軍を攻撃した。宛平県城にいた桜井少佐は、第二九軍顧問の立場で、なんとか停戦にもちこもうとかけまわった。午前七時、桜井・寺平は北平特務機関へ、「支那〔側〕は極力鎮圧せる結果ようやく停止せるも、日本側容易に徹底せざるため……さらに第一線を桜井顧問巡周停止勧告せしめたるも未だその意志徹底せず」と電話している（「北平陸軍機関業務日誌」）。

この間、天津と北平では両軍首脳のあいだで交渉がおこなわれていた。天津の支那駐屯軍司令部では、田代司令官が重体の床についていたため（その後、七月一六日に死去）、橋本参謀長が責任者となって指揮をとった。支那駐屯軍司令部にも強硬論があったことは、大木参謀から旅団あての指示でもあきらかである。

一九八七年、永井和氏によって支那駐屯軍司令部の「宣伝計画（仮定）」という文書が紹介された（「盧溝橋事件に関する一史料」『史』第六三号）。この文書には、「七月八日午前三時軍主任参謀起案」と書かれている。もしこれが正確であるとすると、午前三時二五分の第二回めの「銃声」より前に起案されたことになる。この文書は、「事態の推移を主動的に誘導し、もって我国の立場を有利ならしめ」るため、秦徳純・馮治安を拉致・監禁し、郷里の山東省に引っこんでいた宋哲元を天津に復帰させること、遅くとも七月九日正午までに宛平県城を占領すること、そのため「なるべく無益の戦闘を避くるも、要すれば彼我（相手がたと自分のほう）の損害を顧ることなく断乎攻撃を敢行す」ること——など、きわめて強硬な方針をはやばやと打ちだしていた。ただ同文書は、一参謀の起案した「仮定」の方針であって、司令部の正式方針であったわけではない。

橋本参謀長や松井特務機関長、今井駐在武官補佐官、桜井第二九軍顧問らは、牟田口・一木らの第一線指揮官にくらべると穏健で、なんとか衝突を収拾しようとはかった。橋本は天津で天津市長（第三八師長）張自忠と交渉し、北平では松井・今井が、北平市長（第二九軍副司令）秦徳純、河北省長（第三七師長）馮治安らと接触した。その結果、七月九日午前三時ころになって、

「一、両軍はただちに射撃を中止する。

二、日本軍は永定河左岸へ、中国軍は右岸へ撤退する。

三、盧溝橋の守備は保安隊が担任する」

という協議がまとまり、日本軍は準備していた宛平県城の攻撃を中止した。しかし、協議事項の実行はてまどり、翌一〇日にかけて両軍の衝突がくり返された。

停戦協定の成立

一方、参謀本部は九日夜、事件解決のための中国側への折衝方針として、①中国軍の盧溝橋付近永定河左岸の駐屯の停止、②将来の保障、③責任者の処罰・謝罪――を支那駐屯軍に指示した。これを受けた支那駐屯軍と冀察当局との交渉は難航したが、今井駐在武官補佐官が尽力した結果、一一日午後八時、つぎの「解決条件」がまとまり、松井と張自忠とのあいだで調印された。

「一、冀察第二九軍代表は日本軍に対し、遺憾の意を表し、かつ責任者を処分して、将来責任をもってふたたびかくの如き事件の惹起を防止することを声明す。

二、中国軍は、豊台駐屯日本軍と接近しすぎ、事件を惹起し易きをもって、盧溝橋城廓および龍王廟に軍を留めず、保安隊をもってその治安を維持す。

三、本事件はいわゆる藍衣社〔蔣介石に直属する特務機関〕、共産党その他抗日系各種団体の指導に胚胎〔きざすこと〕すること多きに鑑み、将来これが対策をなし、かつ取締りを徹底す」

この「解決条件」は、中国側に一方的に譲歩を強いるものだったうえ、謝罪をだれがするかなど、「その実施をめぐって難問が残されてい」て、かえって「事件を拡大するもの」という見解（古屋哲夫『日中戦争』一九八五年）がだされるほど、停戦協定としては不完全で不安定なものだった。しかし、ともかくこの調印によって、現地ではいったん停戦が実現し、日本軍の主力は盧溝橋から豊台へ引きあげた。

ところが同じ七月一一日、東京では近衛文麿内閣が、「重大決意」のもとに華北への派兵を決定し、事件拡大への決定的な道をひらいてしまったのである。

「二つの空気」——拡大派と不拡大派

盧溝橋事件の第一報は七月八日朝、軍中央（陸軍省と参謀本部）にとどいた。その電報をみて、陸軍省の柴山兼四郎軍務課長が「厄介なことが起ったな」といったのにたいし、参謀本部の武藤章作戦課長は「愉快なことが起ったね」といった。このように、軍中央には「一方はこれを何とか揉み潰しをしなければならぬという風に思い、一方ではこいつは面白いから油をかけてもやらそうという気持」の「二つの空気」があったと、参謀本部の河辺虎四郎戦争指導課長は、後年回想している。

後者は、「支那は弱いという考」えから「これは膺懲すべきだ」と主張するもので、拡大派とか楽観派と呼ばれた。かれらは中国の抗戦力をみくびり、「三個師団か四個師団を現地に出して一撃を食わして手を挙げさせる、そうしてぱっと戈を収めて……一部の兵力を北支に留めて置けば大体北支から内蒙は我が思うようにな」るという一撃論にたって、華北への派兵を主張した。参謀本部の武藤作戦課長、永津佐比重支那課長、陸軍省の田中新一軍事課長らが拡大派の中心であった（「河辺虎四郎中将回想応答録」）。

これにたいして前者は、中国の民族意識の成長と抗戦力をそれなりに認識し、対ソ連戦争の準備を第一義とする立場から、中国への武力行使には消極的な態度をとったもので、不拡大派とか

45

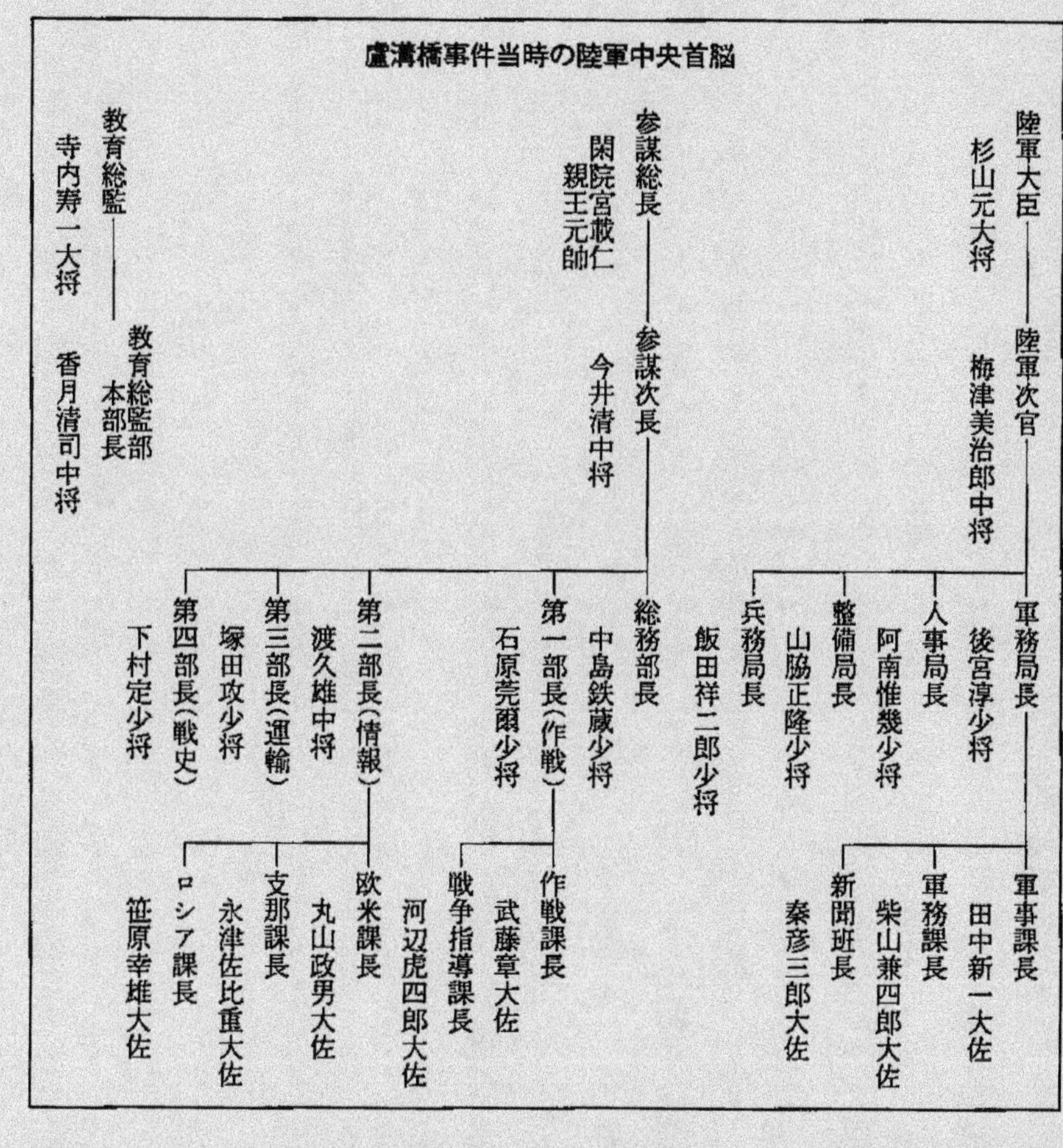

慎重派と呼ばれた。その代表は、参謀本部の石原莞爾第一（作戦）部長で、河辺戦争指導課長、陸軍省の柴山軍務課長らがこれにつらなっていた。

しかし、参謀総長（閑院宮載仁親王元帥）は皇族で、次長の今井清中将が事実上の責任者であったが、今井はたまたま病気をしており、渡久雄第二（情報）部長も病臥中という事情から、石原が統帥（軍隊を指揮・統率すること）の責任者の立場にたたされた。このため石原は、自分の説だけをとおすわけにはいかず、さらに現地から蔣介石直系の中央軍北上中という情報が、じっさいよりもオーバーにつたえられ、支那駐屯軍の兵力だけではとうてい対抗できないという拡大派の突きあげに押しきられてしまった。

「重大決意」

陸軍中央は七月一〇日、関東軍から二個旅団、朝鮮軍から一個師団、内地(日本国内)から三個師団を華北へ派兵することを決定した。六月四日に成立したばかりの近衛内閣は、七月一一日にまず五相会議をひらいた。顔ぶれは首相近衛文麿、外相広田弘毅、陸相杉山元、海相米内光政、蔵相賀屋興宣である。五相会議は、内地師団の動員は状況によるという留保をつけて、陸軍の提案を承認した。つづいて閣議がひらかれ、同じ決定をし、事態を「北支事変」と命名した。近衛首相は、神奈川県葉山へ避暑にでかけていた天皇のもとに行き、派兵について允裁(天皇の許可)をうけた。そのうえで午後六時すぎ、「政府は本日の閣議において重大決意をなし、北支派兵に関し政府としてとるべき所要の措置をなすことに決せり」という政府声明を発表した。

政府はさらに、午後九時から一一時にかけて、新聞・通信社、政界、財界の代表者を順番に首相官邸にまねき、政府への協力を要請するという前例のない措置をとった。まねかれた各界の代表は、ひとり残らず政府に協力することを約束し、いっきょに挙国一致体制がつくりだされた。

政府声明の末尾には「政府は今後とも局面不拡大のため平和折衝の望みを捨てず」と、いちおううたわれてはいた。しかし、現地で停戦交渉がおこなわれており、この日の夜には曲がりなり

47

大阪朝日新聞　昭和十二年七月十二日

北支出兵の廟議決す

抗日絶滅の保障要求
治安維持に重大決意
帝國政府、中外へ聲明す

擧國一致處理
自衞權發動の派兵

既定方針で嚴重監視
陸軍當局談

けふ宮城還幸啓
畏し、御豫定御繰上げ

冀察首腦は要求承認

支那兵またも發砲

南京誠意なく暴慢な聲明

反省を促す

「重大決意」を報ずる当時の新聞．停戦協定成立の記事は片すみに（1937年7月12日付）

にも停戦協定が調印されたというのに、事態をはやばやと「事変」、すなわち宣戦布告はしないが事実上の戦争とみなして出兵を決定し、「重大決意」を声明したうえ、ものものしい挙国一致体制づくりをすれば、政府の真意は「局面不拡大」ではなく、その拡大、つまり中国との戦争を決意したことにあると、内外に受けとられるのが当然であった。

　以上の経過をみても、盧溝橋事件が柳条湖事件の場合と大きくちがっていることがわかる。柳条湖事件の場合は、現地軍が謀略によって戦争をしかけたのにたいし、政府（第二次若槻内閣）は不拡大の方針をとり、軍中央もいちおうこれにしたがった。ところが盧溝橋事件では、偶発的に発生した局地戦を、現地軍がともかく停戦にもちこんだのに、政府と軍中央のほうが、戦争を拡大する手を打ったのである。

「はじめに」でのべた奥野発言のように「政府は常に不拡大方針を指示してきた」とする見解は、完全な誤認であるといえよう。

全面戦争へ

七月一一日の政府の「重大決意」と華北派兵の決定は、二つの反応を引きおこすことで、戦争拡大の決定的原因となった。一つは、現地軍の強硬論者を勢いづかせ、慎重論者による事態の収拾を困難にしてしまったことである。

いま一つは、中国の抗日の声を決定的に高め、断固として抗戦しなければならない、という決意をかためさせたことである。中国共産党中央は早くも七月八日付で、つぎの通電を発した。

「全国の同胞諸君！　北平・天津危うし、華北危うし、中華民族危うし。全国民族が抗戦を実行してのみ、われわれの活路がある！　われわれに攻撃してくる日本軍に対し、ただちに断固たる反撃を加えるよう要求する……」(中川一郎訳)

また同時に、宋哲元ら第二九軍の指導者や蔣介石にたいして、決起するよう呼びかけた。

これらの通電は、七月一五日付で刊行された『解放週刊』に掲載されているもので、じっさいに八日のうちに発せられたものとはかぎらない。しかし日本では、はやばやと通電をおこなったのは、中国共産党が盧溝橋事件の発生を前もって知っていた、つまり事件は中国共産党の謀略であるとか、このような共産党の抗戦方針によって戦争不拡大の努力が妨げられたとか、戦争は共産党の挑発でおこった、などと論議されることがある。

七月七日夜から八日朝にかけての銃撃と衝突が謀略によるものでないことは、すでにみたとおりである。また奥野氏の依拠する葛西純一氏らの中国共産党謀略説が信用しがたいことは、秦郁彦氏の論文「昭和史の謎を追う」（『正論』一九八八年一一月号）であきらかにされている。

いずれにせよ、武力で侵略を受けたものが、武力で抗戦するのは当然のことであるといわねばならない。日本に東北をうばわれて、「満州国」をつくられ、さらに華北まで併合される危機にひんしながら（その具体的な過程は後述）、国共内戦にあけくれ、「満州国」内のゲリラ戦争をのぞいて、まともに武力抗日をしてこなかったことのほうが異常なのである。いよいよ中国が内戦停止・一致抗日して抗戦にたちあがったのは、むしろ遅すぎたくらいである。これを不当とするのは、強盗が被害者に「おとなしくせよ、いうとおりになれ」とおどすのと同じ理屈であろう。

蔣介石も七月一七日、廬山談話を発表し、「最後の関頭〔わかれめ、せとぎわ〕にいたった場合には、もちろん、われわれは犠牲を払うだけであり、抗戦するだけである」と決意をのべた（尾崎庄太郎訳）。

日本側は七月一一日の停戦協定の実施条項として、宋哲元の陳謝、馮治安の罷免などの強硬要求をつきつけた。第二九軍首脳は日本に妥協し、一九日にこれをのんだが、国民政府は日中双方軍隊の同時撤退、外交交渉による解決、現地協定は中央政府の承認を要する、と日本に申しいれた。

これにたいして翌二〇日、軍中央は「外交的折衝をもってしてはとうてい事件の解決に至らざるものと判断」し、「武力行使を決意するを要す」という決定をくだした。同月二五日、北平南東約五〇キロの郎坊で日中両軍が衝突した。石原第一部長は、新任の支那駐屯軍司令官香月清司中将にたいして、「徹底的に膺懲せらるべし。上奏〔天皇に意見や事情をのべること〕等一切の責任は参謀本部にて負う」と通報した。

支那駐屯軍は、宋哲元に中国軍の撤退を要求する最後通告をおこなった。二六日、北平の広安門で日中両軍が衝突すると、翌二七日、政府は留保していた内地三個師団の動員を承認し、参謀本部は支那駐屯軍にたいして、「平津地方の支那軍を膺懲」せよと命じた。

七月二八日午前八時、日本軍は総攻撃を開始し、日中戦争はついに全面戦争へと発展した。

それにしても、近衛内閣はなぜはやばやと「重大決意」をして、華北へ派兵し、武力を発動したのだろうか。このことをあきらかにするために、もう少し歴史をさかのぼり、盧溝橋事件にいたるまでの日中関係をみてみることにしよう。

事件の背景と結末

日中全面戦争は、満州事変の延長線上に発生した。一九三一年九月一八日夜、関東軍幕僚はかねての謀略計画を実行にうつした。柳条湖で日本の所有・経営する南満州鉄道（満鉄）の線路にしかけた爆薬を爆発させ、これを中国軍の攻撃であるといつわり、中国軍を奇襲攻撃したのである。ここに満州事変が開始された。

満州事変から国際連盟脱退へ

関東軍は翌三二年二月までに、中国東北（遼寧＝奉天・吉林・黒龍江の東三省）のおもな都市と鉄道を占領し、三月一日に「満州国」を発足させ、これを日本の完全な支配下においた。日本は九月一五日、「満州国」を承認した。これはワシントン体制（中国に関する九ヵ国条約を中軸とする東アジアの国際協調システム）への挑戦として、列国の反発をかった。国際連盟が、柳条湖事件を日本軍の正当な自衛であるとみとめず、「満州国」は自発的な独立運動によるものではないと認定すると、日本は三三年三月二七日、国際連盟に脱退を通告した。

また、連盟脱退と前後して、関東軍は熱河省を「満州国」に編入するための熱河作戦にとりかかり、熱河省から万里長城をこえて河北省にも侵攻し、北平・天津にせまった。中国は停戦をもとめ、五月三一日、塘沽停戦協定が調印された。この結果、柳条湖事件以来の軍事行動には、いちおうの終止符がうたれた。しかし日本は、河北省東部に非武装地帯を設定させることで、華北五省を国民政府の支配下から切りはなし、「第二満州国」化しようとする足場を獲得した(華北分離工作)。

華北分離工作

塘沽停戦協定が結ばれたといっても、「満州国」の内部では反満抗日のゲリラ戦争が休みなくつづけられた。「満州国」西側から浸透してくる反満抗日闘争も無視できなかった。とくに日本にめざわりだったのは張学良のひきいる東北軍が華北に存在していたことである。東北軍の主力は、柳条湖事件のさい、たまたま関内(万里長城の内側)に出動していたため、留守中に東北を占領されて故郷に帰ることができなくなり、故郷を回復したいという痛切な気持ちをいだいていた。橋本支那駐屯軍参謀長は「北支だけを別個にしなければ、満州をいくら治療しても隣からどんどん這入ってきて駄目である。故に安全地帯を作る必要があ」ったと、後に回想している(「橋本群中将回想応答録」)。

さらに陸軍は、「満州国」の設立に警戒心を強めたソ連が極東兵備を充実させたことに対抗して、華北をおさえ「満州国」西側の安全を確保することで、対ソ戦に有利な態勢をつくろうとした。また、掃共戦に敗れて華中の根拠地をうしなった紅軍（中国共産党軍）が大長征をへて一九三五年一〇月、陝西省北部に新根拠地をつくったのにたいし、内蒙（チャハル・綏遠省）工作を推進して、ソ連・外モンゴル・中国共産党の連携を分断しようとはかった。

一方、日本は「満州国」樹立と連盟脱退、さらに三六年一月に海軍軍縮会議からも脱退したことによって列強との対立を深めたため、軍備を拡張し、国家総力戦の準備をすすめる必要がでてきた。そのためには、ぼく大な戦略物資を確保しなければならなかった。ところが、期待していた「満州国」の資源はかならずしもじゅうぶんではないことが判明した。また、海外とくにアメリカ・イギリスからの戦略物資の輸入をなりたたせるのに必要な日本の繊維製品の輸出は、関税障壁（ブロック

昭和史のひとこま

「松花江のほとり」

華北をさすらう東北軍の将兵が望郷の想いをこめて歌った「松花江のほとり」は、中国の代表的抗日歌曲の一つとなった。

わが家は東北、松花江のほとり
そこには森林と鉱山、さらに山野に満ちる大豆と高粱がある
わが家は東北、松花江のほとり
彼の地にはわが同胞、そして年老いた父と母がいる。
ああ、九・一八、九・一八
あの悲惨な時から、わが故郷を脱出し、無限の宝庫も捨て去って、流浪、また流浪、関内をさすらいつづけている。
いつの年、いつの月、私の愛する故里へ帰れるのだろうか。
いつ、私のあの無尽の宝庫をとり戻せるのだろうか。
父よ、母よ、喜んで一堂に会するのはいつだろうか

（澤地久枝訳）

(注)　九・一八＝柳条湖事件のこと

経済)にはばまれるようになり、それにいつまでも米英からの輸入にたよっているわけにもいかなくなった。こうしたことから、華北の豊富な資源(鉄・石炭など)と市場を独占したいという欲望が強まった。

結局、満州事変と「満州国」樹立という日本の膨張政策から、いっそうの膨張が必要となり、防共と資源・市場確保のために華北を分離・支配することが、あたらしい膨張の目標とされたのである。

一九三五年五月、支那駐屯軍は中国を威圧して梅津・何応欽協定を成立させ、国民政府に直属する政治的・軍事的な機関や勢力を、河北省から排除した。ついで六月、関東軍は土肥原・秦徳純協定を結んで、熱河省に接するチャハル省東部の地域から宋哲元の第二九軍を撤退させ、平津地方へ移駐させた。

さらに日本側は、宋哲元に華北五省の自治政府をつくるようせまり、国民政府が懸命にこれを阻止すると、とりあえず一一月二五日、親日政治家の殷汝耕をつかって塘沽停戦協定の非武装地帯を区域とする冀東防共自治委員会を発足させた(一二月二五日、冀東防共自治政府と改称)。

これにたいして国民政府は、冀東政権を否認する一方、日本の圧力をかわすため、一二月一八日、河北・チャハル両省を管轄する冀察政務委員会を北平に設け、宋哲元を委員長に任命した。盧溝橋事件の一方の当事者となる冀察政務委員会は、こういう経過でつくられたのである。

日本の華北分離工作は、一九三五年に大きく前進した。華北には日本企業がぞくぞくと進出し、冀東政権を利用し「特殊貿易」と称する密貿易を盛大におこなって、日本商品を華北から華中にまではんらんさせた。

抗日救国運動と日本の対応

日本が華北分離工作をすすめたことは、中国の民族的危機感を高めずにはおかなかった。

一九三五年八月一日、中国共産党は「抗日救国のために全同胞に告げる書」（いわゆる八・一宣言）を発表し、抗日救国のための内戦停止・一致抗日を呼びかけ、国共内戦から国共再合作への大転換の道をひらいた。同年一二月九日、北平の学生は内戦停止を要求してデモをおこない（一二・九運動）、これが全国的な抗日救国運動の出発点となった。

内戦停止をもとめてデモをする北平の学生
（家永三郎編『日本の歴史 7』（ほるぷ出版）より）

一九三六年、二・二六事件（本シリーズNo.2須崎慎一『二・二六事件』参照）直後に成立した広田弘毅内閣は、軍部の要求にしたがって国家総力戦準備をあらゆる面にわたって推進したが、同年四月に支那駐屯軍の兵力を大増強したのは、このような抗日の高まりに対処するためであった。

同年一一月、関東軍は冀東特殊貿易の収益を資金として、中国人や蒙古人を雇って謀略部隊をつくり、かねて手先としてきたモンゴル王公徳王（トムスクトンロップ）の部隊とともに綏遠省に侵攻させたが、国民政府軍に惨敗をきっし、壊滅した（綏遠事件）。綏遠事件の勝利は、中国国民を熱狂させ、抗日救国の気運はますます高まった。陝西省北部の共産軍討伐のため出動させられていた張学良の東北軍、楊虎城の西北軍のあいだにも内戦停止・一致抗日の動きがひろがった。

一二月一二日、張・楊は、督戦（部下を監督・激励して戦わせること）のため西安にやってきた蔣介石を監禁し、延安から飛来した周恩来とともに内戦停止・一致抗日を蔣にせまり、同意させた（西安事件）。この事件は国共が内戦を停止し、再合作へむかう歴史的転換点となった。

一方、広田内閣による大軍拡は資源確保と輸出増進をますます必要としたが、一九三五年から三六年にかけて、列国は日本商品への防壁をいちだんと厚くした。こうして、防共と資源・市場確保のために、華北を日本の支配下に取りこもうという欲望が、いっそうふくらんだのである。その欲望がどれほど浅ましいものであったかは、当時の貴族院議長近衛文麿が三七年一月一日付『東京朝日新聞』に寄せた論文によくしめされている。

「（中国が）自ら開発の力がおよばざるに天賦（天からあたえられた）の資源を放置して顧みないというのは、天にたいする冒瀆ともいい得るが、日本は友誼（友情）の発露として開発をなさんとするものである」

自国の資源を開発するかしないかは、中国がきめることである。その中国の資源がほしいからといって、中国が開発しないのは「天に対する冒瀆」であるなどと非難するのは、日本のエゴイズム以外のなにものでもない。このような人物がやがて首相となり、盧溝橋事件に遭遇して、どのような態度をとるかは、もはやあきらかであろう。

日中全面戦争の原因

現地で停戦協定が成立したにもかかわらず、近衛内閣と軍中央がはやばやと「重大決意」のもとに華北派兵を決定したのは、この偶発的なトラブルを絶好のチャンスとして、年来の欲望を達成し、防共と資源・市場確保のために華北を日本の支配下におさめようとしたからである。満州事変が日中全面戦争へと拡大した根本的原因は、この日本の侵略政策にあった。

しかし、華北分離をめざす日本の侵略政策の前途は、満州事変を開始した段階とはまったく異なっていた。中国では国共内戦から内戦停止・一致抗日への歴史的大転換が進行していた。日本があくまでも華北分離を強行しようとしたのにたいし、中国はそれを阻止するため、民族をあげて抗日救国のたたかいに立ちあがった。日中戦争全面化の第二の原因はここにある。つまり日中全面戦争は、日本の側からすれば華北の分離と支配をほんらいの目的とする侵略戦争であり、中国の側からすれば、これを阻止するための防衛戦争として、展開されたのである。

ところが日本には、このような中国の民族的抵抗の力にたいする認識が欠けていた。日本がどれほどに思いあがり、中国をみくだしていたか、つぎの『大阪朝日新聞』(一九三七年八月五日付)の「天声人語」が象徴している。

「支那は挙国抗日などと騒いでいるが、支那国民を眺めるのに日本人式の常識をもってしてはならぬ。……かりに一億の支那人がおればそのうちの八千万は全然国家的観念を持たぬ苦力〔労働者〕と見ていい。……支那の被支配大衆はその支配者が誰であろうと意に介さない。「威力」の下にかれらは忠誠であり、「善政」の下にかれらは幸福を享有する。日本の北支那安定事業は決して至難の事柄とは思えない」

こうした認識が、軍事的には一撃論となった。一撃をくわえさえすれば、中国は屈伏し、日本の思いどおりになるだろうと考え、じゅうぶんな準備も計画もなしに安易に兵を動かしたのである。そして、予想もしなかった強力な抵抗に直面して、あわてて兵力を追加投入し、ずるずると深みにはまっていった。これが戦争全面化の第三の原因である。

要するに、盧溝橋事件という偶発的な衝突が全面戦争に発展したのは、日本が華北分離・支配の欲望をつのらせる一方で、中国ではこれ以上、日本の侵略をゆるさないという抗日救国への民族的結集がすすんでいたにもかかわらず、日本が中国を軽侮(あなどる)し、一撃論のもとに安易に武力を発動した、ということにあったのである。

盧溝橋事件はこのような経過で、満州事変と日中全面戦争との接点となり、限定戦争から全面戦争への転換点となった。

おわりに

泥沼化する戦局

一九三七年七月七日、盧溝橋でおこった日中両軍の衝突は、七月二八日には全面戦争へ発展し、さらに八月一三日、上海でも交戦がはじまり、戦争は華中へと拡大した。近衛内閣は八月一五日、「支那軍の暴戻〔あらあらしく道理にもとること〕を膺懲し、もって南京政府の反省を促すため、今や断乎たる措置をとる」と声明し、九月二日には「北支事変」を「支那事変」と改称した。日中戦争は名実ともに全面戦争となった。日本が宣戦布告をせず、「事変」と称したのは、宣戦布告によってアメリカが中立法（交戦国への武器・戦略物資の輸出を禁止した法律）を日中戦争に適用し、アメリカから軍需物資の供給を受けられなくなることをおそれたからである。

一方、国民政府は八月一四日、抗日自衛を宣言し、翌一五日には全国総動員令をくだして蔣介石が三軍総司令官に就任した。同月二二日、西北の紅軍は国民革命軍第八路軍（長　朱徳）に改編され、九月二三日には第二次国共合作が正式に成立した。

日本軍は、上海で予想外に強力な中国軍の抵抗に直面し、つぎつぎと兵力を追加投入するはめになった。そして一一月上旬、ようやく中国軍の戦線を崩壊させた日本軍は、国民政府の首都南京へと殺到し、一二月一三日の占領前後に南京城内外で、敗残兵・投降兵・捕虜、さらに一般市民にたいして、虐殺・処刑・略奪・強姦・放火などの残虐行為をくりひろげた。その実態については、本シリーズNo.5 藤原彰『新版南京大虐殺』にくわしくのべられている。

日本は、ドイツを仲介とした和平工作(トラウトマン和平工作)をけり、一九三八年一月一六日、「帝国政府は爾後国民政府を対手〔相手〕とせず」と声明し、みずから長期戦の道をえらんだ。このとき、参謀本部が日中戦争を継続することで対ソ戦争準備に穴があくことをおそれ、交渉継続を主張したのにたいして、近衛内閣はこれをおさえて和平交渉を打ちきった。軍部が戦争を推進したのであって、政府は不拡大方針

一九三一・九・一八	柳条湖事件。満州事変はじまる
一九三二・三・一	「満州国」建国宣言
九・一五	日満議定書調印。日本「満州国」を承認
一九三三・二・一七	熱河作戦開始
三・二七	日本、国際連盟脱退を通告
五・三一	塘沽停戦協定調印
一九三五・六・一〇	梅津・何応欽協定
六・二七	土肥原・秦徳純協定
八・一	中共、抗日救国宣言(八・一宣言)
一一・二五	冀東防共自治委員会成立
一二・九	北平の学生、内戦停止要求デモ(一二・九運動)
一二・一八	冀察政務委員会成立
一九三六・一・一〇	日本、ロンドン海軍軍縮会議脱退を通告
二・二六	二・二六事件
四・一七	支那駐屯軍の兵力増強
九・一八	豊台事件
一一・一四	内蒙軍、綏遠省侵攻開始(綏遠事件)
一二・一二	西安事件
一九三七・六・四	第一次近衛内閣成立
七・七	盧溝橋事件
七・一一	近衛内閣、華北派兵決定、「北支事変」と命名。現地停戦協定調印
七・二八	日本軍、総攻撃開始
八・一三	上海で日中両軍衝突
九・二	「北支事変」を「支那事変」と改称

をとった、という俗論の誤りは、ここにも明示されている。

日中戦争は、はてしない泥沼戦争となった。日本はその行き詰まりを打開するため、ドイツ・イタリアと結び、南進＝東南アジアへの武力膨張へと突きすすむ。

正しい歴史認識を

いかに「侵略という言葉を使うのは大変嫌いな人間」でも、日本が中国を侵略したという歴史的事実は率直にみとめるべきであろう。正しい歴史認識に必要なことは、実証性と客観性であり、真実にたいする忌憚のない直視である。その結果、自国の歴史の過誤や汚点があきらかになれば、いかに「嫌い」なことでもみとめる——これがまっとうな歴史の認識というものである。

日本が犯した侵略や残虐行為の歴史をあきらかにすることは、自国の歴史を傷つける「自虐史観」である、と非難する人がいる。自分の国の誤りはみとめてはならない、というような考えが、いかなる結果をもたらすかは、歴史によって明証されている。盧溝橋事件がそのひとつの見本である。

盧溝橋事件は、自国のみを正当・無謬とし絶対化する思いあがりと自己中心主義こそが、戦争拡大の重要な原因であり、あの悲惨な結末をもたらした根源であることを、半世紀をへだてて、日本国民に教えているのである。

（写真提供＝毎日新聞社）

61　盧溝橋事件

（二）臼井胜美《日中外交史研究——昭和前期》

资料名称：《近衛内閣と「北支事変」》、《一つの選択——近衛文麿と佐藤尚武》

资料出处：臼井胜美《日中外交史研究——昭和前期》，吉川弘文館 1998 年版，第 212—266 頁。

资料解说：臼井胜美《日中外交史研究——昭和前期》是有影响的代表性著作之一，现节选其中两节。第十节《近衛内閣と「北支事変」》分析了近卫内阁成立之前中日两国间的双边关系，以及争议问题，近卫内阁成立后，呼应了关东军使用武力「解决问题」的主张，对卢沟桥事变的扩大负有不可推卸的责任。第十一节《一つの選抉——近衛文麿と佐藤尚武》介绍了卢沟桥事变前的国际背景，以及近卫文麿等人扩大侵华战争的原因和意图。作者认为，日本违反《九国公约》，扩大对华侵略，与近卫文麿等认为要解决「世界资源不平等」问题，实现日本大陆政策等因素有关。

一〇　近衛内閣と「北支事変」

中国はもとより日本も世界も西安事件の衝撃が抜けないまま一九三七年（昭和一二）の新春を迎えたが、元旦の「東京朝日新聞」に貴族院議長近衛文麿の「我が政治外交の指標」と題する論稿が登載された。

このなかで近衛は日本は中国の領土になんらの侵略的野心をもっていないことを強調するとともに中国の欧米依存主義を批判した。近衛によれば日中間の親善には、百の交渉、千の声明よりも具体的結合が有効であった。具体的結合とはたとえば中国に無尽蔵にある綿花・石炭・鉄鉱等の天然資源を日本が資本・技術を供給して中国が労働力を提供して共同で開発すれば日中両国の利益になるということであった。

自己の開発の力が及ばざるに天賦の資源を放置して顧みないといふのは、天に対する冒瀆とも言ひ得るが、日本は友誼の発露として開発をなさんとするものである。

とくに問題にはならなかったようであるが、近い時期の首相候補としてもっとも有力視されている近衛のこの発言は大胆な内容であった。

しかし論の内容は別として、前年一二月日中間の国交調整交渉、いわゆる川越・張会談が中国側によって打ち切られ、今後の見通しもなんら立たない日本にとって地道な経済利権の獲得を目指す以外に当面の打開策がないのは事実であった。

1

華北における経済利権については前年一九三六年九月三〇日田代皖一郎支那駐屯軍司令官と冀察政務委員会委員長宋哲元の間で「経済関係に関する了解事項」が調印されていた。[1]

この了解はまず「日支経済提携の原則」として、一、日中均等の利益、二、日中平等、四、民衆の福祉の増進とともに三に「各種経済開発の事業は支那側の対日借款に依るか或は日支合弁の企業形態に依ること　日本軍は之か為日本側より莫大なる資本と優秀なる技術とを招致すべく斡旋す」と規定し天津軍の役割に触れていた。

次に「経済開発の要領」八項目があり、ここで日本側の重視する事業として航空・鉄道・炭鉱・鉄鉱・築港・電力・綿花・塩・羊毛・通信などが列挙された。

この宋・田代協定は南京政府に報告されたが一二月五日行政院は冀察政務委員会に八項目の指示を電報した。[2]それは合資事業について事前の中央への協議、範囲の変更（滄石鉄道〔滄州—石家荘〕を津石鉄道〔天津—石家荘〕に変更）を認めない、契約相手に軍人は不可など厳しい制約が付せられたが、交渉そのものを否認したものではなかった。

一方現地では宋哲元が一〇月一三日北平特務機関長松室孝良少将に田代軍司令官との協定を実行するため航空は張允栄、津石鉄道は陳覚生、竜烟鉄鉱は陸宗輿を担当させると語っている[3]のをみれば、具体的に交渉はまず航空・鉄道・鉄鉱で始まったとみてよかろう。

支那駐屯軍は参謀部とともに北平陸軍機関（特務機関）も経済提携問題に参与させた。一二月一三日松室少将に代わって機関長に任命された松井太久郎大佐に与えられた訓令には、任務に冀察政権の中央化の阻止とならんで日支経

済提携の促進が挙げられていた。(4)

一九三七年に入っていわゆる華北経済進出において最大の課題あるいは焦点となったのは天津—石家庄間の鉄道（津石鉄道）建設問題であった。この鉄道は元来滄州—石家庄（滄石鉄道）であったものを日本側の強い希望で路線を変更し津石鉄道となった。南京中央政府が認めていないことは先に触れた。日本側変更の理由は海港として予定した岐口海岸が遠浅で開港が困難と認められたためである。

天津—石家庄は約二八八キロであるが、この鉄道を完成すれば山西の豊富な石炭を直接天津に輸送でき又沿線の資源の開発が可能となる、天津から軍隊を南下させ山東・江蘇・河南・山西諸省に脅威を与え得るなどが日本の目的だとされた。(5)

日本側の交渉当事者は天津軍の池田純久・安達与助両参謀で冀察側は交通委員会主席陳覚生である。四月一六日時局委員会幹事会に同鉄道借款契約・交換文・同別号などが提出され中国側が若干修正の上調印を受諾したとの報告がなされた。借款金額二五五〇万円、調印者は興中公司社長十河信二と交通委員会主席陳覚生である。中国側調印者は冀察政務委員会委員長宋哲元となっていたのが中国側の希望で修正されたのである。

完成は二年以内、完成後年六分、担保は本鉄道の全財産および収入である。契約締結後交通委員会に津石鉄道工程局が設置されるが、工事の完成後は廃止されて管理局となる。この工程局（管理局）が本鉄道の建設・営業・管理および組織処理の全権をもつことになるのである（第八条）。そしてこの工程局（管理局）に興中公司の推薦する顧問及び技術・会計の職員の採用が義務づけられた（第九条）。

問題はこの顧問の権限が非常に大きいことで鉄道の予算・決算はもとより運賃の制定、建築材料の購入などの重要事項はすべて「顧問の意見提出を俟て」（原案では「顧問に協議の上」）決定しなければならないのである（交換文別

号)。さらに別号では本鉄道がとくに北寧鉄道と密接な関係をもつと特記されているのは注目される。(6)

北寧鉄道はいうまでもなく北平・天津と満洲を結ぶ鉄道である。北寧鉄道と結ぶことによって日本にとって満洲から河北省・山西省進出の大動脈としての津石鉄道のもつ意義が浮き彫りにされるのである。石家庄から太原にいたる鉄道(正太鉄道)沿線に日本が注目している井陘・正豊両炭鉱があるのであるからこの鉄道の獲得を日本が最も重大視したのは理解できよう。しかしこのような経済交渉を外務省が担当せずなぜ軍に一任しているのか、中国側の警戒をより深めるにすぎないのは誰しも理解できるところである。

津石鉄道(井陘炭鉱の開発も)を担当する興中公司については資本金を五〇〇〇万円に増資し差し当たり北支経済開発の当事者とする構想であった(対満事務局)。

四月から五月にかけて津石鉄道問題が冀察と天津軍の間で解決したとかあるいはすでに調印したとかの風説が乱れ飛んだ。五月はじめ上海の「大公報」(三日)・「新聞報」(四日)などは反対の論評を掲載、五月中旬華南旅行からの帰途、上海で蒋介石に会ったのち北平に帰った胡適も滄石問題に触れ「私の見る所では仮にこの鉄道建設が純粋に経済的なものであっても支那人は之を日本の侵略と考えます。日本の軍事的に資源的に山西に侵入する準備行為だと見做します。第一こんな政治的に不安定な地帯に日本の資本家が投資すると思いません、何れにしても南京は絶対反対です」と語った(北平陸軍機関「南支旅行から帰平せる胡適の談」)。

東京でも五月一一日児玉謙次(横浜正金銀行頭取、日華貿易協会会長)が佐藤外相を訪問し北平の周作民が「津石鉄道敷設問題が南京の頭を越えて北方限りにて決定するようなことになれば日本に対する反感が強まり折角好転しようとしている両国の関係は収拾できなくなる」と憂慮している旨を告げ真相を尋ねた。佐藤は契約の成立は聞いておらず、本問題はなんらかの方法で南京の承認を得なければ確固たる権利の設定をみることは困難と考えると回答した。(7)

宋哲元の信頼のもっとも厚い秦徳純も五月一四日の津石鉄道問題は棚上げにし、比較的容易で実際的な経済提携、たとえば竜烟鉄鉱・綿花・緬羊の改良事業に着手し漸次打開の方途を講ずるよう大使館側に勧告するなど、津石問題は行き詰まりの情勢となった。

宋哲元は五月二二日故郷の山東楽陵に帰ったまま一ヵ月半を過ごし、再び天津に姿を現すのは盧溝橋事件勃発後の七月一一日である。

宋の楽陵行に関し六月八日山東省主席韓復榘は済南有野学総領事に「宋（哲元）は日本側と中央との間に処し頗る苦境に立ち現に津石鉄道の実現其の他日本側との約を履行すべき時機に達し進退に窮したる為一時逃避し居るものなるやに察せらる」と内話した。(8)

2

三月二五日午後国民党の新任宣伝部長邵力子は記者団との会見で日華経済提携問題に触れて次のように語った。

日華両国の純粋な経済合作には同意である。しかし華北、華中、華南で経済合作をしようとするなら先ず政治問題を解決することが先決である。目下至急解決を要すべき政治問題は冀察、冀東の行政の完整である。特に冀東政府の一日も早い解消を実業界、国民党、全国民衆のすべてが例外なく望んでいる。(9)

日中経済提携の前に冀東・冀察の解決を先決とするというこの談話の内容を身をもって体験したのがいわゆる児玉経済使節団の一行であった。

日華貿易協会会長児玉謙次（正金銀行頭取）を団長に宮島清次郎（日清紡績社長）・石田礼助（三井物産常務）・藤山愛一郎（日本糖業連合会会長）など中国に関係が深い一流の財界人を網羅した中国経済使節団一行一三人が上海に到

着したのが三月一三日であった。佐藤尚武新外相就任一〇日後のことである。

一行はただちに南京に向かい一六日には蒋介石の招宴に臨んだ。蒋介石はこの時の挨拶で昭和三年赴日の時渋沢栄一から「己所不欲勿施於人」（己の欲せざるところを人に施すことなかれ）の句を贈られたことを紹介した。南京の二日間にわたる行事を終えて上海に帰った一行は一八日中日貿易協会（会長周作民）の総会に臨んだ。

同日午前開かれた中国側代表との一般問題懇談会では周作民はじめ殷同・呉震修などが次々と立って河北の無政府状態を導いた日本の行動に忌憚ない非難を浴びせた。冀東における公然たる密輸、横行する三白（銀・モヒ・砂糖）職業、子供の拉致、堂々たる賭博、特務機関の横行、日本軍機の自由飛行などが指摘され「日本は何故にかほどまで中国を乱すのか」「今や中国人は九十九パーセントまで排日である」との強い非難が飛び交ったのである。周作民会長にいわせれば是正の方法は簡単で一昨年秋の状態に戻す、すなわち冀東政府を解消し自由飛行を止め特務機関を廃止すればよいのであった。[10]

知日派とも言える中国代表が次々と述べた日本にたいする糾弾に日本側出席者は困惑せざるを得なかったが、中国の現況において政治課題を解決することなく経済活動に入ることの困難を認識したのは疑いなかった。この経験は一行財界人に深刻な衝撃を与えたとみられる。

団長の児玉は三月二七日上海発帰国したが、四月佐藤外相に「対支方針確立に就て」と題する意見書を提出した。その冒頭（緒言）に次の通りである。

第一、緒　言

日本は世界各地の市場において種々の障害を蒙りつつあるが、比較的自由のきく市場は支那なり。しかるに支那は今や日英米独の角逐市場たり。而して日本は地理的に、人種的にその他幾多の便宜を有するにも拘わらず列強の背後に瞠若たる観あるは実に遺憾千万なり。すなわち貿易においてかつて王座を占めたる日本は今や米英の後に落ちてややもすればドイツに追付かれんとしている。かつ英独仏の如き日支国交の悪化せるに乗じ、各方面において鉄道その他の借款に成功しまた支那政府各機関の顧問は殆んど英米独仏伊等の各国人に占められ、就中アメリカ人最も多数を占むる如し。東洋の盟主を以て任ずるわが帝国の支那における経済的政治的地位は単に居留民の数多きのみにてその実質的勢力はこれに伴わず。而してその原因いずれにありや、想うに主として両国国交の円満を欠くために外ならず。(11)

中国関係財界人の焦慮がよく現れている。児玉は中国側のもっとも重視する冀東政府と冀東密貿易の廃止を強く進言した。

もしこの二問題を解決すること能わざる時は、真の日支経済提携の如き差当り絶望と諦むる外なかるべく、もし支那におけるわが国の経済的勢力を拡張せんと欲せば帝国政府は近来互恵平等主義を強調しおるに顧み、できるだけ支那の主権を尊重するの態度に出ること最も必要なりと信ず。(12)

四月三〇日大使館参事官として南京に着任以来、精力的に国民政府の首脳と会談を試みた日高信六郎は五月二四日佐藤外相に「最近支那が大体統一せられ漸次固まり行くことの感は之を好むと好まざるを問はず一般の間に相当強く之に伴ひ経済建設に対する希望乃至熱意昂まり来れる様認めらる」とした上「全国的工作の意気込みに伴ひ政府要路及関係者の間に一種の自信を生ぜしめ全般的なる推進力となり居ることは看過すべからず」と指摘した。日高によれば中国は自国の実力に自信を抱く一方日本の国際環境や日本国内の政情を観測し「日本よりの圧迫を従来程感ぜざるに至りしは事実なるが如く日支関係の打開を焦る気配更になく」という状況であった。(13)

日高の言う中国側の自信は王外交部長の言動によく現れているので二三紹介したい。

王寵恵外交部長は六月一八日午後外交部に南京駐在の大阪朝日、同毎日ら日本人新聞記者五人を招きやや詳細な質疑応答を行なった。そのうち重要な問答を摘記する。近衛内閣成立（六月四日）後のことである。

問　昨年の中日交渉（川越・張会談）以後中国の対日態度が硬化し反撃的、攻撃的態度をとるようになったと言われるが本当か。

答　中国の外交方針は一貫して自存と共存を目的としているので軟化とか硬化とかいうことはない。

問　政治関係の調整が不可能なときは経済合作を一切拒絶する方針か。

答　日中関係打開について中国としてはどの問題が先決条件かを指示することはまったくない。ただ日中間の個々の問題はすべて政治に関係があるので政治問題が解決しないならばその他の問題を進展させても恐らく良い結果を得ることは難しい。これは実際の状況であって理論の問題ではない。……

問　華北を中央化する準備が着々と進行しているようだが、其の際日本の華北における立場は十分に考慮されるのか。

答　北方の各省は其の他の各省と同じく中国の領土である。国家の法令が北方各省でも同じように施行されるのは当然である。これは現代の統一国家の必然的現象で驚くにあたらない。各国の中国における合法的権益は当然尊重される。……

問　中国は日中関係調整の前提に冀東の取消しを絶対条件としていると聞くが本当か。

答　中国はどの問題が日中関係調整の絶対前提などと明らかにしたことはない。但し冀東偽組織は中国に有害で日本に無益な存在なので非常に簡単に解決できる問題の一つである。このように簡単な問題の円満な解決が出来ないならばその他のより複雑な問題に着手することが容易でないのは明らかである。……

長文の引用となったが中国側が自信をもって日中関係正常化への道を歩もうとしているのがよく表明されている。[14]

六月三〇日王外交部長は米国コロンビア放送局の要請で全米向け放送に出演し中国が真の国家統一を達成したことを誇り高く訴えた。[15] そして今「多年の内憂外患ののち我が国民がもっとも必要としているのは平和と秩序である」ことを強調した。農業の復興、道路など交通通信機関の整備、幣制の統一、財政の健全化さらに新生活運動の成果を述べたのち、王はふたたび平和が国内発展の前提であり国際間の平和が世界繁栄の要件であると平和の貴さに触れ「ただ国際間の和平条約を遵守することによってのみ戦争の発生を避ける事が出来る」と講演を結んだのであった。これを単に常套の麗句とのみ見ることはできないであろう。国共の内戦が事実として終局し中国は初めて名実ともに近代的統一国家への道を堅実に歩み始めたのであり、それとともに国際的な評価そして支援を獲得しつつあったからである。王はこの放送のなかで日本への非難など一言も言及しなかった。

一方孔祥熙財政部長（行政院副院長）は英国皇帝戴冠式に出席するため四月二日上海を出発し五月三日ロンドンに到着した。孔はロンドン着後精力的にリースロス、イーデン外相、チェンバレン蔵相など英政府首脳と会見し、幣制を確立し中国財政の基盤を強化するための借款の供与を要請した。一九三五年秋英国の強い支援のもとで実施され成功を収めつつある幣制改革をさらに支援し中国市場の安定を強化するため英国政府はむしろ積極的に借款に応じようとする姿勢を固め、日本にも参加を呼びかけた。

六月二一日カドガン（Alexander Cadogan）英外務次官補は吉田茂大使に孔祥熙のロンドン滞在中（孔はこの日ニューヨーク着）申し入れのあった二〇〇〇万ポンド借款のうち一〇〇〇万ポンドを受け入れることになったので日本にも参加を要請すると内密に申し入れてきた。目的は中国の幣制維持と財政の健全化のためである。

そして同時に対中国四国借款団の解散についての日本の意向を早急に知りたいと回答を求め、米国はすでに賛成で英国提案にたいする日本の立場は複雑であった。英国の申し出でに応じることは中国問題にたいする英国のイニシアティブを認めることになるが、それは天羽声明以来日本が一貫して拒否してきたところであった。しかし南京で転電されてきた吉田駐英大使の報告を見た川越茂中国大使は南京から七月五日長文の極秘意見電を本省に打って英国提案を受諾するよう申し入れた。

川越によればもはや日本の「一片の反対表示位にて本件の実現を阻止し得るものと多寡（ママ）を括る如きは甚だ危険」であった。英国がかつてもっとも警戒していた日本の反対も過去一年半の日本の対中国政策の失敗によりすでにその圧力を喪失したというのである。

我が方の本問題への対案は(1)局外にあって英国の単独借款成立に同意するか、あるいは(2)成立を妨害するか、(3)参加を主張するかの三途であるが、(3)以外に日本の採るべき道はないというのが川越の主張であった。しかしこれにも二つの困難が存在すると川越は指摘する。一つは英国の主唱のもとで対中国借款に参加する如きは「満洲事変以来の我堅持し来れる対支根本方針の急転回」なので当然反対が予想されること、二つは英国と均等な発言権をもつためには借款の半額約八五〇〇万円を負担する覚悟が必要だが日本の財政がその負担に耐え得るかという点であった。[17]

七月五日南京発の川越電報が本省に到着したのは七月六日すなわち盧溝橋事件勃発の前日である。

しかしもし盧溝橋事件の勃発をみなくとも川越の意見電が真剣に考慮される公算は少なかったとみるべきであろう。なぜなら川越電が到着したのは外務大臣として「満洲事変以来の対支方針」の転換を意図した佐藤尚武がすでに葬られ、まさに該方針の推進者であった広田弘毅を外相として復活させた近衛内閣の成立一ヵ月後のことであったからである。

3

林内閣佐藤外相の対中国政策刷新方針にもっとも強く反発したのは関東軍であった。梅津・何協定、土肥原・秦協定を強引に成立させ以後いわゆる華北自治運動・分離運動の中心的な推進勢力であった関東軍がそれら工作を実質的に否認しようとする佐藤外交に対抗しようとしたのは当然であろう。

一九三七年を迎えての関東軍の首脳は軍司令官植田謙吉大将・参謀長板垣征四郎中将であった。しかし三月一日の異動で板垣参謀長は第五師団長（広島）に転出し、後任には関東憲兵隊司令官東条英機中将が就任した。板垣と東条はともに岩手県の出身で年齢は板垣が一歳若いが陸士は板垣一六期、東条一七期で逆に陸大は東条が一九一五年卒で板垣は翌年の卒業である。中将への昇任が板垣三六年四月、東条同一二月であるから陸軍での履歴はほとんど拮抗しているといってよい。

板垣は一九二九年関東軍参謀として赴任以来、満洲国執政顧問、同軍政部最高顧問、関東軍参謀副長と満洲における経歴が長い。東条は一九三五年関東憲兵隊司令官に就任後中将になり関東軍参謀長として板垣の後任となったのである。

さて関東軍が西安事件の中国内政・外交に及ぼす影響に注目しその対応を検討していたのはいうまでもない。

まず一九三七年二月関東軍参謀部の「対支蒙情勢判断」をみてみたい。これに盛られた基本的な戦略は「対蘇必勝の戦備を充実する為内蒙及北支工作を強行し該地帯を日満支の融合地帯たらしむるの国策を速に実現」することにあった。目的は対ソ必勝の戦備を充実するためであるが、直接の実行目標は「内蒙・北支工作の強行」であった。具体的には内蒙軍政府と冀東政府を連衡させた上、冀東・冀察・山東各政権を一体とし呉佩孚を起用し北支政権の基礎を確立し次いでこれを山西・綏遠に及ぼすという遠大な構想である。もし冀察政権がこれに応じない場合は武力を行使してでも新政権に合流させる方針であった。

若し現状支那の悪化を放置し北支の完全なる南京化を想定せんか対蘇支戦争の場合支那に指向する兵力は現下北支処理に要する兵力に数倍するを覚悟せざるべからず。

もはや北支の武力処理は既定の事実となっているような印象さえ受けるのである。

処置、三に「冀東政権の指導権を再び関東軍に移還し」とあるのは前年五月支那駐屯軍の増強に際し関東軍は塘沽停戦協定の非戦地域の事実上の管轄を外され、以後該地域内の治安維持・兵力行使・協定履行の監視などは支那駐屯軍が行なうことになったのを指すもので、関東軍としてはこの措置に強い不満をもっていたのである。(18)

この関東軍の華北処理（武力行使を含めた）方針にとって大きな阻害要因となったのは二月成立した林銑十郎内閣が佐藤尚武外相を中心として新しい対中国政策を樹立し実行に移したことであった。そしてこの新しい中国政策はすでに陸軍中央でも参謀本部石原莞爾第一部長その他が提唱していたものであった。

東条参謀長は就任後上京し三月一三日東京に到着、ただちに杉山陸相・梅津次官を訪問、二〇日まで滞在した。東条が上京した直前の一一日には佐藤外相が衆議院で日本が危機（戦争勃発という危機）を欲するならば危機はいつでも来るが「之に反して、日本は危機を欲しない、そう云う危機は全然避けて行きたいと云う気持ちであるならば、私は日本の考え一つで其危機は何時でも避け得ると確信致します」と答弁し陸軍はじめ各方面に物議を醸していた時であった。

林内閣が四月一六日四相会議で決定した「対支実行策」「北支指導方策」に見られる新中国政策の特徴は、国民政府による中国統一の実績を認め日中平等の立場で国交の調整を計ろうとすることにあった。具体的には「北支の分治を計り若くは支那の内政を紊す虞れあるが如き政治工作は行はず」とこれまで展開してきた強引な華北分離工作を明確に否定し、交渉による中国への経済的進出に政策の重点を移したものであった。

新しい画期的な「対支実行策」および「北支指導方策」が梅津次官から東条参謀長に伝達されたのは四月二八日である。その際注目されるのは伝達にあたって「昭和十一年八月八日決定の対支実行策、第二次北支処理要綱は廃止せられたるに就き申し添ふ」と広田内閣の対中国方針が「廃止」になったことを特記していることである。

陸軍中央は新中国政策を関東軍・天津軍など出先に徹底させるため五月中旬から六月初旬にかけ柴山兼四郎軍務局軍務課長などを上海・南京・天津・北平・奉天などに出張させた。もっとも重点を置いたのは関東軍にたいする説得であった。柴山の日程では奉天の滞在は五月三一日から六月五日までの予定であった。

関東軍はさきの「対支蒙情勢判断」で「政治的工作を進展せしめずして単に経済工作のみに依り庶幾の結果を得んとするも其の不可能なるは事変前の満洲に於ける状態に見るも明かなればなり」と華北にたいする政治工作の実施を主張しているのであるから佐藤外相の推進しようとしている新中国政策に強く反撥したのは当然であった。

関東軍は中国各地を歴巡したのち奉天に来た柴山大佐に六月二日付「対支実行策及北支指導方策に対する関東軍の解釈」を手交した。それは表現こそ穏健ではあるが佐藤外相の推進しようとしている塘沽停戦協定、土肥原・秦協定、冀東政権、冀東貿易、北支自由飛行などへの介入を阻止しようとする内容であった。(19)

林内閣が五月末総辞職すると関東軍はただちに同内閣の中国政策の再検討を要求した。六月初旬の関東軍の意見具申にある次の指摘はきわめて重要な意味をもっている。

まず国民政府との国交調整の可能性について絶対に実現不可能と判断し「帝国の庶幾する国交調整に関し毫も之に応ずる意思なき南京政権に対し我より進んで親善を求むる如きは其の民族性に鑑み却て彼の排日侮日の態度を増長さ

せ」るにすぎないとした。そして林内閣の対支実行策・北支指導方策についてその消極性を強く批判し「無智の支那民衆に対し日本与し易しとの感を与へ更に排日侮日を助長する結果を招来す」ると非難した上結論として「現下支那の情勢は対蘇作戦完成の見地より観察せば我武力之を許せば先づ之に一撃を加へて再び立つ能はさらしめ我背後の此の脅威を除去するを以て最も有利なる対策」との判断を示したのである（「対支政策に関する意見具申　関東軍」）[20]。

東条参謀長はまったく同趣旨の電報を八日夕刻次官・次長あてに送った。重複するが重要なので引用したい。

> 現下支那の情勢を対蘇作戦準備の見地より観察せば我が武力之を許さば先づ南京政権に対し一撃を加へ我が背後の脅威を除去するを以て最も策を得たるものと信ず若し我が武力之を許さずとせば既成事業を厳存せしめ支那側をして一をも指染めしめざるの儼乎たる決意の下に我が国防充実完了の時機迄無気味なる静観的態度を以て之に臨み徐に支那側の反省を待つを適当とせん而して帝国の庶幾する国交調整に対し毫も之に応ずる意志なき南京政権に対し我より進んで親善を求むるが如きは其民族性に鑑み却つて彼の排日侮日の態度を増長せしめ所謂「毛を吹いて傷を求むる」結果を招待(来カ)する虞なしとせず……細部に関する意見は小官直接上京の上具申すべきも内閣更迭に際し過般開示せられたる対支実行策及北支指導策に対しては一般(段カ)の検討を加へられんことを望む。[21]

まさに典型的な対中国一撃論である。東条参謀長はこの見解をもって六月八日上京し中央の説得に努めた。六月一六日には外務次官官邸で堀内謙介次官・東郷茂徳欧亜局長・石射猪太郎東亜局長と会談した。この会談で東条は塘沽停戦協定に関する事項に変更のないこと、内蒙工作は従来通り察盟・錫盟にたいする政治工作を続けること、冀東の早急な解消に反対であることなどを述べまた中国にたいする経済工作は満洲国の開発に支障のない範囲に限定するよう申し入れた。

七月七日盧溝橋事件が勃発する直前の六月に関東軍が武力を使用してでも中国に一撃を与えることの重要性と緊急

性を強く主張していたことは日中戦争の原因と拡大を考える上でもっとも顧慮すべき点であろうと思われる。

盧溝橋事件が勃発すると関東軍の一撃論は一挙に展開した。

翌八日早朝関東軍は首脳会議を開き、ソ連は内紛があり、差し当たり北方の安全は確保できるから、この際冀察に一撃を加えるべきとの判断を下し、参謀本部に独立混成第一及び第一一旅団の主力並びに航空部隊の出動を準備すると打電した。

関東軍は今村均参謀副長、田中隆吉・辻政信参謀などを天津に派遣し支那駐屯軍に一撃論を関東軍と連名で中央への具申を説得したが拒否された[22]。

八日盧溝橋の戦場に現れた辻参謀は、牟田口連隊長にたいし「関東軍が後押しします。徹底的に拡大して下さい」と激励したと言われている[23]。

橋本支那駐屯軍参謀長は「関東軍は支那問題を非常に軽く見て居る点について非常に不安があって」と回想している[24]。

東条関東軍参謀長は一〇日橋本支那駐屯軍参謀長に独立混成第一一旅団の奈良歩兵部隊が九日山海関に集結を完了したと伝えた。

関東軍の独立混成第一旅団、同第一一旅団に長城を越えての出動命令が出たのは一一日午後六時三五分である。

4

林内閣自壊のあとをうけて内閣組織の大命を受けたのは長期にわたって首相としての登場を期待されていた近衛文麿であった。

六月四日組閣にあたって近衛は「国際正義に基く真の平和と社会正義に基づく施策の実施に努めたい」との声明を発表した。当時書かれた近衛のメモによると、近衛内閣の使命は各方面における相剋対立を緩和することにあった。このため国際間においては、いわゆる「持てる国」と「持たざる国」の対立の解消を期したのである。国際正義は世界領土の公平な分配にまでいかなければ徹底しないが、それは空想であり、次善の策として資源確保・販路開拓の自由などを要求する必要があるがそれもまた経済的国家主義のさかんな今日実現困難であると近衛は認めた。それならば日本はいかにすべきか「国際正義の実現するまでの間、いわゆる『持たざる国』の部類に属する我国は、我民族自体の生存権を確保し置かざる可らず、我国の大陸政策は此の生存権確保の必要に基づく、現在に於て国際正義の行われざることは、即ち我が大陸政策を正当化する根拠となる」のであった。日本にとって大陸（中国）政策は近衛によれば「生存権確保」の名によって正当化されるのであった。(25)

近衛内閣の中国政策は外務大臣として広田弘毅を迎えたことで明らかなように広田外交の復活であった。近衛は六月一二日西下の車中で中国政策は広田内閣時代の三原則でよいと語り、風早章内閣書記官長も広田内閣時代決定した「対支実行策」「第二次北支処理要綱」（一九三六年八月一一日決定）を採用したと述べている。

この二方針は前林内閣佐藤外相時代に正式に廃止されたのであるからその復活を意味した。近衛内閣はいわばその中国政策を、佐藤前外相の展開した新しい中国認識を否定することから始めたのであった。(26)

近衛首相のもとで七月七日夜半北平郊外の盧溝橋周辺で夜間演習中の日本軍（支那駐屯軍）が現地第二九軍の部隊と小衝突をおこした。いわゆる盧溝橋事件の勃発である。

近衛内閣は盧溝橋事件勃発の四日後すなわち一一日午前の五相会議、午後の臨時閣議で五個師団、差し当たり二個師団の華北派兵を決定した。「派兵の目的は威力の顕示による⑴支那側の謝罪⑵将来の保障」であった。閣議は午後三時四〇分終わった。

近衛首相は東京駅午後四時三二分発、五時三四分逗子駅着葉山御用邸に伺候し約三〇分にわたり委曲奏上の上御前を退下し湯浅内府、松平宮相と要談ののち同八時四八分東京駅着帰京した。

杉山陸相は閣議終了後自動車で東京を出発、六時一二分葉山御用邸に伺候拝謁、北支事変その後の経過ならびに軍今後の対策につき奏上、種々ご下問に奉答して同七時御用邸を退出帰京した。時局の重大さに鑑み両陛下は翌一二日急遽東京に還御することになった。

近衛首相・杉山陸相の葉山行の直後東京では風見章書記官長が午後五時三〇分「今次の北支事件は其性質に鑑み事変と称す」と発表した。「事件」ではなく満洲事変・上海事変とならぶ「事変」へのいちはやい昇格である。

続いて六時二四分北支派兵に関する政府声明を発表した。そのなかで、

今次事件は全く支那側の計画的武力的抗日なること最早疑の余地なし……仍て政府は本日の閣議に於て重大決意を為し北支派兵に関し政府として執るべき所要の措置をなす事に決せり

と今次の事件を「全く支那側の計画的武力的抗日なること最早疑の余地なし」と断定したのである。なにを根拠に早くもこの段階で中国側の計画的武力的抗日行為という重大な断定を行なったのであろう。

さらに注目されるのは今回の派兵を政府は「従来我国が北支に於て保有せる駐兵権に基づく派兵ではなく、事件の経過にみても明かなる如く支那側の計画的武力抗日に対する帝国政府の自衛権の発動に基くものであり、満洲事変、上海事変の出兵と同様の性質のもので派兵の意義は頗る重大なるものがある」と今回の派兵を自衛権の発動と定義・註釈したことである。(27)

すなわち近衛内閣（日本政府）は自衛権の発動という名のもとに国家として中国に対する武力行為の発動を宣言し

たのである。政府が同じ武力行為と規定した「満洲事変」は満洲国の独立という成果を得たが「北支事変」の目的は何かが問われることになる。

関東軍（独立混成第一・第十一旅団）及び朝鮮軍（第二十師団）の北支那への出動命令はそれぞれ午後六時三五分、同九時四〇分発令された。

葉山から東京に帰った近衛首相は首相官邸に午後九時から岩永同盟社長・緒方東京朝日新聞主筆・阿部東京日日新聞総務など言論界の代表、次いで九時半から衆議院町田民政党総裁、その他、貴族院から研究会の樺山、公正会の安保など政界代表、そして一〇時からは津島日銀副総裁その他財界代表を招いて政府の方針遂行に協力を求め、各界代表もそれぞれ協力・支援を表明したのである。新聞は「挙国一致の結束成る」と報道した。(28)

近衛は首相官邸に午後九時、九時半、一〇時と三回にわたって文字通り日本の言論界・政界・財界の指導者を網羅した会合を開催し「反省を促す為に派兵し平和的交渉を進める方針で関東軍、朝鮮軍それに内地から相当の兵力を出すことはこの際已むを得ぬことであります」と挨拶し、内地師団の投入をも公言した。この日の五相会議・閣議では内地師団の動員は留保されていたのである。

近衛首相は事態の主導権を完全に掌握したとみるべきであろう。田中新一陸軍省軍事課長はこの日の近衛について「七月十一日政府声明を出したときの気魄」（傍点筆者）と評した。(29)

グルー米大使は七月一三日国務省に「日本の驚くべき一致は決して政府が不本意に軍部のイニシアティブに屈したというのではない。名声の高い内閣（近衛）は陸軍が華北でとった最近の措置を全面的に支持し完全に事態を掌握している」と報告しているのは率直な印象であろう。(30)グルーは日記にも「現段階の危機にあって内閣、軍部、外務省、新聞、実業家の間に華北に於ける日本の地位の弱化は如何なるものといえども食止むべしという完全な意見一致があるらしいことを国務省に打電した」と書いた[31]。

五相会議あるいは閣議の席上「近衛首相が積極的に発言した形跡はない」[32]とされる。このことは近衛の消極的な対応を示す意味で解釈される事が多いと思われるが、「是（派兵）によりて彼を威圧するの利あるべければ……賛意を表したり」と積極的な対応と解釈する方が閣議後の近衛の行動と符合する[33]。

庄司潤一郎は「近衛内閣の中国政策は、手段としての武力を明白に承認しなかったものの、目標及び結果において、軍部内の武力一撃論と一致しており、そこに、盧溝橋事件が起こったのである」と指摘している[34]。

田中新一軍事課長は一一日以後の近衛首相の心理・行動を推測して業務日誌に次のように記録した[35]。

> 事変以降における陸軍大臣はともかく政府の態度は概して楽観的で、盧溝橋事件は遠からず解決する。しかし、これほど大騒ぎして挙国一致を煽りながら、ただ盧溝橋事件の解決だけでは、いかにも物足らない。うっかりすると世の物笑いとなるかも知れないという心配もあり、かたがた挙国一致態勢の好機であるから、この機会に多年の対支懸案を片付けていきたいという考え方が閣僚間とくに総理（近衛）の胸中に根強く去来し、それがために緊迫した事態の収拾が、むしろ閑却せられる傾向がないとはいえない。

5

七月一七日一一時、首相官邸で五相会議開催、外（広田）・陸（杉山）・海（米内）・蔵（賀屋）・内相（馬場）の五人が出席、近衛は病気で欠席した。

続いて翌一八日一一時より五相（首・外・陸・海・内）会議の開催をみた。この会議では現地における交渉の感触が伝えられたためか緊迫した空気なく、日支諸懸案の全面的交渉が主に議論された。その結果広田外相の提案の、

「事態解決のための外交交渉は従来の経緯にとらわれることなく、新たな構想に基づく、また一方現状に即しつつ既定権益の確保、三協定（塘沽、梅津・何応欽、土肥原・秦徳純協定）の堅持、領土主権の尊重、共存共栄の樹立、北支特別防共地区設定の方針にのっとり、平和を維持する」方針で進むことになり、さらに事務的かつ具体的に研究して成案を作成することに意見の一致をみた。(36) すなわち今次「事変」の収拾策あるいは条件が早くも検討され始めたといえよう。

南京政府が日本側の要求を拒否したとの前提のもとで七月二〇日朝一〇時閣議、午後第二回閣議、午後七時五〇分第三回閣議と三回にわたって閣議が開かれ保留されていた内地三個師団の華北派兵の決定をみた。広田外相が九時五分参内、経過を奏上した。

風見書記官長は午後九時二五分「北支に於ける局地的解決協定は十九日午後十一時成立するに至りしが……政府は既定方針に則り其の履行を監視するに十分なる自衛的適切の処置を講ずることに決せり」と発表した。

この間午後一時半外務当局が次のような声明を発表したのが注目される。

……支那側が二十数万の大軍を北支に集結し平津の我小部隊並に居留民に対し一挙鏖殺の姿勢を執りたる為め政府は遂に派兵の閣議決定を為したるものにして是全く自衛権の発動なり

……事態悪化の原因は南京政府が現地協定を阻害する一面続々中央軍を北上せしめたる事実に在り此際南京政府に於て翻然反省するに非ざれば時局の収拾全く望みなきに至らん(37)

この外務省声明は内地師団派兵の前触れといってよい。そして午後八時前から開かれたこの日第三回閣議で派兵の決定をみたのである。

しかし翌二一日、現地橋本群支那駐屯軍参謀長は、事態解決に現有兵力で充分で新規派兵の必要のないことを強調

した上、

……平津地方に多くの兵力を集中して南京政府に対し外交交渉を有利にし更に進んで南京政府の崩壊を計らんとするが如きは地理的関係に於て隔靴掻痒の感あり

……中央軍は目下一部を北上せしめあるも進んで日本軍に攻勢を執るの公算尠し

と意見具申をしてきた。[38]

外務省声明はいわば現地の事態と関係ない政策的「判断」の色彩が濃いのである。

支那駐屯軍は二五日夜の廊坊（北平南東約五〇キロ）事件、翌二六日夜の広安門事件の勃発によりようやく第二十九軍にたいする全面膺懲、北平占領（二七日正午攻撃開始）を決意、内閣も二七日八時四〇分から首相官邸で緊急閣議を開き内地師団の動員実施を決定、杉山陸相が九時三〇分参内上奏、一一時五〇分以降逐次動員下令となった。

第五（広島）・六（熊本）師団は釜山経由陸路、第十（姫路）師団は神戸から塘沽へ海路輸送した。陸軍はこの段階で約二〇万九〇〇〇人[39]にのぼる大兵力の中国大陸への出動を計画していた。

現地ではまず現有勢力で第二十九軍を膺懲し、内地師団の到着を待った後、保定から独流鎮（天津南方約二六キロ）の線に進出確保するというのが作戦目標であった。[40]

支那駐屯軍の北平攻撃は二八日午後八時から開始された。第二十師団、支那駐屯歩兵旅団による南苑をめぐる攻略は激戦となり第二十九軍佟麟閣副軍長・趙登禹師長の戦死となったが宋哲元ら首脳は二八日夜北平を脱出し保定に向かった。天津においても中国軍の二八日夜半の攻撃を撃退し得た。今次事変発生以来の日本軍の損害は戦死一二七名にとどまった。

平津地区の占領・掃討戦は支那駐屯軍と満洲・朝鮮からの第一次動員兵力で成果を挙げた。さらに内地より大部隊が一〇日前後から続々と現地へ到着の予定であった。

近衛内閣が一一日の臨時閣議で決定した出兵による「威力の顕示」という第一段階の展開は終わり、出兵目的とした中国側の謝罪と将来の保障を如何に獲得するかという第二段階に入ったのである。

注意しなければならないのは出兵にいたるまでの日本政府内部の対立・相剋さらに陸・海・外各省部内における亀裂はそれがたとえいかに深刻かつ重大であってもあくまでも第二義的なものであって、重要なことは近衛内閣が大兵力を堂々と中国に派兵し武力行使によって北平・天津という中国の最重要都市の占領を実施し、いまやその成果を収穫しようとしていることである。

6

七月七日夜の盧溝橋事件の勃発から七月末の北平・天津武力占領にいたる一連の経過は近衛内閣の対中国政治戦略の実現過程として捉える必要があろう。換言すれば盧溝橋事件の勃発は日本の謀略ではなかったが、近衛内閣が同事件の勃発を好機として利用し、大兵力の威圧のもとで北平・天津地域を占領し、それを背景にして行き詰まっていた中国とくに対華北政策の実現を計ったのは武力を手段とした策略と言えないことはないのである。

それならば近衛内閣は中国への大兵力の派兵と北平・天津二大都市の武力占領という事態をどのような保障あるいは条件で収拾しようとするのか。「威圧」の目的は何であったのか。

日本の中国派兵後の事態収拾については七月一八日の五相会議で検討されたことは先に触れたが成案化したのは八月初と推察される。広田外相・杉山陸相・米内海相の三人が主として担当したことは八月七日総理室において三大臣が花押した「日華停戦条件」という文書があることで判明する。その前日の「六日夕」という日付で「日支国交全般

的調整要綱」という文書があるがこれには署名がない。(41)

まず「日華停戦条件」を検討したい。この文書に三大臣が花押したのは七日であるが実際上合意が成立したのは四日以前である。なぜならこの停戦条件に関し中国側との予備折衝の役割を担うべく委嘱された船津辰一郎（在華日本紡績同業会総務理事）の上海行についての電報が広田外相より在上海岡本季正総領事に発信されたのが八月四日だからである。それには七日上海着予定の船津がただちに中国外交部高宗武亜洲司長と極秘裡に会見できるよう手配方が指示された。

日華停戦条件は七日川越大使に発電された。川越大使は七日上海に到着したのである（川越は三日天津から空路大連に赴き大連から青島経由上海着）。

三大臣花押の「日華停戦条件」と川越に発電された停戦交渉条件とは文字・地名に異同があるがここでは川越宛訓令(42)を基礎に検討することとする。

川越にあてた七日付の訓令（無番号）別電には、

(1)概ね河北省内永定河及海河右岸に接近する諸都市以東及以北地区並に察北六県を非武装地帯とし塘沽停戦協定等は解消す（但し現に河北省内に進出し居る中央軍は一応省外に撤退すべきことに勿論なりとす）

(2)冀察（場合に依りては冀東も）を解消し南京政府に於て直接右地域の行政を行ふことに同意す

右に関聯し北支に於ける日支経済合作の趣旨を協定す

以上が和平条件の骨子であるが翌日の八日その詳細が暗一六九、別電一七〇・一七一・一七二号電で発電された。それは「今回政府の採りたる寛大なる態度は恐らく支那側と雖も意外とする所なるべく世界も挙げて帝国の公正無私の態度に敬服すべき」（第一六九号）内容であったのである。

まず非武装地帯の設定である。非武装地帯内の治安は保安隊で維持するが保安隊の人員及び装備は別に規定する。

非武装地帯の範囲は、

第一案として、徳化(43)・張北・懐来・門頭溝・琢州・固安・永清・信安・濁（独カ）流鎮・興農鎮・高沙嶺を連ねる線（線上は之を含む）の以東及以北地区が挙げられこの案によって交渉を始めることが指示された。この案は「永定河及海河右岸の作戦上重要なる高地及天津、大沽等の重要地点を全部包含」（第一七一号説明）していた。

第二案は第一案の徳化・張北・懐来・門頭溝の線をやや北上させ徳化・張北・延慶・門頭溝とするもの。

第三案は門頭溝までは第一案と同じで以下は河北省内永定河及海河左岸（長辛店及び付近高地ならびに天津周辺を含む）地区、この案では北平・天津より南方地域が縮小される。

第四案は第二案北半と第三案の南半とを組み合わせたもので地域は最も縮小される。

訓令では第一案が理想案だが第三・第四案でも差し支えないとされた（第一七三号）。

各案によってやや地域に異同があるが目的が二つであることは明らかである。一つは北平・天津両都市の非武装地帯編入で、他は満洲国に隣接する察哈爾省の広大な地域の含入である。

第一案の地名を追って作成し塘沽停戦協定の非武装地帯と対比したのが参照地図である。

非武装地帯には中国軍の駐留は許されず治安の維持は保安隊が行なうことになる。さらに河北省全域からの中央軍の撤退は当然のこととされているのであった。一方日本軍は中国軍の撤退を確認したのち撤収を開始する、支那駐屯軍の兵数は自発的に削減することが約束されたが撤退の時期、員数についての日本の自主性が強調されていることは塘沽停戦協定に酷似している。支那駐屯軍は依然として非武装地域に残存駐屯を継続するのである。

日本側は冀東・冀察特殊政権を解消し国民政府による行政の実施を認めた。しかしその行政首脳には「日支融和の

二三六

満洲国

徳化
張北
張家口
独石口
延慶
懐来
昌平
高麗営
古北口
承徳
門頭溝
北平
通県
香河
宝坻
林亭口
寧河
塘沽
涿州
固安
永清
天津
独流鎮
唐山
山海関
渤
海

1935年6月
土肥原・秦協定ライン

1933年5月
塘沽協定非武装地域

1937年8月初
新非武装地域案（第一案）
（中央軍は河北省全域から撤退）

非武装地域略図

具現に適当なる有力者」を選ばねばならないという条件がついた。塘沽停戦協定において治安維持機関に「日本軍の感情を刺激しない武力団体」を使用するという条件がついたのと同じ手法である。

一九三五年の梅津・何協定の締結にあたって日本側はこの北平・天津二都市の非武装地帯への包含を示唆して威喝したが、今や両都市の占領という軍事的成果のもとで停戦条件として提示したのである。

次に停戦協定と同時に進行させる予定の国交調整交渉の提案内容に触れたい（第一七二号）。

一、政治的方面

(1)満洲国の承認あるいは今後問題にしないという約束

(2)日中間防共協定の締結

(3)内蒙古・綏遠方面での日本の要望の受諾

(4)抗日・排日の厳重取締

二、軍事的方面

(1)上海停戦協定の解消（中国側の希望があった場合駆け引きに利用）

(2)自由飛行の廃止

三、経済的方面

(1)特定品の関税率引下

(2)冀東特殊貿易の廃止、非武装地帯海面における中国側密輸取締の自由回復

(3)両国間の経済連絡、貿易の正常な発展

停戦条件・国交調整条件の全貌を観察するときこれが中国側が意外とする寛大な態度、世界の敬服する公正無私の

態度との自賛にふさわしいのであろうか。北平・天津の非武装地帯編入、満洲国の承認ないし黙認、防共協定の締結、内蒙古・綏遠への進出、抗日排日の取締り、特定品の関税率引き下げ等々、佐藤外相の時期を除いた広田・有田外相時代の対中国懸案解決の姿勢そのものであり、そしていまや武力を行使し北平・天津を占領した後の威圧のもとでの懸案解決の要求である。

さらに注目しなければならないのは非武装地帯の境界になっている張北には八月八日すでに関東軍の堤支隊が到着しており、九日には支那駐屯軍・関東軍に察哈爾作戦（張家口以東の支那軍の掃滅）の実施命令が発令されていることである[44]。

船津辰一郎が外務省石射東亜局長の委嘱を受けて上海に到着したのが八月七日である。その任務は停戦交渉のための準備、地ならしで中国人に広い知己をもつ船津が選ばれた。川越大使もこの日青島から上海に到着した。九日早朝高宗武外交部亜州司長が南京から上海に到着し一〇時頃船津の私宅を来訪した。船津がまず切り出したのは救国連合会の領袖として昨年一一月以来逮捕されていた沈鈞儒以下七人が釈放されたことへの不安と危惧であった。いわゆる「七君子」は七月三一日蘇州監獄から収容以来約八ヵ月振りに釈放されたのであった。

船津によればこの七人の釈放は日本の紡績業者にとって「実に由々しき一大事」であった。「昨年十一月末此一派が紡績職工を扇動し怠工、或は罷工を為し上海に於ける我紡績は殆ど全部其の災厄に遭ひ莫大なる損害を被りたり而して彼等は其魔手を青島に及ぼし同地にては遂に我陸戦隊を上陸せしむるの已むなき立至らしめた」のであった。「要路の人は勿論一般民衆は此連中を非常に崇拝歓迎する模様であるから若し彼等が再び去年の如く策動を始めたならば遂に如何なる事態を惹起するやも計り難く」というのが船津の心配であった。それにたいし高亜州司長は同人等は単に釈放されただけであってもし彼等が政治的策動をすれば再び逮捕検束することは容易なので心配に及ばないと答えた。

船津が外務省を辞して在華紡同業会に入ったのは一九二六年であるからもはや財界人としての発言と思われるが、彼はさらに日本と中国の経済力・軍事力の歴然たる差を角力に譬えれば大人と子供の組み合わせと指摘し「若し日本は内部的に結束が弱いとか財政的に困難して居るとかの錯覚に加ふるに自国の進歩発達を過信し……(中国が)万一を僥倖する如き軽挙妄動に出たならば、それは全然自ら破滅を招くもの」と警告した。(45)

極秘交渉の前触れ、橋渡しとしての船津の役割は終わり、川越大使と高宗武との会見は同九日夜行なわれた。しかし翌日一〇日上海に大山海軍中尉射殺事件が勃発したため高は急遽南京に引き揚げ以後交渉は事態の急速な拡大のなかで立ち消えとなった。

船津・川越が上海にそれぞれ到着した前日、すなわち八月六日東京では衆議院本会議(第七二臨時議会)に「国際信義を無視する支那の抗日勢力を排除し以て東亜永遠の平和を確立すべし」との決議案が提出され立憲民政党総裁町田忠治が趣旨説明に立った。町田は言う。

……北支の事変が勃発して以来、我国の公明自重の態度に対して、支那は毫も反省協調の誠意なく、恣に協定を破り、約諾を蹂躙し、国際信義を無視して、遂に今日の事態を惹起し、剰え我が良民を虐殺し、財物を略奪し、其暴戻は全国民を憤怒せしめ、世界列国をして戦慄せしめました、天人共に怒る所であります。……政府は予て中外に声明せる帝国の大方針に基き、断乎として其非違を糺し、其暴戻を膺懲し、確乎不動の決意を以て、抗日、侮日を是れ事とする一切の勢力を排除して、一日も速に東亜永遠の平和の基礎を確立すべきであります。(46)……

近衛首相の対中国積極政策展開に議会もまたみごとに応えたというべきであろう。

註

(1)『外務省執務報告』東亜局、一九三六年第一冊、三五四・三五五頁、クレス出版、一九九三年。
(2)中華民国外交問題研究会編纂『中日外交史料叢編』五、四六七頁。
(3)前掲『執務報告』三五六頁。
(4)防衛研究所戦史室『陸満密大日記 昭和一二年』第一冊。
(5)李雲漢『宋哲元与七七抗戦』一二八頁、一九七三年。
(6)外交史料館 F.1.9.2.24「滄石鉄道関係一件」第六巻。
(7)(8) 同右。
(9)「盛京時報」康徳四年三月二七日。
(10)児玉謙次『中国回想録』一二九—一四六頁、日本週報社、一九五二年。
(11)同右、一七八・一七九頁。
(12)同右、九頁。
(13)外交史料館 A.1.1.0.10「帝国の対支外交政策一件」第七巻。
(14)陳志奇輯編『中華民国外交史料彙編』九、三七九七—三八〇三頁、中華民国八十五年。
(15)同右、九、三八〇九—三八一七頁。
(16)外交史料館 A.2.1.0.C-6「列国の対支財政援助計画問題一件」(リースロス関係を含む) 六月二四日吉田大使より広田外相宛、第三七九号、第三八〇号。
(17)外交史料館、同右、七月五日堀内総領事より広田外相宛、第四七八・第四七九号。
(18)『現代史資料7 満洲事変』六〇四・六〇五頁、みすず書房、一九六四年。
(19)「外交史料館報」第一一号「昭和十二年関東軍の対中国構想」一九九七年六月。
(20)同右。
(21)秦郁彦『日中戦争史』付録史料22、河出書房新社、一九六一年。
(22)同『盧溝橋事件の研究』二三七・二三八頁、東京大学出版会、一九九六年。

(23)『現代史資料9』付録月報、寺平忠輔「盧溝橋畔の銃声」。
(24)『現代史資料9』三二五頁、橋本群中将回想録。
(25)『近衛文麿』上、三八七—三八九頁。
(26) 本項については庄司潤一郎氏の次の二論文に負うところが多い。「近衛文麿像の再検討—対外認識を中心に—」『変動期の日本外交と軍事—史料と検討』所収、原書房、一九八七年。「日中戦争の勃発と近衛文麿の対応—不拡大から「相手トセズ」声明へ—『新防衛論集』第十五巻第三号、一九八八年。
(27)「東京朝日新聞」七月一二日。
(28) 同右。
(29) 防衛庁防衛研究所戦史室著『支那事変陸軍作戦』1、二二二頁、戦史叢書、一九七五年。
(30) *Foreign Relations of the United States,* Japan : 1931-1941, Vol. I, pp. 319-320.
(31) グルー著、石川欣一訳『滞日十年』上巻、二七九頁。この日の一連の近衛首相の行動とその成果の前には、緊急五相会議・閣議に招集され鵠沼から上京した広田外相を東京駅頭に迎え軍動員に反対するよう説得を試みた石射東亜局長の動きも、また北平で停戦の成立に努力し午後八時漸く停戦協定調印にまでもちこんだ今井武官・松井特務機関長らの懸命の努力もすべて影を薄めてしまうのはやむを得なかったのである。
(32) 秦『盧溝橋事件の研究』二六四頁。
(33) 同右、二八五頁引用。『小川平吉関係文書』1、三二四頁。
(34) 註(26)参照。
(35) 前掲『支那事変陸軍作戦』1、一九七頁。
(36) 前掲『支那事変陸軍作戦』1、二〇二・二〇三頁。
(37) 同右、二〇五頁。
(38) 同右、二一〇頁。
(39) 同右、二一九頁。
(40) 同右、二二〇頁。

(41) 外務省『日本外交年表竝主要文書』下、三六八・三六九頁。
(42) 外交史料館 A.1.1.0.30-43「支那事変善後措置（和平交渉を含む）」。
(43)「徳化」は「化徳」を徳王が改めたもの。『徳王自伝』一五二・一五三頁、岩波書店、一九九四年。
(44) 前掲『支那事変陸軍作戦』二四〇・二四一頁。
(45) 前掲「支那事変善後措置（和平交渉を含む）」。
(46)『町田忠治』史料編三五八頁、同伝記研究会編著、一九九六年。

〔補記〕本章は未定稿なので補足のため一九九七年の日本国際政治学会会報に載せた次の短文（「日中戦争の『原因』と『責任』」）を再録しておきたい。

一九三七年初頭グルー駐日米大使は中国最近の驚くべき変貌と発展にもっとも鈍感なのは日本であると本国に報告した。この評価は半分当たっているが半分当たっていない。中国要人と直接接触する現地の日本の外交官はいやでも中国の対日態度の変化を認識せざるを得なかったし、サーベルを鳴らして華北を闊歩した陸軍軍人も満洲事変以後の中国強圧政策の挫折を実感せざるを得なかったからである。

問題は日本が中国の目覚ましい変貌にどう対処するかにかかっていた。日本にとって難局を打開する道は二つしかなかった。サーベルで得た成果を自ら解消して対中国外交の刷新を図るか、あるいはサーベルを大砲に変えて正面突破を強行するかである。

前者はヨーロッパから帰国して就任した佐藤尚武外相（林内閣）の主唱する「新」外交として、後者は関東軍を中核として国民政府一撃論として政府の選択を迫ったのである。

しかし両者はともに大きな弱点を抱えていた。佐藤「新」外交のもとでの中国政策の修正ないし変革が中国側の期待を充たし得る程度にまで達し得るのか、また関東軍のいうように一撃を加えさえすれば中国政府を屈服させることができるのか、ともになんらの保証がないからである。

さらに日本にとって対応すべき大きな課題があった。それは前年（一九三六）以来欧米諸国によって中国を財政的に援助しようとする路線が確立されたことである。これを中国自立への支援ととるか、植民地化（政策）の進行ととるかで中国政策へ決定的な影響を与えるが日本は意図的に後者の見解を採ったとみられる。しかし日本がいかなる道を選ぼうと国民政府擁護の英米の基本的方針を揺るがすことのできないのが日本の経済力の限界であった。

七月川越大使は南京から英国の中国幣制支援の一〇〇〇万ポンド借款に同調する以外に道はないと上申したが、その場合日本が半額の五〇〇万ポンドを調達し得るか危惧せざるを得なかった。一方時を同じくしてワシントンでは渡米中の孔祥熙財政部長とモーゲンソー財務長官が米中の密接な経済協調を誇示するような共同声明を発表していたのである。

対中国貿易でも日本は辛うじて二位を維持していたが米と独に挟撃される窮地に陥っていたのが実状であった。しかも今後中国がもっとも必要とする生産財の供給において日本が欧米の後塵を拝さなければならないのは明らかであった。六月組閣した近衛文麿首相は一月に日本への原材料供給国としての中国を期待する論説を発表していた。まさにグルー米大使のいう中国の現状への最も遅れた反応の一つであった。

このような日本を取り巻く環境のもとで七月七日夜盧溝橋事件が勃発した。この小さな武力衝突は謀略によるものではないが、起こるべくして起こった事件ではあった。緊迫する事態のなかで、反日意識に燃えている中国軍の目前で夜間演習を実施するのは挑発とみられても仕方なかった。

近衛内閣の事件への反応は迅速かつ過大であった。国民政府の抵抗の決意を無視するように七月末北平・天津を軍事占領した上で正式に停戦条件を決定、中国側との交渉に入ろうとした。停戦の条件は一言でいえば北平・天津という華北最大の政治・経済の中核都市を塘沽停戦協定が指定した特殊地域に包含させようとするものであった。天津港という上海につぐ中国の最重要貿易港も事実上日本の管轄下に置かれることになる。

塘沽停戦協定自体の廃棄が日中間の懸案の一つとして問題になっているとき逆にその画期的な拡大を要求する内容はまさに一撃論による成果を収穫しようとしたものであった。

一撃論に危惧と反発をもっていたかもしれない日本の財界もその成果の収穫には急ぎ足で出て来たとみられるのである。中国から輸出される鉄鉱石のほとんど一〇〇%、石炭の七六%、綿花の七〇%を輸入する日本の軽・重工業界が中国工業の発展に伴いその輸入の先行きを憂慮したのは当然であった。これら資源の大半は華北で産出されたのである。

停戦交渉は大山海軍中尉殺害事件の勃発で実現をみなかったが、実現したとしてもあの条件では中国側により一蹴され日中全面戦争への発展は間違いなかったところであろう。

戦争に伴う様々な残虐行為・背徳行為の責任が問われるのはやむを得ないとしても八年に及ぶまさに「名分なき戦争」（満洲事変には少なくとも条約上の権益擁護という名分があった）によって領土を侵害・破壊されその発展を四半世紀にわたって阻害させられた中国経済の損失、もろもろの中国人の受けた心身の痛手は誰の責任に帰するのか、あるいは何人の責任でもないのか盧溝橋事件六十周年を迎えた今日「歴史」あるいは「歴史家」として改めて確認したいと考える。

二一　一つの選択
——近衛文麿と佐藤尚武——

1

一九二一（大正一〇）—二二年のワシントン会議諸条約は、相互に関連しながら、二〇年代、三〇年代のアジア情勢に深い影響を与えた。日中関係に限っていえば、中国に関する九ヵ国条約のもつ意義はとくに大きい。日・英・米等列国は中国の主権・独立・領土的行政的保全を尊重し、いかなる特権をも求めないことを相互に確約したのである。九ヵ国条約とその前後の二条約、国際連盟規約（一九一九年）・不戦条約（一九二八年〔昭和三〕）をあわせて考えると、今後日中両国が国際環境のなかでいかにあるべきか、その輪郭が鮮明に浮びあがってくるのである。

地理的にあるいは歴史的に日本が中国と特殊な関係をもっていることは、米・英はじめ列国の認めるところである。しかしその特殊性を今後拡大・強化の方向に導くのか、あるいは抑制・解消の方向に進むのか、日本はワシントン会議において一つの岐路に立たされたのである。外的な圧力によって岐路に立たされた面もあるが、日本みずからいずれの道を歩むか選択しなければならなかったのである。ワシントン会議は日本最初の本格的な政党内閣である原敬政友会内閣のもとで開かれた。原首相は会議開催の直前、右翼の少年によって暗殺された。原が最後の日（一九二一年一一月四日）面会した中国人ジャーナリストに日本の今後の進路は領土を拡大することではなく、通商の振興にある

と語ったのは印象的である。(1)

ワシントン会議の極東問題総委員会の席上、加藤友三郎首席全権は、(1)日本は中国のいかなる地方にたいしても領土拡張の意図はない、(2)無条件・無留保で門戸開放・機会均等の主義を遵守する、(3)中国から原料・食料を購入するが、その際なんらの特権を要求せず、公正な競争を歓迎するなどの方針を明らかにした（一一月一九日）。(2)この発言は重要な意味をもっている。加藤の挙げた諸項はまさに九ヵ国条約の主要眼目であった。日本は少なくとも一九二一—二二年の時期において九ヵ国条約の内容に同意したのみならずその方針をみずから推進しようとしたのである。日本は一九三〇年代後半、九ヵ国条約を完全に否認するにいたるが、本章は否認への過程について若干の考察を加えようとするのである。

2

中国に関する九ヵ国条約が、その根底をゆるがすような影響をうけたのは、いうまでもなく一九三一年の満洲事変の勃発であった。九月一八日に突如開始された関東軍の南満洲一帯にわたる重要諸都市の軍事占領は世界の注視するところとなった。四日後の九月二二日、スチムソン米国務長官は出淵勝次大使を呼び、満洲における日本軍の行動は単に日中間の問題でなく、九ヵ国条約・不戦条約との関連で世界各国が関心をもっていると通告した。(3)両条約の軍事上の提唱国であるアメリカが日本の軍事行動に注目したのは当然であった。中国はただちに国際連盟に提訴した。連盟は理事会を中心に紛争の解決に努力し、アメリカもオブザーバーを派遣して連盟の動きに協力した。

連盟理事会の九月三〇日・一〇月二四日の決議（後者は日本の反対により不成立）にもかかわらず、日本の軍事行動は拡大し北満洲にまでおよぶにいたって、アメリカは初めて明確に日本の行動が九ヵ国条約・不戦条約に違反するという考えを示すにいたった。一一月一九日スチムソン国務長官は出淵大使に日本軍が南満洲鉄道の付属地から数百マイルも離れたチチハルを攻撃し占領したのは、九ヵ国条約・不戦条約の違反と見なさざるを得ないと談話した。(4)しかし出淵大使はこのことを幣原喜重郎外相への報告に触れていない。(5)

スチムソンは翌一九三二年一月はじめ日本軍が錦州を占領すると、日中両国にいわゆる不承認政策を通告した。すなわちアメリカは九ヵ国条約が不戦条約に違反する手段によって成立した一切の状態・条約などを承認しないとの態度を明確にしたのである。アメリカはこの日中両国に対する通告を九ヵ国条約参加国にも送った。

スチムソン通告にたいする日本の回答は一月一六日フォーブス（Forbes）米大使に示された。(6)このなかで日本は九ヵ国条約・不戦条約の完全なる履行を期していることを明らかにした。日本は門戸開放政策を極東における政策の枢軸と認めていることを強調したのである。ただ九ヵ国条約の適用については、中国が同条約締結時期には予想し得なかった不安定・紊乱の状態に陥っている現状を充分考慮しなければならないとした。しかしそれだからといって同条約の拘束力にはなんらの影響もないということを回答のなかで強調している。日本は九ヵ国条約の有効性そのものに疑義をさしはさんではいないのである。

日中両国を除く国連理事会一二ヵ国は二月一六日日本にたいし九ヵ国条約・不戦条約を遵守するよう警告を発した。二三日付の日本の回答および声明は中国の現状について、日本は中国を連盟規約にいう「組織ある国民」とみなすことはできない、中国を統一国家であるとするのは擬制（fiction）であるとした。しかしこの声明のなかでも"Japan is fully prepared to stand by all her obligation under to Nine Power Treaty"と九ヵ国条約遵守の姿勢を崩さなかった。(7)

しかし日本軍の占領下に「満洲国」が三月一日成立したことは、九ヵ国条約第一条との関連で日本として苦慮せざるを得なかった。三月一二日の犬養内閣閣議決定は、努めて国際法ないし国際条約抵触を避け、新政権問題について

「九か国条約等の関係上出来得る限り新国家側の自主的発意に基くが如き形式に依るを可とす」[8]との方針をとった。満洲国の成立が九ヵ国条約に抵触せざるを得ないのを意識した措置である。そして「新国家をして既存条約尊重の建前を執らしむると共に門戸開放、機会均等などの原則を恪守するの方針を宣明せしめ以て列国側よりの故障を避くるに努むべきこと」も確認した。犬養内閣に一貫してみられるのは、満洲における事態が九ヵ国条約など国際条約違反とみられることをできるだけ回避しようとする姿勢である。

しかし、五・一五事件による犬養首相暗殺後成立した斎藤実内閣は内田康哉満鉄総裁が外相に就任したことによって、前内閣とは異なる対応をみせるにいたった。内田は満鉄総裁時代から関東軍と積極的に協力し、満洲国の早期承認を主張していた。差し当たり満洲国に国際法上の承認を与えない方針をとっていた前内閣と異なり、内田外相は満洲国の正式承認だけが、満洲問題解決の唯一の道であるとの考えを堅持していた。日本の外交方針の硬化は英・米の認識するところであった。リンドレー (F. Lindley) 英大使は六月二三日有田八郎外務次官を訪問、本国政府からの訓令として、日本が満洲国を承認することは九ヵ国条約の義務に違反すると通告した。

Nine-Power Pact may not forbid Manchuria to declare her independence, it does impose an obligation on the signatory powers to do nothing to encourage such action.[9]

しかし内田外相はそのようには考えなかった。内田の考えは翌月、すなわち七月一二日の国際連盟調査団団長との会談で明確に示されたのである。リットン団長は内田に満洲国は中国の一部であるので、そのステータスの変更について日本は九ヵ国条約関係国と討議する必要はないかと質問した。この質問にたいし内田外相は満洲国は満洲地方住民が自発的に創成した国家であるので九ヵ国条約が適用されるとは考えていない、したがって日本が満洲国を承認することも同条約に抵触しないので、承認について関係国と協議する必要を認めないと答えた。[10]

満洲国承認と九ヵ国条約との関係について日本の代表的な国際法学者の一人で外務省とも近い東京帝国大学教授立作太郎の所論を一見しておきたい、立は『中央公論』一九三二年九月号に「満洲国承認問題」という論説を載せたが、そのなかで満洲国承認が九ヵ国条約違反にならないかとの疑問にたいし次のように答えている。

九ヵ国条約第一条にいう中国の主権・独立ならびに領土的および行政的保存の尊重とは、「要するに故意に支那の主権を侵し、又は故意に其全体としての政治的独立を失はしめ又は故意に其領土の一部を失はしめ、又は其一部地方の行政を行ふ能はざらしむるに至ること無からしめんとするものである」故に我が国が自衛の必要に基づいて中国の領土の一部において軍事行動を行なった結果として、実際に中国の主権および行政の上で障害を生じさせたとしても、故意に主権・行政を侵そうとしたものではないので、第一条違反にはならない、また同条約署名国は、中国の主権・独立ならびに領土的行政的保全を尊重する義務があるだけであって、それを保証し、またそれを擁護する義務を負っていないのであるから、中国がその一部地方の民衆の自発的行動によって、みずから領土的行政的保全を失うようなことになっても、他から積極的に中国を助けてそれを失わないように努力してやる必要はないとの考えを示した。

つまり立教授の所論に従えば、満洲における日本軍の行動は自衛権の発動で故意の侵略ではないので九ヵ国条約違反とならず、その結果中国の統一・保全が破壊されたとしても日本に責任はないのであった。また満洲国が独立したとしてもそれが住民の自発的意志であるならば中央政府を援助して独立を抑える義務はなく、独立の実が挙がればそれを承認して差し支えないとした、「一切の条約上の義務は、自衛権に基く権利行為の前には消滅すべきものである」というのが立教授の基本的立場であって、立は満洲事変は日本の自衛権の発動とみたのである。

上述の六月一二日の内田外相との会見で、リットン調査団長は、満洲国の承認には、⑴昨年九月満洲において中国側から日本にたいし侵略行為があったこと、⑵満洲国は人民の自決により成立したことの二前提を必要とする、と述べた[11]が、立教授の問題提起と逆の意味で通じている。

日本は九月一五日日満議定書[12]を締結して満洲国を正式に承認した。連盟調査団の報告書が発表される直前である。リットン報告書は一〇月二日発表されたが、上記の二問題点について明確な判断を示した。第一点は九月一八日夜およびそれ以後の日本軍の行動を正当な自衛行動と認めることはできないという結論である[13]。第二点は、満洲国は同地方人民の自発的意志によって創成されたものでなく、日本人によって作られ、日本軍の存在によって初めて成立が可能になったものであるという結論である[14]。リットン調査団はこの二点を明確にすることによって、満洲事変、満洲国の成立にみられる日本の行動が九ヵ国条約・不戦条約違反であると断定した。

国際連盟は原則的にリットン報告書の内容を承認し、結局一九三三年三月日本は連盟を脱退するにいたるが、日本は最後まで一九三一年九月一八日以後の日本軍の行動は自衛手段として妥当な範囲を逸脱しておらず、また満洲国も同地方住民の自発的意志に基づいて成立したもので、日本は連盟規約・九ヵ国条約・不戦条約その他いかなる国際条約も侵害していないとの立場を崩さなかったのである。連盟脱退通告文にも、連盟国と日本との間に連盟規約その他の条約の解釈に重大なる意見の相違があったことを脱退の理由として挙げている[15]。

3

日本が一九三三年三月国際連盟を脱退したとき、評論家清沢洌は脱退に関し発表された数十の言説が「悉く日本は絶対正義であって非は全然連盟にある事、日本は経済封鎖にあっても困らないこと、連盟は日本が脱退して骨抜きになったというような勇壮活発なものばかりで驚いた」と書いている[16]。

国際連盟および世界の世論の強い批判のなかで孤立した日本にとって、新しい国際理念が求められた。それは日本に脱退・孤立を余儀なくさせた第一次大戦後の平和維持機構、言葉を換えれば連盟規約・九ヵ国条約・不戦条約に代表される理念を批判し、日本の行動の正当なることを理論づけ擁護するものでなければならなかった。そのような流れの中心となったのは貴族院議長であり、次の政界の中心となると自他ともに許した近衛文麿（一八九一―一九四五）であった。近衛は日本の連盟脱退と期を同じくして一九三三年二月「世界の現状を改造せよ」という論稿を発表した。[17]これは近衛が青年期一九一八年に書いた有名な論文「英米本位の平和主義を排す」[18]にみられた考え方が十数年後も近衛の思想の根幹をなしていることを示していた。近衛は国際間にきわめて不合理な状態が現存していることを指摘した。すなわち日本のように発展力のきわめて充実した民族が狭小な領土の上に窮屈な生活を余儀なくされている一方、オーストラリアのようにきわめて広大な領土をもち天然の富に恵まれながら人口稀薄な国があるというのである。

> 現在の如き不合理なる国際間の状態を、永遠に確定不動のものとなさんとする所謂平和主義が何で正義であるか、我々を以て之を見れば、世界大戦は現状維持を便利とする先進国と現状打破を便利とする後進国との戦であったのである。現状維持を便利とする国が平和主義となり、現状打破を便利とする国が侵略国となつたに過ぎぬのである。之を以て正義と暴力の争であるとなすが如きは、偽善の甚しきものと言はなければならない。

近衛によれば、欧米の輿論が世界平和の名において、日本の満洲における行動を審判し、日本人を平和人道の公敵とするのは誤りであったのである。

近衛はこの年六月貴族院副議長から議長に昇格する。そして翌一九三四年五月訪米の途についた。有名な天羽声明の発表された約一ヵ月後である。近衛は出発の前日、新聞記者に「日本が外国に働きかけ納得を求むべき重要点は、日本が人口過剰で苦しんでいるから何とかはけ口を見出さねばならぬこと、日本の商品が安いため諸外国が挙って高率関税でこれを阻止する現状について考え直して貰わねばならぬこと」の二点であると語った。[19]そしてアメリカのハウス大佐（Colonel House, Edward Mandel House）が日本に好意的理解をもっていると聞いているのでぜひ会いたいとも述べた。近衛は八月一日帰国するが在米中ローズヴェルト大統領をはじめ各界の名士と会見し、六月二〇日にはフィラデルフィアにハウス大佐を訪ねた。近衛はハウスとの会談に失望したと言われる。[20]

近衛は翌一九三五年九月発行の Liberty 誌に掲載された“Wanted—A New deal among Nations”というハウスの論文に非常な興味を示した。近衛によれば、ハウスはこの論文で狭小な領土に過剰人口をもつ日本は吐け口を要求する権利をもっており、日本が世界に残っている広大な未開発地域に発展しこれらの地域を生産的なものに変えることを提議し、また領土と資源に恵まれた国は恵まれない国に分け前を与えなければ世界の安定を期し得ないとしているのであった。近衛はハウスの主張は正論であると高く評価した。

ハウス論文が発表された同年（一九三五）の一一月二一日の講演[21]で近衛は戦争の原因は第一に領土がきわめて不公平に分配されていること、第二に天然資源が一方に偏在していることにあると指摘した。平和維持機構としての国際連盟は、国際間の不合理な状態を除くことを考えずに現状維持を前提としているところに欠陥があったと近衛は考えた。近衛によれば日本は第一次大戦後、連盟規約・九ヵ国条約・不戦条約等にもっと慎重に対処すべきであったというのである。英米本位・現状維持本位の考え方では、日本の満洲における行動を説明することも、ジャスティファイすることも困難なので「我々は現状維持を基礎とする平和原則を克服して、我々独自の立場、独自の見識から新しい国際平和の原則を考へ出し、これを世界に向つて大胆率直に問ふだけの覚悟がなければならない」と近衛は演説した。

近衛のいう「独自の立場」「独自の見識」に近い外交理念をもっていたのが、外務省の政策立案・決定の中枢にいた重光葵外務次官であろう。重光次官は一九三三年五月から一九三六年四月までほぼ満三年近く在任し、いわゆる広田外交の中枢をなしていたとみられる。

彼がこの年（一九三五）八月一日に書いた「国際関係より見たる日本の姿」は、第二章が「現状維持と現状打破」という項目になっている。

世界大戦直後の世界政局は平和維持と云うことに集中せられた。……平和維持の機関は連盟機構であり、不戦条約機構であった。当時の平和維持の思想は現状維持の別名であった程皮相のものであった。……現状維持を最も熱望するものは世界戦争の勝利者であり、特に其領土に於て資源に於て殆ど地球の提供する多くのものを保有する諸国である。現状維持を主張するのは資本家の常道であって国際間に於ても同様である。……取る丈取って現状維持を叫ぶ場合に甚だ価値が少く感ぜられているのが今日国際間の現状である。……現状維持が即ち平和であるとの思想は今日に於ては通用が困難になった。[22]

長文の引用となったが、重光外務次官の発想が近衛のそれと類似していることはただちに理解できるであろう。きわめて強い現状打破の思想であり、日本の満洲における行動をジャスティファイし得る発想である。

このような現状打破の動きにたいし障害とされたのは国際連盟規約であり、不戦条約であり九ヵ国条約であった。一九三六年三月外務省は省議で、今後は九ヵ国条約の確認を避け、その無効ないし自然消滅を計るよう意志統一を行なった。[23]この省議で、日本の九ヵ国条約に対する方針は窮極においてその事実上の消滅を目標とすることが決定された。この省議は三月とあり日付はないが、広田内閣発足直後、外相をまだ広田が兼任していた時期である（有田新外相の着任は四月二日）。次官は重光葵である（四月一〇日堀内謙介と交代）。

省議決定の内容は、九ヵ国条約は消滅を目標とするが、今日本が進んで無効を主張すると国際世論を不必要に刺激して政治的影響が面白くないので、当分は外部に表わさないが、しかし同条約の効力を今あらためて確認するようなことは厳に慎み、漸次同条約を自然消滅に導くというものであった。

有田外相は一九三六年四月広田外相のあとをついで、自主外交路線を展開した。有田は一九三六年八月アメリカヨセミテで開かれる第六回太平洋会議に赴く日本代表にたいし、もし会議で、東亜における日本の地位や、我国民の生存権に関する基本問題が議題にのぼるときは、極力これを排撃し、そのためには会議から脱退しても差し支えないと注意を与えている。(24)

広田内閣・有田外相の展開した一九三六年の対中国外交は完全に行き詰り失敗に終わった。いわゆる川越・張群交渉の決裂を招いた原因として、綏遠事件という関東軍の内蒙古における暴走が挙げられるが、それは決裂の口実となったのであって、交渉における日本の要求自体が高圧的であり、国民政府の容認範囲をはるかに越えていたことを看過してはならない。広田内閣の中国外交の失敗は、同年一二月突如としておこった西安事件の衝撃のなかで目立たなくなったが、横田喜三郎東大教授によって無意味な秘密外交・独善外交としてきびしい批判にさらされたのである。(25)世界を震撼させた西安事件は蔣介石が無事南京に帰還（一二月二六日）して幕を閉じたが、中国の抗日態度が一段と強化されることは充分に予想された。翌一九三七年元旦近衛は「朝日新聞」に日本が中国の領土になんらの侵略的野心をもっていないことを強調するとともに、中国の欧米依存主義を批判する一文を載せた。そのなかで近衛は日中間の親善には、百の交渉千の声明よりも具体的結合が有効であることを強調した。具体的結合とは、たとえば中国に無尽蔵にある棉花・石炭・鉄鉱等の天然資源を日本が資本・技術を供給し中国が労働力を提供して共同で開発すれば、日中両国の利益になるということであった。

> 自ら開発の力が及ばざるに天賦の資源を放置して顧みないというのは、天に対する冒瀆とも言い得るが、日本は友誼の発露として開発を為さんとするものである。

この近衛の開発論は対象が中国であるだけに問題を含むものと言わなければならない。

4

近衛が強い関心を表明したハウスの前述論文に同じように注目した一人に駐仏大使の佐藤尚武がいた。佐藤は一九三六年一月二七日パリの外交問題研究センターで「日本の人口問題および工業化問題（The Problem of Population and Industrialization in Japan）という題目で演説を行なった。(26) このなかで佐藤は日本の過剰人口の対策として移民、農業改革、工業化と貿易振興、産児制限の四つをあげた。そして移民については毎年一〇〇万人の増加をみる日本にとって大量の移民は予想し得ない、農業改革も耕地面積の狭い日本では補助的手段にすぎず、産児制限も遠い将来には効果があるが現実の対応策とはならず、結局青年子女に職を与え、年々膨張する国民を養うためには、工業化の促進と外国貿易の振興によらざるを得ないとした。しかし工業化に際しては日本のように資源の乏しい国にとっては原料の確保が不可欠の問題となる。したがって日本としては原料品市場の自由開放を常に主張し、その購入に障害を設けるような企図には断乎反対せざるを得ない、世界の現実は各国間に資源分配の不平等が甚しく、自国の存立が工業にかかっているにもかかわらず資源の乏しい国はつねに不安にさらされていることを佐藤は指摘した。しかし最近そのような現状の打開をめざす意見があらわれたとして、佐藤はイギリスのサミュエル・ホーア（Samuel Hoare）外相の演説とともにハウス論文を挙げたのである。ホーア外相は一九三五年九月一一日国際連盟総会で行なった演説で、各工業国間に必要な原料が公平に分配され、排他的独占にたいする危惧を一掃しなければならないと発言し注目を浴びたのである。また佐藤はハウス論文にふれ、ハウスが日本が狭隘な領土に過剰な人口をもっていることに理解をもち、戦争によることなく、そして他の大国の敵意を招かずして、しかも日本国民を満足させるような解決方法を研究しようとしていることを高く評価した。

この点は近衛と同様であるが、近衛がハウス論文を全面的に理解しようとしていたかについては疑問がある。ハウスが日本の立場に理解があるのは事実であるが、一面日本の最近の行動に批判的で、日本の連盟脱退やワシントン海軍条約の廃棄は誤りであるとの認識をもっていた。日本には軍国主義者と牧野伸顕のような穏健派があり、軍国主義者が支配的勢力をもつことをハウスは警戒していた。ハウスは穏健派が日本の支配的勢力となることを期待し、その前提の上で戦争を回避する道を探求しようとしたのである。近衛はハウス所論にみられるこの前提を無視し、原料の公平な分配という結果にのみ着目したとみられる。近衛が前年ハウスと会見し失望したといわれるが、両者の見解に大きなギャップがあったと言うべきであろう。

原料資源の配分の問題とともに佐藤が重視したのは世界市場の開放であった。広い国内市場をもっている国は別として、いかなる国も国外市場が閉ざされるときは工業によって生存し得ないのは明らかである。しかし大戦後自由貿易にたいする障害が増加し、関税障壁は漸次高まる一方で、割当制度（quota system）・バーターシステムが国際貿易の発達を阻止している現状を佐藤は遺憾とした。日本にとって資源と市場への自由な接近が保障されることが必要であるが、戦争によることなく、それが可能になるような国際間の協議を佐藤は希望しかつその実現を期待していたのである。

佐藤駐仏大使はパリ講演の約一年後、一九三七年三月一日靖国丸で神戸に到着帰国した。そして思いがけず同三日林銑十郎内閣の外相に就任した。佐藤の外相時代は林内閣の総辞職とともに終わり約三ヵ月にすぎなかったが、満洲事変以来沈滞していた日本外交に新風を吹きこんだのである。まず対中国外交を刷新したことを挙げなければならない。佐藤外相は前広田内閣にみられた高圧的な姿勢をやめ、中国と平等な対等国家としての国交の樹立を計った。華北の中国からの分離を計るような干渉政策を修正し、国民政府による中国の統一を尊重し、その方向に添うよう外交を転換したのであった。もちろんこれは佐藤のみの個人的意図ではなく、軍部のなかにも満洲事変以来の中国政策の行き詰りを打開しようとする動きがあったのである。佐藤はこのような気運を促進することに努め、国民政府側も佐藤外交に期待をよせ、日中関係は満洲国問題という難問をかかえながら最悪の事態回避へと動きつつあった。[27]

佐藤外相は中国政策の刷新を計る一方において、駐仏大使時代から関心をよせていた資源の獲得、海外市場の開放の実現のため、あらゆる機会を利用した。五月六日の外国人記者会見で、佐藤は植民地再分割については考えていないが、原料の公平な分配と我が輸出品に対する公正な待遇を要求すると語った。[28] 同月一七日の地方長官会議でも佐藤は「政府が凡ゆる機会において天下に唱導している国際通商自由の回復、ないし資源の開放等は我が国生存権の主張と見ることができる」と述べた。[29] なぜ佐藤が、このように資源の開放、通商の自由を繰り返し要求するかといえば、それが戦争の回避につながると考えたからである。佐藤は「わが外交政策の出発点は戦争を避けることにあると思ふ。戦争は決して利益をもたらすものではなく、勝敗の如何にかかはらず悲惨な運命をもたらす」（五月二四日、東京自由通商協会での演説）と言っている。つまり戦争による領土の獲得、勢力圏の拡大なしに、年々増大する我が国人口問題を解決する道は「海外原料資源の獲得と開発、海外商品市場の解放を要求する以外にはない。この要求を（世界が）認めることこそ平和の建設であり戦争絶滅の道である」というのが佐藤の信念であった。

このような佐藤外相の発想が国際的にまったく孤立しなんらの現実性をもっていなかったということはできない。国際連盟は前年（一九三六）一〇月九日の総会で「一切の諸国の商取引に依る或る種原料品取得問題の討議・研究」が連盟国であると否との別なく、利害関係をもつ主要諸国の協力のもとで行なわれる時期がきたと認識し、そのための委員会を設置することを決議した。この委員会はCommittee for the Study of the Problem of Raw Materilと呼ばれ、一九三七年一月二六日一七人の各国委員によって組織された。参加国はスイス、ベルギー、オランダ、アルゼンチン、ポルトガル、イギリス、アメリカ、ブラジル、フランス、カナダ、メキシコ、ソ連、日本、南ア連邦など多彩な顔ぶれであった。ドイツ、イタリーも招請されたが拒否した。第一回会議は佐藤の外相就任直後の一九三七年三月八日から一二日まで、第二回は六月一六日から二五日まで、第三回は九月一日から四日まで計三回いずれもジュネーブで開かれ、最後に報告書を採択した。

連盟総会の決議が、この委員会の目的を経済方面に限定していたので、委員会も植民地の再分割問題、侵略防止のための原料品供給問題など政治性の強いものは論議の対象からはずした。第一回の会議には日本代表として在独大使館商務書記官・連盟経済委員の首藤安人が出席した。イギリス代表としては一九三五年中国の幣制改革で活躍したリース・ロス（Leith-Ross, Frederick）が参加していた。首藤代表は三点にわたる日本の主張を発言した[30]。第一点は人口問題解決のため工業化を必要としている日本にとって原料の取得に障害をきたさないよう一時的協定でも成立させたいこと、第二点は未開発地域（undeveloped area）の開発における内外人の平等待遇、労力・技術・資本の自由移動、第三点は自由貿易のための障害撤廃である。いずれも佐藤外相の持論であった。採択された委員会報告書[31]は、たとえば日本のような工業化を輸入原料を基礎としてのみ行ない得る国にとって、原料の自由な供給、ならびに製品の販売市場が保障されることが死活的な関心事であることを認めた。この報告書は困難かつ微妙な問題にたいし現実的な解決を示唆しようとする委員会の努力を表明していた。もちろんこの問題の解決は数回の会議のなし得るところではないが、問題の所在と解決にむかって国際的な注目が寄せられていることを示すものであった。この報告のなかで一定の国がその困難を訴えている原料品の獲得・支払いの問題について、軍備の増強と関連させて考察している点は重要であろう。すなわち軍備拡大のための原料品需要が価格の暴騰、供給不足をもたらしていること、またそのための支出が原料品購入のための外貨不足の原因となっていることを指摘しているのである。

さきにハウス論文について、近衛の理解が一面的ではなかったかとの指摘を行なったが、原料資源・市場問題について、同じように強い関心を示しながら近衛・重光と佐藤の間には重要な差異があったとみられる。近衛・重光らは、国際連盟・不戦条約・九ヵ国条約と表徴される平和維持機構そのものに不信をもち、それを打破する方向に動いていたのに反し、佐藤はそれらの機構を基本的に肯定した上で、さらに一歩進めて資源・市場問題の解決に努力しようとしていたとみることができる。それは佐藤が戦争の回避を外交の主目的としていたことと関連するのである。

佐藤外相の時代は林内閣の総辞職、近衛文麿内閣の成立（六月四日）によってわずか三ヵ月で終わりを告げるが重要な意味をもっていた。それは幣原外相の辞職（一九三一年一二月）以後初めて外交が真の意味の自主性を回復した時期であったからである。佐藤は後任の広田外相が真面目に事務引継をうけなかったことを非常に遺憾とした。この近衛内閣のもとで七月七日盧溝橋事件が勃発した。佐藤は戦争の危機は日本の選択によると議会で演説したが、近衛内閣は盧溝橋事件を契機に戦争の道を選んだのであった。

5

近衛は林内閣のあとをうけて、六月四日内閣を組織し、「国際正義に基く真の平和と、社会正義に基く施策の実施に努めたい」との声明を発表した。近衛のメモによると、近衛内閣の使命は各方面における相剋対立を緩和することにあった。国際間においては、いわゆる「持てる国」と「持たざる国」の対立の解消を期したのである。国際正義は世界領土の公平な分配にまでいかなければ徹底しないが、それは空想であり、次善の策として資源獲得、販路開拓の自由などを要求する必要があるがそれもまた経済的国家主義の盛んな今日実現困難であることを近衛は認めた。それならば日本はいかにすべきか、「国際正義の実現するまでの間、いわゆる『持たざる国』の部類に属する我国は、我民族自体の生存権を確保し置かざる可らず、我国の大陸政策は此の生存権確保の必要にもとづく。現在に於て国際正義の行われざることは、即ち我が大陸政策を正当化する根拠となる」[32]と近衛は書いている。この年正月近衛は中国が天賦の資源を放置して顧みないのは、天に対する冒瀆とも言い得る、日本は友情の発露として開発しようとするものであると書いたことは先述した。

七月七日盧溝橋事件が勃発、戦火が上海に波及し全面戦争に拡大しつつあるとき近衛内閣は八月一五日、中国国民を抗日に踊らしめつつある国民政府にたいし断乎たる措置をとることを表明した。これを近衛の言う「生存権確保のための大陸政策」と関連して捉えることは必ずしも無理ではない。

中国は八月末国際連盟に日本の行動は連盟規約・不戦条約・九ヵ国条約違反であると通告した。第一八回連盟総会（一三日）がジュネーブで開かれた。中国は駐仏大使顧維鈞（Wellington Koo）をパリから派遣した。顧は一九二二年ワシントンで九ヵ国条約に署名した中国代表の一人である。中国は一三日正式に日本の侵略を連盟に提訴した。河相達夫外務省情報部長は、日本は非連盟国であり政治的な問題について連盟と協力しない方針であると述べた上、日本軍の行動は中国の反省を求め誤れる排日政策を放棄させるためのもので、正義・人道・自衛上当然のことであると声明した。そして解決は当事者である日中両国が行なうべきであると連盟の干与を拒否する意向を明らかにした[33]。

中国の提訴をうけた連盟はこの問題を二三国（the Advisory Committee of 23）諮問委員会に付託した。この委員会は一九三三年二月二四日の決議で成立したものでアメリカも参加していた。諮問委員会は九月二一日開かれ、日中両国、ドイツ、オーストラリアを招請することになった。中国、オーストラリアは招請を受諾したが、ドイツと日本は拒否した。日本の拒否は、日中間の問題の公正な解決は当事者間でのみなし得るという理由であった。

第二回諮問委員会は中国、オーストラリアも参加して九月二七日開かれた。この会議で顧維鈞中国代表は日本軍の空爆の非人道性を強く訴えた。クランボン英代表（Cranborne）、リトビノフソ連代表（Maxim Litvinov）、デルボス仏代表（Yvon Delbos）などが同調し、委員会は全会一致で日本軍の無防備都市空爆で女性・子供をふくむ無辜の市民が生命を奪われていることにたいし日本を非難する決議を採択した。翌日の連盟総会もこの決議を満場一致で承認し日本は国際的な非難の的となった。

総会は一〇月五・六日の両日諮問委員会から提出された二報告書および決議案を一括審議の上可決した。第一報告書[34]は日本が中国にたいし陸・海・空から実施している軍事作戦は、この紛争の原因となった事件と著しく均衡を失っており、自衛権によって正当化されず、日本は不戦条約・九ヵ国条約で負っている義務に違反すると指摘した。第二報告書[35]は日本が条約上の義務を履行していないことを前提とした上で、総会にたいし連盟国である九ヵ条約国に、条約国会議の召集を呼びかけるよう勧告していた。

このような連盟の動きに呼応してローズヴェルト大統領は一〇月五日シカゴで国際秩序を破壊しているものは隔離して世界の平和をまもらなければならないと有名な隔離演説を行なった[36]。そして翌六日米国務省は、日本の行動は九ヵ国条約・不戦条約違反であり、アメリカも連盟総会と同じ結論に到達したとの重大な声明を発表したのである。国際秩序の維持を強調したローズヴェルト大統領の演説にたいし、河相達夫情報部長は「持たざる国」の論理を次のように展開した[37]。

世界は人類のために与えられたるものである。正直にして勤勉なる国民は、この地上いかなる所においても幸福に生存し、生活を享受し得る資格がある筈である。然るに怠惰にして過去の蓄積に依って幸福に生活して居るものがある一方、正直にして勤勉なる国民が生存を拒まれたとしたならば、これほどの不公平があるであろうか。……日本は五十年間に人口は倍加した。然るに狭小なる島国外に発展の地を求めんとすれば、各地で拒まれている。アメリカ合衆国が我が移民を阻止していることは、人類の自然の原則に反する。日本国民の最も遺憾とするところである。併し又世界には現に「持てる国」と「持たざる国」との争がある。資源原料分配の不公平の声が甚だしく騒ぎ立てられている。若しこの不公平が是正されないとすれば、「持てる国」が「持たざる国」に対し、既得権利の譲歩を拒んだならば、これを解決する途は戦争によるの外はないのではないか……。

この情報部長談は、近衛の首相就任前の主張を敷衍した内容と言えるが、政府の公的見解としては一貫性を欠くとして外務省は一〇月九日あらためて声明を発表し、日本はなんら領土的意図はなく、したがっていかなる現存条約にも違反していないと述べた。

総会の勧告による九ヵ国条約国会議はベルギーの首都ブリュッセルで開かれることになり、一〇月二〇日広田外相のもとに招請状が届いた。近衛内閣は二二の閣議で不参加の方針をきめ二七日バッソン・ピエール（Bassom Pierre）ベルギー大使に回答した。その趣旨は、日本を九ヵ国条約違反と断定した国際連盟の決議と関連する会議に日本としては出席できない、日本の軍事行動は中国の極端な排日・抗日政策の強行、とくに実力をもってする排発行為に余儀なくされた自衛措置であって、これは九ヵ国条約の範囲外（outside the purview of the Nine Power Treaty）というにあった。東亜に利害関係の薄い国を含む多数国会議で日中戦争の解決を計るのは、事態を紛糾させるだけであるとの理由を挙げて日本は会議への参加を拒否した[38]。

九ヵ国条約国会議は結局一九国が参加して一一月三日から開かれた。開会の辞でスパーク（Paul-Henry Spaak）ベルギー外相はこの会議が日本を裁くための国際法廷ではないことを強調した。九ヵ国条約国会議は一一月七日再び日本にたいしより少数国の会議へ出席するよう勧説した。しかし日本は同じ理由で拒否した（一二日）。日本の不参加が明らかになると、会議をいかにして収拾するかが焦点となった。中国代表は会議に日本にたいする経済制裁と中国援助の実施について積極的な役割を担わせようと画策したが、各国の支持を得ることはできなかった。結局一一月一五日開かれた本会議は十五ヵ国対日宣言を採択するにとどまった（イタリー反対、スカンジナビア三国棄権）。この宣言は日本の会議不参加を遺憾とし、日本の主張する当事国による交渉は、日本軍が中国の広大にして重要な地域を占領している現状では正当かつ永続的な解決に達し得ないと批判した。そして最後に署名国は国際条約の一当事国（日本）が他のすべての締約国の見解に反し、その行動を条約の対象範囲外とすることにたいし共同態度を採ることを考慮すると声明した。二四日会議は声明書と報告書を採択（イタリーは反対）して三週間にわたる審議を閉じるにいたった。[39]顧維鈞中国代表は、最終日ステートメントを発表し諸原則の再確認だけでは重大な時局に有効に対応し得ないと不満を声明したのである。

近衛首相は九ヵ国条約会議閉会直後、一一月二六日関西に赴く車中で記者団にたいし「九か国条約国会議は案のじよう大したことも出来ずに終ったが、結局は我が国としても条約廃案という所まで行くであろう。然し今の所では時機も考えねばならぬし今直ぐというわけではない。……我が国としては極東のことに欧米の介入を許さぬ建前であることは数年前より明白となっているのだから、本来ならばもっと早くやって置くべきであった」と語った。[40]九ヵ国条約廃案が首相の談話として触れられているのは注目に値する。

日本軍は一二月一三日首都南京を占領するが、戦争は拡大するのみで収拾の見込みはまったくなかった。近衛内閣は占領地の経営を本格化し、現地政権樹立の計画を進めた。佐藤尚武前外相は一九三七年末、湯浅倉平内大臣に会見を求められたとき、中国から撤兵して事件の早期解決を計るよう進言した[41]が、それが顧みられるような状況ではなかった。年が明けて一九三八年一月一六日、内閣は国民政府を対手とせずの声明を発表、戦争は次第に泥沼化の様相を深めるにいたった。広田外相は代わった宇垣一成（五月二六日就任）は佐藤を外交顧問に任命した。翌六月佐藤は母校の東京商科大学で「帝国の立場よりする原料資源に関する研究」と題して講演した。[42]佐藤がいかにこの問題に深い関心をもっていたかが判明する。佐藤は講演の終わりの方で、未曾有の重大時局に平時における原料供給確保の問題を論ずるのは迂遠の譏を免れないが、いつかは終息する戦争の後において、戦時中国民の負担した莫大な財的不安を緩和し、国家の財政を平時状態に引戻すためには対外貿易の振興を計るほかなく、原料問題は日本にとってきわめて重要だと力説した。佐藤は戦争は異常現象であり、必ずいつかは終わると考え、戦後の対策をたてていた。「青年諸君の活躍すべきは広き国際舞台にて、相手として立つべきは全世界なり。東洋の一角に跼蹐して我が事成れりとするが如きは到底戦後の事態に即応する所以に非らず、宜しく全世界を相手として立ち世界的に国力を伸張し得て初めて帝国の基礎鞏固なるを得べきなり」と佐藤は後輩の学生を激励した。佐藤の率直な真意が表明されているといえよう。

一〇月六日、アメリカは日本軍占領中の中国各地において、日本は自国の利益のために特恵および優越権を確立すべく努力し、門戸開放主義を破壊するとともにアメリカ国民から機会均等を剝奪していると批判した。この強い抗議にたいし有田八郎外相（一〇月二九日就任）は一一月一八日、次のごとき回答を送った。

今や東亜の天地に於て新なる情勢の展開しつつあるの秋に当り事変前の事態に適用ありたる観念乃至原則を以て其の儘現在乃至今後の事態を律せんとすることは何等当面の問題の解決を齎らす所以に非ざるのみならず、又東亜恒久平和の確立に資するものに非ざることを信ずるの次第に有之候。[43]

まさに九ヵ国条約の否認である。アメリカの抗議と日本の回答発出の間の時期に、近衛内閣は東亜新秩序の樹立を声明したのである。

本章は近衛文麿・佐藤尚武という一九三〇年代の日本の外交政策樹立に重要な影響をもったとみられる二人の人物に焦点をあて、日本外交の一つの選択について記述しようとしたものである。

註

（1）栗原健「原敬日記最後のメモ」栗原編『対満蒙政策史の一面』原書房、一九六六年。

（2）日本外交文書『ワシントン会議』一〇―一四頁。

（3）日本外交文書『満洲事変』第一巻第三冊、三―六頁。

（4）*Foreign Relations of the United States*（以下 FRUS と略称）Japan：1931-1941, Vol. I, p. 45.

（5）日本外交文書『満洲事変』第一巻第三冊、一〇一―一〇三頁。

（6）FRUS, Japan, Vol. I, pp. 76-77.

（7）日本外交文書『満洲事変』第二巻第二冊、九九文書、九六―九九頁、同一二一文書、一二一―一二七頁。

（8）外務省編『日本外交年表竝主要文書』下、二〇四・二〇五頁。

（9）日本外交文書『満洲事変』第二巻第一冊、五四三―五四五頁。

（10）（11）同上、九五六・九五七頁。

（12）『日本外交年表竝主要文書』下、二二五―二二三頁。

（13）（14）日本外交文書『満洲事変』別巻所収、League of Nations. Appeal by the Chinese Government Report of the Comission of Enquiry, p. 71, p. 97.

（15）『日本外交年表竝主要文書』下、二六八・二六九頁。

（16）清沢洌「松岡全権に与ふ」中央公論、一九三三年五月号。

（17）（18）近衛文麿『清談録』所収、千倉書房、一九三六年。

（19）矢部貞治『近衛文麿』上、二五二・二五三頁、弘文堂、一九五二年。

（20）同上、二六四・二六五頁。

（21）前掲近衛『清談録』所収「世界の現状を改造せよ」。

（22）外務省記録 A. 2. 0. 0. 1「重光大使の欧州政局報告」。

（23）外務省記録 B. 1. 1. 0. 0. 1-7「華盛頓会議一件―支那に関する九か国条約関係」所収、条約局第二課「九か国条約と我対支政策との関係」一九三七年一二月。

(24) 外務省記録 B.1.0.1.0.3「太平洋問題調査会一件」第九巻。
(25) 横田喜三郎「外交一新の目標」中央公論、一九三七年四月号。
(26) 特命全権大使佐藤尚武著『日本の人口問題および工業化問題』日本国際協会発行。
(27) 拙稿「佐藤外交と日中関係」参照、入江昭・有賀貞編『戦間期の日本外交』所収、東京大学出版会、一九八四年。
(28)(29)「東京朝日新聞」五月七日、五月一八日。
(30) 首藤安人講演「資源人口問題と帝国の立場―国際連盟の世界原料会議について」日本外交協会、一九三七年五月（A.3.3.0.2-1-2「本邦対内啓発関係雑件 講演関係」）。
(31) 外務省通商局訳「最近原料取得問題―国際連盟原料品問題調査委員会報告書」日本国際協会、一九三八年四月。
(32)『近衛文麿』上、三八七―三八九頁。
(33) 赤松祐之『昭和十二年の国際情勢』四五七・四五八頁、日本国際協会、一九三八年。
(34) FRUS, Japan, Vol. I, pp. 384-394.
(35) *Ibid*., pp. 394-396.
(36) *Ibid*., pp. 379-384.
(37) 前掲『昭和十二年の国際情勢』四八五・四八六頁。
(38) 同右、四九〇・四九一頁。
(39) FRUS, Japan, Vol. I, pp. 417-423.
(40)「東京朝日新聞」一九三七年一一月二七日。
(41) 佐藤尚武『回顧八十年』三八五―三八八頁、時事通信社、一九六三年。
(42) 佐藤尚武「帝国の立場よりする原料資源に関する研究」外交時報、一九三八年一〇月一日号。
(43)『日本外交年表竝主要文書』下、三九九頁。

（三）秦郁彦《卢沟桥事件的研究》

资料名称：第二章《盧溝橋事件前夜（上）》、第三章《盧溝橋事件前夜（下）》、第四章《七月七日夜の現場》、第五章《七月七日深夜の現地周辺》、《おわりに》

资料出处：秦郁彦《盧溝橋事件の研究》，東京大学出版会 1996 年版，第 43—211，375—379 頁。

资料解说：秦郁彦被认为是日本右翼学者，其著作在日本研究界颇有影响力。现摘录所著《卢沟桥事件的研究》中与七七之夜有关的第二至五章及结语。第二章《卢沟桥事变前夜（上）》介绍事变前日军的战备以及驻卢沟桥日军的具体情况。指出日军当时做好了侵略华北的战争准备，卢沟桥附近的中日两军关系紧张，时常发生冲突，事变之前流传着各种流言。《卢沟桥事变前夜（下）》介绍卢沟桥事变前中国方面对抗战的准备情况，华北局势，包括中国各级军政组织概况、各方政治势力的博弈、抗日运动的发展等；日军的战备，驻卢沟桥日军的相关情况等。还梳理了中日两国关于卢沟桥事变的著作和史料。《七月七日夜的现场》介绍了卢沟桥事变当日中日两军冲突的情况，认为事变「第一枪」的真相尚不确定，不应对日军证词全盘否定。而志村菊次郎失踪事件，也并无证据确认属日军有意为之。还总结了各种关于打响「第一枪」之人的说法，认为有可能是第二十九军士兵目睹日军挑衅，结果愤然开枪，也不排除中共地下党员的参与。《七月七日深夜的现场周边》介绍了卢沟桥事变爆发后中日两军间「冲突」、「讲和」的来回反复，以及两军相关责任人对事件的应对情况。文中认为，日军中存在着试图「讲和」的一方，同时又存在着挑起事端、试图扩大冲突的一方，而第二十九军内部也多股势力并存，非常复杂，但起码在一开始，第二十九军可能并不愿与日军扩大冲突。全书的结论部分，将卢沟桥「第一枪」的责任置于中国第二十九军，但同时认为，此系偶然事件，而中日双方缺乏互信，互指此为对方筹谋已久的计划。文中强调，中国方面由于对日本的不信任，否定了卢沟桥事变的偶然性，亦不相信日本当局所谓的「不扩大」方针，放弃了外交解决的努力，可以说是「误认」。而日本当局误以为可以借助武力，迅速迫使中国政府屈服，犯了「误算」的错误。双方的互不信任，日益高涨的敌意，是卢沟桥事变扩大化的重要原因。

第二章　盧溝橋事件前夜（上）

本書の主題である盧溝橋事件自体へ入るに先だち、その理解を容易にするため、直前の時期（おおむね一九三七年初頭から）における現地情勢の推移を、軍中央部、出先部隊、地方政権など日中双方の主要なアクターの戦力状況や政策路線と関連づけながら概観しておきたい。第二章は主として日本側、第三章は中国側の視点から接近を試みることにする。

一　陸軍の対中国戦備

日露戦争の終結から二年後の一九〇七年に制定され、三度の改定を経た「帝国国防方針」で、中国は想定敵国の第三位にランクされていた。[1]表2-1に示すように、想定敵国の順位や顔触れは時期により多少変動しているが、陸軍がロシア（ソ連）を、海軍がアメリカを主敵と想定する状況は変っていない。つまり、日本陸海軍が一九三七年以前に中国を主敵として意識し、対処した時期は一度もなかったのである。

実際には、この三〇年間に日本はロシア、アメリカと戦ったことはなかったが、中国に対しては関東軍や支那駐屯軍を常駐させ、中小規模の局地出兵をくり返していた。昭和期に入ってからも、二次にわたる山東出兵（一九二七、一九二八年）、満州事変（一九三一年）、第一次上海事変（一九三二年）の事例があり、かなりの苦戦を強いられた場合もあった。しかし一九三六年の第三次改定に際し、陸海軍参謀が作成した説明文案に「支那は独力帝国に抗するの

表２-１「帝国国防方針」とその改定

裁可の年月	想定敵国と順位				国防所要兵力（戦時）	
	1	2	3	4	陸軍（師団）	海軍
1907/4	露	米	独	仏	50（17）	八八艦隊
1918/6	露	米	中		40（20）	八八八艦隊
1923/2	米	ソ	中		40（21）	戦艦×9
1936/6	米	ソ	中	英	50（17）	戦艦×12

出所：戦史叢書『大本営海軍部・聯合艦隊〈1〉』，同『大本営陸軍部〈1〉』，『史料・海軍年度作戦計画』．
注１：1936/6の想定敵国順位の１位，２位については，陸海軍の間で軽重のないことが協定された．
注２：国防所要兵力（陸軍）のカッコ内は同年度の現有兵力．

実力を備えざるを以て帝国の国防上大なる顧慮を有せざるが如き」（森松俊夫「支那事変当初における陸海軍の対支戦略」『政治経済史学』一六八号、一九八〇年、二二ページ所引）とあるように、中国軍の戦力を軽侮し、必要に応じ片手間で対処しうるとする伝統的な風潮は容易に改まらなかった。

満州事変いらい、日本が国際的孤立を深めるなかで、それまでの対中国戦略を支えていた前提条件は次に挙げるように大きく変ろうとしていた。軍内部でも作戦関係者を中心にそれに気づき、見直しを求める論議も出はじめていた。

第一は、中国の全国統一が進行し、局地戦だけでなく全面戦争の可能性が出現したことである。こうした認識はむしろ海軍のほうが進んでいて、三七年一月の海軍省調査課文書は、「僅かの妨害を加えたとして大して之（統一）を阻止さるべくもない」（『昭和社会経済史料集成』第三巻七三ページ）と述べている。北海事件（三六年九月）の前後から海軍の政策文書に全面戦争の用語が現れ、税警団の山東進出（三七年五月）にあたり、軍令部の担当者が「全面的戦争の危険を冒すも断乎膺懲の師を起すべく」（同前第八巻五九七ページ）と主張するようになったのも、前記の認識からくる論理的帰結であったろう。

陸軍でも海軍に近い認識を持つ人々がいないわけではなかったが、三七年一月に参謀本部第二課の作成した文書が「国内統一の気温（ママ）の醸製（ママ）せられたること」（『石原莞爾資料―国防論策』二〇二ページ）と述べている程度で、全面戦争を想定するには至らず、作戦計画には反映していない。

第二は、陸海軍ともに久しく戦争相手を想定敵国のうち一国に限定する対一国作戦主義を固守してきたのが、現実に合わないと認識され、対数国作戦の検討を迫られてきたことである。一九三六年の改定帝国国防方針に随伴した用兵綱領では「為し得る限り逐次に作戦を行う」と、各個撃破を規定していたが、上奏にさいし天皇から両総長へ質問が出て、伏見宮軍令部総長は「対蘇戦となれば米国敵に加わるべく、対米戦には蘇国敵に加るべく、支那は元より敵に加るべし」（『大本営海軍部・聯合艦隊(1)』三三五ページ）と述べ、同時多正面戦争の可能性を示唆していた。なかでも危険性が高かったのは、陸軍が主役になる対ソ・対中国二正面戦争であった。

第三は、日本の満州占領が招いた「自業自得」とはいえ、満州事変以降における極東ソ連軍の増強ぶりはめざましく、関東軍との戦力格差が危険なほど開いたことである。三六年末の日ソ両軍の兵力比（ソ軍は参本の推計）を見ると、在満州朝鮮の五個師団（うち二は朝鮮駐屯）、飛行機二三〇機、戦車一五〇台に対し、ソ連軍はそれぞれ三倍、五倍、八倍（『関東軍(1)』一九四ページ）と日本陸軍の全兵力に匹敵するほど優勢であった。質的格差もソ連軍に軽侮されるほど開いていたが、日本側は白兵戦と夜襲で対抗できると楽観していたようである。(2)

参謀本部は、沿海州へ向けての東部攻勢、ついで北・西正面への攻勢を軸とする年度作戦計画を準備していたが、一九三六年になると「攻者三倍原則」を満たした極東ソ連軍が、守勢から攻勢へ切りかえたらしいと判断する（林三郎『関東軍と極東ソ連軍』七八ページ）。

日ソ戦の勝算が怪しくなったばかりか、兵力格差の拡大が中国の日本軽侮を誘うのではないかと懸念されてきたのである。

三五年八月参本作戦課長に着任して「在満兵力の真に不充分」（『石原中将回想応答録』）なのを知って驚いた石原莞爾大佐は、極東ソ軍に対し少なくも八割か、とりあえずは八個師団の在満州朝鮮兵力を持つための急速な軍備拡張を決意した。この石原構想は、二・二六事件の収拾を機に内政・外交にわたる国政の主導権を握った軍部に採用され、政府機構の改革、軍備充実五年計画、重要産業五年計画などをワンセットとする大軍拡構想へとふくれあがる。

だが石原の徹底した対ソ第一主義（北進論）は、海軍ばかりでなく陸軍内部からも敬遠された。「北守南進」論に固執する海軍の抵抗で、陸軍の主唱した「国策の基準」（三六年八月）は南北併進を定め、改定国防方針（三六年六月）は、一、二位に軽重の差をつけない条件で、ソ連を想定敵国の一位にすえ置かざるをえなくなった。

また陸軍部内でも、対ソ重視の観点から中国進出を抑止しようとする政策転換には強い抵抗が生じた。論拠はさまざまであったが、なかでも関東軍は対ソ戦の後背を安全にするという理由から、中国撃破を先行すべきで、二正面作戦も辞さない強硬姿勢を示した。(3)

いずれにせよ、先攻論争や対数国作戦、対中国全面戦の具体計画は部内論議の域にとどまり、天皇の裁可を受ける年度作戦計画に反映するまでには至らなかった。

ここで帝国国防方針（一九三六年六月三日改定）、付属の用兵綱領とこれらを具体化した一九三七（昭和十二）年度の年度作戦計画から、対支作戦に関連する部分を抜いて掲げることにする。

帝国国防方針　第三　帝国ノ国防ハ……我ト衝突ノ可能性大ニシテ且強大ナル国力殊ニ武備ヲ有スル米国、露国ヲ目標トシ　併セテ支那、英国ニ備フ

用兵綱領　第一　帝国軍ノ作戦ハ国防方針ニ基キ陸海軍協同シテ先制ノ利ヲ占メ攻勢ヲ取リ　速戦即決ヲ図ルヲ以テ本領トス

第四　支那ヲ敵トスル場合ニ於ケル作戦ハ……北支那、中支那及南支那地方中情勢ニ応ジ所要ノ方面ニ於ケル敵ヲ撃破シ　諸要地ヲ占領スルヲ以テ目的トス

之ガ為陸軍ハ海軍ト協同シテ所要疆域ノ敵ヲ撃破シ諸要地ヲ占領ス

海軍ハ敵艦隊ヲ撃滅シ支那沿海及揚子江水域ヲ制圧シ陸軍ト協力シテ所要ノ要地ヲ占領ス

年度作戦計画（海軍）　一九三六年度以降が現存し、『史料集・海軍年度作戦計画』に収録されている。三六、三七年度は前掲の用兵綱領と大差のない原則的事項しか記述していないので、省略する。

年度作戦計画（陸軍）　正文は現存しないが、各種の残存資料から概要は判明している。『大本営陸軍部〈1〉』の執筆者で、参本作戦課で三七年度の担当部員であった島貫武治は「対支作戦はこれを回避し、やむを得ない場合でも局地の用兵にとどめようとするも、一面中国側の軍備充実に伴って、作戦に充当する兵力は、従来よりも増加しなければ用兵の目的を達しえない」（四一三ページ）と判断した。

表2-2でわかるように、前年度、前々年度は計九個師団を予定していたのを、一挙に十四個師団へ増加した。ソ連を主敵とする国防方針とは矛盾するが、出兵を一方面にとどめ、華北へ向けた兵力は対ソ転用を考慮するとして、辻褄を合わせたのである。

表2-2　年度作戦計画における対中国作戦

年度	陸軍使用兵力（師団）				占領予定地
	華北	華中	華南	計	
1926	7	3	1	11	
1935	3（平津） 2（青島）	3（上海）	1	9	要域の占領
1936	同上	同上	同上	同上	同上
1937	8（五省）	3（上海） 2（杭州湾）	1	14	要域の占領確保

出所：表2-1に同じ.
注：陸海軍の年度作戦計画は1914年度以降，毎年作成されるようになったが，前年の8-9月（1937年度の場合は36年9月3日）に両総長から上奏し，天皇の裁可を受けるのが通例であった.

対中国作戦は対ソ攻勢などとちがい出兵の動機、場所などが予測しにくいので、年度作戦計画は細部まで定めず「臨機」に委ねることになっていた。しかし、華北の場合は支那駐屯軍が年度作戦計画を作成するに当り、参謀本部が指示した「昭和十二年度帝国陸軍作戦計画要領」と題する訓令によって概要を知ることができる。それは支那駐屯軍が作戦初期に「天津及北平、張家口為し得れば済南等の諸要地を確保」する間に、新編の河北方面軍が河北省南部へ進撃して「黄河以北の諸要地を占領」し、情況に依り「山西及東部綏遠省方面に作戦」することも予定した。

別に山東方面作戦軍が青島などに上陸して「山東省の諸要地を占領」（『支那事変陸軍作戦〈1〉』一三九ページ）するようになっていたが、前年度までは平津地区と青島周辺に限定されていたのが、華北五省に拡大されていた。

この要領に基づいて作成された支那駐屯軍の作戦計画や旅団、連隊以下の

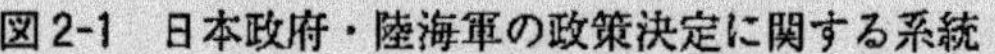
図2-1　日本政府・陸海軍の政策決定に関する系統

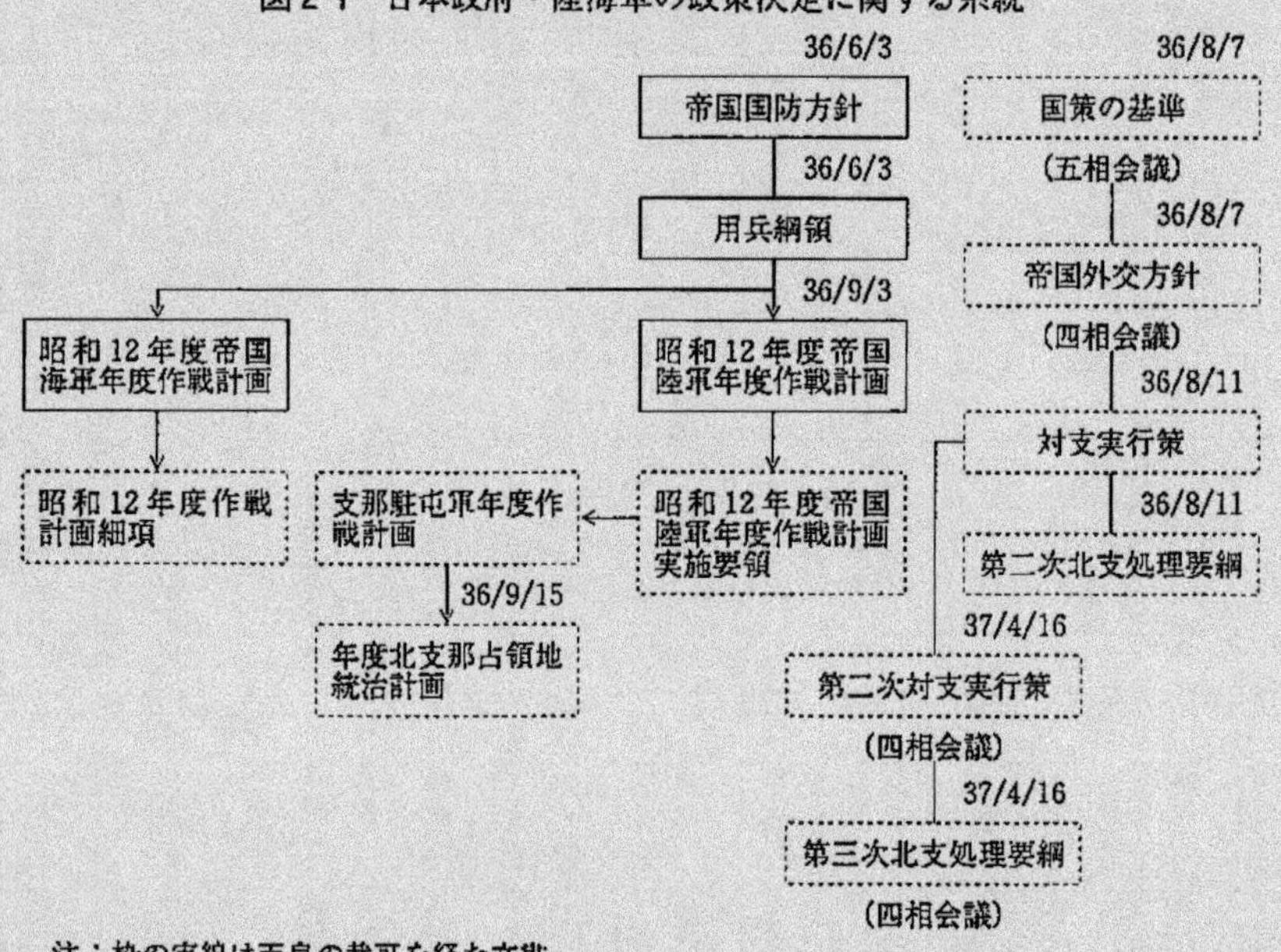

注：枠の実線は天皇の裁可を経た文書.

作戦計画、警備計画の現物は見つかっていないが、同軍が三六年九月十五日付で調製した「昭和十一年度北支那占領地統治計画」(4)には、「第一線を以て張家口、北平、天津の線付近を守備する」とあり、牟田口支那駐屯歩兵第一連隊長が戦後に「張家口のほうに行って、あそこにソ軍が出てきた場合に、ソ連に備える」（国会図書館の牟田口廉也談話速記録、一九六三）と回想している。大体の輪郭が窺えるが、「北支那作戦史要」が「今次事変（支那事変、著者注）は初期の事情上、本作戦計画を実行せしものに非ず」だが「但し情況推移は類似」と述べているような結果となった。

（1）　帝国国防方針—用兵綱領—年度作戦計画や関連事項の細部については、戦史叢書『大本営陸軍部〈1〉』（朝雲新聞社、一九六七）、同『関東軍〈1〉』（一九六九）、同『大本営海軍部・聯合艦隊〈1〉』（一九七五）を参照。

（2）　ソ連軍の諜報網は、日本陸軍装備の質的劣弱をつかんでいたようである。一例をあげると、一九三七年一月八日の始観兵式を見学した平壌飛行第六連隊付交換将校のモジャエフ中尉は、朝鮮軍司令官へ「三台の戦車を見たるに赤軍のそれに比すれば塵埃の如し……装備の驚くべき貧弱なるに拘らず将兵の士気旺盛なるは誠に敬服にたえず」（一月十三日朝鮮軍より本省への報告、密大日記第一二冊）と感想を述べている。

（3）一九〇七年いらい、陸軍の主敵は一貫してロシア（ソ連）であったが、それとは別に中国はいずれ支配すべき対象として意識されてきた。国民政府の成立後も満州事変後も両者の関係は変らず、いずれを先行させるかで議論は分れた（林三郎前掲書七一ページ）。

満州事変の初頭には二正面戦争の危険が考慮され、参謀本部は一九三一年十一月十六日付で、「時局に伴う対ソ支両国作戦計画大綱」を策定した（『大本営陸軍部〈1〉』三三一ページ）が、まもなく危機は去った。

一九三六年に入って再び条件が悪化し、石原の参本第二課が作成した「対ソ戦争指導計画大綱」（三六年八月）は「ソ国のみを敵」とし「支那との開戦を避くる」が、やむをえない場合でも「対ソ作戦一段落後」（『石原莞爾資料—国防論策』一八六ページ）に引き延ばすよう規定していたのに対し、関東軍は「対ソ作戦に先んじ支那を料理……対ソ開戦に際する兵力を節約」（関東軍参謀部「対支蒙情勢判断」三七年二月、「帝国の対支外交政策」第七巻）せよとか、「先づ南京政権に対し一撃を加え我が背後の脅威を除去」（三七年六月九日関東軍参謀長発次官、次長あて意見具申、東京裁判法廷証六七二号）すべきだと唱えていた。

三七年春に参本が喜多少将（在支大使館付武官）、和知中佐、大橋少佐（支那駐屯軍参謀）を招致したときも、「対ソ戦の場合、少くとも蔣政府がソ連側に参戦」しないよう努力をすべきだが、見こみがない場合は「対ソ行動に先だち、まず対支一撃を加え……ソ支両面戦を覚悟して準備」（今岡豊『石原莞爾の悲劇』一八八—八九ページ）すべきだとの意見で一致したという。また「下村定中将回想応答録」によると、三六年末に参謀次長が統裁した将官演習は、対支一撃ついで対ソ戦の順序を想定していた。

日中戦争突入後は、対ソ支同時二正面戦争の危険度はますます高まり、三八年十一月二十八日、東条陸軍次官は公開演説でこの主旨を語り、内外に衝撃を与える。

（4）日本陸軍の華北作戦計画と占領地統治計画の概要と分析については、永井和「日本陸軍の華北占領地統治計画について」（『立命館大学人文学報』六四号、一九八九）を参照。原文書は「陸満密大日記」（昭和十三年、第二分冊二五号、防衛研究所蔵）に収録されている。

この文書から、先行して一九三三年九月に参本第二部が「支那占領地統治綱領案」を、三四年三月に支那駐屯軍が「北支那占領地統治計画」を作成していたことが知られるが、原文は未発見である。

占領地統治計画は、本格的な軍事作戦が発動されたあとに実施される性質のものであるが、対象を広域の甲（ほぼ華北五省）と狭域の乙（ほぼ平津地区）に二分し、それぞれの場合における統治機構、治安維持から、金融、産業、交通、言論統制にわたる広汎な項目を検討していた。

二　支那駐屯軍と駐兵権

盧溝橋事件の現地当事者となった支那駐屯軍（天津軍）の起源は、遠く一九〇〇年の北清事変にさかのぼる。この時、義和団の乱を鎮圧するため日本は他の一〇カ国と共同で清国（平津地区）へ出兵するが鎮圧後、清国が列国と結んだ北清事変最終議定書（一九〇一年九月七日）は、首都の北京に列国公使館区域を設定するとともに、外国軍隊の平津地区における無期限駐屯を認めた。

この議定書には、他に賠償金の支払（第六条）、太沽砲台などの撤去（第八条）、排外運動の禁止（第十条）などを規定した条文もあるが、ここでは主題と関連の深い第七条と第九条の原文を掲げておく。

第七条　清国政府ハ各国公使館所在ノ区域ヲ以テ特ニ各国公使館ノ使用ニ充テ且全然公使館警察権ノ下ニ属セシメタルモノト認メ該区域内ニ於テハ清国人ニ住居ノ権ヲ与エズ……公使館防禦ノ為ニ公使館所在区域内ニ常置護衛兵ヲ置クノ権利ヲ認メタリ

第九条　清国政府ハ……各国ガ首都海浜間ノ自由交通ヲ維持センガ為ニ相互ノ協議ヲ以テ決定スベキ各地点ヲ占領スルノ権利ヲ認メタリ　即此ノ各国ノ占領スル地点ハ黄村、郎房、楊村、天津、軍糧城、塘沽、蘆台、唐山、灤州、

表 2-3　列国の華北駐屯兵力と居留民数

（　）は在北平（内数）

国　別	1901 年（列国司令官会議の議決）	1910 年 10 月現在	1937 年 1 月現在	華北居留民数（1936 年）
日　　本	2,600 (300)	1,149 (271)	5,600	33,019 (1,824)
イギリス	2,550 (250)	747 (109)	1,008 (236)	3,000 (240)
アメリカ	150 (150)	1,367 (137)	1,227 (509)	2,500 (531)
フランス	2,600 (300)	1,070 (74)	1,823 (229)	600 (238)
ド イ ツ	2,600 (300)	—	—	1,100
イタリア	900 (200)	85 (75)	336 (99)	
その他共計	12,200 (2,000)	4,584 (782)		

出所：支那駐屯軍司令部調べ．

注 1：11 カ国が駐兵権を得たが，ベルギー，スペイン，オランダは行使せず，ロシア，ドイツ，オーストリアは途中で放棄したので，1937 年 7 月に駐兵をつづけていたのは 5 カ国だけであった．

注 2：北平の日本人居留民 1,824 人は朝鮮人をふくまない．1937 年 4 月 1 日現在の外務省調査（『週報』43 号，1937. 8. 11）によると，華北主要都市の在住日本人（朝鮮人をふくむ）の統計として，天津 11,409 人，北平 4,024 人（うち朝鮮人 1,854，台湾人 664），山海関 2,084 人，青島 16,878 人，済南 2,049 人，張家口 416 人という数字がある．

昌黎、秦王島及山海関トス

（『日本外交文書』第三三巻別冊三　北清事変下、一五三ページ）

第七条に出てくる公使館区域とは首都北京の中心である天安門の東南に隣接する高い石壁で仕切った東交民巷と呼ばれる地区で、列国外交団が居住するとともに護衛に当る軍隊の兵営や練兵場をふくんでいた。

第九条は、北京から山海関に至る北寧鉄路の交通を維持するために、列国軍隊の駐屯を認める主旨で、十二地点はいずれもその沿線に所在したが、それが駐屯地を特定したものか、単なる例示で沿線の他の地点にも駐兵が可能なのかという点については解釈が分れた。

駐兵に関連するもう一つの法的根拠は、一九〇二年七月の天津還付に関する列国との交換公文で、それは清国軍隊の天津撤退や外国軍隊に鉄道沿線両側二マイルの範囲で犯罪捜査や処罰権を与える、いわゆる「弾圧治罪権」などを認めた他に、「外国軍ハ操練ヲ為シ射撃及野外演習ヲ行ウ事自由タルベク唯戦闘射撃ノ際ニハ単ニ其ノ通告ヲ与エ」ると規定していた。山海関事件（一九三三年一月）や親日記者殺害事件（三五年五月）で、日本軍は「弾圧治罪権」を持ち出し中国側と交渉している。

「戦闘射撃」とは実弾射撃を意味していたが、この規定はそれ以外の訓練や演習の場合は通告する必要がなく、また場所や時間の制約もないとの解釈が定着する。

駐屯兵力の規模については、一九〇一年四月の列国司令官会議で一万二二〇〇人（のち二万人へ）の総枠と国別の割当枠が合意されたが、義和団の乱が終結したあと各国が派遣した平時兵力は上限をはるかに下まわった。そのかわり、辛亥革命、北伐など有事の場合には、各国は独自の判断で増兵し、中国が事前協議を受けることはなかった。

帝国主義時代の遺物とはいえ、多数の外国軍隊が首都周辺に駐兵するという状況は、中国にとって屈辱的現実にはちがいなかった。ベルサイユ会議やワシントン会議で中国代表が撤退を要望し、一時はそれを支持する決議が採択されたこともあるが、実現せずに終る。

しかし長年月の間に、列国駐屯軍の性格も少しずつ変っていく。本国の事情などで駐兵権を放棄する国も出たし、残っていても儀礼的役割しか果さず、演習も形だけに近い駐屯軍は珍しくなかった。そのなかで、日本軍だけは実戦部隊に近い特異な性格を保持する。

北清事変の翌年に編成された清国駐屯軍は一九一一年に支那駐屯軍と改称し、一九三六年まで二五年間に二四代の司令官（大佐か少将）が交代したが、兵力は前記した二度の有事と満州事変直後を除くと概して一千人以下の水準で推移した。

一九三六年四月、広田内閣は閣議で支那駐屯軍の増強を決定、十八日の軍令陸甲第六号によって支那駐屯軍を新編制（表2-4参照）に改編した。軍司令官は親補職に格上げして兵力を約三倍に増員し、それまで部隊は一年の交代

表 2-4 支那駐屯軍の編制（1937 年 7 月 7 日現在）

	所在地	隊 長	主要兵力
支那駐屯軍司令部	天 津	田代皖一郎中将	
支那駐屯歩兵旅団司令部	北 平	河辺正三少将	
支那駐屯歩兵第一連隊	〃	牟田口廉也大佐	
第一大隊	〃	木原義雄少佐	歩 1 小隊は通州
第二大隊	天 津	筒井 恒少佐	
第三大隊	豊 台	一木清直少佐	歩中隊×3，MG 中隊×1
歩兵砲隊	〃	久保田尚平大尉	砲×6 門
支那駐屯歩兵第二連隊	天 津	萱島 高大佐	
第一大隊	天 津	品部孝晴少佐	塘沽に第三中隊
第二大隊	〃	広部 広少佐	
第三大隊	山海関	安岡武雄少佐	唐山に第七中隊，灤州に第八中隊，昌黎，秦皇島に各 1 小隊
支那駐屯戦車隊	天 津	福田峯雄大佐	1 中隊（戦車×2，装甲車×4）
支那駐屯騎兵隊	〃	野口欽一少佐	騎兵中隊×1
支那駐屯砲兵連隊	〃	鈴木率道大佐	第一大隊（山砲中隊×2），第二大隊（15 榴中隊×2）
支那駐屯工兵隊	〃	大賀茂久次少佐	工兵中隊×1
支那駐屯通信隊	〃		通信中隊×1
北平電信所	北 平		
支那駐屯憲兵隊	天 津	藤井慎二大佐	人員×44 人 豊台，通州などに分駐所
北平憲兵分隊	北 平	赤藤庄次少佐	
支那駐屯軍病院	天 津		人員×77 人
病院分院	北 平		
支那駐屯軍倉庫	天 津		人員×13 人
北平陸軍機関	北 平	松井太久郎大佐	
通州陸軍機関	通 州	細木 繁中佐	

出所：陸軍大学校「北支那作戦史要」第二冊など．

注 1：1936 年 5 月以前の旧編制は，支那駐屯軍司令部の下に北平駐屯歩兵隊（歩兵 2 個中隊），天津駐屯歩兵隊（歩兵 8 個中隊），天津駐屯山砲兵第一中隊，天津駐屯工兵第一小隊などを置くものであった．

注 2：別に民間人の嘱託として，伊藤武雄，髙橋枏，梨本祐平，野中時雄，松岡平市，毛利英於兎，矢野征記，吉田新七郎らがいた．

制だったのを永駐制とした。

新編制によって内地から華北に派遣される諸隊は五月下旬までに輸送され、軍は六月上旬に編制を完結する。編制定員は明確でないが、改編前の六月一日現在の総人員は戦史叢書によると一七七一人（馬一七四頭）だったのが、六月十日現在には五七七四人（馬六四八頭）に増加している。盧溝橋事件勃発時の兵力数には数説あり、中国側は二倍以上も過大に見積っているが、実数は約五六〇〇人ぐらいかと思われる。[1]

基幹兵力は北平と天津駐屯の歩兵隊を軸に新編した歩兵第一、第二連隊で、新設の支那駐屯歩兵旅団に編入された。軍直轄の支那駐屯砲兵連隊と戦車隊も新編されたので、火力は旧編制の三倍以上となった。

「若干の兵力増加」の理由を、陸軍省は「抗日団体共産軍の脅威」や「（増加した）居留民の保護」のためと発表したが、実際には複合した思惑がひそんでいた。五月六日の臨参命第五一号をもって陸軍中央から示された任務と指示（臨命第三三〇号）は次の通りである。

命令

一、支那駐屯軍司令官は渤海湾の海港より北平に至る交通を確保し且北支那主要各地帝国臣民の保護に任ずべし

二、昭和八年五月関東軍代表が北支中国軍代表と締結せる停戦協定に関する中国側履行の監視は満州国の防衛に直接必要なるものの外自今支那駐屯軍司令官之に任ずべし

三、細項に関しては参謀総長をして指示せしむ

昭和十一年五月六日

奉勅伝宣　参謀総長　載仁親王

支那駐屯軍司令官　田代皖一郎殿

指示

臨参命第五十一号に基き左の如く指示す

一、支那駐屯軍司令官が常時軍隊を駐屯せしめ得る地域は概ね勃海湾より北平に至る鉄道線の沿線とす

二、支那駐屯軍司令官は停戦協定地域の治安維持の為必要なる場合には同地域に兵力を行使することを得

三、関東軍司令官は満州国の防衛に直接必要なる場合には隷下軍隊の一部を長城線の外側近く配置及行動せしむることを得

四、支那駐屯軍司令官並関東軍司令官は第二第三項の実行に方りては予め参謀総長に報告すべし

新任の田代軍司令官に対しては、さらに参謀次長から口頭で主旨を説明しているが、そのなかでは「帝国外交工作の刷新」とか「関東軍の負担軽減」とか「軍隊練成の対象は貴軍と雖対「ソ」作戦に置き対支作戦を補備的に加うるを適当」（密大日記、一九三六年第一冊の「新支那駐屯軍司令官に対する参謀次長口演要旨」）のような諸点を強調していた。戦時の作戦任務については、兵力増加もあり「稍々積極的のものとなる」だろうとして、いずれ昭和十二年度訓令で伝えるまで研究されたいと要望したが、具体的には示していない。

また改定された支那駐屯軍勤務令には「支那駐屯軍司令官は天皇に直隷し……軍の作戦配置及行動に関しては参謀総長、軍政及人事に関しては陸軍大臣の区処を承く」（三六・五・一施行）とあった。一九三七年七月、盧溝橋事件が起きたとき支那駐屯軍、関東軍が対応すべき準拠となったものであるが、華北問題の処理を支那駐屯軍に専担させ、関東軍の介入を制限しようとした中央の狙いは必ずしも達せられなかった。

また日本側が増兵を「暗黙の威力」（参謀次長口演）と称しても、中国側はかえって武力による明示的威嚇と受けとめ、外交ルートで抗議して中止を求め、各地で増兵反対の抗議やデモが燃えあがった。とくに増加兵力のうち歩兵第

一連隊第三大隊を新たに豊台へ配備したこと、周辺で頻繁な演習をくり返したことなどが、盧溝橋事件の遠因となったことが指摘されてきた。東京裁判でも検察官や検察側証人は、豊台の駐兵と演習が条約違反であることを主張して弁護側と論戦を交えている。(2)

なお支那駐屯軍には「北支処理は支那駐屯軍司令官の任ずる所にして直接冀察冀東両当局を対象として実施する」（一九三六年一月十三日付の「北支処理要綱」）任務も与えられていた。ここで言う「北支処理」とは「北支民衆を中心とする自治の完成」のために「新政治機構を支持し之を指導誘掖」することとされた。

具体的にはその直前に誕生した冀察・冀東両政権に対する「内面指導」と、経済進出に対する「側面的指導」であったが、純軍事の領域を離れた業務なので軍人以外の専門家が必要となった。そこで三六年頃から日本政府の各省、満州国政府、満鉄などの官吏、技術者や民間人専門家が軍司令部や特務機関の顧問、嘱託の形で出向する。

支那駐屯軍の出先組織である特務機関（正式には陸軍機関と呼称）の任務を、与えられた訓令（三五年十二月）で見ると、作戦関係の研究課題と並んで「山西省をして逐次南京政府との関係を絶縁せしむると共に（冀察政権に）加入する如く工作すべし」（和知太原機関長へ）とか、「将来宋哲元勢力を駆逐する必要の生ずる場合を顧慮し、チャハル省に於ける之が謀略実施に関する準備」（大本張家口機関長へ）とか、「将来傅作義駆逐の必要生ずる場合の……謀略準備」（羽山綏遠機関長へ、いずれも密大日記、昭和十一年第一冊）のような政謀略が強調されている。

済南、青島の各機関も似たタイプだったかと思われるが、北平、山海関（のち通州へ移転）、天津の三機関は特殊な役割を期待されていた。

このうち最大規模の北平機関は「冀察政務委員会指導」（北支処理要綱）の大役を負い、松室孝良少将（年末に松井太久郎大佐と交代）を長として三六年春に新設された。(3) 北平には他に大使館分館（参事官が常駐）と大使館付陸軍武官補佐官（武官は上海に駐在）もいたが、儀礼的な外交任務が主で、冀察政権との関係では直接に接触する北平機関の発言力が格段に強かった。

山海関機関も同じように、冀東政権の「内面指導」に当っていたが、誕生の由来から関東軍の影響力が強く、通州移転後は支那駐屯軍司令部の専田参謀が直轄して、機関長は連絡役程度の比重しか持たなかったようである。

特異な存在は、大迫機関ついで茂川機関と呼ばれた天津機関であろう。大迫時代は満州事変後に流入した一旗組の商人や浪人を大量にかき集め、華北自治運動の裏面でテロをふくむ荒っぽい特務工作に没頭していた。

天津駐在の久保田海軍武官が「兎角（とかく）の評あり……十年十二月末いつとはなく去り……後任の茂川は誠に善き人物……（天津軍は）出入せし各方面部外者に対し、全部一新の方針なり」（三六年一月二十三日付、天津特報第一号）と報告したように、悪評高い大迫中佐は華北を去った。後任の茂川は日本語学校に偽装した情報拠点を河北省だけで八五カ所も作ったり、北平に分室を置き学生や青年を対象とした思想文化工作に力を入れたが、司令部の池田経済参謀によると「子分たちは皆ゴロツキか浪人ばかり」（梨本祐平『中国のなかの日本人』一三六ページ所引）で、あまり変りばえはしなかったらしい。[4]

（1）　支那駐屯軍の増強をめぐる諸事情については、松崎昭一「支那駐屯軍増強問題」上（『国学院雑誌』一九九五年二月号）を参照。

三五年末から翌年にかけて増兵を計画した主旨について、支那駐屯軍参謀長の永見俊徳大佐は「関東軍がとかく北支に手を出したがるのは……兵力小のためと石原大佐（参謀本部作戦課長）が主唱」したもので、増兵規模は「第二十九軍の三個師にニラミを利かせるため戦力比を考え一個師団と考えたが、完全装備の歩兵旅団に落ちついた」（永見回顧録）と述べている。その編制定員は不明（一説には七八〇〇）だが、三七年七月七日には未充足と思われ、実員は五六〇〇（「北支作戦史要」第二冊）、五五〇〇（嶋田繁太郎日誌）、約七千（東京裁判に提出した橋本群口供書）とまちまちである。

中国側は九九二〇（『抗日戦史—七七事変与平津作戦』）、八四四三（李雲漢）、一万五千（東京裁判の秦徳純証言）と過大に見積っていた。米外交文書（*FRUS*）は三七年四月に九二〇〇、三七年十月の国際連盟報告は七千としている。

支那駐屯軍の主要な装備兵器は、「北支那作戦史要」によると、概数で重機六〇、軽機二〇〇、火砲五〇、戦車二、装甲車四、馬匹六五〇とされている。

(2) 増兵について参謀本部の資料は、中国側と「協議を要した事実なく各国の状況により増減しあり、よって協議の要なし」と記す。中国側との協議は不要との解釈だった。

なかでも第三大隊の駐屯地は通州を予定していたが、北寧鉄路の沿線から外れているので、義和団議定書第九条に照らし疑義があるとの梅津陸軍次官（前支那駐屯軍司令官）の反対で、一九一一年から二七年まで英国が駐屯した実績のある豊台に変更した。石原はこの変更について「軍事的意見が政治的意見に押されて……之が遂に本事変の直接動機になった」（「石原莞爾中将回想応答録」三〇四ページ）と述べ、豊台事件（後述）の発生後、通州へ再移転させようと画策したが、実現しなかった。しかし豊台も第九条に例示した十二カ所に入っていないのは通州と同様で、東京裁判のサットン検察官はこの点について疑義を表明している。

演習権に関しては、やはり東京裁判で秦徳純と王冷斎が条約違反と主張したが、ワーレン弁護人の追及で取り消し、キーナン検事は最終論告で、日本軍は野外演習の権利を利用し、口実を作って事件を起こしたと陳述した。

(3) 一九三六年三月二十八日付で多田支那駐屯軍司令官から初代機関長の松室孝良少将へあてた訓令には、「貴官は北平に駐在し、主として冀察政権の内面的指導及諜報、宣伝に任じ且冀察政務委員会に派遣しある日本人顧問を指揮監督すべし」とあった。「北平陸軍機関業務日誌」に付属する「北平陸軍機関職員表」（一九三七年七月十二日現在）によると、正規の機関員は将校五、嘱託一一、軍属五、通訳四、雇傭人など八、計三三名で、勅任嘱託（顧問と通称）には外務省、通信省からの出向者がふくまれていた。武田熙嘱託によると、別に二〇数人の現地人諜者を使っていたという。

(4) 青木機関とも呼ばれた大迫機関の内情は、ゾルゲ・尾崎秀実らソ連諜報集団の一員として潜入していた川合貞吉による『ある革命家の回想』（新人物往来社、一九七三）が詳しい。幹部機関員には三野友吉（予備陸軍中佐）、尾崎剛（予備海軍少佐）、伴野孝太郎（元憲兵）、今村清（浪人）、辺見五十彦（馬賊）、李墟巳（台湾人テロリスト）、志村正三（北支青年同盟会長）らがいて、資金作りのため苦力調達の大東公司を経営した。

茂川機関の幹部には志賀秀二、樋口知義、松岡平市、小沢開策らがいた。本部公館は天津に置いたが、有力な分室を北平に開設、小沢の主導で反国民党系の華北青年党（劉紹琨、党員数は公称二万人）を操縦し、華北大学を経営したが、効果のほどは不明である（主として茂川秀和ー秦談話、一九五三・一〇・一九による）。

三　第三大隊と演習

中国側の反対にもかかわらず、支那駐屯軍の増勢は、一方的に強行された。田代軍司令官、河辺旅団長、牟田口歩兵第一連隊長ら主要幹部の人事も、一九三六年五月一日から月末にかけて発令され、八月には永見大佐に代って橋本群少将が軍参謀長に就任したが、ほとんど同じ顔触れで翌年七月の盧溝橋事件を迎えることになる。

事件の直接当事者となる第一連隊第三大隊（大隊長一木清直少佐）は、第七中隊が青森の歩兵第五連隊（歩五）、第八中隊が秋田の歩一七、第九中隊が山形の歩三二から抽出され、第三機関銃中隊は前記の三個連隊の混成であった。『支那駐屯歩兵第一連隊史』によると、第一、第二大隊は五月下旬、秦皇島に上陸したのち、それぞれ北平と天津に入る。第三大隊は五月二十九日塘沽に上陸、通州の仮兵営で一カ月待機したのち豊台へ移駐した[1]。

一挙に三倍へ膨張した兵力を収容する兵舎と演習場の確保が急務となったが、「招かれざる客」であるだけに、中国側の好意は期待できず、難航する。

この点では冀東政権の所在地である通州が好ましいと判定されたが、前述のような理由で断念したため、支那駐屯軍司令部と特科部隊、歩兵第二連隊の半分は従来からの駐屯地である天津の海光寺兵営につめこみ、第二連隊の残部は山海関と天津を結ぶ北寧鉄路の沿線に配置した。

歩兵第一連隊の方は、本部と第一大隊は北平公使館区域の既設兵営に収容したが、第二大隊は天津機器局の新設兵営に、第三大隊と歩兵砲隊は豊台にと分散配置せざるをえなくなった。いずれも親日派の陳覚生が局長だった北寧鉄路局から借りあげた用地で、豊台の用地は以前に英軍が兵営として使った倉庫を改修、増築したものであった。しか

第三大隊幹部と冀東要人
前列中央は殷汝耕，右へ細木通州特務機関長，一木第三大隊長，中島機関銃中隊長，安達第九中隊長，清水第八中隊長，穂積第七中隊長．中列右端は小岩井中尉．

し居住性が悪く、隣接する練兵場は分隊教練がやっとできる程度なので、支那駐屯軍は近くの大井村周辺に用地を入手して本建築の兵舎を作ろうと計画した。

また豊台地区には、すでに第二十九軍の一個営（大隊）が駐屯しており、その一個連（中隊）は第三大隊が移ってきた兵舎から三〇〇メートルの至近に居住していた。何かと摩擦が起きてもふしぎはなく、実際に二次の豊台事件のような紛争が続発する。

演習地の確保も新たな課題となった。北平部隊は通州の野営地や正陽門外の列国共同射撃場を使用したが、豊台部隊は近傍が野菜の栽培地なので、片道六キロ余の宛平県城北側の荒蕪地と石橋南側の中ノ島にある実弾射撃場（そのつど標的を運び、下流へ向けて射撃する仮設射撃場）を使用することになった。

翌年七月に盧溝橋事件の現場となる荒蕪地の印象を、第八中隊の一兵士は「昔永定河の河床地帯で小石混りの広々とした砂原で全然作物はなく、所々に背の低い楊柳が生えて演習には好適な場所であった」（安保喜代治手記）と描写している。

永定河の堤防東側に広がるこの一角は、演習地としての歴史は古く、北清事変の直後から利用していたようだが、一九三七年ともなると環境条件が一変していた。[2]かつては無防備だったのに、一九三六年春（一説には前年）から目と鼻の先の宛平県城に第三十七師の金振中大隊が常駐するようになったからである。

それでも三七年初期頃まではかろうじて「友軍同士」の建前が維持されていたが、その後は一方的に中国側の対日敵意が高まる形で日中両軍の関係は悪化した。

だが末端に位置する豊台部隊は、全体情況の変化にはうとく、ほぼ平時感覚のまま訓練優先の生活をつづけていたようである。

一九三七年三月一日、三五年一月入隊の昭和九年兵が満期除隊するのと入れ替りに、東京、神奈川、山梨、千葉、埼玉など関東一円から徴集した十一年度徴集の現役初年兵が豊台へ到着、入隊した。満二〇歳の徴兵合格者と一八歳の志願兵の混成二百数十人のなかに、七月七日の夜間演習中に一時行方不明となる東京出身の志村菊次郎もいた。

初年兵を迎えると、まず三カ月の基本訓練があり、五月末にその成果を検分する第一期検閲を終ってすぐ第二期の訓練課程（主として中隊教練）へ移るが、この年の訓練と演習が今までになく頻繁で激しさを増したのには、次のような理由があった。

第八中隊幹部（1937年1月）
前列左より石井准尉，野地少尉，清水中隊長，寺口中尉，高橋准尉，三浦准尉．中列左二人目は佐藤軍曹．後列左より三人目は長沢伍長．右の囲み内は岩谷曹長．

第一に、それまで外地駐屯部隊への入隊者は、郷土連隊で訓練を終えてから配属されていたのだが、初めての試みとして初年兵（新兵）を直接、現地で入隊させた。

第二に、古年次兵が東北の農村出身者だったのに、初年兵は関東地区の都会育ちが多く、体力的に劣ったので、その分だけ訓練量がふえた。

第三に、対ソ戦を想定した歩兵操典改正案（三七年五月仮制定）の普及教育が始まり、とくに三七年六月からの第二期訓練では、歩兵学校教官の千田貞雄大佐を迎え、月末から七月初めにかけて新戦法の模範演練が盧溝橋で実施された。

この新戦法は強固なソ連軍防御陣地を突破するため考案されたもの

表2-5　新旧歩兵操典の主要相違点

	旧操典	新操典（草案）
歩兵中隊の編制	3個小隊	3個小隊
歩兵小隊の編制	小銃4分隊＋軽機2分隊	小銃3分隊＋擲弾筒1分隊
小隊長連絡係	—	2人
小銃分隊	12人（小銃12）	15人（小銃13，軽機1丁）
軽機分隊	8人（軽機1丁）	
擲弾筒分隊	—	15人（小銃15，筒4丁）
分隊の散開法	横列	傘型
兵の間隔	4歩	6歩

出所：『歩兵全書』（武揚社書店，1937年10月）の「歩兵操典草案」，須山完一『従軍日誌』4ページ，『昭和史の天皇』長沢連治氏などの証言．

注1：欠員のため，演習や戦闘出動時に2個小隊は完全編制だが，1個小隊は縮小編制の場合，各小隊も小銃1個分隊が欠の場合が多かった．

注2：1937年7月の時点では，新操典（案）の兵器定数が未充足で，演習などで旧操典の編制をとる場合もあった．

注3：豊台兵営の内務班生活は，中隊長の下に班長（軍曹）がひきいる約30人（初年兵，二年兵が半々）から成る5個班で編成されていた．うち各1個班は軽機，擲弾筒，3個班は小銃専修兵で構成され，演習，戦闘などの出動時に，上記の小隊—分隊編制に組み替えていた．

で、⑴軽機・擲弾筒など歩兵用火力の増強、⑵歩兵の散開間隔を四歩から六歩へ拡げ、横列散開を傘型散開に改める、⑶接近過程での個人用タコツボ陣地構築、⑷薄暮と黎明を利用する夜襲戦術の重視、などを特色とした。

　このうち⑴の火力の増強は構想だけですぐには実現しなかったが、⑵⑶⑷は直ちに着手され、とくに夜間演習は三七年春から頻度を増した。全般に実戦的効果を高めるため、空包射撃の機会もふえた。こうした変化が周囲の中国側官民を刺激し、疑心暗鬼の気分にさせたのは自然であったろう。第三大隊は、盧溝橋事件後に作成した戦闘詳報に、中国側を刺激したと推定する「行事関係」を次のように列挙している（巻末資料1参照）。

1　演習計画のため五月に豊台駐屯隊将校（大隊長以下四名）が長辛店を偵察した。

2　六月以降小、中隊教練殊に夜間演習の増加。

3　軍の随時検閲で盧溝橋東側で演習したのち軍幕僚らが一文字山に参集した。

4　旅団長、連隊長が演習を視察した。

5　中期検閲計画のため乗馬将校が竜王廟東方を偵察した。

6　七月四日、歩兵学校教官千田大佐が豊台から竜王廟にかけての演習地で第三大隊などを使用して実兵演練をやり、北平と豊台部隊の幹部多数が参加した。

なかでも七月四日の演習(3)が中国側を刺激したろうと推測する関係者が多いが、このような日本軍の動きに対する中国側の反応ぶりについて、「支那駐屯歩兵旅団の作戦」（旅団詳報）は、次のように記す。

最近に至り夜間演習実施前当然通告すべきが如き要求を提示し来り又は実包射撃を実施せざるに無断実施せりとして綏靖公署を通し抗議し来る等稍々強硬的態度に出で来り。又竜王廟付近堤防の演習の為の使用を拒否し我軍の兵力小なる時は装塡して不遜なる態度に出づるのみならず六月下旬頃より夜間竜王廟付近以南堤防に配兵を実施し時として一文字山にも警戒兵を出す等我軍に対し警戒を厳になしつつありたり

だが、このような観察は事件後のいわば「あと知恵」であって、第三大隊はそれまで無防備に近かった豊台の兵営に土嚢を積んだり、壕を掘ったりした（『支那駐屯歩兵第一連隊史』の西野長治稿、一九八ページ）が、七月九、十日の第二期検閲を控えて、訓練以外に注意を払う余裕は乏しかったようである。この点は上司の連隊長、旅団長も似たりよったりで、牟田口連隊長は七月五日から天津の第二大隊の検閲に出かけ（七日夜戻る）、河辺旅団長も山海関に近い南台寺で演習中の歩兵第二連隊を検閲するため、やはり五日に北平を離れた。また北平の第一連隊第一大隊主力は、七月七日には通州の野営場で演習中だった。

その少し前に支那駐屯軍へ出張した教育総監部本部長の香月清司中将は、六月五日の帰国報告で「駐屯軍の教育は対ソ戦教育を第一義とし、対支戦教育は従として実行せらる。北支教育上の最大欠陥は練兵場、演習場を欠いていること」（田中新一「支那事変記録」、香月中将回想録）と強調した。そして初年兵の「みっともない動作」が中国人の軽侮を買うので、内地で教育すべきだと勧告したが、演習の刺激効果には気を止めていない。

なお、今井北平駐在武官は七月二日、各国記者団へ演習増加の理由を発表し、四日夜には冀察の要請に応じ、演習の日程を通報するなど一応の配慮は実行していた。(4) それでも七日夜の事件は防げなかったのである。

たしかに演習は「合法的」（legality）であり、規模や方式について条約上の具体的な制約はなかった。末端の部隊へ行くほど、平時感覚で対処していたようであるが、一触即発の大勢を考えれば、高松宮が感じたように「（中国軍に）発砲セシムル如キ演習ヲナスコトニモ十二分ノ欠点アリ……内地ト同様ニ、而モ現地ニテ演習スルハ不謹慎」（七月十四日、『高松宮日記』第二巻四八〇ページ）という「正当性」（legitimacy）の問題は残った。

（1）第三大隊第八中隊の一兵士（熊谷宗司）の軍隊手帳（秋田豊台会『思い出の写真集』）によると、五月二十三日新潟港出帆、二十九日塘沽上陸、三十日通州着、ここで約一カ月、豊台兵営の完成を待ち、六月三十日転営のため通州発、同日豊台着となっている。他中隊の日程も同様だったと思われる。

連隊史によると、歩一連隊の編制完結は五月二十九日で、牟田口連隊長は旗手を従え上京、六月十八日、宮中で軍旗を親授された。

（2）岡野篤夫『盧溝橋事件』は一九〇八年、北京駐屯の日本軍による盧溝橋での演習ぶりを伝えた『燕塵』（日本人居留民団の発行誌）の記事を紹介している。「盧溝橋に至り寺院に宿営を定む。堂内丈六の全身仏あり」の寺院がどこか確認できない。「この付近小丘ここかしこに散在し操兵の地としては屈強なれば、常にわが北京駐屯隊に於て野外演習をなすと聞けり」（三〇—三一ページ）とあるが、宛平県城を「土民の廃城」と呼んでいるので、当時は衰微していたものか。
また『歩兵第七十九連隊史』（一一四ページ）にも、同じ時期に北京駐屯隊の山下奉文少尉（のち大将）が盧溝橋の演習で活躍するエピソードが出てくる。こうした状況がいつ頃までつづいていたかはっきりしないが、昭和初期には稀にしか利用していなかったものと思われる。

（3）歩兵学校で新歩兵操典案の作成に当った千田大佐は三七年六月、普及教育のため南満州と華北に出張した。北平地区での教育は六月末から始まり、七月四日の演習が最大規模（数百人が参加）となった。

この演習に参加した前門戸軍曹（第一中隊）は、「私は分隊長として、小石混りの広い砂原で、所どころに楊柳が生い茂る演習場で……防毒面を着用して三十米以上の各個匍匐前進は大変苦しかった……接近突撃を敢行し演習終了となり、各部隊は集合して、千田大佐の講評があった。最後に連隊長は、只今は非常時であるから気合を欠く事なく軍務に精励するようにと訓示があり」（『支駐歩一会々報』第一一号の前門戸手記）と回想している。

参加兵の間では、この演習が盧溝橋駐屯の中国兵を刺激し、盧溝橋事件の誘因になったと推測する人が多い。牟田口連隊長が数カ月後に山西省の前線で出会った千田大佐へ同主旨を述べ、「あなたは日支事変の発端者ですよ」（『昭和史の天皇』15、三六二―六三ページの千田回想談）とからかったエピソードもある。

（4）　今井は演習増加の理由を、七月二日の記者会見で「七月九日乃至十六日に予定されている毎年恒例の第二期検閲に備え」（今井武夫『支那事変の回想』二二ページ、『世界晩報』七月二日付）と説明した。さらに七月三日頃、冀察外交委員会の林耕宇が歩一連隊の河野副官へ「演習を手加減してくれ、中国兵は非常に脅えている、不測の事態が起る心配がある」（河野又四郎手記）と要望したが、河野は断わった。

そこで林は河辺旅団長へ「空砲の演習、とりわけ夜間演習の時」は中国側へ通報してくれと頼みこむ。河辺は北平周辺の険悪な空気が鎮静するまでの一時的措置として応じるよう特務機関へ依頼し、四日夜に特機から六―十日の四日間、「昼夜空包を使って演習する」（寺平忠輔『盧溝橋事件』五〇ページ）予定が冀察当局へ通報された。

第三大隊詳報によると、七月六日には第八中隊が午前二時から払暁まで竜王廟と大瓦窰間で、第七中隊が午後八時から十時まで砂利取場で夜間演習を実施したが、七日夜も両中隊がほぼ同じ場所で夜間演習をやる予定になっていた。

四　嵐の前の静けさ

ここで、盧溝橋事件直前期における現地の一般的空気を、当時の記録や関係者の回想によってできるだけ忠実に復元してみよう。

日本側で日中関係あるいは華北の状況がかなり危機的状況にあると認識していた人たちは、決して少なくなかったようである。昭和天皇は「日支関係は正に一触即発の状況であったから私は何とかして、蔣介石と妥協しよーと思ひ、杉山（元）陸軍大臣と閑院宮参謀総長とを呼んだ」（『昭和天皇独白録』三五ページ）と回想している。就任したばかりとはいえ、「危いことはつゆ知らず」とのんびりしていた近衛首相とは好対照をなす。

他にも「一触即発」の表現で回顧している人はいるが、戦争になったあとに思い当った「あと知恵」である可能性もあり、漠然とした不安は感じても、楽観的見方に傾いていた人のほうが多かったかと思われる。

たとえば参謀本部の石原第一部長は、直前に岡本中佐を現地へ派遣して不穏情報をチェックさせたほど気を使っていたが、数年後に竹田宮の質問へ「北支に於ては理論的に日支提携を整えて戦争なしに行けそうだという気分の時」（「石原莞爾中将回想応答録」）に盧溝橋事件が起きたと答えている。この楽観論は、日中戦争をできれば回避したいと考える彼の願望が反映したのかもしれない。

支那駐屯軍の司令部スタッフや特務機関の大勢も、今井北平駐在武官が「このまま放置せんか……必ず不祥事の勃発」（今井『支那事変の回想』九ページ）と憂えたように、情勢が少しずつ悪化しているのは認めていたが、「不祥事」が全面戦争の口火になるとまでは思い至らなかったようである。

それに三七年春から始動していた中国政策の転換で、今井が恐れた「このまま放置」という前提条件は変ろうとしていたが、現地レベルではまだ手がついていなかった。

北平滞在中のジョンソン米大使が七月二日に本国へあてた報告で「デッドロックはつづいている。日本人は何かやるリスクより、しばらく現状がつづくのを好んでいるかのようだ」（*FRUS*, 1937, Vol. III, pp. 127-28）と観察したように、小紛争の解決交渉から定期検閲に備えた演習に至るまで、日常的な行事はともかく支障なしに回転していた。

李雲漢も「一九三七年前半の華北は、過去二五年のどの時期よりも静穏に見えた……しかしこれは表面的な観察で、いわば外弛内張の状況だったのだ」（李雲漢『盧溝橋事変』二六六ページ）と書いているが、たしかに日本の新聞でも、日中関係の記事が占めるスペースは、いつになく少なかった。

とくに、前年に続発した大型の排抗日事件は減った。七月十一日に北平武官室は、三七年前半に華北で発生した「不法事件」は五〇余件にのぼると発表したが、日本人の殺害にまで至った事件はなく、数的に最も多い軍用電線の切断事件も、北平特務機関で解決交渉に当った寺平大尉の見るところでは、日本製銅線の質が良いので「阿片常習者が飲み代に困っての窃盗」（寺平忠輔『盧溝橋事件』三九ページ）と推定された。

図2-2　豊台付近要図（1936年）

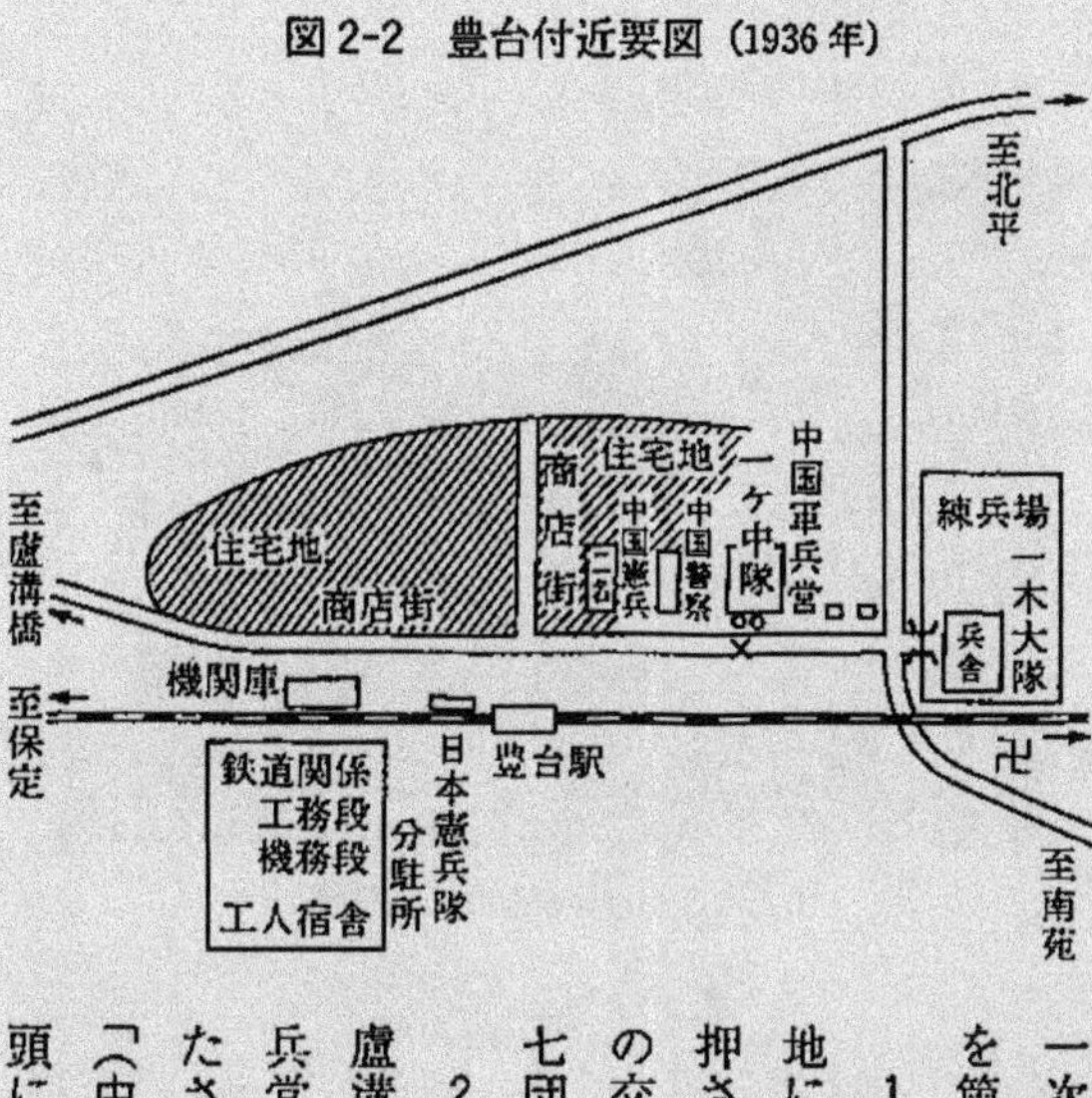

後掲の表2-6はこの種の小事件の一部を列挙したものだが、別に第一次、第二次豊台事件をはじめ盧溝橋事件につながるやや大型の諸紛争を箇条的に列挙しておく。

1　**第一次豊台事件**　一九三六年六月二十六日、工事中の豊台兵営の敷地に中国軍の軍馬が逃げこみ、立ち会っていた第三大隊の先発兵が取り押さえたことから争いとなり、北平特務機関の軍事顧問部と冀察政権との交渉で中国側が陳謝し、駐屯部隊を入れ替える（従来の一〇九旅二一七団第三営から一一〇旅二二〇団第二営へ）ことで落着した(1)。

2　**第二次豊台事件**　満州事変の五周年に当る同年九月十八日の夕方、盧溝橋方面へ夜間演習に出かける第七中隊が豊台駅付近の路上で近くの兵営へ帰ってくる第二十九軍第二営第五連（長は孫香亭）とすれちがったさいに、小ぜりあいが起きた。歩兵第一連隊戦闘詳報はこの次第を「(中国兵が）後尾の看護兵に対し手を以て侮辱的行動を為せしを以て先頭に行進中の指揮官小岩井中尉後尾に来りて其不都合を詰するや支那側

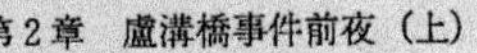

第二次豊台事件解決時の「謝罪式」

は銃を以て同中尉の乗馬を殴打せり　之を以て該中隊は支那軍を圧迫して之を兵営内に追込み」と記述しているが、細部には異説もあり、はっきりしない。

たとえば、看護兵が銃で突かれたとか、小岩井が落馬したとかのたぐいだが、小岩井手記（『支那駐屯歩兵第一連隊史』一六七―六九ページ）は、後尾同士がもみあいになり、中尉は逃げる中国兵を馬で追跡して中国人将校を生けどりにしたと武勇伝風に記述している。

ともあれ射ち合いにはならず、軍事顧問の桜井少佐と二十九軍の参謀が北平からかけつけ、牟田口連隊長も増援兵をひきつれ到着して一触即発の態勢で双方にらみ合いのまま、交渉に移った。そして翌朝に次のような三条件を中国側が受諾して事件はひとまず解決した。

(a)豊台地区の中国軍は撤退し、以後は駐屯しない。(b)謝罪と責任者の処罰。(c)武装解除はせず、武装のまま撤退を認めるが、この「武士道的精神」を特に宋哲元へ報告する。

このあと現場で両軍が整列して許長林少将（馮治安第三十七師長の代理）から牟田口大佐に謝罪したのち、中国兵は武装のまま西苑へ撤退していった。そのあと中国側が、日本軍は二十九軍の勢威を怖れて武装解除もできなかったと宣伝していると聞いた牟田口は、せっかくの「武士道精神」をけがされたと憤慨した。

いささか子供じみた反応とも思えるが、彼は大隊長を集めて、もう一度このような事件が起きたら「決して仮借すること無く直ちに起て之に膺懲を加え以て彼らの侮日抗日観念に一撃を加え」と訓示したむね、わざわざ連隊の戦闘

豊台兵営（1937年初）
（イ）七中隊　（ロ）八中隊　（ハ）九中隊　（ニ）機関銃中隊　（ヘ）酒保（後方に大隊本部）

詳報に特筆している。牟田口のこうした心情は、盧溝橋事件の処理にさいし、ストレートに反映したようである。翌年七月八日朝、一木大隊長に戦闘命令をくだした時の心境を、彼は「豊台事件の時に、あれほど情をかけてやった支那軍に、却って悪用された貴い体験」を思いおこし「徹底的に拳骨を喰わす他はないと考えた」（『大陸』一九三八年七月号の牟田口手記）と率直に告白しているからである。

しかし牟田口を筆頭とする日本側指揮官には、この程度のいざこざで先住の守地を追われる二十九軍将兵の心情に対する配慮が足りなかった。撤退に当って、国歌吹奏とともに「静々と引き下げられる青天白日旗に敬礼する青年将校の目に悲憤の涙が光っていた」（荒木和夫『北支憲兵と支那事変』六七ページ）と一目撃者は語っているが、その後豊台部隊の兵士にさえ「江戸の仇は長崎で」（長沢連治）と思い当るような抗日気分の高揚に、勝ったはずの日本軍が悩まされるようになる。

3　兵営用地買収の頓挫　支那駐屯軍は一九三六年秋から豊台部隊のため本建築の兵舎建設用地を取得したいと冀察政権に申し入れたが、地主が売りたがらないとの理由で交渉ははかどらなかった。そこで特務機関が地主にかけあって買上げ陳情書を集めたところ、冀察側も売却反対の誓約書を持ち出し、さらに用地は飛行場用と宣伝したので、学生の反対デモも起きた。

支那駐屯軍は、中国官憲の妨害工作だと抗議し「軍としては目下極力説得の上断行する」（一九三七年二月十日付参謀長発陸軍次官あて支参電二〇号、密大日記昭和十二年第一二冊）方針であったが、四月二十日、冀察は外国人への土地売却を禁じ違反者

に極刑を科す国土盗売禁止令を公布したため、行きづまったまま盧溝橋事件を迎えることになる。(2)

4　鄭州文化研究所事件　一九三七年一月七日、支那駐屯軍のため諜報任務に従事していた天津文化研究所の鄭州出張所（長の志賀秀二ら三人と、身分を秘して活動していた研究員増田繁雄陸軍大尉）らが中国側の公安局員に書類や武器を押収され、所員と中国人諜者が逮捕された事件。軍令部「支那特報」第二号（二月一日付）によると、中国外交部は一月二十六日付の公文で「研究所は河南、陝西、甘粛三省を対象としたスパイ機関で、三六年七月より一六回の報告書を日本の鄭州領事館を通じ送付していた。それによると、黄河以北の各県を自治区とするため、劉桂堂らの土匪民団を組織する計画があった」として、中国側は領事の更迭、関係者の処罰、増田大尉の在留禁止などを要求した。

川越大使は公文で抗議したが、事実関係は水掛論のまま諜者の趙竜田は銃殺、日本人嫌疑者は釈放され、事件は落着した。

5　税警団の山東進駐　山東省には韓復榘の地方軍閥軍、青島に陸戦隊だけで、中国中央軍は駐屯していなかったが、三七年四月から五月にかけて中央軍の第二師などを改編した混成旅団規模の兵力（数千）が、塩の密輸取締りを名目とした税警団に改編し、青島地区へ移駐してきた。

目的は山東の中央化と対日戦備の強化を兼ねたものと観測され、特段の事件は起きなかったが、現地の外務省、海軍出先は、排日侮日空気が高まりつつあり、不測の事件をきっかけに「北支全部又は日支全面衝突を招来」（六月六日付大鷹青島総領事発外相あて一六五号電）しないかと懸念した。

日本海軍は、縄張りとされてきた青島の治安維持は保安隊が担当すると定めた山東還付協定（一九二二年）に違反するとして抗議をくり返したが、海軍軍令部の横井大佐（戦争指導担当）による「我在支権益の根本を動揺せしむべき行動に出づるに於ては全面的戦争の危険を冒すも断乎膺懲の師を起すべく」（五月十日付の意見書、『現代史資料』8、四三二ページ）に代表されるような強硬論に傾く。それは前年秋の北海事件をきっかけとして海軍部内に盛りあがった膺懲論と同じ流れであったが、やはり陸軍が同調しなかったため空まわりに終る。

6　天津聖農園事件　前年いらい日本人・朝鮮人が大量流入して土地取得がふえたなかで、前島英三らの邦人が三七年一月頃、天津南西部の聖農園（二五町歩）を中国人地主から入手して農業公司を設置、開墾に着手したところ、国土盗売禁止令を適用され地主が投獄された。

表2-6　華北の諸事件（1936年後半-37年前半）

日　付	概　要
1936/6/26	第一次豊台事件
9/18	第二次豊台事件
37/1	鄭州文化研究所事件
1/18	北寧沿線（張荘）で軍用線切断（2/7, 2/14にも）
2/18	北寧沿線（北倉）で軍用線切断（3/10, 4/17にも）
4/ 2	徳州駅で領事館警察官6人を監禁
4/ 3	北寧沿線（落垡）で軍用線切断（5/3, 6/5にも）
5/ 1	143師の一部が満州国警察署を襲撃，死者6人
5/ 7	張家口の邦人を中国兵が拉致暴行
5/12	北平日本人小学校生徒への投石暴行
5/12	太原で邦人に中国巡警の暴行
5/17	張家口で邦人に中国巡警の暴行
5/18	広西省の邦人強制退去
5/22	汕頭の青山巡査拘禁事件
5/23	太沽で税関監視船が邦船に発砲，船長負傷
6/ 2	天津聖農園の放火全焼事件
6/ 4	天津の日本軍無電台撤去の申入
6/15	恵通公司への飛行禁止命令

そこへ、六月二日未明に起きた火災で中国人一人が焼死、邦人一人が負傷した。日本側は中国人による放火と主張して総領事館と天津市政府の交渉となり、地主は釈放された。市政府は「日本人が放火した可能性あり」（李雲漢『盧溝橋事変』二七一ページ）と判断していたが、支那駐屯軍参謀池田純久中佐によると、やはり日本側不良浪人の謀略だったようである（池田『日本の曲り角』九二ページ）。

ところで、前期の六事件や表2-6の諸紛争の多くは特務機関を通じる冀察政権や第二十九軍との交渉で処理された。犯人の逮捕、損害の賠償、責任者の処罰、将来の保障というのが標準的なパターンで、中国側は形の上では日本側の要求を呑む例が多かった。そのため日本側は「外弛」に惑わされ、「内張」が高まっていく流れに気づかなかったふしがある。

あとで見るように、中国側は三七年六月頃から日本軍が仕掛けて盧溝橋を奪取するのではないかと疑い、とくに現場の部隊は緊張の度を高めつつあった。第三十七師の何基澧旅長、随向功営長の回想手記は、いずれも「一触即発」の空気だったと記し、宛平県城で連日にわたる一木大隊の演習を目前に見ていた金振中営長は「死を賭して抵抗し盧溝橋と存亡を共にせん」（巻末資料3の金振中回想記）と、悲壮な決意を固めていた。「嵐の前の静けさ」とはいえ、日中双方の心理的落差は大きかった。

（1）第一次豊台事件については、河野又四郎手記、前掲『宋哲元』一八八―九〇ページ、張春祥主編『盧溝橋事変与八年抗戦』の郭景興稿を、第二次豊台事件については他に安井三吉『盧溝橋事件』一〇六―〇七ページ、寺田浄『第一線の見た盧溝橋事件記』二九―三〇ページ、『偕行社記事特報』三六号（一九三八）の一木清直手記、『七七事変』の戴守義（二二〇団長）手記を参照。

（2）兵営用地の買収問題については『昭和史の天皇』15、三一五―二四ページ、東京裁判に提出された秦徳純、王冷斎の口供書を参照。

五　乱れ飛ぶ流言

当時の中国社会では、「謡言」と呼ばれる流言飛語の横行は珍しくなかったが、盧溝橋事件前の一九三七年春頃、とくに六月に入ってからは、日中衝突を暗示するかのような各種の流言（表2-7参照）が頻繁に飛びかったようである。末端の日本軍兵士の間でも「やはり九月十八日かな」（井上源吉）と話しあったり「盧溝橋の馮治安部隊は何かを策している」（西野長治）と予感したぐらいだから、華北にいた日本軍の関係者の多くは耳にし、気にしていたと思われるが、流言の出所はつかめなかった。

治安情報を収集していた北平憲兵分隊長の赤藤庄次少佐は、部下を督励して探索させたが、「ここ一、二ケ月の間というもの、我々は毎日毎日、まるで流言に翻弄されているみたいで」と北平特務機関の寺平大尉にこぼし、「流言を漂わす者は学生層に多い……どうも西苑の軍事訓練あたりか」（寺平著四六ページ）と推定した。冀察当局は日本側の抗議で、毎年夏に中学生以上の学生を集めてやる暑期軍事訓練の中止を約束していたが、六月から再開すると発表したからである。

この訓練に参加した馬国棟の回想（「西苑軍訓二三事」『文史資料選篇』第二五輯一四ページ）によると、指導役の何基澧旅長からきびしい排日教育を受けた。共産系と非共産系の学生がなぐりあう場面もあったというが、こうした環境がさまざまな流言の策源地となってもふしぎではない。

表2-7にかかげたのは、こうした流言の代表例を拾ったもので、情報源によって日本側と中国側に大別したが、なかには「予告」めいた事例や、実際に起きた事件もふくんでいるし、情報操作かと疑わせるものもある。いずれにせよ、盧溝橋事件が口火となって日中全面戦争へ拡大したという歴史的現実との関連で浮かびあがったものばかりといえよう。

通観すると、爆発点を七夕か満州事変六周年に当る九月十八日のような記念日にからませており、日本側から仕掛ける話が多いが、中国側が主導する「逆九・一八」の謡言も流布されていたようである。

事件めいた動きで、関連情報が多いのに正体がはっきりしないのは、12とG（F、Hも関連?）の未遂に終った「北平奪取」の暴乱計画である。細部は情報源によって食いちがうが、策源地が通州の冀東政権で共産党に偽装した劉桂堂らの土匪一党が実動し、日本軍や日本人浪人もからんだらしいこと、暴乱に至る前に冀察当局により極秘のうちに摘発されたとする大筋は一致している。(1)

などの一覧（1937年前半）

Ⅱ　中国側

番号	日　付	情報源	内　容	出　典
A	3/27	韓復榘→和知大佐	中国軍は8月か9月に平津を攻撃する予定.	和知鷹二稿
B	5/24	国際問題研究所(王克生)→蔣介石	日本は8月までに華北で事件をおこす可能性大と打電.	『中国抗日戦争図誌』下, p. 819
C	6/21	吉星文219団長の訓示	日本軍は演習の名目で宛平県城を奪取する企図あり.	荒木和夫著 p. 74
D	6/30	蔣介石→韓復榘電	情報によれば日本人が華北で挙動する可能性あり, 準備せよ.	『中華民国重要史料初篇』
E	6/30	朴錫胤（満鉄情報員）→松本重治	北平学生の動きとからみ一週間以内に必ず何事か起る.	松本『上海時代』下, p. 100
F	6月下旬		某方面の資金援助で劉桂堂, 白堅武らの結成した「華北偽防共軍」(2000-3000人) が北平, 盧溝橋で行動予定を探知し, 北平市当局が防止した.	『申報』7/7付
G	6/23-28		通州から北平へ200余の便衣特務を派し,「共産学生」を装って放火発砲し, 日本軍と共謀して北平奪守を計画したが冀察の取締りで逮捕, 武器を押収.	『北平港報』7/29号
H	6月末?		北平前門で日本人右翼二十数人が逮捕された.	今井武夫著 p. 22
I	5-6月		支那駐屯軍は第二の九一八到来を唱う.	公敢論文(9月)
J	6月	陳覚生→龔徳柏	一カ月以内に事変が起る.	李雲漢『盧溝橋事変』p. 318
K	7/2	スチルウェル米北平武官→米陸軍	6/28夜, 北平に戒厳令, 日本の資金による中国人便衣を検問した.	Situation Rpt (MID)
L	7/3	馮治安→今井武官	最近, 宛平県城北壁に夜間機銃射撃した者あり.	今井武夫著 p. 6
M	7/5	厳寛→軍政部長	平津での流言が収まってきた.	
N	7/6夕	石友三→今井	石友三が今井武官に, その日午後3時盧溝橋で日中両軍が交戦中と伝える.	今井武夫著 p. 11

表 2-7 盧溝橋事件前の流言・予告

I 日本側

番号	日 付	情 報 源	内 容	出 典
1	春	向島会議？	7月に陸軍が華北で事を起す.	横井忠雄海軍大佐メモ
2	5月頃		9/18に親日要人のテロ，抗日戦の発動.	一木少佐手記(1938)
3	5/22	内務省？	国府の対日政策に不満の中共北方局が，東北系工作員に第二の「中村事件」を起させ，開戦に導こうと画策中.	『外事警察概況』
4	6月中旬	北平周辺	橋本参謀長は中国軍の奇襲攻撃を企図.	寺田浄『第一線の見た盧溝橋事件記』p. 35
5	6月頃	民間ルート	近く北支で第二の9/18事件を支那駐屯軍参謀が企画中.	河辺虎四郎応答録
6	年初？	支那駐屯軍の某砲兵大尉参謀→旅行者	5月に宋哲元と衝突しよう.	石原莞爾応答録
7	6月？		日本は近く華北で事を起し，第二の満州国を作る.	寺平著 p. 46
8	6月頃	陸相→原田熊雄	出先の若い士官たちが8月異動を前に何かしやせんか，とくに田中隆吉あたりが.	原田日記
9	6月頃		6月下旬平津で日本人が何か事を起すべく陰謀中，藍衣社のテロもとの流言.	7/11付朝日新聞
10	6月		通州の兵士たちで「いよいよはじまるんじゃないか」「やはり9月18日かな」の会話.	井上源吉『戦地憲兵』p. 27
11	6月？	山海関憲兵分隊	川島芳子のクーデターによる天津占領の流言.	荒木和夫『北支憲兵と支那事変』p. 72
12	7/5	北平特機→次官電	劉桂堂，孫殿英一党が殷汝耕と通じ浪人も加わり北平奪取の計画.	
13		東京政界の消息通	七夕の晩に，華北で第二の柳条溝が起きる.	今井武夫著 p. 10
14			6月末いらい南京系の抗日分子が平津に潜入し暗躍していたと.	7/11北平武官室発表

陰謀を探知したのが中国共産党の地下組織だったとか、待機している日本軍と呼応して第二十九軍司令部を占拠する手筈だったという点は疑わしいが、寺平は冀東解消論に焦慮した殷汝耕が冀察をゆすぶるために企てた可能性を認めている。ともあれ冀察当局が六月末から一週間にわたり、北平市内に特別警戒態勢を布いたのはたしかで、それがさらに新たな流言を生み、双方の緊張感を高めた事実も否定できない。

同じ頃、日本内地でも「第二の九・一八」を予告するかのような浮説が流れていた。1、7、8、13（6も?）は同根かとも思われるが、その特徴は支那駐屯軍の中堅または若手将校が陰謀者らしいと伝わった点にあり、柳条湖事件の前例に身の覚えがあるハト派の石原参謀本部第一部長や河辺第二課長の関心をひいた。出所は現地からの民間人ルートないし東京政界の消息通らしいとされ、判然としないままに終ったが、海軍軍令部の横井忠雄大佐は、参本第二部の若手部員たちが集まった向島会議が出所か、と推測する。

横井が聞きこんだのは三七年春で、「対支実行策」（四月十六日）に不満の者が何か事を起こそうと計画中というのであった。盧溝橋事件はその流れかと疑った彼は七月十五日、河辺参本第二課長へこの件をただしたところ、河辺は次のように答えた。(2)

向島会議というのは実は吾々も耳にし又右翼等の方面より陸軍が七月には北支で事を起すという事を言いふらしあるものを聞き一部長大いに憂慮せられその噂の出所を一同手分けして探査したる事あり。二部の若い者の巣が向島の方にあり、宴会の時そんな話も出たのではないかと思う……岡本中佐が特派せられたる時も此点に就いて内偵したるも軍司令部内にかかる計画ありしと認められず……万一ありとするも青年士官と浪人共の小策謀なるべく……

河辺大佐は実兄の正三少将（支那駐屯歩兵旅団長）に手紙で問い合わせたりするが、盧溝橋地区が危ないと考えた石原は六月十八日後宮軍務局長と協議して「すでに示してある中央の方針を重ねて伝達するとともに謀略行為をやらぬよう厳に指示する」（田中新一「支那事変記録」）ため、軍事課の岡本清福中佐を支那駐屯軍に出張させた。

岡本は柳条湖事件直前に、やはり謀略阻止のため急派された建川美次少将に似た役割を負わされたのだが、何もつかめなかった。山海関、唐山、天津とまわって北平で懇談した河辺旅団長は「何ら憂慮すべき点はない。ことに私の隷下部隊に関する限り、厳に軽挙妄動を戒めている……どうか安心して東京に復命してくれたまえ」と語り、豊台の一木大隊長は「（河辺の意図は）兵に至るまで十分徹底させており……部下はいま、一心不乱、対赤軍（ソ連軍）戦法の訓練に余念ありません」（寺平忠輔「盧溝橋事件と河辺将軍」『軍事研究』臨時増刊、一九六六年七月）と保証した。

岡本はまた、旅団副官の松山少佐へ「今ごろ華北に柳条溝（ママ）みたいな事件をひき起こしたからって、中央は全然取り上げはしませんよ。今、軍備充実五ケ年計画の実施第一年度ですからね」（寺平前掲書四二ページ）と語っている。正体不明の「陰謀者」に伝わることを念頭においての発言だったのかもしれない。

六月末に帰国した岡本は、謀略のごときは絶対にないと石原へ報告したが、まもなく盧溝橋事件が起きたので、二人とも予兆を見落したと思ったのだろう。石原はのちに竹田宮へ「現地には此様な若干の気持があったと言わざるを得ない」とか「自ら北支にやって貰う可きだった」（「石原莞爾中将回想応答録」）と述べ、永津参本支那課長と駐屯軍の和知参謀の二人が仕組んだ謀略ではないかと疑ったようである。[3] あとで検証するように、盧溝橋事件の「第一発」は永定河の堤防陣地にいた第二十九軍の兵士だった公算が高く、日本側の謀略と見る根拠は薄い。しかし中央、現地を通じ、「事あれかし」と待ち構えていた軍人や浪人が少なからずいたのも否定できない。

五月末、華北視察中の井本熊男大尉（参本作戦班）は殷汝耕から「山雨欲来風満楼」と書いた色紙をもらったが、現地事情に通じた殷も、所詮は正体不明の流言にもてあそばされた一人にすぎなかったと思われる。

表2・7に列挙した「流言」や「予告」をあらためて見直すと、現実に起きた七月七日の「暗夜の第一発」に結び

つく材料は見当らない。だが、背後に見えかくれする各種各様の「思惑」が、山雨到来に向けて風を起こす役割を演じたこともたしかなようである。

（1）　この事件に触れたものとしては安井三吉『盧溝橋事件』（一二五ページ）に紹介された胡華論文、常凱論文、『佩剣将軍張克侠』の胡華論文、七月八日付の外務省情報部長談、寺平忠輔『盧溝橋事件』（五〇ページ）、『宋哲元』（一六〇ページ）、李雲漢『盧溝橋事変』（三一一—一三ページ）、中西功・西里竜夫『中国共産党と民族統一戦線』（一九四六、一五三ページ）、ジョンソン駐華米大使の七月二日付報告（*FRUS*, p. 128）がある。

胡華と『宋哲元』は、共産党北方局が日本特務機関と殷汝耕が合作した陰謀を探知して、秘密党員の肖明から張克侠を経て第二十九軍幹部へ通報したと記述している。

常凱によると、秦徳純は二十七日に「北平市臨時警備弁事処」を設置して探索につとめ、七月二日、三日に二百余人の「漢奸」を逮捕したと記すが、この人数には異説があり、胡華は「数人の日支人」とし、日本人特務が陰謀を自白したとする。

西直門付近で放火、乱射をやったともいうが、大した実害はなかったようで、その後の処理に触れた文献はない。冀察側はこの件を日本側には通報しなかったと見え、今井北平武官は特別警戒の理由をただしたが、市警察局も馮治安も事実を否定した（今井武夫『支那事変の回想』二二ページ）。

（2）　軍令部第一部甲部員（横井）「支那事変処理」一二五八ページ。

（3）　石原は竹田宮との応答で、支那駐屯軍の某砲兵大尉がからむ噂（表2-7の6）を聞いたのがきっかけで、岡本派遣に至ったと述べている。時期的に少しずれるが、5と同根の可能性が高い。

橋本参謀長は、やはり竹田宮との応答録で「デマが伝播した理由は、当時駐屯軍を取巻いていた沢山の浪人の策動だと思う。これらの連中は、北支で何か事あれかしと裏面からそれぞれ陰謀を企んで策動し、陰謀計画を立てる者、実際動いていたものがあるし、そのなかには駐屯軍の情報関係幕僚が諜報に使っていた」と述べている。

橋本は幕僚の名をあげていないが、該当者には専田盛寿歩兵少佐（情報参謀）、茂川秀和歩兵少佐（司令部付）、浅井敏夫歩兵少佐（同）、鈴木京歩兵大尉（同）、田辺新之歩兵大尉（同）、大木良枝砲兵少佐（作戦参謀）などがいた。石原が引用した「砲兵大尉」の参謀は見当らない。

第三章　盧溝橋事件前夜（下）

一　中国の対日戦備

盧溝橋事件直前期における中国中央政府の組織は、図3-1で示すように、国民政府主席の下で文治を分担する行政院以下の五院と軍事統帥を担当する軍事委員会が並立していた。

外見的には近代的な権力分立体制が成立していたかに見えるが、政府主席は、象徴的地位に過ぎず、行政院を除く四院も影が薄かったので、行政院長と軍事委員長を兼ねた蔣介石に文武の実権が集中することになった。

また当時は軍政期から憲政期へ移行する途中の訓政期に当り、その間は国民党中央政治委員会が国府主席、五院および軍事委員会の長の任免権を握っていた。蔣はその党内では議長を汪兆銘にゆずり、自身は副議長にとどまっていたが、藍衣社、ＣＣ団のような蔣個人への忠誠を誓う暴力的特務組織を掌握することで、政府・党・軍にまたがる実権を手中にしたといえよう。

このうち軍は、日本陸軍の隊付経験を持つ軍人出身の蔣介石が、長年にわたる軍閥戦争をくぐりぬけながら育ててきた古巣だけに、あらゆる面で彼の個人的影響力を抜きには論じられないが、ここでは日本軍と対比しつつ、中国軍の組織、戦備、士気の概略を観察しておきたい。

まず中央の最高軍事機関で、陸海空三軍に対する指揮権を執行する軍事委員会は、三軍の軍令機関である参謀本部

図 3-1　国民政府・国民党の組織（1937年7月）

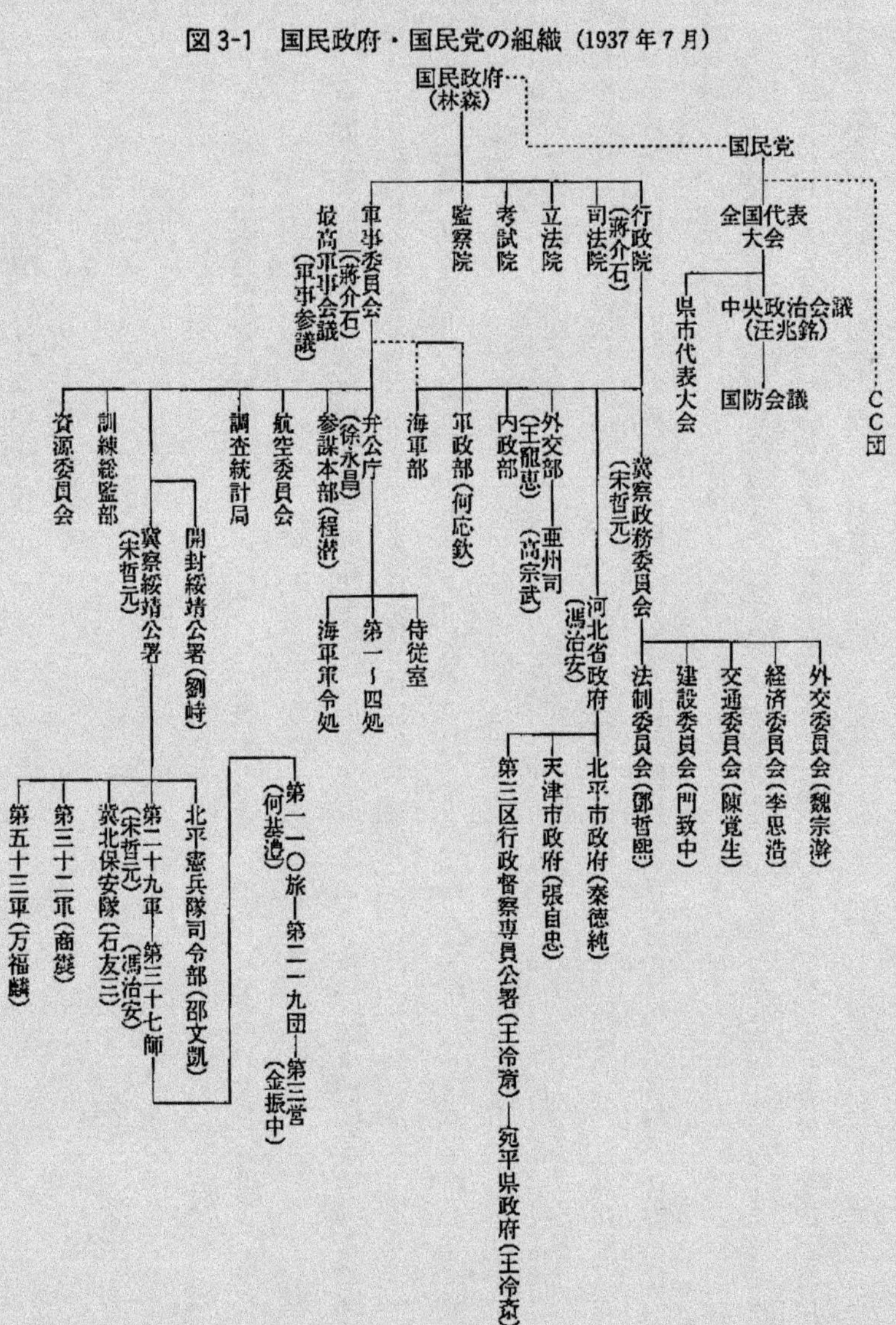

注：（　）内の人名は長を示す．
出所：『抗日戦史—全戦争経過概要(一)』など．

や軍事教育を担任する訓練総監部ばかりでなく、行政院の系統に属す軍政部、海軍部、航空委員会を統轄し、直属の資源委員会が重工業三年計画を推進させるなど、第二次大戦後の米国防総省に匹敵する広範かつ絶大な権限を行使していた。

陸海軍が分立し、そのなかで軍政と軍令が並立していた日本の軍事組織とは対照的だが、天皇の軍隊として中央集権化が徹底していた日本軍に比べると、中央の威令が必ずしも行き届かない地方の雑軍や、反乱勢力の紅軍などをかかえこんでいたところに中国軍の弱点があった。

部隊の指揮単位は陸軍の場合、「軍」（一部は路軍と呼称）が最高単位で、師—旅—団とつらなり日本軍と似たりよったりだが、軍事委員会の地方指揮機構で管内各部隊の整編、訓練、治安維持を分担する行営（広東、重慶、西安、武漢など）や綏靖公署（冀察、山東、太原、開封、西安、甘粛、川康、広東、広西、長沙など）のような機構は日本軍にはなかった。

戦時体制に移ると三七年八月二十日、軍事委員会は大本営に改組され（十月末に大本営は廃止され軍事委員会へ復す）、部隊は規模の拡大にともない、戦区（新設）—集団軍（新設）—軍を基幹とする指揮系統に変った。

次に戦備の概容を見ると、公式戦史の『抗日戦史—全戦争経過概要（一）』（七三ページ）は、開戦時の陸海空軍の勢力について、次のように掲記している。

陸軍　歩兵一八二個師、同四六個独立旅、砲兵四個旅など、現役兵一七〇余万人、訓練完成の壮丁五〇余万人、訓練中の壮丁約一〇〇万人、予備軍士一万七四九〇人

海軍　新旧七〇余隻、最大艦は三千トンの巡洋艦二隻、排水量五万九〇一五トン、第一、第二、第三艦隊に編合

空軍　飛行機六〇〇機、実動三〇〇余機、九個大隊に編合

海空軍はともかくとして、陸軍は日本の数倍に達する大軍に見えるが、これはあくまで机上統計にすぎず、実戦力

はかなり割り引いて判定するのが適切だろう。たとえば一八二個師といっても、公式戦史自身が「参戦可能兵力は約四割強の歩兵八〇個師、九個独立旅、砲兵二個旅など計一〇〇万弱にすぎない」し、一九三六年から三年計画で六〇個師を近代装備の「調整師」へ改編する予定は、二〇個師にとどまり、ドイツ人顧問団はその二〇個師も怪しく「八個師のみ」（Hsi-Huey Liang. p. 90）ときびしく判定していた。[1]

採用機種が多彩すぎて「サンプル空軍」と皮肉られた空軍の場合も、実動は一六〇機ぐらいとされ、三七年六月に顧問として着任した米空軍のシェンノート大尉は「士気、練度は悪くないが、六百機のうち第一線機は九一機にすぎず、残りはスクラップ同様の旧式機で、国産能力は皆無」（中山雅洋『中国的天空』一五五ページ所引）と失望する。

海軍に至っては、日本との格差は絶望的に大きかったから、頼れるのはやはり陸軍しかないが、その陸軍も日本軍に比べると、(1)中央の統制に服しない地方軍閥の私兵が多い、(2)予備兵力の過少、(3)旧式装備が多く、国産化率が低い、などの弱点があった。

(1)については盧溝橋事件の時点で、いわゆる中央直系（中央軍）は全軍の約四分の一にすぎず、宋哲元の第二十九軍や広西軍のように、地方将領を通じて間接に指揮権を行使できるのが約半分、残りの四分の一は指揮権の及ばない軍閥という実状であった。

(2)は、日本陸軍が平時は一七個師団（二五万、満州事変後は四五万）なのに、予備役兵を召集して戦時兵力は五〇個師団と三倍に膨張することが可能だったのに対し、中国は予備の補充兵力が皆無に近かった。国府は一九三六年末から兵役法（三三年制定）による徴兵制を実施に移したが、その効果が生じるのはかなり先になると予想された。

(3)の装備は、部隊によりレベルはまちまちで、小銃や機関銃のような軽火器はさして劣らなかったが、ドイツ式小銃と重機、チェコ式軽機、フランス式迫撃砲など外国からの輸入かライセンス生産が多いせいもあって規格が不統一で、戦時の継続補給は期待できなかった。軍備三カ年計画では「戦車、装甲車各二個連隊、高射砲七個連隊、化学部隊五隊」（Hsu, pp. 168-69）の創設を予定していたものの、開戦時には実動できる戦車はなく、総合火力、機械化でソ連軍に劣った日本陸軍も、中国軍に対しては優越を保った。

軍の士気や練度も、文盲率の改善が急務とされていたほどで、中央軍のエリート部隊を除くと、決して高いとはいえなかった。(2)そこで国府は傍系軍や地方軍閥軍の将領を選んで南京の陸軍大学へ学ばせたり、中級指揮官を廬山の軍官訓練団で教育するなど質の向上をはかり、あわせて中央政府への帰属意識を養うよう努めた。

彼らは卒業に当り蔣介石から「梅鉢の紋を散らした短剣」をもらい、地方軍に帰ってもエリートとして臨んだが、「この細胞によって蔣は全軍を掌握した」（松井忠雄『内蒙三国志』一六八ページ）との見方もある。

国府軍が内戦とくに掃共戦から日本へ主目標を変えたのは、ドイツ人軍事顧問団長のファルケンハウゼン将軍が「日本は中国にとって最大の脅威」（一九三五年八月十二日付の蔣介石への勧告）と断定した三五年後半期からと思われる。彼らの熱心な助言や画策で、対日戦備はようやく本格的段階に入るが、軍備、重工業の両三カ年計画が完成する一九三八年ないし三九年頃までは、「日本の挑発と攻撃を地方的問題に限定し、全面大戦を回避する」（『講座中国近現代史』第六巻の石島紀之論文四六ページ）のが、国府と蔣介石の希望だったろう。

盧溝橋事件直後の三七年七月十一日から連日のように開かれた「国民政府軍事機関長官会報」の議事録を見ると、「長江の（防衛）施設が完成していない」「空軍は準備不足のため戦える状態にはない」と、準備不足を訴える声が多く、対日抗戦が軍事上の自信からではなく、大局的な政治判断から決まったことがわかる。

この時期の対日抗戦構想を示すものとして、「民国二十六年（一九三七年）度国防作戦計画」(3)がある。前年末に参謀本部が立案、三七年三月に完成したもので、甲乙の二案から構成されている。甲案は守勢と反撃を主旨とした消極策、乙案は満州国などの失地回復をふくむ積極策だが、後者は理想案で、実際に想定していたのは甲案と思われる。

甲案は、第一、敵情判断、第二、敵情判決、第三、作戦方針、第四、作戦指導要領から第七、各兵団之任務及行動、

第八、航空与防空、第九、海軍、第十、要塞などを経て第十四、戦場区分に終る長大なものだが、安井三吉は全体の性格を「守勢作戦であり、日本軍の侵攻に対する作戦、そして反撃という構想」（安井『盧溝橋事件』一三一ページ）と分析している。したがって、第一と第二はきわめて重要になるが、日本は「例のように武力の威嚇により、戦わずに勝とうとして外交交渉を進め、局地的軍事行動によって目的の達成をはかるだろう」とか、主攻勢を華北や上海地区に向けるだろうとする予想はほぼ的中した。

第三以下は、こうした判断に沿って立案されているが、注目されるのは国府軍の主力（中央軍）を、あらかじめ予想戦場に配備しておくのではなく、開戦後に必要地点へ進出させる手筈にしたことである。

そして、もっとも危険度の高い平津地区の防衛はとりあえず第二十九軍に任せ、主力の第一会戦場を滄県―保定の線、間に合わぬ時は徳県―石家荘の線に予定した。

第二十九軍に対しては、平津地区の固守にこだわらず、増援の国府軍と合流して日本軍と決戦するよう指導したが、第二十九軍内部には抗日派の突きあげもあり、増援の約束はあてにできぬとする不信感や、雑軍整理に逆用されるのではないかという警戒心もあり、戦略方針は統一されないまま盧溝橋事件を迎える。[4]

しかし米大使館のロックハート参事官が「保守的な知識人でさえ、華北の紛争に（中央軍を）北上させなかったら国府は倒れると信じている」（*Lockhart memo. Apr. 22, 1937, FRUS–The Far East*）と観察したように、中央軍の出動は国家の威信に関わる政治的課題に転移していたと言えよう。

ところで前記の甲案は、ファルケンハウゼンが一九三五年八月十二日に蔣介石へ勧告した構想とも合致している点が少なくない。蔣は日独の接近を警戒していたので、勧告を丸呑みにはしなかったと弁明しているが、(1)黄河の人工洪水、(2)揚子江の機雷封鎖、(3)四川省を最後の抵抗地区とする、のような提言は結果的に実現した。

長期展望では、ファルケンハウゼンが「経済利権の保全しか考えぬ列国からの支援は期待できない」としたのに対し、甲案が「日ソ戦あるいは日米戦、さらに中ソ英米が連合した対日戦」への発展を想定したのは、結果的に食いちがった。

甲案の想定は、理論上の可能性を列挙しただけとも言えるが、日ソ戦はソ連が日本陸軍の主敵であっただけに、期待度は小さくなかったし、中国にとってはこの上ない福音だったと郭大鈞は指摘する（『立命館法学』一九八五年第三号の郭論文）。

軍近代化の途上だったとはいえ、国府にとって最大の誤算は、士気・装備ともに優良と見なしていた第二十九軍が、日本軍の総攻撃を受けるや一撃で潰乱してしまったこと、国府軍からの分捕兵器しか持たず「半農半戦」（スノー）のゲリラ部隊にしかすぎなかった中国共産軍（紅軍）が、第二次国共合作の成立で国府軍の指揮下に入り、抗日戦を戦う過程で、国府軍に劣らぬ急成長をとげたことであろう[5]。

（1）この時期における中国軍の建設過程やドイツ軍事顧問団の役割を扱った文献には、劉鳳翰『戦前的陸軍整編』（台北、一九八四）、同『抗日戦史論集』（台北、一九八七）、A・カリャギン『抗日の中国』（新時代社、一九七三）、F. F. Liu, *A Military History of Modern China 1924-49* (Princeton, 1956), Hsi-Huey Liang, *The Sino-German Connection* (Amsterdam, 1978), Hsu-Long-Ksuen and Chang Ming-Kai (comp.), *History of the Sino-Japanese War 1937-1945* (Taipei, 1971) などがある。

（2）張瑞徳『抗戦時期的国軍人事』（一九九三）によれば、一九四五年でも陸軍兵士の文盲率は高い部隊では二九％、低い部隊でも五・二％（二三ページ）であった。また一九三六年一月調査の全将校一三万六四七四人のうち、国府軍直属の黄埔軍官学校の卒業生は三一・六％、軍閥時代の保定軍官学校卒が四・八％にすぎず、兵卒出身者が二九・一％（二二ページ）を占めていた。将官に限ると一二四七人のうち、七・四％と三一・一％になるが、同じ時期の日本陸軍将校で、陸軍士官学校卒が九割前後を占めていたのと対照的である。北支那方面軍の「中原会戦俘虜調査報告」（一九四一・七・三）は、一万三六七二人の中国人俘虜を取調べた結果、「無学者」が下士官兵で八〇％、将校でも三分の一を占めていたと結論しているから、実際の文盲率はもっと高かったものと推察される。

（3）「民国二十六年度国防作戦計画」は一九八八年に中国第二档案館から公開され、全文が彭明主編『中国現代史資料選輯』

第五冊（一九三七—四五）上（中国人民大学出版社、一九八八）の一二九—五〇ページに印刷されている。その要約と分析は安井三吉『盧溝橋事件』一二六—三六ページを参照。ファルケンハウゼンの勧告は Liang, *op. cit.*, pp. 100-01, 192-99 にある。

（4）第二十九軍の主流は、中央の甲案に沿った消極的防御作戦（北京—天津の線で日本軍を迎撃し、不利な時は後退）を構想していたが、張克俠副参謀長（中共党の秘密党員）らの抗日派は乙案に対応する「以攻為守」の積極作戦を推進し、盧溝橋事件の前後を挟んで対立したが、決着しなかったようである。この点についてはいくつかの中国側文献に依拠した『季刊中国』三七号（一九九四）の安井三吉論文を参照。

『宋哲元』（一九八九）には、三七年春頃劉少奇が中共党のチャンネルを通じて宋哲元へ伝えた三条の献言が紹介されている。そのなかに中央軍は黄河北岸の線までしか進出せず、（日本軍と）挟撃される第二十九軍は後退もできず、山西や綏遠にも逃げこめず、窮地におちいるだろうと警告する一条がある（一三三ページ）。おそらく、宋を「以攻為守」へ転換させるための論拠だろうと思われる。

（5）日中戦争直前期における紅軍の実態については、エドガー・スノー『中国の赤い星』、同『抗日解放の中国』、宍戸寛『中国紅軍史』が詳しい。兵力は三七年春の国共合作交渉で中共側が四個師（六—七万）の枠を主張して、国府案の三個師（三—四万）で押し切られている。兵と下士は一〇代の少年が主体で、軍事訓練と農作業を兼ねていた。兵器の自給力はなく、スノーによると銃器の八〇％、弾薬の七〇％は国府軍からの分捕品だったという。

二　冀察政権と宋哲元

盧溝橋事件に始まる日中衝突現場の行政責任を負っていたのは、西北系地方軍閥の一人である宋哲元（第二十九軍長）を頭首とする冀察政務委員会であった。

第二十九軍は一九三五年夏、日本の強圧で国民党勢力が河北省から撤退したあと、辺境の察哈爾（チャハル）省から平津地区へ移駐してきた。すでに書いたように、華北分離工作の立役者である関東軍の土肥原少将は、宋を中核に華北五省自治政権を樹立する予定であったが、国民政府側の抵抗と切り崩しに会い同年十二月、河北（冀）、チャハル（察）の両省と北平、天津の二特別市を範囲とし、宋を委員長とする冀察政務委員会が成立したのである。

宋は同時に第二十九軍長という軍隊指揮官と、冀察両省の軍事を統轄する冀察綏靖公署主任の地位を三位一体で兼ね、行政と軍事にわたる広汎な権限を手中に収める。しかし日本と国府の妥協の産物として生れた政権だけに、両者に挟まれた宋哲元の地位は微妙で、綱渡りに近い運営を迫られることも珍しくなかった。

人事面について見ると、形式的には、国民政府令で設置された冀察政務委員会も他の二機関の幹部も、任免権は国府が握っていた。しかし、最初の政務委員一七人が直系（西北派）六人、東北派四人、親日派七人で構成され、実務を担当した五つの特殊委員会（外交、経済、建設、法制、交通）にも日本人顧問をはめこんだように、各派のバランスに配慮した宋の決定を国府が追認する例が多かった。

財政面では、中央政府に上納する関税や塩税とほぼ同額が天引きの形で収入源になっていたので、一応の自立は可能だったが、河北省内でもっとも裕福な冀東地区（二二県）が、日本軍の傀儡である冀東防共自治政府の支配下にあったので、装備の近代化に必要な軍事費は中央に依存せざるをえなかった。

軍事戦略面から考察すると、冀察政権は三方からの潜在的脅威にさらされていた。南方の国府は全国統一運動の潮流に乗って、冀察中央化の圧力をかけていたし、西方からは山西省を緩衝に、中国共産党の滲透を警戒せねばならなかった。しかし、何といっても最大の直接的脅威は、支那駐屯軍と関東軍に代表される日本の武力と、関東軍をバックにチャハル省の北半を占拠していた内蒙軍や雑匪軍の策動であったろう。

このような環境条件のなかで保身をはかる宋哲元の姿勢や言動は、相手により時期により、めまぐるしく変転した。宋哲元の名による公式声明を見ても、「日中親善」（一九三五・一二・一八）、「赤匪を殲滅し救国」（三六・三・八）、「実行抗日」（三六・五・三〇）、「自強・自立」（三七・一・一）、「推行中央命令」（三七・一・二〇）、「共匪絶滅」

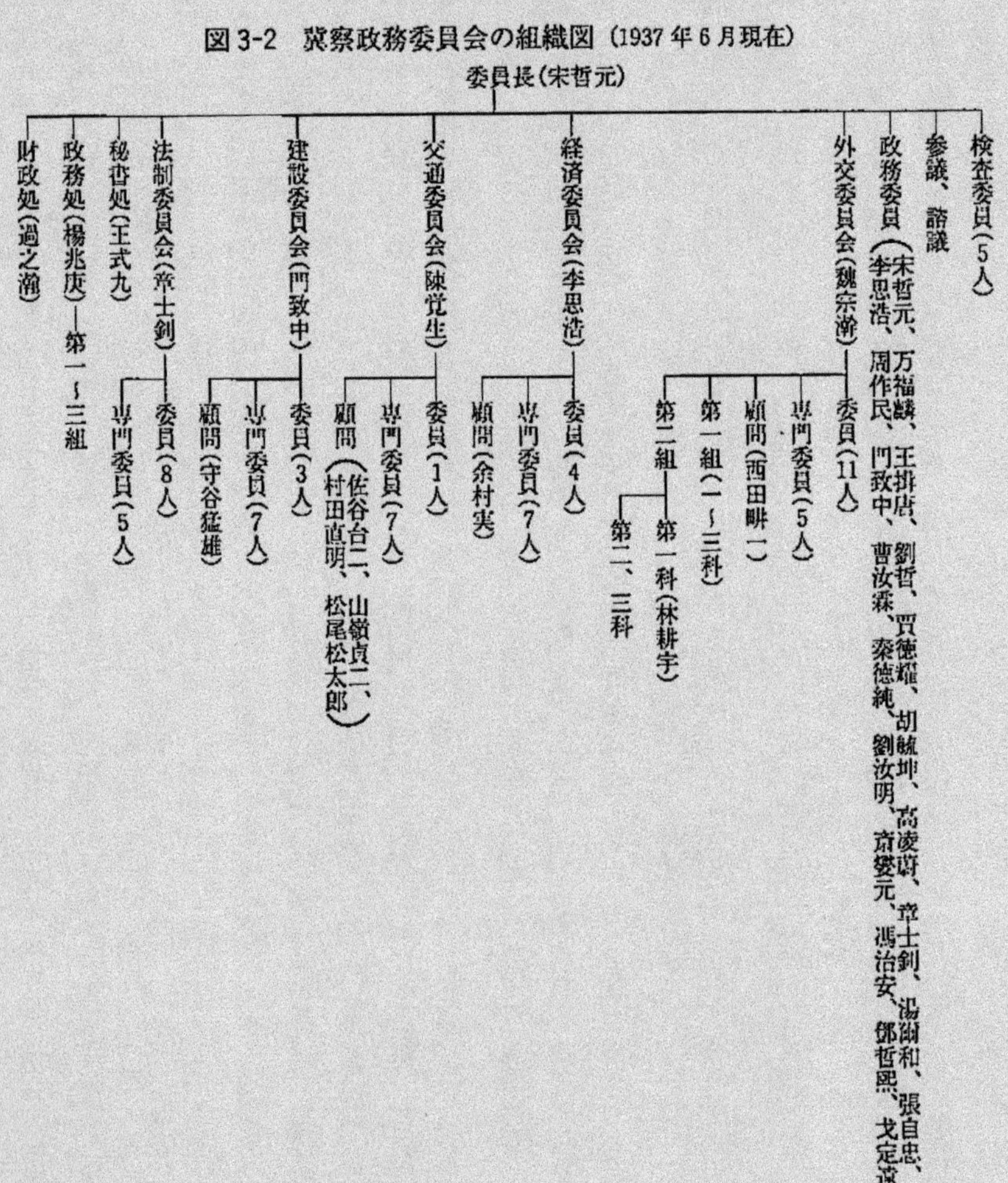

図3-2　冀察政務委員会の組織図（1937年6月現在）

出所：主として軍令部「支那特報」19号（1937.7.10）.

（三七・一・二二）というぐあいである。

中共党に対する施策でも、三五年末の一二・九デモから翌年三月の「棺桶デモ」にかけて中共系の学生運動に苛烈な弾圧を加え、日本の支那駐屯軍と華北防共協定[1]の交渉を進めるかと思えば、延安と密使を往復して、六一人の中核党員を「転向」の名目で獄中から釈放（三六年秋）する変幻自在ぶりを見せた。宋と冀察政権の性格や役割、なかでもその反共的政策や抗日の役割をめぐって、中国や台湾で今なお評価が分れるのはそのためだろう。

もとを正せば、宋哲元は西北派軍閥の総帥である馮玉祥の四天王あるいは五虎将の一人とされた有力将領であった。中原大戦（一九三〇年）で蔣介石軍に敗れ、馮が下野（のち軍事委員会副委員長に復活）して西北派の部将が散り散りになったあと、宋は第二十九軍をひきいて一九三三年春、長城線で関東軍と戦い、喜峰口の防衛戦で勇名をはせている。

この来歴からすれば、宋哲元（と第二十九軍）は抗日派に仕分けされてもふしぎはないが、容共のクリスチャン・ゼネラル馮玉祥とちがい、反共主義を強調していたところが、日本と南京の双方に気に入られた理由であったろう。冀察政権の主となったあとは裏で共産党と連絡を保ち、学生運動も適当に利用した宋の遊泳ぶりを、中共シンパのエドガー・スノーは「仏陀のように無感覚な顔をした……老獪な反動主義者」（スノー『アジアの戦争』一〇ページ）と評している。

だが、さすがに宋哲元の遊泳術も一九三七年春の段階になると、限界に近づいてきた。赤藤北平憲兵分隊長は、四月に部内の講話で「逐次異分子を掃蕩し、今日では宋の意の如くになりつつあり……冀察と第二十九軍の対日態度は善くなりつつある」（北博昭編『支那駐屯憲兵隊関係盧溝橋事件期資料』五二ページ）と楽観していたが、この観測は見込みがはずれた。三六年九月の経済合作に関する田代・宋哲元協定は、南京の反対で具体化せず、なかでも日本側が最も重視していた津石鉄道の建設については、三七年三月十一日付で支那駐屯軍参謀長が「契約はほぼまとまり、近く宋哲元の決裁を経て調印の見通し……池田参謀に案を携行上京せしむ」（密大日記、昭和十二年第一二冊）と陸軍次官へ報告したが、調印直前の四月末に国府は正式に不許可を通告してきた。二月の三中全会を転機に強まった南京の圧力に窮した宋哲元は、対日交渉を中断し、五月半ばに山東省の故郷へ墓参の名目で逃避してしまう。[2]

この逃避は予想より長引き、六月五日付で外交部北平駐在員は、南京へ「日本が津石、竜烟などの要求を催促するので脅威を感じた宋は帰平を見合わせる決心をした」と報告しているが、まもなく帰任するだろうとの予想は覆り、平津地区の政治権力が空白のままに盧溝橋事件を迎えることになる。

平津防衛戦でなすところなく大敗し、数年後に病死したあと、国民政府は彼に一級上将という最高階級を贈った。抗日戦のさきがけとなった第二十九軍将士に対する配慮が反映したのであろうが、最近の中国大陸でも「抗日将軍」としての人気は高く、数冊の伝記が刊行されるなど一種の「宋哲元ブーム」が起きている。宋哲元に対する内外の歴史的評価が定まるには、もう少し時日を必要としよう。

（1）　支那駐屯軍の多田司令官と冀察綏靖公署主任の宋哲元との間で秘密調印されたかどうかで、今も論議が分れる。「華北防共協定」については、中村隆英『戦時日本の華北支配』（五〇、五六―五七ページ）、安井三吉『盧溝橋事件』（六九―七〇、八七ページ）、李雲漢『盧溝橋事変』（一三八―四〇ページ）、『宋哲元』（一八四ページ）、陳世松主編『宋哲元伝』（一四五―四七ページ）、『近代史研究』（一九八五年四月号）の常凱・蔡徳金論文などに記述がある。

日本側の協定正文と細目（案）の全文は『現代史資料』8（一八五―八六ページ）に掲載されているが、出所は軍令部第一部甲部員のファイル（島田俊彦コレクション）である。協定の本文は、三六年三月三十日付で「日本軍及冀察中国軍は絶対に共産主義を排除するの精神に基き相協力して一切の共産主義的行為の防遏に従事することを協定す」となっている。

細目（三十一日付）の要点は、冀察側が山西の閻錫山と協同して「共匪を掃蕩」すること、西南派との提携を強化すること、共産党、藍衣社などを弾圧するかわりに、日本側は兵器・弾薬を供給することなどであった。

当時の中国系新聞は、四月末頃から協定の要点なるものを書き立て、現地の日本陸軍武官は口頭の合意にすぎぬと弁明していた。

協定交渉のきっかけが二月に「東征抗日」を呼号する紅軍が陝北から山西省へ侵入、閻錫山の要請で国府中央軍がかけつけ四月末までに撃退したことにあった点は一致するが、調印にまで至ったかについては、「日本と約定」と書く秦徳純の回想（『秦徳純回憶録』一四—一五ページ）、池田参謀の発言から「調印と推定」する中村、「協定は蔣介石の指示で結ばれた」とする常凱に対し、李雲漢、『宋哲元』、陳世松はせいぜい口頭合意の程度にすぎぬとして否定的である。

日本外務省の記録（「帝国の対支政策関係一件」第八巻）によると、喜多参本支那課長が三六年一月二十日、上村東亜局一課長へ、関東軍が冀察との防共軍事協定を要望中と語っている。ついで四月末、同じ喜多が須磨南京総領事へ、天津軍が「防共協定を締結せるが」、権限外ではないかの疑いがあり、兵器供給など日本側に片務的なので「同協定は単なる申合せとすることに決定」したと述べている。

どうやら秘密協定は結んだが、宋哲元の見返り要求（冀東の吸収など）に応じられず、紅軍侵入の危機が去ったこともあって実質的には取り消されたと結論してよさそうである。その後三七年一月、田代軍司令官と宋哲元の間で防共協定問題がむし返されたが、進展しなかった。

(2)　宋哲元の逃避事情は、陳世松主編『宋哲元伝』が詳しい。それによると、宋は三七年五月三日北平から天津へ赴き、五日に老母の賀寿を祝ったのち十一日に故郷の楽陵へ向った。秘書長鄧哲煕のほか幕僚、一個中隊の護衛兵をつれていて居宅が手狭なので、地所を買い邸を新築した。県史編集局を作り、図書館や少年学兵舎を設立したので、隠退同然と受けとられたが、携行無線で平津と連絡を欠かさず、幕僚の戈定遠や王式九は南京、平津と往復して連絡を絶やさなかった。六月上旬には、支那駐屯軍の池田参謀も訪問している。「半公然の仮病」とも噂されたこの「休暇」は、蔣介石の許可を得ていたらしく、六月二十二日には蔣の親書を持った使者が訪れたというから、呼吸を合わせての演出だったとも思われる（二九三、二九五—九六ページ）。

三　盧溝橋の第二十九軍

冀察政権を支えていた軍事力は、主として第二十九軍であった。その中核は第三十七師（司令部は北平西郊の西苑）、三十八師（天津）、一三二師（河北省南部の河間）、一四三師（張家口）の四個師（師の兵力は一万五千前後）が基幹で、他に軍直轄の騎兵第九師（兵力三千）、独立歩兵二個旅（各三千余）、特務旅、軍訓団などがいた。

軍全体の兵力数は資料によりまちまちで、一九三七年七月現在で、台湾公式戦史の『抗日戦史』は約一〇万（うち平津地区に四万）、東京裁判の秦徳純口供書は約六万と述べ、支那駐屯軍の「河北省支那軍隊調査」は七万六八五〇人と推計している。

さらに既述のように、宋哲元は冀察綏靖公署主任を兼ねていて、綏靖区に属する東北系の商震軍、万福麟軍や兵力不詳（一万ないし二万）の河北省、チャハル省、冀北の各保安隊、憲兵なども指揮下に入っていた[1]。有事には国府の指令で北上してくる増援軍も宋哲元の指揮下で戦うよう想定された。したがって日本の支那駐屯軍兵力に比較すると、数字上は圧倒的に優勢と言ってよかったが、北平特務機関が編集した『冀察案内』（三七年三月）が、最精鋭の第三十七師について「素質訓練は良好、装備は不良」と評価したように、装備と人的資質に問題があった。

後者から見ていくと、将官級の指揮官では佟麟閣（副軍長）、四人の師長（馮治安、張自忠、趙登禹、劉汝明）、張樾亭（参謀長）が兵卒からの叩きあげで、秦徳純（副軍長兼北平市長）、何基灃（旅長）、石友三（冀北保安隊司令）、張克俠（副参謀長）、王冷斎（宛平県長）が保定軍官学校卒の経歴を持っていた。秦徳純、馮治安、張樾亭、何基灃、張克俠、張維藩、劉自珍（一一一旅長）、鄭大章（第九騎兵師師長）らは北平陸軍大学に学び、馮、何、劉の三人は一九三〇年頃、教官として招請されていた桜井徳太郎大尉（第二十九軍顧問）の教え子でもあった。

縁故がからむとはいえ、それなりの実力主義がとられ、盧溝橋事件に直接関わった第三十七師の系列を見ると、馮師長が四二歳、何旅長が三九歳、吉星文団長（師範学校卒）が二九歳、金振中営長（西北軍官学校卒）が三三歳と、日本軍に比べかなり若い。

全体の団結力は決して悪い方ではなかったが、元来が利によって離合集散する軍閥の私兵集団だから、一枚岩とはいえず、派閥や利害をめぐる対立や内紛が絶えなかった。日本軍や国府からの働きかけが、それを助長した。保身のため旗色を明らかにしない者が多かったが、張自忠は親日派、馮治安が反日派、秦徳純が親国府派の筆頭であることは衆目の一致するところであり、成功しなかったとはいえ、石友三や劉汝明は日本軍の引きこみ工作の対象になっていた。

中下級将校の質もばらつきが多かったが、内戦や長城戦で実戦体験を重ねた老練者が多く、士気も高いのが強味とされていた。しかし近代戦の戦術能力が低いことを痛感した宋哲元は三六年末、南苑に軍事訓練団を設置したり、南京の陸軍大学に上校（大佐）クラスを七人送りこんだり、中央から黄埔軍官学校卒の若手将校を招いたりして、知的レベルの向上に努めた。それは一面では、国民党や共産党の抗日思想が滲透するきっかけにもなる。[2]

次に装備を中央軍、日本軍と比較すると、表3-1で明らかなように小火器はともかく、砲兵力や機動力はかなり劣り、兵器・弾薬の自給能力はきわめて低かった。

そこで第二十九軍は、国府から軍費と装備をもらい、改善をはかろうとして、張樾亭参謀長が何度も南京へ行き、関東軍の脅威を申し立てて援助を要請する。八個旅団を新設して六万の兵力を一〇万に増勢したいという要請は半分に値切られ、不足分の兵器は日本をふくむ外国からの輸入に仰ぐことになった。また平津地区の要塞陣地構築の工事費は要求が半分の五〇万元に削られたが、重点にした南口と永定河南岸の工事は着手しないままに盧溝橋事件の日を迎える（『盧溝橋事変和平津抗戦―資料選編』の張手記、四九三―九六ページ）。

表3-1　中日ソ各国師団の戦力比較

	兵力	馬匹	小銃	軽機	重機	歩兵砲	野山砲	出所
A中国軍								
第37師	15,750	940	11,400	288	78	12	16	『冀察案内』(37/3)
38師	15,400	940	11,400	288	78		22	同上
10師（中央軍）	10,923	800	7,831	278	63	36	12	
B日本軍								
師団	11,833	1,592	9,392	288	96	56	36	戦史叢書
支那駐屯軍	5,600	650		200	60	28	36	「北支那作戦史要」第2巻
Cソ連軍								
狙撃師団	13,000	戦車×57		354	180		96	林三郎『関東軍と極東ソ連軍』

注1：日本軍の師団は平時編制．戦時編制では，約2倍の規模を予定．
注2：中国軍の師の平均装備は第10師の約半分．

ところで、その盧溝橋周辺の防衛を担当していたのは、第二十九軍で最も抗日意識が強いとされた第三十七師（長は馮治安、司令部は西苑）の一一〇旅（何基灃、西苑）に属する二一九団（吉星文、西苑）であった。一九三七年に入って日中関係の緊迫に伴い、戦略要点の宛平県城＝盧溝橋地区を焦点とした防備態勢が強化されるが、『北平人民抗日闘争史稿』はその概況を「それまで宛平県城内には騎兵一個連と第三営本部、長辛店に騎兵一個連しかいなかったが、三七年五、六月、城外に三個連、長辛店に二個営が増派された。長辛店北方の高地には歩兵用の壕を構築、土砂で埋まっていた永定河東岸のトーチカ一〇個も修復された」（一五七ページ）と述べている。

六月末から七月にかけ、永定河東岸の堤防にも壕やタコツボが新たに掘られるが、第三営長の金振中少校（少佐）は、次のように回想する。

私は一九三六年の春、命令を受けて宛平および盧溝橋の防衛任務についた……第三営（日本軍の大隊に相当）は重装備営で、歩兵四個連（中隊）、軽・重迫撃各一個連、重機関銃一個連からなり、兵力は約一四〇〇人余であった。私は、ただちに戦闘態勢を予期する兵力配置を行なった。比較的強力な第十一連を鉄道橋東方地区およびその北方の回竜廟にかけて、第十二連を県城の西南角から南河岔にかけ配置した。第九連は県城内に、第十連は営の予備隊として石

図 3-3 日本軍と中国師団の標準編制

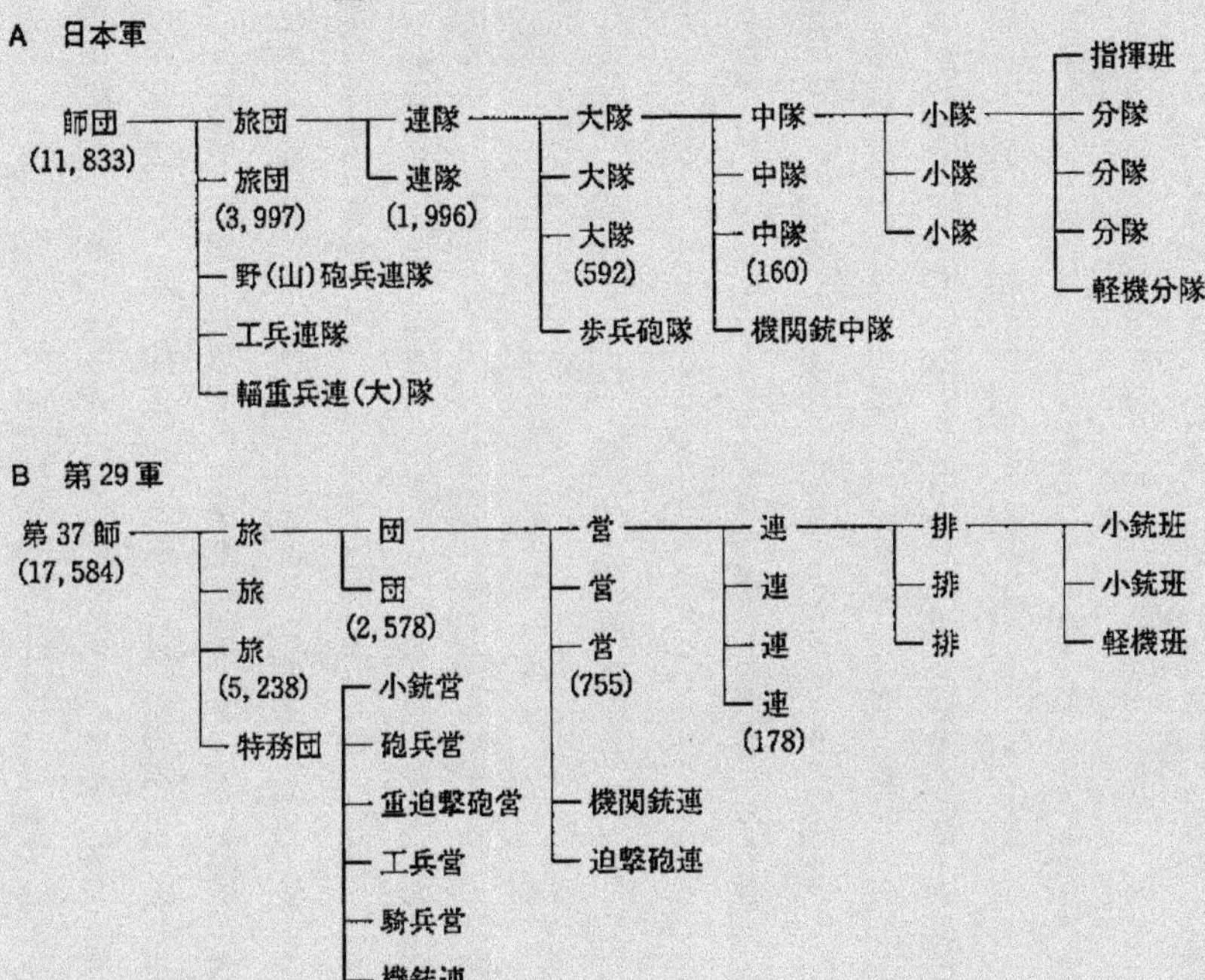

注1：兵種を掲記しないものは歩兵.
注2：( ) は定員.
注3：第37師の装備する重機は主としてマキシム，軽機はチェコ式でいずれも口径8.79mm.

橋以西から大王廟内にかけ駐屯させた。重迫撃連は鉄道橋西方地区に……軽迫撃連は東門内に、重機連は城内の東南、東北の各地区に配置して、第一線部隊を支援させることにした。

（『七七事変』収載の金振中回想記、巻末資料3）

このような防備強化の状況は、中国側の資料でも細部に多少の異同はあるが、日本軍の方もほぼ同様の情報をつかんでいた。たとえば一木大隊と牟田口連隊の戦闘詳報は五月までは城内、城外に第三営の各一中隊、中の島に二中隊、長辛店に騎兵一中隊だったのが、六月三日、一木少佐自身が約二大隊（二一九団の本部と第一、第二営）の進出を目撃したと記している。

また工事についても、長辛店北方高地に既設の火砲陣地に加え、散兵壕を新築、主として夜間に永定河東岸の堤防上の既設壕を改修

したり、土砂で埋まっていた十数個のトーチカを掘り起こしているのを確認していた。(3)

盧溝橋周辺に布陣する中国軍の警戒心を刺激したのは、六月下旬から豊台の日本軍による演習なかでも夜間演習の頻度が高まったこと、前後して上部から警戒の指示がくり返し下達されてきたことに起因すると思われる。

七月五日、厳寛（軍政部の北平駐在参事）は、何応欽軍政部長へあてて「平津の流言は収まってきたが、日本軍は盧溝橋、長辛店、回竜廟付近でこの一週間ぐらい実弾演習をやっているので、農民は恐怖している」（『盧溝橋事件和平津抗戦―資料選編』一四一ページ）と報告したが、地元新聞も「豊台日軍演習忙」（七月三日）とか「盧溝橋日軍実弾演習」（五日）と伝えていた。いずれも空包でなく、実弾の演習と強調している点が注目される。

上部からの警報については、七月八日に赤藤憲兵少佐が戦死者の死体から押収した「日本軍の夜間演習に対しては特に警戒を厳重にせよ」という主旨の何応欽電と、それを受けて同じ六月二十一日付で吉星文団長が発した「日本軍は演習にかこつけて、近く宛平県城を奪取する企図を有す。該地守備兵は日夜警戒を厳にし、防務の完璧を期すべし」（荒木和夫『北支憲兵と支那事変』一一三ページ、寺平前掲書一三八ページ）との訓示が明らかになっている。

金振中は、吉星文とともに長城線の抗日戦や前年の冀西土匪討伐戦で勇名をはせた部将だけに、大いに奮いたったのだろう。回想記に「（兵士の）全員に食事前と就寝前には必ず〈戦いて死すとも亡国奴にはならず〉というスローガンを高らかに唱えさせて、将兵の国土防衛に対する抵抗精神を高揚させていた」と述べている。

彼が特筆しているのは、七月六日（五日説もある）何基灃旅長から届いた「日本軍の行動を監視し、もし日本軍が挑発してきたら、必ず断固として反撃せよ」との指示であった。金振中によると、第三営の士兵は「日頃から日本軍の挑発行動を目撃して憤慨極まっていたので、死を賭して抵抗し盧溝橋と存亡を共にせん」との意志を再確認しあったという。

そして営長自身で日本軍の演習状況を偵察したのち、将校会議を開いて、各連へ十分な戦闘準備をするよう指示するとともに「日本軍が我が陣地の一〇〇メートル以内に進入したら射撃してもよい」と命じた。

盧溝橋の「第一発」は、現場の中国側当事者から見ると、爆発寸前の張りつめた空気のなかで起きたと言えそうだが、関係部隊の戦闘詳報や日誌などの第一次資料は日本側に比べると極端に少なく、依然として記憶ミスの少なくない個人的回想に頼らざるをえない現状である[4]。

（1）一九三五年十二月二十三日に国府が公布した「冀察綏靖公署組織条例」によると、綏靖主任は国府の軍事委員会に隷属し、参謀総長、軍政部長らの指導に服し「本区の非常事変を鎮圧し、匪の粛清」や「民衆組織の訓練」（第三条）に当るとともに、「綏靖区内の軍隊および地方団体を所轄し、治安安定のために指導」（第四条）するのを任務とした（李雲漢編『抗戦前華北政局史料』一七三ページ）。

公署には参謀処、軍務処、軍法処、交通処など一二処の本部機構、第二十九軍などの実動部隊、保安隊、憲兵司令部、衛戍病院、北平新聞検査所などが付属していた。

（2）中共党の滲透政策は一九三六年八月九日の張聞天（党総書記）から劉少奇（党北方局書記）へあてた「第二十九軍に対する工作は特に重要であり、最大限に滲透せよ」（『劉少奇在白区』一五五ページ）との指令により加速された。その結果、張克俠（副参謀長）、馮洪国（軍訓団大隊長、馮玉祥の長男）など少なくとも八人が軍司令部の要所と軍訓団幹部に潜入し、団長（連隊長）三人、師参謀長二人がシンパに加わり、四つの団に共産党支部を設立したとされる。

別に李雲漢は、三六年十一月頃、第二十九軍幹部の間に抗日を目標とする「忠義団」が組織されたと書いているが、おそらく国民党系の団体かと推定される（『宋哲元与七七抗戦』一五三ページ）。

（3）中国側の文献により、多少の異同がある。たとえば郭景興は、第三営が本部を大王廟に置いていたとする。さらに郭は、石橋から鉄道橋までの堤防に作った壕は深さ、幅ともに三メートルだったこと、その北側の回竜廟までは一—二歩間隔の個人用タコツボだったこと、トーチカは回竜廟台地の二基、鉄道橋南方の二基をふくめ計八基と考証している（『盧溝橋事変与八年抗戦』の郭論文、六八ページ）。

また盧溝橋事件直後の七月八日に、赤藤憲兵少佐が永定河の堤防で捕えた河務局の労働者から聞いたところでは、堤防の散兵壕工事が始まったのは六月中旬過ぎで、七月に入っても補修作業を進めていたこと、毎晩一個小隊ぐらいが交代で陣地につき、夜明けに戻っていく状況だったという（寺平忠輔『盧溝橋事件』一三八―三九ページ）。

（4）金振中回想記の記憶ミスの事例については、巻末資料3に付した著者の解説を参照。何基澧手記（『七七事変』四七ページ）には、七月六日に日本兵が宛平県城へ来て、長辛店で演習したいので城内を通過させてくれと要求、十数時間粘ってあきらめ退去した、との記述がある。金回想記にはないが、似たような話が王培文（金振中の排長）の回想（『団結報』一九八四・七・七）やその他の著述（『盧溝橋事件前后』七八ページ、『盧溝橋事変和平津抗戦（資料選編）』四七六ページ、年表など）に言及されているが、日本側には該当する情報は見当らない。七日夜の「宛平県城内捜索要求」との混同もありうるし、六日夕方に石友三が盧溝橋で日中両軍が衝突中との「誤報」を、今井北平武官へ伝えた件（後述）との関連で、何らかの小紛争が生じた可能性も捨て切れない。

四　華北の諸勢力

河北省を中心とする華北・内蒙地区には、宋哲元の冀察政権（第二十九軍）以外にも独自の政治力、軍事力を持つ大小の地方実力者が割拠し、中央政権と日本の間に介在しながら複雑微妙な動きを見せていた。

彼らは国民党政権による統合への流れのなかで、中央の宗主権は認めるとしても、相応の自主性・自律権を確保しようと苦心してきたが、大勢にはさからえず、一九三七年前半までに中国本土の大部分は「中央化」されてしまう。

すなわち一九三三年馮玉祥が帰順してから翌年にかけて福建政府と第十九路軍の壊滅、第五次掃共の追撃戦に便乗した四川、貴州、雲南とつづいた反蔣勢力の制圧は三六年夏、広東・広西両派を糾合した西南派の無血帰順で大勢が決した。華北軍閥を連合させ、西南派と組ませて国府を挟撃しようとする日本陸軍のもくろみは流れ、抗日反蔣連合を模索していた中共党の構想も立ち消える。

中共党が次に着想したのは、張学良の東北軍、西北系の楊虎城と組む西北大連合と、宋哲元（冀察）、韓復榘（山東）、閻錫山（山西）をつなぐ北方連合戦線であった。前者は成功するかに見えたが、西安事件（三六年末）の突発で瓦解した。釈放された蔣介石のしぶとい巻き返しで、三七年春には東北軍と楊軍は移駐の名目で解体させられてしまい、西安など西北地区を中央軍に押さえられてしまったからである。

華北五省の地方軍閥を結集し、徳王の内蒙古政権と殷汝耕の冀東政権を組みあわせる日本の野心も、大幅に狂った。韓復榘も閻錫山も、もはや動かず、かえって国府への傾斜を深めたし、傅作義（綏遠）の買収も失敗し、綏遠事件（三六年末）では、中央軍に支援された傅軍は内蒙古軍を撃破する。国府は、徳王の背後に控えた関東軍に勝利したと宣伝し、抗日世論は湧きたった。

閻錫山は第四期六中全会（三五年十一月）へ顔を出していたが、第五期三中全会（三七年二月）、廬山の華北対策会議（六月）には、馮玉祥のほか冀察、山東の代表が出席し、七月末には最初の全国各省主席会議が開催される予定になった。

三中全会では「冀東、冀北、察北の匪偽を打倒」する決議が採択されたが、それは国府の目から見て殷汝耕、徳王や雑匪などわずかな日本の傀儡勢力を除き、中央化の目標が完成しようとしていることを意味した。

次に盧溝橋事件直前期における冀察地区を中心とした華北の諸勢力や組織の概況と動向を、箇条的に列挙しておきたい。共産党については、項を改めて観察する。

国民党組織と特務　梅津・何応欽協定によって軍事委員会分会、国民党支部、藍衣社支部などは河北省から撤退したが、まもなく冀察の黙認を受けて半公然ないし非公然の形で復帰した。

なかでも一九三五年頃から「対日鉄血政策」（波多野乾一）を採用、テロと謀略を主任務とする藍衣社の地下活動は、冀察や共産党をも対象とした。支那駐屯軍憲兵隊はその探索に努めたが、実態をつかむまでに至らなかった。盧溝橋事件直後の三七年七月十六日、冀察要人（秦徳純か?）は松井北平特務機関長へ、「事変の主役」は平津駐在の藍衣社第四総隊（軍事部長李杏村、社会部長斎如山ら）と名指ししている（北平特機日誌）。

翌年六—七月にかけ、日本軍の北平憲兵隊は、陳則典など北平・天津地区の藍衣社工作員を大量検挙（荒木和夫『北支憲兵と支那事変』一九八ページ）した。東京の駐日支部にも「五七人の工作員」（イーストマン）がいたが、三七年八月上旬に五人が検挙された(1)（『外事警察概況』昭和十二年版）。

他に公然組織として、国府外交部、軍政部、国民党部の出先や、黄埔軍官学校卒業生が一九二九年に創立した励志社の支部があった。

商震軍・万福麟軍　商震（前河北省主席）のひきいる第三十二軍（三個師、二・四万）は、閻錫山系の地方軍で、第二十九軍が平津に進出したさい、入れ替る形で河北省南部の邢台—順徳地区へ移動した。また万福麟の第五十三軍（三個師、五・八万）は、旧東北軍系で省都保定（清苑）以南に駐屯していた。形式的には冀察綏靖公署主任宋哲元の指揮下に入っていたが、必ずしも統制に服さず、盧溝橋事件発生後に北上命令を受けたがほとんど動かなかった。

冀東政権　国民政府から分離する形で一九三五年十二月に生れでた冀東防共自治政府を、一般の中国人は日本の傀儡政権と見なし、「冀東偽政権」、殷汝耕長官以下の幹部を「漢奸」と呼んで嫌悪した。冀東特貿（密輸）とそれに関わる不良日本人・朝鮮人の横行で、彼らの嫌悪は憎悪感に高まり、国際的不評もあって、三七年に入ると日本側内部からも冀東解消論が台頭する。

冀東は河北省のもっとも豊かな二二県を支配していたので、吸収合併の機会を窺っていた宋哲元は、日本側へ津石鉄道建設との交換条件を持ち出したり、張慶餘（冀東保安隊第一総隊司令、のちに通州事件の首謀者）らを通じ、ひそかに切り崩し工作を進めたりした。

政権の前途に不安を感じた冀東側は、日本側の強硬論者や事件屋と結んで、延命のための巻き返し工作に走る。なかでも政権誕生の主役だった関東軍はその後、中央から内面指導権を支那駐屯軍に渡すよう指示されていたのに、満州国や徳王の内蒙古政権との提携関係を強めるなど後見的役割を継続していただけに、冀東解消論に強く抵抗した。

南京外交部の北平駐在員は三七年六月五日の報告で、殷が幹部へ冀東解消の噂を打ち消し、「関東軍の密命を受け拡大発展を準備中」と伝えている。真偽のほどは不明だが、こうした冀東がらみの流言が増幅された形で平津地区の不安をかきたてたのはたしかだろう。

閻錫山と韓復榘　「山西モンロー主義」をかかげ、山西省を三十数年にわたり統治した閻錫山と、馮玉祥の旧部将で山東省を支配した韓復榘の両軍閥は、一九三五年末の華北分離工作で、宋哲元とともに日本側が狙ったトリオであった。冀察政権の成立後も日本と南京の裏面での綱引き状況はつづいたが、三七年春頃までに大勢は決し、日本はほぼ手を引く形になった。

だが、二人とも抗日戦で日本軍の矢面に立つ気もなかった。三七年三月済南を訪れた和知中佐に、韓は「対日戦のときは平津に出撃せよとの内命が来ているが、中央に併合されるのを警戒している。青島からの脅威に備えると称し、軍を濰県の方向へ動かすから了解しておいてほしい」（『サンデー日本』一九五八年一月二十一日号の和知手記）と内話したが、華北将領のなかには、この種の申し入れをしてきた例が少なくなかった。

そのせいか、日中戦争初頭に済南を放棄して退却した韓は、その責任を問われ銃殺されてしまうが、閻錫山は生き延びた。五省連合をもくろんだ日本の画策に深入りした韓と、いち早く振り切った閻に対する国府側の心証の差が反映したのかもしれない。

内蒙古政権　国府は内蒙古の遊牧民に対して清朝いらいの分割統治政策を踏襲し一九三四年春、めぼしい王族や実力者を集めた蒙古地方自治政務委員会（蒙政会）を綏遠省東部の百霊廟に設置し、何応欽を委員長にすえた。

しかしジンギスカンにならい、往年のモンゴル帝国を再建しようと夢想して民族自治運動を組織していた若い徳王は、日本の武力を借りて目的を達しようと考え、三五年半ば頃から関東軍へ接近する。彼は戦後に書いた『徳王自伝』に「日本帝国主義による扇動」（三ページ）と述べているが、満州国の溥儀皇帝と同様に、自己の野心を実現するため日本を利用した面を否定できない。

折から関東軍はソ連と衛星国の外蒙古に備える戦略上の配慮から、遠く新疆省に至る防共回廊を確保しようとして、満州事変の直後から多倫（ドロン）にいた李守信の蒙古騎兵軍団を抱きこみ、チャハル省への進出をはかっていた。そして三六年五月、徳王を総裁に、李守信を軍事部長とする蒙古軍政府を徳化に開設した。軍政府は六月に満州国、十月には冀東政権と協定を結び、独立政権の体裁をととのえたが、実質は関東軍が派遣した顧問と特務機関が牛耳る貧弱な傀儡政権にすぎなかった。

徳王は日本側へ急傾斜した理由を、自伝では国府が対日戦備に自信がなく、華北を放棄すると誤認したからだと説明しているが、関東軍と組んだ綏遠進攻は再度の誤算となる。傅作義の寝返り工作は失敗し、先鋒に立てた素質不良の王英軍は、傅の綏遠軍に百霊廟で痛撃され、四散した。

綏遠軍の背後には山西軍と陳誠の中央軍が控えていたので、関東軍と徳王は西安事件を名目にチャハル省へ後退し、軍の再建にかかる。そして日中戦争初期に関東軍はチャハル兵団を派遣して内蒙古全域を占領、徳王を首班とする傀儡政権を樹立することになる。

雑匪　台湾の公式戦史である『抗日戦史』が、日本軍の傀儡を意味する「偽軍」として計上しているのは、冀東保安隊のほかに、綏遠事件の敗戦後、チャハル省東部（察東）地域で再建中の内蒙古軍の残党、別に沽源にいた劉桂堂匪（四個大隊）であるが、他にも冀東系、国民党や共産党につながる雑匪、日本軍の特務が操縦していた不良分子が出没していた。(2)

彼らの多くは利に応じ離合集散するのが常で、ゲリラ的に行動し、第二十九軍が討伐に出動したこともあった。三七年二月に冀東民団（寧雨時）を、何基澧旅が南口付近で「包囲撃滅」（『宋哲元伝』二八五ページ）したのは、その一例である。

（1）　別名を復興社とも力行社とも呼ばれた藍衣社（Blue Shirts）の歴史については、Lloyd E. Eastman, *The Abortive Revolution* (Cambridge, 1974), 岩井英一「藍衣社に関する調査」（一九三七）、波多野乾一『中国国民党通史』（一九四三）、干国勲他『藍衣社・復興社・力行社』（台北、一九八三）を参照。

ＣＣ団が理論と宣伝を主眼とする国民党の秘密組織だったのに対し、藍衣社は軍事委員会に属し、軍事統計局を表看板に、主としてテロをふくむ特務工作を担当した。一九三一年秋、蔣介石に個人的忠誠を誓う国粋的秘密結社として誕生、たちまち膨張して一九三七年にはメンバーが三万人に達したとされる。

（2）　『抗日戦史』は内蒙古軍を徳王がひきいる「蒙漢回自治軍」（兵力二万余人）、李守信の「満蒙征綏連合軍」（一・二万人）、宝音大来の「蒙古征綏軍連隊」（七千人）の三派に分類している。

冀東政権系の雑匪としては、李宝章の「華北防共討赤軍」（開平、兵力七〇〇）、寧雨時の冀東民団（三千）、国府系の雑匪には、三七年五—六月にかけ張北周辺を横行した李庭芳の中国人民自衛団（察北民軍）、郭子英匪、李仲英匪など、共産系の抗日ゲリラには同じ頃、昌平の山岳地帯で編成された趙同一派があった。支那駐屯軍の特務関係者が関与して、天津で編成したものに、王伯鎬の華北五族共和防共委員会、郭亜州の東亜同盟連合軍、邱文凱一派があるが、いずれも泡沫的存在だった。『冀東日偽政権』（一九九二）によると、冀東地区で共産系の抗日遊撃隊（興隆）、抗日自衛同盟（遵化）が活動し、冀東保安隊などに食いこんでいた（一六—一八ページ）。

五　中国共産党と救国運動

八万余の兵力をつれて一九三四年十月、江西省から「大長征」に出発した紅軍が、追撃する国府軍を辛うじて振りきり、一年後に陝西省北部山間部の新根拠地にたどりついたときは、一万に満たぬ敗残の集団となっていた。のちに建国神話と化し、毛沢東の党内覇権を確立させることになったこの長征を、エドガー・スノーは「逆境に対する人間の偉大な勝利の一つ」で「毛沢東が正しかったことを実証」（スノー『抗日解放の中国』九七ページ）と賞讃するが、異論がないわけではない。

その一人は党内ソ連派のリーダーで、のちに「左翼日和見主義者」として毛に追い落される王明である。一九三一年から三七年末までコミンテルン本部に駐在していた王明は、三五年夏モスクワで開催され、国際的な反ファシズム統一戦線の形成を決議した第七回コミンテルン大会の路線に沿う八・一宣言の起草者でもあった。

長征の実状を知らなかった彼は、八月七日の大会演説で、勝利しつつある紅軍は西部中国の広大な根拠地に五〇万の兵力を有し、近い将来に「百万にまで増加し、住民を一億まで包含できるほどに拡大しうる」（『中国共産党史資料集』第七巻五四〇ページ）と誇示し、嵐のような拍手を浴びた。

やがて現実とのあまりにも大きな落差を知った王明は、回想録で「党中央委員会とコミンテルンの路線に反対して軍事的権力を僭取」した毛沢東の大失策がなければ「数十万の兵力を擁し近代兵器を十分に装備した軍隊」（『王明回想録』三五ページ）を抗日戦争に出動させられたはずだ、と痛憤している。[1]

この種の「歴史のイフ」に回答を出すのは至難だが、わずか四県、人口百万余という冀東政権のサイズにも及ばぬ狭隘な新根拠地で紅軍を再編し、一〇倍以上の大兵力を動員した国府軍、東北軍などの第六次掃共戦（三六年十月）を切り抜け、「抗日救国」の潮流に乗って第二次国共合作の目標を達成した毛沢東と中共党の戦略と指導力は、奇跡的と評してよいだろう。

だが一九三二年春の段階で「対日宣戦」を布告していたと自称する中共党の抗日論が、「安内攘外」を唱えて掃共戦に熱中する国民政府や地方軍閥に一定の影響力を発揮するようになったのは、日本の華北進出が始まった三五年後半からであった。

長征の途中から「北上抗日」のスローガンをかかげた中共党にとっては、結果的に起死回生の役割を演じたことに

表 3-2　中国共産党の基本路線に関わる宣言・決議など

	日　付	発出者→対象	要　点
八・一宣言	1935/ 8/ 1	党中央→全同胞	抗日連合軍の組織（反蔣，反軍閥）.
抗日救国宣言	35/11/28	毛・朱→	（抗日反蔣）
十二月決議	35/12/25	政治局→党内	中共主導の抗日統一戦線（抗日反蔣），土地政策の緩和.
五・五通電	36/ 5/ 5	党中央→各界	停戦議和，一致抗日（請蔣抗日）.
コミンテルンの指令	36/ 8/15	コミンテルン→党中央	国共内戦中止，蔣主導の共同抗日.
八月書簡	36/ 8/25	党中央→国民党	国共合作，一致抗日.
九月決議	36/ 9/ 1	党中央→党内	紅軍は蔣の指導下，民主共和国を（逼蔣抗日）.
北方局宣言	36/12/28	北方局→各界	国府中心に一致抗日，親日派一掃，憲政実施（逼蔣抗日）.
三中全会への通電	37/ 2/10	党中央→三中全会	内戦停止，土地改革中止，紅軍の指揮権を国府に渡す，ソ区を特区へ改編（擁蔣抗日）.
コミンテルンへの報告	37/ 4/ 5	党中央→コミンテルン	国共合作の実現，蔣を指導者に，抗日統一戦線の主導権を中共党に.
毛沢東報告	37/ 5/ 3	毛→ソ区代表者会議	蔣の対日妥協を批判，ソ区の民主化，抗日戦準備.

出所：『中国共産党史資料集』第 7，8 巻.
注：基本路線の時期区分をめぐる諸説については，水羽信男「中国における最近の研究動向」(『歴史評論』447 号，1987）を参照.

なるが、中共をほとんど視野に入れていなかった当の日本は日中全面戦争の中期頃までは、そうした因果関係に気づかなかった。

八・一宣言前後の「反（倒）蔣抗日」から、「逼蔣抗日」を経て「連（擁）蔣抗日」に行きつくまでの中共党における基本路線の変遷については、論者によって多少の差異があるが、概要を示す表3-2からは次のような諸点が指摘できよう。

第一は、コミンテルンの人民戦線戦術を中国の風土へ応用する過程で、若干の行きつ戻りつはあるにせよ、抗日のために連携する勢力がしだいに拡大していったことである。「反蔣」や「擁蔣」は同時に「反汪兆銘」「擁宋哲元」を意味するものでもあった。八・一宣言では、蔣介石も宋哲元も張学良も「漢奸」か「売国奴」と罵られていたのが、五・五通電の頃から「蔣氏」、ついで蔣委員長と敬称をつけるようになったのである。

このように見えすいた技法ながら、まず張学良のひきいる東北軍が引き寄せられ、一時は学良の中共党員加入も内定[2]、三六年秋までに両軍の停戦は実現し、西安事件（十二月）の直前には楊虎城らの西北軍を加えた兵力二十数万の西北大連合が成立しようとしていた。ひきつづき河北（宋哲元）、山西（閻錫山）、山東（韓復榘）、綏遠（傅作義）の各軍閥を取りこむ北方連合の構想も動き出す気配が見られた。

第二は、統一戦線を作るために、中共党は党の生命線と考えられた公約でも、抗日とひきかえに次々と譲歩するのを惜しまなかったことである。地主や富農の土地を没収して貧農に分配する土地革命は、すでに陝北移駐の直後から緩和されつつあった。三六年七月には「すべての抗日軍人および抗日の事業に献身している者たちの土地は没収してはならぬ」とか「大地主でさえも、息子を紅軍に入れることで妥協する」（マーク・セルデン『延安革命』一九七六、八七ページ）という便法が決定されている。翌年二月の国民党三中全会へのアピールでは、土地革命の中止ばかりでなく、ソビエト区を廃して国府の一特区に変え、紅軍の指揮権もゆずり渡す大幅な譲歩を約束した。それは蔣介石自身が偽装ではあるまいかと疑いつつも、「帰順」ないし「投降」（『蔣介石秘録』11、二〇八－一二ページ）と勝ち誇ったほどであった。

こうした譲歩、とくに蔣介石を統一戦線の盟主に立てる路線は、日独の挟撃を怖れるソ連の国益を背景としたコミンテルンの指令に沿っていたが、西安事件の収拾過程で東北軍と西北軍を解体して自信を深めた蔣介石は、中共の「投降」を名実ともに確定しようと強気で臨んだ。[3]「赤化根絶決議」（紅軍とソビエト政府の取消し、赤化宣伝と階級闘争の停止）を成立させた三中全会から盧溝橋事件に至る半年足らずの間に、「国共合作」をめぐる具体的条件の詰めは難航した。五回にわたる国共間の秘密交渉では、何とか最低限の独立性、とりわけ紅軍の自律性を留保しようと粘る中共側の画策も国府側の妥協を引き出せず、六月下旬には決裂の危機に瀕した。[4]加えて、日本の中国政策がやや穏健な方向に変る兆候を見せていた。このジレンマを救ったのは抗日戦の開始であったが、北平にいたスノーは次のように書いている。

> 六月下旬、私は毛沢東から秘密の手紙をもらった。事態の悪化に不安と不満を述べたものだった。彼らには再び、破滅か北進かの道しか残されていないようにみえた。
>
> しかし七月、日本が中国に全面侵攻を開始したおかげで、彼らは〝天佑〟のように、この危難から脱出することができた。蔣介石は新たな勦滅作戦計画をすべて棚上げするほかなかったからである。国民政府は、共産党が北西部に居座ることを認めざるをえなかった（スノー『抗日解放の中国』一九八一、八六ページ）。

だが中共党の粘り強い譲歩策は、決して無駄にはならなかった。その過程を通じ、全国統一の達成に成功した蔣介石は、同時に国民的な広がりを持つ「抗日救国」路線の最高指導者に押しあげられ、もはや引き返し不能となってしまったからである。その意味で、八・一宣言いらい中共党が牽引してきた抗日救国運動と、華北を焦点にした白区（国府支配区）工作の成果が結実したと言えるので、表3-3を手がかりに大体の経過を眺めておきたい。

抗日救国運動の起点は、日本の華北進出に危機感を高めた北平の学生たちによる一九三五年の一二・九デモとされている。同じようなデモ（一二・一六、三・三一、五・二八、六・一三など）がくり返される間に各地へ飛び火して救国組織が次々に生れ、全国組織の全国各界救国連合会が上海で結成されたのは三六年六月である。

南京政府や冀察政権が途中までかなりきびしい弾圧を加えたのは、運動を背後で操っているのが中国共産党と判断したからで、藍衣社などの特務を使って地下組織の探知と摘発を試みたが、あまり成功しなかったようである。

もっとも、中共党北方局の組織は三四年までの段階で特務の活動により壊滅状態となり、目ぼしい工作員は北平の反省院監獄につながれていた。その再建任務を与えられた劉少奇が、「虎穴に入らずんば」（『劉少奇在白区』一一八ペ

表3-3　主要な抗日救国団体（1934-37年）

	名　称	設立日付	設立地	幹部	系統	運動方針など
1	中国民族武装自衛委員会	1934/ 5/ 3	上海		中共党	抗日宣言，北平分会あり
2	北平大中学生連合会（北平学連）	35/11/18	北平	郭明秋，姚依林	〃	
3	上海各大学学生救国連合会	35/12/13	上海		国民党	
4	平津学生連合会	35/12/26	北平	彭濤	中共党	
5	北平文化界救国会	36/ 1/27	〃			
6	上海各界救国連合会	36/ 1/28	上海	章乃器ら		
7	華北学連	36/ 1	北平		中間派	
8	中華民族解放先鋒隊（民先隊）	36/ 2/16	北平	李昌	中共党	
9	北平市学生救国連合会	36/ 4/25	〃		〃	2を改称
10	平津学生救国連合会	36/ 4	〃		〃	4を改称
11	全国学生救国連合会	36/ 5/30	上海			一致抗日，失地回復
12	全国各界救国連合会	36/ 6/ 1	〃			抗日救国宣言
13	中共北平学生運動委員会（学委）	36/10	北平	蔣南翔	中共党	北方局の地下組織
14	武力清共団	36/12/26	〃	楊立奎	右派	民先隊を攻撃，国府支持
15	北平新学生会（新学連）	37/ 1/ 4	〃	呉葆三	国民党	献剣団を蔣介石へ派遣，抗日要請
16	民先隊全国総部	37/ 2/ 6	〃	李昌	中共党	

出所：平野正『北京一二・九学生運動』（1988），『中国共産党大辞典』（1991）など.

ージ）の決意で北方局書記として天津の英租界にあった隠れ家へ着任したのは、一九三六年三月末である。

劉は党歴十数年、留ソ経験も持つ理論家であったが、上海、広東、満州など各地で豊富な地下工作の体験を積んだ実務派でもあった。彼が翌年二月末北平へ移り、四月に延安へ去るまでの一年、手がけた工作の詳細は必ずしも明らかではないが、文革時代に噴出した劉少奇批判の「罪状」(5)から大体を知ることができる。

死後に名誉を回復したあと追悼会で、鄧小平は彼を「偉大なプロレタリア革命家」と讃え、「華北地区での党の抗日民族統一戦線政策を正しく遂行し、党が指導した〈一二・九〉運動のかちとった成果を打ち固め発展させた」（『北京周報』一九八〇年二一号）と、北方局時代の劉少奇を高く評価した。

劉少奇がとった戦術方針は、彼が機関誌の『火線』などにKV、胡服などのペンネームで書いた語録から知ることができる。「セクト主義と冒険主義を一掃しよう」とか「できるだけ合法手段を利用せよ」とか「主敵に反対し、そうでないものとは一時連合せよ」といった片言に窺える彼の柔軟な感覚は、北平だけで六万を数えた学生の結集を軸に、工作対象を各方面へ拡大させるには適合していた。皮肉にも、梅津・何応欽協定により、国民党機関が河北省から撤退したことは、彼らの活動を容易にした。

その結果、一二・九デモ以後の拡大はめざましく、一年間に「北平の党員は一〇倍に、学生だけで四〇〇人」（『劉少奇和他的事業』一五〇ページ）と膨張した。しかし西安事件後の反動で右派学生の新学連も台頭、三七年二月に献剣団を組織して南京へ向い左派学生の献旗請願団と鉢合わせしている。蔣介石は献旗団との面会は断わり、献剣団には会って激励するが、この前後から平津地区でも冀察政権が共産系の活動に対する弾圧を強めたので、民先隊などの先鋭分子は地下活動へ移行した。

それでも、北方局が当局の探知と弾圧を免れ組織防衛に成功したのは、公然組織（北平学連など）―半公然組織（民先隊）―地下組織（北方局、河北省委員会、北平市委員会、天津市委員会）という多重構造にしておいたためだろう。日本の現地出先も、国民党系の策動に関心を向けていたせいか、中共党の情報はほとんど入手していない。

劉少奇（1943年）

盧溝橋事件後にあわてて情報収集を始めたが、年末までに外務省は「劉少奇が指揮する北方局が天津の英租界を根拠に平津間を遊動」（波多野乾一『中国共産党史』第七巻）していたことをつかんだ程度にすぎなかった。

その劉少奇は四月末延安へ出張、ソビエト区党代表会議（五月二日―十四日）、中央政治局会議（六月一日―三日）、白区工作会議（五月十七日―六月十日）に出席、白区における統一戦線工作を進め、党勢力の拡大をはかる方針について報告した。

このころ左翼冒険主義の清算を強調していた毛沢東は、劉の報告を「個別的な問題では間違いはなくはないが、基本的には正しい」「劉同志の提起した〃華北防衛〃〃平津防衛〃のスローガンは大変よい」（『毛沢東年譜』六月三日、十日の項）と賞讃したが、『張聞天選集』を引用した陳紹疇によると、張聞天（党総書記で政治局の白区工作担当）は「白区工作は極めて弱体」（陳『劉少奇在白区』二〇三ページ）と批判し、見直しを強調したという。

劉少奇はなぜか一連の会議の終了後も、平津地区には戻っていない。事情は不明だが、毛沢東派と張聞天や王明らソ連派の権力闘争に巻きこまれ、解任されたとする見方もある。(6)

(1)　王明はコミンテルン大会での報告で、長征は成功しつつあり、四川省を根拠地として、西康・貴州・雲南・甘粛・陝西の広大な地域にソビエト区を樹立したと述べた。その功労者として毛沢東、朱徳らの名をあげるたびに「鳴りやまぬ拍手」が起こり、さらに中共党がコミンテルンとソ共産党の指導下にあり、「偉大なスターリンの教えに忠実」であることに言及するや「長くつづく嵐のような拍手」が起きたと速記録は伝えている。

実際には、この時点で紅軍主力は病気の周恩来を担架で担ぎ、四川省北部の山間を逃避中で、張国燾の別動隊は分裂・脱落の一歩前という最悪の状態にあった。モスクワとの無電連絡が不通になっていた可能性もあるが、それにしても王明の楽観は幻想的にすぎた。『王明回想録』は、コミンテルンが四川省でソ連の供給する援助兵器を受けとり、根拠地を拡大する方針を指示していたのに、毛はそれを無視して壊滅的打撃を受けたと批判している（三五ページ）。

(2)　『抗日戦争史研究』（一九九六年第二期）の峇景忠論文によると一九三六年夏、張学良の中共党員加入の申請を受けて中共中央はコミンテルンの指示を仰いだが拒否されたという。

(3)　容共抗日を訴えて、張学良が楊虎城を誘い蒋介石を監禁した西安事件で、蒋の釈放に関し中共党が果した役割については、久しくモスクワ指令説と中共の自主決定説が対立してきた。党文書を利用した金冲及主編『周恩来』中巻、安井三吉『盧溝橋事件』など最近の諸研究によると、東北軍などの一部には「殺蔣」論もあったが、中共党は連蔣抗日の立場から周恩来を西安に派遣して調停に当らせ、釈放に持ちこんだと見てよいと思われる。同じ主旨でより強硬なコミンテルン指示も、おくれて届いたとされるが、そうだとしても、同じ路線をとっていた両者が蔣助命で一致したのは当然だろう。

(4) 第二次国共合作に向けての国府と中共の交渉内容は、台湾側からは公表されておらず、『蔣介石秘録』も「偽装投降」と片づけているにすぎない。しかし中国からは楊経消論文（『中共党史研究』一九八一年第二期）を契機に党の内部資料が公開され、大筋が明らかになってきた。交渉の基点は蔣の釈放に際し、周恩来、張学良らとの間で口頭合意した二〇項目（内戦停止と撤兵、愛国領袖の釈放、親日派の一掃、抗日戦に際し紅軍の国府軍編入、連ソ米英仏政策の採用、蔣の行政院長辞任など）であったが、釈放後の蔣は一部しか実行せず、赤禍根絶決議の線で巻き返しをはかる。

中共側の交渉役を担当した周恩来は次々に譲歩し、最終的に紅軍の指揮権に争点は絞られた。廬山での蔣・周会談（三七年六月）における蔣の要求は、紅軍を三個師（四・五万）に改編して国府が指揮権を持ち、毛と朱徳を外遊させるなど「共産党を国民党のなかに溶解」（前掲『周恩来』中巻一一八ページ）してしまうものだった。中共中央は、指揮権を渡すが、朱徳を政治主任に残し、実質を確保する最終案で見切り発車する方針を固めたところで、盧溝橋事件を迎える。

(5) 劉少奇批判の大要については『劉少奇語録』（香港、一九六七）、『劉少奇問題資料専輯』（台北、一九七〇）、『劉少奇和他的事業』（北京、一九九一）、尾崎庄太郎『劉少奇の悲劇』（日中出版、一九八〇）を参照。文革時の劉国家主席に対する批判は、一九六七年春から始まった。翌年十月に党を除名され、六九年十一月監禁死に至るが、「八大罪状」のなかに、北方局時代に劉の指導した偽装投降事件がふくまれていた。

偽名で入獄していた同志六一人（薄一波、安子文、徐子栄、楊献珍、劉瀾濤ら）が三六年九月から翌年にかけ転向声明を書いて釈放されたことも、文革中に反革命の罪業に仕立てられた。かつての出獄者や彭真など北方局時代の部下も迫害されたが、文革終結後の一九八〇年に名誉が回復され、抗日戦に備え同志を確保するための偽装転向は正しい判断であり、党中央の許可を得ていたことが確認された。

(6) 『毛沢東年譜』によると、六月十日の政治局常任委員会議は、華北への中央代表派遣と「楊尚昆、彭真等を北方局工作の責任者とする」ことを決定している。十二日の項には、「北方局負責人の王世英」へ、中華民族解放行動委員会との合作を進めるよう打電した記事がある。王が劉の代理者をつとめていたと推定されるが、七月末には太原（のち臨汾）へ移動した北方局の書記に楊尚昆が赴任する。楊の手記（『劉少奇和他的事業』）には、劉が「すでに太原へ来ていた」（四九〇ページ）と書いているだけで、その役割には触れていない。劉は翌年秋、中原局書記に転じるが、七・七前後における彼の動静は明確を欠いたままである。なお郭華倫編『中共史論』第三冊一九三ページを参照。

六　地名考

盧溝橋事件の記述に入るに先だって、頻出してくる付近の重要な地名について、概略を紹介しておきたい。主として郭景興（中国人民抗日戦争記念館の初代館長）の「盧溝橋事変戦場考」（張春祥主編『盧溝橋事変与八年抗戦』一九九〇）、「有関盧溝橋事変的地名続考」（『抗日戦争研究』一九九二年第三期）により、著者が一九八二年、一九九三年、一九九四年に現地を探査した時の情報や、日本側の各種資料を参照した。

盧溝暁月碑

盧溝橋（Lukouchiao or Lugou Bridge or Marco Polo Bridge）　久しく「蘆溝橋」と「盧溝橋」が混用されてきたが、一九八一年中国政府の国家文物局は、橋畔に立つ乾隆帝直筆の「盧溝暁月」碑を尊重して、盧溝橋に統一することを決定し、新聞紙上で公表した。中国の簡体字では「卢沟桥」と記す。

宛平県城の西方六〇〇メートルの永定河にかかった石橋で、京（平）漢線の鉄道橋から南へ三五〇メートルの位置にあるが、宛平県城をふくめ周辺一帯を「盧溝橋」と呼んでいる場合もある。

橋は金時代に三年かけて一一八九年に完成し、初期には広利橋と命名された。当時は首都の北京から南方各地へ通じる交通の要点で、清末に鉄道が開通するまでは宿場町として栄えた。国外にも知られるようになったのは、一二八〇年代にここを何度か訪れたマルコ・ポーロが、『東方見聞録』で「世界中どこを探しても匹敵するものはないほどのみごとな橋」と礼讃してからで、近世の欧米人からマルコポーロ橋と呼ばれるようになる。(1)

橋の全長は二六六・五メートル、幅は九・三メートルあり、大小四八五個（一説には六二七）の姿態のちがう獅子像が彫りこまれている。現在は修復ののち文化財として保護され、車両の通行は禁止されている。一九三七年の戦闘以外に、一九二二年の第一次奉直戦争で、橋の争奪をめぐり五昼夜にわたる激戦が展開された。

宛平県城（Wanping）　旧北平市街の中心部から約二〇キロ、正陽門から一五キロ、西南端から一〇キロ余に位置する。東西六四〇メートル、南北三二〇メートル、高さ約一〇メートル、厚さ約五メートルの城壁に囲まれ、東門（順治門）は北平に、西門（威厳門）は石橋に通じる。城郭は北京城の防衛外郭として明代の一六四〇年に完成し、拱極城と呼ばれた。

一九二八年宛平県政府の所在地となるが、三二年に宛平、大興、通県、昌平各県を管轄する河北省第三区行政督察専員公署が置かれ、三七年一月専員兼宛平県長に北平市政府参事兼宣伝室主任の王冷斎が就任した。

宛平県城城門

盧溝橋事件当時の住家は約四〇〇戸、人口約二千人とされ、七割は農民であった。県政府の周辺に、警察署（県政府の西側）、保安隊、河務局分段、第二一九団第三営と第九連の本部、憲兵分隊があった。

一九三七年七月二十九日、牟田口連隊の筒井大隊が攻撃して三時間の戦闘ののち二〇四〇に陥落したが、砲撃により城楼や城壁が破壊された。戦後に城郭は修復され、観光名所の一つになっている。一九五六年北京市豊台区に編入され、一九八七年旧県政府の所在地跡に宏壮な中国人民抗日戦争記念館がオープンした。

永定河（Yunting or Youngding River）　山西省馬邑県より流出、白河に合流して渤海湾に達し、上流は桑乾河と呼ばれる。中流は水色が黒く、急流で河道が不定のため、黒水河あるいは無定河の名称もあったが、清朝期に堤防を作って安定したため、永定河と改名した。それでも洪水がよく起こり、河務局が水位の監視に当っていた。

「支那駐屯歩兵旅団ノ作戦」は、盧溝橋事件の現場となった永定河について「河幅約六百米にして本支流に分れ共に幅約六十米水深本流は平均八十糎、流速緩、河床泥土なり。中洲は畑地多く所々唐黍繁茂する所あり」と記している。一九八六年、竜王廟跡地付近の屈曲部に分洪門（ダム）が建設され、堤防も拡張されたが、水量は激減した。一九三七年にこの地区で指揮官として日本軍と戦った何基澧（一八九八—一九八〇）、金振中（一九〇四—八五）の遺灰は、本人の希望で鉄橋下の河中に埋葬された。

竜王廟（Lung Wang Miao, Dragon King Temple）　石橋の東端から北へ一四〇〇メートル（日本軍資料は千メートルとする）の堤防上にあった廟。現地では回竜廟（Circular Dragon Temple）と呼ぶ場合が多く、葫盧廟の別名もあった。明代の一三四七年に建立されたといわれ、洪水の鎮めとして河中の竜を祀っていた。事件前後には第二十九軍の兵が一時的に駐屯して、日本軍との争奪戦の舞台となったが、戦後に破壊された（文革時との説もある）。現在は土台の一部が残っているだけとされるが、著者の探査では確認できなかった。

盧溝橋周辺には、この種の廟が少なくなく、河神廟、馬神廟、菩薩廟、竜王廟（城の東門外）、薬王廟などがあったが、現在も残っているのは、石橋の西端に近い大王廟だけのようである。

一文字山　宛平県城の東北東約六〇〇メートルに位置する。比高一〇〇メートル程度の小笹が茂る一連の砂丘で、沙崗村大棗園にあるので、中国側は沙崗と呼んでいた。周辺を演習場に使っていた一木大隊長が、形状が一の字に似ていたので便宜的に一文字山と命名したのが定着した。

麓に民家が一軒あり、制高点なので事件直後は河辺旅団長の戦闘司令所となり、砲兵が近傍に陣地を作った。日中戦争中は西側台上に「支那事変発祥之地」という木標が立ち、観光スポットになっていた。

現在は掘削されて工場団地や道路に変り昔日の面影はないが、一隅に南苑で戦死した趙登禹将軍の墓がある。

豊台 (Fengtai)　北京市の南西一六キロ、宛平県城の東方七キロにあり、一九三七年頃は戸数五〇〇、人口三千の町だった。北平—天津—山海関を結ぶ北寧鉄路と、豊台—長辛店を結ぶ長豊支線が分岐する交通の要点で、平漢線の機関庫もあった。

大王廟（著者映す）

盧溝橋事件の発生時には、一木大隊が駐屯し、百余人の日本人居留民がいたので、憲兵分駐所、領事館警察もあった。

北平 (Peiping)　中国の古都。古くから北京 (Peking) と呼んできたが、一九二八年六月国民政府は首都を南京に定めたさい、北平と改称した。日本軍は占領したのち三八年一月北京に改名し、四五年の終戦と同時に北平へ復したが、一九四九年九月再び北京 (Beijing) となり現在に及んでいる。

当時の人口は『北平市政府警察局戸口統計』(一九三七年九月)によると、一五三万九三二一人(三七年六月現在)で、職業別では最多が無業の四三万、次が商業の一四万である。外国人の人口は日本人一一一五人、朝鮮人一三八五人などであるが、実数はかなり上まわり、日本の北平憲兵分隊では盧溝橋事件直前の居留民数を、日本人二四〇〇、朝鮮人二〇〇〇、計四四〇〇人(『支那駐屯憲兵隊関係盧溝橋事件期資料』二七八ページ)と推定していた。

七月十四日頃から一部の引揚げが始まり、七月二十三日現在は内地人一一〇〇、朝鮮人一三〇〇人に減少し、二十七日、二三五六人が公使館区域に退避した（北平特機日誌）。

北平は文教都市でもあって、当時の学校は公立大学（専門学校をふくむ）一〇（北京、清華、東北、師範など）、私立大学九（燕京、輔仁、中法、華北など）、学生一・五万人、公立中学一五校、私立中学六六校、生徒六万人を数えた。

市街は面積三七・一五平方キロ、周囲二四キロの内城と、その南面につづく東西七・八キロ、南北三・五キロの外城で囲まれ、高さ六―一〇メートル、厚さ六―一九メートルの堅固な城壁を誇った。

内城には東側の東直、朝陽、南側の崇文（哈達）、正陽（前門）、順治（宣武）、西側の西直、北側の安定などの九門、外城には西側の広安、南側の永定などの七門があった。これらの城門と城壁は第二次大戦後の都市計画で撤去され、現在はほとんど残っていない。

東交民巷　北平の中心部には、義和団事件の議定書によって治外法権の地位を約束された、いわゆる「公使館区域」があった。紫禁城の東南に当る東交民巷と呼ばれた一角で、日本大使館分館、陸軍武官室、支那駐屯歩兵旅団、歩兵第一連隊の司令部、兵舎、練兵場、北平特務機関などが集中し、幹部用の居住官舎も付属していた。

英米仏伊ソなどの大使館や護衛兵の兵舎、練兵場、居住区も区域内に散在し、公使館界行政委員会が統制していた。周囲には銃眼をうがった囲壁をめぐらし、外側には幅二〇〇メートルの空地を設け、一種の要塞をなしていた。一般中国人の居住を禁じ、日本大使館は有事には市内の日本人居留民を収容する予定にしていた。

北平は鉄道交通の要点でもあり、正陽門近くの東站は豊台、天津を経て奉天（瀋陽）まで通じる北寧鉄路（京奉線）、西站は長辛店を経由して漢口へ向う平漢線、西直門駅からは長城線を越えて張家口、綏遠へ行く平綏線の起点であった。

他に北平と東郊の通州を結ぶ平通支路、西郊の門頭溝に達する平門支路、豊台と長辛店の間には短い長豊支路が走っていた。

南苑　永定門の南方一六キロに位置し、古くからの遊猟地であったが、明代に垣を設け、南苑と呼ぶようになった。一九〇四年に袁世凱が兵営を置いていらい軍隊の駐屯地となり、飛行場も設けられた。一九三六―三七年には、第二十九軍の特務旅、一一四旅、騎兵団、軍訓団など雑多な部隊が駐屯していた。北平周辺では、他に第三十七師の主力が駐屯する西苑、独立第三十九旅がいた北苑、安定門外のラマ廟を転用した黄寺（冀北保安隊が駐屯）などがあった。

（1）愛宕松男訳注の『東方見聞録』Ⅰ（平凡社東洋文庫、一九七一）は「国都から十マイル進むとプリサンギン（ペルシャ語で「石の橋」の意）という大河に達する……石橋は二三の橋脚が二四のアーチを支え全体が灰色の大理石で、細工は精巧」（二七五―七六ページ）と記す。

陳舜臣によると、マルコ・ポーロは一二八〇年の年末、橋畔の暁雲園という官営の旅宿に一泊、翌年范文虎の日本遠征軍が出発するときも、橋まで見送った（陳『マルコポーロ』文春文庫、一八五―八六ページ）。

七　主要参考文献と解題

私事にわたるが、日中戦争の発端となった盧溝橋事件は、著者にとっては最初の学術論文の主題であった。それはアジア政経学会の機関誌『アジア研究』第三巻第四号（一九五七）に掲載され、のちに拙著『日中戦争史』（一九六一）に収録した。この事件は、「昭和史最後の謎」のレッテルをはられてきたこともあり、その後も多数の回想記や論考が書かれ、現在に至っている。著者も何度か関連の論文やエッセーを書いたが、最近では『昭和史の謎を追う』（上）

に収録した「謎の発砲者は誰か」（第六章）と「中共謀略説をめぐって」（第七章）の二篇を執筆している。

このテーマに取りくむ人にとって最大の障害は、一方の当事者である中国と台湾の信頼しうる基本資料が利用できない点にあったが、一九八七年の事件五十周年の前後から、従来の教条的公式論を抜け出た回想記や論考が中国側からも出現するようになった。

一九九三年秋、天津の南開大学へ集中講義に出向いた著者は、中国人研究者の協力を得て中国側の関係文書を収集し、改めて日本側文献との対照を試みた。

以下は盧溝橋事件に関連する文献を中心に、本書で扱った主要な参考文献を列挙したもので、必要に応じ解説を付した。＊は執筆に当り、利用頻度の高かった文献である。

ⅠA　日本側公式資料

＊1　「支那駐屯歩兵第一連隊第三大隊戦闘詳報」（一九三七年、本文中で「大隊詳報」と略称）

動員された歩兵、砲兵の大隊以上、その他の兵種で中隊以上の各部隊は一方面の戦闘が終了した後、「戦闘詳報」を作成し、順序を経て高級指揮官に提出することが「陣中要務令」によって義務づけられていた。各級指揮官は部下団隊の戦闘詳報を自己の戦闘詳報に添え、順序を経て大本営（参謀本部）へ進達した。

目的は爾後の作戦に資するとともに功績判定の素材とするにあった。記載すべき事項は、戦闘前の彼我形勢の概要、各時期における戦闘経過、関係部隊の動作、彼我の交戦兵力、編制、戦法など八項で、付録として死傷表、鹵獲表、武器弾薬損耗表、各人、各部隊の勲功顕著なるものを記した。

また出征中の連隊、大隊、中隊などは陣中日誌の作成も義務づけられていたが、第八中隊をふくむ支那駐屯歩兵第一連隊関係の陣中日誌は今のところ見つかっていない。

この「大隊詳報」も、前記の手順をふんで作成された。長沢連治氏によると、一九三七年十一月、河北省昌平県の警備に服しているとき、作成に着手した。原稿は一木大隊長自身が執筆して印刷、十二月末に一〇〇部が完成、その一冊を長沢が規律違反を承知で生家へ送った。一九七〇年、長沢は七月七日、八日の分をガリ版印刷して、関係者に配布したが、著者は原文を利用することができた（巻末資料1として一部分を収録）。

＊2　「支那駐屯歩兵第一連隊戦闘詳報」（一九三七年、「連隊詳報」と略称）

牟田口連隊長が、戦後に防衛研究所戦史部図書館（以後「防研」と略称）へ、第一号（七月八日—九日）、第三号（七月十日）、第四号（七月二十日）、第五号（七月二十七日—二十八日）、第六号（七月二十九日）を寄贈したものが現存する。作成の経緯は不明だが、内容的に第一号が「大隊詳報」と重復する部分が多いので、1を参考として連隊本部で作成したものと推定される。牟田口寄贈分には1の第三大隊詳報のほか、第二、第三大隊の南苑戦の戦闘詳報が添付されている。連隊詳報の第一号は「支駐歩一会々報」第一一号に転載されている。

なお、第一—五号の公開可能な部分を書き直した「牟田口部隊戦闘経過の概要」が作成され、「連隊下士官兵の親許への通信材料」として配布されたようである。防研が所蔵。

＊3　「支那駐屯歩兵旅団ノ作戦」（一九三七年、「旅団詳報」と略称）

作成の経過は不明。未定稿ながら第一部は七月八日—三十日の陣中日誌、第二部は七月八日—十日の戦闘詳報の体裁をとっている。閑院春仁氏より一九七二年、防研へ寄贈された。

独混第一旅、独混第十一旅、第二十師団の行動記録も添付されている。防研所蔵。

＊4　「北平陸軍機関業務日誌」（一九三七年、「特機日誌」と略称）

七月八日未明から三十一日にわたり、北平特務機関が接受した諸情報（電話応対が多い）を毎日ほぼ分刻みで記録したものをタイプで整理した。元特機職員の中尾代作が持ち帰り、防研が保管。

原本は二〇九ページあり、全文が『現代史資料38—太平洋戦争4』（みすず書房、一九七二）に転載されている。

5　「北平憲兵分隊戦闘詳報」（一九三七）

その一部が全国憲友会『日本憲兵正史』（一九七六）に記載されている。分隊の重松博治少尉が所蔵。

＊6　陸軍大学校「支那事変初期における北支那作戦史要」三分冊（一九三九、「北支那作戦史要」と略称）

北支那方面軍参謀から陸大教官に転じた閑院宮春仁王少佐が一九三九年秋、関係資料を添え講義用に収集、執筆した未定稿と推定される。第一分冊は最高統帥部（一部欠如）、第二分冊は支那駐屯軍、第三分冊は三七年九月以降の軍事作戦を扱っている。

七月八日—三十一日にわたる支那駐屯軍司令部の陣中日誌的記録（標題は「駐屯軍司令官ノ処置並ニ状況ノ推移」）、牟田口連隊長手記（一九四一年四月十日）、堀毛一麿中佐（「某参謀」の名で）手記、桜井徳太郎手記、塚田理喜智中佐メモ、松井特務機関長からのヒアリングをふくむ。防研所蔵。

7　辻村憲吉（通州兵站司令官）資料

通州事件をふくむ七月二十四日から九月十日までの司令部陣中日誌と戦闘詳報。防研所蔵。

8　参謀本部第二課「北支事変業務日誌」

第二課員高嶋辰彦少佐が、七月十日から毎日記入した業務日誌で、箇条書きに近い。別に高嶋の個人的日誌もあり、いずれも防研所蔵。

9　「密大日記」、「陸支密大日記」、「陸満密大日記」

陸軍省の接受文書集。防研所蔵。

10　軍令部「大東亜戦争海軍戦史」本紀巻一（「軍令部戦史」と略称）

底本となった「支那事変海軍戦史秘史」（一九四〇）は、故島田俊彦コレクションにふくまれている。防研所蔵。

＊11 軍令部第一部甲部員「支那事変処理」

軍令部の横井大佐が、軍令部を中心とする動きを記録したもの。三七年七月—九月の部分には「支那事変機密記録」のタイトルが付されている。防研所蔵。

＊12 嶋田繁太郎（軍令部次長）日誌（「嶋田日誌」と略称）

業務日誌的性格が強い。一九三五年十二月—三七年九月末日分を利用した。防研所蔵。

＊13 外務省東亜局「昭和十二年度執務報告」第一冊

外交史料館所蔵。

＊14 東亜局第一課「日支事変処理経過」（一九三八年六月）

外交史料館所蔵。

＊15 外務省記録「帝国の対支外交政策関係一件」（一九三五—三七年）、A—一—一—〇—一〇

とくに第四巻、第六巻、第七巻、第八巻。外交史料館所蔵。

I B 日本側当事者の手記・回想

＊1 「清水節郎大尉の手記」（一九五六年、「清水手記」と略称）

一九五六年、健在だった頃の清水第八中隊長が、著者の求めに応じ七月七日夜と翌朝に至る事件の経過を執筆した手記。その後の質疑応答とともに、秦郁彦『日中戦争史』（一九六一）に収録した。

2 「清水隊長の陣中手記」（『国民新聞』、『新愛知』一九三七年七月二四日付、「清水陣中手記」と略称）

＊3 野地伊七「事変発端の思出」（『偕行社記事特報』一九三八年七月号、「野地手記」と略称）

4 一木清直「盧溝橋事件の経緯」（『偕行社記事特報』一九三八年七月号、「一木手記」と略称）

5　牟田口廉也「盧溝橋事件の真相を語る」（雑誌『大陸』一九三八年七月号、「牟田口回想記」と略称）

6　牟田口手記（一九四一・六・一〇付、前掲ⅠA6「北支那作戦史要」第一分冊に収録）

7　牟田口廉也「謎に包まれた盧溝橋事件」（『丸―大陸軍戦史』一九五六年十二月号）

8　牟田口廉也政治談話録音速記録

一九六三年四月、山本有三が国立国会図書館で実施したテープ録音。三〇年経過後の一九九三年五月に公開された。

9　河野又四郎「盧溝橋事件手記」（未公刊、一九八一、「河野手記」と略称）

坂本夏男氏の求めに応じて執筆されたもの。要約は浅井純「新証言・盧溝橋事件〝運命の銃声〟」（『文藝春秋』一九八五年八月号）に紹介された。

10　斎藤弼州「この眼で見た盧溝橋事件」（『善隣』三二一号、一九八一年十二月）

筆者は北平特務機関員。

11　桜井徳太郎「第二十九軍の顧問として」（『偕行社記事特報』一九三八年七月号）、「広安門事件報告」（未公刊）、「開戦当初ノ真相」（某少佐手記）、「盧溝橋事件発端の非は支那側にあり」（防研蔵）。

*12　戦友会「支駐歩一会々報―盧溝橋事件五十周年特集号」第十一号（非売品、一九八七年五月）

第八中隊員だった長沢連治、佐藤一男、阿部久六、安保喜代治らや荒田武良、西野長治らの手記をふくむ。

13　戦友会「支駐歩一会々報―盧溝橋事件第二次特集」（非売品、一九九〇年四月）

野地手記（ⅠB3）、一木手記（ⅠB4）などを収録。なお会報の第一号（一九八二）から第一九号（一九九一）の全冊が埼玉県平和資料館に寄託されている。

14　関公平「現場で見た盧溝橋事件の回想」一―六（『経済新誌』一九五九年七月―六〇年二月号）

15　秋田豊台会「思い出の写真集」（非売品、一九八六）
旧第八中隊員が編集した写真アルバム。佐藤一男、安保喜代治、長沢連治らの手記を掲載。

16　「香月清司中将回想録」（「香月回想録」と略称）
『現代史資料12—日中戦争4』（みすず書房、一九六五）に、竹田宮との応答のほか、「支那事変回想録摘記」（陸軍中将香月清司手記）が収録されている。後者は一九四〇年二月に執筆された。

17　柴山兼四郎「日支事変勃発前後の経緯」（一九四六年五月執筆、「柴山手記」と略称）
『現代史資料』12月報（一九六四）に収録

18　田中新一「支那事変記録」（一九三七年分、「田中業務日誌」と略称）

19　「永津佐比重追憶記」（未公刊、一九六七）
永津支那課長の回想。防研所蔵。

20　「西村敏雄回想録」（『現代史資料』12に収録）

21　「米内手記」（緒方竹虎『一軍人の生涯』文藝春秋新社、一九五五に収録）
一九三七年七月—八月について記述。

22　「盧溝橋事件一周年座談会」（『東京朝日新聞』①—⑩、一九三八年六月二八日—七月八日、「朝日新聞座談会」と略称）
牟田口廉也、桜井徳太郎、一木清直、寺平忠輔らが出席。

23　「盧溝橋事件の回顧」（『偕行社記事』特号八〇二号、一九四一年七月、「偕行社座談会」と略称）
一木清直、中島敏雄、穂積松年、小岩井光夫、野地伊七らが出席。

*24　竹田宮のヒアリング記録
参謀本部戦史部の竹田宮恒徳王少佐が一九三九—四〇年、日中戦争初期の陸軍幹部に内情をインタビューしたも

ので防研所蔵。石原莞爾、香月清司、河辺虎四郎、下村定、中島鉄蔵、橋本群の回想（応答）録があり、多くは『現代史資料』9、12に収録されている。

25　雑誌『知性別冊—秘められた昭和史』（一九五六）の回想手記集

満州事変から日中戦争初期に触れたものには、今井武夫、今村均、専田盛寿、田中新一（「日華事変拡大か不拡大か」）、高橋坦、豊島房太郎、花谷正、松井太久郎（「涯なき日中戦争の発火点」）の各手記がある。

26　『北京暁月会特集号』（一九六九）

今井武夫、大塚賢三、木原義雄、橋本秀信の手記などを掲載。

ヒアリング・書簡

牟田口連隊—安保喜代治（一九九二・九・五、九五・七・一五）、阿部久六（八七・九・二六）、井上源吉（九三・一・一五）、池内利幸（八七・九・一八）、内田市太郎（九二・九・五、九三・一〇・三〇）、斧窪聖行（八四・七・一三）、佐藤一男（八四・六・二九、九三・一一・一二）、清水節郎（一九五六）、志村菊次郎（遺族、八四・六）、須山完一（九五・四・一四）、簾内政雄（九二・九・五）、鈴木久義（八七・九・一七）、高桑弥一郎（八四・六・二九、九二・九・五）、長沢連治（八七・九・一八、九二・九・五、九三・八・二九など）、西野長治（九五・三・二四、九五・七・三一）、林定（八七・九・一三）、檜山竹五郎、東浦邦年（九五・八・五、九五・九・一）、福島忠義（八四・五・二、八四・六・二五）、牟田口廉也（五三・一一・二）、山田誠（九五・七・一五）

その他—青木秀夫、荒木和夫、有田八郎、池田純久、稲田正純、今井武夫、今岡豊、今村均、大城戸三治、大塚賢三、岡村寧次、笠原幸雄、片倉衷、桂鎮雄、神田正種、金木工、川島正、河辺虎四郎、桑原寿二、佐藤賢了、重松博治、茂川秀和、柴山兼四郎、赤藤庄次（遺族）、鈴木石太郎、専田盛寿、田中新一、田中隆吉、田中宗久、田辺新之、高嶋辰彦、武田煕、中島辰次郎、根本博、橋本群、花谷正、原田春雄、平尾治、福留繁、馬奈木敬信、松井太久郎、

松室孝良、三谷清、和知鷹二

IC　日本側関係者の著書など

荒木和夫『北支那憲兵と支那事変』（金剛出版、一九七七）
　同じ著者の『盧溝橋の第一発—従軍憲兵の手記』（林書店、一九六八）の改訂版
有田八郎『馬鹿八と人はいう—外交官の回想』（光和堂、一九五九）
井上源吉『戦地憲兵』（図書出版社、一九八〇）
　著者は支駐歩一連隊の初年兵として一九三七年夏に参戦。
井本熊男『作戦日誌で綴る支那事変』（芙蓉書房、一九七八）
池田純久『陸軍葬儀委員長』（日本出版協同、一九五三）
池田純久『日本の曲り角』（千城出版、一九六八）
＊石射猪太郎『外交官の一生』（読売新聞社、一九五〇、中公文庫版は一九八六）
伊藤隆・劉傑編『石射猪太郎日記』（中央公論社、一九九三）
＊『石原莞爾資料—国防論策』（原書房、一九六七）
＊今井武夫『支那事変の回想』（みすず書房、一九六四）
同　『中国との戦い』（人物往来社、一九六六）
同　『昭和の謀略』（原書房、一九六七）
　今井には盧溝橋事件に関連して、他に『サンデー毎日』一九五一年九月新秋特別号の論稿がある。
今岡豊『石原莞爾の悲劇』（芙蓉書房、一九八一）

宇垣一成『宇垣一成日記』2（みすず書房、一九七〇）
大沢良平編『栄部隊誌』（非売品、一九九五）
風見章『近衛内閣』（日本出版協同、一九五一）
上村伸一『破滅への道』（鹿島出版会、一九六六）
河辺虎四郎『河辺虎四郎回想録』（毎日新聞社、一九七九）
川合貞吉『ある革命家の回想』（新人物往来社、一九七三）
木戸幸一『木戸幸一日記』上下（東京大学出版会、一九六六）
小磯国昭『葛山鴻爪』（丸ノ内出版、一九六八）
近衛文麿『失はれし政治』（朝日新聞社、一九四六）
同　『平和への努力』（日本電報通信社、一九四六）
児玉謙次『中国回想録』（中央週報社、一九五九）
佐藤賢了『大東亜戦争回顧録』（徳間書店、一九六六）
佐藤尚武『回顧八十年』（時事通信社、一九六三）
重光葵『外交回想録』（読売新聞社、一九五三）
同　『昭和の動乱』二巻（中央公論社、一九五二）
支駐歩一会『支那駐屯歩兵第一連隊史』（非売品、一九七四）
　筒井恒、小岩井光夫、乃美五六、西野長治らの手記をふくむ。
海光寺会編『支那駐屯歩兵第二連隊誌』（非売品、一九七七）
『昭和天皇独白録』（文藝春秋、一九九一）

須山完一『従軍日誌』（私家版、一九八四）

著者は支駐歩一連隊第七中隊の兵士。

『田中隆吉著作集』（私家版、一九七九）

『高松宮日記』第二巻（中央公論社、一九九五）

第二巻は一九三三—三七年九月を収録している。全八巻の予定。

寺田浄『第一線の見た盧溝橋事件記』（私家版、一九七〇）

著者は北平憲兵分隊付の憲兵下士官。

*寺平忠輔『盧溝橋事件』（読売新聞社、一九七〇、「寺平著」と略称）

寺平には他に『日本週報』五六四—五八三号（一九六三—六五）に掲載した「日本破滅への序曲」（一—二〇）、『偕行』一五七号（一九六四年七月）、『現代史資料』9月報などの論稿がある。

中西功『中国革命の嵐の中で』（青木書店、一九七四）

梨本祐平『中国のなかの日本人』（平凡社、一九五八、同成社、一九八三）

著者は華北工作、日中戦争初期に民間人エコノミストとして活動。

西浦進『昭和戦争史の証言』（原書房、一九八〇）

『畑俊六日誌』（みすず書房、一九八三）

『続現代史資料4陸軍』の表題で刊行、畑中将は当時の台湾軍司令官。

林銑十郎『満洲事件日誌』（みすず書房、一九九六）

満州事変初期の林朝鮮軍司令官日誌。

原田熊雄述『西園寺公と政局』第四—六巻（岩波書店、一九五一、「原田日記」と略称）

平尾治『或る特種情報機関長の手記』（私家版、一九九二）
松井忠雄『内蒙三国志』（原書房、一九六六）
＊松本重治『上海時代』三巻（中公新書、一九七四—七五）
森島守人『陰謀・暗殺・軍刀』（岩波新書、一九五〇）

ＩＤ　日本側研究書・一般書

井上清・衛藤瀋吉編『日中戦争と日中関係』（原書房、一九八八）
一九八七年、東京と京都で盧溝橋事件五十周年を記念して開催された日中学術討論会への提出論文を集めたもの。
井上寿一『危機のなかの協調外交—日中戦争に至る対外政策の形成と展開』（山川出版社、一九九四）
池田誠編『抗日戦争と中国民衆—中国ナショナリズム』（法律文化社、一九八七）
石島紀之『中国抗日戦争史』（青木書店、一九八四）
今井清一・藤井昇三編『尾崎秀実の中国研究』（アジア経済研究所、一九八三）
臼井勝美『日中戦争』（中公新書、一九六七）
同　『満州国と国際連盟』（吉川弘文館、一九九五）
江口圭一『盧溝橋事件』（岩波ブックレット、一九八八）
同　『十五年戦争小史』（青木書店、一九八六）
江口は盧溝橋事件に関し、他に『歴史評論』一九八七年八月号、八八年一月号、『季刊中国』第九号（一九八七）、『日本史研究』一九九五年九月号などに論文を、『歴史学研究』六六六号（一九九四）に安井三吉『盧溝橋事件』の書評を発表している。

大杉一雄『日中十五年戦争史』（中公新書、一九九六）
岡野篤夫『盧溝橋事件—日中関係の実相』（旺史社、一九八八）
香島明雄『中ソ外交史研究一九三七—一九四六』（世界思想社、一九九〇）
葛西純一『新資料・盧溝橋事件』（成祥出版、一九七四）
上村伸一『日本外交史—日華事変』上下（鹿島研究所出版会、一九七一）
北博昭編『支那駐屯憲兵隊関係盧溝橋事件期資料』（不二出版、一九九二）
『極東国際軍事裁判速記録』全一〇巻（雄松堂書店、一九六八）
　石射猪太郎、河辺虎四郎、河辺正三、桜井徳太郎、田中新一、橋本群、日高信六郎、堀内謙介、和智恒蔵、秦徳純、王冷斎、ゲッテ、バレットらの口供書と陳述が収録されている。
憲友会『日本憲兵正史』（研文書院、一九八六）
児島襄『日中戦争』全三巻（文藝春秋、一九七四）
肥沼茂『盧溝橋事件　嘘と真実』（叢文社、一九九六）
坂本夏男『盧溝橋事件勃発に関する一検証』（国民会館、一九九三）
坂本には他にも盧溝橋事件に関し『芸林』一九八一年九月号、九一年二月号、『皇学館論叢』一九八五年八月号、九〇年十二月号、『月曜評論』八八年六月十二日、七月十八日号、「支駐歩一会々報」第一一号（一九八七）、盧溝橋事件第二次特集号（一九九〇）などに論文がある。
酒井哲哉『大正デモクラシー体制の崩壊』（東京大学出版会、一九九二）
宍戸寛『中国紅軍史』（河出書房新社、一九七九）
高田万亀子『静かなる楯—米内光政』上下（原書房、一九九〇）

『田尻愛義回想録』（原書房、一九七七）
伊達宗義『中国共産党略史』（拓殖大学、一九九一）
中央大学人文科学研究所編『日中戦争─日本・中国・アメリカ』（中央大学出版部、一九九三）
中国現代史研究会『中国国民政府史の研究』（汲古書院、一九八六）
戸部良一『ピースフィーラー─支那事変和平工作の群像』（論創社、一九九一）
東亜研究所編「日本大陸政策の発展」（一九四〇）
東京裁判資料刊行会『東京裁判却下未提出弁護側資料』全八巻（国書刊行会、一九九五）
　第二巻は満州事変期、第三巻は盧溝橋事件前後の日中戦争期を収録。
中村隆英『戦時日本の華北経済支配』（山川出版社、一九八三）
＊日本国際政治学会太平洋戦争原因研究部編『太平洋戦争への道』全八巻（朝日新聞社、一九六二─六三）
　第三巻に島田俊彦「華北工作と国交調整」、宇野重昭「中国の動向」、第四巻に秦郁彦「日中戦争の軍事的展開」、平井友義「ソ連の動向」を収載。新装版（一九八七）には、巻末に執筆者の「追記」を加えている。
日本国際問題研究所『中国共産党史資料集』全一二巻（勁草書房、一九七〇─七五）
野沢豊・小林英夫編『中国の幣制改革と国際関係』（東京大学出版会、一九八一）
波多野乾一編『資料集成・中国共産党史』七巻（時事通信社、一九六一）
波多野澄雄『「大東亜戦争」の時代』（朝日出版社、一九八八）
＊秦郁彦『日中戦争史』（河出書房新社、一九六一）
　新装版は原書房より一九七九年刊行。本書におけるページ引用は原書房版に統一した。
同　『昭和史の謎を追う』上（文藝春秋、一九九三）

「柳条湖事件の新証言」、「盧溝橋事件」上下、をふくむ。盧溝橋事件関連で秦には他に「盧溝橋第一発の犯人」（『一億人の昭和史』3日中戦争⑴、毎日新聞社、一九七九）、「盧溝橋に銃声とどろく」（『昭和史4—大陸の戦い』研秀、一九七七）、「盧溝橋事変と蔣中正先生の開戦決意」（一九八六年、台北における学会報告、中文）、金振中回想記（『中央公論』一九八七年十二月号）の解説、がある。

伝記刊行会『広田弘毅』（中公事業出版、一九六六）

平野正『北京一二・九学生運動』（研文出版、一九八八）

平井友義『三〇年代ソビエト外交の研究』（有斐閣、一九九三）

船木繁『岡村寧次大将』（河出書房、一九八四）

一九三一—三六年の岡村日記を利用。

古野直也『天津軍司令部一九〇一—一九三七』（国書刊行会、一九八九）

古屋哲夫『日中戦争』（岩波新書、一九八五）

古屋哲夫編『日中戦争史研究』（吉川弘文館、一九八四）

＊防衛庁戦史室『戦史叢書』シリーズ、一〇二巻（朝雲新聞社）

とくに『支那事変陸軍作戦〈1〉』（一九七五）、『北支の治安戦〈1〉』（一九六八）、『中国方面陸軍航空作戦』（一九七四）、『中国方面海軍作戦〈1〉』（一九七五）、『関東軍〈1〉』（一九六九）、『大本営陸軍部〈1〉』（一九六七）、『大本営海軍部聯合艦隊〈1〉』（一九七五）など。

防衛研究所戦史部編『史料集・海軍年度作戦計画』（朝雲新聞社、一九八六）

北平陸軍機関『冀察案内』（一九三七）

守島康彦『昭和の動乱と守島伍郎の生涯』（葦書房、一九八五）

矢部貞治『近衛文麿』上下（弘文堂、一九五二）

＊安井三吉『盧溝橋事件』（研文出版、一九九三）

事件に関する日中双方の詳細な文献紹介がふくまれている。安井には盧溝橋事件に関し、別に『季刊中国』九号（一九八七）、第三七号（一九九四）、『日本史研究』三八〇号（一九九四）、『東洋史研究』四八—二（一九八九）などの論文がある。

山室信一『キメラ—満州国の肖像』（中公新書、一九九三）

山根幸夫他編『近代日中関係史研究入門』（研文出版、一九九二）

関係の参考文献を広く記載している。

兪辛焞『満州事変期の中国外交史研究』（東方書店、一九八六）

読売新聞社『昭和史の天皇』第15、16巻（読売新聞社、一九七一）

盧溝橋事件当事者に対する多数のヒアリングをふくむ。

＊劉傑『日中戦争下の外交』（吉川弘文館、一九九五）

盧溝橋事件を挟んで、一九三五—三八年の日中外交関係を扱っている。在中華民国北平日本大使館の本省との往復電報（中国社会科学院所蔵）の一部を利用している（対応する外務省記録は未発見）。

ⅡA　中国側公式資料

＊1　台湾国防部史政局編訳局編『抗日戦史』一〇一巻（台北、一九六六—六九、「台湾公式戦史」と略称）

とくに『七七事変与平津作戦』『全戦争経過概要㈠』などが有用。

2　中国国民党中央委員会党史委員会編『中華民国重要史料初編—対日抗戦時期、第二編—作戦経過』全四巻（台

北、一九八一）

とくに(一)と(二)に日中戦争初期の重要公文書が収録されている。

3　同　『革命文献』シリーズ（台北、一九八六—）、とくに、「盧溝橋事変史料」上下（第一〇六、一〇七輯）

重要公文書のほか秦徳純、王冷斎、劉汝明、孫連仲の回想記、関係の新聞記事などを収録している。

4　中央档案館編『中共中央文件選集』第一〇、一一冊（中央党校出版社、一九八七—九一）

5　中共中央党校中共党史資料室編『盧溝橋事変和平津抗戦（資料選編）』（北京、一九八六）

ⅡA2、ⅡA3と重複する国府関係公文書を主体に、王冷斎、何基澧、張樾亭、王培文、随向功ら盧溝橋事件の当事者の回想手記も収録している。

6　中共中央文献研究室編『毛沢東年譜一八九三—一九四九』上中下（中央文献出版社、一九九三）

7　中共北京市委党史研究室編『在抗日救亡的洪流中』（北京出版社、一九八八）

8　中国第二歴史档案館「盧溝橋事変後国民党政府軍事機関長官会報」

何応欽軍政部長が主宰した一九三七年七月十一日の第一回から、八月十二日の第三三回までの会議記録。出席者は軍政部、参謀本部、訓練総監部など軍事機関の幹部と幕僚。『季刊民国档案』一九八七年第二、三期号に発表され、台湾でも『伝記文学』（一九八八年十一月—八九年一月号）に転載された。

9　同　『抗日戦争正面戦場』（江蘇古籍出版社、一九八七）

ⅡB　中国側当事者の手記・回想

＊1　中国人民政治協商会議全国委員会文史資料研究委員会編『七七事変—原国民党将領抗日戦争親歴記』（中国文史出版社、一九八六、『七七事変』と略称）

盧溝橋事件前後の国民党系当事者の手記やヒアリングを収録している。金振中、何基澧、王冷斎、秦徳純、洪大中、谷淑良、張慶餘ら四五編から成る。

2　同『従九一八到七七事変—原国民党将領抗日戦争親歴記』（中国文史出版社、一九八七）

満州事変、第一次上海事変、熱河作戦、綏遠事件を中心に、関玉衡、蔡廷鍇、何柱国、何基澧らの手記をふくむ。

＊3　『蔣介石秘録』（古屋奎二編訳、サンケイ新聞社、一九七六）

満州事変は第九巻、華北進出は第一一巻、盧溝橋事件は第一二巻が扱っている。一九八五年に上下二巻の改訂特装版（抜粋）が刊行された。台湾の公文書のほか一九二七—四九年にわたる蔣介石の個人日記を軸に書かれている。

＊4　金振中「寧為戦死鬼　不作亡国奴」

ⅡB1に収録されている。初出は『中国青年報』（月刊）の一九八五年八月二日号、「金振中回想記」（略称）は、三浦徹明訳・秦郁彦解説で『中央公論』一九八七年十二月号に紹介された（本書巻末資料3）。金振中には他に『北京日報』の一九八四年七月七日号の訪問記事、『佩剣将軍張克俠』への寄稿、未刊稿の「回憶抗戦経過」（盧溝橋文物保管所蔵）がある。

5　何基澧ほか「七七事変紀実」

ⅡB1に収録されている。別に未刊稿の「七七事変大事記」（四ページ）が盧溝橋文物保管所に所蔵されている。また『人民日報』一九五七年七月七日号に何の回想がある。

6　秦徳純『秦徳純回憶録』（台湾伝記文学出版社、一九八一）

別に東京裁判へ提出した「七七事変紀実」と陳述（速記録31—34号）がある。

7　王冷斎「盧溝橋事変回憶録」（一九三八、漢口、「王冷斎回想記」と略称）

他に北京市政協『文史資料選編』第二輯（一九七九）、東京裁判へ提出した「盧溝橋実録」（速記録42号）がある。

その異同については安井三吉『盧溝橋事件』一九九ページを参照。

8　何応欽『歳寒松柏集』（日文、中日文化経済協会、一九八〇）

9　同　『何応欽将軍九五年紀事長編』上（黎明文化事業股份有限公司、一九八四）

10　夏文運『黄塵万丈』（現代書房、一九六七）

11　張群（古屋奎二訳）『日華風雲の七十年』（サンケイ出版、一九八〇）

12　ドムチョクドンロプ（森久男訳）『徳王自伝』（岩波書店、一九九四）

13　王明（高田爾郎他訳）『王明回想録』（経済往来社、一九七六）

14　『白堅武日記』Ⅱ（江蘇古籍出版社、一九九二）

ⅡC　中国側研究書・一般書

＊金冲及主編（狭間直樹監訳）『周恩来伝』上中下（阿吽社、一九九二）

曲家源『盧溝橋事変起因考論』（中国華僑出版社、一九九二）

胡徳坤『七七事変』（解放軍出版社、一九八七）

呉相湘『第二次中日戦争史』上下（台北綜合月刊社、一九七三）

蒋緯国（藤井彰治訳）『抗日戦争八年』（早稲田出版、一九八八）

宋柏主編『北京現代革命史』（人民大学出版社、一九八八）

政協山東省楽陵市文史資料委員会編『宋哲元』（山東大学出版社、一九八九）

張瑞徳『抗戦時期的国軍人事』（台北中央研究院近代史研究所、一九九三）

張春祥主編『盧溝橋事変与八年抗戦』（北京出版社、一九九〇）
張洪祥他編『冀東日偽政権』（北京档案出版社、一九九二）
陳世松主編『宋哲元伝』（吉林文史出版社、一九九二）
陳紹疇『劉少奇在白区』（北京中央党史出版社、一九九二）
陳紹疇他『白区闘争紀実』（北京師範学院出版社、一九九〇）
『懐念劉少奇同志』（湖南出版社、一九八〇）
沈継英他『盧溝橋事変前后』（北京出版社、一九八六）
南開大学馬列主義教研室『華北事変―資料選編』（河南人民出版社、一九八三）
馬洪武等編『抗日戦争事件人物録』（上海人民出版社、一九八六）
馬先陣主編『西北軍将領』（河南人民出版社、一九八九）
馬仲廉編『盧溝橋事変与華北抗戦』（北京燕山出版社、一九八七）
武月星等『盧溝橋事変風雲篇』（中国人民大学出版社、一九八七）
同　『中国現代史資料選輯』第五冊上（中国人民大学出版社、一九八九）
木鉄編『佩剣将軍張克侠』（中国文史出版社、一九八七）
熊宗仁『何応欽的宦海沉浮』（河南人民出版社、一九九四）
楊克林、菖紅『中国抗日戦争図誌』三巻（香港天地図書有限公司、一九九二）
　邦訳は同名で一九九四年柏書房より発行。
李雲漢『宋哲元与七七抗戦』（台北伝記文学出版社、一九七三）
*　同　『盧溝橋事変』（東大図書公司、一九八七）

李雲漢編『抗戦前華北政局史料』（台北正中書局、一九七七）
李文栄・邵雲瑞編『華北事変』（南開大学出版社、一九八九）
劉鳳翰『戦前的陸軍整備一九二八—一九三七』（台北、一九八四）
梁敬錞『日本侵略華北史述』（伝記文学出版社、一九八四）
梁湘漢他編『北京地区抗戦史料』（北京紫禁城出版社、一九八六）
呂星斗主編『劉少奇和他的事業』（中共党史出版社、一九九一）

『抗日戦争研究』（季刊）

一九九一年九月、中国抗日戦争史学会が創刊した。編集は中国社会科学院近代史研究所が担当、近代史研究雑誌社より発行。一九九二年第三期号の栄維木「盧溝橋事変研究綜述」が、日中台三国における最近の研究動向を論じている。

『七七事変』（映画、一九九五年製作）

日本でも同じ年に『盧溝橋事件』のタイトルで上映された。

第四章　七月七日夜の現場

一　第八中隊、演習地へ

一九三七年七月七日の夕方、支那駐屯歩兵第一連隊第三大隊第八中隊（中隊長清水節郎大尉）は、夜間演習のため豊台の兵営を出発、演習地に予定された竜王廟東方の荒蕪地へ向った。(1)この日の演習課題は「薄暮より敵主陣地に対する接敵及黎明攻撃」（大隊詳報）で、竜王廟（中国側の呼称は回竜廟）付近の永定河堤防から東方の大瓦窑方面に向けて実施する予定であった。参加者は出発時、支那駐屯軍の規定に従い演習用の空包のほか、各人が実包（実弾）を小銃三〇発、軽機関銃一二〇発（一丁当り）ずつ携行していた（阿部久六手記）。連日の演習つづきによる兵の疲労を考慮してか、中隊長の判断で鉄カブトは携行せず、背のうもカラに近い軽装だった。

さて宛平県城（盧溝橋城と呼ぶ場合もあった）を迂回して平漢線越えに第八中隊が演習地へ来てみると、堤防上では二〇〇人以上の中国兵が白シャツ姿で盛んに工事をやっている。そこで清水中隊長は彼らの作業終了を待つため、堤防の手前約一〇〇〇メートルの地点で停止し叉銃、休憩した。(2)兵たちは上衣とシャツを脱いで乾かせ、汗をふいた。八〇〇メートルくらい東方に仮設敵の配置を終えた清水は部下とともに携行の弁当を食べながら、いつにない中国兵のようすから「今夜はなにか起こりはせぬかとの予感」（清水手記）を覚えたという。

なぜなら、前週に同じ場所で演習したときにはなにもなかった堤防上に、上流の竜王廟北側にわたって一連の散兵

138

壕が完成しつつあり、また銃眼が東方に向け開いたコンクリート製のトーチカが出現していたからである。警戒兵も堤防下に立っていて、清水中隊長の動きを監視していた。

ある種の予感を覚えたのは、清水中隊長だけではなかった。第二小隊第四分隊長の安保喜代治上等兵は、次のように回想している。

図4-1　盧溝橋付近要図

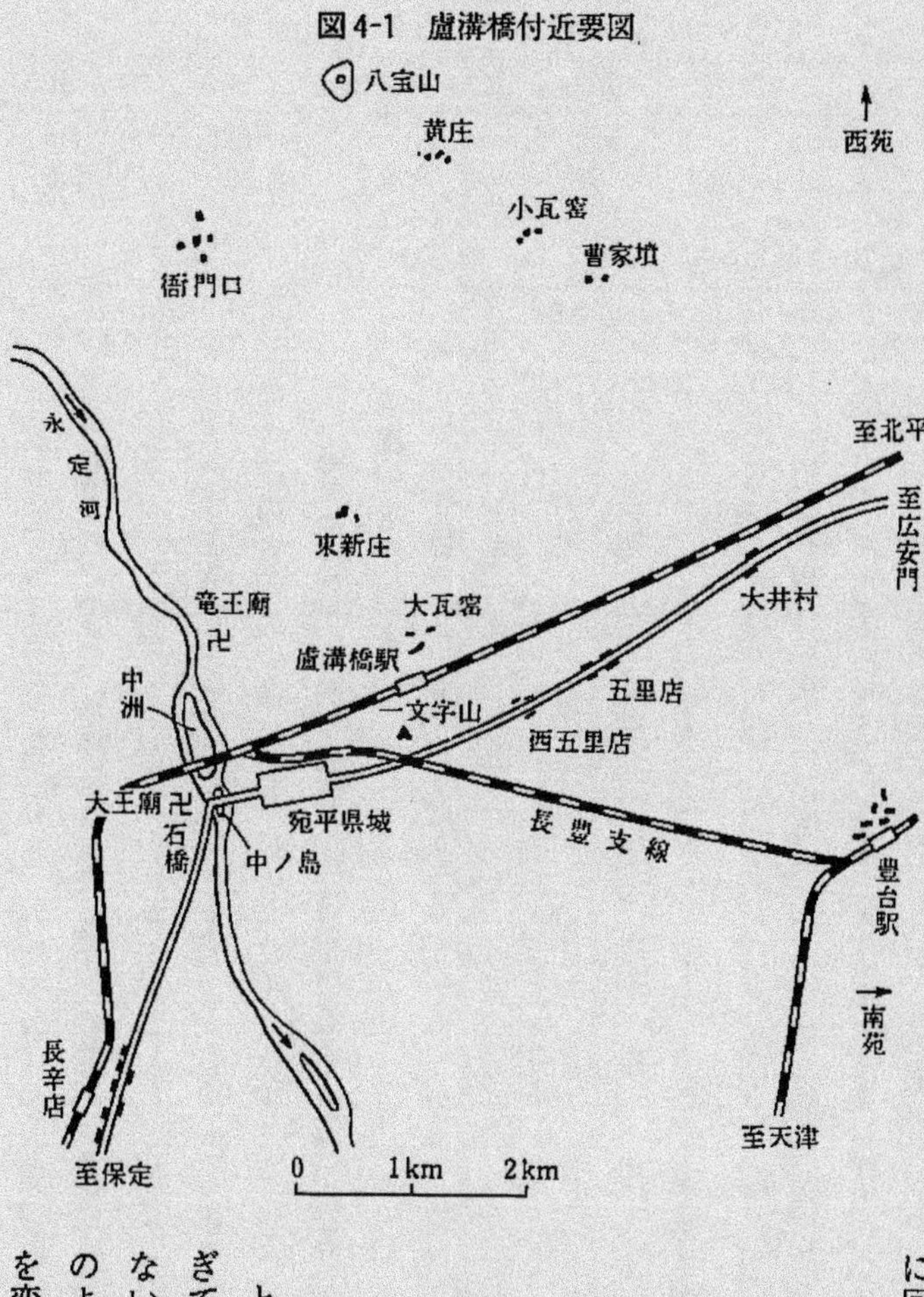

いやな予感がした。おそらく兵隊は全員そう思ったとおもいます。七夕（たなばた）の日は何かがおこる噂が兵隊の間で飛んでおったことを思い……（中隊長は）彼らに対して挑発的な行為や言動はあってはならない……単独行動は絶対に禁ずると、日頃の訓練よりも厳しく注意を喚起された（安保手記）。

ところが演習開始の予定時刻を過ぎても、中国兵の作業は終りそうにない。そこで清水は兵を集め、前記のような注意を与えたのち、「予定を変更」（清水手記）して堤防の手前

表4-1　7月7日-10日の北平の気象

日付	天候	雨量(cm)	最高—最低気温(F)	風向	風速(m/秒)
7日	Clear	0	93.6	SE	4.5
8日	Cloudy	0	92.7—70.0	NE	5.8
9日	Rain	22	78.3—67.6	SE	
10日	Rain-Cloudy	14	94.1—66.2	NNW	5.0

出所：*The Peiping News* の翌日付.

注：第三大隊戦闘詳報は，9日の天候について「0600より雨，終日止まず．冷気を加う」と記す．

約一〇〇メートルの付近から、堤防を背にして演習を開始した。中隊長から演習の想定が説明されたのち、指揮官や仮設敵など特殊任務を持つ者が前方に出て活動を始め、その他はまったく暗黒になってから行動を起こした。中隊の最後尾を前進した安保上等兵は、後方の中国兵が気になって「警戒をおこたりなく」と書いている。

この日の天象は、翌日付の『北平ニュース』(*The Peiping News*)の気象欄によれば「晴」(Clear)、「雨なし」、「東南の微風」、「気温の最高九三・六度F」であり、旅団詳報は次のように記す。

黎明　〇二三〇―〇四五〇
日出　〇四五〇
日没　一九〇〇
薄暮　一九三五―二一三五

九三・六度Fは摂氏三四度に相当し、夜に入っても屋内は寝つけないほど暑熱はきびしかったようである。(3)

旅団詳報は「夜間の明暗度」について「相当暗黒にして三、四〇米を通視し得る程度」とし、清水手記は「この夜まったく風なく空は晴れているが月がなく、星空に遠くかすかに浮かぶ盧溝橋城壁と、傍らで動く兵の姿がわずかに見えるばかりの静かな暗夜であった」と述べている。

(1)　第八中隊が豊台を出発してから演習開始までの正確な移動経路、時間経過は戦闘詳報類に記載がなく、当事者の記述や記憶はまちまちである。中隊の兵営出発を野地少尉の手記は一七〇〇頃、清水大尉の陣中手記は一八〇〇としているが、この二人は事前準備のため支那馬で先行し、中隊主力より一―二時間前に現場へ到着したものと推定される。野地手記は「中隊長殿と私とは……先行して演習を行う予定地の地形を偵察し仮設敵等を配置するに便にする為」と記している。豊台から演習地の西端までは六キロ余あり、徒歩で一時間半ぐらいかかった。

演習に参加した兵力数はやや明確を欠く。第八中隊は三個小隊から成り、将校二名（清水大尉と野地少尉）をふくめ約一五〇人と推定される。大隊詳報は七月八日、九日の参戦者を一三五人としている。週番勤務や練兵休（病人）で兵営に残留した者がいるので、七日夜の演習参加者は一三〇人前後かと思われる。

(2) 叉銃、休憩した地点の記憶は、人によって食いちがう。長沢連治は大隊詳報の復刻に付した序文で、堤防から四〇―五〇メートル、安保喜代治手記は一〇〇メートルとし、安井三吉は三〇〇メートル、寺平忠輔は廟の東方一〇〇〇メートルとしている。

(3) 天候とくに晴雨のデータは、当事者の回想手記に起こりがちな日付の誤認をチェックするのに有効である。この時期の天候を記録した資料は戦闘詳報、特機日誌など、いくつかあるが、『北平ニュース』（北京図書館蔵）がもっとも詳細である。

二　夜間演習

七月七日の夜間演習に関する計画と実施過程の細部についての公式資料は見つかっていない。開始時刻を大隊詳報は一九三〇としているが、どの段階を指すのかはっきりしない。演習開始に当って中隊長が部下に示した想定情況と命令の大要は、寺平著（五九ページ）によれば次のようなものであった。

情況

敵は数日来、前に見えるあの一文字山の台地、あれから左、大瓦窑の部落にわたって主陣地を構築中であって、この前方に横たわる堆土の線、あれには点々、敵の監視部隊が見えている。

図4-2の説明

作業班

○消毒班(2)：ガス地帯に通路を作る.

○破壊班(2)：鉄条網に破壊口を作る.

○経始班(1)：中隊の進路及び敵陣地占領位置を石灰で示し，誘導する（長＝野地少尉).

作業の手順

1．経始班は，日没前に偵察しておいた地点に，消毒班を誘導する進路と消毒路設定個所を経始する.

2．消毒班は，経始班長の誘導する地点に至り，作業を開始する．消毒路が完成したら経始班長に告げる.

3．経始班長は，さらに前方に進出し，破壊口設定地点への進路を経始し破壊班を誘導する.

4．破壊班長は，作業が完成したら経始班長に告げる.

5．経始班長は，さらに前方に進出し，指揮班と各小隊の進路と敵地占領，構築位置を経始し，完了次第中隊長に報告する.

6．中隊長は，各小隊に対して経始班長の経始した位置に進出せよと命じ，誘導下士官に誘導を命ずる.

7．位置についたら，小隊長は分散を区処し，分隊長は兵を警戒と作業とに二分の一ずつに区分し，各個掩体（伏射用）構築を隠密作業により開始する.

付記

1．本来の予定では，掩体を構築している陣地に拠り敵の逆襲を一度ならず排除しつつ，明くる黎明まで過ごすことになっていた（敵前300メートルまで進出，接近し，黎明攻撃を実施するため).

2．7月7日夜の演習は，各個掩体完成までとし，いったん演習を中止し（10時30分)，露営して，黎明前に再び前夜の位置（演習中止地点）に戻り，大隊長の指導を受けることになっていた.

3．「経始」は白い石灰をまいて誘導すること.

＊本図と説明文は，長沢連治氏の作成したものに若干の修正を加えたものである.

図 4-2 第八中隊夜間演習実施略図（1937 年 7 月 7 日）

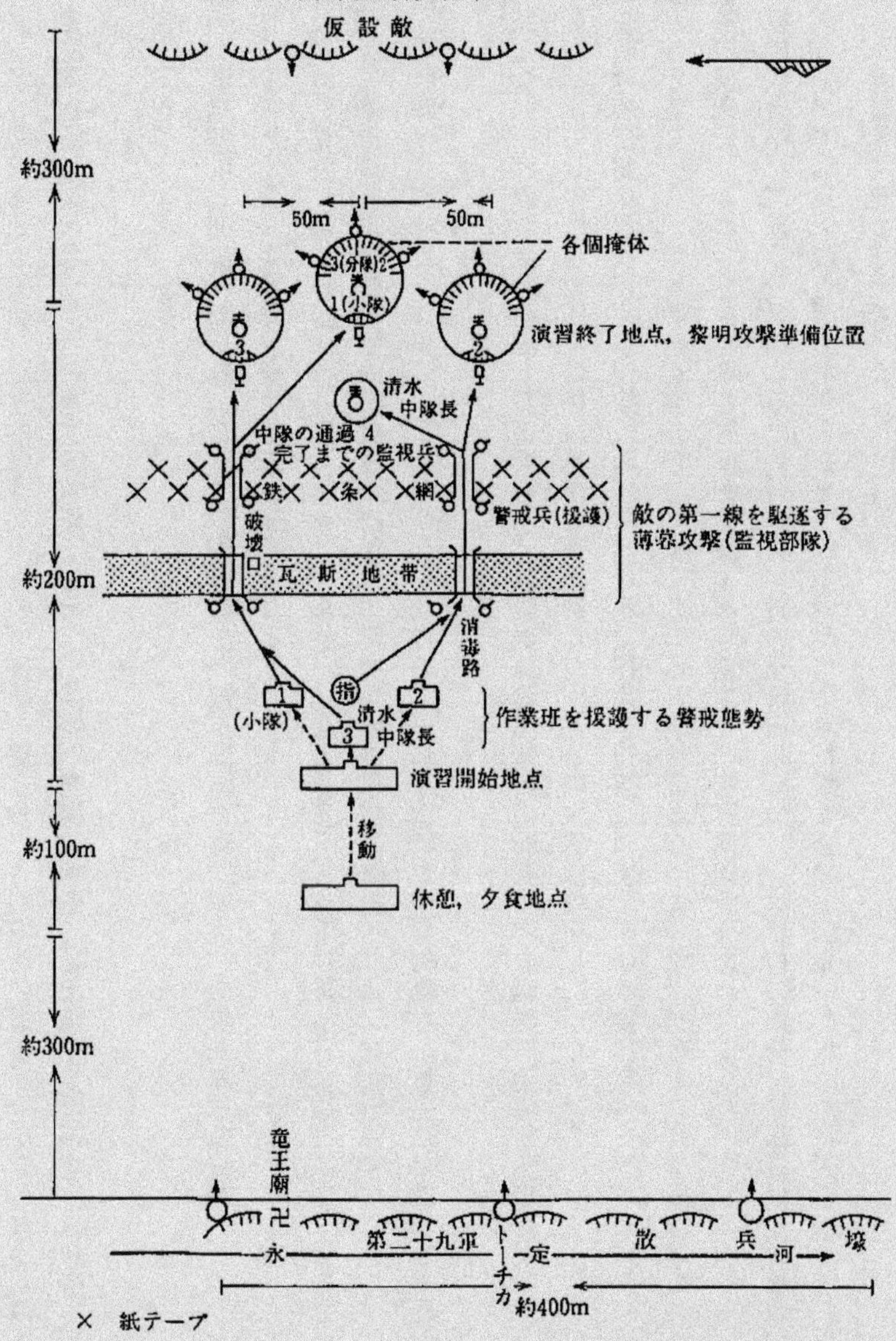

昨夕、敵の警戒陣地を突破した当中隊は、大隊の中央第一線としてこの堤防に進出、今夕、これから薄暮に乗じ、敵主陣地前に進出し、これに対する攻撃を準備し、明朝、黎明を期して敵主陣地を攻撃すべき命令を受領した。

第一小隊長！

第一小隊は日没と共に行動を起こし、まず正面のあの監視部隊を駆逐、次いで敵主陣地の前方三百メートルに進出し、中隊経始班の突撃陣地経始作業を援護せよ……

細部は長沢連治伍長（第二小隊第二分隊長）が、関係者の情報を総合して後日に作成した図（図4-2）にあり、これを見ると、通常の夜間演習と特に異なる点はない。新歩兵操典草案に準拠した対ソ戦法を想定していたが、必要とする九丁の軽機はまだ充足されず、六丁しかなかったので、一部は旗によって代行した程度の差異はあったかと思われる。

はっきりしないのは仮設敵の構成と想定である。仮設敵は練兵休の病弱者などを臨時に指名する場合が多く、下士官が引率した。この日の仮設敵司令は谷辺良哉曹長だったが、部下の人名は判明していない。(1)

対ソ戦法向けの夜間演習はとくに接敵段階における隠密行動を強調し、攻撃軍は空包射撃、ラッパや灯火の使用やせきばらいさえ禁じられ、陣地構築も物音をたてずに進めるのが原則となっていた。当夜もこの原則は守られたようで、仮設敵の発砲とひきつづく中国軍の射撃が発生する時点まで、演習地は静寂だったようだ。

なお、夜間演習中は識別を容易にするため、全員が背のうに白布をつけ、兵は白の鉢巻、分隊長は白の腕章、小隊長は白のタスキ、中隊長は白の十文字タスキをつけていた。接敵行動は経始班がまいておいた石灰のルートをたどり、匍匐などの、低姿勢で進む予定だった。

この夜、清水大尉は中隊長という資格と演習指導官という立場をもっていて、これを使い分けした。指導に出かけるときは定位置に石灰で円を描き、中央に白旗を立て、中隊指揮班長の三浦准尉を代理させた。寺平によれば、当日の課目には小隊の動作を伝令によって指揮することも入っていたので、伝令の往復が何度かあったらしく、野地第一小隊長が指揮班へ出した伝令のなかに、問題の志村菊次郎二等兵がいた。[2]

さて二二三〇頃に前段の訓練は終った。予定では翌朝の〇二〇〇から始まる後段の訓練に備えて、付近に露営（野宿）し仮眠をとることになっていた。中隊長の位置（大瓦窰西方の小高い埋没トーチカ付近）に戻っていた清水は、各小隊長と仮設敵司令に伝令を走らせ、演習中止、集合の命令を伝達させた。

清水が立って集合状況を見ていると、突然、仮設敵の軽機が空包射撃を始めた。清水は「演習中止になったのを知らず伝令を見て射っているのだろう」（清水手記）と想像したが、傍らにいた長沢伍長は中隊長が「仮設敵のバカ」とつぶやいたと回想しているところからみて、中隊長との打ち合せに反した一種の「誤射」[3]だったかと思われる。

第八中隊が堤防陣地の方向から実弾射撃を受けたのは、その直後であった。

（1）　寺平著（五八ページ）によれば兵一二名（寺田浄は一一名とする）、軽機二丁が仮設敵に配当され、工事懸的や鉄条網代用のテープなどの材料を運んだ、中隊長からは五発点射か連続点射が本来だが、空包を節約するため三発点射を命じられたと記している。しかし中隊員のなかには軽機一丁あるいは三丁ではなかったかとの意見もある。仮設敵の兵は、軍帽に白鉢巻をつけるのが慣例であった。

仮設敵が携行した空包、実包の数量も不明である。想定については事前に中隊長と仮設敵司令が打ち合わせておくが、この夜は前段における仮設敵の空包射撃は予定していなかった公算が高い。なお空包は紙をかためた「弾丸」で、射つとバラバラに四散した。

（2）　第一小隊の伝令要員である高桑弥一郎上等兵は、予定した敵警戒陣地の占拠を報告に派遣され、三浦准尉が中隊長に代って報告を受けた。高桑談（一九八四・六・二九）によれば、野地少尉は何かかんちがいして二〇分後にさらに志村二等兵を単独で伝令に出したという。その時刻は二二三〇頃と推定される。

(3) 仮設敵の役割は個々の約束によって異なるが、進攻部隊の接敵を「発見」したとき「通報」したり、「応射」する慣例であった。昼間演習の場合は赤い小旗を振って、「応射」を示すことが多かったが、夜間演習のときは実戦的状況に近づけるため、軽機の空包点射を実施する例が多かった。

七日夜の接敵行動は、仮設敵（本陣地）に「発見」されることなしに三〇〇メートル手前まで進出し、そこで演習の前段を終了する予定だったので、「応射」の機会はなかったはずであるが、演習中止を伝える伝令を接敵行動中の兵と思いちがいして三〇—四〇発「誤射」した可能性が高い。

ただし河野又四郎少佐（歩一連隊副官）は手記に「中隊長は仮設敵に対し列兵が音をたてたり姿勢を高くする等によって部隊の接近を確認したならば軽機を打てと命じ」と記し、「誤射」ではなかったろうと書いている。

生前の谷辺曹長へこの点を問い合わせた人には、八中隊の旧同僚や松崎昭一（読売新聞記者）がいるが、いずれも「ノーコメント」に近い応答だったようである。

三 「第一発」の検証

いわゆる「盧溝橋の第一発」は、正確にいえば、二二四〇頃から数分以内の間隔で第八中隊が受けた二回の被射撃を指す。ここでは二回分を第一次銃撃、第二次銃撃と分けて扱うことにしたい。

安井三吉は『盧溝橋事件』（一九九三）で、この第一発に関する日本側の主要な現場証言の五例を引用して比較検証を試みている。重複をいとわず、それにならって要点を紹介しておく。

A 清水隊長の陣中手記（一九三七年七月）　午後一〇時三〇分演習を打切り……部隊の集結中、午後十一時やや過ぎ、盧溝橋の方向に合図らしき電灯火を認むと同時に付近にありし「トーチカ」付近より連続十数発の小銃射撃を受けたり。

B　第三大隊の戦闘詳報（一九三七年）　右演習中該中隊は午後十時四十分頃竜王廟付近支軍の既設陣地より突如数発の射撃を受く。之に於て中隊長は演習を中止し集合の喇叭(ラッパ)を吹奏す　然るに再び盧溝橋城壁方向より十数発の射撃を受く。

C　第一連隊戦闘詳報（一九三七年）　（Bとほぼ同文なので省略）

D　野地伊七手記（一九三八年七月）　午後十時半頃と思うが「演習終わり集合」と中隊長殿が号令をかけると、其の時盧溝橋の城壁に近い方より銃声が「パン」と聞こえた。私は誰か間違って空砲(ママ)でも射ったのかと思った……「パン」という音の次には「シュー」と天空を飛んで行く音が確かに聞こえた。

中隊長殿は……経験者なので立ちどころに之は本当の弾丸だと叫んだ。中隊長殿は直ちに集合喇叭を吹かせた……吹き終わるか終わらない中に竜王廟と盧溝橋とに近いトーチカ付近の間に懐中電灯にてパチパチと相図(ママ)があったかと思う中、今度は十数発の銃声がして弾丸の空中を飛行して行く音が物凄く聞こえた。中隊長殿は直ちに伏せを命じ人員異状の有無点検を命ずる。各小隊負傷した者は幸(さいわい)一人もなかった。

E　清水手記（一九五六年）　（仮設敵が）伝令を見て射っているのだろうとみていると、突如後方から数発の小銃射撃を受けたしかに実弾だと直感した。しかるに我が仮設敵はこれに気付かぬらしく、依然空包射撃を続けている。そこで傍らの喇叭手に命じて集合喇叭を吹奏させると、ふたたび右後方鉄道橋に近い堤防方向から十数発の射撃を受けた。この前後に振り返ってみると、盧溝橋城壁と堤防上に懐中電灯らしきものの明滅するのが認められた（なにかの合図らしい）。

これらの第一次証言に関連の情報を加えて異同を整理したのが表4－2であるが、重要な部分は大同小異といえよう。

表4-2 「第一発」関連の諸情報

	文　献	被射撃時刻	弾数と発砲源
A	清水陣中手記	2300ややすぎ	10数発(トーチカ付近)
B	第三大隊詳報	2240頃	数発(廟付近)→10数発(城壁方向)
C	第一連隊詳報	同上	同上
D	野地手記	2230頃	1発(城壁方向)→10数発(トーチカ付近)
E	清水手記	—	数発→10数発(鉄道橋方向)
F	特機日誌	2300頃	18発
G	寺平著	2240	数発(廟南側)→10数発(廟南側)
H	北平武官室発表(8日0700)	2200頃	数十発
I	一木手記	—	2-3発(西部城壁)→10数発(廟と西部城壁)
J	牟田口手記(1938年)	2200頃	10数発(城壁と廟から)
K	支那駐屯軍の中央部あて報告電(8日0420)	2340頃	
L	旅団詳報(一木→牟田口連報)	2348頃	
M	北平大使館電(8日0340)	2300	10数発
N	同盟北平電(8日発)	2300すぎ	
O	朝日北平電(8日発)	2400頃	10数発
P	読売号外(8日)	2200頃	10数発
Q	東日北平発(8日)	2200頃	
R	スチルウェル米武官報告	2300頃	6-7発

注1:中国側では事件の発生時刻を『抗日戦史―七七事変与平津作戦』と7月8日付中国共産党の通電は2200とし,金振中回想記は2300頃とし,『秦徳純回憶録』は2340としている.

注2:「弾数と発砲源」の→で結んだものは,第一次→第二次(発砲源)を示す.

時間的な順序は、(1)演習中止(伝令派遣)→(2)仮設敵の点射→(4)集合ラッパの吹奏→(5)第二次銃撃(3)第一次銃撃(数発)→(4)集合ラッパの吹奏→(5)第二次銃撃(十数発)という点で、多少のニュアンスの違いはあるが、清水手記を筆頭に関係文献と目撃者の証言が一致している。(1)

意外に食いちがう発砲時刻については、事件から数カ月後に作成した公式記録である大隊と連隊の戦闘詳報が共に二二四〇と一致しているので、信頼性はもっとも高いが、被射撃から近い時点に記録されたA、Fが二三〇〇前後としているのは注目される。一九五六年の清水手記が時刻にはとくに言及していない点などから判断して、この方が現場の実感に近いのかもしれない(2)。

射たれた弾数については多少の違いはあるが、数発（第一次）、十数発（第二次）の射弾（実弾）という大隊詳報、連隊詳報の記述は中隊生存者たちの証言とも合致しているので妥当だろう。

発砲源については、第一次は不意に後方から射たれ、しかも数発程度なので確認できる者はほとんどいなかったと思われる。第二次は発砲の閃光を見た者も少なくないが暗夜でもあり、正確な発砲源は標定されていない。いずれにせよ演習開始時に相当数の中国兵が望見された永定河の堤防陣地から、と断定してよさそうである(3)。

なお仮設敵の軽機（空包）発射と第一次銃撃、集合ラッパ音と第二次銃撃は、いずれも因果関係にあったとする見方が清水手記、寺平著に記述されているが、第八中隊生存者の多くがこの見方を支持している。この応射が意図的なものであったか、偶発的なものであったかの論点は、あとで触れたい。

(1) 大隊詳報の復刻版（一九七〇）に長沢連治が執筆した「序」は、第一次銃撃→演習中止（伝令派遣）→集合ラッパの吹奏→第二次銃撃、の順とあるが、著者から長沢氏へ問合わせたところ、記憶ちがいで、(1)から(5)の順序が正しいとの回答を得た。

(2) 被射撃の時刻についてもっとも早い報告は、清水中隊長の乗馬伝令報告に基づいて七日二四〇〇に一木大隊長が牟田口連隊長に伝えた二三四八（表4－2のL）であるが、伝令が到着するまでの所要時間（一時間前後）から考えてもJと照合しても、誤認であることは明らかである。報告時間の早い方ではKの「二三四〇」やMの「二三〇〇」があるが、八日〇七三〇発令の支那駐屯軍作命第一号は二三四〇を引用した。

陸軍中央部も、陸軍省新聞班の発表や杉山陸相の地方長官会議（七月十五日）講演が二三四〇としていることから見て、事件の直後は二三四〇説が主流だったと思われる。

二二〇〇説は北平武官室から中央部へ報告されているが、読売、東京日々新聞はこれが出所であろう。今となっては大隊の戦闘詳報が採用した二二四〇説に落ちつくほかないが、一木手記、清水手記が言及を避けているのは、現場の責任者にも自信がなかったことを示唆しているようである。

(3) 郭景興「盧溝橋事変戦場考」（六二ページ）によれば、盧溝橋（石橋）から竜王廟までは一四〇〇メートル（日本軍は一〇〇〇メートルとする）あり、鉄道橋は石橋の北方約三〇〇メートルにあった。大隊詳報によれば、七日現在で竜王廟の北方に一個、その南方で鉄道橋との間の堤防に二個のトーチカを確認していた。

第八中隊への射弾は宛平県城の城壁西部から竜王廟に至る線上から発砲されたようである。一木手記は、第二次が「竜王廟付近及西部盧溝橋城壁方向」の二カ所からと記す。城壁から射ったのが事実とすれば、計画的発砲の疑いが出てくる。懐中電灯らしき合図はさらにこの疑いを強めるが、清水以下の中隊員に当たった寺平忠輔は、著書（四二七―二八ページ）のなかで、彼らの「発射地点はあの竜王廟南側、トーチカ付近の堤防上でした」という結論を紹介し、さらに「小銃十八発という弾は、決して一人や二人で放ったものではない。目撃者の説明によれば、閃光はかなりの間隔を持っていたとの事だから、少なくとも数名の者が交互に発射した」ものと推定している。

四　志村二等兵の失踪

盧溝橋事件の処理過程が混迷した一因は被射撃の直後に、一人の初年兵の[1]「失踪」さわぎを引き起こしたことにあった。本来だと「不法射撃」の責任追及という単純な局地紛争として処理されるはずのものが双方に複雑な連鎖反応を呼び、争点を拡散させてしまったのである。

この初年兵は志村菊次郎という東京の下町に生れた二〇歳の青年で、小学校卒業後、コック見習や製本所の配達員を経て徴兵時は松山の新聞社で働いていた。一九三七年三月、二等兵として豊台の第三大隊第八中隊に入営、七日夜は第一小隊の伝令任務についていた。

前節のA―Eの現場証言で、志村の失踪について触れていないのはAだけだが、B―Eも「兵」の名前には言及しておらず、志村の名前を割り出したのは、おそらく『昭和史の天皇』が最初だろう。彼の動静を大隊詳報と清水手記は次のように記述している。

此間中隊長は大瓦窰西方「トウチカ」付近に中隊を集結せしむ。然るに兵一名不在なるを知り断然膺懲するに決し応戦の準備をなしつつ本件を岩谷曹長及兵一名（共に支那馬に乗馬す）をして在豊台大隊長に急報す……行衛不明なりし兵は間もなく発見（大隊詳報）。

兵一名行方不明の報告を受け直ちに捜索を始めるとともに、豊台にある大隊長にこの状況を報告しその指示を待つこととした……行方不明の兵については、今夜の演習からみて遠くはなれているとも思われない。また敵弾は頭上相当高く飛んだのでその被害はまずなかろう。もし支那兵に捕えられたとすれば演習開始前の注意に従ってなんらかの処置を取ったはずである……この兵は約二〇分後無事発見された（清水手記）。

この「二〇分後」という発見時間と失踪理由については戦後の第八中隊戦友会などで論議の的となり、諸説が対立した。(2) 現時点では、失踪と帰隊の経過についてもっとも説得力がある第一次資料は、事件から一年後に書かれた野地手記と思われるので、少し長くなるが、第二次被射の直後、各小隊が点呼したあとの記述から関連個所を引用する。

中隊長殿は直ちに伏せを命じ人員異状の有無点検を命ずる……私の小隊で東京付近より最近入隊して来た〇〇という初年兵が居らぬ。私が初年兵教官として三ケ月可愛がって教えた兵である。そして私が敵警戒陣地を取った時に中隊長殿の処に出した伝令である。伝令は二人を使わなければならないのであるが、人員が非常に少ないので一人でやってしまった。之は私の一大失敗であった。誠に申訳がないと思った……

初年兵は先の射撃に射ち倒されたのではないだろうか……私は直ちに将校斥候を志願し、初年兵を探し、支那兵が居たら我が軍に射撃した証拠につかまえてやろうと思い、中隊長殿に此の事を意見具申した。中隊長殿は黙って考えて居られたが之を許された。喜び勇んで下士官一名兵五名を率いて将校斥候となり、あちこち探し歩いたが初年兵は見つからな

清水節郎大尉

かった……次の考が浮かんだ。もう一回喇叭を吹いて見よう。そうすれば生きて居れば帰って来るだろう。それで帰って、又其の事を意見具申した。中隊長殿は黙って考えて居られたが、又許して呉れた。

今居る付近で喇叭を吹くと支那軍が又も其の音の方に弾丸を射つことは明らかだから、中隊主力と少し離れた処で吹かなければならないと思い、約二百米ばかり左側方に移動して小高い所に喇叭手一名を連れて行き、喇叭を吹かせようとして、喇叭を口に当てようとした時、左前方に黒い姿が近づいた。私は直ぐに「○○ではないか」と云った。すると黒い影は「ハイ、そうであります」と答えた。

志村菊次郎

此の初年兵は演習の時「第一小隊は敵警戒陣地を奪取して同地を占領した」ということを中隊長殿に報告して帰途についた時方向を間違え私の小隊の居た右を通り抜け一文字山の方に前進して更に引き返し、支那軍の第一発を発射した時には我が友軍の演習と思い、其の方に前進していった。其の時に中隊の集合喇叭が鳴ったので喇叭の方に向かって前進して来たのであったが、中隊が見あたらずウロウロして居ったということが分った。

(1)　志村は温厚で頭は良かったが、小肥りのせいか動作はやや機敏を欠いていたと佐藤一男、高桑弥一郎、林定などの戦友は語っている。彼は武漢作戦に従軍後、除隊したが、太平洋戦争に召集され、一九四四年一月三十一日、憲兵伍長として、ビルマ戦線で戦死した（『昭和史の天皇』15、三三九—四〇ページ、秦『昭和史の謎を追う』上、第六章を参照）。

(2)　たとえば「志村は伝令の帰途に迷って砂利取り穴に落ち失神し、明け方近く帰ってきた」（福島忠義二等兵談）、「方向をまちがえて永定河の堤防へ近づき、中国兵に射たれて逃げ、付近の窪地にかくれ、朝になって戻ってきたと本人が言っていたが、実際は捕虜になったのではあるまいか」（高桑上等兵談）、「私を長とする捜索斥候が志村の捜索に出たが、砂利取り穴に落ちて胸を打ちすぐ帰ってきた。志村がはぐれて見つかるまでは十五分ぐらい、長くても三十分ぐらいと思う」（佐藤軍曹談）のようなものである。右のうち、高桑証言は八中隊員のなかでは疑問視されているが、一九八一年四月十八日のNHKテレビ番組「歴史への招待」（翌年、日本放送出版協会から刊行された『歴史への招待』21の元第八中隊員による座談会に収録）で紹介された。

江口圭一はこの証言を重視し、「第一発」は志村に対する威嚇射撃だった可能性があると指摘した（江口『盧溝橋事件』二〇ページ）。事件直後に華北の日本兵の間で、この種の風聞が流れていたことについては、田中宗久が執筆した『野砲兵第四連隊並びに関連部隊史』（一九八二）の二二一ページを参照されたい。

これらとは別に〝用便〟説が流布されている。初出はおそらく一九五〇年に刊行された森島守人『陰謀・暗殺・軍刀』（岩波新書）で、「後に判明したところによると、右の兵士は生理的要求のため隊伍を離れていたに過ぎなかった」（一三一ページ）とある。森島は本省東亜局長から北平駐在の大使館参事官に七月十四日着任しているので、事件後に現地で風聞を耳にしたものかと思われる。

一九九〇年、坂本夏男は『支駐歩一会々報—盧溝橋事件第二次特集』に寄せた論稿で、用便説は少なくとも三つの専門書、いくつかの歴史辞典などに記載され広く流布しているが、軍紀上ありえないとする寺平忠輔の見解を支持している。しかし八中隊員のなかには用便もありうると述べる人があり、清水中隊長は著者の問い合わせに対し、肯定とも否定ともつかぬ回答をしてきたことがある。

後述するように、志村が「行方不明」になっていた時間は一時間半ぐらいでかなり長いから、その間の用便を詮索してもあまり意味がないのかもしれない。

兵一名の行方不明の報告を受けた清水中隊長は「直ちに捜索を始めるとともに、豊台にある大隊長にこの状況を報告しその指示を待つ」と決心して、中隊指揮班の岩谷兵治曹長（七月二十八日戦死）に内田市太郎一等兵を付け、伝令として豊台へ向かわせた。二人は中隊長と野地少尉が乗ってきた支那馬二頭で道を急いだ。今も健在の内田は次のように回想している。

射たれてから十分ぐらいたっていたか、中隊長から口頭の命令を受けて豊台へ向かったが、「一文字山には敵がいるかもわからんぞ」と注意されていたので、山の東側を迂回した。途中までは馬を曳いて静かに歩き、鉄道線路を越えたあと乗馬し、慣れた楊樹の道を飛ばした。昼間なら馬で十五分ぐらいの距離だが、倍以上の時間がかかった。

五　大隊主力の出動

二人は豊台兵営の近くで夜間演習を終えて帰還中の第七中隊を追い越すさい、穂積中隊長に事件の概要を伝えているが、第七中隊員の多くは一文字山東方の砂利取り場付近で問題の銃声を聞いていた。穂積は一九五九年、関公平（当時の東京日々新聞北平支局員）の求めに応じ、次のような手記を寄せている。(1)

一、私の中隊は夜間演習のみで夜営の準備なし。

二、演習終了、整列帰営せんとしていた時十数発（或は数十発なりしか）の銃声を聞く。清水中隊の最初に聞いたと云う数発でなく二回目の射撃にあたるのを聞いたのでしょう。私は已に熱河作戦その他で実戦の経験ありし故、「今のは空包の音でない、確かに実包の音だ」と云ったように思います。

三、七中隊と八中隊との演習地間隔は一・五キロメートル乃至二キロメートルであったが、両中隊とも別々の演習で関係なし。八中隊の演習しありしは勿論知っておりました。

四、大隊長に報告伝令を出した理由

a （略）

b、先ず実弾を補充せざれば清水中隊の応援も何も出来ず、また清水中隊にも急ぎ弾薬補充の必要を判断し、取りあえず次のような意見具申の伝令を出した。「清水中隊、支那軍と衝突せるやも知れず、速に大隊長自ら進出して情況を確むる必要あり、また速に弾薬を急送すべし

岩谷曹長が豊台の一木大隊長官舎に至り報告したのは、大隊詳報によれば「時正に午後十一時五十七、八分頃」であった。この日、第三大隊のうち、第九中隊、第三機関銃中隊、歩兵砲隊は兵営にあり、第七中隊は前記のように二二三〇に予定の演習を終了し帰営の途中であった。一木は第七中隊の演習中に現場を視察して訓示を与え、乗馬で一人だけ先行して帰ってきたが、〇三〇〇には第八中隊の演習を視察する予定にしていた。(2)

伝令の報告を受けた一木大隊長は「北平警備司令官（注、河辺少将）演習出張不在なるを以て直に在北平連隊長官舎に電話を以て事件の概要を報告し併せて連隊長に豊台駐屯隊は直ちに出動善処せんとすの意見を具申」（大隊詳報）した。

七月五日から天津に駐屯している第二大隊の検閲に出張して、河野副官、桜井少佐を伴って七日夜、北平へ帰ってきたばかりの牟田口連隊長は「直に之に同意し現地に急行し戦闘準備を整えたる後盧溝橋城内に在る営長を呼び出し交渉すべき」（連隊詳報）を命じた。連隊詳報にはないが、牟田口回想記（一九三八）によれば「支那側のことだから、射撃をしても、せぬというに違いないから、有無を言わさず証拠を握らねばならぬ。それで竜王廟付近へ斥候でも派

遣して後の交渉の材料に薬莢など拾い集めておけ、証拠を握らぬうちは、談判を始めちゃいかんぞ」と付け加えたという。

大隊に非常呼集がかかったのは八日の〇〇七である。そして〇〇二〇に次のような大隊命令が下達された。

歩一ノⅢ作命第一号

大隊命令七月八日午前〇時二十分

於　豊台大隊本部

一、盧溝橋支那軍ハ該地附近ニ於テ夜間演習中ノ第八中隊ニ対シ発砲ス

第八中隊ハ演習ヲ中止シ応戦ノ態勢ニアリ又兵一名ハ行方不明ニシテ目下捜索中ナリ

二、大隊ハ警備小隊一小隊ヲ残置シ主力ヲ以テ盧溝橋ニ向ヒ前進セントス

三、駐屯隊ノ服装ハ駐屯警備ノ服装ニシテ営内ニ集合スベシ

機関銃ハ二銃ノ四小隊、歩兵砲隊ハ連隊砲二門大隊砲四門ノ編成トス

四、集合後ハ中島大尉之ヲ指揮シ長豊支線以北ノ地区ヲ盧溝橋北側ニ向ヒ前進スベシ

五、予ハ乗馬伝令ト共ニ演習中隊第八中隊ノ位置ニ先行ス

大隊長　一木少佐

主力の出動までには一時間前後の準備が必要である。一木は留守になる豊台の警備や斥候の派遣など必要な処置をテキパキと指示し、(3)午前一時すぎ、小岩井中尉（通信班長）、乗馬伝令、通訳らを伴って現場へ先行した。寺田浄憲兵軍曹（豊台憲兵分駐所長）も、少しおくれて一木を追った。

(1)　関公平「現場で見た盧溝橋事件の回想」（その四）（『経済新誌』一九五九年十二月号）。同じ号には東浦邦年（第七中隊初年兵）からのヒアリングも掲載されているが、穂積手記と内容は一致する。

(2) 大隊詳報、一木手記は第七中隊、第八中隊の視察についてしか述べていないが、偕行社座談会（一九四一年七月）で、一木は「昼間演習をやって、私は中島君の機関銃隊と第九中隊とを見た。夜は穂積君の中隊を見て」と語っている。しかし同じ座談会で中島第三機関銃隊長は「六日の晩から七日の払暁にかけて、演習をやりましたので、その日は軍装検査、休養ということで」と語り、若干の食いちがいがある。

(3) 大隊詳報などによれば、一木は(1)警備小隊山田准尉に豊台の警備を命じ、とくに第二十九軍の兵営がある南苑を警戒するよう指示、(2)警備の後詰として在留邦人の義勇隊を召集するよう領事館警察に伝達、(3)憲兵の随行を依頼、(4)亀中尉ら三人を斥候として第八中隊へ連絡のため出発させる、(5)現場への電話線架設を処置、などを次々に指示した。大隊主力は〇一五〇に豊台を出発した。

六　失敗した捕虜獲得行

ここで時間を少し戻して、志村二等兵が帰隊した後の第八中隊の動きを追ってみよう。

清水手記は「隠忍自重軽挙妄動を慎み、支那軍に乗ずる隙を与えず、かつ上司の決心処置を容易にする方針の下に考えたのであるが、決心に迷い容易に処置がとれなかった」と書いている。つまり中国軍発砲の証拠を固めるには、接近して捕虜を捕えるとか、斥候を派遣するような積極行動が望ましいが、予期しない戦闘を引き起こしたりする危険もある。それを避けるには後退して東南方約一キロの西五里店付近に移動するのも一策だが、あまり離れると中国軍の動きがつかみにくくなる心配があった。

戦術的要点の一文字山に向うことも考慮したが、日本軍が夜間演習をやらないときは夜間に中国兵が進出しているとの情報もあったので、野地少尉の意見も聞いたうえ、清水は不測の衝突を避けるため〇一〇〇頃西五里店へ移動し、大隊の来援を待つことにした。

一文字山（1937年11月）

あれこれ迷ったすえの判断であったが、清水中隊長が西五里店集落の西端で一木大隊長と出会ったのは七月八日の〇二〇三であった。一木は伝令任務を終えて中隊に戻る岩谷曹長へ、「警備出動し清水中隊を応援すべきにつき其の中隊は現地付近に於いて待機すべし」（一木手記）と伝言しておいたが、岩谷は出発時の位置へ直行したので、すでに移動を始めていた第八中隊に出会えず、伝言は清水に伝わっていなかった。

一木は清水から、それまでの情況について聞き、志村二等兵がすでに帰隊したことも知った[1]。意気ごんだ一木は肩すかしを食った気分だったが、とりあえず一木は連隊長の意向に沿い、付近の要点で、宛平県城の東門から六〇〇メートルの至近距離に位置する一文字山の占拠を決意する。しかし中国軍が配兵している可能性を考え、敵情捜索のため野地少尉と兵二名を北側に、高橋准尉（第二小隊長）と兵二名を南側に斥候として潜入させた。一文字山といっても比高わずか三〇メートルの砂丘である。

野地は「軍刀の鯉口を切って静かに静かに一文字山北側に前進し山の下から山頂を窺ったが、敵は居らずと判断して山に登った。やはり自分の判断通り敵は居らなかった。早速帰って部隊長殿に報告した」（野地手記）と書いている。高橋斥候からも同様の報告があり、大隊詳報によれば一木は〇一五〇に豊台を出発、〇二四五に西五里店へ到着していた大隊主力（中島大尉が引率）をひきいて〇三〇五に前進を始め、一五分後に一文字山を占領、連隊本部との連絡ができるように無線班を西五里店に開設した。

一木大隊長はついで堤防陣地にいると思われる中国兵の動静を探り「不法射撃」の確証をつかもうと、清水第八中隊長をふくむ将校斥候一組と三組の下士官斥候を出した。下士官斥候はまもなく帰ってきて、次のような報告をもた

らす。(2)

一、暗夜で兵力の確認はできなかった。

二、兵力の移動が行われていて、特に拠点に増加している模様で、上官の命令、号令らしい声も時々聞こえた。

三、工事をしているらしく、器具使用の音がしていた。

優秀な下士官兵六名をつれた清水斥候の場合は、中国兵の捕虜獲得が主眼で、捕縛するための縄も準備した。そして竜王廟付近の提防に動哨が見えたので捕えようと近づいたが、虫のよい計画は狂った。寺平著は、その後に起きた情景を次のように記す。(3)

永定河西岸の中国軍散兵壕（1937年11月）

突如、堤防の壕の中から、別の数名の中国兵が起ち上って「誰呀（シュイヤ）！」——鋭く叫んだ。

——シマッタ！

そう思った瞬間、清水大尉はとっさの気転で中国語を使い「こちらの方に日本兵が一人やって来なかったか？　彼はこの辺で道を迷ってしまったんだ」と応答した（中略）。中国兵は壕の上に立ち上って、銃を構えながらも口々に、

「没有来（メーヨーライ）！」「没看見過（メーカンチエンコ）」（来ないぞ！）（見なかったなあ）

この声を聞きつけた中国兵達は、なんだなんだ、とあちらからもこちらからも頭をもたげ出してきた。その数実に十数名にも及んでいる。

まかりまちがうと、逆に日本兵の方が捕虜になりそうなので、

清水は捕獲を断念し、そのまま闇に姿をくらませた。

この間に一文字山の台地に布陣した大隊主力は、夜明を望みつつ待機し、寺田憲兵軍曹や通訳など城門交渉の要員も指名されていたが、〇三二五に竜王廟の方向で三発の銃声を聞いた。(4) 一木は「今や支那軍の対敵意志の確実なこと一点疑いの余地なし」（一木手記）と断定して、払暁攻撃の発動に備えた準備配置をとることにした。夜明を待って宛平県城の営長と交渉して解決する当初の構想は無理になったと判断したからである。

そこで最右翼に位置していた第八中隊へ機関銃二を増加配置して、大瓦窑西側から竜王廟北側堤防を目標に、とりあえずその東方約一キロの地点へ前進して待機せよと命令する。戦闘開始後、敵を側方から攻撃しうる位置であった。

竜王廟

(1)　清水手記は「行方不明の兵はほどなく発見し、伝令をもってこれを大隊長に報告」と記している。これに対して著者より「なぜ行方不明の兵を発見と同時に大隊長へ報告しなかったのか」との問い合わせ（一九五六年）に対し「行方不明の兵発見について中隊の位置移動と同時に報告したい考えから、その時期がいちじるしく遅れたのは良くなかったと思う（この報告は大隊長の豊台出発後とどいたことになった）」との回答を得た。しかし、この第二の伝令について触れた文献は他になく、伝令の氏名や行動は不明である。

(2)　三組の下士官斥候の派遣について記述している文献は、寺田浄『第一線の見た盧溝橋事件記』（五四―五五ページ）だけである。八中隊生存者ではっきり記憶する人はいない。

(3)　清水隊の堤防陣地潜入について記入した文献は寺平著（八三―八五ページ）、寺田著（五五ページ）、野地手記である。大隊、連隊の戦闘詳報や清水手記はなぜか触れていないし、同行者も不明だが、後述のように中国側の文献に該当する回想があるので、確実と考えられる。寺平著はかなり詳しく経過を書いているが、情報の出所は不明である。清水からのヒアリングかと推定される。

清水隊の行動時刻は、野地少尉が一文字山の偵察から帰り、大隊主力が前進を開始した地点（〇三〇五）に「中隊長殿は敵陣地前に兵を連れて敵情捜索と敵が我が軍を射撃した事の証拠を取りに行って居られた」（野地手記）とあること、〇三二五に竜王廟方向で三発の銃声を聞いた一木大隊長が払暁攻撃の発砲に備え、第八中隊に竜王廟北側へ進出待機することを命じ、野地少尉が指揮して前進中に「途中中隊長殿が帰って来られて直接中隊の指揮を取られた」（野地手記）とあることから、三時—四時の間かと推測する。

(4)　〇三二五の発砲について、野地手記は「敵情捜索の中隊長殿が敵から射撃せられたらしい」と記し、一木も一九四一年の偕行社座談会で同じ見解を語っているが、おそらく一休みしたのち豊台からの帰りに第八中隊が西五里店に後退したのを知らず、位置を探していた岩谷と内田を狙って射ったものと思われる。弾丸の一発は内田の馬の手綱を射抜いていた（一九九二・九・五の内田市太郎→秦談話、寺田著四九、五六、一一三ページ）。しかし後述の李毅岑証言を照合すれば、清水の一行が狙われ射ちあった可能性も捨て切れない。なお中国側の文献で〇三二五の発砲について触れたものはない。

七　盧溝橋の中国軍は

七月七日夕方から八日未明にかけての清水中隊と一木大隊の動きに対応する現場中国軍の動静は、現在でもあまり明確になっていない。事件直後に冀察政権や第二十九軍は、日本軍が発砲や兵士の行方不明を口実に攻撃をしかけてきたという構図で意思統一したようなので、十分な調査をしなかったのかもしれない。また八日朝の戦闘で堤防陣地の中国兵は全滅に近い損害を出しているので、詳細がつかみにくい部分もあろう。

事件当時、宛平県城周辺の防備を担当していたのは第二十九軍（軍長宋哲元、北平）—第三十七師（師長馮治安、保定）—第一一〇旅（旅長何基灃、西苑）—第二一九団（団長吉星文上校、長辛店）とつらなる指揮系列に属した第二一九団の第三営（営長金振中少校）であった。

金振中回想記などによれば、第三営（営は日本軍の大隊に相当）は本部を宛平県城内に置き、指揮下の第十一連（連は中隊に相当）を鉄道橋とその北方の回竜廟（竜王廟）、第十二連を県城の西南方から南河岔にかけて配置し、第九連を県城内に駐屯させていた。

第十連は予備隊として石橋以西の大王廟に至る地区に置き、重迫撃砲連は鉄道橋西方地区、軽迫撃砲連は県城の東門（うち一個排は第十二連に配属）に、重機関銃連は県城内の東南、東北各地区（うち一個排は第十一連に配属）にいたようである。兵力は一四〇〇余人というから、五〇〇余人の一木大隊に比べ二倍以上の優勢だった。

問題の堤防陣地についていたのは第十一連（連長耿錫訓上尉）と推定されるが、指揮下の三個排（小隊）のうち、「第一発」の時点で少なくとも一個排が回竜廟付近にいたことはほぼ確実である。この系列のうち、何らかの証言を残しているのは、幹部では何旅長、金営長の二人、将校では李毅岑（第十一連第三排長）、祁国軒（第十連第三排長）である。

他に宛平県の民政を担当していた洪大中（県政府秘書兼第二科科長）や住民の李世明の証言もあるが、東京裁判に出廷した王冷斎（宛平県長）の証言は、彼が北平市政府参事・新聞検査所長の職を兼務し、午前は県城、午後は北平で執務する慣例で七日も夜は北平市南長街の自宅にいたので、伝聞の域にとどまる。

カギを握るのは金営長の証言だが、回想記には「七月七日夜十一時頃、日本軍の演習地方向から、突然一陣の銃声が響くのが聞こえた」ときわめて簡単で、「中国側の発砲」に関しては触れていない。

西苑にいた何基灃の回想には五人の連名によるものと、単独手記の二種があるが、[1]前者には「七日演習をしていた日本軍はいつもとようすがちがうと報告がきたので、馮治安師長に報告したところ馮は北平へやってくることになった。夜十一時頃、県城の東方で突然数発の銃声がしたので、城内の守兵は厳重な注意を払っていた」とある。

後者も内容はほぼ同じだが、「十二時を過ぎて秦徳純副軍長から、日本軍が行方不明の兵士を探すために入城したいと要求したのを拒否したが、真相を調査せよと命じてきた。調べてみたが、中国軍が射撃した事実はなく、部下兵士の弾薬は使用されていないことが判明した」との注目すべき記述がつづいている。

次に当夜、堤防陣地にいた李毅岑の回想(2)を引用してみる。

> 七月七日の夜十一時、完全武装した日本兵二人が回竜廟の前に来て、堤に登ろうとしたので、わが小隊の兵士は制止した。すると彼らは二発射ってきたので、わが方もやむをえず二発射ち返した。二人はあわてて逃走した。双方とも損害はなかった。
>
> 私は銃声を聞いてすぐに見張台へ行って偵察し、直ちに金営長へ報告した。営長は「厳重に守備し、もし日本軍が再びやってくるなら反撃せよ」と命じた。そのうち上層部から電話で営部へ「日本軍の大隊が四門の砲を持って豊台から盧溝橋へ向かっている」と知らせてきた。そこで営部は直ちに第十連から沈忠明排長（中共党の秘密党員）のひきいる一個排を抜いて増援してきた。沈排は我々と統一指揮下に入り、橋の東側を一緒に守った。

この回想に出てくる日本軍の大隊は、豊台から出動した一木大隊を指すと思われる。また増援隊をひきいた沈忠明は、八日朝の竜王廟をめぐる戦闘で戦死しているが、中国側には彼を第十一連の第一排長としている文献もあり、深夜中に起きた堤防陣地の兵力移動状況は、明確でない(3)。

次に石橋の北のたもとの白衣庵という廟に駐屯していたという祁国軒（台湾在住）の回想（『蔣介石秘録』12、一四—一五ページ）も、参考になるので引用しておこう。

> その夜は日本軍の銃声が、ときどき聞こえたが、中国軍の銃声は聞かなかった……われわれは安心して聞き流

していた。午後十時すこし前、軍服のまま寝ようとしているところへ、日本軍の使者がきた。彼は中国語で「うちの者が、こっちに来ていないか」と問いた。「いない」と答えると帰っていった。しかし、そのときすでに日本軍はわれわれのいる廟にたいして、攻撃のできる配置についていた。

祁の回想は李回想と同様に少し食いちがうが、清水中隊長一行の堤防陣地乗りこみと思われる状況を記述している。中国兵の捕獲を狙ったこの乗りこみは失敗し、射ち合いはなかったはずだが、中国側を刺激したのは確かだろう。

次に宛平県城内の動きについては、文官だった洪大中の手記（『七七事変』三三―三四ページ）が意外に迫真性があるので、概要を引用する。

七月七日は南京政府国民大会の代表選挙があり、私は十数個の投票箱を保定の河北省政府へ届けるため、列車を盧溝橋駅に臨時停車させ、一七三〇に積みこんだ。そのあと城内の県政府へ戻ると、同僚の劉氏が「城外の日本軍が演習をやり、工事をしている」と告げたので、金営長に聞きに行った。副団長の蘇桂清中校が傍にいて、彼は「いつも通りの演習だよ」と言った。

しかし万一を心配して公安局と相談し、日没後は東門を閉めることにした。一眠りして夜に入ると部隊を集めるラッパと叫び声で目をさました。日本軍が攻めてくるという話だった。蘇と金が何旅長に指示を仰ぐと、(1)日本軍の入城は不同意、(2)武力の侵犯に対しては断乎反撃する、(3)国土守責の任あり、退るべからず、陣地を放棄した者は処罰する、との指示が来て、全将兵は興奮した……我々は陣地作りを手伝い、東西の城門に泥入りの麻袋をしばりつけ、窓に弾よけの綿ブトンを吊るし、西門だけ一人が出入りできる入口を残した……。

警官と守兵が日本兵がいないかと城内の家を一軒ずつ調べたが見つからなかった。時間から計算しても日本兵が入りこむ余地はなかったはずだが、日本軍は入城捜査を主張した。八日〇一〇〇（ママ）頃、日本軍の砲撃が始まった。

(1) 何基灃、鄧哲熙（河北省高等法院長）、王式九（冀察政務委員会秘書長）、戈定遠（宋哲元の秘書役）、呉錫祺（冀察政務委員会諮議）の共同による「七七事変紀実」（『七七事変』収載）の他に、何基灃他編「七七事変大事記」（四ページ）が盧溝橋文物保管所に所蔵されている（著者が一九八二年に一部筆写）。

(2)『中国抗日戦争図誌（中編）』（香港、一九九二）二六八―六九ページ。

(3) 郭景興「盧溝橋事変戦場考」（『抗日戦争研究』一九九二―三）は、「当時回竜廟を守っていたのは第十一連第一排で、八日朝の戦闘に奮戦して排長沈忠明以下ほとんどが戦死した。解放後に沈は安徽省政府から革命烈士として顕彰された」（七一ページ）としている。

また随向功（第二営長）の手記（『団結報』一九八四・七・七）は「第三営の一個排が回竜廟を守っていた」と記し、武月星ほか『盧溝橋事変風雲篇』（一二五ページ）は、八日朝の日本軍攻勢に際し、第十連より沈排が来て李排を増援したと記す。かれこれ考察すると、堤防陣地には第十一連の主力（三個排）が布陣していて、明け方近くに西岸にいた予備の第十連から次の一個排が増援に来て、耿第十一連長の指揮下に入ったものと推定される。

八　疑問点の四例

これまで七月七日夜から八日未明にかけて盧溝橋周辺で何が起きたのか、という観点から日中両軍の動きを検分してきたが、対応する中国側資料が圧倒的に不足している現状もあって、少なからぬ疑問が残った。そのつど、註の部分で整理して一応の考証を試みたが、重要関係者のほとんどが死去したあとなので、これ以上は詰めきれぬままに終る公算が高い。

一九八七年の五十周年の前後から、ようやく事件の実証的研究が可能になった中国、台湾サイドの新資料発掘に期待したいが、研究の現状は初歩的段階にとどまり、公式論的、教条的傾向を抜け切っていないようである。しかし、なかには盲点をつく形の論考も見られるので、そのなかから事件の本質に関わる四例の疑問点を取りあげ、検討を加えてみたい。

1　仮設敵が実弾を射った可能性はあるか

台湾の公式戦史（『抗日戦史—七七事変与平津作戦』七ページ）など中国側史料の多くが、七月七日以前から、日本軍が実弾による演習をくり返し、当夜も日本軍から発砲したと主張している。こうした主張を受けて、今井駿は「盧溝橋事件の〝発端〟について」（『歴史評論』一九八七年四月号）で、清水手記には「重大な偽証あり」と疑問を呈したのち、「想像にすぎないが」と断ったうえで、七月七日夜に「仮設敵が空包ではなく実弾を発射するという状況の下での接敵訓練」をしていたとすれば、それは一種の「未必の故意」であり、仮設敵の正面に当たる堤防陣地の中国軍が「抗議ないし報復の意志表示」として実弾で射ち返したのは当然、とする所説を発表した。

これに対し、江口圭一は同年八月号の論文で全般にわたる批判を展開したうえ、中国軍には空包はなく実包だけだったから「中国軍の実弾発射は必ずしも日本軍の実弾発射を前提としない」と反論した（今井は十月号で釈明）。著者も江口の論旨に同感である。暗夜の演習で対面する友軍の方向へ実弾を発射するのは危険きわまりなく、命中効果も確認できないから無意味である、というのが軍関係者の一致した見解であることを付け加えておきたい。

また夜襲は隠密接敵が原則なので、七日夜は仮設敵を除き空包さえ使用しなかったようである。

2　志村二等兵の「行方不明」は故意か偶然か

志村が一時的に「不在」ないし「行方不明」になった事実は日本側の戦闘詳報に記載されているが、原因について詳述したものはない。ひきつづき本格的戦闘へ移行したのでとりまぎれたのか、責任問題になるのを恐れたせいか、中隊長らの幹部が本人に事情を問いただした形跡はない。正式に問いただせば、志村の処罰に発展することもありえたろうが、清水は著者の問い合わせに対し「兵士は故意や横着でやったのではないし翌日の戦闘にもよく働いたので処分はしなかったのです」と一九五六年に回答している。

志村が伝令の帰路に迷い、発見されるまでの経過は直接の上官である野地少尉の手記が詳しく説得力もあるが、疑問を投げかける人もないわけではない。たとえば安井三吉は、高桑弥一郎証言に依った坂本夏男の論稿（『皇学館論叢』第一八巻第四号、一九八五）を引用して、野地が志村を伝令に出した二一三〇過ぎ（著者注、この時刻の出所は明確ではない）から二三〇〇頃に志村が出現するまで、近いところを一時間半も迷ったり、野地が二二四〇まで志村の「行方不明」に気がつかなかったのは不可解だとする。

そして曲家源が『盧溝橋事変起因考論』（一九九二）で、日本軍は故意に志村を「行方不明」にさせ、これを口実にして宛平県城を攻略しようとする陰謀をたくらんだが、志村が予定より早く帰隊してしまったので、計画を手直しせざるをえなかったとする主張を否定しつつも、「疑問を完全に解消することも困難」と述べている（安井『盧溝橋事件』一七三―七五ページ）。

著者としては仮にこのような陰謀があったとしても、入営から四カ月しかたっていない二〇歳の初年兵を主役に使うのは無理があると思うし、そもそも口実を設けるなら「第一発」のでっちあげだけで十分ではないかと考える。

3　志村発見の報告がおくれたのは故意か

台湾の陳在俊は「盧溝橋事件　日文著述的正誤」（『近代中国』第五九期、一九八七年六月）で、八日〇二〇三に一木大隊長は西五里店で清水中隊長と会合、志村の帰隊について報告を受けたことになっているが、豊台から西五里店までは三キロ余にすぎず、「〇二一〇頃に馬で豊台を出発した」一木が、〇二〇三までかかるはずはなく、史料の偽造だと主張した。

この諫論文を紹介した安井三吉は、一木が一九三八年の朝日座談会で、〇一〇〇過ぎ頃に清水と会って志村の帰隊を聞いたと述べていることを引用し、「陳在俊の疑問は依然解消できない」（安井前掲書一九四ページ）と述べる。

一時間の差が問題になるのは、二四〇〇に一木が志村の「行方不明」を北平の牟田口連隊長に伝え、それが〇〇三〇に松井特務機関長から冀察外交委員会に通告され、その後の日中交渉の焦点になったからである。もし一木が一時間早く同じルートで志村発見を伝えていれば、交渉の経過が好転した可能性はありえたともいえる。では一木がこの事実をしばらく握り潰した可能性はあるのか。

大隊詳報は一木が兵営を出発した時刻を記載していないが、大隊出動の作命第一号が下達されたのは〇〇二〇だった。下達法は「各隊命令受領者を集め口達筆記せしむ」と注記がある。五項目の作命を起案する時間、口達筆記させる時間などを合計すれば四〇分はかかるだろう。他にも豊台警備など所要の措置を手配しているから、〇一〇〇までに出発するのはかなり困難で西五里店着は〇二〇〇頃になったのであろう。つまり〇〇二〇出発という陳在俊の前提は根拠の薄い誤認ということになる。

ともあれ、志村発見の事実は特機日誌によれば〇二二〇に小野口旅団副官より特務機関に報告され、まもなく冀察側に伝達されている。この点はあとで再論するが、交渉の経過に致命的な影響を与える要素にはならなかった。

清水サイドのおくれも問題になるが、一九五六年、著者が清水に「兵士発見の報告がただちに上司へ報告されていたら、紛争を最小限に防止することができたのではないか」と質問したのに対し、「不法射撃を受けたことの報告が急を要すると思ったので……伝令を急派したことはたしかです。兵士発見の報告が少々おくれたのは私の失策」との回答を得ている。清水が自認する程度の失策はあったにせよ、故意によるおくれはなかったと結論してよいだろう。

4　最初の数発が中国軍によるというのは、根も葉もない説か

中国、台湾系の歴史書は、事件全体を日本の計画的陰謀と規定するものが今でも主流だが、七月七日夜の「第一発」を「中国側」からの発砲と推定する日本側の公式記録や証言を、積極的に否定する論説は必ずしも多くない。

王汝豊（人民大学教授）は一九八七年七月、日本で開催された「盧溝橋事件五十周年日中学術討論会」に提出した「抗日戦争の起点—盧溝橋事変」と題する報告（翌年原書房から刊行された『日中戦争と日中関係』に収録）で、事件は日本軍の計画的陰謀であり、勝手に実弾演習をしていた牟田口連隊の戦闘詳報は偽造だと断じた。「中国軍は発砲していない」「銃声の聞こえた方向に中国軍はいなかった」と述べた秦徳純や王冷斎の説明に全面依存して中国軍の発砲説は「全く根拠がなく、根も葉もない」（五九ページ）とも書いている。

発砲の犯人が特定されていないという意味では中国側の発砲説は「状況証拠」の域を出ず、水掛論になってしまうが、日本側の研究者にも王の所論に近い人がいないわけではない。

たとえば、清水中隊長の手記などを引用して「じっさい銃弾が飛んできたという客観的証拠はない……たとえそれが本当に中国軍の発した銃声であったとしても、中国軍が日本軍に攻撃をかけたのでないことは明白」（井上清『天皇の戦争責任』一九七五、八七ページ）と強弁した井上清は、前記の学術討論会への報告で「七月七日夜から八日早朝にかけて……日本の支那駐屯軍の一部隊が中国第二九軍の一部隊を攻撃した」（三ページ）と表現しているし、歴史学研究会編『太平洋戦争史』第二巻（一九七二）は「最初の発砲がはたして事実か……明らかでなく」（二九九ページ）と述べている。[1]

著者も、日本側の私的陰謀説に可能性がないわけではないと思うが、王汝豊のように日本側の記録や証言を全否定する論法は公正ではないと考える。

（1）中学生用歴史教科書（日本書籍版）が「演習中に銃声がし、兵士が一人いちじ行方不明になった。これを中国側の攻撃だ

として戦争がはじまった」と書いているのも、その亜流だろう。なお、傍線の部分は旧版では「射撃音がして」となっていた。
現用の中国小学校教科書の記述は、巻末資料4を参照。

九　発砲者を探索する（上）

日本側の公式記録で七月七日の二二四〇に、夜間演習中の清水中隊へ二次、計十数発の射弾を浴びせた〝犯人〟は誰だったのか。その日から半世紀にわたり、多種多様の論議がくり返されてきたが、一九九六年の時点でもたしかな解答は出ていない。

事件直後から日本側の公式発表は、発砲者を竜王廟付近の堤防陣地にいた中国軍と断定していた。七月八日午前十一時の外務当局発表は「第二十九軍第三十七師馮治安部下の支那兵約二ケ中隊」と、東京朝日新聞の第一報（七月八日発行の九日付夕刊）と読売新聞の第一報（八日付号外）は「第三十七師に属する二百十九団の一部」と指名した。

これに対し中国側は公式にも非公式にも堤防陣地への兵力配備自体を否認、したがって発砲もありえないという論理構成で対応し、すべては日本軍が盧溝橋地区を武力占領するための口実にすぎないとしてきた。中国や台湾政府は、その後もこの公式見解を変えておらず、研究者の間でも中国軍の発砲を公然と認めた著書や論文はまだ現れていない。

東京裁判では連合国検事団の最終論告がほぼ中国政府の言い分を継承したのに対し、日本側の最終弁論は、中国軍の発砲を主張するだけにとどまらず、国民政府を対日戦に巻きこむため共産分子が企てた計画的陰謀だと反論した。しかし双方とも決定的な証拠を提出できたわけではなく、最終判決は中国側主張による事件の経過を列挙するにとどまり、その責任が日本側にあったとの明確な判定は下さなかった。

その後、日本では当事者や研究者などによって〝第一発の犯人〟をめぐる多彩な論議がつづいたが、論者の間には七日夜の第一発と、その後の時期における挑発的策動を混同する例も少なくなかった。その点を考慮しつつ大別すると、次の三説に仕分けできよう。

1　日本人説

2　第二十九軍説

3　第三者説

（a）　藍衣社など国民党系の特務機関

（b）　西北軍閥系の諸分子

（c）　中国共産党

（d）　その他

各説の消長を検討することは、とりも直さず日中両国にわたる盧溝橋事件論争史と呼んでいいジャンルを検討する作業にもなる。安井三吉の「盧溝橋事件のイメージ—中国の場合、日本の場合」（『日本史研究』三八〇号、一九九四）は、こうした流れを簡潔に要約している。著者自身は『日中戦争史』（一九六一）の刊行いらい、一九八七年頃までは「第一発」問題に触れるときは、日本人説、第二十九軍説、第三者説の分類を用い各説の長短を紹介しても、結論は留保する姿勢を一貫したつもりである。[1]

しかし、一九八六年に現場の大隊長だった金振中の回想記が中国で公刊され、『中央公論』の一九八七年十一月号でその全訳を掲載したさい、回想記が明らかにした状況証拠に基づき著者は「解説と分析」で、「四十年以上にわたって堂々めぐりを重ねてきた盧溝橋第一発」を、第二十九軍の兵士たちによる偶発的射撃と結論づけた。この結論は今も変らないが、論証に先だって、今までに掲示された各説の概略を展望しておきたい。1と2は便宜上あとへまわし、もっともバラエティに富む3の第三者説から見ていくことにするが、いずれも状況証拠による推論ないし臆説が多く、なかには意図的な偽証と思われるものも散見する。

まず藍衣社説（3a）だが、事件直後の北平では一時有力視されたらしく、七月十一日夕方の北平武官室発表は「六月末いらい南京の抗日分子の平津潜入と暗躍」を、翌十二日午後の支那駐屯軍発表も「藍衣社、共産党員多数が北支に潜入、十二日に至り俄然活躍」と述べていた。

十六日の特機日誌には、冀察側要人の説として、藍衣社第四総隊の陰謀説が記入されているが、日本側は二十九軍側の責任転嫁ではないかと疑っていた。いずれにせよ、藍衣社ないし国民党系特務と推測する説は風聞の域を出ないまま、いつとはなく消えてしまった。

次に西北軍閥説（3b）は、事件前日の七月六日午後に石友三（冀北保安隊司令）が、今井北平駐在武官を突然訪れて「日華両軍は今日午後三時頃盧溝橋で衝突し、目下交戦中だ」と告げ、情報の出所は秘匿しつつ全面戦になっても、自軍には戦意はないから攻撃しないでくれと頼んだエピソードがよく知られている。ただし後段は石友三の口ぐせだったらしく、茂川秀和少佐も事件の直前に同じ主旨を頼まれたという（茂川→秦談話、一九五三・一〇・一九）。

今井は後日になって「私と多年に亘る交遊から考え、翌七日の陰謀計画を、日時を六日に仮託した、好意的な予備通報と考えられないこともなかろう」（今井『支那事変の回想』一一一一二、四五ページ）と書いている。

この仮説の弱点は、石友三の「予告」が「陰謀計画」の張本人を指名していないこと、かりに旧西北系軍閥（宋哲元もその一人）が当事者だとしても、「ゴタゴタに乗じて漁夫の利を得る」という漠然たる理由のほかに説得力のある動機を見出せないことにある。

参本支那課長だった永津大佐も、事件を聞くや「旧西北軍下部の暴発だなあ」（「永津佐比重追憶記」一九六七）と直感したそうだが、根拠は明確でない。

東京裁判では岡本弁護人が石友三犯人説を秦徳純にただしたが、秦は「そうではありませぬ。石友三は親日分子で……ありえない」（速記録、一九四六・七・二五）と否定したことがある。

次に中国共産党説（3c）は、盧溝橋事件の直後から現在までくり返し多数の関係者や研究家によって流布されてきたが、状況証拠ないし結果論が多く、やはり確証はない。初期の代表例をいくつかかげておこう（カッコ内は一九三七年当時の職務）。

(1) 上村伸一（外務省東亜局第一課長）　「中国共産党が逸早く……全国に一致抗日の通電を発したことである。そのことから私は昨夜（著者注、七月七日）の発砲は共産党の仕業だなと直感した」（上村『破滅への道』六七ページ）。

(2) 大城戸三治大佐（南京駐在陸軍武官）　「七月下旬に熊斌参謀次長が華北へ行って調べ、どうも共産党の陰謀らしいと結論したことを、人づてに聞いた」（大城戸→秦談、一九五三・一一・一四）。

(3) 波多野乾一（外務省嘱託）　「（七月七日）第二十九軍中に入っていた中共青年団が発砲したのである。換言すれば、中共北方局（劉少奇）の工作の成功である」（波多野「支那事変前夜の群像」『文藝春秋臨時増刊—昭和メモ』一九五四）。

(4) 中谷武世（大亜細亜協会理事）　「（七月十七日和知参謀に招ばれ現地へ行ったが、彼の話だと）最初の一発は二十九軍の兵士の中に入り込んで居た中共軍に属する学生の一人が発砲……劉少奇の周到な計画と指令通りに……日本が仕掛けたという偽装を百パーセントに成功させ」（中谷「盧溝橋事件の真相」『文藝春秋臨時増刊』一九五五）。

これらの中共犯人説は、東京裁判の弁護人陳述をふくめ、事件前後における中共党の抗日論調とくに七月八日付という早い時点で党中央が対日即時開戦を主張する通電を発した事実、事件直後の中間策動者が中共系人脈だったらしいことなどからの推測に由来する。著者も一九六一年に刊行した『日中戦争史』で諸説を列挙したのち、「事件関係者の間で中共陰謀説が強いのは……当時の日中関係において中共の占めていた利害関係と、その後の歴史の推移との対比によるものであると言ってよかろう」（一八二ページ）と論じたことがある。

注意を要するのは、事件後に拡大を狙って日中両軍の中間で策動した犯人と、七月七日夜の発砲者は区別して考察しなければならないのに、混同して語られることが多い点であろう。

ところで一九七〇年代以降に盛んになった中共説は、出所をたどっていくと、多くが葛西純一編訳『新資料・盧溝橋事件』（成祥出版社、一九七五）に発しているようである。

葛西は関東軍の兵士として終戦を迎え、八路軍に身を投じ、一九五三年帰国するまで下級将校として大陸各地を転戦したとされるが、四九年末、洛陽勤務時代に中共軍兵士へ無料で配布される「戦士政治課本——救国英雄・劉少奇同志」なるポケット版の教本に、次の主旨が書いてあったという。

> 七・七事件（ろ溝橋事件）は、劉少奇同志の指揮する抗日救国学生の一隊が決死的行動をもって党中央の指令を実行したものである。暗闇のろ溝橋で日中両軍に発砲し、宋哲元の第二九軍と日本駐屯軍を相たたかわせる歴史的大作戦に導いた。

葛西は、一九八二年に病死するまで主宰するミニコミ誌を通じて同主旨の中共謀略説をくり返し書き、キャンペーンを張ったため、かなり広汎に浸透した。しかし、各方面からの要請にもかかわらず、本人は政治課本の現物を公開しなかったので、著者は偽造か、洛陽時代に読んだ資料のウロ覚えではないかと推定している（この点の詳細は秦『昭和史の謎を追う』上、第七章を参照）。

葛西が中共軍に従軍した時期は、劉少奇が毛沢東につぐ英雄として遇され、とくに北方局書記時代の実績は党内で高く評価されていた。学生運動も同様で、「抗日運動推進のため、中共党は優秀な幹部を派遣して第二九軍への侵透をはかった。一九三七年六月、第二九軍は天津、北京の学生を集中訓練した。党はこの機会に多数の党員を参加させ、兵士大衆の中に入りこみ、抗日救国のタネをまいた」（『盧溝橋事件』中華書局、一九五九）のような書き方をした刊行物が多かった。読み方によっては、盧溝橋事件を中共党の計画的行動と短絡的に読みとる背景はあったと言えよう。

葛西説の信奉者には、一連の失言問題で一九八八年に国土庁長官を辞任した奥野誠亮がいる。このとき葛西説を援用して奥野の弁護にまわった人に、小堀桂一郎、加藤栄一をふくむ評論家や学者が意外に多かった。その一人だった桂鎮雄（支那駐屯歩兵第二連隊付中尉）は、劉少奇が「七・七事件の仕掛人はこの俺だった」と西側記者団に告白したという主旨の論稿を発表したが、記者会見自体が幻にすぎないことが明らかになっている。[2]

最近では日中戦争の後半期に北京の特情部で暗号解読に当っていた平尾治少佐が、七月七日夜半に天津の軍司令部で無線傍受に当っていた技手より、平文の明瑪（ミンマ）で北平市内から「二〇五二　〇五〇一　〇〇五五」（成功了―うまくいった）という電報が延安の電台に向けて、三回反復送信したのを傍受し、数日後に思い当ったと聞いたこと、終戦直後に青島で中国軍参謀から、やはり同じ「成功」電報を傍受したと聞いた体験から、第一発は中共党が仕掛けたと述べている（平尾『或る特殊情報機関長の手記』私家版、一九九二、一五五―五六ページおよび平尾→秦談話）。

スリリングな話題ではあるが、発信者、傍受者の氏名をふくめ裏付け情報に欠けるのと、「成功了」の表現が漠然としているので評価のしようがない。

現時点におけるわが国の研究者で、中共説を採用する人は少数派になってきているが、その一人である坂本夏男は、七月八日の中共通電を重視する立場から「中国軍が共産党の謀略に基づいて準備し、かつ日本軍の夜間演習等の機会を捉えてひそかに仕掛けた」（坂本『盧溝橋事件勃発についての一検証』一九九三、三四ページ）と述べている。

最後に3d（その他）から一例をあげると、中島辰次郎（元特務機関員）の馬賊説があり一時注目されたが、中島は松川事件の犯人と名のり出たこともある虚言癖のある人物で、信頼できない。[3]

（1）　著者は『日中戦争史』（一九六一）では、各説を列挙したあと、七月八日付の中共通電の全文を紹介し、時期的にきわめて早い点を強調したあと、「中共陰謀説にたいする有力な根拠といえるかも知れない」（一八三ページ）と結んだので、著者を中共説と受けとった読者もいたらしい。

『太平洋戦争への道』第四巻（一九六三）の著者が執筆した第一編では、各説をあげたのち「いずれも確証はなく、今日にいたるまでナゾのまま」と記述した。その後、一九七九年に書いた『一億人の昭和史』への寄稿では、誤解を避ける意味もあり各説について「あえて可能性の順位をつけると、(1)二十九軍兵士の偶発的発砲、(2)中共説、(3)西北派説になるが、当分謎の一つとして残るのではあるまいか」と結んだ。

一九八四年の「盧溝橋謎の発砲者は誰か」（『円卓会議』第四号、のち『昭和史の謎を追う』上に第六章として掲載）は、「あえて順位をつけると」と断って、(a)西北軍閥説、(b)藍衣社説、(c)中国共産党説、(d)偶発説、の順に「可能性が高いと言えようか」（一〇一ページ）と表現したが、人によっては「（秦は）西北軍閥説を最も可能性が高い、とする見解に移った」（たとえば前掲『日本史研究』の安井三吉論文一二〇ページ）と順序を逆に誤認したようである。

(2)　奥野「侵略発言どこが悪い!?」（『文藝春秋』一九八八年七月号）、桂鎮雄「盧溝橋事件真犯人は中共だ—私は東京裁判で本件の証言を中止させられた」（『文藝春秋』一九八八年七月号）など。

(3)　七月七日夜、演習の現場を通りかかった于海賓ら四人の旧満州馬賊が、迷っていた志村二等兵を送り返したあと、挨拶（送礼）のピストル発射に日本軍が実弾で応射したのが発端だというのが要旨で、佐久間鞏が『サンデー毎日』の一九八四年八月二十六日号に紹介した。やはり馬賊仲間だった中島が事件の一年後に北平の高文斌宅で小日向白朗も同席して于から聞いたとされているが、于が二二〇団長だったとか、同じ仲間の李大鉄が通州虐殺事件を引き起こした主犯という記述は事実に合わないし、小日向の著書や中島が一九七六年に刊行した『馬賊一代』にこの話が出てこないなど不自然な部分が多い。

一〇　発砲者を探索する（下）

次に1の日本人説と、2の第二十九軍説を検討してみよう。

まず日本人説だが、一貫して日本軍の計画・挑発説にこだわる中国、台湾側は別として、日本側でも、事件の第一報を聞いた直後から、またも日本陸軍の陰謀かと疑った人々は決して少なくない。たとえば近衛首相は、風見書記官長へ「まさか、日本陸軍の計画的行動ではなかろうな」（風見章『近衛内閣』二八ページ）とつぶやき、広田大臣を囲んだ外務省幹部会議の空気は、石射東亜局長によれば「またやりあがった」（石射猪太郎『外交官の一生』中公文庫、二九五ページ）であった。これらの諸例は、過去における陸軍の実績から連想された反射的疑惑と思われるが、西園寺の秘書原田熊雄が記録した情報はもっと具体的である。それは事件の少し前に杉山陸相が「出先の若い士官達が八月の異動を前に、何か事をやりはせんか、殊に綏遠で失敗した田中隆吉という参謀あたりが、何かまたしでかしやあせんか」（原田日記第六巻二八ページ）と語っていたことだった。『高松宮日記』も七月十六日の項に、八月異動と出先参謀の画策を記しているし、陸軍の石原少将が、事件は永津参謀本部支那課長と現地軍の和知参謀が合作した陰謀ではないか、と疑っていた（詳細は後述）のは、どうやら同根の風説らしい。

陰謀者の名をはっきり指名したものとしては、茂川機関説が久しく流布されてきたが、その起源は田中隆吉が一九四八年に刊行した『裁かれる歴史—敗戦秘話』（『田中隆吉著作集』に再録、二八〇ページ）で、事件直後に茂川秀和少佐（支那駐屯軍司令部付、茂川機関長）が、天津へ出張した田中へ、中国人学生を使って「第一発」を射ったと告白したように書いたのが最初であろう。

しかし寺平忠輔（北平特機補佐官）は、のちに茂川から「田中があんまりばかばかしいカマをかけてきたので、そうだそうだと相槌打ってやったら……僕がやった事にデッチ上げて」（寺平著四三三ページ）と聞いている。著者も一九五三年十月十九日のインタビューで、茂川から「事件後に学生を使って拡大の策動はやったが、田中はそれを混同したのだろう」と聞いた。現地の関係者がいずれも否定的だったこともあり、わが国では茂川説は薄れてしまうが、最近になって中国側で注目されるようになった。

東京裁判に出廷した秦徳純と王冷斎は、事件の直前に支那駐屯軍が飛行場用地（実は豊台部隊の兵舎用地）を買収しようとして失敗したので、実力で入手しようと企てたのが「事件発生の近因」だと主張した。それは国民党政権の公式観でもあったが、板垣征四郎や土肥原賢二将軍らの半公的ないし私的陰謀と臆測する見解もあり、見当をつけかねていたというのが実態ではなかったか。(1)

戦後の日本研究者の間でも、左翼歴史家を中心に、漠然と日本軍や浪人の陰謀説を唱えたり、戦闘詳報や関係者の証言に疑問を呈する人がいたが、最近では減って、〝犯人不明〟か二十九軍兵士の偶発的発砲説が主流を占めるようになってきた。

実は第二十九軍発砲説は、事件の直後には日本側とくに現場周辺にいた関係者の間では、疑問の余地のない事実と想定されていた。すでに引用したように、事件の第一報を伝えた新聞などは、ほぼ一致して発砲者を第三十七師の第二一九団と指名していた。八日北平発の同盟電が「長辛店駐屯の騎兵第九師の約二個中隊」と伝えたこともあるが、「馮治安の言いのがれ」(九日付朝日)と判断したのか、一回だけの報道で消えてしまう。

七日夜に射たれ、翌朝から戦闘に入った一木大隊は、戦闘詳報で交戦相手を「第二十九軍第二百十九団全員なりし如く」と記述しているように、別に発砲者がいる可能性は考えなかったようである。その先入観は八日朝、永定河の堤防における戦闘の直後に赤藤憲兵少佐らが中国兵の遺棄死体を検分し、捕虜にした河務局の作業員を尋問したことで、確信にまで高まった。(2)

第三者説が台頭したのは七月十日頃から対峙する日中両軍の中間で、衝突の拡大を狙ったと思われる策動が見られてからで、策動者を七日夜の発砲者と同一視する見方が広がったが、両者は区別して考えるべきだろう。最近では、現場の地理的条件すなわち第二十九軍の兵士達が配備されていた永定河の堤防陣地と演習中の第八中隊との直距離は一〇〇〇メートル内外の近さで、そこへ第三者が潜入して策動する余地は乏しいであろうとの認識が深まってきた。(3)

そうなると、問題の「第一発」は日中両正規軍のいずれかとなるが、日本軍が実弾を使用する必要性はなく、謀略の痕跡が見出せない反面、堤防陣地の中国兵を発砲者と推定するだけの状況証拠はかなり豊富である。

第一は、いわゆる「第一発」とくに第二次の十数発については、堤防方向から射った実弾の閃光・発射音・飛行音を清水中隊長、野地小隊長をふくむ多数の第八中隊員が確認している。

第二は、すでに紹介した現場の中国軍関係者の数人が、その夜堤防陣地にいたことを自認している。

第三は、金振中が前日の七月六日（五日説、七日説もある）に開いた将校会議で「十分なる戦闘準備をなすよう指示し、日本軍が我が陣地の一〇〇メートル以内に進入したら射撃してもよし」（前掲の金振中回想記）と命じたことである。夜間の距離測定は誤りやすい。一〇〇〇メートル離れた仮設敵の軽機による空包射撃は、閃光も発射音も意外に大きい。緊張し興奮していた堤防の守兵が、これを至近距離と誤断しても無理はないだろう。

では堤防からの射撃を、末端の兵による反射的応射と結論してよいのだろうか。現場にいた第八中隊員の多くは、仮設敵の空包射撃と第一次の数発、集合ラッパ音と第二次の十数発は因果関係にあると感じた。こうした証言を前提に検討を重ねた寺平忠輔は、現場中国兵の心情を次のように推定した。

> 七日夕刻、竜王廟の東に清水中隊が固まっているのを見て——今晩あたり、あの中隊が攻めてくるのかも知れないぞ——と、兵は徹宵陣地を離れなかった……ところが清水中隊は……竜王廟を背にしてだんだん遠ざかって……気を緩めた。とたん、午後十時四十分、にわかに仮設敵の軽機射撃が始まったわけである。——来たッ——そう思った瞬間、覚えず引鉄に指がかかり、弾が発射された。つまり恐怖心と警戒心、それに敵愾心を加えて三つに割ったような気持が、兵の間に動いていたものと想像される。
>
> 続いて間もなく集合喇叭が鳴り始めた。「今度こそ攻撃開始の合図の喇叭だッ、射て射てッ」（寺平著四二九—三〇ページ）。

すなわち故意性の薄い反射的応射ということになるが、寺平はさらに翌日、金振中と宛平県城で会見して一緒にはやりたつ中国兵を慰撫した印象から「たとえ計画的であったとしても、これは単なる連長以下の暴虎馮河の勇か、ないしは単なる嫌がらせくらい」と判断している。

赤藤庄次

桜井徳太郎少佐、河野又四郎少佐も、手記で寺平と似た解釈を述べ、とくに河野は中国兵が空包、実包の区別を知らなかったので、軽機の空包射撃を実包射撃と誤認したのではないかと述べているが、日本軍の演習になれていた中国兵は空包を知っていたはずだし、第一次はともかく第二次の十数発は指揮官の命で数人が交互に射ったとする反論（たとえば荒木著一八九ページ、『自由』一九九三年七月号の岡野篤夫論文）もある[4]。

いずれにせよ乱射乱撃に至らず、それを利用して中国兵が反撃前進したり、北平や南苑の主力を動員した事実はないから、全体として守勢心理のなかで作動した発砲と見てもよさそうだ。それにしてもこの日、堤防陣地にいた中国兵が日本軍の攻撃を半ば予期して、一種の興奮状態にあったのはたしかで、それだけの理由もあった。

事件前日の七月六日には何旅長から第二一九団に対し「日本軍が挑発してきたら、必ず断固として反撃せよ」との命令が届き、第三営の将兵は「日頃から日本軍の挑発行動を目撃して憤慨極まっていたので、死を賭して抵抗し盧溝橋と存亡を共にせん、との意志を再確認しあった」と金振中は回想している。

この陳述を信じれば、堤防の兵士たちが第八中隊の「挑発行動」（夜間演習）を目前に見ながら、発砲も辞さない心理状況におちいったであろうことは想像に難くない。その発砲者は単にナショナリストとして抗日敵意に燃えた兵士であったかもしれないが、沈忠明のような中国共産党の秘密党員ないしシンパが混じっていた可能性もあろう[5]。

（1）　現在でも中国、台湾の歴史家の間では、盧溝橋事件を日本側の計画的陰謀ないしデッチアゲとする所論が主流を占めているが、そのプロセスや犯人にまで立ち入ったものは見受けない。茂川を指名したのは台湾の陳在俊で、彼は田中著と茂川の戦犯裁判（一九四六年）で、本人が「第一発を射ったのは日本人」と自白したとされるのを結びつけて、この「日本人」は茂川だと断定した（『近代中国』四一期、一九八三・六・三〇の陳論文）。中国の王汝豊は、この陳論文を引用して、信頼性が高いと支持意見を表明した（『日中戦争と日中関係』の王論文、六一ページ）。

国府の何応欽軍政部長は、七月十一日午後六時ペック米参事官へ「盧溝橋を占領するための日本軍の計画的行動と確信する」と述べ、関東軍の板垣参謀長らが中央政府の許可なしに強行しているものか、とほのめかし、対日戦は望まず準備も完全とはいえぬが、受けて戦う用意はあると強調した（Peck to State Dept. July 12, 1937, *FRUS*, III. p. 138）

板垣はこの年の三月、第五師団長へ転出し、東条英機が参謀長へ就任しているので、明らかな誤認だが、関東軍の積極的な言動から、満州事変の張本人板垣が今回も独走し、東京が押さえ切れず、十一日に華北派兵を決定したプロセスから「第二の満州事変」を連想したものであろうか。

また秦徳純は、東京裁判の証言（一九四六・七・二四）で「盧溝橋事件は土肥原（中将、当時は宇都宮の第十四師団長）が発動した」と陳述しているが、彼は事件から二週間後の七月二十三日には、中島弟四郎中佐（第二十九軍事顧問）へ「事変の主役は……藍衣社第四総隊じゃないかとも思う」（寺平著二八七ページ）と述べたりして、定見はなかったようだ。

(2)　赤藤少佐らの憲兵は堤防陣地に倒れていた中国兵下士官の死体から、宋軍長、馮師長、何旅長、吉団長、金振中営長、耿錫訓連長に至る直属上官の氏名を記した手帳を入手した。この手帳には、日本軍が演習の名目で宛平県城を奪取する企図があるので至厳なる警戒を払うよう注意した六月二十一日付の吉星文二一九団長の訓示も記入されていた。

捕まった四人の河務局職員（永定河の水量を計測するため竜王廟に寝泊りしていた）の尋問によると、二十九軍の兵士が堤防陣地の工事を始めたのは六月半ば過ぎで、七月に入ると毎晩一個小隊ぐらいが交代で来て陣地につき、夜明けに引きあげるようになったことも判明した（寺平著一三七―三九ページ、寺田浄『第一線の見た盧溝橋事件記』八三ページ）。

(3)　事件直後に密偵を使って現場付近を検証した三橋憲兵上等兵の回想によると当日、対峙する日中両軍の中間に匪賊など他のいかなる武装兵力もいなかった、との諜者報告を受けたという（荒木和夫『北支憲兵と支那事変』一六五ページ）。重松博治、鈴木石太郎らの元憲兵も同じ見解を著者に述べている。

(4)　七月八日、寺平らとともに宛平県城へ入った斎藤弼州（北平特機通訳）は、金振中が「演習時の日本軍の吹きならすラッパの回数の多いこと、そして……どれもこれもわが方を攻撃する突撃ラッパに聞こえるのですよ」と語ったことを回想し、

「日本側の思いやりのなさ……思い上りのしからしむるところであると深く感じた」と述べている（斎藤「この眼で見た盧溝橋事件」『善隣』三二一号、一九八一年十二月）

なお、平時の日本軍は実包の使用をきびしく管理し、相手から実弾で射撃されることを深刻に受けとめるが、中国軍は一般にこの点がルーズで、「彼らの射撃は仮令（たとえ）（嚇し）（示威）（暴発）などかりそめの射撃でも実弾が飛出す」（岡野篤夫『盧溝橋事件』六五ページ）傾向があった。

（5）金振中回想記の全訳にこうした主旨による著者の解説を付した『中央公論』一九八七年十二月号が発行されてから二週間後の十一月二十三日付の『人民日報』（海外版）に、馬鶴青「略論誰在盧溝橋開第一槍」（誰が盧溝橋で第一発を放ったか—日本拓殖大学秦郁彦教授へ）との反論が掲載された（読売新聞の二十三日、二十四日付も報道した）。第一発は日本軍によるものと批判する主旨であった。しかし国内版の方は全く触れなかった。新華社通信も『人民日報』と似た批判を配信し、一部の英字新聞が報道したようである。また蔡徳金・任常毅も「日本軍の『宣伝計画』から七七事変の真相を見る」（『档案与歴史』一九八八年第二期）などで、秦を「日本軍国主義者の中国戦争弁護」と批判した。

一九八九年十月に開催された第二回抗日戦争史学会でも、秦をふくむ日本学者の金振中回想記の「誤読」が問題にされ、中国人民抗日戦争紀念館編研部がまとめた討論要約では「日本軍が一〇〇メートル以内に入ったら射ってよいと命令したのははたしかだが、それは中国軍が先に射った証拠にはならぬ」と反論している（『近代史研究』一九九〇年一月号）。斎福霜論文（張春洋主編『盧溝橋事変与八年抗戦』に収録）の主旨もほぼ同じ。

第五章　七月七日深夜の現地周辺

一　特務機関の交渉

一九三七年当時の慣例では、北平地区における日中間の局地紛争は、まず北平陸軍機関（俗称は北平特務機関）によって処理されていた。特務機関長は支那駐屯軍司令部付の正式職名が示すように、軍司令官の指揮下にあり、機関長の下にいる軍事顧問部の三人の現役将校（中島弟四郎中佐、桜井徳太郎少佐、笠井半蔵少佐）は第二十九軍顧問の身分も持ち、双方を往来しながら連絡、指導に当っていたので、実情に応じた処理がしやすかった。

各国の外交団や護衛兵力が集中していた北平市中心部の東交民巷（天安門の東南方）地区には、特務機関のほかに日本大使館（分館）と武官室（今井武官の正式職名は大使館付陸軍武官補佐官で、参謀総長に直属する上海駐在の喜多大使館付陸軍武官の指揮下にあった）、支那駐屯歩兵旅団司令部と指揮下の支那駐屯歩兵第一連隊本部もあり、相互の連絡に便利だった。

実際に事件の初動処理は特務機関を結節点として展開し、しかも時々刻々に記録された「北平陸軍機関業務日誌」（特機日誌）が残っているので、それを軸に七月七日深夜から八日早朝にかけての日中双方の動きと交渉の経過を追ってみよう。

表5-1は、主要な事項を時間順に並べたものであるが、中国側内部の動きは確実なデータが乏しく、とくに時刻

表5-1　7月7日深夜の動き

	日　本　側	時刻	中　国　側	時刻
1	一木↔牟田口	0000		
2	旅団副官→特機	0010		
3	牟田口↔松井	0020		
4	第3大隊作命1号	0020		
5	松井→林耕宇	0030	外交委→秦徳純	0010
6	塚田↔李文田	0100	秦徳純→吉星文	0015
7	清水中隊，西五里店へ移動	0100		
8	林耕宇→松井	0110	秦徳純→王冷斎	
9	林耕宇→松井	0145		
10	一木大隊，豊台発	0150	王冷斎→金振中	
11	旅団副官→特機	0155		
12	牟田口の森田への指示	0200	外交委↔秦徳純	0200
13	一木大隊長，清水中隊長と会合	0203		
14	旅団副官→特機	0220	王冷斎，特機へ出頭	
15	赤藤→牟田口	0230	秦徳純，桜井と会談	
16	大木参謀→牟田口	0240		
17	橋本→松井	0300	佟副軍長ら軍事会議	0300
18	旅団命令	0300		
19	「宣伝計画」の起案	0300		
20	一木大隊，一文字山へ	0320	吉星文↔秦徳純	0330
21	竜王廟方向で3発の銃声	0325		
22	日中代表，現地へ出発	0335	吉団の主力，盧溝橋へ向う（0410到着）	0330
23	森田ら現地へ出発	0410		
24	牟田口，一木へ戦闘許可	0420		
25	支那駐屯軍の中央への報告	0420		
26	戦闘開始	0530		

注1：日本側の時刻は，主として北平特機日誌によった．ただし4，10，20，24，26は大隊詳報．

注2：対応する中国側の事項と時刻は不完全であるが，秦徳純の東京裁判証言などによった．

注3：→は電話による連絡，↔は電話による協議を示す．

がはっきりしていない場合が多い。ともあれ、特務機関を中心にした動きを見ていくと、事件の第一報が一木大隊長から牟田口歩一連隊長へ電話で通報されたのは、七月八日の零時である。近傍の官舎へ帰宅していた幹部将校や兵営の兵士に非常呼集が直ちにかかり旅団副官（小野口知大尉）と連隊副官（河野又四郎少佐）らは手分けして、概要を天津の支那駐屯軍司令部、今井武官、軍事顧問などに通報した。

小野口が特務機関に連絡したのは〇〇一〇で、一〇分後に牟田口と松井特務機関長が電話で話しあっている。二人は陸軍士官学校の同期生でもあり隔意のない間柄だったが、会話の内容は特機日誌には記録されていない。その一〇分後の〇〇三〇には、松井が林耕宇（冀察外交委員会専員）の自宅に電話して「直に事態収拾方を通告」した。発砲者は「第三十七師第一一〇旅二一九団第三営」（特機日誌）と名指してのことである。林は日本留学生出身で、日本語の会話ができたので、窓口に選んだのだろう。ここまでの伝達はきわめて迅速で効率的に進んでいるが、林耕宇は四〇分後に「秦市長より現地部隊に拡大せざる様下命せり」（特機日誌）と返事してきた。

その時点までに、特務機関には召集された寺平補佐官、西田外交顧問、桜井軍事顧問の四人が集まり、事態の収拾策について協議を始めていた。その状況を寺平は次のように記す。

（機関長は）中国側の不信はあくまでもこれを糾弾する。そして軍の威信は絶対傷つけるような事があってはならぬ。この問題は現地限りに終始することが肝要である。徹頭徹尾、不拡大に終始する事が根本方針である（中略）。当面の対策としては、まず第一に中国側要人を十分説得して現地の実情を正しく認識させ、我が方の不拡大方針に同調させる。次には日華双方の責任ある代表者を現地に派遣して、急速に事態の解決に当らせる。この二つはこの際どうしても早く手を打たなければいかん、と意見が一致した。

そこへ〇一四五に、再び林耕宇から電話がかかってきた。松井との問答を、特機日誌は次のように記録している。

松井　支那側および日本側の代表者を現地に派遣し、事件拡大防止に努力して欲しい。

林　魏主席（魏宗翰外交委員会主席）は、日本軍の行動停止を取り計らってもらいたいとの意見である。

松井　現地の軍隊は目下盛んに活動中だから、即時行動を停止させるのは困難である。だから、速やかに責任ある代表者を現地に派遣してほしい。日本側も直ちに代表者を派遣するから。

その魏宗翰は〇二二五に孫潤宇委員を伴って特務機関へやってきたが、現地への代表者派遣を承知し、王冷斎と林耕宇を予定していると答えている。連隊本部からは北平警備司令官代理の牟田口が動けないので、代りに連隊付（副連隊長格）の森田徹中佐が出かけることになり、〇三三五には次のような顔触れで現地へ向け出発した。

日本側

桜井顧問、寺平補佐官、斎藤通訳、赤藤憲兵分隊長、憲兵五人

森田中佐、大塚賢三通訳生、一個分隊の護衛兵

中国側

王冷斎、周永業（冀察綏靖公署交通処副処長、日本陸士卒業生）、林耕宇

これより早く〇二一五に、桜井は松井機関長と相談して「昨年の豊台事件の時の要領に依り現地解決をなす」（「北支那作戦史要」の桜井手記）方針で合意し、斎藤通訳をつれ秦徳純と馮治安に談合しようと特務機関を出て、〇三一〇に帰ってきた。馮は不在で斎燮元（冀察政務委員）に会った。そのとき秦が桜井に約束した事項について特機日誌は、

1　他部隊を動かさず

2　盧溝橋部隊は外部に出さず

3　事件拡大を極力防止す

としか記入していないが、歩一の連隊詳報は秦徳純が桜井へ次のように語ったと記録している。

(イ)　桜井少佐が馮治安（注、秦徳純のまちがい）と会見し、盧溝橋不法射撃を訊したる処馮曰わく「馮の部下は絶対に盧溝橋城外に配兵せず支那軍に非ざるべし」と。

(ロ)　城外に配兵せられありとせば攻撃は随意にして恐らくは馮の部下にあらざるべし。又馮の部下とするも城外にあらば断乎攻撃して可ならん。馮は「城外に居るとせば其れは匪賊ならんと付言せり」と。

秦徳純がなぜ城外の第二十九軍部隊に対する日本軍の攻撃を容認するかのような発言をしたのか、不可解だが、その他の日本側文献にも同工異曲の記録が残っているので、こうした主旨の会話が交わされたのは確実といえよう(1)。

ところで特務機関を主宰した松井大佐は、一九五六年に書いた短い回想記に「成るべく寛大なる態度を持し……事に当っていた(2)」と総括しているが、七日—八日にかけての交渉経過をめぐる心境や判断には触れていない。しかし牟田口が〇二二〇に電話で第三営の即時撤退を要求しようと提案したのに賛成しなかった点などから見て、概してハト派的態度で臨んだと見てよい。

(1)　秦徳純の桜井への談話内容は旅団戦闘詳報、第三大隊戦闘詳報、清水中隊長手記、一木大隊長手記（一九三八）、牟田口回想記（一九三八）、牟田口手記（一九四一）などに出てくるが、大筋はほぼ同じである。これは桜井が〇五〇〇頃、西五里店で攻撃発動準備中の一木へ、攻撃目標を宛平県城から城外の永定河堤防陣地へ切りかえるよう説得したときに伝えたのが出所であるためかと思われる。朝日座談会（一九三八）で一木がこの件を馮の発言としたのを、桜井は秦と訂正している。牟田口手記も主旨は同様だが、発砲者は「西瓜小屋の番人か然らざれば藍衣社系統のものならん」と秦徳純が付言したとしている。寺平忠輔『盧溝橋事件』（一一〇ページ）も、この牟田口手記を踏襲した。

秦発言はその場限りの言い逃れともとれるが、桜井は東京裁判の証言（一九四七・四・二二）で、八日朝宛平県城内で金振中営長に「竜王廟から何故日本軍を射撃したか」と詰問したところ、金が「竜王廟には自分の部下は居らぬ。射撃したとせば匪賊か或は無頼の徒であろう」と答えたと述べている。かれこれ考えあわせると、秦と金が適当な口裏合わせをした可能性もありそうだ。桜井はやはり東京裁判で、七月八日の〇五四〇頃竜王廟の戦闘が始まった時に、金が「前言を取消し其の部下が竜王廟に在ることを告白しました」とも証言した。

いずれにせよ、この「秦徳純発言」は日本軍に堤防陣地を攻撃する恰好の口実を与えることになる。

(2)　松井太久郎「涯なき日中戦争の発火点」（『別冊知性』一九五六）。

二　牟田口連隊長の判断

次に、衝突現場の一木大隊長を指揮する立場にいた牟田口連隊長の心境と決断のプロセスをたどってみよう。本来なら、この役割は牟田口の直属上官で北平警備司令官でもある河辺旅団長が果すはずだった。北平警備司令官は「鉄道、交通、通信の防衛、公館及び居留民の保護」（東京裁判の河辺口供書）のため北平、豊台、通州の三駐屯地をふくむ北平警備区を統一指揮する任務を持っていた。

しかし河辺は七月五日から山海関に近い南大寺の演習場へ歩兵第二連隊の検閲に出かけていて、事件発生時は夜どおし演習に立ちあっていた。〇三〇〇に北平から連絡を受けた彼が小型連絡機と列車を乗り継いで豊台へ到着したのは八日一五〇〇頃で、それまでの十数時間は、牟田口大佐が北平警備司令官の任務を代行した。

ところで第一報から朝の攻撃発動に至る牟田口の収拾方針を概観すると、(1)夜明けを待って、一木少佐に宛平県城の営長と交渉させる、(2)師団長の謝罪、第三営の即時撤退を要求、(3)反撃、(4)武装解除、とくるくる変動している。豊台事件（一九三六年九月）の先例にこりて強硬方針で行こうと興奮したり、寛大な処置ですませようかと迷ったり、その心境はかなりゆれていた形跡が認められるが、順を追って観察していこう。

まず(1)に当るのは午前零時の一木への指示で、「営長を呼び出し交渉すべき」（連隊詳報）の「交渉」が何を指すか必ずしも明瞭でないが、「薬莢など……証拠を握らぬうちは、談判を始めちゃ、いかんぞ」（一九三八年の牟田口回想記）と注意している点から見ると、行方不明の兵よりも「不法発砲」の責任追及に重点を置いたものかと思われる。

ともあれ、牟田口は事件発生時の心境を手記（一九四一）のなかで次のように述べている。

当初心中に浮かびしことは「遂にやったな」と云う感じにて驚きたるも、さて之は支那側が計画的に起せしものなりや或は局所的に突発的に起りしものなるや、而して突発的に起りしものとせば局所的に収拾するを必要とし、然らずして計画的なるときは之に応ずるの覚悟なかるべからずとする所謂一般情勢判断なり。

更に又事件処理に対し如何にすべきかに当惑したるも先づ頭に浮びしは前年の豊台事件の経験……に鑑み又事件後に部下将校に対し不信を敢てする支那軍に対しては……鉄槌を加うるを要すべき旨預て申せし次第なるを以て……更に又冷静なる考になりて……事件を最小限に限定して片付け得る方法はなきものかと極めて慎重なる考えをも心中に（中略）更に……現地の責任者が現地の状況に応じ任務に基き決心することが最も適切……以て上司に指令を仰がんとする考は忽ちにして消散（後略）。

河辺少将（左）と牟田口大佐（右）（1937 年 7 月 14 日）

周囲から豪腹、勇猛の士と見られていたにもかかわらず、意外に小心な官僚的性格も持ちあわせていた牟田口の心情を窺えるが、結果的に彼は河辺旅団長の意向を聞かず、独断で強硬策をとる方向に流れていく。すなわち牟田口は官舎から連隊本部に出勤すると、伝令を派遣して連隊幹部に緊急集合を命じ、演習のため通州に野営中の第一大隊（第一、第三中隊など）を呼び返し、朝までに朝陽門外の国際射撃場へ集結するよう手配した。

当時、北平市内に残留していたのは木原第一大隊長と第二中隊の一個小隊、機関銃一個小隊、第二、第三中隊の残留者など百数十人の小兵力にすぎず、自隊防衛にも足りないくらいだったので、牟田口は〇〇三〇に赤藤憲兵分隊長へ密偵を使って市内の要人宅や西苑、南苑などに駐屯する中国軍兵営の動きを偵察するよう依頼した。

その報告は〇二三〇頃に届いたが、いずれも特段の動きがないので、牟田口は事件を中国側の計画的行動ではなく、局所突発事件と判断する。彼は手記に「此の報告は連隊長の決心に重大なる基礎を与えたり」と強調しているが、その前に牟田口は口頭で森田中佐へ次のような旅団命令を発していた。

旅団命令　　　七月八日午前二時
於北平警備司令部

一、(略)

二、貴官は現地に急行し本事件の実情を調査し且支那側責任者の謝罪を要求すべし

牟田口大佐

森田はすでに日中合同の現地調査団に加わるように特務機関と打ち合わせをすませていたが、旅団命令には「之が実施の為歩兵一中隊、機関銃一小隊を城内に入れ大隊主力を以て一文字山付近に集結し以て交渉を開始するを適当とす」(旅団詳報)との「注意」が付されていた。

ところが牟田口から天津の支那駐屯軍司令部へ旅団命令の主旨を報告すると、大木作戦参謀から「不法射撃に対しては断乎支那側の陳謝を要求すべし　交渉に赴く時には一ケ中隊を帯同し必要に応じ武力発動をも敢行すべし」(特機日誌)と輪をかけたような強気の指示が返ってきたとされる。

この大木指示が軍の正式見解かどうかは疑問の残るところだが(1)、勢いを得た牟田口は〇二二〇に松井へ電話で、「行方不明の兵は無事」と伝えたあと「解決条件として旅団は日本軍の演習を害し不法発砲せるは皇軍に対する最大の侮恥なるを以て最小限度(1)師団長の謝罪、(2)第三営の即時撤退を要求し度」と持ち出した。松井は「(1)項は何等異

論なきも(2)項は軍と相談の上決定すべし」と答え、賛成しなかった。[2]

午前三時半すぎには、現地調査へ向う寺平大尉が王冷斎と林耕宇を伴って連隊本部へやってきた。せめて旅長くらいが来ると予期していた牟田口が王に資格をただすと、「宋哲元の代理」と答えたので、さらに「文官たる貴官が軍長たる資格を代理し得るや……不法を働きし二十九軍の兵に向い命令し得るや」（連隊詳報）と追及したところ、困惑した王は、戻って秦徳純に確かめたいと言い出す。しかし「状況切迫して一刻の猶予を許さず」と判断した牟田口は「不適当なりと信じつつも」資格論争は打ち切り、一行は森田中佐を伴って〇四一〇に現地へ向った。

出発前に森田が「連隊長は飽く迄も交渉に依り解決せんとする御考えなりや」とただしたところ、牟田口は「然り、予は飽く迄も交渉に依り解決せんとす」[3]と答えているが、森田の出発から十分もしないうちに、牟田口は決心を変更することになる。

(1)　寺平は八日午前三時、橋本支那駐屯軍参謀長が松井機関長と電話で「絶対不拡大」の意見を交換していたのに、大木の指示は矛盾すると感じ、のちに橋本へ訊したところ「私にも全然不可解」で「武力発動……」のくだりは「軍の意図に反する事おびただしい」との感想を得ている。なお大木は慎重な性格で、独走するタイプの軍人ではなかったという（寺平著四四九ページ）。

(2)　牟田口はやや突飛とも思える第三営の撤退要求を思いついた理由について、特務機関が中国側要人（秦徳純か？）から「友軍たる日本軍と二十九軍との離間策を狙う藍衣社の策動とも考えられ」るとの感想を聞いたので、両軍の衝突を避けるには、とりあえず第三営を宛平県城から撤退させるのが良いと判断して、松井に「意見を具した」のだと旅団詳報で説明している。松井が難色を示したので、この提案はいったん見送られるが、のちに復活することになる。

(3)　牟田口手記（一九四一）。なお牟田口は一九六三年の国会図書館における録音テープでは、「この際いかに穏便にやるかという非常に一生一代の私は知恵を絞ったつもりでね『暗夜のことで日本軍とわからずに射撃した』と言えば、寛容の精神をもってそれを聞いてやらないかんぞ」と森田に説示した、と述べている。つまり逃げ道を与えてやったという言い分である。

森田中佐一行が出発した直後のことである。西五里店通信所の一木大隊長から、〇三二五に竜王廟方向で三発の銃声を聞いたが「二回も発砲するは純然たる対敵行為なりと認む如何にすべきや」（連隊詳報）と牟田口連隊長へ電話で問い合わせてきた。

三　暁の攻撃発動

一木も武人肌の野戦型指揮官だったから、牟田口に劣らず向う意気が強く、〇三二五に二回目の発砲を体験すると、機先を制して「今のうちに宛平県城を夜襲して乗取っておいて、そうして交渉した方がいいんじゃないか」（一九四一年朝日座談会発言）と思いたつ。そうなると、単なる戦闘準備では足りないので、払暁攻撃配置のため、右翼の第八中隊へ機関銃二丁を配属し、大瓦窑西側から竜王廟北方二〇〇メートルの堤防に機動し、「戦闘を惹起せざる距離にあって占領待機」するよう命じた。堤防陣地の中国軍を包囲する構えである。

そのあと西五里店の電話線端末に出かけ、牟田口と話しあったが、前記の座談会での一木回想によると、連隊長から「森田中佐が現地調停のために出発した」と聞いて、一木は「これはまた戦争は出来ないな」と落胆した。ところが牟田口が「北京全部の支那軍が動いているわけじゃない。単に豊台だけの事件と思うからその点は非常に安心だ」と言うので、一木はそれならと勢いこんで「この際に盧溝橋の支那軍をひっぱたいてやろう、やった方がいいと思います」と進言した。その後のやりとりを一木は座談会で次のように述べている。

ところが暫くして連隊長は「やってよろしい」と言われた。まさか連隊長がやってよろし、と仰有る（おっしゃ）とは私も思わなかった（笑声）……そこで「ほんとうにやってよろしいのでありますか」と念を押した。連隊長が「やってよろしい」とまた言われた。「今、四時二十分、間違いなし」と……これが事変の始まった時なんです。

はやりたっていた一木とはいえ、森田中佐が出発したばかりだし、武力行使を許されるとは思っていなかったというのは正直な感想だろうが、連隊長の傍で聞いていた河野副官は、「振りあげた拳の下しようがない」一木が「連隊長を担いだナ」（河野手記）と直観したという。

牟田口は暗夜なら言い訳もたつが、すでに明るみはじめていた〇三二五の発砲は、中国軍が「明かに日本軍なりと承知して射撃せるものと認めざるを得ず」（牟田口手記）と理由づけている。注目すべきは、二人とも憲兵の密偵情報から中国軍主力は動いていないので、「大いなる鉄槌」をふるっても「事件を局所的に収拾し而して皇軍威武を宣揚し得る」と計算した点である。この計算は結果的にはずれるが、河野手記は、慎重型の河辺旅団長が不在で現場指揮官が二人とも「何れ劣らぬ闘士[ママ]満々の士」だったことが、事件処理に与えた影響を重視している。

さて攻撃許可をもらって乗馬で一文字山へ帰る途中の一木は、軍使一行より先行した桜井顧問がやってくるのに遭遇した。豊台事件の時に桜井が両軍の仲裁に入ったのを記憶していただけに、「これは悪いものに行き会った」と思った一木は、高飛車に「桜井さん、今度はとめてもやりますよ。許可をもらった」（一木手記）と浴びせた。すると桜井も「いや、止めはせん。止めはせんが……」と応じながら、すでに書いた秦徳純とのやりとりを語り、「城内に多数の良民あり依りて攻撃は待たれたし」（大隊詳報）と説得した。そのかわり、城外すなわち堤防陣地への攻撃は遠慮なくやれというのである。

一木は堤防の中国兵が城内に逃げ込んで、空振りにならないかと気にしていたが、桜井の提案も一理あるので、とっさに決心を変え「城内は攻撃せず」と約束した。そのあと桜井は「宛平県城に入って指揮官に会い、城内の中国兵は絶対戦闘に参加しないよう指導してきます」と述べ、県城の東門に向った。

桜井と別れて一文字山へ帰った一木は、直ちに部下を集めて「大隊は盧溝橋城内は攻撃せず、城外に居る兵に対しては断平之を膺懲す」との方針を示し、次のような大隊命令を発した。

歩一ノⅢ作命第二号

大隊命令七月八日午前五時〇分

於一文字山中央大隊本部

一、大隊は竜王廟より鉄道線路間を永定河の線に前進す

二、各隊は現在の態勢を以てあの方向に前進

三、歩兵砲隊は竜王廟及其南方「トウチカ」に次で鉄道橋頭付近に射撃準備

すでに夜は明けていて、宛平県城の城壁上を、点々と蟻のように動く灰色軍服の二十九軍兵士の姿が見え、堤防陣地にも中国兵が充満している様子が観察された。その眼前で城内の中国軍に横腹を見せながら、大隊は北から南へ第九中隊、機関銃中隊、第七中隊を並べて展開し前進を開始しようとした時に、数台の自動車に分乗した森田中佐らの軍使一行が一文字山に到着した。

森田は連隊長の決心変更を知らないから、今まさに第一弾を発射しようとする歩兵砲の前に立ちふさがって制止する。敵前三〇〇メートルまで迫っていた一木は、やむをえず前進を中止して、全員に朝食の堅パンを食べるよう命じたが、食事が終らぬうちに竜王廟方向で日中両軍の戦闘が始まった。

この衝突はもっとも接近していた第八中隊との間で起きた。すなわち大迂回してひそかに北側から竜王廟北方約二〇〇メートルの堤防に達した中隊主力は、清水中隊長と野地第一小隊長を先頭に廟へ向って南下を始めた。その状況を野地手記は次のように書いている。

トーチカ（廟の北方一五〇メートル）前七、八十米まで前進すると敵の将校らしきものが一人出て来て「止れ、止れ」と叫ぶ。

中隊長殿は自分に交渉せよと云う。私は士官学校で四年間支那語を学んだので、下手ながらどうにかこうにか「今命令を受けて竜王廟より盧溝橋に向い前進中なのである」と支那語で答えた。かれはそれでも「止まれ、止まれ」と手まねをしながら云う。もはや猶予は出来ないから分隊毎に前進を続ける、敵前五、六十米まで近づいたと思う時其の支那の将校らしきものはトーチカの中に入った。其の瞬間敵は撃つなと思ったから直ちに伏せさせた。思った通り敵はバリバリと射撃を始めた。そこで直ちに射撃開始を命じ之に応戦する。配属機関銃も射ち出す。

トーチカの銃眼は東面していたので、第八中隊には損害はなく、全員が一列縦隊で北から南へ突進すると、守備の中国兵は算を乱して退却した。[1] 竜王廟から南側は交通壕がつながっていたので、宛平県城をめざして逃げる中国兵は、追撃する日本兵の集中射撃を浴びて串刺し状にバタバタと倒れた。

この状況を注視していた一木大隊長は、待っていたとばかり部下諸隊に総攻撃を下令する。まず一文字山から撃った歩兵砲の砲弾が竜王廟南側のトーチカを直撃、各隊は銃火をくぐって堤防陣地へ向け突進を開始した。一木手記には「時正に午前五時三十分。恰もよし旭日暁雲を染め燦として輝く」とある。

日本軍の進撃は早かった。第八中隊が突撃開始から七分後に鉄道橋頭北側に達すると、ほとんど同時に第七中隊の先頭が進出してきて、激戦をくり返しながら大隊主力は永定河を渡り、〇五四五には対岸（西岸）に取りついた。

作戦の順調な進展ぶりを知った牟田口大佐は、〇六三〇に次のような旅団命令を発令した。

一、貴大隊は一部を以て盧溝橋々梁及鉄橋を占領し永定河右岸の敵に備え主力を以て盧溝橋城内の支那軍の武装を解除すべし

二、爾後は軍の北平付近に在る支那軍に対する攻撃の為待機姿勢に在るべし（旅団詳報）

旅団詳報には、このとき「恰も軍司令部より和知参謀、鈴木大尉来り軍の意図も同様なる旨を連隊長に伝う」とある。

(1)　竜王廟の衝突について詳述しているのは、他に寺平著（一三〇ページ）、清水手記、歩一会々報の佐藤（一男）手記、安保手記がある。多少の異同はあるが、大筋に差はない。なお戦闘の発端となった中国軍の射撃について、大隊詳報は「支軍は（日本軍の）攻撃頓挫せるものと侮りしならんか」と書いているが、寺平は否定して「清水中隊に対する対応射撃が原因で、これが全線に波及した、と見るのが至当」（一三ページ）と述べている。寺田浄憲兵は、朝食中に部下将校から「前進したら撃つでしょう。撃たれたら撃ちましょう」と進言された一木が即座に同意し、休息中の兵隊が一斉に立った気配を敏感に認識した中国軍が発砲した、と記している（『第一線の見た盧溝橋事件記』六五—六六ページ）。

つまり、この段階では戦意に燃える一木大隊の挑発的行動が先行し、どちらが先に発砲したかを論じても無意味ともいえる。

四　支那駐屯軍の対応

ここで特務機関、牟田口連隊のこれまでの動きに相応する支那駐屯軍司令部の対応ぶりを準公式記録である陸軍大学校編「北支那作戦史要—支那駐屯軍」を軸にたどってみよう。この文書の七月八日の項は、次のような記述から始まっている。

各幕僚は事件を知るや期せずして全員司令部に参集し、午前一時三十分幕僚会議を開く。然れども当時の空気は、本事件は必ずしも大事件とは考えず、支那軍の不法行為は既に再三のことなれば、当面の問題は如何に処理するやを議するに止り、日支の根本問題に触れ、又事態の重大化等を予想するものなかりしが如く、何等緊張せる会議には非ざりしなり。

取敢ず和知参謀、鈴木大尉を現場に急派す（八日空路北平に向う）。午前三時在天津各隊には出動準備整えつつ平常通り業務を実施すべきを命ず。

ところで軍司令官の田代皖一郎中将は、「支那通軍人」の主流を歩いてきた人物で、穏健篤実な人柄は日中双方から評価されていたが、六月八日山海関の夜間演習を検閲中に心筋梗塞で倒れ、重病の床にあった。七月七日当時は昏睡状態がつづき、回復しないまま十六日天津で病死する。そこで十二日に後任の香月中将が着任するまで、軍司令官の職務は参謀長の橋本群少将が代行した。橋本は前軍事課長の要職にあった冷静緻密な頭脳の持主として定評があり、田代と同傾向の穏健派に属したが、和知以下の幕僚陣のなかには「事変が勃発するのを待ち構えて居たと云う様な者」や「ゴソゴソと何かやって居った様」（橋本群中将回想応答録）な者もいたようである。その橋本は東京裁判に提出した口供書（法廷証二四八七号）で次のように陳述している。

軍は幕僚会議を開き不拡大現地解決を決定し其の旨隷下部隊に命令すると共に、中央部に対し右軍の方針を打電し指示を待つことに致しました。之と同時に出張中の河辺旅団長を北京に帰還せしむる処置をとりました。

同旅団長が天津通過の際、私は自ら旅団長に対し電話を以て軍は現地円満解決を方針とするから第一線部隊の軍事行動を中止することを指令しました……万一を慮り支那駐屯軍の主力を豊台及通州付近に集結するも、関東軍の増派は求めざることに決しました。

橋本が言及した中央部あての電報は、〇四二〇に次官、次長あてに発信したもので、事件の概要を伝えたあと「問罪使として森田中佐以下（支那側も同行する）を盧溝橋に派遣し、取敢えず事実を承認せしめその謝罪其他の交渉を開始せしめたり[1]」と特務機関のとった処置を報告する程度に終っている。

支那駐屯軍の作命第一号は〇七三〇に発令されているが、それは「豊台部隊は盧溝橋を包囲し詰問中」に射撃を受けたので「歩兵第一連隊は目下在盧溝橋の支那軍に対し、武装解除を準備中なり」と述べ、天津部隊の一部に出動準備を下命するものであった。

このように、軍司令部の表面の動きは静観の域を出ていないが、裏面ではいくつかの特記すべき動きがないわけではなかった。

第一は、親日派とされていた張自忠（天津市長兼第三十八師長）らを通じる打診と内情探知工作である。当日、張は北平の私邸で病臥中だったため、軍司令部付の塚田理喜智中佐が市政府の馬秘書長と李文田（第三十八師副師長）に接触した。そして狼狽した馬が北平の張に電話した結果、「支那側は本事件を極力穏便に解決したき意図明瞭」とわかったので、橋本参謀長は戦闘行動中止に関する折衝を命じた。

そこで塚田は八日〇一〇〇頃、馬、李の両人を通じ張自忠と電話で交渉し、戦闘を中止することが合意された。結果的にこの合意は破れることになったが、のちに張らから得た情報では第三十七師に抗日派の青年将校が多く、上部の意図が伝わらず、また日本側も第二十九軍の統制力に楽観的期待をかけすぎた、と「北支那作戦史要」（二八ページ）は反省している。軍は八日、九日とこの張自忠ラインに期待してくり返し裏交渉を進めるが、結果的には成功していない。

第二は幕僚部内における強硬派の策動である。すでに記したように、〇二四〇に軍の大木作戦参謀が牟田口を上まわるような強硬意見を伝えているが、ほぼ同時刻に「七月八日午前三時軍主任参謀起案」の「宣伝計画（仮定）」と題した文書が作られている。この文書は誰が起案したのかはっきりしないが、書きこみから判断すると「一部参謀の私案で……正式な決定方針とはならなかった」[2]（永井和）ものと思われる。構成は、一、方針、二、要領、三、宣撫工作、四、宣伝実施に分れているが、まず一では「爾後帝国が和戦何れの方針に進む場合に於いて」も適用しうる見地から「直ちに実行に移り、爾後情況に応じ逐次計画実施す」と積極的な姿勢を示す。

二では「直ちに実行」すべきとする「事態誘導の基礎工作」として、「要人の監禁」と「盧溝橋占領」をあげている。要人とは秦徳純と馮治安を指し、二人を北平特務機関に拉致させようとする荒っぽい手段であった。ついでに山東省にいる宋哲元も、早々に天津へ戻らせるか、青島へ退避させるが、見こみがない場合は「済南特務機関長に於て独断最後的手段に出づることを認む」とした。

盧溝橋（宛平県城）の占領は軍の主力を集中して、「遅くとも七月九日正午頃迄に」としている。これらはいずれも実行に移されなかったとはいえ、こうした一部の強硬論は事件前から形成されていたと思われるから、中国側が盧溝橋の奪取を狙った日本の計画的陰謀かと受けとめたのも、むりはなかったといえよう。

和知以外の強硬論者の顔触れは必ずしも明確でないが、参謀部付の鈴木京大尉は、のちに「参謀部内の意見は二つに分れていたと思う。実力で事態を解決しようというのが和知参謀とわたし。これに対する穏健派、不拡大論者は経済担当の池田純久中佐参謀を中心とする人たち……このさい一挙に北支問題にケリをつけねば――と、はやったんでした」（『昭和史の天皇』15、三八二―八三ページ）と率直に告白している。

司令部内には、他にも豊富な謀略の実績を持つ専田盛寿少佐（参謀）、茂川秀和少佐（司令部付）、浅井敏夫少佐（同）のような猛者がいたが、彼らは手足となる兵を持たないから、さしあたり現地指揮官を煽動する以外に方法がない。司令部嘱託で池田に近い梨本祐平は、和知が「河辺（旅団長）は慎重だから、牟田口を大いに激励すべきである」と「仙波少佐に叱るように話している声」（梨本『中国のなかの日本人』一四一ページ）を聞いたと書いている。

和知と鈴木は、早くも〇六四〇に北平の牟田口連隊本部に現れた。そして前述のように牟田口が〇六三〇の旅団命令で示した中国軍の「武装解除」という強硬策を支持し、激励した。気をよくした牟田口は〇八〇〇の旅団命令で、(1)中国軍の西岸撤退、(2)武装解除、(3)拒否すれば一一〇〇に宛平県城攻撃、という方針を打ち出すが、それは支那駐屯軍や不在だった河辺旅団長の意図を超えるものだった。[3]

だが、こうした私的策動が必ずしも事件拡大に結びついたとは言えないようである。

(1)「北支那作戦史要――支那駐屯軍」三七ページ。

(2) 永井和「盧溝橋事件に関する一史料」(『史』六三号、一九八七)。なお原資料は防衛研究所蔵の「北支那方面軍状況報告」に入っている。永井は起案者を専田情報参謀ではないかと推測しているが、専田は七月七日には北戴河へ出張中で九日に天津へ帰っているから、著者は、政策担当で高級参謀でもあり、新聞記者から「天津軍の爆弾男」と呼ばれた和知鷹二大佐と推定する。橋本参謀長がかつて著者への談話(一九五三・一〇・二九)で「八日朝各主任を集めて意見を聞いた。和知がもっとも強硬論を唱えた」とあるのが、ヒントになる。

(3) 〇七三〇に発令した支那駐屯軍の作命第一号(支作命一号)は、歩二を中心とする在天津部隊の一部に「出動を準備すべし」と命じ、その参考として、現場の戦況と歩一が盧溝橋の中国軍の武装解除を準備中と述べている程度にとどまる。武装解除を命じる〇六三〇の旅団命令を黙認しているともとれるが、〇九〇〇の支作命第二号は、「永定河左岸盧溝橋付近を確保し、事件の解決を図らんとす」という軍の方針の下に、旅団長へ「盧溝橋付近支那軍の武装を解除」(『北支那作戦史要』三八―三九ページ)と命じる程度であった。

〇八〇〇に発令された前記旅団命令は、支作命二号の主旨を越えているのは明瞭であり、和知、鈴木が牟田口を督励して強硬方針をとらせたものと推定される。

五　東京裁判の秦徳純証言

さて、すでに指摘したように日本側の動きに対応する中国側の動静を正確に記録する中国側の公文書、日記類はきわめて少なく、また内情に類する回想もほとんど発表されていないが、断片的な情報を整理しながら概略の経過を追ってみよう。

中国側の多くは、東京裁判に証人として出廷した秦徳純と王冷斎の口供書に依拠しているので、まず口供書の要所を検討する。

秦徳純の「七七事変紀実」は七月八日〇〇一〇に、日本特務機関からの通報を受けた冀察外交委員会が秦徳純に電話してきたのが第一報だとしている。「第三七師所属部隊の不法射撃で兵隊一名が行方不明となって居るので、日本軍隊は今夜入城して検査すると云って居るが、結局如何応対すれば宜敷いか、電話で指示を請う」（法廷訳による）との要旨だったという。

これに対し秦徳純は「日本軍隊が勝手に我国の領土内で演習をすると云うことは、全く国際法に違反した事である……若し事実兵隊が失踪しているならば即刻盧溝橋駐在部隊に命令し地方警察と一緒に代って捜索してやれ」と返事させたが、間もなくまた電話があって、日本側は「強硬に入城検査を迫り、若し然らざれば兵力を用いて城を包囲することに決定した」とのこと、そこで秦徳純は「日本人は何うして斯う野蛮で訳が判らぬのであろうか。我方は自衛の為、専ら強硬に抵抗せよ」と命じたとある。

外交委員会とのこのやりとりは、表5-1の〇〇三〇、〇一一〇、〇一四五における林耕宇と松井機関長との通話に相応するものだろうが、特機日誌では〇〇三〇に松井から「事態収拾方」を要請したのに対し、〇一一〇に「現地部隊に拡大せざる様下命せり」との秦徳純回答が伝えられ、〇一四五には松井から不拡大のため日中合同の調査団派遣を提案したことになっていて、内容的に食いちがう。

とくに松井が行方不明の兵を捜索するため入城検査を要求した件は日本側記録になく、それに問題の兵は城外で不明になったのだから、松井がこんな要求を持ち出すのはいかにも不自然である。

王冷斎の「盧溝橋事件実録」も大筋は秦徳純と同じで「松井が我が方へ対し日本兵一名……発砲の際、行方不明となりたるに因り、日本軍は随意に城内に進入し捜査したき旨申込んできた……私は直ちにこれを拒絶した」と記述、「当方の派した警備隊の多数」によ

秦徳純

って城内外を探したが、該当の日本兵は見つからなかったと強調した。

事件直後の中国側説明では、日本の要求を「城内に逃げこんだ発砲者の捜索」としていたのが、なぜ東京裁判の秦・王口供書を境に「行方不明の兵の捜索」に切り変ったのか、理由は判然としない。

いずれにせよ、それいらい中国も台湾も両人の口供書を引用する形で、インパクトは強いが不自然とわかる東京裁判用の説明を踏襲してきた。(1)

同じ捜索でも、行方不明の日本兵と発砲した中国兵とでは本質的な差異があるが、ついでに秦徳純らの口供書で、彼らが陳述を避けて通っている数点をあげておきたい。

1、中国側は松井→林耕宇→秦徳純のルートによる通報が届くまで、事件の発生を知らなかったのだろうか。

2、右の通報を受けてから、秦徳純らは発砲の有無について事情調査を実施したのだろうか。

3、失踪した兵の発見が早目に日本側から通報されているのに記述がなく、行方不明のまま推移したかのように印象づけたのはなぜか。

一方、両人の口供書とワーレン弁護人の反対尋問に対する応答を見ると、「日本軍の演習は国際法違反」（追及されて撤回）とか「吉星文に問い合わせると夜間演習はなかったとのこと」とか「日本軍から発砲した」のような発言が見える。総合して判断すると、両人の口供書は東京裁判用に準備した中国政府の政治的立場とシナリオに沿って作成されたものであり、さらに王冷斎には秦徳純の筋書きに合わせて加除した形跡も見られる。

一例は安井三吉が指摘（安井前掲書一九八―二〇二ページ）したもので、一九三八年七月七日の『漢口大公報』に王が発表した「盧溝橋事変回憶録」には、八日午前二時すぎに特務機関で松井から「行方不明の兵士は帰隊しているとの報告を得ている」と聞いたくだりを口供書では落としているが、それは秦徳純口供書が九日の松井との会談で初めて日本兵の帰隊を知らされたように述べているので、その矛盾を整合させるためだろうというのである。

中国側が行方不明の兵を実際に捜索したかはともかくとして、午前二時すぎにはこの件は消滅した。残るは発砲問題だけとなったわけだが、この件に深入りしたくないがために、中国側はひきつづき行方不明兵の問題をクローズアップしておきたかったものと思われる。(2)

しかし日本側が発砲責任を追及してくるであろうことは予想されたので、秦徳純は直ちに吉星文と王冷斎に、王冷斎は金振中へ真相を問い合わせた。秦→馮治安→何基澧→吉→金のルートを通じる問い合わせもした形跡がある。

現場指揮官だった金振中の回想記（巻末資料3）は「日本軍の虚言を信じてはならないと答えた」としか記していないが、何基澧ほかの未公刊手記には「十一時頃、県城の東門外で銃声を何度も聞いた……十二時を過ぎて秦徳純から……真相を調査せよ、と命じてきた。調べてみたが、中国軍が射撃した事実はなく、部下兵士の弾薬は使用されていないことが判明した」との注目すべきくだりがある。

つまり何は、七日夜の「第一発」が存在したことを認めたうえ、発砲者は彼の部下ではなかったとわざわざ否定しているのだ。出先レベルでは、事件の核心が「不法射撃」の責任者探しにあったことを自覚していたといえよう。結論の正否はともかくとして、兵士の弾薬調査までやったところをみると、かなり徹底した調査をやり、それなりの結論も出ていたと推定するのが自然である。

(1)　七月八日夜、宋哲元の名（実際は秦徳純か）で南京の国府外交部へ打った電報には、松井の要求が「発砲者は中国兵と思われすでに城内に逃げたと思われるので、入城して捜索したい」（『革命文献第一〇六輯、盧溝橋事変史料』上冊一一二ページ）であったとしている。十日付の国府外交部から日本大使館への抗議文（同二四八ページ）や九日付（八日正午に発行）の『世界晩報』（北平）号外、九日付の『華北日報』、『北平ニュース』も同じ主旨の記事を掲載しているから、事件直後は「発砲者の捜索」が統一見解だったと見てよい。

しかし東京裁判における秦・王証言の説明は、中国と台湾の公式見解に昇格したらしく、当事者の蔣介石、金振中、何基澧の回想や李雲漢、胡徳坤のような研究者をふくめ、ほぼ例外なく「行方不明の兵の捜索」を採用している。

（2）　秦徳純、王冷斎らがおそくとも八日朝までに行方不明の兵が帰隊した情報を日本側から受けていたことは、他に二つの文献で確認できる。一つは前記の『世界晩報』号外（曲家源『盧溝橋事変起因考論』口絵写真）で、「行方不明の日本兵はすでに探し当てた（日兵已尋獲）とも聞く」とある。

もう一つは、七月八日の〇九〇〇に仏文『政聞報』（北平）の記者が秦徳純の談として掲載した記事（上海の英字紙『華美晩報』七月十七日付に転載）で、「間もなく行方不明の日本兵はすでに兵営に戻っていた。そこで中国側は入城調査は不要と考えたが、今井大佐（著者注、松井のまちがい）は、軍隊はすでに出動しているのでやはり入城捜索が必要と言った」とある。

この秦徳純談の後半に照応するのが王冷斎の回想記（一九三八）で、兵士帰隊を聞いたが、松井はどのようにして行方不明になったのか情況を明らかにしたいと言い、王は当の兵士に聞けと反論したとしている。日中合同調査団が宛平県城に入ったことは、日本側の捜索要求にすりかえる恰好の口実として利用されたようである。

六　中国軍の応戦

中国側文献の政協山東省楽陵市文史資料委員会編『宋哲元』（一九八九）は、七月八日の〇三〇〇頃、佟麟閣（第二十九軍副軍長）が、召集した軍事会議で「日寇は平津を占領し、華北を併呑しようとたくらんでいる。中国人民唯一の路は抗戦あるのみ。生命を惜しむのは軍人の恥辱、死を以て国に報いよう」と呼びかけたと書いている。

そして会議が終ったあと、佟は第二十九軍の名によって、一一〇旅（旅長は何基澧）へ「戦闘を準備せよ。しかし日本軍が発砲する前に我が方より発砲してはならぬ。日本軍が三〇〇メートル以内に迫ってから反撃せよ」（二七〇ページ）と指令した。

西苑で開かれたと思われるこの軍事会議に誰が出席していたかは不明だが、馮三十七師長、何一一〇旅長がいた公算は高い。秦徳純はひきつづき北平市内の市長公館にあって、各方面への連絡協議で多忙をきわめていたが、東京裁判に提出した「七七事変紀実」では次のように述べている。

吉団長の電話報告があり、豊台方面に派遣した将校斥候の報告に依れば、日本軍隊凡そ歩兵一大隊が砲六門を携え、今正に豊台より盧溝橋方面に向って前進中である……徳純は即刻第二十九軍副軍長の資格を以て吉団長に命令を発し、盧溝橋及び宛平城を確保し、日本軍の一兵一卒たりとも進入させるな、尺寸の国土と雖も放棄するな、守土有責の義に基き盧溝橋と宛平城は即ち我等官兵の最光栄、最貴重の墓地とし、城と存亡を共にせよ。但し彼が発砲するまでは我も撃つな。該団長は一営を増派して自ら引率し、盧溝橋に至って守備につけと。

第三大隊の戦闘詳報によれば、一木大隊の主力が砲六門とともに豊台を出発したのは八日〇一五〇で、西五里店に集結したのが〇二四五、一文字山へ進出を終ったのが〇三二〇、第八中隊が迂回機動を始めたのが〇三三〇前後である。

秦徳純の激越な指令が出た時刻ははっきりしないが、第二一九団第二営長の随向功手記（『団結報』一九八四・七・七）は、吉団長が随に増援を下令して第二営が長辛店を出発したのが〇三三〇で、〇四一〇には盧溝橋の南端に陣地を構えたとしているから、〇三〇〇前後と考えてよいだろう。

実際には第三営への増援は、秦が述べているより大幅なものとなったようである。吉団長は第一、第二営のほぼ全力をひきいて石橋地区へ向い、何旅長は指揮下の第二二〇団を八宝山以南へ南下させ、保定の一〇九旅や保安隊の選抜部隊も後詰として長辛店地区へ北上した(1)。

さて〇五三〇から始まった最初の日中交戦の状況については、堤防陣地にいた李毅岑（第十一連の排長）による次のような回想がある。

明け方の四時、多数の日本軍が四列縦隊で前進してきて、気勢をあげた。行方不明の兵士を探したいという要求を沈排長が拒絶するや、彼はその場で射ち殺された。私は激高して「撃て、徹底的に撃て」と命じた。二個排の機関銃六丁、小銃六〇—七〇丁が火を吐いた。この激戦で私の第三排は私と機関銃手一人になり、沈排長がつれてきた一個小隊も五—六人しか残らず、その他の六十数人はすべて戦死し、橋頭は日本軍に占領されてしまった。(2)

李が描写した場面は時間的には少しずれるが、〇五三〇から始まった一木大隊の攻勢とひきつづく追撃戦の状況に符合する。他の文献も戦闘開始の時刻はまちまちで、七月八日何応欽にあてた公式電には「五時彼先射撃」とあり、新聞は「〇三二〇日本軍が散兵隊形で宛平県城を目標に進撃を始め、距離約一〇〇メートルで発砲交戦となる」(七月十一日付『港報』)と報じている。どちらが先に発砲したかについて日中双方の言い分は対立するが、この段階でそれを詮索する意義は乏しい。衝突の起点は一木大隊の一文字山への展開(〇三二〇)、あるいはさかのぼって豊台からの出動(〇一五〇)と見ることも可能だからである。

では一木がこの行動を自制し、たとえば志村発見の報告を受けた〇二〇三の時点で「豊台に引き上げることを決していたら、事態はそれで収束していたに違いない」(安井著一九五ページ)と言えるのだろうか。

だが闘志満々の軍人で、「振上げた拳の下しようがない」(河野又四郎)形の一木は「実包射撃をやれば日本軍は演習をやめて逃げてゆく」(朝日座談会の一木発言)印象を与えてはならぬと考えて、ひき返さなかった。

〇三二五の被射は、一木に「宛平県城を夜襲して乗っとって……その上で交渉」(一木手記)を決意させ、牟田口も「支那側の計画的行為にあらず」(一九四一年の牟田口手記)と判断しながら、上官と相談せず独断で「鉄槌を加える」ことに踏み切る。

二人とも豊台事件の始末に不満を持っていたとはいえ、他の連隊長、大隊長だったら、あるいは河辺旅団長が居合わせたら、攻撃命令は出さなかったろうとする関係者も少なくない。人によっては、牟田口、一木こそ盧溝橋事件拡大の元凶と見なす所論もある。だが日本陸軍の現場指揮官という枠を考慮すれば、「当夜の連隊長の処置はそう非難する程でもあるまい」と述べる橋本群支那駐屯軍参謀長や「私は一木大隊長の応戦に関する決意を認めぬ訳には参りませんとして……承認」した河辺旅団長の所感が妥当なところであろうか。(3)

（1） 寺平特務機関補佐官は七月八日の朝七時頃に宛平県城内で吉星文と会談し、第一営長を中の島で見かけている（寺平著一四五ページ）。また『実報』記者が八日朝六時頃、吉と会見しているので、夜明頃までに第一、第二営の主力をひきいて盧溝橋地区へ出動したものと推定される。

何一一〇旅長は同じ頃に吉へ第二一〇団の支援を約束し（『宋哲元』二七〇ページ）、本人も一八〇〇に前線へ出動した。第三大隊詳報は、この部隊らしい中国軍が八日夕方に八宝山から衙門口を経て竜王廟北側へ前進しつつありと記す。

また吉団の前進によって空白となった長辛店地区を固めるため、保定の河北省保安隊司令（高樹勛）は、三十七師長の命令に基づき八日未明、保安一旅参謀長の谷淑良に三十七師の選抜部隊をひきいて八日午後長辛店へ進出させた。一〇九旅二一七団（団長胡文郁）や冀北保安隊の一部も八日夜までに同地区へ進出したようで、一部は永定河西岸へ出た日本軍と交戦した（谷淑良「盧溝橋抗戦簡記」『七七事変』七九ページ）。

（2） 『盧溝橋事変風雲篇』も日中両軍の交戦を描いているが、内容はほぼ同じである。一五分の戦闘で中国軍が壊滅としている点は日本側記録と符合する（二二五ページ）。

（3） 著者への橋本群談（一九五三・八・一五）と東京裁判における河辺正三の証言（一九四七・四・二二）。

七　検　証

さて七月七日深夜から八日早朝にかけての中国側の動きに関する証言が、全体として曖昧で、矛盾や混乱が見られるのはなぜなのだろうか。考えられる理由としては次のようなものがある。

(1)　すぐには正確な事実関係がつかめなかった。
(2)　上層部の指令を部下が守らなかった。
(3)　日本軍の仕かけた謀略ではないか、という思いこみがあった。

以上の三つは互いにからみあっているが、順を追って検討してみることにしよう。

まず(1)についてだが、不在の宋哲元を代理していた秦徳純副軍長にとって、事件の発生はおそらく寝耳に水であったろう。現場の実況は、単に堤防の中国兵が一方的に射ちかけ、清水中隊は応戦せずに後退した程度だから、直ちに副軍長まで報告するほどの一大事とも思えないからである。

しかし兵が行方不明中という特務機関からの第一報を受けた秦徳純は、発砲責任をふくめ簡単には片づかぬトラブルになりそうだと直感したにちがいない。豊台事件の先例にならえば、少なくとも責任者の処罰、現場にいる中国軍の撤退ぐらいは要求されるはずで、条件がさらに加重される可能性もあった。

同時に彼は、最近の日本軍の活動ぶりから事件自体が架空の口実かも知れない、との疑惑を抱いたとも考えられる。いずれにしても対処方針を決めるには、事実確認と日本軍の動静偵察が先決であったが、すぐに正直な報告が届いたかには疑問の余地がある。何旅長や吉団長からは①堤防には配兵していない、②したがって発砲もしていない、との全面否認に近い回答が届いた可能性が高いが、シャープな頭脳の持主として定評のあった秦徳純がこの回答をウノミにしたとも思えない。桜井少佐には発砲を半ば認め、半ば否定したともとれる微妙な言いまわしで切り抜け、松井特務機関長が申し出た不拡大方針を受け入れ、合同調査団の調査結果をふまえ局地紛争として処理しようと考えたのではあるまいか。

だが、秦徳純の発砲禁止をふくむ不拡大方針は途中で妨害されたか、現場の末端までは徹底しなかったようである。彼自身も一木大隊の「前進」を聞いて、やはり日本軍の陰謀か、と動揺したのかも知れない。

一連の経過で考察を要するのは、冀察＝第二十九軍幹部内の派閥的、イデオロギー的対立である。宋哲元は山東へ逃避するに当り、不在中の重要案件は秦徳純、張自忠、馮治安の三人が合議して処理するよう命じていた(1)。実際に七月八日夕方何応欽軍政部長にあてた報告（事件第一報）は、三人の連名になっているが、七日には馮は保定にあり（すぐに北平へ向う）、張は北平の自宅で病臥していたので、初動の段階は主として秦が処理した。八日未明の段階からは他の二人も参画したようだが、三人が呼吸を合わせて動いた形跡はない。かねてから日本側は馮を反日派、張は親日派、秦は南京政権寄りと見ていたが、実際に事件に対する彼らの姿勢もほぼレッテル通りだったようだ。

すなわち馮は衝突現場の責任者であるにもかかわらず、交渉の矢面に立つのを逃げまわり、張は八日〇一〇〇の時点から支那駐屯軍司令部に頼まれ、不拡大の方向で画策をつづけたが、期待されたほどの効果はあげなかった(2)。

このように合議すべき三人の足並みがそろわなかった以上に問題となるのは、二十九軍内に食いいっていた中国共産党の影響力であろう。軍内の各所に秘密党員が散在していたことは、すでに紹介したが、馮師長―何旅長―吉団長―金営長の系列は、いずれも抗日派と見なしてよいとしても、共産党との関わりがはっきりしているのは何基灃だけである。

彼の死後に『人民日報』（一九八三・三・二二）が「中国人民八年抗戦的第一発」を放った「盧溝橋抗戦的民族英雄」と過分の賛辞を呈した何は、一九四八年十一月の淮海戦役で張克俠、金振中とともに国府軍から中共軍へ寝返るが、すでに一九三八年二月、周恩来の手引きでひそかに延安へ入り毛沢東と会見、翌年一月秘密党員に登録された。

盧溝橋事件の時はまだ党員ではなかったが、シンパとして動いたのはたしかで、秦徳純と金振中を結ぶ中間結節点で彼が共産党の対日方針に沿って画策したとしてもふしぎはない。

金振中回想記によれば、何は七月六日に「日本軍の行動に注意し監視するよう求め、もし日本軍が挑発してきたら、必ず断固として反撃せよ」と命じた。金営長もそれを受けて、各連に「十分な戦闘準備をなすよう指示して、日本軍が我が陣地の一〇〇メートル以内に進入したら射撃してもよい」と指示した。したがって七日夜の清水中隊の夜間演習を「挑発」と見なせば、何も金も発砲を知って発砲者を責める立場にはなかった。

何はそれにもかかわらず、上部へ「発砲の事実なし」と報告し、日本側との交渉に当る秦徳純に強硬な対応しかとれないよう追い込んだといえよう。現場の事情にうとい他の将領たちはなおさらで、佟副軍長らは、本気で日本軍の仕かけてきた言いがかりと理解したふしがある。[3] あとで実相に気づいたにちがいない秦と冀察当局は、日本軍の不拡大方針に依存して合同調査団の手で収拾をはかろうとするが、すでに点火された現場の抗日気分は燃えあがる一方で、消火のすべもなかった。

秦徳純が南京政府へ送った報告も、自縛的効果を発揮した。〇五三〇に戦闘が開始されたのち、辰の刻（〇八〇〇頃）に彼が宋哲元の名で蔣介石軍事委員長にあてて打電した第一報は、日本軍が夜間演習を口実に宛平県城を猛攻撃中で中国軍は応戦中、というもので、途中経過をほとんど省略したものであった。日本兵の行方不明や入城捜査要求をふくむ詳報を伝え、指示を請うたのは同日夕方の第二報だが、廬山にいた蔣介石は、その日の日記に「倭寇（日本軍）は盧溝橋で挑発に出た。日本はわれわれの準備が未完成の時に乗じて、われわれを屈服させようというのだろうか？　それとも宋哲元に難題をふっかけて、華北を独立させようというのだろうか？　日本が挑戦してきた以上、いまや応戦を決意すべき時であろう」と書き、つづいて「宛平県城を固守せよ。退いてはならない。全員を動員して事態拡大に備えよ」（『蔣介石秘録』12、二一ページ）と宋哲元へ指示した。[4]

秦徳純電の事実認識を前提とすれば、蔣介石がこうした反応を示すのは当然で、盧溝橋事件の基本的枠組はここで定まったともいえよう。秦徳純や王冷斎をふくむ中国側関係者の回想や証言は、この枠内でしか構成できなくなり、途中経過はすべてこの枠組に沿い、さかのぼって再構成されたと見てよい。

（1）　殷康「張自忠年譜選輯一九三六・六―三七・一〇」（天津師範大学中国革命史研究室、一九九一）。

（2）「北支那作戦史要―支那駐屯軍」（二八ページ）は、八日未明、支那駐屯軍司令部の塚田中佐が電話で張自忠と交渉して相互に戦闘中止を約したのに実行されなかった理由について記す。すなわち後に張らから聞いた情報として、(1)中国側が直ちに現地部隊へ戦闘中止を下達しようとしたが、電話線が切断されて伝わらず、伝令を派遣したが日本軍に阻止され到着できなかった、(2)緊張し興奮し、戦闘中止の命令が届かなかった現場の中国兵は日本軍を見ると恐怖のあまり発砲をつづけた、(3)第三十七師内には抗日急進の青年将校が少なくなく兵士たちを煽動した、と述べている。いささか弁解じみているとはいえ、実情の一端を示すものであろう。なお和知参謀の情報工作員だった夏文運の『黄塵万丈』によると、張自忠は弟の張允栄や張璧と組み宋哲元にとって代る野心を持ち、宋の帰平後に爆殺を企てたこともあるという（九二―九三ページ）。

（3）一例をあげると、木鉄編『佩剣将軍張克俠』（一九八七）に収録された張寿齢手記がある。第二十九軍の軍事訓練団教育長だった張は七月八日、全団の兵と朝の体操をやっている時、伝令に呼ばれ佟副軍長、張樾亭参謀長、張克俠副参謀長と会合した。参謀長が「昨夜、豊台の日本軍が一人の軍曹の行方不明を口実に宛平県城の捜索を要求し、現地部隊が拒絶すると攻撃をかけ、わが軍も反撃した。」と説明した。今後の対策を話しあったが、張克俠は「事件は偶発ではなく日本軍が口実を設けて挑戦してきたものと思う。」と述べ、応戦準備をととのえることで意見が一致したという。

八日〇三〇〇の軍事会議における佟（七月末、南苑で戦死）の興奮ぶりを照合しても、二十九軍幹部の多くが正確な情報をつかんでおらず、日本軍謀略説に傾いていたことを示唆する情景であろう。

なお行方不明の兵士を軍曹と誤って伝えている中国側文献がいくつかあり、『申報』（九日付）は「当局発表によれば」として「斥候騎兵三人のうち二人は戻ったが、一人は行方不明」と報じた。

（4）この指示（事件関連の第一電）は、七月八日に蒋軍事委員長から宋哲元（冀察綏靖主任）にあてて至急電として発せられた。秦徳純は七月十三日、出張してきた国府外交部の楊開申へ「今次の事件は完全に日本側の計画的陰謀」（十四日楊発外交部あて電報）と語っているが、その判断は八日の段階でも同様だったかと思われる。

九日夜九時からの南京中央局放送は「日本軍は……盧溝橋を目標として演習を為し偶々日本軍の前進し来るを我方は盧溝橋（宛平県城）を奪取せらるものと見られたり、然して之に依る衝突が事件の発端なり」（特機日誌七月十日の項）と全国に伝えた。中国側にとっての事件の性格が、ほぼ最初の二日間のうちに固まったことが窺える。

おわりに

イギリスの歴史家ジェームズ・ジョルは、『第一次大戦の起原』（みすず書房、一九八七）を書きだすに当って、「テロリズムの孤立した一行為が世界大戦の勃発へと発展していく過程」から「ある特定の戦争をある特定の時点で勃発させるのに寄与したいくつかの理由」を見出し、「どの要因が支配的だったか」を突きとめると同時に、「別の選択の自由を狭めた諸原因」をも考察したいと述べている（八—一三ページ）。

本書を書いた著者の問題意識も、ジョルの目標とほぼ共通する。一九一四年夏、セルビアのテロリスト集団がオーストリア皇太子を射ったサラエボの「第一発」が複雑な連鎖反応を誘発して、全欧の列強を巻きこむ大戦に拡大するプロセスは、盧溝橋の「第一発」が日中全面戦争へ燃えひろがる経過と似かよっているからでもある。試みに二、三の類似点をあげてみよう。第一は、火花が散ってから、危機状況が徐々にエスカレートして爆発点に達する期間は、前者が六月二十八日から八月三日（ドイツの対仏宣戦）まで、後者が七月七日から八月十三日（上海戦の開始）まで、いずれも五週間前後を要した。最初は直接の当事者であるオーストリア対セルビア、支那駐屯軍対冀察政権の局地紛争にすぎなかったのが、途中から片やドイツ、ロシア、フランス、イギリスなど、一方は日本陸軍中央、関東軍、海軍のような背後に控えた多数のアクターを巻きこみ、誰もが期待せず望まない形の大戦へ引きこまれた点も相似する。

紛争を局地的に収拾できなかった理由は多様で、史家の論議は分れるが、盧溝橋事件の場合は構造的要因と心理的要因の二つに大別できよう。前者は日中戦争を満州占領にひきつづく日本の華北侵略に対する中国の抵抗ないし反撃、と割り切る理解のしかたである。この面を重視すれば、盧溝橋事件が起きなくても、おそかれ早かれ似たようなきっかけから中国の反撃は始まっただろうし、単なる原状回復の程度では避戦は無理だったということになる。

こうした認識からか、久しく中国や台湾では盧溝橋事件とその拡大過程について実証的な調査や分析を軽視する傾向があり、わが国にも同調する歴史家が少なくなかった。だが事件から半世紀を経た一九八〇年代半ばからこの傾向は変りはじめた。とくに中国で公式、非公式の史料公開が進み、政策アクターごとの意図や判断を比較検討するのが可能になり、歴史家にあたえられた視界はぐっと広がった。

本書で著者が不十分ながらも、同じ争点を日中双方の視角から観察する手法がとれたのも、中国側文献の利用が可能になったからである。

しかし日本側にも問題がないわけではない。何よりも六〇年の時日が過ぎているため、新たな情報の入手や既存データの洗い直しは容易でなく、残された暗部のすべてを解明するには至らなかった。それでも、事件自体と直接に連動した初期の約三週間については、ほぼ事実経過の復元を果せたと思う。

後者の心理的要因とは、たとえば相互の(1)誤認、(2)誤算、(3)不信、(4)敵意、のように非合理で計測しにくい諸要素を指す。本書がこの側面、すなわちレイモンド・ガーソフの言う「相互反応的」(interactionist) アプローチを重視したのは、これら諸要素の制御しだいで避戦をふくめた「別の選択」がありえたのではないか、との思いが残るからである。実際の経過に照らして、いくつかの局面を再検討してみよう。

著者がまず優先目標に置いたのは、いわゆる「第一発」の発砲者を特定し、その意図と動機を確認する作業であった。サラエボ事件、満州事変の起点である柳条湖の鉄道爆破は、このような条件をほぼ満たしているので、盧溝橋事件についても同じレベルの論証をめざしたが、結果は状況証拠の積み重ねによる心証を形成するにとどまった。

細部はすでに詳述したので省略するが、著者としては発砲者が永定河の堤防陣地についていた第二十九軍の中国兵だったと断定したい。発砲の動機は確認できないが、眼前に日本軍の夜間演習を凝視した敵意と恐怖に起因する中国兵の反射的応射ではなかったか、と推定している。当然のことながら、久しく流布されてきた各種の陰謀説は可能性が薄いと判断した。

つまり、第一発は大それた意図を伴わぬ「孤立した一行為」に近かったのだが、当事者の反応は違った。それでも支那駐屯軍と第二十九軍の出先同士は、暗黙のうちに偶発事故として局地的に片づける方向へ進みかけた。しかし、中央政府レベルでは、中国側は「第一発」を日本軍の計画的陰謀と思いこみ、日本側は中国軍の「計画的武力抗日」と決めつけて、たがいに譲らなかった。そして対話不能のままに、出先が要請もしていない増援兵力のデモンストレーション的動員が始まった。

外形的には、中国中央軍の北上に刺激されて日本政府の華北派兵が始まった形になっているが、その前の準備段階を考慮すると、実質的にはほぼ同時と言ってよい。

それでも、この動員は悪くても華北の範囲に限定されたやや大型の局地戦までしか視野にない、いわば「戦争決意なき動員」にとどまり、動員兵力も双方の年度作戦計画で想定した規模よりはるかに小さかった。中国中央軍の最精鋭部隊は動いていないし、日本軍は現地停戦協定の成立を知ると、内地師団分の動員を保留した。この保留は中国側に伝わらず、評価もされなかったが、動員速度が落ちたことは相互に認識したはずで、情報不足のままにしばらく肚の探り合いがつづく。

過熱していく世論に押される形で双方が「全面戦争もやむをえず」との心理状態に到達したのは、廬山声明の公表（十九日）前後で、やはりほぼ同時と見てよい。その起伏を、七月七日から二十七日までの約三週間を対象とした「危機曲線」（図10-1）により検分してみる。

上段は日本の中央と現地（出先）、下段は中国の中央と現地という四つのアクターに大別し、本文で扱った諸デー

おわりに

377

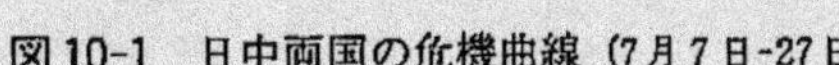
図10-1　日中両国の危機曲線（7月7日-27日）

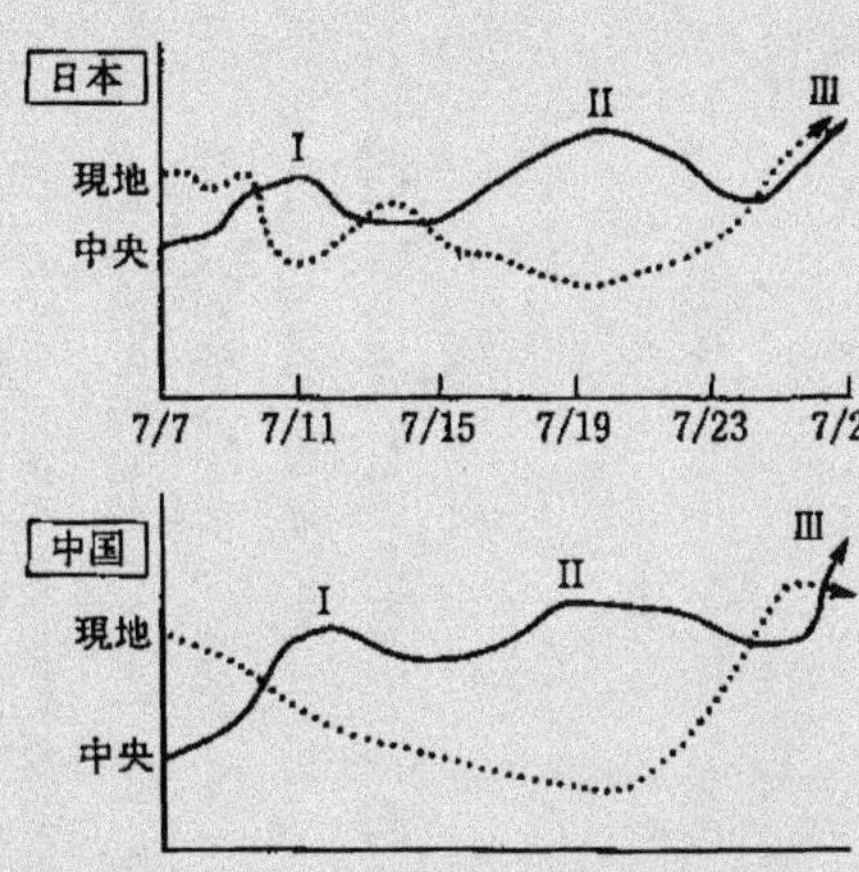

タから「戦意」（主動面）と「危機感」（受動面）を合成した曲線で示した。一貫して主戦論で通した関東軍と中国共産党は、外してある。

さて、この危機曲線からは、さしあたり次のような特徴が指摘できよう。

(1)　日本、中国の中央については、二つの短い下降期をふくむが、ほぼ同じ上昇カーブを描いている。

(2)　いずれも、中央および現地の頂点と底点が反比例するようなカーブを描いている。

(3)　とくに日本の場合は、中央と現地は一方が熱すると他方が冷め、他方が熱すると一方が冷めるというシーソー関係にある。

いずれの危機曲線も単調な右上りではなく、「ためらい」を思わせる起伏を重ねているのは、戦争突入に対するかなり有力で持続的な抑止力が働いていたことを暗示する。また起伏の振幅から推すと、全体としてのイニシアティブは、むしろ中国中央がとっていたと読みとれそうである。そうだとすれば、仮定しうる「別の選択」は、第一に盧溝橋事件の解決を先例にならって出先同士へ一任し、中央政府が動かないことであったろう。実際に現地停戦協定は七月十一日、その細目は十九日に成立しているし、宋哲元の督励で実施段階に移っていた。

次の選択は、停戦協定の調印と同時に、双方が増援部隊の派遣をすべて中止し、それを内外に宣言することだったと思われる。おそらく宋哲元軍が敗北した七月末の時点でも、中央政府の大局的決断しだいで、避戦へもちこむ可能性は残っていた。開戦後もトラウトマン工作など数多い和平工作が浮上したのは、双方が初期の危機管理に失敗したことを自覚していたからであろう。

では、こうした失敗を招いた「支配的要因」は何だったのか。

中国側についてみると、盧溝橋事件の本質を「誤認」し、「不拡大・現地解決」という日本の公約への「不信」から、外交的解決への努力を放棄したこと、自軍の戦力を過大に、日本軍の戦力を過小に評価した「誤算」などを指摘できる。一方、日本側にも中国は先例どおり局地解決の条件を受け入れるだろうし、悪くても武力の威嚇か一撃で屈伏するはずだとの「誤算」や、国民党政権の以夷制夷政策への「不信」感があった。そして、ある時点からは「抗日救国」と「暴支膺懲」のスローガンに象徴される独自のダイナミズムが自転しはじめ、高揚する「敵意」に双方が押し流されてしまう。

どうやらこの種の心理的要因が相乗効果を生んで危機管理を破綻させたと言えそうだが、元をただせば、種をまいたのは、満州事変前後から一九三六年に至る日本の中国政策に他ならなかった。やや極端になるが、リデル＝ハートが「ヨーロッパを爆発寸前の状態にもってくるのには五十年を要したが、いざ爆発させるには五日で十分だった」（リデル＝ハート『第一次世界大戦』一三ページ）と述べているように、中国大陸での「爆発」も、明治いらい日本が進めてきた大陸政策の帰結と見る方が当っているのかもしれない。

（四）安井三吉《从柳条湖事件到卢沟桥事件——1930年代在华北的日中对抗》

资料名称： 第四章《盧溝橋事件再考》、第五章《盧溝橋事件に関するいわゆる「中国共産党計画」説》

资料出处： 安井三吉著《柳条湖事件から盧溝橋事件へ——一九三〇年代華北をめぐる日中の対抗》，研文出版2003年版，第177—239，281—291頁。

资料解说： 《卢沟桥事件再考》围绕着卢沟桥事变究竟是「有计划的行动」还是「偶发事件」，究竟是日军的「谋略」，还是中国方面的「计划」等问题进行讨论，介绍了中日学界代表性的观点。文中反对「日军计划说」，认为日军确实制定了针对华北的奇袭计划，但卢沟桥事变本身是「偶发事件」。《关于卢沟桥事件的所谓「中国共产党计划说」》对坂本夏男的卢沟桥事变「中共计划论」进行了反驳，认为相关证据难以证明此论点。文中认为，坂本所称第二十九军「早有作战准备」、「在事变前加强警戒」等，是面对日军加速侵略华北和演习挑衅的本能反应，不足以证明中国军队对卢沟桥事变早有计划，而坂本列举的关于「中共计划」的材料，其可信度亦并不充分。

4　盧溝橋事件再考

——中国における「日本軍計画」説をめぐって——

はじめに

学問上の論争は、個人と個人、あるいは学派と学派との間の論争というのが本来のありかたであろう。しかしながら、時としてそれがあたかも国と国、民族と民族との間の論争というような色彩を帯びて展開されることがある。近代日中関係史研究においては、そうしたケースがいくつか見られる。日本では偽文書説、中国では本物説がそれぞれ有力である「田中上奏文」（中国では、「田中奏摺」）の真偽をめぐる論争[1]などはその代表的例であろう。私もその当事者の一人である盧溝橋事件研究においても似たような日中間の論争が見られる。私は、かつて、「盧溝橋事件についての一考察——「兵一名行方不明」問題をめぐって——」（『東洋史研究』第四十八巻第二号、一九八九年九月）を発表し、盧溝橋事件における「兵一名行方不明」問題の究明とともに、「回想録」の取り扱いや史料の発掘の問題など研究方法についてもいくつか問題を提起しておいた。さらに私は、一九九三年に『盧溝橋事件』

（研文出版）を上梓したが、これは、日中間で盧溝橋事件についての見方に相違があることを踏まえ、論点を整理して、盧溝橋事件研究に関する日中間の学術交流の基礎を構築しようという狙いをこめて書いたものだった。それ以来、私は盧溝橋事件に関して、日本の日本史研究者の大会や中国の抗日戦争国際シンポジウム、研究誌などの場を通じて、自説を開陳し、また拙著への批判に答えたりしてきた。この間、盧溝橋事件については、日本人研究者の間でも論争があり[2]、またいくらか新しい史料[3]も発掘されている。ただし、中国では、盧溝橋事件＝「日本軍計画（謀略）」説が一貫して主流としてあり、この事件を日本の中国侵略史上の「計画」的事件とする認識は不動のように見える。このような観点からすると、「偶発」[4]的小事件がなぜあのような大戦争へと拡大していったのかという日本の多くの研究者の設問のありかたそのものが、日本の侵略を弁護しているものとして映るようだ。この問題をめぐる論争の構図は依然変わっていないが、ここでは今日の時点に立って、あらためて盧溝橋事件研究の現状と問題点を整理しなおし、その上で、中国の伝統的見方である「日本軍計画」説について、主として日本の盧溝橋事件研究に対してもっとも厳しい批判を続けている山西師範大学の曲家源氏の著論を取り上げて検討を加えることとし、あわせて台湾の陳在俊氏の表明している事実上の「偶発」説ともいえる興味深い見解についても紹介してみたい。

1　盧溝橋事件の範囲と問題群

盧溝橋事件に関する論点を整理する前提として、盧溝橋事件の範囲と各問題点の位置づけをしておきたい。まず、盧溝橋事件の範囲については、次の二通りの考え方がある。

第一は、一九三七年七月七日夜、演習中の日本軍に対する「発砲」事件（この事件の有無をめぐっても論争がある）と「兵一名行方不明（不足）」という事件の「発端」から、翌八日午前五時三〇分の日本軍による中国軍に対する戦闘開始まで（狭義の盧溝橋事件）。第二は、七月七日夜の事件の「発端」から、七月二五日の廊坊事件、翌二六日の広安門事件を経て、二八日の日本軍による平津（北平・天津）地域一帯への一斉攻撃まで（広義の盧溝橋事件）。ここで検討の対象とするのは、主として狭義の盧溝橋事件についてである。その理由は、後者についても多くの論争点があるが、「偶発」説と「計画」説の対立は、主として前者、すなわち狭義の盧溝橋事件の理解の仕方に関するものだからである。

次にこの盧溝橋事件について、全般的にどのような論争点があるのだろうか、この点についてあらかじめ整理をしておこう。

(1)　盧溝橋事件の位置をめぐって

盧溝橋事件は日中戦争においてどのような位置をしめるのか。これには、日中戦争を十五年戦争ととらえるのか、それとも八年戦争として考えるのかによって違いが出てくる。前者の場合（私もこの立場に立つ）、盧溝橋事件は局地戦争から全面戦争への転換点となり、後者の場合は、日中戦争の発端に位置づけられることになる。

なお、転換点あるいは全面抗戦の起点という点では、八月一三日の第二次上海事変の勃発をあげる人もいる。

(2) 盧溝橋事件の性質をめぐって

これは、日中戦争の性質といいかえてもよいが、日本の侵略戦争なのか、それとも自衛戦争なのかという問題である。私は日本による中国侵略戦争という認識に立つものであるが、この点に関しては日本国内においていまだに意見の対立がある。拙著『盧溝橋事件』をめぐる岡野篤夫氏との「論争」[5]は、まさにこの点に関するものであった。

(3) 「偶発」的事件か「計画（謀略）」的事件かをめぐって

「偶発」説には、中国側が「偶発」的に引き起こしたというものと、日本側が「偶発」的に引き起こしたものと二通りの見方がある。「計画」説にも、中国側（たとえば中国共産党）が「計画」的に起したというものと、これとは反対に日本側が「計画」的に起したというものと二通りある。今日の盧溝橋事件に関する論争の焦点となっている問題である。

(4) 個別問題をめぐって

これは、論点3と密接に連関するものであるが、たとえば、七月七日夜の「第一発」の有無、撃ったのはだれか、志村菊次郎二等兵の「行方不明」の理由、志村帰隊を豊台の大隊本部へ伝えた伝令はだれか、牟田口廉也第一聯隊長と一木清直第三大隊長が豊台駐屯隊[6]の出動を命じた主たる理由は「発砲」のためかそれとも「兵一名行方不明」の方だったのか、牟田口や一木が「兵一名行方不明」問題が解消した後もなお部隊を撤収させなかった理由はなにか、八日午前三時二五分のいわゆる「発砲」

は一体だれを狙ったものか、牟田口が四時二〇分、一木に「戦闘開始」命令を下した根拠はなにか、そもそも「第一発」とは七月七日夜の「発砲」のことと考えるべきかそれとも八日朝五時三〇分の「戦闘開始」と考えるべきか、さらには第二次豊台事件（一九三六年九月）をどう見るかなどである。

次に念のため私の盧溝橋事件観の基本点を要約しておくことにしよう。

①日中戦争は日本の侵略戦争である。

②日本軍には盧溝橋事件前に「華北武力占領計画」など、華北を武力で占領する構想があった。

③盧溝橋事件の「発端」は「偶発」的なもので、「日本軍計画」説は正確ではない。

④盧溝橋事件が全面戦争へと拡大した責任は、日本側にある。

ここでは、主として論点③の「偶発」的か「計画」的か、したがって基本的観点の(3)に関する問題について検討し、これとの関連において論点④の個別問題について触れることとしたい。なお、論点1、2については、拙著(7)をご参照いただきたい。

2　「計画」説とは

ここで、「計画」的ということの意味を明確にしておきたい。これは、無用な論争をさけるためにも必要なことである。盧溝橋事件が「計画」的か「偶発」的かという場合の「計画」的とは、一九三七年七月七日夜、なんらかの目的（北平あるいは中国全土の武力占領、あるいは日本軍と中国軍を相戦わせるなどの目的）を以て「第一発」を撃ったりあるいは「兵一名行方不明」事件を引き起こしたという意味である。したがって、支那駐屯軍司令部「昭和十一年度北支那占領地統治計画書」（一九三六年九月一五日）などの文書は、まさに華北を武力占領しようという計画ではあったが、しかしこの「計画書」の存在を以て日本軍「計画」説の直接的根拠とすることはできないということである。あくまでも、七月七日に、「第一発」・「兵一名行方不明」の事件を起こすような具体的、直接的な「計画書」や「謀議」の有無が問題である、という観点である。これは、一九三一年九月一八日夜の柳条湖事件の「謀議」と比較してみれば明白である。この場合、石原莞爾、板垣征四郎らが事前に武力占領計画を策定していたことだけを以て事件の「謀略」性をいうのではなく、具体的に、九月一六日、奉天特務機関で、石原、板垣らと実行部隊の川島正大尉らが会合して「謀議」を行い、翌一七日に、一八日の「計画」決行が決定されたこと、そしてこの決定に従って一八日夜、河本末守中尉以下によって、満鉄線上り線路の「爆破」が実行され、これを合図にかねてからの打ち合わせに従って、東北軍駐屯地の北大営への攻撃を開始し、奉天の鉄道附属地内の関東軍駐屯地内に設置されていた二八センチ要塞砲が瀋陽城などをめがけて発射されたというこのような事実を以て「計画」的であったというのである。以上の事実は、戦後、この計画に参画した花谷正（当時の関東軍参謀）らによって詳細に明らかにされているところである。(8)すなわち盧溝橋事件に関しても、同じような「謀議」と準備があったのか否かが事件が「計画」的といえるのか否かの分岐点となる、ということである。

3 「中国軍計画」説

周知のように、盧溝橋事件勃発当時、日本政府も中国政府も事件が相手側による「計画」的事件だったという判断を下していた。中国外交部の七月一〇日の日本駐華大使館への抗議文は「日本軍のこの行為は、明らかに予定の挑発計画（予定挑釁之計画）を実行したものであってまことに不法である」(9)としていたし、日本政府の七月一一日の「声明」も、「今次事件ハ、支那側ノ計画的武力抗日ナルコトハ最早疑ノ余地ナシ」(10)と断定していた。盧溝橋事件は、事件発生から三、四日後の時点で、両国の政府レベルにおいて公式に相手側による「計画」的事件として断定され、その後の両国の事件に対する対応はこの認識を基本として進められていくことになる。

七月八日午前八時三〇分の支那駐屯軍司令部の事件についての最初の発表は、「不法なる支那軍の砲撃」(11)とはいってもそれが中国側の「計画」的事件だとは見なしてはいなかった。この点で変化が見られるようになるのは、九日午後一時半の「支那駐屯軍司令部発表」で、盧溝橋の中国軍の撤退の緩慢さの理由として、「南京政府側及び共産党系の支那軍隊就中その中堅将校以下に対する抗日宣伝」(12)をあげている。同日の外務省当局の説明もほぼ同様の趣旨のものであった。一〇日、今井清参謀次長の指示に基づき、橋本群支那駐屯軍参謀長は、中国側に対して四項目の要求を提出するが、その第四に、「藍衣社、共産党其他抗日系各種団体」(13)の取締りという一項があげられている。しかし、ここでも、事件そのものが中国側の「計画」的なものとして断定していたわけではなかった。もっとも、八日の外務省情報部長の「盧溝橋事件ニ対スル説明」[14]では、盧溝橋事件は基本的には「中国人、とくに南京政府の陰謀（the ulterior scheme）」によるものとの見解が示されていたが、支那駐屯軍においても陸軍中央においてもこの段階ではまだ事件を中国側の「計画」的な事件という判断は下していなかった。それが結局、一一日になって政府は盧溝橋事件そのものを「支那側ノ計画的武力抗日ナルコト最早疑ノ余地ナシ」という断定を「政府声明」として内外に公表するに至ったのである。以後、日本では公式には、盧溝橋事件は中国側の「計画」的事件だという解釈に疑問を呈することはできなくなった。この「政府声明」の影響は大きく、「不拡大」と言いながら、実際には事態を急激に「拡大」させて行くことになる。

しかし現地の支那駐屯軍の指導者たちは、当初事件が中国側の「計画」的事件だとは認識しておらず、むしろ「偶発」的事件だと認識して行動していたのである。牟田口第一聯隊長の手記「支那事変勃発時ノ真相竝ニ其ノ前後ノ事情」[15]（以下「牟田口手記」）について見てみよう。これは、「昭和十六年四月十日記」とあり、事件からすでに四年近くたって書かれたもので、日本では、すでに盧溝橋事件＝「中国軍計画」説が公式見解として定着していた時期のものである。

牟田口が事件の発生を知るのは七月八日午前〇時、豊台の一木大隊長からの電話によるものであった。牟田口は、一木大隊長に対して盧溝橋への出動を命ずる一方、午前〇時半頃、赤藤庄次憲兵分隊長に中国側の動向「特ニ要人宅及西苑、南苑、黄寺等ノ支那軍ノ状態偵察ヲ命」じた。午前二時半頃、その結果が牟田口に報告された。その内容とそれが牟田口が中国軍に対する「戦闘開始」命令を下すべきか否かの判断に与えた重要な影響について彼は、次のように書いている。

支那軍及要人宅ハ寂トシテ声ナク何等ノ異状ヲ認メサルヲ確メ聯隊長ニ報告セラル　此ノ報告ハ警備司令官代理タル聯隊長ノ決心ニ重大ナル基礎ヲ与ヘタリ　即チ聯隊長ハ今次事件カ支那側ノ計画的行為ニアラスシテ全ク蘆溝橋附近ノ局所的突発事件ナルヘシト判断スルヲ得タルヲ以テナリ。

牟田口は、四時二〇分、一木に電話を通して、盧溝橋附近の中国軍に対する「戦闘開始」の命令を下すが、その時の心境については次のように記している。

最後ニ聯隊長ノ到達シタル心境ハ日本軍ニ対スル敵対行為ハ前年ノ豊台事件ノ経験ニ鑑ミルモ之ヲ容赦スルヲ許サス断然タル処置ヲ必要トス　而モ先ニ述ヘシカ如ク支那側ノ計画的行為ニアラスシテ局所的事件ナリト判断シ得ルヲ以テ此ノ際不法ヲ働キシ支那軍ニ対シ大ナル鉄槌ヲ加フルコトカ又一面事件ヲ局所的ニ収拾シ而シテ皇軍威武ヲ宣揚シ得ル所以ナリト。

牟田口は、その「手記」の終わりで事件全体をふりかえって「所感」をまとめているが、そこでも改めて「蘆溝橋事件ハ支那側ノ計画的行為ナリシヤ」と自ら設問して、次のように書いている。

而シテ此ノ事タル果シテ支那側ノ計画的行為ナリシヤト今日ヨリ推察スルモ小官ハ然ラスト判断スルモノナリ　蓋シ事件ノ経過カ之ヲ証スルカ如ク当初ハ蘆溝橋ノ局所ニ限定セラレ全般的ニ支那側カ動キシ形跡ナク其他支那側要人等ノ狼狽振等ヨリ考察シ如上ノ如ク判断スルモノナリ。

以上、牟田口第一聯隊長の当夜の「心境」について見てきたが、これから七月八日夜の第一聯隊本部は、事件を中国側の「計画」的事件とはとらえていなかったと判断してよいだろう。牟田口は、だからこそ一木に対して「戦闘開始」命令を下したというわけである。

三七年七月八日、中国軍に対する「戦闘開始」命令を出した人物の状況認識は、四年後においても当時と変わらず、事件が「支那側ノ計画的行為」によるものか否かという問に対しては依然「然ラスト判断スルモノナリ」との考えを維持していたのである。

4　「日本軍計画」説

では、中国側の「日本軍計画」説は、どのように形成されていったのだろうか。『北平陸軍機関業務日誌』[16]によれば、松井太久郎北平陸軍（特務）機関長が冀察政務委員会外交委員会の林耕宇に電話したのは、七月八日午前〇時三〇分のことである。秦徳純北平市長・第二十九軍副軍長は外交委員会（林と魏宗瀚）からの報告で初めて事件の発生と日本側の要求内容を知った。そこでまず秦徳純がとった措置は、吉星文第二一九団長に中国軍の演習の有無、王冷斎宛平県長に対しては日本軍の演習の有無と「行方不明」日本軍兵士の所在についての調査を行わせることであった。[17]

日本側から突然要求を突きつけられた中国側としては、事実関係についてはすぐには確認できず、そうかといって日本側の主張に対しても疑いを拭えないというところではなかったのではないだろうか。中国側現地当局者の発言としてもっとも早期のものは、秦徳純が、八日午前九時、『北京政聞報（仏文）』記者のインタビューに答えたもの[18]と思われる。この記事は、まだ事実関係を十分に把握しているとはいいがたいが、ここで秦徳純は日本軍の演習→発砲→兵一名行方不明→宛平県城への入城捜索要求というその後の中国人の盧溝橋事件認識の大枠を示しているが、それが日本軍の「計画」的事件だとまでは言っていない。ただ宋哲元名で蔣介石宛に送られた同日（斉辰）の第一報には、すでに日本側の主張に対する疑念がかいま見える。電報は、次のように述べている。

> 日本軍豊台駐屯部隊は、砲四門、機関銃八挺、歩兵五百人余りで、昨夜一二時から夜間演習にことかりて（藉口夜間演習）、我が方に発砲してきた。我が盧溝橋城（即ち宛平県城）の占領を企図して該城にむけて包囲攻撃を加え、……。(19)

「藉口夜間演習」とか、「藉口聞有銃声」、「向我方声称、……」という表現は、この当時の中国側の事件関係の電報や文書の中でしばしば使われている。ただし、「計画」的行動という認識が明確に出てくる最初のものは、当時北平に駐在していた厳寛軍政部参事が何応欽軍政部長を通じて蔣介石に送った七月八日（庚辰）の電報の中の次のような一節である。すなわち、「秦徳純がいう：日本軍は示威する日が多く、今回の盧溝橋で衝突が起こったのは、日本軍の計画的行動による（日軍有計画行動）」(20)とある。ここで厳寛が何を根拠に「日軍有計画行動」と認定したのかは不明であるが、これは重要な指摘である。また、兪飛鵬交通部長が七月九日、何応欽に宛てて送った電報にも、「日本軍は、長い間、長辛店、盧溝橋に我が国が軍隊を駐屯できないようにと狙っていたが、一昨日夜、日本軍の演習が我が軍によって阻止され、衝突にいたったが、これはあきらかに予め計画していたことだ（顕有預謀）(21)」とあって、「預謀」という言い方が見える。この「計画」、「預謀」という言葉は、その後中国人の盧溝橋事件認識のキー・ワードの一つとなっていく。そして先にも指摘しておいたように一〇日の外交部の抗議文では「予定の挑発計画（預定挑釁之計画）」という評価が公式的に下される。以後、さらには、「計画的行動（有計画的行動）」（「盧溝橋事件」『新中華報』一九三七年七月一三日）、「第二の九・

一八（第二個九一八）」（「盧溝橋的抗戦」『解放週刊』第一巻第一一期、一九三七年七月一五日）、「長きにわたり練ってきた（計画により）我々を陥れる（処心積慮的謀我）」（蔣介石「廬山談話」一九三七年七月一七日）、「計画的で順序だった侵略行動（有計画有順序的侵略行動）」（杜若「国人対盧溝橋事件応有之認識」『申報週刊』第二巻第八期、一九三七年七月一八日）あるいは「三尺の氷」は一日の寒さで張るものではない（「氷凍三尺」非一日之寒）」（公敢「盧溝橋事件的検討」『申報週刊』第二巻第二八期、一九三七年七月一八日）といったように、盧溝橋事件に関連して日本の行動を批判するさまざまな言葉が使われることになるが、これらはいずれも日本軍の行動の「計画」性、「謀略」性を指摘するものである。こうして盧溝橋事件＝「日本軍計画」説は中国人の間にまたたくまに広まり、定着していった。以来中国では、盧溝橋事件は日本軍の「計画」的事件、あるいは「謀略」であることはもはや確定された争う余地のない事実として扱われるようになるのである。この点においては、盧溝橋事件勃発から六〇年余を迎えようとする現在も基本的に変わりはない。しかし、日本軍「計画」説は本当に事実に合致するものだろうか？

5　曲家源氏の「日本軍計画」説

「日本軍計画」説は、盧溝橋事件発生以来中国人の一貫した見方である。日本軍の「預謀」を主張する曲家源（山西師範大学）氏もその有力な一人である。氏は、以前から私を含む日本の盧溝橋事件研究に対して一貫して厳しい批判を加えている研究者である。曲氏の批判は、日本の盧溝橋事件研究に対する中国人の批判の代表的なものと受けとめてよいのであろう。氏は、具体的に多くの日本人研究者の名前[22]をあげて批判を加えている。もちろんこれは、学問上の論争として当然のことであり、歓迎すべきことである。私の方でも曲氏の盧溝橋事件観と日本の盧溝橋事件研究に対する批判については、これまでさまざまな機会を通じて比較的詳細に紹介してきたし、必要に応じて反論も行ってきた[23]。

さて、戦後五〇年（中国では、「世界反ファシズム戦争と抗日戦争勝利五〇周年」）の一九九五年、曲氏は二つの論文（次に掲げるE、F）を発表して、私も含む盧溝橋事件研究における「偶発」説に対して批判を加えられた。そこで、ここでは、曲氏の盧溝橋事件研究、とくにその「日本軍計画」説を取り上げ、改めて私見を述べておこうと思う。曲氏の盧溝橋事件に関する論著は、私の知る限り以下の六編である。

A「論盧溝橋事変的起因」（『山西師範大学報』一九八七年第二期、『複印報刊資料中国現代史』一九八七年第七期）

B「対〝一士兵失踪〟的考証——盧溝橋事変起因研究之一」（『近代史研究』一九九一年第三期）

C『盧溝橋事変起因考論——兼与日本有関歴史学者商榷』（中国華僑出版社、一九九二年）

D「評江口圭一教授《盧溝橋事件》一書」（『抗日戦争研究』一九九二年第三期）

E「中日史学家関於抗日戦争研究的隔閡与交流」（《中国文化与世界》国際学術討論会論文、一九九五年）

F「盧溝橋事変与全民族抗戦」（北京市社会科学界聯合会主編《偉大的勝利——紀念中国人民抗日戦争勝利五〇周年》同心出版社、一九九五年）

曲氏は、最新の論文「盧溝橋事変与全民族抗戦」において、『盧溝橋事件』（岩波ブックレット、一九八八年）の著者江口圭一氏と私が盧溝橋事件を「偶発」的事件と認識していることについて、「この問題——日本軍が盧溝橋事件を起こしたことの計画性を否認するという点で、二人（江口と安井）はどちらも誤っている！」（F—一三九頁）、と批判している。では、曲氏の盧溝橋事件＝「日本軍計画」説とはどのようなものであろうか。以下まずは氏の主張のポイントを整理しておこう。

⑴　日本軍側には、事件を「計画」していたことを示唆する事前のいくつかの動きが見られる。たとえば、石原莞爾らによる岡本清福（陸軍省軍務局軍事課員）、井本熊男（参謀本部第三課員）らの華北派遣、豊台駐屯隊による事件直前の演習、宛平県城への「発砲」、七月六日の今井武夫（北平大使館附陸軍武官）に対する石友三（冀北保安総司令）の「予告」などである。

⑵　七月七日は「謀略」実行に最適の日であった。清水中隊長は「特殊な使命」（F—一三九頁）を帯びていた。ここで重要なことは、第八中隊ということではなく、七月七日という日である。「華北日本軍（支那駐屯軍）」の〝急進派〟にとって、演習の最終日である七月七日こそ「謀略」を実行し、しかもそれを露見させないですますことのできる絶好の日であった。

⑶　「第一発」などなかったか、あったとしてもそれは日本軍がやらせたものである。日本軍の「計画」は次のように変化していった。（C—一一五—一一六頁）

1　本来、ことは次のように運ぶはずだった。

発砲→兵士の行方不明→宛平県城入城捜索交渉の提起→入城捜査、日本兵あるいは日本兵の死体の発見→第二十九軍を〝膺懲〟、盧溝橋占領→第二十九軍を平津及び河北から駆逐→華北の〝懸案〟を解決

2　ところが、まず志村がわずか二〇分で隊に戻ってきてしまったために「計画」は次のように変更を余儀なくされた。

発砲→〃不法射撃〃に対する抗議の交渉に改め、直接兵を率いて入城→盧溝橋の強行占領→第二十九軍を平津、河北から駆逐

3　さらに中国側が日本軍の宛平県城への入城を拒否したので次のように変更した。

発砲→〃不法射撃〃に対する抗議→盧溝橋の中国駐屯隊の退去を要求→第二十九軍に迫って平津から撤退させる。

(4)　牟田口は七月八日午前九時二五分、「盧溝橋占領ハ軍ノ意図ナルヲ以テ速ニ敢行スベシ[24]」という命令を出しているが、これは日本軍の「計画」性を示すなによりの証拠であり、平津占領はその「計画」の目標達成を意味した。

(5)　この謀略には、参謀本部の石原莞爾、井本熊男、陸軍省の岡本清福、支那駐屯軍の牟田口聯隊長、一木大隊長、清水中隊長、茂川秀和天津特務機関長、松井太久郎北平特務機関長らが関与している。志村二等兵も当然その一員であった。

(6)　盧溝橋事件関係者は証言を回避している。盧溝橋事件は、日本軍の「計画」的事件という点では、柳条湖事件と全く同一であって、「第二の柳条湖事件」といってよい。柳条湖事件の関係者が、自己の「謀略」の実態を明らかにしているのに、同じく「謀略」の実行という点では共通している盧溝橋事件の関係者が口を閉ざしているのは、柳条湖事件の場合は天皇からも賞賛されているその行為が正当化されているのに対して、盧溝橋事件については日中戦争の泥沼に日本を引きず

り込んだという点で否定的に評価されていて、関係者が真相を明らかにしようとしないためである。

6　盧溝橋「奇襲計画」と「謀略」

曲氏の「日本軍計画」説は、「計画」説であることから事件前の日本側の動向と事件の発生段階での状況に対する独自の分析と解釈の仕方にその特徴を認めることができる。たしかに七月七日というのは、「謀略」をカムフラージュするのに都合のよい日だったかもしれないが、七月七日に「謀略」を実行するという準備がなされていたことを示す資料は今日まで発見されていない。ただし、支那駐屯軍は、大規模な「北支那占領地統治計画」[25]を策定していただけでなく、北平の第二十九軍首脳邸と盧溝橋の第三営に対する「奇襲計画」を立てていて、豊台駐屯隊は、それを想定した演習をくりかえし実施していた。このことを明らかにする証言を二つ紹介しておこう。どちらも長文になるが、豊台駐屯隊の盧溝橋近辺での演習は、もっぱら対ソ戦を想定したものであって、第二十九軍を想定したものではなかったという日本には根強くある見解を批判するためにも重要なので、そのまま引用しておきたい。

第一は、盧溝橋事件研究者なら誰もが知っている寺平忠輔『盧溝橋事件——日本の悲劇』（読売新聞社、一九七〇年）に紹介されている久保田尚平砲兵隊長の証言である。七月八日朝午前五時三〇分、日本軍が回竜（竜王）廟の中国軍のトーチカを攻撃した時の森田徹中佐との会話である。

「第一発から全弾命中、実にものすごい当りじゃないか！　お手柄」

という森田中佐の賞賛に対し、久保田砲隊長は汗を拭い拭い

「アッハハハ。あれですか。あんなの手柄でもなんもありゃしませんよ。強いていったらいささかインチキの方なんですがね。

実は歩兵砲隊は検閲のヤマをかけて、毎日一文字山附近に陣地を占領し、西といったら竜王廟のあのトーチカ、南といったら宛平城の望楼や東北角、そういった目標に対して完全に標定がしてあったんです。そこへおあつらえ向きみたいに今日の事件の勃発でしょう。だから、検閲のヤマを地で行ったというに過ぎないんです。あれがもし命中しなかってご覧なさい。それこそ検閲の講評でコッピドくこきおろされるところだったんですよ。」（同書、一二八頁）

これは現場で演習を指揮していた人物の証言である。このような盧溝橋の中国軍第三営を想定した訓練は、歩兵砲隊がこのようであったとすれば他の部隊も同様であったものと推定してよいだろう。

第二は、先の「牟田口手記」の中の「豊台事件後我ノ万一ニ対スル準備」という部分である。これは、「第一聯隊戦闘詳報」を下敷きにして、それに一部ではあるが重要な加除を施したものであるので、次に比較のため両者の該当部分を引用しておこう（以下、傍線＝安井）。

「第一聯隊戦闘詳報」

支那側全般の情勢は日を経るに従ひ侮日抗日意識熾烈となり何時異変の勃発を見るや測るべからざるべきものあり而かも我軍の支那軍に対するや前述せる如く常に友軍を以て遇し其非行あるも之を諭し其誤解を解き以て和親に努めたり然りと雖万一の変に処して遺憾なからしむる為には

我行動は常に神速にして疾風迅雷的ならざるべからず而かも数に於て極めて劣勢なる我は夜間戦闘に依らざるべからざる場合多き所以を訓示し平素の視察に検閲に之を強調し特に新操典草案発布以来聯隊将兵薄暮黎明及夜間訓練に精進せり従て駐屯地附近の地形は一兵に至る迄之を暗識し又夜間行動に熟達するに至れり而して一方支那軍主脳者邸兵営城門等の奇襲計画を策定し各幹部をして一々実地に就き数回に亙り踏査せしめ又数回実施せし演習の結果に徴して出動時の編成(中略)を定むる等目的達成の為の演練事項に就ては遺憾なきを期したり。(28)

「牟田口手記」

支那側全般ノ情勢ハ日ヲ経ルニ従ヒ侮日抗日意識熾烈ヲ加ヘツヽアルノ情報ハ頻々タリ　特ニ南方ヨリノ旅行者ノ言ハ皆之ヲ伝フ而モ我軍ノ支那軍ニ対スルヤ前述セルカ如ク常ニ友軍ヲ以テ遇シ非行アルモ之ヲ諭シ其ノ誤解ヲ解キ以テ和親ニ努メタリ　然リト雖モ万一ノ変ニ処シテ遺憾ナカラシムルハ第一線部隊ノ重大ナル責務ナリ　之カ為我ハ其ノ行動最モ神速ニシテ疾風迅雷的ナラサルヘカラス　而モ数ニ於テ著シク劣勢ナル我ハ主トシテ夜戦ニ依ラサルヘカラサルヲ以テ聯隊全将兵薄暮黎明及夜間訓練ニ精励セリ従ツテ駐屯地附近ノ地形ハ一兵ニ至ル迄之ヲ暗識シ又夜間行動ニ熟達スルニ至ル　而シテ北京ニ駐屯スル第一大隊ニ対シテハ支那軍主脳者私邸、兵営、城門等ノ奇襲計画ヲ豊台部隊ニ対シテハ南苑及宛平県城（蘆溝橋城）奇襲計画ヲ策定シ各幹部ヲシテ一々実地ニ就キ数回ニ亙リ踏査セシメ又該模型ニ依リテ訓練ヲ実施シ或ハ砂盤ニ依リ或ハ図上演習ニ依リ之ヲ実施シ又其ノ結果ニ徴シテ出動時ノ編成装備ヲ定ムル等準備ヲ周到ナラシメタリ

（中略）事変勃発後ノ戦闘経過ニ徴シ此等ノ訓練カ偉大ナル効果ヲ齎ラセルコトヲ痛感セリ。

ここで注目すべきことの第一は、「薄暮黎明及夜間訓練」についての説明である。この演習は、七月七日夜、第八中隊が盧溝橋附近で実施した演習課目「薄暮ヨリ敵主陣地ニ対スル接敵及黎明攻撃」と同一のものであるが、従来この日の「訓練の要領は、少兵力による対ソ戦法訓練の慣熟」[27]などといわれてきたが、実はそうではなくまさに盧溝橋の中国軍（「敵」）に対する攻撃訓練そのものであったことが、「特に新操典草案発布以来」という一句が「手記」では削除されていることによりかえっていっそう明白になったということである。

第二に、「手記」では、「支那軍主脳者私邸、兵営、城門等ノ奇襲計画」を「北京ニ駐屯スル第一大隊」の任務として特定するとともに、あらたに「豊台部隊ニ対シテハ南苑及宛平県城（盧溝橋城）奇襲計画」を策定し、という一句が書き込まれたことにより、豊台駐屯隊の演習目標が「宛平県城」すなわち第三営に対するものであったことが明確化された。なお、この部分の表題が「万一ニ対スル準備」となっていることから、第一聯隊は「遺漏のないことを期し」ていたにすぎないのであって、積極的に中国軍に対する「奇襲攻撃」の準備を進めていたわけではなかったという見方もあるが、「奇襲計画」とは文字通り「奇襲」を「計画」していたとみるのが自然であろう。[28]

第三に、「手記」には「該模型ニ依リテ訓練ヲ実施シ或ハ砂盤ニ依リ或ハ図上演習ニ依リ」とあり、「奇襲計画」の策定とその実施について密接な検討がされていたことが明確になった。

第四に、「手記」は、「事変勃発後ノ戦闘経過ニ徴シ此等ノ訓練カ偉大ナル効果ヲ齎ラセルコトヲ痛感セリ」として、事件前の演習が、七月八日以降の中国軍との戦闘においていかに実践的効果的であったかが証明されたとしている。

ここで、七月八日午前三時に支那駐屯軍の「軍主任参謀起案」になるという「宣伝計画（仮定）」[29]の「第二　要領」の「一、事態誘導の基礎工作」が「（一）要人の監禁」「（二）蘆溝橋占領」となっていたことに注目したい。これは、明らかに牟田口のいう二つの「奇襲計画」と符合する。おそらく第一聯隊あるいは支那駐屯軍参謀部では、「奇襲計画」のための「計画書」が作成されていたにちがいない。「宣伝計画」は、こうした「奇襲計画」の一環としてあらかじめ原案が作成されていて、それが七月七日の「事件」発生に即応するものとして一定の修正を加えて「起案」されたものと考えてよいだろう。このように見てくると、支那駐屯軍司令部の「北支那占領地統治計画書」と牟田口のいう第二十九軍に対する「奇襲計画」そしてこの「宣伝計画」の三者は、一本の糸で繋がれていたものといえそうだ。

このように久保田と牟田口の証言は、第一聯隊においては北平と南苑・盧溝橋の第二十九軍に対する「奇襲計画」の準備が整っていたことの有力な証明となる。とはいえこれらを以て七月七日の「謀略」実行の証言とすることはできない。七日夜から八日朝にかけての豊台駐屯隊の行動には、牟田口のいうところの二つの「奇襲計画」や日常の訓練などが役に立ったことはたしかであろうが、その「計画」に則って中国軍に対する攻撃が起こされ、展開されたものとみなすことはできない。

ところで曲氏は、日本軍の「夜間の実弾演習は一段と激しくなり、演習の銃弾がたえず宛平県城の城壁にあたっていた」（F—一一七頁）として、これを日本軍の「謀略」準備がすでにすべて整っていたことを示す証拠の一つとしてあげている。今井武夫『支那事変の回想』[30]の記述によったものだが、これは今井自身のことばではなく、馮治安のことばであり、この「日本軍の盧溝橋城壁に対する、実弾発射事件の有無」について「そんな事実は絶対にない」という調査結果に今井は「満足して、何の疑問も持たなかった」と結論づけている。[31] ここでの曲氏の資料の援用の仕方には無理がある。

また、曲氏は、七月六日、陳子庚宅での宴会の席に、石友三冀北保安総司令が駆け込んできて、今井に対していった「日華両軍は今日午後三時頃盧溝橋で衝突し、目下交戦中だ。武官はこの状況を知っているか」[32]ということばを引いて、石は「すでに日本軍が盧溝橋で中国軍を攻撃しようとしている」ことを知っていてこのようにいったものと推測する（F—一七頁）。石が、日を一日間違えたのはあわてていたからで、石はこの情報を「華北日本軍（支那駐屯軍）」からえたものであるとして、これも「日本軍計画」説の根拠の一つとしている。しかし、この石の「予告」については、曲氏の解釈と正反対のものがある。今井自身はこれを「旧西北系」の「翌七日の陰謀計画」の事前の「好意的予備通報と考えられないこともなかろう」[33]としてとらえ、また坂本夏男氏は、この「今井の推論」を「極めて重視しなければならぬ」[34]とし、これを「中国共産党陰謀」説へと結合させている。[35] この石友三の「予告」は奇妙なものだが、「日本軍計画」説にせよ「中国軍計画」説、さらには「中国共産党謀略」説にせよ、いずれの根拠とするものとは考えられない。

さて、もし七月七日に盧溝橋事件が勃発していなければ、豊台駐屯隊は、近くまた演習を行っていたであろう。志村のようにたった二〇分で姿を現すような「大失敗」を起こさないように、なぜもっとよく準備して、また「計画」実現にとってもっとも良い条件を整え、十分な訓練を行ってから実行に着手しなかったのだろうか、疑問とせざるをえない。柳条湖事件の場合は、爆破の実行部隊、北大営襲撃の手筈、要塞砲の配備などの用意を整えた上で、また実行部隊と関東軍全体を動かす態勢を整えて、最終的な「謀議」を行ってから決行したのである。また、氏は、第八中隊でなくてもよかったというが、当日夜は、第七中隊も盧溝橋附近で演習をしていたのであり、とすればなぜ第八中隊が「謀略」の実行部隊に選定されたのだろうか？　曲氏の論理では説明がつかない。

7　「第一発」と「兵一名行方不明」

兵士たちの「頭上相当高く飛んだ」[36]夜間の「第一発」は、音と光でしか確認できない。したがって、それはそれを聞いたり、見たりした関係者の証言に頼らざるをえない。たしかに曲氏の指摘によるまでもなく、第八中隊将兵たちの証言や「戦闘詳報」の記述には、時刻、方角、数などの点で相互に矛盾する点が多い。しかし、彼ら（たとえば清水中隊長、野地伊七小隊長、長沢連治分隊長など）が、口裏を合わせて全部でたらめをいっていたということを証明することは困難である。曲氏は、戦後に書かれた「清水節郎氏の手記」（秦『日中戦争史』所収）を「事変の発端に関する唯一のもっとも初期の資料（最原始的資料）」で「いわゆる〝第一発〟の唯一の証人」（F—一一九頁）と見なしているが、これは正しくない。清水には、事件から半月余の時点で発表した「陣中手記」（『国民新聞』・『新愛知』一九三七年七月二四日）がある。また志村の直接の上官であった野地伊七第一小隊長にも「事変発端の思出」（『偕行社記事』一九三八年七月）があり、そこで野地は「第一発」についても比較的詳細な証言を行っている。さらに戦中はともかく、戦後においては盧溝橋事件のような問題で箝口令を布くことなど全く必要がなかった。柳条湖事件については花谷正のような明確な証言が出ているのであるから、もし盧溝橋事件も日本軍の「謀略」であったとすれば、関係者の一人二人からそのことを匂わすような証言があってもよいはずである。それがないということは、やはり「第一発」については、事実とするのが妥当であろう。ただし、発砲者については、日本では「第二十九軍兵士」説が有力[37]だが、私はまだ誰とは断定できないので留保しておきたい。

さて、「兵一名行方不明」問題は、曲氏の盧溝橋事件＝「日本軍計画」説の核心部分である。この点をどう考えるかが他の論点のとらえ方に大きく影響する。氏によれば、先にみたようにまず志村が「行方不明」になる、次に彼は中国兵につかまって宛平県城に連れ込まれるか、それともどこかで射殺されるはずだった。そして、日本軍は志村「行方不明」を口実に盧溝橋城を捜索し、志村（あるいはその死体）「発見」を理由に宛平県城を奪取するという予定だった。ところが、こともあろうに志村はわずか二〇分で第八中隊に戻ってきてしまい、「謀略」はスタートでつまづいてしまった。このため、「発砲」の次の一歩を変更せざるをえなくなった。「謀略」であったため、第八中隊の将兵は、この問題への言及を回避しているのである、と曲氏は推測する。もし、曲氏の推論が正しいとして、では志村に中国兵によって殺害されることまで覚悟のうえで「行方不明」を演出させた人物は、一体誰なのか？　清水中隊長だろうか。それとも志村の直接の上官である野地小隊長であろうか。この二人は当然「謀略」に関係していたはずである。第八中隊は約一五〇名であるが、この「謀略」に関与していたのは、清水、野地、志村の三人だけだろうか？　上は参謀本部第一部長の石原莞爾から下は二等兵の志村菊次郎まで、「謀略」の構想の立案と七月七日実行の打ち合わせはどこでどのように行われたというのだろうか？　志村は、なぜ二〇分で戻って来てしまったのだろうか？　そもそも志村のように入隊（一九三七年三月）して間もない二等兵一人にこのような大「謀略」の「発端」となる重要な役割を割り振るなど考えられることだろうか？

なお、志村捜索の模様については、野地小隊長の「事変発端の思出」にも詳細に書かれている。たしかに志村の行動を十分に説明できるだけの資料が不足している現状では、曲氏の見解を完全に否定しさることもできないが、しかし現存の資料の語るところによるかぎり、氏のように、志村が「謀略」の一環に組み込まれて意図的に「行方不明」になったと解釈するよりも、志村は何らかの理由（大便説、道に迷った説などがある）により二〇分間、隊列を離れていたと解釈するほうが事実に合致していると判断される。すくなくも曲氏のいうように清水――志村の合意の上で「行方不明」になっていたと断定する根拠となる資料はまだ発見されていないのである。氏の主張は、いまだ推論の域を出るものではない。志村「行方不明」を「計画」的とする根拠はこのように不確かであり、とすれば曲氏の「日本軍計画」説に関するその他の主張もその根拠が全て危うくなるのである。

8　「第一発」から軍事衝突へ

「第一発」と「兵一名行方不明」という事件がなぜ八日午前五時三〇分の日本軍による「戦闘開始」という事件へと拡大されたのか。清水中隊長が派遣した伝令の岩谷兵治曹長と内田市太郎一等兵が、豊台の第三大隊本部に到着したのは七日午後一一時五六、七分頃という。先の「牟田口手記」は、中国軍との衝突に備えて、「演習地ト駐屯地トノ間ニハ必ズ連絡ノ方法ヲ講シ置カシムル」と書いているが、そうだとすれば、このときなぜこの準備が作動しなかったのか不可解である。そのことは別として、盧溝橋事件が「事件」になっていく上での核心部分は、むしろこの伝令の豊台到着から、八日午前五時三〇分日本軍が戦闘開始に突入するまでの間の過程にあると考えられる。事件の主役は、もはや志村二等兵でも清水中隊長でもなく、一木大隊長と牟田口聯隊長、とりわけ一木大隊長である。なぜならば、一木は、盧溝橋の現場の状況を把握し、それに応ずる方策を考え、北平にいる牟田口に報告し、意見を具申することを任務としていたからである。河辺正三旅団長不在時にあって牟田口は、一木の報告と意見に対して旅団としての判断を下し、一木らに実行の命令を下すという立場にあった。一木は、この段階におけるキーパーソンである。なお、曲氏との意見の相違は、主にこれ以前の過程に関するもので、この段階についての認識は基本的に一致するものと考えられる。ただし、盧溝橋事件全体における位置づけという点では、曲氏においては、事件は発生以前から「謀略」として準備されていたものとされているのでこの段階はそれほど重視されないのに対して、私はこの段階こそ「事件」が実際の軍事衝突事件へと拡大されていく上での分岐点と考えるのでこの過程をより重視する立場に立っているといえよう。

曲氏も、志村がわずか二〇分後には第八中隊に戻ったことによって、日本側が、中国側に対する交渉要求の根拠を「兵一名行方不明（不足）」から「不法射撃（発砲）」へと大きく変更させたととらえる点[38]では私と共通しているが、「計画」説に立って日本軍は七日の演習開始前から「盧溝橋城占領」を目的としていたという予断を抱いている曲氏は、この根拠の変化の意味、中国軍に対する「戦闘開始」命令の出される過程、とくに八日午前三時二五分の「何を射ったか分からないが[39]」、「竜王廟方向にて三発の銃声を聞[40]」いたというわゆる再度の「発砲」事件から四時二〇分、牟田口が一木に中国軍に対する「戦闘開始」命令を下す過程についてほとんど関心を示さない。しかし、問題は微妙であり、この経過を明らかにして初めて、なぜ日本軍は盧溝橋の中国軍への攻撃を開始したのかが明瞭になるのである。ただし、この経過については、すでに拙著[41]において詳述しているのでこれ以上の説明は省略する。

いずれにせよ七月七日夜一〇時四〇分の「第一発」・「兵一名行方不明」の「事件」発生から翌八日午前五時三〇分の日本軍による戦闘開始までの約七時間の過程における志村、清水、一木、牟田口、松井らの対応を検討するかぎり、かれらが予め「盧溝橋占領」、さらには「平津占領」のプランを策定し、そのプランに従って「計画」的に事件を起こし、行動を展開していったとは思えない。一木が「盧溝橋占領」を決意するのは八日午前三時二五分の「発砲」を契機にするものであり、牟田口が「盧溝橋占領」のため「戦闘開始」の攻撃命令を下すのは一木の「大袈裟」な報告を受けて後の四時二〇分のことであると考えるのが事実に即した理解であると思う。[42]

以上のように、（狭義の）盧溝橋事件が「偶発」的事件を「発端」とするものであったととらえるならば、曲氏のいう(5)の主張も成立しないことになる。牟田口の八日午前九時二五分の「盧溝橋占領」命令は、事件の「計画」性を証明するものではなく、一連の経過の結果として解釈すべきである。また、曲氏のいう(6)の点も同じく成立しがたい。参謀本部第一部長としての石原莞爾の盧溝橋事件における役割は、関東軍高級参謀として柳条湖事件の「謀略」を立案、実行を指導した当時とは異なり、対ソ戦重視の立場から中国との泥沼の戦争に陥ることを回避しようと志向しながら、一九三六年五月の支那駐屯軍増強と第三大隊・歩兵砲隊の豊台配置を容認し、盧溝橋事件勃発後においては事件「不拡大」の立場に立ちながら、結局「拡大」派の一撃論を容認して大軍の中国への派遣に同意したという点にある。その意味での責任を彼は回避できないが、盧溝橋事件の「計画」を立案、実行を指揮した人物とみなすことはできない。曲氏によれば、上は参謀本部の石原から、下は第八中隊の志村二等兵に至るまでの各レベルの相当数の人々がこの事件の「計画」に参画していたことになる。これだけの人間や機関が「計画」に関与しているというのに、その「謀議」を示す文書なり、証言が一つもないのはなぜなのか、この点を曲氏はどのようにお考えなのだろうか。また、参謀本部、支那駐屯軍内の「少壮派軍人」（C—三三頁）あるいは「急進派」（F—一四〇頁）がこれほど多数関与しているというのに、「第一発」以降の日本軍の行動は小規模かつ緩慢である。この点は柳条湖事件の場合と全くことなる。参謀本部や支那駐屯軍の中枢部も巻き込んでの「謀略」を実行するとなれば、もっと大規模で周到な準備がなされていたはずである。盧溝橋事件の経過からは、そのような痕跡を見いだすことはできない。唯一、支那駐屯軍参謀の起案になる「宣伝計画（仮定）」がそれに近いといえばいえないこともないが、これも支那駐屯軍で正式に採用されたものではなく、「一部参謀の私案」に終わったものであることは、本史料の発見者である永井和氏も含め、多くの研究者の認めるところである。[43]

柳条湖事件の関係者が「謀略」について口を開くのは、戦後、しかも事件が日本の「謀略」であることが明確になってから後のことである。花谷正「満州事変はこうして計画された」が発表されたのは、一九五六年のことであった。一方、盧溝橋事件の関係者は、事件から一年後の一九三八年六、七月には『朝日新聞』の座談会や雑誌『大陸』、『話』、さらには講演[44]などにもしばしば登場しており、盧溝橋事件について相当大ぴらに発言している。また、一般的とはいえないが、彼らは陸軍の将校たちのクラブ「偕行社」の雑誌『偕行社記事』に寄稿したり、同誌の座談会に出て堂々と発言していた[45]。もっとも彼らが盧溝橋事件のすべてを語っていたというわけではないが。戦後における、柳条湖事件の関係者と盧溝橋事件の関係者の日本社会における立場は全く同一であって、それによって発言内容が左右される要素は全くない。この点についての曲氏の見方は的はずれというしかない。

私は、盧溝橋事件については依然「偶発」説が事実経過をもっともよく説明できるものと考える。この点で、曲氏の批判は受け入れることはできない。また、「偶発」説だからといって、日本の中国に対する侵略を免責したり、その罪責を軽減するものとも思わない。

ところで、最近発表された台湾の歴史家陳在俊氏の論文「中日両国全面戦争的導火線：盧溝橋、廊坊、広安門事件之探討[46]」は興味深い論文である。ここで氏は、盧溝橋事件の「第一発」とは、七日夜一〇時四〇分のそれではなく八日午前五時三〇分の日本軍による戦闘開始を指すものととらえる。そして、七日夜の演習中の日本軍は「銃撃を受けていない」（五六九頁）が、志村二等兵の行方不明の理由などは「大して重要ではない（並不重要）」（五五五頁）とみなす。氏は、問題を一木大隊長、牟田口聯隊長、松井特務機関長などにあるとして、次のように述べている。すなわち志村二等兵は、

> 大便あるいは道に迷って一時隊から離れたため、短時間ではあったが中隊長はあわてふためいてとりみだし、その結果かれは事件後聯隊副官に転属させられ、以後二度と兵を率いることはなかった。しかし、大隊長、聯隊長、特務機関長らはちょうど中国側に対して口実を探していて、

チャンスがなくて苦慮していたところ、突然このドタバタが起こったので、すぐにこれを口実に、銃撃されたなどと称して宛平を占領し、宋哲元に圧力をかけて、日本側のいいなりにさせるという目的を達しようと決心したのである。（五六〇頁）。

ここで陳氏は、事件の「偶発」性、「計画」性について明確に語っているわけではないが、私はこれは事実上の「偶発」説といってよいと思う。氏は、以前に、[47]盧溝橋事件は茂川秀和天津特務機関長の「謀略」によるものという説を提起して大きな波紋を起こした歴史家であるだけに、この論文の考えは大きな変化といえよう。ちなみに、本論文には、茂川についてはその名前さえ登場しない。

むすび

支那駐屯軍は、「北支那占領地統治計画書」を作成して華北の武力占領、統治を計画し、また、「牟田口手記」について見てきたように盧溝橋事件当時、同軍は第二十九軍との「万一」の事態の発生に際して取るべき北平の第二十九軍首脳邸と盧溝橋の中国軍に対する二つの「奇襲計画」を策定し、実地踏査を何度も行い、実際の訓練を実施していた。したがって、支那駐屯軍には、「万一」と考えるような事態が発生すれば、「奇襲計画」を発動させる準備が整っていたといえる。しかしながら、七月七日夜の「第一発」を合図にその「奇襲計画」を発動させるような事前の「謀議」がなされていたとはいえない。すなわち、曲家源氏の「日本軍計画」説は、確かな根拠に基づくものとは言い難い。「偶発」的事件がなぜ大戦争へと拡大していったのかという問題の立てかたに対して、中国の研究者は同意しがたいもののようであるが、七月七日夜の小事件が八日早朝五時三〇分の日本軍による「戦闘開始」へと至る過程を具体的にたどるならば、問題は、岩谷・内田の二人の伝令が豊台に到着した後の牟田口聯隊長と一木大隊長の状況認識と判断がその鍵となっていたことを示しているととらえるのが妥当である。その意味で台湾の歴史家陳在俊氏の最近の研究に注目したい。

注

（1）「田中上奏文」（中国では「田中奏摺」）に関する中国の最近の研究動向については、高殿芳・劉建業主編『田中奏摺探隠集』（北京出版社、一九九三年）、沈予「関於《田中奏摺》抄取人蔡智堪及自述的評価」（『近代史研究』一九九六年第三期）参照。

（2）この点については、江口圭一『盧溝橋事件』（岩波ブックレット、一九八八年）、坂本夏男『盧溝橋事件勃発についての一検証』（国民会館、一九九三年）、安井三吉「盧溝橋事件に関するいわゆる「中国共産党計画」説——坂本夏男『盧溝橋事件勃発についての一検証』によせて——」（『季刊中国』三七号、一九九三年夏季号）、安井三吉「盧溝橋事件のイメージ——中国の場合、日本の場合——」（『日本史研究』第三八〇号、一九九四年四月）、坂本夏男「江口圭一著『盧溝橋事件』に対する所見」（『藝林』第二二七号、一九九四年五月）、江口圭一「盧溝橋事件小論——坂本夏男の所論をめぐって」（『日本史研究』第三九七号、一九九五年九月）、松崎昭一「支那駐屯軍増強問題——二・二六事件処分と盧溝橋事件発生への視角」（上）（下）（『国学院雑誌』第九六巻第二、三号、一九九五年二月、三月）、秦郁彦「盧溝橋事件の再検討——七月七日夜の現場」Ⅰ、Ⅱ（『政治経済史学』第三三三、三三四号、一九九四年三月、四月）、同「盧溝橋事件から日中戦争へ」（一）〜（五）（『千葉大学法学論叢』第九巻第一号—第

一〇巻第一号、一九九四年八月—九五年八月）など参照。

（3） 第一にあげるべきは、「在中華民国北平大使館記録」である。これにより、盧溝橋事件の平津地区から日本への第一報は、従来七月八日午前四時二〇分、支那駐屯軍参謀長から陸軍次官、参謀次長宛に発せられた「秘支参庶電第五〇号」であるとされてきたが、あらたに紹介されたこの史料によると、これより四〇分早く、同日午前三時四〇分、日本駐北平大使館より外務省宛に発信されていたことがわかる。この史料は、劉傑『日中戦争下の外交』（吉川弘文館、一九九五年）にその一部が紹介されているが、現物をまだ見る機会をえていない。なお、この「記録」（正式の名称については不知）は日本にはなく中国に保管されていると聞いており、中国での公開を期待している。

第二に、『牟田口廉也政治談話録音速記録第一回分』である。これは、牟田口元聯隊長が、一九六三年四月二三日、国会図書館において山本有三氏（作家、元参議院議員）のインタビューに答えたものが、一九九三年五月、三〇年経過したことによって公開されたものである。本速記録は江口圭一氏のご好意により見ることができたが、従来牟田口が述べてきたことと大筋において変わりがない。

第三は、『解放週刊』（解放週刊社）には、すくなくとも二種類の版があるということである。周知の通り、「中国共産党為日軍進攻盧溝橋通電」（七月八日）は、この『解放週刊』第一期第一〇号（一九三七年七月一二日）に掲載されているが、実は別の版では、第一巻第一一期（一九三七年七月一五日）に発表されている。前者は、上海図書館など中国の各図書館に所蔵されているもの、後者は京都大学人文科学研究所所蔵のものである。なぜ『解放週刊』が二種類あるのかは依然不明である。中国の研究者の方々のご教示を待ちたい。

第四は、『抗日戦士政治課本』の存在が確認されたことである。この本については、かつて葛西純一氏が、『新資料盧溝橋事件』（成祥出版社、一九七四年）において、人民解放軍総政治部『戦士政治課本』

の盧溝橋事件記述を「中国共産党謀略」説の論拠の一つとしてあげて以来、その所在が注目されていたが、中共中央文献研究室編『毛沢東年譜』中巻（人民出版社、文献出版社、一九九三年）の二三二頁の注にこの本についての言及が見られる。しかし、その内容については不祥。

盧溝橋事件研究を困難にしているのは、基礎的資料が不足していることにもよる。関係者の回想録は多いが、相互に矛盾していることが少なくなく、これらを利用する場合は史料としての吟味が必要である。やはり、基礎となる史料の発掘が待たれるところである。日本側の第一聯隊や第三大隊の戦闘詳報に対応する第二十九軍、特に金振中の第三営の戦闘詳報、また日本側の『北平陸軍機関業務日誌』に対応する冀察政務委員会、特に外交委員会の記録などは保存されていないのだろうか。中国における調査に期待したい。

（4）古屋哲夫「日中戦争にいたる対中国政策の展開とその構造」（同氏編『日中戦争史研究』吉川弘文館、一九八四年、三～四頁）、江口圭一『盧溝橋事件』（岩波ブックレット、三七頁）、秦郁彦「盧溝橋事件から日中戦争へ」（一）（『千葉大学法学論集』第九巻第一号、一九九四年八月、一五〇頁）。

（5）岡野篤夫氏との雑誌『自由』における「論争」については、拙稿「盧溝橋事件・日中戦争をめぐる岡野篤夫氏との「論争」」（『近きに在りて』第二七号、一九九五年五月）参照。

（6）第三大隊と歩兵砲隊からなる。この点については、坂本夏男氏のご指摘による。

（7）拙著『盧溝橋事件』（研文出版、一九九三年）参照。

（8）花谷正「満州事変はこうして計画された」（『別冊知性』一九五六年一月）、粟屋憲太郎編『ドキュメント　昭和史』2（平凡社、一九七五年）所収。

（9）中国国民党中央委員会党史委員会編『革命文献　第一〇六輯　盧溝橋事変史料（上冊）』（中央文物供応社、一九八六年、二四八頁、以下『盧溝橋事変史料（上）』）。

(10) 外務省編『日本外交年表竝主要文書』下（原書房、一九六六年、三六六頁）。
(11)『東京朝日新聞』一九三七年七月九日、夕刊。
(12)『東京朝日新聞』一九三七年七月一〇日。
(13) 防衛研修所戦史室編『支那事変陸軍作戦〈1〉』（朝雲新聞社、一九七五年、一五九—一六〇頁）。
(14) 外務省情報部編『支那事変関係公表集』第一号、一九三七年一二月、一頁。
(15) 最高統帥部『北支那作戦史要』（防衛研究所図書館蔵）所収。
(16)『現代史資料』38（みすず書房、一九七二年）所収、原本は防衛研究所図書館蔵。なお、この文書については、「盧溝橋事件のボイスレコーダー」（支那駐屯歩兵第一聯隊戦友会誌『支駐歩一会々報』第一一号、一九八七年、四五頁）、「時々刻々に記録された」（秦前掲論文）「盧溝橋事件から日中戦争へ」（一）、一五二頁）ものとの評価があるが、この文書はタイプ印刷のもので事後に情報の取捨選択と整理がなされているものと受けとめておくべきであろう。
(17) 秦徳純「「七七」事変紀実」（『極東国際軍事裁判速記録』第三一号、一九四六年七月二三日）。なお、同「七七盧溝橋事変経過」（『伝記文学』第一巻第一号、一九六二年六月）との間には、記述上に相違が見られる。
(18)『華美晩報』一九三七年七月一七日（中国国民党中央委員会党史委員会編『革命文献　第一〇七輯　盧溝橋事変史料（下冊）』中央文物供応社、一九八六年、一〇九頁）。
(19)『盧溝橋事変史料（上冊）』、一一九頁。
(20) 同前書、一二〇—一二一頁。
(21) 同前書、一二五頁。
(22) 曲氏によって批判の対象とされているのは、井上清、藤原彰、江口圭一、秦郁彦、坂本夏男、岡野篤夫、葛西純一それに安井などである。これは、盧溝橋事件について専論のあるほとんどすべての日本人研究者といってよい。

(23) 安井前掲論文「盧溝橋事件のイメージ——中国の場合、日本の場合——」参照。

(24) 「盧溝橋附近戦闘詳報」(以下、「第一聯隊戦闘詳報」、『現代史資料』12、みすず書房、一九六五年、三四三頁)。

(25) 支那駐屯軍司令部『昭和十一年度北支那占領地統治計画書』昭和一一年九月一五日(防衛研究所図書館蔵)。この文書については、永井和「日本陸軍の華北占領地統治計画について」(京都大学人文科学研究所『人文学報』六四号、一九八九年三月)参照。

(26) 前掲『現代史資料』12、三三八頁。

(27) 秦郁彦『日中戦争史』(河出書房新社、一九七二年、一六四頁)。

(28) この点をめぐる論争については、江口圭一『盧溝橋事件』、坂本夏男『盧溝橋事件勃発についての一検証』、安井三吉「盧溝橋事件に関するいわゆる「中国共産党計画」説——坂本夏男『盧溝橋事件勃発についての一検証』によせて——」、坂本夏男「江口圭一著『盧溝橋事件』に対する所見」、江口圭一「盧溝橋事件小論——坂本夏男氏の所論をめぐって」など参照。

(29) (支那駐屯)軍主任参謀起案「宣伝計画(仮定)」一九三七年七月八日(防衛研究所図書館蔵)。この文書については、永井和「盧溝橋事件に関する一史料」(『史』六三、一九八七年四月)参照。

(30) 今井武夫『支那事変の回想』(みすず書房、一九六四年、六～八頁)。

(31) 同前掲、八頁。

(32) 同前掲、一一頁。

(33) 同前掲、四五頁。

(34) 坂本夏男『盧溝橋事件勃発についての一検証』、一二頁。
(35) 同前書、三二〜三四頁。
(36) 「清水手記」（秦前掲書『日中戦争史』、一六六頁）。
(37) 江口圭一『盧溝橋事件』（岩波ブックレット、一九八八年、二〇頁）。また、秦郁彦氏も同じく「第二十九軍兵士発砲」説（「現場大隊長が明かした貴重な証言」『中央公論』一九八七年一二月）であるが、第二十九軍の抗日意識の高まりとの関係を重視し、「中村粲氏への反論　謙虚な昭和史研究を」（『諸君』一九八九年一二月、二二一頁）では、教科書としては「偶発（つまり犯人不明）としておくほかない」とし、また、最近では「その発砲者は単にナショナリストとして抗日敵意に燃えた兵士であったかもしれないが、沈仲明のような中国共産党の秘密党員ないしシンパが混じっていた可能性もあろう」（「盧溝橋事件の再検討」Ⅱ、三二頁）として、中国共産党との関連に注目している。
(38) この点に関連して、古屋哲夫「日中戦争にいたる対中国政策の展開とその構造」、江口圭一『盧溝橋事件』、安井三吉『盧溝橋事件』が、「兵一名行方不明」から「不法射撃」への転換の意味を重視するのに対して、坂本夏男「江口圭一著『盧溝橋事件』に対する所見」、秦郁彦「盧溝橋事件から日中戦争へ」は、牟田口聯隊長が第一に問題としていたのは「不法射撃」の方だったという見解をとっている。
(39) 「盧溝橋事件一周年回顧座談会」（『東京朝日新聞』一九三八年六月三〇日）。
(40) 長沢連治編『盧溝橋事件に於ける支那駐屯歩兵第一聯隊第三大隊戦闘詳報』（油印版、やまざき印刷部、一九七〇年、一八頁。タイプ印刷版、石川タイプ印刷所）。
(41) 安井前掲書『盧溝橋事件』。
(42) 「盧溝橋事件の回顧」（『偕行社記事』一九四一年七月、五三頁）。
(43) 永井和「盧溝橋事件に関する一史料」（『史』六三、二四頁）。

(44)「蘆溝橋事件一周年回顧座談会」(『東京朝日新聞』一九三八年六月二八日—七月八日)、今井武夫「蘆溝橋事件勃発の真相」(『話』一九三八年一〇月)、牟田口廉也「蘆溝橋事件の真相を語る」(『大陸』一九三八年七月)、寺平忠輔「蘆溝橋事件の真相に就いて」(日本工業倶楽部『会報』一九三八年八月)など。

(45) 野地伊七「事変発端の思出」(『偕行社記事特報』一九三八年七月)、一木清直「蘆溝橋事変の経緯」(『偕行社記事』一九三八年七月)、「蘆溝橋事件の回顧——支那事変四周年記念座談会」(『偕行社記事』一九四一年七月)など。

(46) 中央研究院近代史研究所編『第三届近百年中日関係研討会論文集』下冊、一九九六年。

(47) 陳在俊「日本発動盧溝橋事件的真相和背景」(『近代中国』第四一期、一九八四年六月)、同「盧溝橋畔的点火者——茂川秀和」(『近代中国』第四二期、一九八四年八月)。

〔追記〕本稿提出後、盧溝橋事件に関して次のような二つの重要な著作と資料集が刊行された。一つは、秦郁彦『盧溝橋事件の研究』(東京大学出版会、一九九六年一二月)である。本書は、秦氏の盧溝橋事件研究の集大成ともいうべき大著であるが、その中心部分は、同氏の論文「盧溝橋事件の再検討」と「盧溝橋事件から日中戦争へ」である。これらの論文については、註の(2)、(4)、(16)、(37)、(38)を参照されたい。

いま一つは、遼寧省檔案館・小林英夫編『満鉄と盧溝橋事件』全3巻(柏書房、一九九七年一月)で、遼寧省檔案館所蔵の「満鉄本社の未公開資料」に小林英夫氏が解説を加えたものであり、盧溝橋事件勃発から約一か月間の満鉄の関連資料で、満鉄各機関と支那駐屯軍、関東軍との間でやりとりされた電報類をも含む。その内容もさることながら、中国には日中戦争時期の日本側文書が大量に存在していることを示すものとしても興味深い。

〈補〉曲家源氏の反論について

曲家源氏は、「再論日本発動盧溝橋事変的計画性—兼答安井三吉教授—」（『抗日戦争研究』一九九九年第四期）を発表して、本章と拙著『盧溝橋事件』（研文出版、一九九三年）の中訳本（香港・科華出版有限公司、一九九九年）における氏に対する私の批判に対して全面的な反論をされている。

私は、私の盧溝橋事件に対する基本的観点として四点（本書、一八一頁）をあげておいたが、その内、(1)、(2)、(4)の三点は同意できるが「(3)盧溝橋事件の「発端」は「偶発」的なもので、「日本軍計画」説は正確ではない。」と述べた点について、全面的な反論を展開されている。その主要点は以下の通りである。

①「第一発」があり、それが日本軍のものでないという以上、中国軍発砲説になるのではないのか。

②七月八日、午前三時二五分の「発砲」を重視すべきだというが、これは、要するに一木が、攻撃開始をするための「口実（借口）」に過ぎないのではないか。

③盧溝橋事件の関係者が、事件の真相を語る上で障害がなかったというが、戦時下の日本では言論統制があって、事件の真相（日本軍計画説）を語ることはできなかったはずだ。

④柳条湖事件とちがって、盧溝橋事件の場合、事件後の日本軍の行動が「小規模かつ緩慢」だった

というが、九一八の時は蔣介石が不抵抗政策をとっていたのに対して七七事変の場合は第二十九軍の抵抗が激しかったので迅速な行動がとれなかったのであり、日本軍の規模は大規模と見なしうる。

まず①については、論理的には曲氏の指摘の通りである。「第一発」に関しては、秦郁彦と江口圭一の両氏がいう、日本軍の「仮設敵」が軽機関銃（空砲）を発射したのに対して驚いた堤防上の中国兵が撃ってきたという説に近いといえる。ただ、私は、誰が発砲したのか判明していない現段階では不明としておくほかない、という立場であって、この点は秦・江口氏とは異なる。なお、ついでにいえば、私は、この盧溝橋事件に関するかぎり、「第一発」を誰が撃ったかが、即盧溝橋事件の、ひいては日中全面戦争の責任者だという見解はとらない。この点では、江口氏の見方と同一である。

②は、私の文章を正確に読まれてないことからくる誤解に基く批判である。一木大隊長は、八日午前三時二五分の「発砲」が本当にあったのかどうかについて疑問視している。一木大隊長は、この「発砲」を大げさに報告することによって牟田口聯隊長から「攻撃開始」の許可を引き出したのである。中国軍に対する攻撃の「口実」として利用したわけである。つまり、「発砲」の事実そのものはその真否が問われるべきものではあるが、一木大隊長がこれを以て攻撃開始の「口実」としたという点で重視すべき事件だというのが私の位置づけである。曲氏は、私が「発砲」それ事態を重視しているかのように受け取られているが、これは私の文章に対する読み間違いである。なお、氏は、この時の一木の行動を、「謀略」という既定の方針を実行したに過ぎないとして、意味ある行動とは見ていないが、この点は私の理解と異なる。氏は、最初の「第一発」から日本軍の「謀略」と捉えておられるから、そ

の後の経過は、計画実行（あるいは計画の一部変更）の過程としか見ていないのである。

③は私の次の文章について批判されたものである。

……もっとも彼らが盧溝橋事件のすべてを語っていたというわけではないが。戦後における、柳条湖事件の関係者と盧溝橋事件の関係者の社会における立場は全く同一であって、それによって発言内容が左右される要素は全くない。……。（本書、二〇四頁）

曲氏は、傍線部を読み飛ばし、戦前の言論統制と弾圧を例に拙文に批判を加えている。これは、的外れである。

④盧溝橋事件と柳条湖事件との比較の問題であるが、もし、七月七日の時点で、支那駐屯軍が「謀略」によって華北を武力占領しようとしていたなら、実際の行動はもっと迅速で、大規模なものとなったというのが私の見方である。停戦協定など必要なかったであろう。また、日本政府が「華北増派方針」を決定するのは七月一一日、実際の「内地師団」の増派決定は、廊房事件の後の七月二六日、七月七日の事件の発生から二〇日後のことである。柳条湖事件と同一視はできない。

では、氏の「日本軍計画（謀略）説」とはどのようなものであろうか。その骨子は次の通りである。一九三七年六月一八日、石原莞爾は、岡本清福中佐（陸軍省軍務局軍事課員）を華北に派遣したが、曲氏は、これを柳条湖事件直前に奉天に派遣された建川美次参謀本部第一（作戦）部長と同一の役割を担ったものとみなし、帰国後の報告に言う、

戦争謀略をやっているようなうわさはデマであって心配無用である。（防衛研修所戦史室編『支那事変陸軍作戦〈1〉』朝雲新聞社、一九七五年、一三五頁）

支那駐屯軍には作為的企図など全然ない。しかし日支間の反目が逐次深刻化している事実に即し、中国側から何事かを仕掛けられることがあるのを予想し、その折には断固たる対応処置を講じなければならないとの心構えはしている。（同『北支の治安戦〈1〉』朝雲新聞社、一九六八年、一一頁）

の部分について、これは、まさに支那駐屯軍参謀班の謀略計画の内容をおもわず漏らしたものであり、責任を中国側に転嫁しており、「中国側の発砲」「兵士の行方不明」そして「断固たる対応処置」などは実際に発生しことではないかと見る。そして、実際の「謀略」とは、次のような段取りと組織によって実行されたと主張する。

1 謀略内容：銃声（があったとして）→志村〝行方不明〟→清水、豊台の大隊長へ報告→一木大隊出動、盧溝橋占領（『抗日戦争研究』一九九九年第四期、二〇二頁）

2 謀略会議：第一回 第二期訓練計画策定後。平津の某地で七月七日に実行することを決定（一九五―一九六頁）、第二回 七月七日以前。〝第一発と行方不明〟問題を担当する中隊と具体的人物の確定（一九七頁）

3 計画者 ：支那駐屯軍参謀班が中心。「石原は謀略の立案者ではないが盧溝橋事件の〝謀略〟を知って（聞いて）いた。清水節郎は〝謀略〟の後期の参加者、具体的行動の執行者で柳条湖事件における川島正に相当。野地伊七は〝謀略〟の局外者である。彼は、事件後人々がこの事件を重視しているのを見て、それにくっついてでたらめを語っている。彼の回想には、少しの真実もない。志村菊次郎はだまされたのだ。彼は新兵で、軍の本当の秘密など知らなかったからこそ、死へと送られることになっていた。もし、〝謀略〟の中堅分子であったら、この計画はきっと成功していたにちがいない。」（一九八頁）

支那駐屯軍参謀班主謀説である。ただし二回の「謀略会議」をはじめとして氏は以上の点について具体的証拠をあげて説明しているわけではない。

5 盧溝橋事件に関するいわゆる「中国共産党計画」説

——坂本夏男『盧溝橋事件勃発についての一検証』によせて——

はじめに

一九八〇年代後半から、日本の一部の人々の間で、盧溝橋事件＝「中国共産党計画」説のあらたな展開が見られるようになった。それは、最近の中国における抗日戦争研究の高まりのなかで発表されるようになった盧溝橋事件に関する中国側関係者の回想録などをその根拠として援用しているという点で、従来の「中共計画」説とは、趣をことにしている。岡野篤夫『盧溝橋事件』（旺史社、一九八八年）はそのはしりといえるが、こうした傾向をもっともよく示しているのが、坂本夏男氏の最近の研究である。坂本氏の盧溝橋事件に関する論文・著書・史料紹介はわたしの知るかぎり以下の通りである。

(a)「盧溝橋事件に関する二つの通説への疑問」（『藝林』一九八一年九月）

(b)「盧溝橋事件勃発の際における牟田口廉也聯隊長の戦闘開始の決意」（『皇学館大学史料編纂所報史

料』一九八四年一月一〇日）

(c)「蘆溝橋事件勃発の通説に関する一考察——「七七事変紀実」の検討を中心として」（『皇学館論叢』一九八五年八月）

(d)「中国の歴史学者の盧溝橋事件勃発観についての一検討」（『皇学館論叢』一九九〇年一二月）

(e)「盧溝橋事件勃発についての一検証」（『藝林』一九九一年二月）

(f)『盧溝橋事件勃発についての一検証』（国民会館、一九九三年）

氏の方法は、実証的である。史料と関係者の証言を基礎に、一つひとつ事実をつめていくというやりかたである。牟田口廉也「蘆溝橋事件発端ノ真相ニ就テ」(b)、あるいは平尾治『或る特種情報機関長の手記——我が青春のひととき——』(f)などは、氏によって一般に紹介されたものである。しかしながら、実証は、ときとして、一部の史料に頼りすぎて、他の史料の語るところを無視し、結果として一面的な結論に陥ってしまうことがある。坂本氏の盧溝橋事件研究にも、そのような問題が内包されているように思われる。盧溝橋事件全体については、拙著『盧溝橋事件』[1]（研文出版、一九九三年）を参照していただくとして、ここでは、坂本氏の盧溝橋事件研究の内、とくに氏の強調されている二つの点、すなわち、Ⅰ盧溝橋事件の「発端」について、Ⅱ「中共計画」説をとりあげ、紹介をかね批判を述べてみようと思う。なお、坂本氏の論著からの引用は、とくにことわらないかぎり(f)からのものである。

1　盧溝橋事件の「発端」について

盧溝橋において日中両軍が交戦状態に突入するのは、一九三七年七月八日午前五時三〇分のことである。ここに至る経過について、坂本氏は次のように書いている。

> 一木大隊長が、中国軍の対敵意志は確実であると判断し、牟田口聯隊長が戦闘開始の許可を与えた直接的かつ決定的動機は、八日午前三時二十五分、中国軍が第八中隊の乗馬伝令に対し三発の実弾を発砲したことである。七日午後十時四〇分頃中国軍が第八中隊に実弾を発砲したこと及び志村二等兵が行方不明になったことは、八日午前五時三〇分日中両軍が戦闘開始したこととは、ほとんど関係はない。(d)=七—八頁)

このように坂本氏は、盧溝橋事件が事件となる直接的契機を、七月八日午前三時二五分の「発砲」に求める。わたしも、この「発砲」をめぐる問題を重視するものであり、牟田口聯隊長が、一木大隊長に対して、盧溝橋駐屯の第二十九軍に対する攻撃命令を下した理由が、七月七日夜の「不法射撃」ではなく、また「兵一名行方不明」問題でもなく、八日未明三時二五分の「発砲」だったということ、言い替えれば、盧溝橋事件の発生は、いわゆる「第一発」にあったのでもなければ、「兵一名行方不明」にあったのでもなかったという点については氏の言う通りであると考える。しかし、「行方不明兵」問題が解消した後も、なぜ第三大隊は豊台に撤収しなかったのか、八日午前三時二五分の「発砲」なるものは果たして坂本氏の言うようなものであったのか、牟田口が中国軍に対する攻撃命令を決断したのは、「発砲」があったからということだけだったのか、こうした疑問が直ちに浮かんでくる。

そこで、これらの問題を中心に坂本氏の所説を検討してみよう。

(1)　豊台駐屯の第三大隊が出動した理由は、「不法射撃」ではなく「兵一名行方不明」問題であった。したがって、遅くも八日未明二時三分、一木は、「行方不明」問題が完全に解決し、しかもそれが中国側の動きとは無関係であったことを知ったのだから、この時点で、大隊を豊台へ撤収させるべきであった。そうすれば、日本側は、何の損害もない状態において、ひとまず事態を解決することができたはずである。ところで坂本氏は、この経過を次のように書いている。

同大隊長は、午前二時過ぎ、西五里店西端において清水中隊長と出会い、その報告を受け、牟田口聯隊長の意図及び自分の決心を伝え、やがて到着した大隊主力を掌握し、午前三時二〇分、一文字山を占領して夜明けを待つことになった。（一八頁、傍点は安井、以下同様）

「その報告」とはどんな内容のものだったのか。坂本氏のこの記述は、『第三大隊戦闘詳報』の次のような部分に依拠しているものと思われる。

大隊長ハ午前二時三分西五里店西端ニテ第八中隊長ト会シ状況ヲ聴取シ又聯隊長ノ意図、大隊長ノ決心ヲ示シ直ニ付近ノ要点ナル一文字山付近ヲ占領セントシ且敵情捜索ノ為左ノ将校斥候ヲ潜入セシム。（一七頁）

「状況ヲ聴取シ」とあるが、この「聴取」の中心問題は、「行方不明」になっていた志村菊次郎二等兵のその後のことであったはずである。現に、一木は、一九三八年の『朝日新聞』紙上の座談会において、これよりもっとはやく、「蘆溝橋の砂利取り場」で、「午前一時過ぎ頃」、清水と会い、「兵隊は見つかつて異状はないといふ報告」を受けたとしながら、しかしなお部隊を豊台に撤収させなかった理由を次のように述べているのである。

部隊長からも交渉しろといふ命令を受けて来てゐますし又これで打切つたといふことになると支那側が何と宣伝するか分らぬ、豊台事件の前例もあつて、実包射撃をやれば日本軍は演習をやめて逃げて行くといふ観念を彼等に与へるのは遺憾だからこれはどうしても厳重に交渉しなければならぬ、私の方は一文字山を占領してから交渉しようといふので、部隊は三時少し前に到着しました。（『東京朝日新聞』一九三八年六月三〇日）

この一木の発言から、出動理由が消滅したにもかかわらず、なぜ豊台に戻らず一文字山の占領に向かったかがはっきりと理解できる。一方、坂本氏は、たしかに『第三大隊戦闘詳報』の記述に忠実ではあるが、これでは、結局のところ、一木が清水から「行方不明兵士」問題がとっくに解決していたことを知らされたというのにもかかわらず、なぜ一木が大隊を豊台に撤収させなかったのかがまったく分からなくなってしまっている。

(2)　「三時二五分」の「発砲」について氏は、次のように書いている。

「それより五分後の三時二十五分、竜王廟方面に三発の銃声が聞こえた。これは中国軍が、乗馬伝令として豊台に派遣された岩谷曹長と内田一等兵が演習場に戻り、現場から移動した第八中隊を探し回っているのを狙ったものであった。二人とも無事であったが、内田一等兵は、乗馬の右側の手綱を射抜かれた、という。」（一八頁）

この話にも、わからない点がある。第一に、岩谷兵治曹長と内田市太郎一等兵が、豊台に到着したのは、七日「午後一一時五七、八分頃」（『第三大隊戦闘詳報』）であり、氏も書かれているように、一木は、報告を受けるやすぐ「大隊は警備出動して第八中隊を応援することを告げて岩谷曹長らを帰還させ」（一七頁）ているのである。岩谷と内田は、八日午前零時頃、豊台を出発し、第八中隊へと戻っていった。したがって二人は、それから「発砲」を受けたという三時二五分までの間、「行方不明」になっていたことになる。道に迷ったとすれば、大隊、中隊の双方で何らかの問題になっていたはずであるが、清水や一木の回想録、その他の史料にもこの点についての言及はまったくない。とくに、遅くも八日午前二時三分、西五里店で一木と清水は会っているのに、この二人のことが何の問題にもなっていないのは不思議である。さらに、「内田一等兵は、乗馬の右側の手綱を射抜かれた」とあるが、これは、当時一文字山の一木の傍らにいた憲兵軍曹寺田浄氏の回想録に基づくものであるが、これにも疑問が残る。前後の関係から、銃撃された場所は、竜王廟の中国軍のごく近くということになろう。時刻は三時二五分、一方、一木が牟田口に電話でこの銃声について報告するのは四時頃である。そうだとすれば、岩谷らは、わずか三〇分ほどで竜王廟付近から一文字山に到ったということになる。中隊を探して三時間も道に迷っていた二人が、銃撃を受けるやどうしてこうも短時間に大隊主流の位置に到着できたのか。また、寺田氏は、岩谷が一木に対して「中隊の旧位置に帰ろうとして射撃を受けました」（同氏『第一線の見た盧溝橋事件』中央公論事業出版、一九七〇年、一二三頁）と報告しているのを聞いていたと書いているが、当の一木自身は「何を射ったのかわかりませんが」（『東京朝日新聞』一九三八年六月三〇日）と述べ、岩谷らの件についてはまったく触れていない。私は、一木の次のような思い出、「森田中佐が現地調停のために出発されたといふのですからこれはまた戦争が出来ないなと思った。それで聯隊長に大袈裟に申上げた」(「盧溝橋事件の回顧」、『偕交社記事』一九四一年七月、五三頁)というのが、案外実態ではないかと思う。

なお、四時二〇分、牟田口が一木の意見具申を容れて中国軍への攻撃命令を出したのは、坂本氏が指摘しているように、この「発砲」によって「平和的交渉ノ余地ニ全然（ママ）無クナッタ」と判断し、これ以上の「隠忍」が「日本軍ノ威信ヲ失墜スルモノ」であり「自衛権ノ発動已ムヲ得ナイ」と判断したからということもできよう。しかし、牟田口の判断の前提には、先にも指摘したように、この「発砲」自体事実問題として危ういものがあり、さらに一木の「大袈裟」な意見具申があったこと、さらに今回の一連の事態が、「支那側ノ計画的行為ニアラスシテ局所的事件ナリト判断シ得ル」(牟田口「支那事変勃発時ノ真相並ニ其ノ前後ノ事情」一九四一年四月、『北支那作戦史要』)、すなわち今なら中国軍を叩いても大丈夫という、軍人としての冷静な状況認識があったことも指摘しておく必要があろう。牟田口は、北平市内の第二十九軍要人宅等の状況を調査したうえで右のような判断を下したのである。

2　いわゆる「中国共産党計画」説について

坂本氏は、本書の結論部分において、次のように「中共計画」説を述べている。

第二十九軍では、盧溝橋事件の数か月前から対日抗戦の用意を進め、盧溝橋付近の同軍は、七月六日、戦闘の手配を整え、七日夜から八日朝にかけ日本軍に三回発砲し、事件が勃発すると、中国共産党は、八日、逸早く全国へ対日抗戦の通電を発した。以上の点から、盧溝橋事件の勃発は、中国軍が共産党の謀略に基づいて準備し、かつ日本軍の夜間演習等の機会を捉えてひそかに仕掛けたものである、と判断される。したがって、該事件は、通説のように、偶発的な事件である、とは到底考えられない。（三四頁）

つまり、氏の中共「計画」説の根拠は、次の三点にあることがわかる。

(1) 事件前数か月以来の第二十九軍の対日抗戦準備。

(2) 第二十九軍の七月六日以来の「戦闘の手配」。

(3) 七月八日の中共の「通電」[2]。

ここで牟田口聯隊長でさえ、事件（「第一発」）が中国軍の「計画的行為ニアラス」と判断していたという事実を再度指摘しておきたい。そのことを前提にしてのことであるが、氏が挙げている三つの根拠について、順を追って検討してゆくことにしよう。

(1) 事件前数か月以来の第二十九軍の対日抗戦準備、という点について。

ここで氏は、二つの点を挙げている。第一は、第二十九軍副参謀長で中共党員であった張克侠のいわゆる「積極的な攻撃的作戦計画」（三一頁）の存在である。しかし、もしこのような「作戦計画」の存在を以て、「中国軍計画」説の根拠とするなら、支那駐屯軍司令部が、一九三六年九月に策定した「昭和十一年度北支那占領地統治計画書」の存在を以て、「日本軍計画」説のいっそう有力な根拠と主張してもかまわないことになるはずである。しかし、坂本氏は、この点については無視する。さらに、張克侠の「作戦計画」を以て、「中共計画」説の根拠とするなら、それに先立って国民政府参謀本部が策定した「民国廿六年度国防作戦計画」を以て、国民政府の「計画」説を主張することもできるはずである。坂本氏は、張克俠の「作戦計画」を過大評価してはいないだろうか。

次は、事件前に第二十九軍が日本軍に対して防御を強化していたという点である。この点についても、三六年五月の支那駐屯軍の増強、平津地区における秋季大演習、三七年五月から始まる盧溝橋一帯での連日連夜の演習、幹部の視察などを目前にして、第二十九軍側が抗日意識の高揚に努め、防御を固めたとしてもそれは当然のことと解するのが自然ではないだろうか。支那駐屯軍は、「支那軍主脳者邸兵営城門等の奇襲計画を策定し」(『蘆溝橋付近戦闘詳報』、『現代史資料』12、みすず書房、一九六五年、三三八頁)、その実行のための調査を行っていた。盧溝橋付近での演習は、一般に対ソ戦を想定したものといわれるが、第二十九軍との戦闘を予想しての訓練という要素も含むものであったと考えるのが普通であろう。『支那駐屯歩兵旅団ノ作戦』という文書に次のような記述がある。

本戦闘ヲ実行セル地域ハ昨秋軍仮設敵演習ヲ実施シ八宝山ヲ中心トスル地形ハ一般ニ概ネ熟知ノモノニシテ特ニ歩兵第一聯隊第三大隊ハ豊台ニ駐屯シアリ盧溝橋ヲ中心トシタル一円ノ地域は該駐屯隊ノ演習場ナルヲ以テ地形ノ細部ニ亘リ知悉シアリ。(二五七頁)

「本戦闘」とはいうまでもなく盧溝橋事件関係の戦闘をいう。したがって、中国側として、このような演習を連日のように目前にしながら警戒しないとしたら、軍隊として体をなさないといわれても仕方がないだろう。また、事件前の防御施設の強化ということについても、同じことがいえよう。なお、氏は、その証明として、武月星他『盧溝橋事変風雲編』(中国人民大学出版社、一九八七年)の一節(一六八―一六九頁)を引用しているが、これは、おそらく『盧溝橋附近戦闘詳報』の一節(前掲『現代史資料』12、三三九頁)を要約したものと推測される。中国側の独自の資料に基づくものではないだろう。

⑵ 第二十九軍の七月六日以来の「戦闘の手配」、という点について。坂本氏は、次のように書いている。

七月初旬になると、中国共産党北方局と劉少奇は、連絡役の蕭明を派遣し、張克俠副参謀長を通じて、宋哲元軍長に対し、「攻撃を以て守備となす」戦略方針を提出した。同副参謀長は、この方針を第二十九軍高級幹部会に提案し、将兵の支持を得た。ただし、宋哲元軍長は、その頃郷里の山東省楽陵に帰っており態度を決定しなかった。（八頁）

これは、木鉄編『佩剣将軍張克俠』（中国文史出版社、一九八七年）所収の「張克俠同志生平活動大事記」（三五三頁）によったものである。たしかに、この「大事記」によれば、「中国共産党北方局と劉少奇」が張克俠を通じて「攻撃を以て守備となす」戦略方針を提出したのが、あたかも盧溝橋事件前のことのようにとれる。しかし、実は、この記述の元と思われる、同書所収の胡華「盧溝橋事変前後的張克俠同志」（六九―七〇頁）では、「七月初旬」ではなく「七七事変後初期」、また「中国共産党北方局と劉少奇」ではなく、単に「中共北方局」となっているのである。同じく、同書所収の張寿齢「預見」（七二頁）、陸詒「堅毅、沈着的張克俠将軍」（一一二頁）なども張克俠がこの戦略を提出したのを盧溝橋事件勃発後としている。もっとも、張克俠がこの計画を立案した時期については、三七年四月―五月とする見解もある、同書所収の何基灃等「為民族存亡運籌帷幄」なども、張克俠のこの計画を、一九三七年四、五月のものとし、宋哲元に対して七七事変前に提出され、支持されたとしている（六六頁）。また、曹子西主編『北京地区抗戦史料——紀念偉大的抗日民族解放戦争五十周年』（紫禁城出版社、一九八六年）所収の諸論文もそうである。どちらが正しいとは決めかねるところがあり、この点については、中国の学者においてさらに詰めてもらうよう望みたい。

坂本氏は、第二十九軍旅団長何基灃や盧溝橋守備の金振中営（大隊）長の回想録を以て、中国側、さらには中共の「計画」説の有力な根拠とされているが、これらとて、日本側の出方によっては反撃せよ、といっているものであって、中国側から積極的に戦闘を開始する「計画」を示しているものではない。第二十九軍の抗日意識の高揚の説明にはなっても、「計画」説の根拠にはならないのではないだろうか。

(3)　中共中央の七月八日付「通電」について

一九三七年七月八日の中国共産党「為日軍進攻蘆溝橋通電」をもって「中共計画」説の有力な根拠とする見解は従来から存在していた。坂本説の新しさは、これについて、二つの「傍証」を加えた点にある。すなわち、当時外務省東亜第一課長だった上村（かみむら）伸一氏と支那派遣軍特種情報部員だった平尾治氏の回想である。ただし、私は、二人の証言には疑問点があって、これらを「中共計画」説の根拠とするには問題があると考える。以下その点について説明しよう。

上村伸一氏は、『破滅への道——私の昭和史』（鹿島研究所出版会、一九六六年）のなかで、この問題に関連して次の二点を指摘している。

①「七月八日の早暁、私は電話で叩き起こされた。外務省から昨夜北京郊外の蘆溝橋付近で、日華兵の間に衝突事件があったという知らせである。」（六六頁）

②「中国共産党が、逸早くこの事件をもって、日本の華北侵略の開始だと称し、全国に一致抗日の

通電を発したことである。そのことから私は昨夜の発砲は共産党の仕業だなと直感した。」（六七頁）

外務省に盧溝橋事件発生の第一報が入ったのは一体いつのことだったのか？　上村氏が中共のこの「通電」を読んだのは、いつの時点のことか？　ところで、当時上村は、上司であった石射猪太郎東亜局長と事態収拾について協議している。石射も回想録『外交官の一生――対中国外交の回想』（太平出版社、一九七二年）において、「七月八日払暁、私は外務省からの電話でたたき起こされた」（二三八頁）と書いている。そうだとすれば、外務省に事件に関する最初の電報が入ったのは、「七月八日払暁」ということになる。この点では、石射と上村の回想は一致するが、参謀本部が支那駐屯軍司令部から事件勃発の第一報を受けとるのが、七月八日午前五時四五分だから、外務省の連絡は、それ以降のものと判断される。「払暁」というのは、早すぎるのではないか。ここで重要なのは、石射のこの回想には、上村が書いているような、中国共産党の「通電」を見たという記述はないということである。それだけではなく、上村が「私は昨夜の発砲は共産党の仕業だなと直感した」と書いているのとは正反対に石射は、「柳条溝の手並みを知っている我々には「またやりあがった」であった」（二三八頁）と、「日本軍謀略」説とでもとれるような感想を記している。石射と上村の二人の回想の間に、どうしてこのようなズレが生まれたのだろうか？

さて、外務省に、中国共産党のこの「通電」が伝えられるのは、いつの時点であろうか？　この点については、次のような資料が存在する。すなわち、外務省外交史料館所蔵の『松本記録　支那事変第三巻』（松・A・一・一・〇・三〇）の中の外務省情報部『週刊時報』第一三九号（昭和一二年七月

二七日）に、「中国共産党ノ通電」と題して、次のような記事が見え、

漢字紙報道ニ依レハ、中国共産党ハ盧溝橋事件発生スルヤ七月八日直ニ南京政府、全国各軍隊、党部、各新聞社ニ宛テ全国抗日戦争ノ発動方左ノ如ク通電シタ趣テアル。

として、「通電」の概要が掲載されている。「漢字紙報道」とは、具体的にどの新聞の何日のものか確認していないが、第一三八号は七月二〇日に発行されているので、早くてもこの日以降ということであろう。外務省が、別のルートからこの通電の内容をつかんでいたかどうかは不明であるが。わたしとしては、上村のいうように、外務省が七月八日の時点で、中国共産党の「通電」の内容を把握していたとは思えない。したがって、坂本氏のように、上村の回想をもって「中共計画」説の根拠とすることはできないと考える。

ところで、『大阪毎日新聞』の七月一四日号に、「廿九軍と同一行動　共産軍から申出る」という見出しで、次のような小さな記事が出ている。

目下陝西省北部、甘粛省等にある共産軍では首領朱徳、毛沢東、彭徳懐等の連名で宋哲元、馮治安、張自忠等にあて共産軍は、廿九軍と同一行動をとり日本軍反撃に当たる旨を電報し、共産軍は政府軍として行動すべきことを明示したと。

これは、「上海本社特電（十三日発）」[3]のものである。また、『大阪朝日新聞』の七月一五日号にも、「共産軍も合流」という見出しでそれよりもやや詳細な次のような記事が載っている。

十四日午後七時陸軍当局に達した情報によれば、中国共産党は毛沢東、朱徳、彭徳懐、賀竜、林彪、徐向前、劉白堅（ママ）の連名をもつて宋哲元、張自忠、劉爾明（ママ）、馮治安宛左記要旨の通電を発し

た

第二十九軍の英雄的抗日を聞き義憤に燃ゆる紅軍将兵は随時移動、貴軍に追随し一戦せんことを決す、全軍勇進殺敵、この通電に共鳴せよ。

また同紙には、同じく「蔣へも通電」という記事があり、それは、次のようなものである。

【同盟南京十四日発】共産軍の首領朱徳、毛沢東らは十三日廬山にある蔣介石に宛て

国民革命軍の一分子たる吾人は中央の命令一下、所属部隊を挙げて勇躍国防の最前列に立つであらう

と打電して来た、これに対し蔣介石は感謝電を発して適当なる時機にいたらば協力を煩はすべしと返電したといはれる。

『大阪毎日』の記事と『大阪朝日』の第一の記事、すなわち第二十九軍幹部宛ての電報は、『新中華報』七月一三日号所載の「致宋哲元等電」のなかの「紅軍将士義憤填胸、准備随時調動、追随貴軍与日寇決一死戦」という部分に対応し、『大阪毎日』の第二の記事、すなわち蔣介石宛ての電報は、同じく「致蔣委員長電」のなかの「紅軍将士咸願在委員長領導之下、為国効命、与敵周旋、以達保土衛国之目的」という箇所に対応していると判断できる。「致宋哲元等電」について、『大阪毎日』は、「上海本社特電（一三日発）」とし、『大阪朝日』の方は、「十四日午後七時陸軍当局に達した情報によれば」と書いているだけで、この電報がいつ発せられたのかについては明記していないが、「十三日」と考えてもよいのではないだろうか。他方、「致蔣委員長電」については、「十三日」の打電が明記されている。以上の点に基づけば、これら二本の「通電」は、中国共産党中央委員会機関誌『解放』第

一巻第十一期(4)（一九三七年七月一五日）所載の同一の電報に付せられた日付とは異なって、「七月八日」に発せられたものではなく、中華ソビエト政府機関紙『新中華報』の七月一三日号に発表されたのと同じ日に打電されたと解することの方がより合理的ではないだろうか。そこで、問題の「中国共産党為日軍進攻蘆溝橋通電」であるが、これも、一般に公表されるのは、『新中華報』七月一三日号が最初であり、その後、『解放』（一九三七年七月一五日）に掲載されるという形をとった。日付は、たしかに「七月八日」と記されているが、「七月八日」付けとなっている先の二本の「通電」と同様、七月一三日に発せられたとも解釈できないだろうか。すくなくも「八日」に発せられたという証拠は現在のところ挙がっていないのである。

第二に平尾治『或る特種情報機関長の手記――我が青春のひととき』（私家版、一九九二年）の記述である。坂本氏は、この回想録に基づいて、次のように書いている。

> 天津の支那駐屯軍司令部に設置された特種情報班は、無線による情報収集に任じていたが、その一通信手は、盧溝橋事件が発生した七月七日の深夜、北京大学構内と思われる通信所より延安の中共軍司令部の電台に対し、緊急無線により、平文（ひらぶん）の明碼（ミンマー）（秘密でない電信の数字番号、中国では数字を用いて送信）で、「２０５２　０５０１　００５５」（成功了――うまくいった――）と三回連続して反復送信しているのを傍受した。該通信所よりの送信者、送信の情報源及び情報経路等は不明であるが、その情報源の関係者は、前述の七日午後十時四十分頃の第八中隊仮設敵の空包発射と同中隊後方からの中国軍の実弾発砲とをもって、日中両軍を衝突させることに成功した、と判断したのであろう。右の緊急無線通信は、盧溝橋事件の背後関係を究明する際、有力な手掛

かりとなる。（一七—一八頁）

しかし、この電報は、平尾氏自身が「傍受」したものではなく、後年、北支那方面軍勤務当時、氏の上司であった秋富繁次郎大佐から聞いた話によるものである。この「一通信手」とは、平尾氏でもなければ秋富氏のことでもないのである。そして、このような話は、当時の軍関係者の回想、文書のなかにはまったく出てこない。もし、支那駐屯軍がこのような事実を把握していたら、当然反中共宣伝に利用したはずである。そうしたことがないということは、このような話が事実であったかどうかを疑わせるものである。

当時、平津地区と延安との無線連絡は、華北連絡局のルートで、天津の劉仲容（劉紹襄?・）の家でなされていたことは、関係者の証言によって明らかにされている。しかし、「七月七日の深夜」（平尾氏の原文では、「深夜」とのみある）といえば、事件発生からせいぜい一時間以内のことで、一体、盧溝橋の現場と「北京大学」の間は、どうやって連絡したのであろうか？「空砲発射」と「実弾射撃」とは、ほんの数秒、せいぜい数分の間のことで、以後は八日午前三時二五分の「発砲」まで、日中両軍の間には何の問題も発生していない。「成功了」などといえるものではないだろう。それに、中国共産党員がこのように重要な連絡を「明碼」で打つなどとは考えられないことである。ちなみに、当時北支那方面軍司令部参謀部第二課参謀として、情報収集に当たっていた横山幸雄少佐は、中共の暗号の一部解読が、一九四一年二月であったことを次のように記している。

　中共の暗号は重慶側と異なり、その解読はきわめて困難であったが、昭和十六年二月中旬、遂にその一部の解読に成功した。これはまさに前人未踏の境地を開拓したものである。（防衛研修所平尾氏の回想録を以て、中共「計画」説の根拠とするのは飛躍があるといわざるをえない。

戦史室『戦史叢書　北支の治安戦』〈1〉、朝雲新聞社、一九六八年、三八三頁）

おわりに

盧溝橋事件については、なお不明な点が少なくない。たとえば、清水中隊長は、志村二等兵が部隊に戻ってきたことを豊台の大隊本部に連絡するために岩谷らとは別に伝令を派遣し、これは一木が出動した後、到着したと書いている（「清水節郎手記」、秦郁彦『日中戦争史』増補改訂版、河出書房新社、一九七二年、一六五—一六七頁）。しかし、この伝令とは一体誰なのか、遅くも八日午前一時前後には豊台に到着しているはずであるから、大隊本部、そして、北平の聯隊本部もこの時点で「行方不明兵」問題が完全に解消したことを知ったのだから、そこで事件は解決したはずである。なぜそうならなかったのか？　これは一例にすぎない。また、第二十九軍と中国共産党との関係についても、すこしずつ明白になってきているが、これもまだまだわからない点がある。日中双方の協力によって、盧溝橋事件の解明がいっそう進むよう願うものである。

注

（1）岡野篤夫「『学者の研究』にみる責任——安井三吉教授の『盧溝橋事件』を読んで」（『自由』一九九四年一月号）は、拙著の立場を、盧溝橋事件＝「日本軍計画」説とみなすなど、まったくの誤読の上に、また、一九一五年の「対華二一か条要求」は、「条文は誰も見ていない」とか「この要求による実害が中国にあった訳ではないし、少しでも負担を感じた中国人はいない」といった中国近代史認識に立って、私に対して批判を加えている。この岡野論文への反論については、拙稿「盧溝橋事件研究をさらに一歩前へ——岡野篤夫氏の批判にお答えする——」（『自由』一九九四年六月号）を参照されたい。

（2）　坂本氏は、このほかに、事件前日の七月六日に、冀北保安司令の石友三（一八九一—一九四〇）が、今井武夫に対して事件を予告するような話をしたことを重視する見解を示している。なお、石のこの話は、今井武夫「盧溝橋事件勃発の真相」（『話』一九三八年七月、四三頁）に出ている。

（3）　これらの「電報」が、日本の新聞に掲載されていたこと、ならびに後述の平尾治氏の回想録については、秦郁彦氏よりご教示をいただいた。

（4）　最近、『解放週刊』第一巻第十期の一部をコピーで見ることができた。上海市図書館所蔵のもので、「中華民国廿六年七月十二号」の日付けが入っている。これには、確かに「中国共産党為日軍盧溝橋通電」が収録されているが、同号は「西班牙専号」である。目次に「通電」名が載っていないことなどなお検討の余地がある。

〈補〉二つの修正

1　「豊台駐屯の第三大隊」（二二〇頁）という表現は適切でなく、「豊台駐屯隊」が正しい。これは、坂本夏男氏のご教示による。

2　「外務省に盧溝橋事件発生の第一報が入ったのは一体いつのことだったのか？」として、「七月八日午前五時四五分」以降（二三九頁）としたが、これより早い電報の存在が次の二つの資料紹介によって明らかになった。

①　蔡徳金「盧溝橋事変日誌（一九三七年七月七日―七月二十九日）」（『近代中国』第一二五期、一九九八年六月）。

②　劉傑「電文にみる盧溝橋事件　北京日本大使館の十日間」（『中央公論』一九九九年九月）。

まず二つの文の関係であるが、劉氏は、「ここで紹介する一連の史料は、「盧溝橋事変日誌」に基づいて、電文の形に再構成したもの」（二〇八頁）と述べているように、劉氏の文章は蔡氏の史料紹介を基本に、これに補訂を加えつつ、再構成したものである。なお、蔡氏は、本文執筆当時は中国の北京師範大学教授であった（すでに物故されている）。『近代中国』は、台湾で刊行されている歴史研究誌である。蔡氏が紹介されている史料は、日本駐北平（北京）大使館が、盧溝橋事件当時、本省との間でやりとりした電報類である。ただし、蔡氏の文章では史料はすべて中国語に翻訳されている。遺憾なことにこの史料の所在については、蔡氏も劉氏も明示していない。かつて北京でこの点について蔡氏に質問したところ、氏は笑いながら「歴史家にとって史料はご飯でしょう、ご飯が食べられなくなったらお手あげじゃないですか」と言われ、それ以上尋ねることができなかった。蔡氏がすでに逝去された今、劉氏は、この史料の公開に尽力してほしいものである。

さて、劉氏によれば、盧溝橋事件の第一報は、「広田（弘毅）大臣宛　加藤（伝次郎）総領事発　電三三二号（昭和一二年七月八日午前三時四〇分）」（『中央公論』、二一四頁）となっている。しかし、ここでは、史料そのものが掲載されているわけではなく、史料に基づく氏の紹介文という体裁をとっていて、奇異な感を覚えたものである。なお、この電報について劉氏は、『日中戦争下の外交』（吉川弘文館、一九九五年）のなかで、次のように原文を紹介している。

松井（太久郎・大佐・北平特務）機関長ヨリノ電話ニ依レバ七日午後十一時（正確には一〇時四〇分）盧溝橋ニ於テ夜間演習中ノ日本軍（ママ）支那兵（馮治安ノ部隊）ヨリ十数発ノ射撃ヲ受ケ目下両軍対峙中ナル趣ナリ。（六三頁、〔　〕内は劉氏の補足）

今日確認されている限りでは、外務省への連絡という点では、この八日午前三時四〇分発の電報が第一報であるが、蔡氏は、これより早く発せられた電報を紹介している。これは、八日午前三時三五分、今井武夫駐北平大使館附陸軍武官の本国宛電報（北武二一一号）である。これは、加藤総領事発の「電三三二号」より五分早く発せられており、これまで明らかにされているものの中では、最も早いものである。蔡氏は、中国語訳しか載せていない。そこで、日本語の試訳をつけ、あわせて中国語訳を掲載しておくことにする。

豊台駐屯の歩兵第一聯隊第八中隊は、昨（七）日夜十時頃、蘆溝橋北方約一千米の竜王廟（即ち回竜廟—編者注）付近で演習中、支那軍から十数発の射撃を受け、ただちに演習を中止して集合させたところ、兵一名が欠けていることが分かった。このため、一方で捜索を行いながら、一方で豊台駐屯隊へ急報した。豊台駐屯隊は部隊を集結して、行方不明の兵士を調査し、不法射撃に抗議する目的で盧溝橋に向けて前進した。（『近代中国』、一六二頁）

駐豊台歩兵第一聯隊第八中隊昨（七）日晩十時許、在盧溝橋北方約一千米的龍王廟（即回龍廟—編者注）附近演習中、遭到中国軍隊十幾発槍弾的射撃、因而立刻中止演習、集合人員、結果発現欠少一名士兵。為此一面進行査找、一面向豊台部隊急報。豊台部隊出於結集部隊、調査失蹤士兵、抗議不法射撃的目的、向盧溝橋前進。（同前、一六二頁）

この電報で注目されることは、行方不明だった志村菊次郎二等兵の発見について言及していない点である。志村の件は、遅くも八日午前二時〇三分、第八中隊と豊台駐屯隊が西五里店で合流した時点で明らかになっていたはずであるが、北平の大使館には連絡されていなかったのだろうか（牟田口聯隊長と松井太久郎北平特務機関長とは知っていた）。また、「第一発」についても、加藤の電報では、「十一時頃」となっているが、今井のは「十時」となっている。

今井はさらに、午前四時、第二報（北武二一二号）を発している。次にこれにも訳文をつけておこう。

豊台駐屯隊は、蘆溝橋地区の五里店附近に集結して、支那軍と対峙しているが、現場聯隊の森田徹中佐は、一個中隊の護衛により支那側外交委員会派遣の人員と一緒に宛平県城に入り、ただちに不法射撃の責任者の処罰を要求した。後の調査によれば、演習終了時に欠けていた例の兵士は発見され、日本側には損害はなかった。（同前）。

豊台部隊在盧溝橋地区五里店附近集結、與中国軍対峙、当地聯隊中的森田徹中佐由一個中隊護衛、與中国方面外交委員会派遣的人員一起進入宛平県城内、立即要求不法射撃責任者論罪。据後来調査、発現演習結束時欠少的那名士兵、日本無損害。（同前）

志村発見は、ようやく午前四時の時点で確認されている。しかし、三時三五分のいわゆる「第三回目」の発砲については、まだ言及がない。こうしてみると、盧溝橋の現場と牟田口聯隊長の間は、密接な連絡体制がとられていたが、北平の大使館と聯隊本部との間は、連絡は十分でなかったものと推測される。いずれにせよ、こうした一連の電報類は、盧溝橋事件研究にとってきわめて重要であるので、是非公開を望みたい。

主要参考文献

1 史料

〈日本文〉

1 外務省外交史料館蔵

帝国ノ対支外交政策関係一件　第三巻—第八巻　A—1—1—0—10

支那地方政況関係雑纂・北支政況　第四巻—第九巻　A—6—1—3—1・3

日支外交関係雑纂　松A—1—1—0—9

満洲事変・華北問題　第二巻—第九巻　松A—1—1—0—21・27

2 国立公文書館蔵

満密大日記（密）昭和十年十一冊ノ内其一、其五、其九　3A—14—1・2

3 防衛庁防衛研究所図書館蔵

満洲事変作戦指導関係綴　其一—其四　中央・戦争指導重要国策文書　541—544

満洲事変作戦指導関係綴別冊　其一—其三　中央・戦争指導重要国策文書　545—547

4　参謀本部　満洲事変作戦経過ノ概要（昭和十年）　巌南堂書店　一九七二
5　日本国際政治学会太平洋戦争原因研究部編　太平洋戦争への道　1—3、別巻　資料編　朝日新聞社　一九六二—一九六三
6　現代史資料　7、8、11　みすず書房　一九六四—一九六五
7　外務省編　日本外交史年表竝主要文書　下　原書房　一九六六
8　角田　順編　石原莞爾資料　原書房
　　1　国防論策　一九六七
　　2　戦争史論　一九六八
9　外務省編　日本外交文書
　満洲事変　第一巻　第二冊　一九七七
　　同　第二巻　第二冊　一九八〇
　　同　第三巻　一九八一
　昭和期　Ⅱ　第一部第二巻　一九九八
10　遼寧省檔案館編　満鉄と盧溝橋事件　全三巻　柏書房　一九九七
11　遼寧省檔案館・小林英夫編　満鉄経済調査会史料　全六巻　柏書房　一九九八
12　安井三吉編　一九三〇年代華北をめぐる日中関係資料—柳条湖事件事件から盧溝橋事件へ—
　（初稿）二〇〇〇（非売品）
13　丁秋潔・宋平編（鈴木博訳）『蔣介石書簡集　一九一二—一九四九』上・中・下、みすず書

房、二〇〇〇年

〈中文〉

1 行政院駐平政務整理委員会報告摘要 第一編—第四編 付録 一九三四
2 中国国民党中央委員会党史史料編纂委員会編 革命文献 第三七、第三八輯 一九六五
3 沈雲龍編 黄膺白先生年譜長編 上・下 聯経出版事業公司 一九七六
4 中華民国外交問題研究会編 中日外交史料叢編 (一)—(四) 一九七八
5 中国国民党中央委員会党史委員会編 中華民国重要史料初編—対日抗戦時期 緒編 (一)—(三) 中央文物供応社 一九八一
6 李雲漢編 抗戦前華北政局史料 正中書局 一九八二
7 大公報(天津版) 影印版 人民出版社 一九八二
8 何応欽将軍九五紀事長編編輯委員会編 何応欽将軍九五紀事長編 上・下 黎明文化事業股份有限公司 一九八四
9 從九一八到七七事変 原国民党将領抗日戦争親歴記 中国文史出版社 一九八七
10 中央檔案館・中国第二歴史檔案館・吉林省社会科学院合編 日本帝国主義侵華檔案資料選編 中華書局 一九八八—
1 九・一八事変 一九八八
2 華北事変 二〇〇〇

3 偽満傀儡政権 一九九四

11 中共北京市委党史研究室編 北京地区抗日運動史料匯編 一—五 一九九〇

12 南開大学歴史系・唐山市檔案館合編 冀東日偽政権 檔案出版社 一九九二

13 中華文史資料文庫 3 政治軍事編 十年内戦 中国文史出版社 一九九六

14 中国史学会・中国社会科学院近代史研究所編 抗日戦争 四川大学出版社 一—七 一九九七

2 研究書等

〈日本文〉

1 上村伸一 日本外交史 19 日華事変（上） 鹿島平和研究所 一九七一

2 秦 郁彦 日中戦争史 河出書房新社 増補改訂版 一九七二

3 小林英夫 「大東亜共栄圏」の形成と崩壊 御茶の水書房 一九七五

4 浅田喬二 日本帝国主義下の中国 楽游書房 一九八一

5 中村隆英 戦時日本の華北経済支配 山川出版社 一九八三

6 古屋哲夫 日中戦争史研究 吉川弘文館 一九八四

7 石島紀之 中国抗日戦争史 青木書店 一九八四

8 古屋哲夫　日中戦争　岩波新書　一九八五
9 池田　誠編　抗日戦争と中国民衆　中国ナショナリズムと民主主義　法律文化社　一九八七
10 江口圭一　盧溝橋事件　岩波ブックレット　一九八七
11 江口圭一　十五年戦争小史　新版　青木書店　一九九一
12 酒井哲哉　大正デモクラシー体制の崩壊　東京大学出版会　一九九二
13 坂本夏男　盧溝橋事件勃発についての一検証　国民会館　一九九三
14 安井三吉　盧溝橋事件　研文出版　一九九三
15 井上寿一　危機のなかの協調外交　山川出版社　一九九四
16 臼井勝美　満洲国と国際連盟　吉川弘文館　一九九五
17 劉　傑　日中戦争下の外交　吉川弘文館　一九九五
18 西村成雄　張学良　岩波書店　一九九六
19 秦　郁彦　盧溝橋事件の研究　東京大学出版会　一九九六
20 今井　駿　中国革命と対日抗戦　汲古書院　一九九七
21 臼井勝美　日中外交史研究—昭和前期—　吉川弘文館　一九九八
22 岡部牧夫　十五年戦争史論　原因と結果と責任と　青木書店　一九九九
23 衛藤瀋吉編　共生から敵対へ　第4回日中関係史国際シンポジウム論文集　東方書店
二〇〇〇
24 森　久男　徳王の研究　創土社　二〇〇〇年

25 鹿錫俊　中国国民政府の対日政策　一九三一—一九三三　東京大学出版会　二〇〇一
26 江口圭一　十五年戦争研究史論　校倉書房　二〇〇一
27 家近亮子　蔣介石と南京国民政府　慶応義塾大学出版会　二〇〇二
28 加藤陽子　戦争の日本近現代史　講談社現代新書　二〇〇二
29 臼井勝美　新版　日中戦争　中公新書　二〇〇〇
30 孫　歌　アジアを語ることのジレンマ　知の共同空間を求めて　岩波書店　二〇〇二
31 田中　仁　一九三〇年代中国政治史研究　中国共産党の危機と再生　勁草書房　二〇〇二
32 山田豪一　満洲国の阿片専売『「わが満蒙の特殊権益」の研究』　汲古書院　二〇〇二

〈中　文〉

1 呉相湘　第二次中日戦争　上・下　綜合月刊社　一九七三—一九七四
2 王檜林編　中国現代史　上・下　北京師範大学出版社　一九八三
3 梁敬錞　日本侵略華北史述　伝記文学出版社　一九八四
4 馬仲廉　〝九・一八〟到〝七・七〟　中国青年出版社　一九八五
5 李雲漢　盧溝橋事変　東大図書公司　一九八七
6 武月星他　盧溝橋事変風雲録　中国人民大学出版社　一九八七
7 軍事科学院軍事歴史研究部　中国抗日戦争史　上・中・下　解放軍出版社　一九九一—一九九四

8 中国社会科学院近代史研究所　日本侵華七十年史　中国社会科学出版社　一九九二
9 曲家源　盧溝橋事変起因考論―兼与日本有関歴史学者商榷　中国華僑出版社　一九九二
10 余子道　長城風雲録　従楡関事変到七七抗戦　上海書店　一九九三
11 蔣永敬　抗戦史論　東大図書出版公司　一九九五
12 劉維開　国難応変図存問題之研究　従九一八到七七　国史館　一九九五
13 張洪祥主編　近代在中国的殖民統治　天津人民出版社　一九九六
14 居之芬・張利民　日本在華北経済統制掠奪史　天津古籍出版社　一九九七
15 孫準植　戦前日本在華北的走私活動　一九三三―一九三七　国史館　一九九七
16 許育銘　汪兆銘与国民政府　一九三一至一九三六年　対日問題下的政治変動　国史館　一九九九
17 安井三吉　盧溝橋事件　科華出版有限公司　一九九九
18 曽業英主編　五十年来的中国近代史研究　上海書店出版社　二〇〇〇
19 劉大年　我親歴的抗日戦争与研究　中央文献出版社　二〇〇〇
20 王維礼　中日戦争15年及其他　中央文献出版社　二〇〇〇
21 臧運祜　七七事変前的日本対華北政策　社会科学出版社　二〇〇〇
22 周美華　中国抗日政策的形成　従九一八到七七　国史館　二〇〇〇
23 張憲文主編　中国抗日戦争史（一九三一―一九四五）　南京大学出版社、二〇〇一年
24 楊天石　蔣氏秘檔案与蔣介石真相　社会科学文献出版社　二〇〇二

あとがき

一九三七年七月六日、すなわち盧溝橋事件の前日、盧溝橋を守備する第二十九軍第一一〇旅第二一九団第三営（大隊）の金振中営長は、部下に対して「戦って死すとも、亡国奴となるなかれ（寧為戦死鬼、不作亡国奴）」といって激励したというが、私は、これはもともと第二十九軍長宋哲元が三三年の長城抗戦の時に用いたもので、以来第二十九軍の戦陣訓として伝えられてきたものと思っていた。しかし、宋がこの言葉を使ったのはもっと早く、九・一八事変、すなわち柳条湖事件の直後の一九三一年九月二〇日のことであった。宋哲元は、龐炳勲、呂秀文、劉汝明、張自忠、馮治安、沈克、馮法五ら北方将領及び兵士たちと共に「志願して敵を殺す（請纓殺敵）通電」を全国に発している。その中で、宋哲元らは、日本が国際法を無視して瀋陽を占領し、商民を殺害していることなどを非難するとともに、

我が総副司令に対し経過と事実を各友邦と国際連盟総会の公式の判断に通告し、同時に国の意思を統一し、全国の実力を集中して、一致対処するよう要請する。哲元らは軍人として、国の防衛に責任があり、つつしんで軍を率い、武器を枕に命令をお待ちしている。戦って死すとも亡国

奴となるなかれ、誓って公理を以て強権に打ち勝ち、徹底的に奮闘する。（後略）（李雲漢前掲書、三三七—三三八頁）

即時抗戦論である。そのことは別として、三七年の盧溝橋事件の中国側の部隊は、実は三一年の柳条湖事件の時も華北にあって、「戦って死すとも、亡国奴となるなかれ」と叫んでいた。彼らにあって日本は、一九三一年九月一八日以来、一貫して「敵」として眼前にあったのである。

本書で私は、華北、とくに平津地方に焦点を当て、一九三一年九月以来、日本軍、当初は関東軍と支那駐屯軍、やがては日本政府と陸軍中央も華北を中国の中央政府から切り離して、「親日親満」の政権に変えるという政策と行動をとってきた経過を追ってみた。うまく書けたか否かは読者の皆さんのご判断を待つしかない。

さて長沢連治氏は、『盧溝橋事件』（研文出版、一九九三年）の時と同じく、日中戦争や盧溝橋事件の見方において、必ずしも同一とはいえない私に対しても煩を厭わずインタビューの原稿に手を入れるなどご協力していただいた。お礼申し上げたい。

東洋史研究会と「季刊中国」編集委員会には、拙稿の本書への転載をお認めいただき、また大阪外国語大学の西村成雄教授には多忙の中、原稿に目を通し、貴重なご意見をいただいた。国立国会図書館、防衛研究所図書館、外務省外交史料館の諸機関には史料の閲覧、複写などの面でお世話いただいた。お礼申し上げたい。

発刊に当っては、財団法人日中友好会館日中平和友好交流計画歴史研究支援事業による助成を受けた。記して、関係各位に謝意を表する。

本書執筆には、神戸大学大学院総合人間科学研究科と文化学研究科の院生の皆さんに資料収集と整理の面で大変お世話になった（これは、資料集『一九三〇年代華北をめぐる日中関係資料―柳条湖事件から盧溝橋事件へ―』初稿、二〇〇〇年三月としてまとめられている）。特に内田尚孝氏（現淑徳大学講師）には、日本国内はもとより、中国、台湾、アメリカと海外の資料収集にも奔走してもらい、また彼が独自に集めた資料も提供してもらうことができた。長沢氏へのインタビューのテープ起こしも彼にお願いした。お礼申し上げたい。

最後に、前著『盧溝橋事件』同様、まとまりない原稿が、本としてともかくも世に出られようにして下さった研文出版社長山本實氏にお礼申し上げたい。

（二〇〇三年一〇月一〇日）